GB
한길그레이트북스

인 류 의 위 대 한 지 적 유 산

국립중앙도서관 출판사 도서목록(CIP)

중국근대사상사론 / 리쩌허우 지음 ; 임춘성 옮김.
파주 -- : 한길사, 2005
　P. : 　cm. -- (한길그레이트북스 : 71)

ISBN 89-356-5656-9 94150 : ₩30000
ISBN 89-356-5658-5 (세트)

152-KDC4
181.11-DDC21　　　　　CIP2005001569

GB

한길그레이트북스

인류의위대한지적유산

중국근대사상사론

리쩌허우 지음 | 임춘성 옮김

한길사

GB
HANGILGREATBOOKS

Li Ze-hou
Zhongguo Jindai Sixiangshilun

Translated by Yim Choon-Sung

아편무역의 현장

아편무역은 중국과 영국간 제1차 아편전쟁(1840~42)의 원인을 제공하였다.
상하이 항에서 아편을 나르는 거룻배들의 화물창고 풍경이다.

개혁적인 정치가 린쩌쉬(林則徐)

그는 아편 밀무역을 강력히 단속하다 아편전쟁의 빌미를 제공하였다.
또한 그는 중국의 전통사상과 제도의 활성화를 주창했는데,
이것은 나중에 자강운동으로 이어졌다.

난징조약 체결의 주역들 (위)

1842년 제1차 아편전쟁에서 패배한 중국은 흠차대신 치잉(耆英)을
난징(南京)에 파견하여 영국과 강화조약을 맺었다.

푸저우항(福州港) (아래)

난징조약으로 개항하게 된 항구 가운데 하나이다.

청나라를 거의 반세기 동안 지배했던 서태후(西太后)

청말 보수 완고파의 중심인물이었던 그녀는 의화단운동을 계기로
서유럽 열강에 대항했지만 결국 실패로 끝나고 말았다.

처형된 의화단원들

의화단은 외세를 배격하기 위해 조직한 비밀결사로,
1900년에 의화단운동을 일으켰다.
사진은 8국 연합군에 의해 목이 잘린 의화단원들의 모습이다.

변법유신의 주역들
왼쪽부터 량치차오(梁啓超), 광쉬제(光緖帝), 캉유웨이(康有爲)이다.
캉유웨이는 광쉬제를 옹립해 개혁을 계획했으나
서태후를 비롯한 보수파에 밀려 실패하였다.

변법유신 지지세력들

탄쓰퉁(譚嗣同, 뒷줄 왼쪽 첫 번째 인물)을 비롯한
변법유신 지지세력들이 한자리에 모였다.
탄쓰퉁은 평등 · 박애주의에 의한 신학(新學)을 제창하였다.

탄쓰퉁의 희생

탄쓰퉁은 무술정변으로 체포되어 처형당하기 직전 숯으로 벽에 시를 썼다.
"나는 스스로 칼을 비껴 들고 하늘을 향해 웃으며 나의 이 충정을 두 곤륜(昆侖)에게 남기네."
두 곤륜은 캉유웨이와 왕우(王五)를 가리킨다.

쑨중산(孫中山) 부부

1924년 말 군벌들과 통일회담을 하기 위해 광저우(廣州)에서
베이징(北京)으로 가는 길의 쑨중산과 부인 쑹칭링(宋慶齡).
쑨중산은 이 여행에서 간염으로 세상을 떠났다.

5·4운동의 함성

'불평등조약 폐지' 등의 구호가 보인다.
1919년에 일어난 이 반제(反帝) 구망운동(救亡運動)은
5·4 신문화운동과 결합되면서 진정한 근현대의 시작을 알렸다.
'민주'와 '과학'을 구호로 삼았다.

옮긴이 **임춘성**(林春城)은 한국외국어대학교 중국어과를 졸업했으며,
같은 학교 대학원에서 문학석사와 박사학위를 받았다.
지금은 목포대학교 중어중문학과 교수로 있다. 한국 중국현대문학학회 회장을 지냈고
현재는 상임고문직을 맡고 있다. 『문화/과학』 편집자문위원, 『외국문학연구』 편집위원,
『석당논총』 편집위원, 상하이대학교 문화연구학과 국제위원 등으로 활동하고 있다.
지은 책으로 『중국 근현대문학사 담론과 타자화』, 『소설로 보는 현대중국』,
『상하이학과 문화연구—비판과 개입』(편저),
『21세기 중국의 문화지도—포스트사회주의 중국의 문화연구』(공편저),
『상하이영화와 상하이인의 정체성』(공편저), 『중국 현대문학과의 아름다운 만남』(공저),
『동아시아의 문화와 문화적 정체성』(공저), 『홍콩과 홍콩인의 정체성』(공저) 등이 있다.
중국 사상과 문화, 근현대문학이론과 소설, 중국영화와 도시문화, 이주와 디아스포라,
정체성과 타자화, 인지과학 등에 관심을 가지고 공부하고 있다.
중국어 저서로 『新世紀韓國的中國現當代文學研究』(편저),
『視野與方法: 當代文學研究版圖的重構』(공저),
『雙城記: 上海・紐約都市文化』(공저), 『當代文學60年: 回顧與反思』(공저),
『文化上海』, 『精神中國』(공저) 등이 있다.

blog: http://blog.daum.net/csyim2938, 이메일: csyim2938@gmail.com

GB
한길그레이트북스

인류의위대한지적유산

중국근대사상사론

리쩌허우 지음 | 임춘성 옮김

한길사

중국근대사상사론
차례

옌푸론

중국고대사상사론 · 차례

중국현대사상사론 · 차례

실용이성 · 서체중용 · 개량

임춘성 　목포대 교수 · 중어중문학

1. 문화의 수용과 저항

춘추전국 시기와 '근대' 80년(아편전쟁~5·4운동)은 "5·4운동 이전 중국의 수천 년의 사상사에서 가장 중요하고 가장 연구할 가치가 있는 두 시기"(리화싱李華興, 『중국근대사상사』中國近代思想史, 1988, 1쪽)라는 언급은 결코 과장이 아니다. 춘추전국 시기에 중국 사상의 원류라 할 수 있는 유가(儒家)와 도가(道家) 등의 사상이 정형화되었다면, '근대' 80년은 효력을 상실하여 무용지물이 되다시피 한 전통사상을 대체할 새로운 사상체계의 수립을 모색하던 시기였다. 전통적 사상체계와 새로운 서양의 사상체계가 그들 앞에 놓여 있었고, 그들은 각자 취사선택했다. 그들의 취사선택은 개인의 기질과 취향에 영향을 받았지만, 그 속에는 시대적 과제와 맞물린 역사의 흐름이 내재해 있었다.

'전통의 창조적 계승'과 '외래의 비판적 수용'이라는 과제는 어느 시공간에서건 항상 함께 작동해야 할 기제이지만 그것이 말처럼 쉬운 것은 아니었다. '전통의 지속'이라는 측면에서 세계사에서 다른 예를 찾아보기 어려운 중국의 경우 대규모의 외래문화 수용은 두 차례 있었다. 한 번은 인도 불교문화의 수용이었고, 또 한 번은 서양문화의 수용이었다. 인도 불교문화의 수용은 한당(漢唐)시대의 거대한 문화적 사건이었다. 그것이 중국의 철학과 문학 예술에 미친 영향은 이루 헤아릴 수 없을 정도다. 이 시기의 중국 문화는 가히 세계 최고 수준이어서 외래문화에 대해 관용적이고 주동적인 태도를 가질 수 있었다. 위진(魏晉) 시대의 현학(玄學)의 흥성, 불경번역과 그 번역과정에서의 한자의 특성에 대한 인식, 그에 기초한 성운학(聲韻學)의 발달과 당시(唐詩)에 미친 영향, 불교포교를 위해 구상된 변문(變文), '둔황(敦煌)문화' 등이 그 대표적인 예라 할 수 있다. 인도 불교문화에 대해 저항이 없던 것은 아니었지만 대체로 무리 없이 수용되었고, '중국화' 하여 '중국적 특색을 지닌' 선종(禪宗)으로 발전했으며, 송대(宋代)에는 유학(儒學)과 불학을 접목시켜 성리학이라는 동양문화를 탄생시켰다.

이에 반해 '근대'로의 이행기에 들어온 서양문화는 제국주의의 중국 침략과 함께였다. 그러므로 불교문화에 대해서 대체로 환영과 수용의 태도를 취하던 중국은 서양문화에 대해서는 우선적으로 거부와 저항의 태도를 택했다. 2,000년이 넘도록 자신을 세계의 중심으로 생각하고 자신의 문화를 세계 최고라고 여기던 중국이 서양문화에 대해 의식적 · 무의식적으로 완강한 거부의 태도를 취한 것은 너무도 당연한 일일 것이다.

류짜이푸(劉再復) 등은 이런 심리상태를 '천조심태'(天朝心態)라고 하면서 "서방사상과 문화적으로 접촉하고 사회가 불가피하게 근대화로 나아가는 과정에서 근대 중국인의 천조심태가 강렬한 도전을 받았다" (류짜이푸 · 린강林崗, 『전통과 중국인』傳統與中國人, 2002, 251쪽)고 평하고 있다. 그것에 의하면, 서양문화에 대한 거부와 저항은 명말 천주교가 전래된 이래 '5·4운동' 시기까지 모두 다섯 차례에 걸쳐 나타났다고 한다. '명말청초의 사정(邪正)의 논쟁', '아편전쟁과 양무운동 시기의 이하(夷夏)의 논변', '무술유신 전후의 중학과 서학의 논쟁', '5·4운동 전후의 동서방 문화문제의 논전', 그리고 '중국은 어떤 문화를 채용해야 하고 어떤 길을 가야 하는가에 관한 논전' 등이 그것이다. 그 가운데 이 글에서 관심을 가지는 부분은 중학과 서학의 논쟁, 즉 '중체서용'(中體西用)설과 관련된 부분이다.

2. '중체서용'에 대한 중층 해석

리쩌허우(李澤厚)는 '근대' 사상사를 논하면서, 구제도를 비판하며 봉건지주의 정통사상과 대립하던 세 가지 선진적 사회사조에 초점을 맞추었다.

그것들은 서로 다른 역사시기에 처하고 세 가지 서로 다른 유형에 속하며 세 가지 서로 다른 특색을 가지고 있으면서도 서로 앞뒤로 연속되어 있고 서로 지양하며 보다 높은 단계로 매진하면서 중국에서 마르크스주의의 전파와 발전을 위해 길을 닦았다. 이 세 가지 시대사조는 태평천국 농민혁명 사상과 개량파 자유주의의 변법유신 사상 그리고 혁명파 민주주의의 삼민주의 사상이다.(『중국근대사상사론』 中國近代思想史論, 457쪽)

중국 '근대'의 사조·유파를 논할 때, 완고파(또는 보수파)－양무파－유신파－혁명파의 흐름에 비추어보면, 리쩌허우의 '개량파 자유주의의 변법유신 사상'은 궁쯔전(龔自珍)을 선구자로 삼은 광범한 의미의 '유신파'에 해당함을 알 수 있다. 완고파에 대한 문제제기가 태평천국 운동으로 드러났다면, 양무파는 태평천국 운동을 진압하면서도 그들의 문제제기를 일정 정도 수용했다 할 수 있다. 그것이 양무운동으로 표현되었고, 그 양무운동이 한계에 달했을 때 양무파 내부에서 개량파로의 전환이 이루어졌다. 개량파 역시 우파·중도파·좌파로 나눌 수 있으며 훗날 급진 좌파가 점차 개량파에서 이탈하여 혁명파로 전환했다.

한 가지 재미있는 현상은, 유신파의 변법사조가 시대사상의 주류로 나타났을 때 양무파는 완고파와 연합하여 유신파에 반대했다는 사실이다. 사실 "완고파는 맹목적으로 배외하고 우매하게 보수적이었다. 그들의 사상과 주장은 당시 지배적 지위를 점하던, 대다수 지주와 사대부들이 신봉하던 사회 이데올로기였다."(『중국근대사상사론』, 79쪽) 그렇지만 변법주장의 고조 속에서 완고파도 마지못해 각종 개혁조치에 동의하고 그에 적극적으로 참여하는 태도를 보이지 않을 수 없었다. 그러므로 이 시기 양무파는 완고파를 자신의 진영으로 아우르면서 거짓 '변법' 주장을 제창했다. 그리하여 유신파 대 양무파·완고파라는 대립구도가 형성되었다. 그 속에서 유신파의 변법방안과 양무파의 가짜 변법방안이 투쟁했고, 유신파의 민권평등, '탁고개제'(托古改制) 등 계몽주의적 사회정치적 이론·사상과 봉건주의 통치자의 '중체서용' 설이 대립했다.

'중체서용'이란 '중학위체(中學爲體)와 서학위용(西學爲用)'의 약칭으로, 아편전쟁 이후 물밀듯이 밀려들어오는 서양문화에 대한 중국의 대응논리라 할 수 있다. 여기서 중학(中學)은 유교의 경학(經學)과 그것에 기초한 봉건예교(禮敎)를 가리키고, 서학(西學)은 과학 기술→정치제도→사상의식의 순차적이고 단계적인 과정을 거치는 서양문화를 가리킨다. 그것은 중국의 전통을 본체로 삼되, 이전에는 업신여기던 서양의 정신적·물질적 문화를 부분적으로 수용하겠다는 태도였다. 체(體)와 용(用)이라는 가치평가를 염두에 둔다면, 중체서용은 중화주의 또는 중국 중심론의 변형이라 할 수 있다.

최초로 중체서용을 주장한 동시에 그 대표자로 평가되는 장즈둥(張之洞)의 『권학편』(勸學篇)은 광쉬(光緖) 황제에게 "논리전개가 공정하고 통달했으므로 학술과 인심에 커다란 도움이 될 것"이라 칭찬받았고, 그로 인해 "조정의 힘을 빌려 전파되고 빠르게 국내에 퍼졌으며"(량치차오梁啓超) 그 영향이 매우 넓던, 양무파의 거짓 변법론의 전형적인 대표작이었다. 장즈둥은 "공자와 맹자가 다시 살아난다 하더라도 어찌 변법의 그릇됨을 논의하겠는가?"(『권학편 외편』勸學篇 外篇 「변법 제7」變法第七)라고 하면서 자신이 변법을 반대하지 않는다고 선언했다. 그리고 각종 주장을 내놓음으로써 자신도 진보적인 변법유신주의자임을 드러냈다. 그러나 그가 주장한 '변법'의 특징은 "몇몇 지엽적인 주장을 제출하되 절실한 의의가 있는 당면 변화문제의 주요관건이던 의회개설과 정치법률 제도의 개혁을 근본적으로 반대했고 당면한 구체적인 실제요구(이금厘金 폐지, 관세부가 등)에 대해 가능한 한 언급을 회피했다"(『중국근대사상사론』, 80쪽)는 점에 있었다. 이런 이유로 당시 유신파 인사들은 이를 강렬하게 비판했다. 특히 허치(何啓)와 후리위안(胡禮垣)은 별도로 책을 지어 조목조목 반박함으로써 그 지배계급적 입장의 본질을 폭로했다.

장즈둥은 변법유신의 구체적 문제에 대해서는 유신파를 가장하는 속임수를 썼지만, 보다 핵심적이던 유신파의 민권평등 이론·사상에 대해서는 진보적인 사상을 정치적으로 박해하고 이론적으로 공격함으로써 자신의 본질을 폭로했다. 사실 양무파는 부르주아 민권평등 사상을 두려워한 점에서 완고파와 다를 바가 없었다. 그들은 이 사상이 인민을 선동·현혹시킴으로써 더 이상 충효와 절개가 무엇인지 알지 못하게 하고 기강이 흐트러져 노예와 병졸들이 귀족과 관리 위에 군림할 것을 두려워했다. 그러므로 자신들의 통치를 수호하기 위해선 수천 년간 내려온 "군주는 군주답고 신하는 신하다우며 아비는 아비답고 자식은 자식다운"(君君臣臣父父子子) 사회질서와 사회의식이 동요되지 않도록 진력해야 했다.

중학은 내학이고 서학은 외학이며, 중학은 심신을 다스리고 서학은 세상사에 호응한다. 모든 것을 경문에서 찾을 필요는 없지만 반드시 경의(經義)에 어그러지지 말아야 한다. 그 마음이 성인의 마음이고 성인의 행동을 행하며 효제와 충신을 덕으로 삼고 군주존중과 백성비호를 정(政)으로 삼는다면, 아침에 자동차를 운전하고 저녁에 철로를 달리더라도 성인의 제자 됨에 해가 없을 것이다.(장즈둥, 『권학편 외편』「회통 제13」會通第十三)

이것이 바로 유명한 양무파의 '중체서용' 설이다. 그것이 의식적인 강령으로 제출된 것은 본래 캉유웨이(康有爲) 등의 민권평등 이론을 겨냥한 것이었다. 그것은 당시와 이후, 심지어 오늘날까지도 커다란 영향을 미쳤지만, 당시부터 유신파 사상가들의 소박하면서도 신랄한 조소를 받았다.

체용(體用)은 한 사물에 대해 말하는 것이다. 소의 본체가 있으면 무거운 짐을 지는 작용이 있으며, 말의 본체가 있으면 멀리 달리는 작용이 있다. 소를 본체로 삼고 말을 작용으로 삼는다는 말을 들어보지 못했다. 중학과 서학의 다름은 중국인과 서양인의 얼굴 생김새만큼이나 다르고 억지로 비슷하다 할 수 없다. 그러므로 중학은 중학의 체용이 있고 서학은 서학의 체용이 있다. 그것을 분별하면 함께 설 수 있지만 그것을 합하면 둘 다 망한다.(옌푸嚴復)

옌푸가 비판하는 기준은 체용불이(體用不二)의 관점이다. 흔히 양무파의 핵심인 '중체서용' 설은 유신파가 시대의 주류가 된 시점에 유신파의 민권평등 사상을 비판하기 위해 장즈둥에 의해 제기되었다. 그것은 표면적으로 유신파가 제기하는 변법의 내용을 받아들이는 태도를 취하는 듯이 보였지만, 사실상 핵심적인 측면에서는 그것을 거부한 것이었다. 다시 말해, '본체'와 '작용'을 나눌 수 없고 부르주아 민권평등과 변법유신이 일치한다는 유신파의 주장과는 달리, 민권평등은 반대하되 선박과 철도는 주장하는 것이었다. 그러므로 『천연론』(天演論)을 번역하고 서양의 경험론 철학을 소개했으며 '자유를 본체로 삼고 민주를 작용으로 삼았다'(以自由爲體, 以民主爲用)는 평가(『중국근대사상사론』, 269~276쪽)를 받고 있는 옌푸는 체용불이의 관점에서 장즈둥의 '중체서용'을 예리하게 비판한 것이다.

리쩌허우는 이 시기의 사상사적 의미를 다음과 같이 평가했다.

캉유웨이와 탄쓰퉁(譚嗣同) 등의 '탁고개제', '삼세대동'(三世大同)의 사상은 '중체서용' 사상과 얼마나 본질적인 차별이 있는지도 쉽게 알 수 있다. 전자는 '공자의 도'라는 성인의 외투 속에 성도(聖道)와 괴리되는 일련의 신선한 부르주아 사상을 주입했고(이는 거꾸로 '서체중용'이라 할 수 있음), 후자는 오히려 봉건성교를 사력을 다해 수호하기 위해서 서양의 황금으로 도금하여 강화·보호했다. 그러므로 '중체서용' 이론은 일찍 사상영역에 반영되어 봉건체제라는 강시(僵尸), 즉 '본체'를 완고하게 끌어안고 놓지 않았다.(『중국근대사상사론』, 83쪽)

역사적 의미에서 중체서용설은 '천조심태'라는 무의식의 표현이자 변형된 중국 중심론이라 할 수 있다. 그것은 유신과 개량이 주류가 된 시대에 봉건예교를 사수하기 위해 서양의 문화를 빌려 도금함으로써 거짓 변법을 주장하던 사람들의 주장인 것이다. 그 대표인 장즈둥의 '중체서용'의 본질은 유가의 기본학설을 따르고 유학과 공맹(孔孟)의 기본정신에 충실하고자 한 것에 지나지 않은 것이다. 나중에 언급하겠지만 이는 중국 '문화심리 구조의 보수성'과 긴밀하게 연관되어 있다.

중체서용론을 '중학과 서학의 관계'에 초점을 맞추어 그것을 외래문화 수용과 연계시킨 민두기(閔斗基)의 논의는 흥미롭다. 민두기는 「중체서용론고」(中體西用論考)에서 '중체서용'론에 대한 일반적인 이해에 의문을 표시하면서 그것을 양무파와 유신파를 아우르는 논리로 확장시키고 있다. 그에 의하면 "중체서용론은 체계를 달리하는 서양문화를 받아들이기 위한 것으로서 청말(淸末)사상사의 경우 이른바 윤상(倫常)을 강조하는 양무론이나 공교(孔敎)를 강조하는 변법론을 다 포함해야"(민두기, 『중국 근대개혁운동의 연구』, 1985, 52쪽)한다고 하면서, 중학과 서학의 관계 맺기라는 관점에서 중체서용론을 이해해야 한다고 했다. 중학과 서학을 각각 독립적으로 보는 것이 아니라 서학이 물밀듯이 들어오던 시기에 중학과 서학을 연결하려는 시도로 이해할 수 있다는 것이다. "'중'(中)이라 불리는 자기주체의 확인과 기존 가치질서의 보존, 서양문물의 수용을 연결하고자 한 것이 중체서용론인데,

'중'과 '서'의 관계에서 체용(體用)이란 철학적 용어가 갖고 있는 엄격한 의미를 의식적으로 사용한 경우는 별로 없고 거의가 선후(先後), 주보(主輔), 심지어 양(量)의 다소를 의미하기도 했다. ……중요한 것은 '서'의 내용이며 어떻게 '서'를 수용할 것인가 하는 방법이지, 체용의 논리관계가 아니던 것이었다."(같은 책, 52쪽) 그러므로 그것은 "이질적 문화를 받아 그것을 수용해야 하는 상황에서 거의 보편적으로 일어날 수 있는 하나의 논리구조"(같은 책, 53쪽)라는 결론은 그야말로 탁월한 견해가 아닐 수 없다.

이렇게 보면 중체서용론은 19세기 중엽부터 본격화한 중서 문화교류에 대해 중국인들이 취한 외래문화의 수용논리라 할 수 있다. 오로지 중화만을 고집하고 그밖의 것은 외이(外夷)로 규정하여 수용하지 않던 기존의 관례를 염두에 둔다면, 중체서용론은 "서학, 서구문화가 중학, 중국 문화와 필적하는 체계적 학문 또는 문화의 하나로 인식되기 시작한 것임을 뜻한다."(조병한, 「19세기 중국 개혁운동에서의 '중체서용'」, 1997) 한 걸음 더 나아가 중체서용론은 이 시기 "(중학과 서학의) 모순의 틈을 비집고 서학의 수용을 위한 공간을 마련한 것이며, 따라서 이 시기의 그 실천적 의의는 '중체'보다는 오히려 '서용'에 있는 것"(리스위에李時岳·후빈胡濱, 『폐관에서 개방으로: 만청 양무열 투시』從閉關到開放: 晚晴洋務熱透視, 1988)이라는 평가까지 나올 수 있다.

예를 들어, 캉유웨이의 '탁고개제' 사상은 이 시기 중체서용론의 대표적인 것으로, 중학의 대표자인 공자를 빌려 그도 제도를 개혁하려 했다면서 실제로는 서유럽의 부르주아 자유주의를 끌어들인 것이다. 물론 캉유웨이 등 사대부의 계급적 한계를 무시해서는 안 되겠지만, 캉유웨이의 '탁고'(托古)가 '개제'(改制)를 위한 전술·전략으로 이용된 점은 중체서용의 실천적 의의를 '서용'(西用)에 두고 있다는 주장의 좋은 예가 될 수 있을 것이다.

이상으로 중체서용론을 중학과 서학의 관계 맺기, 즉 자신의 전통을 계승하면서 외래를 수용하는 논리로 파악할 수 있음을 알 수 있다. 다시 말해, 체(體)와 용(用)이라는 외피를 입었음에도 중학과 서학에 대등한 지위를 부여하면서 상호배척하기도 하고 상호조화되기도 하는 것으로까지 확대 해석할 수 있다는 것이다. 이런 확대 해석이 가능하다면, 중체서용론은 전환기 중국의 '계승과 수용의 논리'로 자리매김할 수 있다. 즉, 완고한 중화사상의 억압 아래 새로운 서양의 문물을 들여오기 위해 전술적으로 체용론의 외피를 입혀 저항과 반발을 완화시키면서 중학과 서학의 관계 맺기를 탐색하는 '근현대화와 민족화의 시대적 패러다임'으로서의 가능성도 부여할 수 있겠다.

3. '문화심리 구조'와 '실용이성'

민두기와는 다른 각도에서, 리쩌허우는 '중체서용론'에 대해 부정적인 평가를 서슴지 않는다. '중학'이 가지는 강고한 전통의 힘이 '서학'을 뒤덮은 것이 근현대 중국의 역사과정이라고 보기 때문이다. 그는 그러므로 '문화심리 구조'와 '실용이성'이라는 개념을 통해 전통을 재해석하면서 역으로 '서체중용'을 내세운다.

리쩌허우는 「중국인의 지혜시탐」(試探中國人的智慧)에서 '자아의식의 반사사(反思史)'라는 전제 아래, "중국 고대사상에 대한 스케치라는 거시적인 조감을 거쳐서 중국 민족의 문화심리 구조의 문제를 탐토(探討)하는 것"(『중국고대사상사론』中國古代思想史論, 294쪽)을 자신의 과제로 제시하고 있다. 그에 의하면, "사상사 연구에서 주의해야 할 것은 인간들의 심리구조 속에 침전되어 있는 문화전통으로 깊이 파고들어 탐구하는 것이다. 본 민족의 여러 성격적 특징(국민성·민족성), 즉 심리구조와 사유방식을 형성하고 만들고 그것들에 영향을 주는 것에 대한 고대사상의 관계를 탐구하는 것이다."(『중국고대사상사론』, 295쪽)

리쩌허우는 바로 그런 과정을 거쳐 중국의 지혜를 발견하고자 한다. 중국의 지혜란 "문학 · 예술 · 사상 · 풍습 · 이데올로기 · 문화현상으로 드러나는 것"으로 그것은 "민족의식의 대응물이고 그것의 물상화이자 결정체이며 일종의 민족적 지혜"라고 생각한다. 그의 '지혜'의 개념은 대단히 광범하다. "사유능력과 오성", "지혜(wisdom)와 지성(intellect)"을 포괄하되, "중국인이 내면에 간직한 모든 심리구조와 정신역량을 포괄하며, 또 그 안에 윤리학과 미학의 측면, 예컨대 도덕자각, 인생태도, 직관능력 등을 포괄한다." 중국인 사유의 특징은 바로 이 광의의 지혜의 지능구조와 이러한 면들이 서로 녹아 섞인 곳에 존재한다는 것이다.(『중국고대사상사론』, 295쪽)

지혜의 개념은 그의 또 다른 핵심어인 '문화심리 구조'와 상통하는 것으로 보인다. '문화심리 구조'는 리쩌허우의 학술체계에서 가장 핵심적인 개념의 하나다. 그것은 유가학설을 대표로 하는 전통문명과 더불어 이미 일반적인 현실생활과 관습 · 풍속 속에 깊숙하게 침투하여 구체적인 시대나 사회를 초월하는 것이다. 그것은 '가정 본위주의', 즉 '혈연의 기초'에 기원을 두고 있고, 소생산 자연경제의 기초 위에 수립된 가족혈연의 종법제도에서 유래하는 것이다. 혈연종법은 중국 전통의 문화심리 구조의 현실적인 역사적 기초이며, '실용이성'은 중국 전통의 문화심리 구조의 주요한 특징이다. 황성민은 문화심리 구조를 방법론의 총합으로 본다. "구조주의적 문화인류학의 성과를 받아들이고, 칸트의 선험적 인식론과 피아제의 발생인식론 등을 역사적 유물론과 결부시켜 이해하고 해석한 이론도 수용했으며, 한편으로는 니덤 이후 중국 철학 연구의 중요한 방법으로 도입된 유기체이론과 현대과학 이론의 하나인 체계이론 등 다양한 분야를 하나의 관점에서 종합하여 제기한 개념이라고 할 수 있다."(황성민, 『현대중국의 모색—문화전통과 현대화 그리고 문화열』「전통문화에 대한 반성과 서체중용론」, 1992, 377쪽) 또한 실용이성을 이렇게 해설한다. "실용이성(또는 실천이성)은 경험적인 실용성을 중시하는 이성이다. 이성이라고 해서

감성적인 것을 완전히 도외시하는 것이 아니라 감성의 지나침과 모자람을 적절히 조절하는 작용도 한다. 따라서 이 실용이성은 중국인이 광신적인 종교에 빠지거나 현실을 허무적인 것으로 보지 않게 하여 자기생존을 유지하게 하는 방법이자 정신이 되었다."(황성민, 같은 책, 378쪽)

'실용이성'은 혈연, 낙감문화(樂感文化), 천인합일(天人合一)과 함께 중국의 지혜의 하나이다. 혈연이 중국 전통사상의 토대의 본원이라면, 실용이성은 중국 전통사상의 성격상의 특색이다. 그것은 선진(先秦) 시기에 형성되기 시작했다. 선진 제자백가들은 당시 사회 대변동이 나아가야 할 길을 찾기 위해 제자들을 가르치고 자기주장을 펼쳐, 상주(商周) 무사(巫史)문화에서 해방된 이성을, 그리스의 추상적 사변이나 인도의 해탈의 길이 아니라, 인간세상의 실용적 탐구에 집착하게 했다. 장기간의 농업소생산의 경험론은 이런 실용이성을 완강하게 보존하는 중요한 역할을 했다. 중국의 실용이성은 중국의 문화·과학·예술 등 각 방면과 상호연계되고 침투되어 형성·발전하고 장기간 지속되었다. 중국의 실용이성은 중국의 4대 실용문화인 병(兵)·농(農)·의(醫)·예(藝)와 밀접하게 연계되어 있다. 병·농·의·예는 광범한 사회민중성과 연관되어 있을 뿐 아니라 생사(生死)와 관련된 엄중한 실용성과 관련되어 있고 아울러 중국 민족의 생존과 직접적인 관계를 유지하고 있다. 중국 실용이성의 전통은 사변이성의 발전을 저지했을 뿐 아니라 반(反)이성주의의 범람을 배제했다. 그것은 유가사상을 기초로 삼아 일종의 성격-사유패턴을 구성하여 중국 민족에게 맑게 깨어 냉정하면서도 온정이 흐르는 일종의 중용(中庸)심리를 획득하고 승계하게 했다.(『중국고대사상사론』, 301~304쪽)

중국의 실용이성은 불학을 수용할 때 "감정적인 고집에 사로잡히지 않고, 기꺼이 그리고 쉽사리 심지어 자기와 배척되는 외래의 사물까지도 받아들이게"(리쩌허우, 『중국현대사상사론』中國現代思想史論) 했고, 5·4운동 시기에 "다른 민족문화에서는 나타난 적이 없던 전반적인 반

(反)전통적 사상·정감·태도와 정신"이 나타나게 하여 "중국 현대의 지식인들이 아무런 곤란 없이 마르크스를 공자 위에 올려놓을 수 있"게 했다. "그러한 전반적인 반(反)전통적 심리상태는 바로 중국 실용이성 전통의 전개이기도 하다."(『중국현대사상론』)

그러나 이 '문화심리 구조'는 치명적인 약점을 가지고 있다. 그것은 직관적이고 원시적이며 미성숙한 우주론 체계모델이 그곳에 자리잡으면서 완성되었기 때문에 생긴 것이라고 본다. 이 우주론 체계모델은 반복적이며 변동이 거의 없는 농업소생산(순환성), 자급자족이라는 폐쇄적인 자연경제(폐쇄성), 강고한 종법혈연의 규범(질서성) 등을 중국 사회에 장기적으로(현재까지) 지속하게 하는 원인이 되었다.(황성민, 앞의 책, 380쪽)

문화심리 구조는 전통의 다른 표현이다. 그것은 "때로는 전통의 우량한 정신이 새로운 사회로의 진입에 활기를 불어넣고 때로는 전통의 열등한 정신이 이를 저해하는 순환적 과정이었지만 결국 이러한 움직임이 귀착하는 곳은 문화심리 구조의 보수성이었다."(황성민, 앞의 책, 381쪽) 그러기에 우리는 '옛날부터 가지고 있었다'(古已有之)라든가, '선왕을 모범으로 삼는다'(法先王)라는 등의 교조에 얽매여 벗어나지 못한 것이다. 보다 중요한 것은 그것이 "개인적인 주관성의 범위를 벗어나 사회의 경제·정치·문화라는 복잡한 관계 속에서 형성·유지"되어와 "중국인이 서양 또는 세계를 객관적으로 바라볼 수 있는 관점을 제약"(황성민, 앞의 책, 388쪽)해왔다는 점이다. 이 점을 해결하기 위해 리쩌허우는 새로운 대안으로 '서체중용'을 제시하게 된다.

만일 근본적인 '체'가 사회존재·생산양식·현실생활이라고 인정한다면, 그리고 현대적 대공업과 과학 기술 역시 현대 사회존재의 '본체'와 '실질'이라고 인정한다면, 이러한 '체' 위에서 성장한 자아의식 또는 '본체의식'(또는 '심리본체')의 이론형태, 즉 이러한 '체'의 존재를 낳고 유지하고 추진하는 '학'이 응당 '주'가 되고, '본'이

되고, '체'가 되어야 한다. 이것은 물론 근현대의 '서학'이며, 전통적인 '중학'은 아니다. 그러므로 이러한 의미에서 여전히 '서학을 체로 삼고 중학을 용으로 삼는다'고 다시 말할 수 있는 것이다.(『중국현대사상사론』)

마르크스주의, 과학 기술 이론, 정치·경제관리 이론, 문화이론, 심리이론 등 갖가지 다른 사상·이론·학설·학파를 포함한 서학을 체로 삼고, 중국의 각종 실제상황과 실천활동에 어떻게 적용하고 응용하는가 하는 것을 용으로 삼는다는 것이다.

리쩌허우가 중체서용론을 검토하면서 우려한 것은, 모든 '서학'이 중국의 사회존재라는 '체', 즉 봉건적인 소생산적 경제기초와 문화심리구조, 실용이성 등의 '중학'에 의해 잠식될 가능성이었다. 중국 근현대사의 진행과정에서 그것은 사실로 판명되었다. 태평천국 운동이 서유럽에서 전래된 기독교의 교리를 주체로 삼고 중국 전통 하층사회의 관념·관습을 통해 그것을 응용한 것으로 보였지만, 실제로는 여전히 '중체서용'이었다. 이때의 '중학'은 전통사회의 소생산 경제기초 위에서 자라난 각종 봉건주의적 관념·사상·정감이었다. 이 때문에 여기서의 '서학'은 껍데기에 지나지 않았다. 농민전쟁은 그 자체의 법칙을 가지고 있으며, 홍슈취안(洪秀全)이 들여온 서유럽의 기독교는 그 '중국화' 속에서 합법칙적으로 '봉건화'된 것이다. 이는 사회주의 혁명과정에서 마르크스주의를 '중국화'하여 '중국적 마르크스주의' 또는 '중국적 특색을 가진 사회주의'로 바꾼 것에도 해당된다.

4. 서체중용과 개량

우리가 특정한 역사사건을 고찰할 때는 당연히 사건의 역사적 맥락과 더불어 보편적 논리로의 승화가능성을 검토해야 할 것이다. 중국 근현대의 역사과정에서 흔히 양무파의 핵심주장이라고 알려진 '중체서용'의 경우도 예외는 아니다. 그것이 명확하게 구호로 제창된 역사적 맥락은 캉유웨이 등 유신파의 민권평등 이론을 비판하기 위해서였다. 그러나 범위를 확대해보면, 아편전쟁 전후부터 본격화한 외래수용의 문제는 수많은 선각자의 관심대상이 되었고, 그들은 여러 가지 차원에서 서학을 학습하는 문제를 고민했다. 그들이 관심을 가지고 고민하던 문제의식을 우리는 '중체서용적 사유방식'이라 개괄할 수 있을 것이다. 웨이위안(魏源)의 '오랑캐의 장기를 배워 오랑캐를 제압하자'(師夷長技以制夷)는 주장은 그 효시라 할 수 있다. 이후 양무운동의 주축이던 리훙장(李鴻章)의 막료였으면서도 "개량파 사상의 직접적인 선행자였고 1830~40년대부터 1870~80년대 사상의 역사에서 중요한 교량"(『중국근대사상사론』, 47쪽)이라 평가되는 펑구이펀(馮桂芬)을 거쳐 왕타오(王韜), 정관잉(鄭觀應), 그리고 캉유웨이 등의 개량파 사상가들이 모두 '중체서용적 사유방식'을 운용했다.

중체서용의 실천적 의의가 '서용'(西用)에 있다는 주장에 동의한다면, 리쩌허우의 '서체중용'을 이해하기는 그리 어렵지 않다. 그는 근현대 중국의 역사과정에서 중국의 전통이 가지는 강고한 힘이 외래(外來)를 압도했다고 본다. 그러므로 그의 과제는 전통을 해체하고 재해석하는 것이다. '문화심리 구조', '실용이성' 등은 이 과정에서 만들어진 개념이다. 그리고 현대적 대공업과 과학 기술을 현대 사회존재의 '본체'와 '실질'로 인정하여 그것을 근본으로 삼아야 한다고 주장하고 있다. 그것은 전통적인 '중학'이 아니라 근현대의 '서학'인 것이다.

리쩌허우와 류짜이푸는 1989년 '6·4 천안문 사건' 이후 중국을 떠나 미국에서 망명생활을 하면서 '20세기 중국'에 대한 심층적이고 종합적인 대화를 나눌 기회를 가진다. 두 사람은 20세기 중국을 혁명의 시대라고 규정하면서 혁명보다는 이성적인 개량이 필요했다고 진단한다. 그리고 그 혁명의 핵심에 자리한 마오쩌둥(毛澤東)의 공과(功過)를 논하면서 그의 비극의 핵심을 "경제가 근본이라는 것을 무시하고 이데올로기를 맹신한 점과 평화시기라는 것을 무시하고 전쟁의 경험을 맹신한 점"(리쩌허우·류짜이푸, 김태성 옮김, 『고별혁명』告別革命, 2003, 233쪽)으로 요약했다. 두 사람은 마오쩌둥의 비극의 연원을 개인으로만 국한시키지 않고 중국 근현대사의 본질적 특성과 연계시켰다. "1895년, 갑오해전에 패배한 이후로 중국은 줄곧 '혁명의 길'과 '개량의 길' 사이의 논쟁에 휘말려 있었다. 전자는 '돌변'(突變), 즉 계급투쟁이라는 극단적인 방식(폭력수단)으로 국가기구를 전복시켜 역사의 발전을 추구해야 한다는 것이고, 후자는 '점변'(漸變), 즉 계급협력의 비폭력 수단으로 국가적·사회적 자아의 경신을 추구하자는 것이다."(같은 책, 7쪽) 특히 리쩌허우는 1958년 『캉유웨이·탄쓰퉁 사상연구』를 출간할 때만 해도 "캉유웨이를 중심으로 하는 변법자강운동의 개량사상이 20세기초에 일어난 혁명에 반대하면서 점차 '반동적이고', '역사의 진보를 가로막는' 것이 되었다는 관점을 인정"(같은 책, 448~449쪽)했지만, 20세기를 관통하며 진행되던 혁명이 격정적인 정서에 휩싸였다는 점을 인식하면서 '과도한 격정의 혁명'보다는 '이성적인 개량'이 중국에 필요했다는 결론을 내리게 된다.

5. 유연한 시기구분

중국 근현대사 시기구분에 관한 리쩌허우의 견해도 유연하다. 모두 알다시피 리쩌허우는 '사상사론' 시리즈를 내면서 '고대', '근대', '현대'라는 명칭을 사용했다. 그는 도처에서 '근대'와 '현대'를 하나로 묶어 '근현대'라 칭하면서 그에 대한 시기구분을 시도했다. 미리 알아둘 것은 그의 시기구분이 하나만을 고집하지 않고 관점과 대상에 따라 유연한 유동성을 가지고 있다는 점이다.

우선 근현대에 대한 '개괄적인 시기구분'(I)을 보자. 그는 "중대한 역사사건은 의당 그 사건이 총체적인 계급투쟁 형세의 전환점을 체현했는가라는 의미로 엄격하게 제한해야만 사회발전 추향의 계급적 성격을 표지할 수 있다"고 하면서 중국 전체의 근현대를 "① 1840~95, ②

1895~1911, ③1911~49, ④1949~76, ⑤1976 이후"의 다섯 단계로 나누었다.(『중국근대사상사론』, 278쪽) 이는 '근대'의 시기구분을 설명하다가 그 상위 기준을 언급하면서 제기한 것이기에 그에 대한 구체적인 설명은 생략되어 있다. 위의 시기구분에서 눈에 띄는 것은 1919년의 5·4운동이 분기점에서 빠진 점이다. 아마도 '계급투쟁'의 관점에서는 5·4운동을 신해혁명의 연장선상에 있는 것으로 파악하기 때문일 것이다. 그러나 세대별 또는 문예사의 시기구분에서는 달라진다.

루쉰의 사상을 논술하면서 리쩌허우는 중국 근현대 '지식인의 세대구분'(II)을 시도한다. 그에 의하면, ① 신해혁명 세대, ② 5·4운동 세대, ③ 대혁명 세대, ④ '삼팔식' 세대이다. 이에 ⑤ 해방 세대(1940년대 후기와 1950년대)와 ⑥ 문화대혁명 홍위병 세대를 더하면 중국 혁명에는 여섯 세대의 지식인이 있다. 그리고 ⑦ 제7세대는 완전히 새로운 역사시기일 것이라 했다. 이는 물론 루쉰 이전 세대(아편전쟁 세대, 양무 세대, 유신 세대 등), 즉 I-①은 제외한 세대구분이다. 이를 첫번째 시기구분과 연계시켜 보면, II-①은 I-②에 해당하고, II-②, ③, ④는 I-③에 해당하며, II-⑤, ⑥은 I-④에 해당하고 II-⑦은 I-⑤와 동일함을 알 수 있다.

또 다른 부분에서는 신해혁명이 실패한 후 지식인의 세대구분(III)을 세밀하게 하기도 했다. ① 계몽의 20년대(1919~27), ② 격동의 30년대(1927~37), ③ 전투의 40년대(1937~49), ④ 환락의 50년대(1949~57), ⑤ 고난의 60년대(1957~69), ⑥ 스산한 70년대(1969~76), ⑦ 소생의 80년대, ⑧ 위기의 90년대. 이는 10년 단위로 근현대사를 이해하기 좋아하는 중국인의 문화심리 구조를 염두에 둔 개괄로 보인다.

「20세기 중국 문예 일별」(二十世紀中國文藝一瞥)에서 리쩌허우는 '지식인의 심태(心態) 변이(變異)'(IV)를 기준으로 다음과 같이 구분했다. ① 전환의 예고(1898 무술戊戌~1911 신해辛亥), ② 개방된 영혼(1919~1925), ③ 모델의 창조(1925~1937), ④ 농촌으로 들어가

기(1937~1949), ⑤ 모델의 수용(1949~76), ⑥ 다원적 지향(1976년 이후).

사실 1990년대 중국 근현대문학 연구의 전환점을 이룬 '20세기 중국 문학' 개념은 리쩌허우의 영향력 안에 있음을 알 수 있다. 20세기 중국 문학의 대표 논자인 천쓰허(陳思和)는 그 영향을 이렇게 서술하고 있다. "이 글(「중국 신문학 연구 정체관」中國新文學硏究整體觀)의 6개 문학 단계에 관한 묘사는 리쩌허우 선생의 『중국근대사상사론』「후기」의 영향을 받은 것…… 그의 수세대 인물에 관한 사로(思路)는 나를 계발했고 나로 하여금 중국 신문학에 대해 금세기 초부터 신시기까지를 하나의 유기적 총체(整體)로 삼아 고찰하게끔 촉진했다."(『흑수재만필』黑水齋漫筆, 111쪽) 또한 「20세기 중국 문학을 논함」의 주집필자인 첸리췬(錢理群)도 1993년 서울에서 개최된 중국 현대문학 국제 심포지엄에 참가했을 때 사석에서 『중국근대사상사론』으로부터 받은 계발을 피력하면서 이 책이 아직도 번역되지 않은 사실에 의아해하기도 했다.

크게 네 종류의 시기구분을 요약하면서 리쩌허우의 유연한 유동성을 다시 실감할 수 있었다. 그런데도 확실한 사실은, 시기구분의 기준이 계급투쟁이 되었건, 세대가 되었건, 아편전쟁은 그 이전과 이후를 나누는 중요한 분기점이라는 사실이다. 문예의 시기구분에서 '20세기'라는 표현을 쓴 것은 아편전쟁 이후의 변화가 심태(心態)에 반영된 것이 19세기말과 20세기초라는 것을 의미하는 것으로 해석할 수 있다.

마지막으로 고유명사 표기에 대해 언급할 필요가 있다. 2003년 '중국학 센터' (http://www. sinology. org)에서 '중국어 한글표기'에 대한 논의가 벌어진 적이 있다. 기조 발제자인 엄익상 교수가 기존의 '최-김안'과 '정부안' 〔문화체육부 고시 제1995-8호(1995. 3. 16) 외래어표기법〕을 검토하면서 자신의 안을 내놓고, 그에 대해 여러 논자가 각각의 견해를 피력했다. 여기서 세 가지 안의 장단점을 논할 겨를은 없다. 이 책을 내면서도 중국어 한글표기 문제로 6개월 이상 씨름을 거쳤다는 사실만 말하기로 하자. 그 결과가 '정부안'을 따르는 것이었다. 1995년의 '정부안'은 그동안 떨치던 악명에 비해서는 무난한 편이다. 다만 여전히 납득하기 어려운 몇 가지 문제가 있다. 자세한 것은 '일러두기'를 참조하기 바란다. 고유명사는 처음에 어떻게 받아들이느냐가 중요하다. 중국 최고지도자 가운데 장쩌민(江澤民)까지는 '강택민'이라는 한자 독음이 혼용되었지만, 후진타오(胡錦濤)에 이르러서는 '호금도'라고 부르는 사람이 거의 없는 듯하다. 매스컴에서도 모두 원음 표기로 가고 있기 때문이다. 매스컴의 중요성을 새삼 확인하게 만드는 지점이다.

내용 요약

홍슈취안과 태평천국 사상 산론(散論)

1. 연구성과는 이 혁명의 농민전쟁 성격을 긍정한 것이고, 결점은 그 객관법칙을 깊이 탐구·토론하여 역사경험을 총괄하지 못한 것이다.

2. 홍슈취안이 빌려온 서양의 상제는 전통종교에 비해 기층군중을 발동시키고 조직하기에 훨씬 편리했다. 그중 특히 참신한 의식(儀式)과 계율은 엄격한 군사기율로 개조되어 커다란 작용을 불러일으켰다.

3. 종교와 도덕을 혁명의 정신동력으로 삼는 것은 지속될 수 없다. 농민혁명과 농민지도자를 이상화하지 말아야 한다.

4. 부서진 것은 공구의 위패일 뿐이었다. 군사투쟁이 '네 가닥 밧줄'에 충격을 주었음에도 그것을 변경시키지는 못했다.

5. 『천조전무제도』의 혁명성과 공상성, 오로지 소비와 분배에 착안하여 평균주의와 금욕주의를 실행한 공산주의는 객관적 역사법칙을 위배했다.

6. 집단화·단일화·군사화한 사회구조와 생활청사진, 고도로 집중된 행정조직과 권력으로 사회를 지배하고자 기도했다.

7. 『자정신편』은 귀중한 속편이며 소생산자 공상에 비해 역사발전에 더 부합한다.

19세기 개량파 변법유신 사상 연구

1. 궁쯔전의 낭만적인 전주곡과 웨이위안, 펑구이펀의 역사적 지위.

2. 70년대 마젠중, 쉐푸청 등의 자본주의 상공업을 발전시키자는 주장.

3. 신경제 발전은 필연적으로 상부구조의 개혁을 필요로 한다. 1880년대 정관잉 등의 정치주장, 의회개설은 변법유신의 관건이 되었다.

4. 신구 이데올로기는 첨예하게 대립했을 뿐 아니라 상호침투했다.

5. 1890년대 개량파 사상의 우뚝 솟은 봉우리, 이론적 성숙, 민권, 평등 등의 주요관념을 제출했다.

6. 완고파, 양무파와의 사상투쟁: '중체서용' 반대.

7. 봉건완고파 세력의 과소평가는 자본주의 민주개혁의 최초의 실패를 초래했고, 개량파 자유주의는 혁명파의 민주주의와 인민주의에 자리를 내주었다.

캉유웨이 사상 연구

1. 캉유웨이 사상체계의 네 가지 측면과 그 성숙과정.

2. 서양에서 전래한 자연과학이 선진 중국인의 세계관에 침투한 것은 당시의 주요한 특색이었다.

3. 전통적 인성과 선악 명제에 대한 논변의 시대적 내용: 부르주아 자연인성론은 봉건주의 천리인욕론을 반대했다.

4. '공양삼세설'의 역사진화론.

5. 대동' 공상의 반봉건 민주주의의 내용: 물질문명이 고도로 발달한 기초 위에 건립된 것이 그 주요특징이다.

6. 인권·평등·자유·독립은 이상적 대동사회의 기본원칙.

7. 정치투쟁에서 '탁고개제'의 실천적 의의.

탄쓰퉁 연구

1. 탄쓰퉁 사상탄생의 시대적·계급적 특징: 1890년대의 개량파 좌익.

2. 탄쓰퉁의 '이태'(以太)는 기본적으로 물질개념이다.

3. '인'(仁)과 '이태'의 다층관계.

4. '심력'(心力)은 관념론 개념, '심력'과 '이태'를 동일시할 수 있는

지에 관한 여러 문제.

5. 봉건강상과 군주전제에 대한 맹렬한 공격은 탄쓰퉁 사상 가운데 가장 빛나는 부분이다.

6. 유물론과 관념론 · 변증법과 궤변론 · 과학과 종교 · 혁명과 개량.

옌푸론

1. 옌푸의 역사적 지위는 개량파의 대표에 있지 않고, 근대 중국인에게 진화론이라는 새로운 세계관을 준 점에 있다.

2. 이것은 창조적 공헌이고, 여러 세대의 지식인에게 영향을 주었다. 『천연론』은 단순한 번역에 그치지 않는다.

3. 영국의 경험론 철학과 논리귀납법 소개.

4. 이론과 사변에 대한 중시가 부족함에 따라 경험론에서 주관관념론에 이른 것은 보편적 의의를 가진 근대 중국 철학의 중요한 교훈이다.

5. 옌푸의 자유주의적 경제 · 정치사상(『국부론』, 『법의 정신』을 소개)은 영향을 미치지 않았지만 중요한 측면이었다.

20세기초 부르주아 혁명파 사상 논강(論綱)

1. 중국 근대는 네 시기로 나뉜다(1840~64, 1864~94, 1894~1911, 1911~19): 혁명고조의 두 시기와 저조의 두 시기.

2. 자립군운동과 항러 의용대는 혁명파 발전과정에서 관건이 되는 두 가지 고리이다.

3. 애국에서 혁명으로 간 것은 이 발전과정의 기본실마리였다. 자유 · 평등 · 인권 · 민주가 아니라 국가의 독립과 부강이 출발점이자 우선적 문제가 되었고, 그것은 이후 몇 세대 혁명가들에 의해 부단히 반복되었다.

4. 홍중회 · 화흥회 · 광복회의 세 모임은 서로 다른 특색을 가진다.

5. 천톈화(陳天華)의 반제구국, 장타이옌(章太炎)과 주즈신의 주관적 사회주의는 대표성을 가진 동시에 사회적 근원이 있는 사상이다.

6. 쩌우룽의 인권 · 민주 · 자유는 최종적으로 앞의 두 사조에 매몰되

었다.

7. 반제와 반만은 반봉건을 덮었고, 봉건주의가 신형식 또는 구형식으로 통치하는 것에 대한 평가가 부족했다. 이는 엄중한 역사적 교훈이다.

쑨중산의 사상

1. 부강한 조국건설과 제국주의 반대는 민족주의의 양대 내용이다.

2. 민권주의는 혁명의 중심이어야 한다. 『민권초보』의 적극적 의의.

3. '권능분리' 설의 병폐, '만능정부'는 중국의 조건에서 봉건파시즘으로 변질될 수 있다.

4. 민생주의는 자본주의적 발전을 요구하면서 자본가에 반대한다.

5. 쑨중산의 '생원설'(生元說). 중국 근대철학의 일부 특징.

6. 혁명의 실패는 이론의 중요성을 부각시켰다. 『쑨원 학설』(孫文學說, 심리건설)의 유물론적 인식론.

7. 쑨중산의 민생사관, 마르크스주의 전 단계에서 정지.

장타이옌 해부

1. 장타이옌의 역사적 지위를 결정하는 것은 선전가이자 사상가로서의 두번째 시기(1900~08).

2. 장타이옌의 사상연원 · 성분 · 과정 · 시기의 여러 가지 복잡함, 고문경학과 불학 유식종이 주간(主幹).

3. 반(反)자본주의적 사상특징: 대의제 민주 반대, 자본주의 상공업 반대, 물질문명 반대, 진화론 반대.

4. 도덕이야말로 사회의 법규이자 혁명의 동력이라고 인식, "종교로 신심을 발기시켜 국민의 도덕을 증진시키자"는 것이 가장 중요.

5. 이는 봉건적 생산양식의 속박을 받는 종법제 농민사상을 독특하게 반영한 것이고, 소생산자의 공상성과 봉건성을 표현한 것이었다.

6. 주관관념론의 철학 세계관, 주관 전투정신을 강조, 상술한 정치 · 사회사상과 하나로 혼용.

량치차오와 왕궈웨이에 대한 간략한 논의

1. 량과 왕은 중국 근대사에서 긍정적 인물이다. 공이 과보다 크다.

2. 량치차오는 자본주의의 인생관·역사관·문예관을 광범하게 선전·소개함으로써 반봉건이라는 진보적 작용을 불러일으켰다. 그는 영향이 가장 큰 중국 부르주아 계몽선전가이다.

3. 왕궈웨이는 중국 부르주아 역사학자의 대표이다. 궈모뤄의 두 사람에 대한 평가.

루쉰 사상발전에 대한 약론

1. 기층인민에 대한 사랑과 상류사회에 대한 증오는 루쉰의 일생에서 나타나는 특색이다. '국민성' 문제의 제기. 인도주의는 개성주의보다 근본적이다.

2. 초기는 1906년을 분기점으로 한다. 첫 단계는 자연과학 유물론이고, 둘째 단계는 장타이옌에게서 중요한 영향을 받았다.

3. 전기는 1925년을 경계점으로 삼는다. 첫 단계는 '문명비평'과 '사회비평'을 '국민성' 개변을 위한 새로운 전략으로 삼았다.

4. 둘째 단계는 문화계 통치인물과의 직접적인 박투(搏鬪)였다. 그것은 루쉰의 사상발전에서 관건적 의의가 있다.

5. 전기에 마르크스주의에 근접하거나 합치되는 중요한 개념과 사상을 누적시켰고, 1927년 후반기는 루쉰이 마르크스주의자가 되는 후기의 시작이다.

6. 루쉰 작품의 서정적 풍격.

7. 중국 혁명과 여섯 세대의 지식인.

후기

1. 우연과 필연은 역사철학의 중심범주여야 한다.

2. 중국 근대의 삼대 진보사조와 그 대립면.

■일러두기

1. 원주는 일련번호를 매기고, 역주는 * 으로 표시해 구별했다.
2. 외래어 고유명사의 경우 외래어 표기법(문화체육부 고시 제1995-8호, 1995. 3. 16)을 따랐다. 주의를 요하는 몇 가지 표기법을 보면 아래와 같다.

   1) 파열음 표기에는 된소리를 쓰지 않는 것을 원칙으로 한다(외래어 표기법 제1장 제4항). 다만 설치성 'z'와 's'의 경우는 각각 'ㅉ'와 'ㅆ'로 표기한다.

   2) 주의를 요하는 운모(韻母) 표기(외래어 표기법 제2장 표5).

      you(yu) → 유

      wei(ui) → 웨이(우이)

      weng(ong) → 윙(웡)

      yuan(uan) → 위안

      yong(iong) → 융

   3) 'ㅈ, ㅉ, ㅊ'으로 표기되는 자음 뒤의 'ㅑ, ㅖ, ㅛ, ㅠ' 음은 'ㅏ, ㅔ, ㅗ, ㅜ'로 적는다(외래어 표기법 제3장 제7절 제2항).

   4) 중국 인명은 과거인과 현대인을 구분하여 과거인은 종전의 한자음대로 표기하고 현대인은 원칙적으로 중국어 표기법에 따라 표기하되, 필요한 경우 한자를 병기한다(외래어 표기법 제4장 제2절 제1항).

   * '과거인과 현대인을 구분'한다는 표현은 애매하다. 이 책에서는 저자의 시기 구분을 존중하여 '아편전쟁'을 그 기준으로 삼았다.

홍슈취안과 태평천국 사상 산론

    1949년 이래 중국 대륙의 근대사 연구에서 성과가 가장 큰 분야로는 태평천국을 꼽아야 할 것이다. 자료의 수집과 정리 그리고 출판에서, 논저의 질과 양에서 모두 그러하다. 그중 가장 중요한 것은 이 혁명의 성격을 명확하게 하고, 세계사에서도 전례 없는 위대한 농민전쟁을 충분히 긍정하고 찬양한 점이다. 물론 커다란 결점과 부족한 점도 있다. 가장 큰 결점은 농민전쟁의 객관법칙을 검토하고 혁명 및 그 이데올로기의 중요한 경험과 교훈을 총결하는 데 소홀했다는 점이다. '사인방' 통치시절에는 이 문제를 거론하는 것이 허용되지 않았다. 게다가 량샤오(梁效)와 뤄쓰딩(羅思鼎) 등은 농민혁명의 찬양이라는 깃발 아래 의도적으로 태평천국과 홍슈취안*을 신기하고 완벽하다고 말함으로써 그 본래의 모습을 왜곡했다. 이런 혼란은 가능한 한 빨리 바로잡아야 한다. 아래에서 우리가 익히 알고 있는 몇 가지 문제에 대해 약간의 견해를 밝히고자 한다.

---

* 홍슈취안(洪秀全, 1814~64)은 태평천국의 지도자이자 '근대' 중국의 선진사상가 중 한 사람이다. 아편전쟁 직후, 중국은 점차 반식민지·반봉건 사회로 변질되고 있었고 첨예한 계급모순과 민족모순으로 마침내 1851년 태평천국 혁명이 폭발했다. 홍슈취안은 이 역사적 흐름에 의해 정치무대에 오르게 되고 태평천국 혁명운동의 지도자가 되었다. 봉기 몇 년 전 홍슈취안이 펑윈산(馮雲山) 등과 함께 종교형식을 이용하여 군중을 선전·동원·조직한 것은 봉기를 위한 충분한 준비였다. 1850년 홍슈취안은 천왕(天王)으로 추대되어 태평천국을 건립했고, 1853년 태평군은 난징(南京)을 함락하고 그 이름을 톈징(天京)으로 바꾸어 태평천국의 도읍으로 삼았다. 홍슈취안이 이끈 태평천국은 청(淸) 봉건왕조, 외국 자본주의 침략자들과 오랫동안 투쟁했다. 1864년 홍슈취안은 톈징에서 병사했다. 태평천국의 지도자이자 사상적 대표로서 홍슈취안은 중국 '근대' 사상사에 공헌을 했다. 그의 저작은 대부분 『태평천국 사료』에 수록되어 있다.

1 개조된 상제

이데올로기 측면에서 볼 때 태평천국은 선명한 특색을 가지고 있다. 그것은 종교의 외피를 쓰고 정치·경제·문화 각 방면에서 농민계급이 지주계급에 전에 없이 사상적으로 반항하고 폭력적으로 공격했다는 것이다. 그러나 태평천국 사상은 봉건적 생산양식의 한계를 벗어나지 못했고, 새로운 생산력과 생산양식에 기초한 근대 부르주아적 경제토대가 만들어낸 민주주의 등 중요한 내용이 결여되어 있었다. 그와 반대로 평균주의·금욕주의·종교와 미신 등과 같은 소생산자의 이데올로기가 중요한 지위를 차지했다. 이러한 점은 사회의 발전법칙에 위배되고 현실생활의 요구에 부합되지 않음으로써 혁명을 실패하게 만들었다. 결국 홍슈취안의 사상은 혁명적 반항성과 봉건적 낙후성이라는 농민계급 이데올로기의 이중성을 두드러지게 표현했다 할 수 있다.

홍슈취안 사상의 핵심과 주류는 근대의 특정한 조건 아래 중국 봉건사회의 농민혁명 사상을 계승하고 발전시켰다는 점이다. 경제적 평균주의를 내핵으로 하는 소박한 평등관념, '태평'·'천국' 등의 기본관념과 구호 같은 혁명사상 등은 중국에서 그 유래가 오래되었다.[1] 한(漢)대의 『태평경』(太平經)[2]에서 당(唐)대의 『무능자』(無能子)[3]에 이르기까지, 『시경』(詩經) 「큰 쥐」(碩鼠)편의 "저 낙토로 가겠노라"에서 『포박

자』(抱朴子)「힐포」(詰鮑)편[4]의 "농사를 안락하게 여기고 하늘의 뜻에
따라 땅을 나눈다"에 이르기까지, 모두 "착취의 존재는 피착취자들과
개별적인 지식인 사이에서 이 제도와 상반되는 이상들을 영원히 만들
어낼 것"[5]이라는 레닌의 지적에서 벗어나지 않는다.

　태평천국의 특징은 서양에서 배운 새로운 형식으로 반(反)착취의 이
상을 유례없는 수준으로 향상시켜 상당히 완비된 이론체계를 만들어낸
점, 그것으로 농민을 추동·조직하고 통솔하여 군사·정치·경제·문
화의 각 방면에서 계급투쟁을 진행하는 근본적인 사상무기로 삼았다는
점이다. 그것은 충분하고도 완벽했으며 자각적으로 진행되었다는 점에
서 동서 농민전쟁사에서 보기 드문 희귀한 운동이었다. 그 으뜸가는 공
은 당연히 홍슈취안에게 돌려야 한다. 그는 태평천국의 창조자이자 이
혁명의 사상가이며 정치적 지도자였다.[6] 일반 사상가와는 달리 홍슈취
안의 사상은 1,000만 농민과 피착취 노동대중의 현실투쟁에 무기가 되

---

1) 80년 전에 이미 홍슈취안의 활동과 중국 하층사회 비밀결사의 관련을 강조한 견해
　가 있었다. "하늘을 아버지라 하고 국호를 천국이라 하며 관직도 천(天)으로 명명하
　고 상하가 한 몸이 되어 모두 형제라고 불렀다. 이는 기독교에 근본을 두고 있는 것
　이 아니라 홍문(洪門)의 이전 규칙에 근원을 두기에 그리 된 것이다."(타오청장陶成
　章, 『교회표류고』敎會漂流考) 최근 어떤 사람은 연구를 통해 태평천국의 수많은 은
　어와 암호, 몇몇 개념이 하층결사와 관련이 있음을 밝혔다. 셰싱야오(謝興堯)의 『태
　평천국의 사회·정치사상』(太平天國의 社會政治思想, 1935)을 참조하라.
2) "하늘이 사람을 만드시매 다행히 사람마다 근력을 가지게 하여 스스로 의식을 해
　결할 수 있게 했다." "천지가 베푼 것을 익힐 수 있으면 존귀한 것과 비천한 것,
　큰 것과 작은 것이 하나처럼 되어 다투고 소송할 것이 없다." "태(太)는 대(大)이
　고, 평(平)은 정(正)이며, 기(氣)는 주로 기름(養)으로써 화(和)에 통한다. 이를
　얻어 다스리므로 태평기라고 한다."(『태평경』)
3) "억지로 귀천과 존비를 나누어 그 다툼의 소지를 통일하고 억지로 인의 예악을 행
　하여 그 진실을 기울게 하며 억지로 형법과 정벌을 행하여 그 생명을 해치는 것
　은…… 성인의 지나침이다."(『무능자』)
4) "……몸은 부역이 없고 집은 바치는 비용이 없으며, 농사를 안락하게 여기고 하
　늘의 뜻에 따라 땅을 나누며, 안으로 옷과 먹을 것이 넉넉하고 밖으로 세리와의
　다툼이 없다."(『포박자』)
5) 『레닌 전집』(중어판) 제1권, 393쪽.
6) 전기(前期)의 조직가이자 군사적 지도자는 주로 양슈칭(楊秀淸)이었다.

었고, 태평군의 영혼이 되었으며, 아울러 태평천국의 흠정(欽定) 이데올로기가 되었다. 그의 창조성은 서양의 상제(上帝)관념을 빌려와 농민혁명의 사상과 이론에 기초로 삼은 점에 있다.

1837년 훙슈취안은 선교사에게 『권세양언』(勸世良言)*이라는 책을 얻었는데, 이것은 혁명의 의의와 사상의 가치가 거의 없는 졸렬한 기독교 선전물이었다. 그러나 그것과 관련된 일부 중국의 현실과 그것이 번역하고 선전한 상제·예수·세례·기도·의식과 우상반대, 유불도(儒佛道) 비판 등의 『성서』 교리는 당시 수많은 중국 인민에게는 들어보지도 못한 것이었다. 그것은 공자와 맹자의 경서에서 불교의 미신에 이르기까지 중국 전통의 관념, 사상형식과는 전혀 다른 신선한 것이었다. 바로 이 점이 마지막 과거시험에 실패하고 오갈 데 없던 훙슈취안의 절박한 요구에 부합했다.[7] 그러나 더 중요한 것은 이 신선한 이론과 관념 그리고 의식이, 당시 봉건통치가 비교적 취약하고 농민운동이 여기저기서 막 흥기하고 있던 광시(廣西) 지역사회의 계급투쟁 요구에 부합했다는 점이다. 또한 황제의 권위보다 큰, 무소불능하고 무소부재한 상제를 빌려와 세간의 모든 물질적·정신적 권위를 타도하고 부정하고 소탕했다는 점이다. 엥겔스는 『독일 농민전쟁』에서 이렇게 말했다.

…… 모든 봉기의 예언자는 자신의 참회설교로 활동을 시작한다. 사실 맹렬하게 팔을 휘두르며 내는 큰 소리만이, 그리고 습관이 된 생활방식 전부를 일순간 단번에 포기하는 것만이, 아무런 연계 없이

---

* 중국 최초의 목사였던 량파(梁發, 1789~1855)가 편집한 기독교 선교서. 모두 9권, 61편, 약 10만 자로 되어 있다.

7) 그의 꿈은 현실제도에 대한 가슴 가득한 분개와 울분을 발산하는 식으로, 보복과 반항을 요구하는 의지──아무도 거들떠보지 않고 누차 급제하지 못한 가난한 서생이 기어코 산하를 통치하고 인간세상을 주재하겠다는──를 무의식적으로 표현한 것이었다.

사방에 흩어져 살면서 어려서부터 맹목적인 복종에 길들어 있는 농민들을 발동시킬 수 있다.[8]

삼합회(三合會)·삼점회(三點會) 등 전통적 비밀결사보다 더욱 공고하던 상제를 숭배하는 조직인 배상제회(拜上帝會)의 이런 기능은 낡은 관념이나 습관화된 낡은 생활방식과 쉽게 결렬하게 해주고, 회중(會衆)의 사상과 행동 그리고 생활 전부를 통일하여 강대한 역량을 형성하게 했다. "속세의 인연을 벗어던지고, 누구도 모든 속세의 정에 끌려서는 안 되고 반드시 모든 망념을 버려야 한다."[9] 「원도구세가」(原道救世歌)와 「원도성세훈」(原道醒世訓)에서 「원도각세훈」(原道覺世訓)에 이르러[10] 홍슈취안은 마침내 도덕적 구원을 선전하는 '참회설교'에서 정치투쟁을 위한 호소로 발전했다. 『권세양언』에서 강조한 것은 인간의 타락과 신의 징벌이지만, 「원도각세훈」에는 "그는 어떤 사람인데 뻔뻔스럽게 황제를 칭하는가" 등 전투적 외침이 충만했다. 이렇게 된 근본원인은 그것이 당시 그곳 농민봉기의 요구에 부응했다는 점에 있다. 결코 해외의 일부 논저에서 말한 것처럼 외래종교가 중국의 혁명을 불러일으킨 것이 아니었다. 그와 반대로 중국 내 혁명의 요구가 홍슈취안에게 이 외래형식을 빌려 개조하게끔 했다.

홍슈취안은 겸손하고 인내하며 굴욕을 견디고 운명에 안주하는, 이른바 왼뺨을 맞으면 오른뺨도 내주라는 『성서』의 각종 가르침을 버리고, "지나치게 인내하거나 겸손한 것은 특히 지금과 부합하지 않고 사악한 세상을 진압할 수 없을 것"[11]임을 명백하게 지적했다. 그는 『권세

---

8) 『마르크스·엥겔스 전집』(중어판) 제7권, 421쪽.

9) 「원도구세가」.

10) 이 발전과정은 더 많이 연구해야 한다. 왜냐하면 앞 두 편은 혁명적 의미가 없기 때문이다. 국외 일부 논저는 농민봉기가 아니라 종족·종성(宗姓) 사이의 전투가 교의를 변화시켰다고 강조했다(쿤Philip A. Kuhn, 『사회역사 비교연구』「태평천국 관념의 근원」太平天國觀念的根源, 1977년 제7기). 이는 옳지 않다.

『양언』의 '안분수기(安分守己: 자신의 분수에 맞춤)하고 봉건통치에 복종하며 기존질서를 수호하고, 빚지지 말며 소작료를 납부하라' 는 각종 사항을 기본적으로 폐기했다. 홍슈취안이 강조하여 선전한 것은 이른 바 '황상제' 와 '염라 요괴' 의 대립과 투쟁이다. 그는 자신이 '천부(天父)와 천형(天兄)' 의 지령을 받아 요마를 참살한다고 했다. "상제가 짐을 보내 세상에 강림하게 했으니…… 너희들 요마는 깨끗이 사라져라."[12] "높은 하늘이 나를 보내어 요마를 주살(誅殺)하게 하셨고, 천부와 천형이 수시로 보살펴준다."[13] 홍슈취안의 상제는 근대 부르주아 계급의 '박애' 의 꿈이 아니라 농민형제의 복수의 신이었다.[14]

홍슈취안은 봉기 전 다음과 같은 내용을 선전했다. "살인을 금지"함으로써 "선대에 살인을 즐겨 하지 않아 그 덕이 하늘의 마음(天心)과 하늘의 눈(天眼)에 부합되어 열리고"[15] "마을에서 어질지 않은 자를 함께 죽인 것은 하늘의 삶(天生)과 하늘의 기름(天養)을 귀중함으로 삼음

---

11) 한산원(韓山文, 스웨덴의 선교사), 『태평천국 봉기기』(太平天國起義記).
12) 『구요무제벽』(九妖猷題壁).
13) 『융안돌위조』(永安突圍詔).
14) "우리의 『성서』 주해는 그의 찬동을 얻기가 매우 어려웠다. 우리의 가장 훌륭한 성서본은 그에 의해 붉은 펜으로 하늘의 뜻이 첨가되어 전부 엉망이 되었다." "나는 그들이 마음속으로는 예수 복음서를 반대하고 있음을 믿는다." "교황이 그를 다스릴 권력을 가지고 있었다면 일찌감치 그를 화형에 처했을 것이다." (『톈징 유기』天京游記) "직접 신과 대면했다고 사칭하고…… 상제가 강림했다고 하는데, 이는 진실로 우리가 기독교 『성서』에서 익숙히 보던 것과는 크게 달랐다." "……저들은 이미 새로운 종교를 창립했는데, 그것은 거짓 계시라 칭할 수 있다. ……아무런 선입관이 없는 일반 사람도 그 신앙에 진실한 뜻이 있는지에 회의를 가지기에 충분했다."(『영국 정부 외교문서 중 태평천국 사료』英國政府藍皮書中之太平天國史料) "선교사들은 자신이 태평군과 일치하는 점이 거의 없음을 발견했다. ……홍슈취안의 교의는 완전히 우리처럼 천부에게 얻은 것이 아니었고 예수가 한 말과도 완전히 달랐다." "태평천국은 기독교 특히 구약의 사상과 의식, 예를 들어 세례와 예배제도 준수 등을 운용했다. 그러나 기독교의 수많은 기본도리를 수용하지 않았다. ……그들은 사랑, 관대함, 겸비(謙卑), 이웃에 대한 관심 등 기독교 특유의 교의를 생략했다."(페이정칭 費正淸, 『미국과 중국』 제8장 제2절)
15) 「원도구세가」.

이다."[16] 그리고 후에는 이렇게 여러 번 지적했다. "천부는 영을 내려 사악한 것을 참하고 바른 것을 남기라 하셨으니, 요괴를 죽이고 죄 있는 자를 죽이는 것을 면할 수 없다." "천부께서 살인하지 말라 금하신 것은 사람들이 모략을 써서 남을 해치고 마구 살인하는 것을 금하신 것이지, 천법에 의해 살인하는 것을 이른 것이 아니다."[17] 이는 홍런간(洪仁玕, 1822~64)이 "셴펑(咸豊)*의 군대는 우리에 대해 측은과 자비의 마음이 추호도 없"으므로 "우리도 그들에게 인애(仁愛)로 대하지 않았다"[18]고 말한 것과 같다. 이로 볼 때, 홍슈취안의 상제와 그 혁명의 기본내용은 바로 현실 계급투쟁의 상황(특히 당시 생사를 건 대단히 격렬하고 잔혹하던 군사투쟁)에 의해 결정되고 지배되었으며, 그것에 의해 개조된 것임을 알 수 있다.

플레하노프는 관념·정서·의식(儀式)이 종교의 세 가지 요소임을 지적했다.[19] 홍슈취안은 이 세 가지를 모두 혁명의 내용에 주입했다. '인간은 모두 형제'라는 기독교의 박애관념은 농민계급의 경제적 평균주의와 원시적이고 소박한 평등관에 주입되었다. 종교에 대한 열광은 오랫동안 억압받은 농민군중의 혁명요구에 의해 충실해졌다. 더욱 두드러진 것은 종교의 계율과 의식이 혁명군대에 필요한 상당히 엄격한 기율로 개조되었다는 점이다. 세 가지 중 세번째 것이 가장 실재적이고 구체적이었다.

모든 종교는 반드시 각종 의식과 계율에 의거해야만 그 존재를 유지하고 그 관념과 정서를 표현할 수 있다. 홍슈취안은 모세의 십계를 '십관천조'(十款天條)로 바꾸어 "태평군이 이를 받들어 초기의 군율로 삼게" 했다.[20] 후에는 더욱 완비된 각종 『행영규거』(行營規矩)·

16) 「원도성세훈」.
17) 『자정신편』(資政新篇)의 홍슈취안의 비주(批注 : 비판적 주석).
 * 청 문종(1851~61)의 연호. 청대에는 연호로 황제를 지칭했다.
18) 『톈징 유기』.
19) 「러시아의 이른바 종교 찾기에 대해」.

『정영규조십요』(定營規條十要)·『행군총요』(行軍總要) 등으로 끊임없이 발전했다. 예를 들어 '인간은 모두 형제'라는 관념이 장교는 병사를 아껴야 하고 군대는 백성을 애호해야 한다는 것으로 구체화한 것들이 그것이다.[21] 배상제회의 일부 기본 종교관념과 열렬한 감정은 이렇게 신성화한 각종 기율과 의식 속에서 선전·관철되고 엄격하게 집행되었으며, 투쟁에서 사상과 의지와 보조를 통일시키는 중대한 실

---

20) 뤄샤오취안(羅孝全), 『소도회 수령 류리추안 방문기』(小刀會首領劉麗川訪問記).
21) 『행군총요』를 참조하라.

'십관천조'의 내용은 다음과 같다. 1) 황상제 숭배. 2) 사신(邪神)을 참배하지 않는다. 3) 황상제의 이름을 함부로 거론하지 않는다. 4) 7일마다 황상제를 예배·찬송한다. 5) 부모에게 효도한다. 6) 다른 사람을 해치거나 죽이지 않는다. 7) 간음하지 않는다. 8) 도둑질이나 강도질을 하지 않는다. 9) 거짓말을 하지 않는다. 10) 탐욕스러운 마음을 품지 않는다.

'오조기율조(詔)'는 다음과 같다. 1) 조명을 준수한다. 2) 남자가 할 일과 여자가 할 일을 분리한다. 3) 어떤 일이 있어도 범죄를 저지르지 않는다. 4) 공정한 마음으로 공손하게 두목의 명령을 따른다. 5) 한마음으로 협력하고 싸움에 임하여 물러나지 않는다.

『정영규식십요』는 다음과 같다. 1) 하늘의 명령을 준수한다. 2) 천조(天條)를 숙지하고 아침저녁 예배를 찬미하며 규율과 반포된 조령(詔令)에 감사한다. 3) 심장을 잘 단련하고 흡연과 음주를 하지 말고 공평하고 공손하며, 잘못을 감싸고 사사로움에 얽매여 아랫사람을 따르고 윗사람에 거역하지 말아야 한다. 4) 한마음으로 힘을 합하고 관리의 단속을 준수하며 병기와 금은 패물을 숨기지 말아야 한다. 5) 남영과 여영을 구별하고 서로 주고받거나 친하지 말아야 한다. 6) 낮과 밤의 군대소집, 징·호각·북의 호령을 숙지해야 한다. 7) 일 없이 군영을 통과하여 공적인 일을 그르치지 말아야 한다. 8) 관리의 칭호와 문답예제를 학습해야 한다. 9) 군장과 총포를 정비하여 비상시에 대비해야 한다. 10) 국법과 왕명을 거짓으로 말하거나 군기와 장수의 명령을 와전하는 것을 금한다.

『행영규식』은 다음과 같다. 1) 15세 이상의 각 내외 장병들은 군장과 식량, 식기·기름·소금을 준비하고, 창만 있고 방패가 없어서는 안 된다. 2) 내외의 강건한 장병은 본분을 초월하거나 명령을 위반하여 가마나 말을 타거나 바깥에서 작은 이(백성)의 것을 함부로 가져서는 안 된다. 3) 내외 관병들은 각자 길옆으로 피하여 '만세 만복 천세'를 외치고, 황제의 가마와 왕비의 가마에 끼어들어서는 안 된다. 4) 호각이 울리면 급속하게 금지구역으로 달려와 요괴참살의 명령을 들어야 하고, 피하거나 안위를 생각해서는 안 된다. 5) 군대의 남녀는 마을에 들어가 밥을 짓고 음식을 얻거나 백성의 집을 훼손하며 가게나 관가에서 재

제작용을 일으켰다.

태평천국은 이런 의식과 기율, 선전을 중시하면서, '천정도리'(天情道理)의 선전을 대단히 중시했다. 이런 선전의 두드러진 특징은 종교관념과 봉기 전후의 혁명역사를 뒤섞은 것이었고[22] 그것은 실제로 태평천국 특유의 사상교육이었다. 태평천국은 또한 "마음을 바꾸고…… 맑

물을 약탈하고 약재를 찾아서는 안 된다. 6) 차와 밥을 파는 백성들을 잡아 짐꾼으로 삼거나 군중 형제의 물건을 속여 가로채서는 안 된다. 7) 행군 도중 가게에서 잠을 자다가 행군을 늦춰서는 안 되고, 앞뒤로 연락하여 이탈하지 않도록 힘쓴다. 8) 민가를 불태우거나 길, 우물, 민가에 배설해서는 안 된다. 9) 노약자와 힘없는 짐꾼을 함부로 살상해서는 안 된다. 10) 각자 주장과 책임자의 호령을 따르고 마음대로 행동해서는 안 된다.

『행군총요』의 규정을 살펴보면 다음과 같다. "……모든 좌장(佐將)은 병사를 사랑하고 아낄 줄 알아야 한다. 예를 들어 행군시 길가에서 부상자와 노약자 등을 만나거나 산을 넘거나 강을 건너지 못하는 자를 만나면 반드시 각 관리에게 명령하여 어떤 사람이든 말에 태워서…… 유기되지 않게 하고, 군영을 세울 때…… 상처가 회복된 자는 몇 명이고 아직 회복되지 않은 자는 몇 명임을 일일이 보고하게 하고, 재무관에게 명하여 2~3일마다 고기를 지급하여 요양에 도움이 되도록 한다."

"본영의 형제는 조심해서 상소하고, 같은 아비의 소생이라 생각하여 혈육처럼 대해야 한다."

"모든 보초 병사는 춥고 비나 눈이 오는 밤에 특히 잘 보살펴주어야 한다. 그 의복이 얇거나 이부자리가 깔려 있지 않으면 즉시 각 관리에게 명령을 내려 여분의 것을 꺼내어 병사에게 나누어준다. 각 관리에게 여분의 의복이 없으면 각 관리는 야간에 가죽옷을 보초 병사에게 주어 입게 한다."

"모든 군영은 청결하게 청소해야 하고, 마음대로 변경하거나 이동할 수 없다. ……그리고 수치도 모르고 아무 데서나 소변을 보아서는 안 된다. ……모든 우리 형제의 행군에는 억지로 백성들을 끌어들여 짐을 운반하게 하거나 백성의 집에서 숙박하는 것을 허락하지 않고 또한 함부로 물건 하나라도 취하는 것을 허락하지 않는다. ……모든 우리 형제는 훌륭하게 수련해야 하며, 양담배와 잎담배의 흡연, 음주, 노략질, 간음을 허락하지 않는다. 어기는 자는 참수한다. …… 길옆의 금은 재화는 모두 줍지 않고 사유재산을 허락하지 않는다. 위반하는 자는 참수한다."

"……까닭 없이 백성을 살해하는 자는 참한다."

"……백성의 집을 불태우는 자는 모두 참한다."

"……백성의 재물을 노략하는 자는 모두 참한다."

22) 『천정도리서』(天情道理書)를 참조하라. 실제 선전상황은 다음과 같았다. "……

58

으면 병사를 조련하고 비가 내리면 천서(天書)를 습독하며"[23] "무릇 벌줄 때에도 도리를 강구하고 약탈할 때에도 도리를 강구하며 창졸간에 행군하거나 임시로 영을 내릴 때에도 도리를 강구하고…… 지극히 힘든 일에도 반드시 도리를 강구해야 한다"*고 강조했다.

태평천국에는 구체적인 규정이 있는데, 예를 들어 "승천시 즐거워해야지 울어서는 안 된다"[24]라든가, "동시에 엎드려 함께 묵도하고 동시에 궐기하여 함께 소리지르며('요마를 모두 죽이자') 식사할 때도 요마 제거를 잊지 말자"[25] 등이 그것이다. 이러한 종교선전(태평천국의 사상교육)과 의식(儀式)규정(태평천국의 조직기율)의 중시는, 수많은 태평군 전사가 일치단결하고 분발하여 자신을 돌보지 않고 전진하게 함으로써 아무도 이들을 가로막지 못하게 했다. "무리를 기(技)로 삼고 과감하게 죽음을 기로 삼으며 고난과 기갈을 능히 인내할 수 있음을 기로 삼으면…… 죽는 자는 스스로 죽고 강을 건너는 자는 스스로 건너고 산을 오르는 자는 스스로 오른다."[26] 한편으로 새로운 종교형식을 빌려 보수적이고 산만하며 옛것을 지키는 봉건농민의 생활방식을 확실히 개변해 그들을 발동하여 혁명군으로 조직했다. 다른 한편으로는 중국 봉건사회에서 농민전쟁의 현실적 요구로 말미암아 박래품인 기독교 형식이 이런 작용을 일으킬 수 있었다. '서양학습'은 반드시 중국의 실제에 적응하고 그것과 결합해야만 작용을 일으킨다. 홍슈취안은 중국 근대에서 이러한 범례를 개창(開創)했다.

자리에 올라 한참 후에 치사하시기를, 우리가 진링(金陵)에서 봉기할 때부터 추위와 더위가 혹독했고 산천은 험준했다. 천신만고 끝에 제왕의 기업을 이루었다. 너희들은 살아서 태평시대를 만나 발을 들어 하늘의 계단을 밟도다."(『계갑진링 신악부』癸甲金陵新樂府)

23) 『천정도리서』.
 * 장더젠(張德堅), 『적정회찬』(賊情滙纂).
24) 『천조서』(天條書).
25) 『계갑 진링 신악부』.
26) 『적정회찬』.

그러나 종교는 결국 종교일 수밖에 없었다. 그것이 선전한 관념과 도리, 진행시킨 사상교육과 기율규정은 근본적으로 객관사물과 세계에 대한 과학적 해설이 아니었다.[27] 그러므로 어느 정도와 범위에서 사람들을 진정으로 장기간 완전히 믿고 좇게 만들었는지가 문제이다. 우선 태평천국의 최고 지도층에서 종교교의에 대한 신앙적 충성심이 일치하지 않았다. 양슈칭(楊秀淸, 약 1820~56)과 샤오차오구이(蕭朝貴, 약 1820~52)가 행한, 천부와 천형이 속세로 내려와 인간의 몸으로 태어났다는 것(下凡附體)[28]은 그들 자신에게 일종의 기만이었다. 이는 홍슈취안이 진정으로 꿈속에서 펼쳐진 진실을 믿은 것과는 다르다. 홍런보(洪仁玕, 1823~64)는 "군대는 세(勢)다. 그 세를 따라 인도하면 아무것도 막지 못한다. ……우리 천조(天朝) 초에 천부의 진실한 도로 만인의 마음을 한마음처럼 길렀으므로 모든 형제는 천부와 천형이 있음을 알 뿐 요마를 두려워하지 않았다. 이 가운데의 오묘함은 아무도 깨닫지 못했다"[29]고 함으로써 양슈칭·샤오차오구이와 비슷한 견해를 드러냈다. 스다카이(石達開, 1831~63)는 처음부터 "사교(邪敎)의 속된 말에 그다지 부회(附會)하지 않았고"[30] 후에도 "진성주(眞聖主)의 관제예문을 많이 바꾸었다."[31]

---

27) 그러므로 홍슈취안의 철학이 범신론 또는 유물론이라는 견해에 동의할 수 없다. 봉기 이전의 논저와 『천정요리』(天情要理)에 억지로 자연신론으로 해석할 수 있는 몇몇 어구가 있지만, 홍슈취안이 건립한 것은 분명 인격신이었다. 그것은 세상일에 간섭하고 세상을 지휘하며 목적의식적으로 세계를 주재하고 지배한다. "너희들은 나의 천부인 상제가 사람을 살리려면 살리고 죽이려면 죽이는 천상지하의 대주재인 것을 아는가?"(「천부하범조서」天父下凡詔書) 또한 (상제가) 핍진(逼眞)하게 홍슈취안과 면담하거나 속세로 내려와 인간의 몸으로 태어난 것 등이 어떻게 범신론 또는 유물론이겠는가? 이를 어떻게 이성을 숭상하고 하늘의 계시를 반대하는 뮌처에 비교할 수 있겠는가?

28) 그것은 분명 그곳 광시의 민간풍습에서 온 것이었다. "쉰저우(潯州)의 궁벽한 산 마을에…… 민간에서 지성(旵聖)의 말에 신탁하는 것이 유행했다."(뤄얼강羅爾綱, 『홍슈취안 봉기 전 연보』洪秀全起義前年譜)

29) 『자정신편』.

30) 쭤쭝탕(左宗棠), 「왕푸산(王璞山)에게 드리는 글」.

60

다음으로, 징벌이 엄하고 죽음의 위험이 있었음에도 리슈청(李秀成, 1823~64)이나 홍톈푸(洪天福) 등은 초기에 천조(天條)를 위반하고 금서를 훔쳐보았다.[32] 사상·관념·정감과 의지를 일종의 비과학적이거나 반(反)과학적인 종교신앙과 강제기율에 의지해 통일, 유지하는 것으로는 오랫동안 지탱할 수 없었다. 그것은 결국 반대로 나아가게 된다. 특히 천부의 대변인 양슈칭이 피살된 엄청난 사건 이후 충성스러운 신앙은 점차 회의 또는 기만으로 변질되고, 열광적인 정감은 '냉담한 인심'으로 변질되었다.[33] 의식은 형식으로 흘렀고 금욕은 방종으로 바뀌었으며 도덕적 순결은 도덕적 파멸로 나아갔다. 부부가 한 번이라도 동거하면 목을 자르고, "아무리 더워도 밤에 옷을 벗고 누워서는 안 되고 낮에도 상의를 벗어서는 안 된다"[34] 등 전기의 엄한 금율, 관병과 왕후(王侯)가 비교적 평등한 점,[35] '숙식을 모두 갖추고 혈육과 같은 정' 등과 같은 감동적인 장면은 더 이상 유지되지 않았다. 이는 종교의식(意識)을 동력과 주간으로 삼은 농민혁명 사상에 진일보한 발전방향이 결여되었음을 표명한다.

　　홍슈취안은 전기의 경험에서 출발하여 최후까지도 여전히 각종 조령을 반포해 도덕설교와 종교선전을 극력 강화했다. 그 결과, 전기에는 거대한 성과를 거두었지만 후기에는 그 효과가 미미했다. 이전의 여러 논저에서는 홍슈취안이 톈징에 들어간 후 혼미하고 무능하여 정사를 돌보지 않고 실패하게 된 상황에 대해 말했다. 사실 홍슈취안은 처음부

---

31)「길경원주의점상천왕주」(吉慶元朱衣點上天王奏).
32) 그들의「자술」(自述)을 보라.
33)『자정신편』.
34)『적정회찬』.
35) 이는 물론 상대적이었다. 사실 처음부터 등급존비의 엄격한 규정이 있었다. 예를 들어 여섯 왕은 많은 아내를 둘 수 있었지만 아래의 어떤 관병도 부부가 함께 묵는 것이 허락되지 않았다. 농민봉기의 여러 지도자가 처음에는 모종의 평등한 지위를 가지고 있던 것은 역대로 비슷했고, 결코 태평천국만 특별한 것은 아니었다. 예를 들어 이른바 '충의당 앞에서는 지위의 크고 작음이 없다'든가 '모두 어깨를 나란히 하고 왕 노릇을 한다' 등이 그러했다.

터 끝까지 정사를 관장했고 전기와 마찬가지로 여전히 행정·조직·군사 각 방면에서 대단한 예민함과 인식능력 그리고 재능을 나타냈다. 예를 들어 장군선발(영왕英王·충왕忠王·보왕輔王·시왕侍王 등), 임면(상벌을 분명히 하고 간왕干王·영왕·충왕 등에 대해서도 쉽게 용서하지 않았다), 전쟁 결정(동정東征·2차 서정西征 등) 등이 그러했다. 문제는 여기에 있는 것이 아니라, 그가 기본사상과 정강정책을 여전히 완고하게 견지하면서 갈수록 비과학적인 종교신앙과 도덕설교를 신봉했다는 점에 있다. 그는 사실대로 투쟁의 경험과 교훈을 총결하지 않았고, 혁명의 성패를 종교신앙에 충성했는지 여부로 귀결 지었다. 자신의 경직된 교의와 전기의 경험을 꺼안고 놓지 않았다. 심지어 마지막에는 국명과 조명(朝名), 그리고 옥쇄명 등을 '태평천국'에서 '상제천국'으로 바꿈으로써 위급한 국면을 타개하고 정세가 변혁되기를 기대했지만 아무런 문제도 해결하지 못했다.

홍슈취안의 비극에서 우리가 볼 수 있는 것은 바로 계급의 한계이다. 일대 천재가 최후에 이처럼 비참하고 피동적으로 된 것은 봉건적 생산양식이 그에게 준 깊은 흔적에서 벗어나지 못했기 때문이다. 그러므로 농민계급과 농민전쟁, 그리고 그 지도자를 이상화하지 말아야 한다. 한편으로 그것은 지주계급을 반대하고 봉건적 생산관계를 공격한 혁명성을 가졌다. 하지만 다른 한편으로 그것은 결코 새로운 생산력과 새로운 생산관계를 대표하지 못하고 여전히 봉건적 생산양식으로 돌아가고자 했으며, 그에 따라 농후한 봉건성을 가졌다.

중국 근대의 민주혁명은 본질적으로 농민혁명이었고, 농민을 주력군으로 삼은 신민주주의 혁명이 수십 년간 무장투쟁을 한 것도 태평천국 농민전쟁을 계승한 것이다. 그러므로 농민전쟁을 이상화하는 것은 나름의 원인이 있다. 그러나 신민주주의 혁명은 (공산당을 통한) 노동자계급의 지도 아래, 마르크스-레닌주의와 마오쩌둥(毛澤東) 사상의 과학적인 지도 아래 진행되었다. 그러므로 그것은 태평천국을 포함한 역사상의 어떤 농민혁명과도 원칙적인 차별이 있다. 농민혁명의 이상화는 이러한 원칙적인 차별을 취소하고 말살하는 것이다. 마오쩌둥은 1940년대에 궈모뤄(郭沫若)에게 태평군에 대해 쓸 것을 건의했다. 그러나 모든 농민혁명의 장점과 약점, 그 거대한 성공과 비참한 실패에 대해서는 지금에야 비로소 그 깊은 내용과 의의를 제대로 이해할 수 있게 됐다.

2 공구의 위패를 부수다

홍슈취안은 상제를 믿되 우상을 숭배하지 않았으며, 서당에 있던 공구(孔丘)*의 위패(位牌)를 부수고 해임[36]된 후 혁명활동의 길로 들어서기 시작했다. 이는 확실히 상징적 의미를 가진 사건이다.

이 글에서는 홍슈취안과 태평천국의 공자 반대를 형이상학으로 만들지 말고 그 이중성을 보아야 한다는 점을 설명하려 한다.

홍슈취안은 분명 과거시험에 실패해 공자와 맹자의 교의에 불만을 품었지만[37] 주로 봉기 후 계급 적들과의 대치로 나날이 견결하게 공자를 반대했다. 그러므로 봉기 전의 저작에는 공자와 맹자의 전통사상과

---

* 공자(孔子)는 '공 선생님'이라는 뜻이다. 저자가 객관화를 위해 '공구'라는 성명을 의도적으로 사용한 것 같다. 저자의 의도를 존중하여 이 표현을 그대로 살린다.

36) "(홍)슈취안과 몇몇 신도들은 우상을 섬기지 않았을 뿐만 아니라 서당의 공자 위패를 제거했으므로 그 해에 교사지위를 상실했다."(『태평천국 봉기기』) 후에 돌아가 교편을 잡았음에도 이미 선교활동이 주가 되었다.

37) 홍슈취안은 1836, 1838, 1843년 이렇게 세 차례 광저우(廣州)에 가서 수재시험을 치렀지만 실패했다. "(홍)슈취안은 과거시험에 불만을 품었기 때문에 공자의 교의를 멸시하는 마음을 가졌다."(『태평천국 친력기』太平天國親歷記) 이로 인하여 상제를 섬기고 우상을 반대하며 유교를 배척하는 『권세양언』의 각종 선교가 홍슈취안에게 기꺼이 수용되었다.

관념, 언어와 이름이 충만했다가[38] 이때 비로소 명확하게 삭제했다. 아울러 분서와 금서를 명하고 자신이 간행을 반포한 경전만 송독할 것을 허용했다.

> 지금 진정한 도서(道書)에는 세가지가 있는데 다름이 아니라 『구약성서』, 『신약성서』 그리고 『진천조명서』(眞天詔命書)이다. 공자·맹자와 제자백가의 요서와 사설을 모두 불태워버리고 매매·소장·독서를 허락하지 않되, 이를 어기면 죄를 묻는다.[39]

지주와 농민이 대단히 긴장하여 진행한 계급박투(階級搏鬪)는 이데올로기 영역의 상제와 공구, 혁명관념과 전통문화의 첨예한 대립과 세불양립(勢不兩立)으로 반영되었다. 이는 물론 커다란 혁명적 의의를 가지고 있었고, 수천 년간의 지주계급 이데올로기에 대한 전에 없던 맹렬한 충격이었다. 지주 통치계급을 반대하기 위해 이 계급이 보존하고 있던 모든 문화와 문명조차도 타기하고 훼멸(毁滅)했다. "(공자·맹자의—옮긴이) 서적을 보면 원수를 본 듯 미워하고 요서라고 판명되면 없애버려야 후련하다."[40] 이는 농민운동에서 자주 보이는 현상이었다. 공자에 대한 존경과 반대, 착취가 합리적이라는 유가이론과 착취에 반대하는 공상적 사회주의의 극렬한 투쟁은 바로 농민과 지주의 모순투쟁이 이데올로기 영역에서 첨예하게 표현된 것이다.

그러나 또 다른 측면이 있다. 통치계급의 의식은 항상 사회의 지배지위를 차지하는 의식이다. 태평천국의 공자 반대는 사회전체를 진동시켰고 지주와 지식인에게 영향을 주었다. 심지어 왕스둬(汪士鐸)와 같은 일

---

38) 예를 들어 "공자와 안회(顔回)의 일단사 일표음의 즐거움", "안회가 학문을 좋아하고 같은 잘못을 두 번 저지르지 않으며", "예가 아니면 보지 않고 듣지 않으며 말하지 않고 행동하지 않음으로써 정신을 면려했다" 등.
39) 황짜이싱(黃再興), 『조서개새 반행론』(詔書蓋璽頒行論).
40) 「평정월비기략부기」(平定粵匪紀略附記).

부 반동인물도 공자와 맹자에게 불만을 품고 그들을 질책했다[41] (비록 계급입장과 불만의 이유가 태평천국과는 정반대였지만). 그러나 홍슈취안과 태평천국에게는 근거가 되는 새로운 경제토대가 결여되어 있었고, 또한 봉건주의를 대체할 새로운 상부구조와 이데올로기를 제출하지 못했다. 따라서 공자와 맹자를 대표로 하는 전통 봉건사상은 진정으로 타도되거나 청산되지 않았고 그럴 수도 없었다. 그것들은 각종 형식으로 태평천국의 이데올로기에 침투하여 보류, 표현되었다. 하나는 '천부(天父)와 천형(天兄)', '새로운 천지' 등 새롭게 포장된 형식으로 표현되었고, 또 하나는 원모양대로 다시 출현했다. 따라서 홍슈취안이 쓴 『천부전』(天父傳), 「유학시」(幼學詩) 등의 작품에 많은 정통 유가관념이 들어 있는 것은 전혀 이상하지 않다.

또한 1861년 태평천국이 "천부께서 전에 성지(聖旨)를 내려 말하기를, 공자와 맹자의 책을 폐지할 필요가 없다. 그중에는 천정도리에 부합되는 것도 많다"[42]고 공개적으로 성명한 것도 이상하지 않다. 또한 리얼리즘 작풍이 비교적 강하던 양슈청이나 안목과 사상이 비교적 넓은 홍런보 · 스다카이 · 리슈청 등이 공자 반대를 완화하는 경향이 있기도 했으며, 홍런보는 공자학과 기독교를 하나로 융합하려고도 했다.[43] '사인

---

41) 예를 들어 "중니(仲尼: 공구의 자—옮긴이)는…… 공담으로 군대와 형법을 논했는데, 이는 모두 틀렸다", "공자의 말은 시세(時勢)에 따라 다르기 때문에 지금은 결코 쓸 수 없고 우매한 유가는 그것을 구실로 삼을 수 없으며, 이름을 바로잡는 말은…… 모두 견강부회하므로 문덕(文德)을 닦은 이래 진실로 꿈을 꾸고 있다. ……학자와 농부가 문답하면 황당하다."(『을병일기』乙丙日記)

42) 「흠정사계조례」(欽定士階條例).

43) 스(Y. C. Shih)의 『태평천국 이데올로기』(太平天國意識形態, 1967, 1972, 136쪽 참조) 홍런보는 당시 서양인의 눈에 "가장 개명한 중국인이었다. 그는 지리에 숙달했고 기계공정을 이해했으며 서양문명의 우월함을 승인했고 집에는 각종 참고서를 소장하고 있었다."(『톈징 유기』) "서양의 과학과 문명에 통달하지 않은 것이 없었다."(링리呤唎, 『태평천국 혁명 친력기』) 홍런보는 홍슈취안의 상제를 개혁하여 한편으로 서양 기독교 교의(예를 들어 홍슈취안이 중국 농민화한 무슨 '천모' 天媽, '천수' 天嫂가 아니라 '삼위일체' 등)에 더욱 부합하게 했고, 다른 한편으로 유가 전통에 더욱 부합하게 하려고 기도했다.

방'이 믿을 수 없는 일부 자료를 가지고 양슈칭이 공자를 존중했다고 한 것은 이를 가지고 정치적 음모를 꾀한 것이었다. 그러나 이로 말미암아 양슈칭이 공자 묘에 가서 참배하지 않았음을 가지고 논쟁하거나 홍슈취안 자신도 공자와 맹자에게 쓸 만한 점이 있다고 주장했음을 강조하는 것 등은 현상에 얽매이는 일일 뿐이다.

문제의 본질은 농민이 새로운 생산양식을 창조하지 못했을 뿐만 아니라 봉건주의에서 철저하게 벗어난 이데올로기를 창조하지 못했다는 점이다. 봉기 전 홍슈취안의 저작이나 이른바 공자 반대가 고조될 때의 저작을 막론하고, 모두 '삼강오륜'을 기간으로 하는 유가의 봉건윤리와 '생사에 명이 있고 부귀는 하늘에 있다'는 등의 봉건 전통관념이 일관되게 남아 있었다. 태평천국이 유가경전에서 '국'(國)을 '곽'(郭)으로, '왕'(王)을 '상'(相)으로 바꾸고, "맹자가 양혜왕을 알현했다"(孟子 見梁惠王)를 "맹자가 양혜상을 접견했다"(孟子見梁惠相)로 바꾸었는데, 이는 결코 우연한 일이 아니었다.[44] 종교교의와 물질적 훼손으로는 공구를 타도할 수 없었다. 이처럼 기세 높이 진행되던 이른바 공자 반대투쟁은 실제로 봉건 공자학을 비판할 수 없었고, 이 비판은 민주와 과학을 기치로 삼은 5·4운동에서야 진정으로 시작되었다. 홍슈취안이 부순 것은 결국 공자의 위패일 뿐이었다. 이 부숨은 거대한 혁명의의를 가지고 있었지만, 자신의 엄중한 한계 또한 가지고 있었다.

---

44) "천명을 성(性)이라 하고 솔성(率性)을 도라 하는 것과 아비를 섬김에 온 힘을 다하고 군주를 섬김에 그 몸을 바치는 것과 같은 말은 요사스러운 말이 아니므로 일괄적으로 폐지해서는 안 된다."(양슈칭) "그중 기괴하고 요사스러운 말은 모두 삭제하고 참말과 바른 말만을 남긴다."(홍슈취안)

3 '네 가닥의 큰 밧줄'을 공격

마오쩌둥은 "정권 · 족권(族權) · 신권 · 부권(夫權)은 전체 봉건종법을 대표하는 사상이자 제도로 중국 인민, 특히 농민을 속박하는 네 가닥의 큰 밧줄"이라고 인식했다.

1927년 후난(湖南) 농민운동*은 이 네 가닥의 큰 밧줄에 맹렬한 충격을 주었고, 1850년의 태평천국 운동도 그러했다. 태평천국의 충격은 실천을 통해 농민계급의 반봉건적 혁명 이데올로기를 집중적으로 표현하게 했다.

네 가지 중 가장 중요한 것은 당연히 정권이었다. 태평천국이 시행한 것은 부자를 약탈하여 빈민을 구제하고 포악한 무리를 제거하고 양민을 평안하게 하며, 탐관에 반대하되 황제에 반대하지 않는 일반적인

---

* 후난 농민운동은 추수봉기라고도 한다. 1927년 8월 7일 중국공산당 중앙위원회는 한커우(漢口)에서 긴급회의를 개최하여 국민당에 대한 무장투쟁과 토지혁명의 총방침을 확정하고, 농민에게 추수봉기를 거행하도록 하는 것을 당의 가장 주요한 당면임무로 규정했다. 회의 후 마오쩌둥은 특파원 자격으로 후난에 도착했고, 후난성위원회는 마오쩌둥을 서기로 삼아 추수봉기의 지도사업을 맡겼다. 9월 9일부터 후난과 장시(江西)의 경계지역에서 무장봉기를 일으킨 후 창사(長沙)로 진군하려다 실패하고 징강(井岡)산으로 들어가 근거지를 건설했다.

것이 아니었다. 그것은 명확하게 타격의 창 끝을 청조 황제를 총두목으로 하는 지주계급의 각급 정권기구와 관리에게 겨누었다.[45] 동시에 자각적으로 빈고(貧苦)한 노동인민을 핵심지도자로 삼아 기층에서 시작하는 각급 혁명정권을 건립했다. "목수가 뜻밖에 대인이 되었"[46]고, "양민은 지휘관·사마(司馬)·백장(百長)이 되려 하지 않았기 때문에 시정 무뢰배와 거친 노비들이 기꺼이 그 역할을 맡았다."[47] 태평군은 노동대중에게 친절하고 그들을 신임했지만 지주계급과 지식인을 등용 (문서작성과 같은 일)하면서도 중용하지는 않았다. 노동자와 착취자에 대한 엄격한 구분과 차별대우는 자발적인 계급각오가 놀랄 만한 높이에 도달한 것이었다고 말해야 한다.[48]

정권의 성격과 구성, 인원에 커다란 변화가 있었음을 알 수 있다(물론 아직 크게 변화하지 않은 부분도 있었다). 이들 정권기구가 태평군의 전투임무——당시는 주로 군사투쟁의 임무——에 종속되고 복무할 때 그것은 당연히 농민의 혁명정권이었다. 그러나 정권의 건립원칙과 제도, 방법과 구체적 발전상황에서 보면 그것은 여전히 소생산적 사회의 토대 위에 각종 봉건형태의 토지관계에 부응한 상부구조였다. 농민혁명이 지주 토지소유제의 낡은 생산관계를 훼멸시킨 후 일정한 범위와 시기 안에서 토지를 새로이 분배, 조정하여 생산력이 발전되

---

45) "비적들은 관계(官界)를 요사스러운 것으로 여기어 조정의 의복·모자·마고자 (袖褂)·장식(翎領) 등을 요괴 복장으로 여기며, 사람들이 이런 의복을 입고 있으면 더욱 심하게 유린했다. 또한 선비를 요사(妖士)라 하고 군인을 요병(妖兵) 이라 하며 관리를 요차(妖差)라 했다."(『소태미록기』蘇台麋鹿記).

46) 『진릉 기사』(金陵紀事).

47) 「겁사소기」(劫舍小記).

48) "석탄을 깨는 광부·강가의 뱃사람과 사공·나루터의 짐꾼과 가마꾼·대장장이와 목수·고생하는 기술자들은 종신토록 노동하지만 배불리 먹고 따뜻하게 입지 못하고 노략당하고 복역하는데, 비적(태평천국군—옮긴이)은 그들을 잘 대해주어 몇 달 후에는 뜻밖에 한형제가 된다. ……노략질을 할 때 그 사람의 손을 보고 손바닥이 붉고 윤기 있으며 열 손가락에 굳은살이 없으면 항상 요괴라고 했다."(『적정회찬』) 이와 관련된 자료는 매우 많다.

70

었다. 하지만 곧 봉기지도자들이 황제를 우두머리로 하는 공경장상(公卿將相)의 대지주 계층으로 변질되어 주도적 지위를 차지한 것은 여전히 지주 토지소유제와 마찬가지였다. 또한 농민혁명이 낡은 국가기구를 분쇄했다 하더라도 건립한 것은 여전히 봉건황조와 전제정체(政體)였다.

태평천국 정권의 당시 주요한 기능과 작용은 여전히 청조를 타도하고 쩡궈판(曾國藩, 1811~72)을 타도하는 것이었고, 여전히 군사·정치·경제적으로 농민계급을 대표하여 지주통치의 이익에 반대하는 것이었다. 그러므로 그것은 여전히 농민의 혁명정권이었음을 승인해야 하지만 동시에 전형적인 봉건성격을 띠고 있었다. 융안(永安)에서 톈징까지, 『태평예제』(太平禮制)에서 「천명조지서」(天命詔旨書)에 이르기까지, 그 제도는 등급이 확정적이고 존비가 분명했으며, 형제의 칭호는 순전히 형식이었을 뿐 군신의 질서가 삼엄하게 갖추어져 있었다. 등급제가 있었을 뿐만 아니라 세습제도 있었다. 이는 완전히 봉건주의적인 것으로 어떤 근대 민주주의에도 없는 것이었다. 『천조전무제도』(天朝田畝制度)의 이상적인 규정에 의하면 생산관리는 선거가 아닌 '추천' 보거(保擧), 즉 층층이 위로 추천한 연후에 상부에서 선택, 임명하는 것이었다(한대에도 '효렴 孝廉 추천', '수재 秀才 추천'과 같은 제도가 있었다).[49] "무릇 천하에 해마다 한 번 추천하여 관리의 결손을 보충한다. 적임자를 추천하면 추천자는 상을 받고 비적임자를 추천하면 추천자는 벌을 받는다."[50] 그러나 정권의 인선과 권력은 여전히

49) 향관(鄕官)*을 선거했는지에 대해서는 쟁론이 있다. 리춘(酈純)의 『태평천국제도초탐』(太平天國制度初探)(증정본)을 참조하라. 이것은 본질과 무관하다. 중요한 것은 중상층 관원이었다.
 * 25호를 양(兩)이라 하여 양사마(兩司馬)를 두고, 4량을 졸(卒)이라 하여 졸장(卒長)을 두며, 5졸을 여(旅)로 삼아 여수(旅帥)를 두고, 5려를 사(師)라 하여 사수(師帥)를 두며, 5사를 군이라 하여 군수(軍帥)를 두었다. 이들은 대개 추천으로 본지인이 임명되었다.
50) 『천조전무제도』.

장기간 상급관원 수중에서 조종되었고, 수많은 군중은 진정한 권력을 가지지 못했다. 시간이 갈수록 변질되어 사사로운 정에 얽매여 부정행위를 하는 각종 봉건관장(官場)의 폐습과 병폐가 널리 퍼지는 것을 피할 수 없었다.

상층의 상황은 더욱 그러했다. 어떤 근대 민주제도도 갖추지 못했기 때문에 전제와 할거, 음모와 권술은 권력쟁탈의 수단이 되었고 갈수록 치열했다. 한편으로 일부 왕에게 권력이 고도로 집중되어 전제보좌를 끊임없이 엿보았고(홍슈취안과 양슈칭의 쟁투), 다른 한편으로는 군대를 거느리고 자중하면서 호령을 듣지 않는 할거세력이 되었다(후기의 여러 왕들).[51] 홍슈취안의 미신, 양슈칭의 권술, 웨이창후이(韋昌輝, 약 1823~56)의 음모, 스다카이의 분열, 리슈청의 변절, 후기 제왕의 상호시기와 비협조는 개인의 품성이나 야심만의 문제가 아니었다. 이는 농민혁명의 몇몇 근본약점을 심각하게 폭로한 것이었다. 고대의 농민전쟁에서 이 모든 것을 여러 차례 볼 수 있다. 물론 개인의 품성·기질·책임[52] 등의 문제가 전혀 없었다고 말하는 것은 아니다. 바로 이들

---

51) 간왕 홍런보가 여러 왕과 관계가 좋지 않은 것은 잘 알려진 사실이지만, 사실 영왕과 충왕 사이, 그들과 다른 왕들의 사이도 관계가 그다지 좋지는 않았다. 리슈청과 홍런보의 관계뿐만 아니라, 리스셴(李世賢), 양푸칭(楊輔淸), 황원진(黃文金) 등도 "천왕과 충왕의 안배에 그다지 복종하지 않았다."(『쩡문정공 주고』曾文正公奏稿 권3) "듣기에, 장인(江陰)과 창자오(常昭)의 두 현이 영왕의 부하에게 탈취되었고 장쑤 성은 충왕에 의해 독점되자 진왕이 불쾌해했다. ……천왕의 동생 홍군사가 쑤저우에 와서 충왕과 영왕의 오해를 조정했다. 비적들의 상호시기가 이러했다."(「석금단련시말기」錫金團練始末記) 구체적 상황은 약간 다를 수 있지만, 총체적 상황은 분명했다. 홍런보도 스스로 이렇게 승인했다. "각 왕이 어찌 그렇게도 그 권위를 존중하지 않는가?"(『톈징 유기』), "오늘 생명의 위험을 무릅쓰면서도 각 군사권이 달랐다."(홍런보, 「입법제훤유」立法制喧諭)

52) 개별 인물이나 우연한 사건은 전체 역사의 추세와 행정을 개변시키거나 결정할 수 없는데도, 특히 전(前)자본주의 사회에서 그것들은 수십 년 이상까지도 영향을 미칠 수 있었다. 물론 이 몇 사람 중 웨이창후이는 분명 톈징 도살의 주요 죄인이었고, 기타 사람도 모두 농민혁명의 지도자였다. 이 점은 당시 대단히 명확했다. 홍슈취안은 양슈칭을 기념하기 위해 동왕 승천절을 제정했지만 북왕은 영원히 제명했다.

인물의 재능·품성·사건의 우연을 통해 농민혁명의 몇몇 본질적 법칙성이 표현되었다는 것이다. 무력병탄·궁정 쿠데타·분산주의·군벌할거·황제의 자리다툼 등은 본래 봉건주의의 필연적 산물이었다. 마르크스는 소농경제가 필연적으로 전제정체를 만들어내고 봉건황제를 옹호한다고 지적했다. 그러므로 농민이 황권주의자라고 말하는 것은 결코 틀린 말이 아니다.

태평천국 후기의 하층 각급 정권에 지주와 관리가 대거 침투되고, 심지어 원래의 봉건 통치체계와 융합·합작한 것도 매우 자연스러운 일이었다. 초기의 논공행상과 작위발급은 완전히 파괴되었고, 관작(官爵)은 사람들이 추구하는 특권과 이익이 되었으며,[53] 그에 따라 각종 부패현상이 발생했다. 난징(南京)에 도읍을 정한 후 상부생활의 사치와 부패, 천왕부·동왕부·충왕부의 허례허식과 사치와 호화가 극에 달한 일 등은 더 말할 필요도 없다. 이들은 모두 농민혁명의 지도층이 승리에 따라 점차 새로운 통치집단이 된 것을 설명해준다. 그들은 농민혁명의 지도자이자 영웅이었지만, 또한 봉건 지주계급의 최고대표라는 방향으로 나아갔다. 그들이 건립한 정권도 마찬가지였다. 주원장(朱元璋) 집단은 이 길을 완주했지만, 이자성(李自成)과 홍슈취안은 완주하지 못했다. 그러므로 총체적으로 보아 혁명성은 여전히 그들의 주도적 측면이었고, 봉건성은 일찌감치 구체화했지만 아직 미약했다.

이 이중성은 족권·신권·부권에서도 마찬가지로 전개되었다. "천하의 많은 남자가 모두 형제간이고 천하의 많은 여자가 자매간이다."[54] "부자도 형제라 칭하고 고부도 자매라 칭하니…… 오륜이 모두 끊어졌

---

53) "걸핏하면 승진을 영광으로 생각했다. 1년에 아홉 번 승진해도 늦다 했고 한 달에 세 번 승진해도 부족하다 했다. ……조정 내외가 모두 의롭고 안정되어 있는데, 어떤 관직으로 승진시킬 수 있겠는가?"(홍런보, 「입법제훤유」) 말기에는 마침내 왕이 2,000여 명이나 되었다.

54) 「원도성세훈」.

다 할 수 있다." "친형제를 모른 체하면서 타인을 형제라 부르지 마라."[55] 피비린내 나는 전투에서 생사와 환난을 함께하다보면 형제보다 동지들과 더 친해질 것이다. 홍슈취안과 태평천국은 이론[56]과 실천에서 봉건정권의 족쇄를 타파한 셈이다.

신권의 측면에서 홍슈취안은 우상을 타파하고[57] 모든 전통신령을 반대하며 미신을 배척했다. "해마다 길하고 달마다 길하며 날마다 길하고, 좋고 나쁨이 따로 있지 않으니 어찌 선택할 것인가."[58] 그것은 확실히 현실투쟁에 직접 복무하는 중요한 작용을 했다.

신(神)은 장차 머리가 잘리고 다리가 잘릴 것이며…… 감히 화를 일으키지 못할진대, 인간이 어찌 감히 어기리오.[59] 이는 오히려 그들 능력의 원천이었다. 왜냐하면 인민과 청군은 그들이 마음대로 신상을 파괴하고도 아무런 해를 입지 않는 것을 보고는 놀라지 않을 수 없었으며, 그들이 도대체 어떤 인물인가 의아해했기 때문이다. 그들이 더없이 신통하다 여겨 감히 범접할 수 없는 성인으로 받들고 아무도 감히 모독하지 못하는 것을 태평군은 감히 짓밟았다.[60]

나무와 진흙으로 만든 물질을 제거한 것은 전통에 속박되어 있던 정

---

55) 『적정회찬』.
56) 「원도성세훈」에서 국가・향토・족성의 경계를 타파할 것을 강조했고 "이 마을과 이 성(姓)으로 저 마을과 저 성(姓)을 증오하는 것"을 반대했다. 왜냐하면 당시 광시 종족 사이에 전투가 자주 있었기 때문이다.
57) 홍슈취안의 신권반대의 특징은 주로 우상을 타파하는 데 있다. 불교와 도교의 신상부터 조종의 위패는 물론 천주 교회의 신상까지 모두 해당되었다. "천주 교회에 설치된 신단과 우상은 불사의 신상이나 공자의 신위와 똑같이 대한다." (「태평천국 톈징 관찰기」太平天國天京觀察記) "심지어 천주교도를 우상 숭배자로 간주했다."(「세계 정치에서의 원동」遠東在世界政治中)
58) 『태평역서』(太平曆書).
59) 『적정회찬』.
60) 『태평군기사』(太平軍紀事).

신의 해방에 도움을 주었다.

한편, 부권의 측면에서 보자면 태평천국은 처음부터 여성을 전투대오에 편입했다. "남녀 장수는 모두 칼을 지니고…… 한마음으로 대담하게 요괴를 죽이라"[61]고 했으며, "비적의 여성 또한 직책을 가지고 있는데 비적의 관직과 같고, 출전하면 붉은 수건으로 이마를 닦고 짚신을 신었는데 자못 씩씩했다."[62] 그들은 자유혼인을 실행했는데, "무릇 천하의 혼인은 재물을 논하지 않는다"[63]고 했다. 또한 고시참여를 윤허하고 전족해제를 명했다. 이들은 모두 봉건부권의 밧줄을 타파하면서 심지어 당시 서양 부르주아 계급조차도 찬탄하게 했다. "진실로 세계 어느 곳에서도 볼 수 없는 장면으로, 인류의 어떤 환상도 그 위대함을 형용할 수 없을"[64] 정도였다.

그러나 이 모든 것은 단지 한 측면일 뿐이었다. 소농경제의 농촌 사회구조는 혈연을 유대로 삼고 봉건 대가정을 생산단위로 삼아 모여 살며, 토지에 안착하여 쉽게 이주하려 하지 않았다. 따라서 종법관계와 종법관념은 동요되지 않았다. 최근에 발견된 문물자료는 멀리 톈징에 거주하는 고급장령(將領)들이 여전히 자신의 고향이나 종족과 친밀한 연계를 유지하려 했음을 증명한다. 홍슈취안은 전통신권을 반대했지만 살아 숨쉬는 무한한 권위를 가진 인격신을 건립했고, 지주계급의 천운을 받드는 신도(神道)설교를 '우리 주' 천왕이 천부의 진명을 받은 것으로 변화시켰을 따름이다. 근로여성은 군사전투에서 부권의 통치로부터 벗어났지만, 부권의 통치는 곧 홍슈취안이 "처의 도리는 삼종(三從)에 있으니 너희 지아비 주인을 거스르지 말라. 암탉이 새벽을 다스

---

61) 「윰안돌위조」.
62) 진강(鎭江)을 지키는 여군이 청병을 격파한 것은 유명한 예다. 『우창 기사』(武昌紀事).
63) 『천조전무제도』.
64) 뤼얼강(羅爾綱), 『화베이 선구주보』(華北先驅周報) 제174호, 1853, 『태평천국사사고』(太平天國史事考), 337쪽 재인용.

리게 되면 스스로 가도(家道)의 고난을 초래하게 될 것이다"[65], "부인의 잘못이 있을 뿐 남편의 잘못은 없고, …… 신하의 잘못이 있을 뿐 군주의 잘못은 없다"[66]고 말한 것과, 행동거지가 단정해야 하고 외모를 잘 꾸미며 은근하게 모시는 따위의 전형적인 봉건교훈과 정규(定規)로 변했다.

낡은 정권·족권·신권·부권에 대한 충격과 파괴는 주로 태평천국의 군사투쟁과 군대에 표현되었을 뿐 광대한 사회와 평화로운 환경에서는 표현되지 않았음을 알 수 있다. 전자는 결국 소수인의 일시적인 것이었고, 혁명의 충격이 지나간 후에는 곧 원래 모습으로 돌아갔다. 그러므로 태평천국은 전체 사회를 '네 가닥의 큰 밧줄'에서 진정으로 해방시키지도 못했고 해방시킬 수도 없었다.

---

65) 「유학시」.
66) 「천부시」(天父詩).

4 『천조전무제도』

1853년 홍슈취안이 난징에 도읍을 정한 후 반포한 『천조전무제도』
는 공인된 태평천국 혁명사상의 총강령이다. 그 특징은 바로 앞에서
말한 혁명적 반항과 봉건적 낙후의 이중성을 가장 전형적으로 표현한
것이다.

기독교의 상제는 사후에 천당에 가게 하지만 홍슈취안의 상제는 지
상에 천국을 건립하려 했다. 홍슈취안은 대천당과 소천당에 관한 『권
세양언』의 애매한 견해를 이용해 지상에서도 천국을 세워야 함을 강
조했다.

……천국은 천상과 지상을 모두 일컬음이다. 천상에도 천국이 있
고 지상에도 천국이 있다. 천상과 지상은 모두 신부(神父)의 천국이
니 천상의 천국만을 가리키는 것으로 오인하지 말라. 그러므로 천형
은 천국이 가까이 온다고 예언하셨다. 무릇 천국이 범계로 내려오고
오늘 천부와 천형이 범계에 내려와 천국을 개창함이 그것이다.[67]

「원도각세훈」에서는 유가의 『예기』 「예운」의 '대동'에 관한 기술을
인용하여 이상으로 삼았지만, 『천조전무제도』의 구체적 제정은 주로

---

67) 『마태복음비해』(馬太福音批解).

농민봉기와 혁명전쟁에서 축적된 경험을 이상화하고 규범화한 결과였다.[68]

『천조전무제도』는 토지소유제 개혁을 핵심으로 하여 상당히 완비된 일련의 이상적인 설계를 제시했다. 그것은 토지를 평균 분배하고 공동으로 노동에 종사하며 상호협조하고 부업생산을 시행하는 등의 규정을 선포한 것이다.

더욱 중요한 것은 분배와 소비에 대한 규정이었다. 그 특징은 사유재산을 가지지 못하고 모든 수입을 성고(聖庫)에 넣음으로써 사유재산을 부정하고 빈부의 차별을 해소한 것이었다. 밭을 같이 갈고 밥을 같이 먹고 옷을 같이 입고 돈을 같이 쓰며, 굶주리고 헐벗은 자가 없는 것을 '모두 고르게' 분배하는 기초 위에 건립하기를 희망했다.

무릇 토지분배는 인구에 따르되 남녀를 가리지 말고 식구의 다소를 계산하여 사람이 많으면 많이 분배하고 적으면 적게 분배한다. …… 무릇 천하의 토지는 천하 사람이 같이 경작해야 한다. 이곳이 부족하면 저곳으로 옮기고 저곳이 부족하면 이곳으로 옮긴다. 무릇 천하의 토지는 기름짐과 황폐함이 서로 통한다. ……천하가 천부(天父), 상주(上主), 황상제의 큰복을 함께 누리게 하고, 토지를 함께 갈고 음식을 같이 먹으며 옷을 같이 입고 돈을 같이 사용함으로써 모든 곳이 평등하고 모든 사람이 배불리 먹고 따뜻하게 입어야 한다. ……무릇 천하는 담장 아래 뽕나무를 심어 여성들이 누에를 자아 옷을 만들게 한다. 무릇 천하는 가정마다 암탉 다섯 마리와 암퇘지 두 마리를 기르며 때를 놓치지 않아야 한다. 추수 때 '양 (兩)'의 사마(司馬)가 오장(伍長)을 독려하여 25호의 사람들이 먹을 것을 햇곡식으로 주고 나머지는 국고에 귀속한다. 보리 · 콩 · 면화 ·

---

68) 예를 들어 진톈(金田) 봉기 전에는 문자로 명확하게 사유재산의 부정을 제기하지 않았다.

닭·개 등의 물자와 돈도 마찬가지다.

    결혼과 만월(滿月) 등 25호의 모든 경사비용은 국고를 사용하되, 제한된 형식 안에서 한푼이라도 더 써서는 안 된다. ……25호 가운데 힘써 농사 짓는 자는 상 주고 농사에 게으른 자는 벌준다.

이처럼 엄격한 평균주의적 분배와 소비의 경제생활은 당연히 커다란 권위를 가진 행정역량과 엄밀한 조직의 지배와 보증을 필요로 했다. 따라서 『천조전무제도』는 일련의 사회생활 준칙을 규정했다. 이는 엄격하게 조직되고 집단화했으며, 생활과 권력이 고도로 집중된 사회구조였다. 따라서 이를 실제로 군사화의 기초 위에 건립할 것을 요구했다.

    그것은 25가(家)를 '1량'(兩)으로 하고, '양'은 생산·분배·군사·종교·정치·교육 등이 거의 합일된 사회 기층조직이자 단위였다. 군사(병)와 생산(농)은 합일되었고, 정치와 경제도 합일되었으며, 행정과 종교도 합일되어 모두 '양사마'(兩司馬)가 지도·관리했다. 양사마는 생산을 관리하고 상벌을 집행하며, 관리를 추천하고 교육을 책임지고 소송을 처리하며, 예배를 지도하고 『성서』를 설교하는 등 커다란 권력을 가졌다.[69] 『천조전무제도』는 생산과 종교생활을 대단히 중시하여 양자를 근본기준으로 삼았다. "조명(條命)을 준수하고 힘써 농사 짓는 백성은 어질고 착하므로 추천하거나 상을 준다. 조명을 위배하고 농사

---

69) "양사마는 25가의 혼인과 경사 등의 일을 처리함에 항상 제사를 지내 천부·상주·황상제에게 고하고 구시대의 폐습을 모두 폐지했다. 25가 가운데 어린이는 적당한 때가 되면 예배당에 나오는데, 양사마는 『구유조성서』(舊遺詔聖書), 『신유조성서』(新遺詔聖書)및 『진명조지서』(眞命詔旨書)를 가르친다. 예배일에 오장은 남녀를 인솔하여 예배당에 와 남녀로 나누어 교리를 청강하게 하고 천부·상주·황상제를 찬송하게 하며 제사 드린다."
  "……각 집에 소송이 있으면 양자는 양사마에게 고하고 양사마는 그 곡직(曲直)을 듣는다." "조명을 준수하고 힘써 농사 짓는 백성이 있으면 양사마는 그 행

에 게으른 자는 악하므로 벌준다." 또한 사회복지도 중시했다. "홀아비와 과부, 고아와 병자는 면제시키고 모두 국고에서 부양한다." 요컨대 모든 것을 조직화 · 집체화 · 군사화 · 규격화 · 단일화했고, 식사할 때 기도하고 결혼할 때 증서가 있었다. 또한 모든 것이 강제기율에 의해 집행이 보장되었으며, 평균주의와 금욕주의 그리고 종교 선도권이 두드러졌다. 소농의 정치적 영향은 행정권력이 사회를 지배하는 것으로 표현된다는 마르크스의 지적이 여기서 가장 전형적으로 표현되었다고 할 수 있다.

『천조전무제도』가 제대로 실행되었는지에 대해서는 쟁론이 있었다. 그것은 하나의 이상적인 강령일 뿐이었지만, 그 일부분은 태평군 속에서 확실히 광범하게 실행되었다. 예를 들어 모든 재산을 공유로 돌리는 성고(聖庫)제도, 봉급을 받지 않고 평균분배하되 약간의 차별이 있는 보통 공급제도,[70] 남영과 여영 그리고 각종 장인숙소(개체 수공업자를 집중조직)제도 등은 톈징에서 전체 주민에게 상당 기간(몇 년)에 걸쳐 강제로 추진, 유지되었다.

적을 열거하고 그 성명을 기입해 졸장(卒長)에게 성명을 추천한다.'" "군과 가(家)마다 오졸(伍卒)을 설치하여 비상시에는 수령이 그들을 통솔해서 병사로 삼아 적을 죽이고 도적을 체포하며, 평시에는 수령이 그들을 독려하여 농민으로 삼아 밭을 갈고 받들게 한다.'"

70) "세금납부는 필요 없었지만 백성의 밭은 모두 천주의 밭에 묶어두고 곡식을 거두면 모두 천왕에게 귀속시키며 매년 큰 가정에는 1석(石)을 주고 작은 가정에는 반을 주어 양생하게 한다."(「진링 피난기」 金陵被難記) "천왕에게는 매일 고기 열 근을 주고 순서에 따라 감소하며 총제(總制)에게는 반 근을 주었고 그 이하는 주지 않았다."(『적정회찬』) "어떤 사람이 5량 이상의 돈을 소장하고 있는 것이 발각되면 이 돈을 공고(公庫)에 귀속시키지 않았다는 이유로 그에게 벌을 주고 채찍질했다. 모든 재물은 일단 취득하면 공고에 납부하고, 은닉하여 보고하지 않는 자는 모두 배반행위의 혐의가 있었다."(『화베이 선구주보』. 『태평천국사사고』에서 재인용) "또 묻기를, 사람마다 사유재산 소유를 허가하지 않으면, 그들이 스스로 좋은 음식을 사 먹고 싶을 때는 어떻게 합니까? 대답하기를, 그럴 필요 없다. 오졸과 졸장마다 전체가 필요한 것을 예비하여 탁자에 놓으면 모든 사람이 평등하게 나누어 누린다. 최고급 군관의 밥그릇이라 할지라도 가장 낮은 사병과 마찬가지이다."(같은 글)

그러므로 문제는 다음과 같은 점에 있었다. 왜 이 제도를 보편적이고 장기적으로 실행할 수 없었을까? 왜 태평군이 성과 땅을 함락했을 때 벼락같이 실시한 영관(營館)제도가 빠르게 해체되었을까? 왜 홍슈취안과 양슈칭 등이 '옛날처럼 곡식을 바치고 세금을 내라'는 명령을 내렸을까?[71] 물론 긴장된 군사행동 시기에 전쟁이라는 급박한 요구(징집과 군량) 때문에 사회개혁(토지분배)을 바로 실행할 수 없다. 국면이 약간 안정되기를 기다려 『천조전무제도』에 의거해 강제로 추진하려 했으므로 홍슈취안은 이 『천조전무제도』를 재차 반포하여 자신의 강령에 충실하려는 결심과 신심을 표시했다. 그러나 사실 이 제도는 갈수록 실행하기 어려운 것이었고, 갈수록 커다란 장애와 곤란을 만나게 되었다. 성고제와 공급제는 시작부터 전체 사회에서 보편적으로 추진되기 어려웠다. "이 영은 ……결국 시행될 수 없어 할당하여 납부하라는 명령을 내렸"[72]고, 남영제 · 여영제는 곧 정지되거나 폐지되었다.[73] 각종 장영

---

71) "소제(少弟) 양슈칭은 계단 아래 서 있고 소제 웨이창후이와 스다카이는 계단 아래 무릎 꿇고, 식량을 거두어 국고를 풍부하게 하는 일에 대해 상주했다. '천부와 천형의 커다란 은혜를 입어 우리 주 둘째형을 보내어 톈징을 건설하시매, 병사들이 나날이 따르므로 널리 식량을 모아 군량으로 충당하고 국고를 풍부하게 하고자 합니다. 저희들이 곰곰이 생각해보매, 안후이와 장시는 식량이 풍부하므로 주둔 좌장이 그곳에서 양민에게 알리어 옛날처럼 양식과 세금을 납부하게 하고자 합니다. 허락하신다면 저희들은 즉시 조칙을 반포하고 실행하여 그에 따라 처리하도록 하겠습니다.' ……천왕이 답하기를, '형제들이 의논한 것은 마땅하다. 즉시 좌장을 보내어 시행토록 하라' 하셨다."(『적정회찬』)

72) 『적정회찬』.

73) 멍더언(蒙得恩, 1806~61)은 일찌감치 이 점을 간파하고 남영과 여영을 분리하지 말 것을 요구했지만 윤허되지 않았고, 1855년에야 가정생활의 회복이 전면적으로 윤허되었다. 『옹유여담』(瓮牖餘談) 등의 저서에, 군중이 정상적인 부부생활을 요구했기 때문에 나중에 해금한 사례를 많이 기록하고 있다. 남영과 여영의 분리는 원래 군사투쟁의 편의를 위해 실행했다는 점에서 별로 나무랄 것이 없었지만, 그것을 도시에서 보편적으로 추진한 것은 필연적으로 반면으로 나아가게 했다. 특히 사상면에서 이런 남녀유별의 금욕적 특색이 농후했다. 예를 들어 홍푸톈은 이렇게 말했다. "늙으신 천왕이 십구시(十救詩)를 지어 나에게 읽게 했는데 모두 남녀 유별하여 만나지 못하게 하는 도리를 말했다. ……나는 아

(匠營)과 관(館)에 모인 사람도 대거 도망쳤다.[74] 심지어 군대에서도 '성고' 제는 점차 유명무실해졌고, 공급제도 파괴되어 수많은 장령들이 대량의 사재를 가지고 있었다. 상업·무역·화폐를 폐지한 결과, 한편으로는 시장이 스산해졌고 경제는 정체되었으며(텐징), 동시에 군대가 상점과 전당포를 경영하여 장군들이 권력을 잡고 뇌물을 받아 치부했다. ……사정은 나날이 『천조전무제도』의 반면으로 치달았다. 홍슈취안이 상업과 무역을 폐지하라는 등 영을 여러 번 내렸는데도 국면은 조금도 바뀌지 않았다.

이는 단순하게 후기의 변질로 귀결 지을 수 없다. 근본원인은 『천조전무제도』가 사회 발전법칙에 부합하지 않는 낙후된 성격을 가진 점에 있다. 홍슈취안은 전기에 주로 군사투쟁과 혁명군대에서 취득한 경험을 신봉하여 그것을 전체 사회생활에서 반드시 준수해야 할 보편법칙으로 삼아 강제로 추진했다. 이로써 현실생활의 요구를 위반했으므로 당연히 실패할 수밖에 없었다.[75] 전쟁에서는 유효했지만 평화시기에는 통하지 않았다.[76] 군중을 발동·조직하여 평균주의와 금욕주의를 군대의 기강으로 삼던 초기에 그 이념은 확실히 거대한 작용을 일으켰다. 하지만 그것들을 전체 사회의 장기적 또는 보편적 규범과 준칙 그리고 요구로 삼게 되는 순간 반드시 실패할 수밖에 없었다. 그러므로 우리는 착취에 반대하고 농민의 이상과 요구를 대표하는 강령의 혁명성을 설명하지만 동시에 소생산자의 엄중하게 낙후된 성격을 무시, 은폐하거나 부정할 수 없다. 공업 대생산의 기초 위에 건립되지 않은 채 순수하게 소비와 분배에 착안하여 평균주의와 금욕주의의 공산주의를 행하고, '암탉 다섯 마리와 암퇘지 두 마리' 따위의 자급자족적 자연경

홉 살 이후 어머니와 누나, 여동생이 보고 싶었지만 항상 늙으신 천왕이 조회에 참여했을 때 몰래 보러 갔다."(「홍푸톈 자술」洪福瑱自述)

74) 「진링 잡기」(金陵雜記)와 「진링 계갑기사략」(金陵癸甲紀事略) 등을 참조하라.

75) 가정을 폐지하고 남영과 여영을 실행한 것 등.

76) 사유재산 몰수, 무역폐지, 성고제 실시 등.

제를 이상화·고정화하며, 일종의 단일화한 사회 집단생활을 강제로 추진하는 것은 실행될 수 없고 오래 지속될 수도 없다. 이는 농민을 포함한 군중의 적극성을 좌절하게 만들고 사회의 발전을 가로막게 된다. 아무리 평등하고 아름다운 꿈이더라도 결국 유토피아였을 뿐이다.

5 『자정신편』

『천조전무제도』의 이러한 이중성을 충분히 평가해야만 태평천국 혁명사상에서 『자정신편』의 가치와 의의를 충분히 평가할 수 있다. 『자정신편』은 홍런보가 썼다. 홍런보와 그의 『자정신편』에 관해서는 이전에도 다른 평가가 있었다. 꽤 많은 논저들이 그것을 비판·부정했다. 농민의 혁명성을 약화했다거나(뤄얼강), 군중에서 유리되고 실제에서 유리된 지식인의 요구라거나(허우와이루), 심지어 서양 식민주의의 이익을 반영했다(선위안沈元)는 견해 등이 있는데, 이 글은 이상의 견해에 동의하지 않는다. 몇 년 전 평가가 번복되었고, 대부분 홍런보가 어떻게 위난시기에 명을 받고 홍슈취안의 깊은 신임을 얻었는지, 어떻게 비분강개하여 의를 위해 몸 바쳐 말년이 훌륭했는지 등을 추존하고 찬양했지만, 이러한 긍정은 더욱 표면적이다.

홍런보를 평가하려면 『자정신편』을 중시해야 한다. 『자정신편』의 가치는 근대적 조건에서 봉건사슬을 벗고 낙후된 공상을 집어던지고 계속 전진할 방향과 길을 농민혁명에 제시했다는 점에 있다. 이는 당시 역사발전에 부합하고 사회진보를 추동한 유일한 방향이자 길이었다. 군사국면으로 말미암아 근본적으로 실행하지는 못했지만 그 사상사의 의의는 중대하다. 바로 이런 의미에서 『자정신편』은 『천조전무제도』의 진귀한 속편이라 할 수 있다.[77] 『자정신편』으로 말미암아 태평천국은 '중화공화국—자유·평등·박애'(마르크스)를 지향하는 근대 민주주의의 숨결을 가지게 되었다.

『자정신편』의 주제는 자본주의를 대규모로 제창하고 발전시키자는 것이었다. 근대적 교통 운수업을 신속하게 창설하고 기계생산을 제창하며, 광산을 개발하고 공장과 은행을 세우며, 근대 서양의 과학 기술을 적극 채용하고, 창조적 발명을 권장하고 전매제도를 실행하며, 개인의 자본을 보호하고 장려했다. 예를 들어 "거마(車馬)의 이로움을 흥성시킴에 편리와 빠름을 묘함으로 삼는다. 하루에 7,000~8,000리를 달릴 수 있는 외국의 기차와 같은 것을 만들 수 있는 자에게는 그 이익의 독점을 허락하고 일정 기간이 지나면 다른 사람이 모방할 수 있도록 한다", "선박의 이로움을 흥성시킴에 견고함·가벼움·빠름을 매우 뛰어난 방안으로 삼는다. 불·증기·힘·바람을 쓰는 것은 지혜로운 자에게 맡겨 창조한다", "도구 기술을 일으키고", "보물과 자원을 개발한다. 금·은·동·철·주석·석탄·소금·호박(琥珀)·말조개껍질(蚌殼)·유리·미석 등 광물은 백성이 채굴한 것을 보고하도록 하고 그 총액을 헤아려 백성들이 채굴하도록 허가한다" 등이다.

홍런보는 자본가와 봉건지주를 초보적으로 구분하기 시작했고[78] 실제로는 봉건착취를 자본주의로 대체할 것을 요구했다. 이에 부응하는 것은 상부구조가 일련의 개조 또는 건설로 법제를 세우고 혹형을 없애며,[79] 병원을 세우고 우정(郵政)을 실시하며, 학교를 열고 신문사를 설립하여 여론으로 행정을 감독[80]하는 것 등이다. 『천조전무제도』가 중

---

77) 토지문제를 제기하지 않은 것은 『자정신편』이 질책당하는 주요원인이다. 하지만 『자정신편』은 홍런보가 본래 보충적인 조항 진술로 삼아 천왕에게 제출한 건의였기에 이미 규정한 강령 또는 제도를 반복해 제기할 필요가 없었다. 사실 그것을 제기하지 않은 것은 그의 고명함에서 비롯된 것이다.

78) 「흠정군차실록」(欽定軍次實錄).

79) 태평천국은 하층 회당에서 유행하던 각종 혹형 및 점천등(點天燈), 오마분시(五馬分屍) 등을 흡수하여 실행했다.

점을 둔 것이 봉건지주 토지소유제의 생산관계를 공격한 점에 있다면, 『자정신편』은 새로운 자본주의적 생산력과 생산관계를 건립하고 발전시키는 점에 중점을 두었다. 더 이상 '암탉 다섯 마리와 암퇘지 두 마리' 따위의 농업 소생산의 협소한 시야가 아니라, 근대공업을 건립하고 자원을 전면개발하는 웅대한 계획이었다. 그래야만 전자의 봉건성과 낙후성 그리고 공상성을 진정으로 극복할 수 있었다.

홍런보는 중국 근대의 '서양학습'을 새로운 고도로 끌어올렸다. 그는 '외국인과 경쟁하는 법'을 제창하여 외국과 생존경쟁하려 했다. 그의 몇몇 주장은 훗날 부르주아 개량파와 비슷했다. 그러나 홍런보가 제창한 이 방안은 훗날 개량파가 연이어 제출한 상공업 발전의 주장보다 20~30년 일렀을 뿐만 아니라 더욱 전면적이고 철저했다. 특히 중요한 것은 그것이 지주 토지소유제를 공격한 혁명의 토대 위에 세워져 제출되었기에 이 토지제도를 유지·수호하고 농민혁명을 반대하는 기초 위에 제출된 개량파의 주장과는 본질적인 계급의 차이가 있다는 점이다. 전자는 후자에 비해 자본주의 발전의 속도와 규모에서 훨씬 신속하고 방대했다. 당시 청조 정부가 이금(厘金: 상품 통과세)과 관세를 설립한 것과는 반대로, 태평천국은 각종 봉건속박을 해체해[81] 그 결과 도시와 농촌에서의 자본주의 요소가 대단히 활발했고 무역이 번영하고 상업이 흥성했다.[82] 이는 『자정신편』에서 제기한 민족자본주의 발전의 주장이 당시 사회발전의 객관적 요구에 부합되고

---

80) 홍슈취안은 당시 긴장된 군사투쟁 정세에서는 실행할 수 없음을 간파했지만 결코 그것을 원칙적으로 부정하지는 않았다.

81) 봉건적 독점과 농단을 폐지하고 개명적인 낮은 세제를 채택한 것 등.

82) 쑤저우(蘇州), 닝보(寧波), 자싱(嘉興) 등에서 "사람들의 인적이 많아지고 도시의 부자들이 왕래하며 무역을 했으며, 화물이 풍부하여 처음에는 난세인지 몰랐다"(『피구일기』避寇日記), "시장이 시끌벅적하고 장사가 번성하며 이전 시기에 비해 여러 배 발전했다"(「오강경신기사」吳江庚辛紀事), "온갖 상품이 강물 흐르듯 많고 수많은 상인이 구름처럼 모여 있으므로 장차 편안하게 생업에 종사하고 시끌벅적하게 왕래하는 것을 볼 수 있을 것이다"(『태평천국 문물도상별편』太平天國文物圖相別編) 등 기록은 매우 많다.

일정한 객관적 경제기초를 가지고 있으며,[83] 중국 사회가 봉건주의를 벗어나는 역사적 추세에 부합하는 것임을 증명한다. 자본주의도 착취제도지만 봉건주의에 비해 진보적이고 소생산자의 공상보다 현실적이고 우월하다.

사인방(四人幇)의 어용문인들은 이 점을 고의로 말살했다. 린뱌오(林彪, 1907~71)와 사인방은 봉건파시즘을 행하고 특히 현대화를 적대적으로 보았다. 그들은 사치와 욕망을 한껏 채우고 인민을 착취하며 노예주 같은 생활을 누리면서도 오히려 마르크스주의의 간판을 내걸었다. 그리고 평균주의·금욕주의·몽매주의·원시공산주의를 대대적으로 선양함으로써 프롤레타리아 혁명지도자를 신성화하고, 변질된 종교미신과 종교의식 등을 크게 획책했다. 이것들이 의외로 특정 시기와 범위 내에서 사람들을 기만할 수 있던 원인의 하나는 중국의 장구하고 광범한 소생산자 이데올로기 전통의 영향과 관계가 있다. 태평천국의 이데올로기를 자세히 연구하고, 그 경험과 교훈을 총괄하는 것이 의미 있는 일임을 알 수 있다.

• 『역사연구』 1978년 제7기에 게재됨

---

83) 중국 봉건사회 말기에는 본래 자본주의적 경제의 맹아가 있었다.

19세기 개량파 변법유신 사상 연구

　중국 근대의 개량파 변법유신 사상은 1870~90년대 봉건사회의 상층에서 일어난 초기 부르주아 자유주의의 시대사조이다. 그것은 갓 형성되기 시작한 부르주아 자유파라는 신흥세력을 반영하고 대표했다. 그들은 온화하고 점진적이며 일시적이되 근본적 변동이 아닌 방법으로 중국 봉건사회의 경제·정치·문화를 개혁함으로써 외국 자본주의 국가의 침략에 대항할 것을 주장했다. 이 사조의 발생과 발전, 그리고 당시 사회의 지배지위를 차지하던 봉건주의 사상과의 모순투쟁은 태평천국 혁명이 실패한 후부터 혁명민주주의가 흥기하기 전까지 중국 근대사상사의 주요한 내용이었다.

　이 사조의 발생과 발전의 역사과정에 대해 아래에서 개괄적으로 논술하고자 한다.

1 개량파 변법유신 사상의 '선구자'

1. 아편전쟁 전야의 진보적 사상가 궁쯔전

1870~90년대의 개량파 변법유신 사상에는 직접적인 선구자가 있다. 그 계급의 기초와 사상원류, 그리고 이론적 형식을 감안하면 19세기 상반기까지 소급해가야 한다.

19세기 상반기는 중국 봉건사회가 막다른 골목에 이른 시기이다. 청 왕조가 고압적 수단을 사용하여 유지한 상대적으로 안정된 통치연대는 이미 돌이킬 수 없었고, '강희(康熙)·건륭(乾隆) 성세(盛世)'의 붉은 간판은 결국 내려질 수밖에 없었다. 토지의 고도집중과 나날이 더해지는 지대(地貸)착취가 가져온 것은 농민대중의 끊이지 않는 봉기였다. 봉기의 조직역량인 회당(會黨)은 광범하게 발전했으며 그 대표 격인 '천지회'(天地會)의 세력은 남중국에 두루 퍼졌다. 이와 동시에 견직·면직·제지·도자기·야금(冶金) 부문의 상품생산도 명청(明淸) 사이의 수준을 크게 웃돌면서 암암리에 낡은 제도의 기초를 침식했다. 외국 상품과 밀수아편의 대량수입, 백은(白銀)의 유출은 그 상황을 더해갔고 사회 경제력은 고갈되었다. 통계에 따르면, 아편전쟁 이전 몇 년간 유출된 백은은 당시 은화유통 총액의 20퍼센트에 이르렀고, 연간 평균유

출액은 국가 총수입의 10퍼센트에 달했다. 이렇듯 인민의 고혈과 눈물이 바다를 이루고 있었지만 사회의 상층은 여전히 마비된 평정 속에서 태평을 누렸다. 관원들은 여전히 탐욕스럽게 자신의 작위와 황금을 계산했으며, 선비들은 여전히 구더기처럼 뒷구멍을 뚫어 높이 날아오르는 환상을 꿈꾸었다. ……이는 분명 폭풍전야의 고요와 혼미의 시각이었다. 모든 것이 소리 없이, 부패하고 치유할 수 없는 붕괴를 향해 나아갔다. 탐오(貪汚)와 부패, 비열함과 뻔뻔함이 충만한 동시에 걷잡을 수 없는 분노와 원한이 빠르게 성장했다.

이런 상황은 당시 맑게 깨인 한 사상가의 두뇌 속에 깊고 첨예하게 반영되었다. 낭만주의의 특색으로 가득 찬 궁쯔전(龔自珍)*의 예리한 붓은 이 폭풍전야의 상공에 번개처럼 출현했다. 그리고 우리에게 "국가의 세금은 세 되(升)나 되지만 백성의 수입은 한 말(斗)밖에 안 되고, 소도살이 어찌 벼 재배를 이기지 못하리오?"라며 위태로워 하루도 버틸 수 없는 사회 풍경화를 펼쳐주었다.

경사(京師 : 수도를 일컫는 말—옮긴이)부터 사방에 걸쳐 대부분 부호는 빈호가 되고 빈호는 굶주리는 자들로 변했으며 사민(四民: 선

---

* 궁쯔전(1792~1841)은 자가 써런(璱人), 호는 딩안(定盦) 또는 궁줘(羍祚)이다. 봉건 관료지주 가정출신으로, 유명한 한학자 단옥재(段玉裁)의 외손자로, 유년시절 엄격한 한학 훈련을 받은 적이 있다. 그러나 당시 사회적 위기의 자극으로 말미암아 현실에서 벗어난 훈고학적이고 고증학적인 한학에 불만을 가지게 되었다. 뒤에 류펑루(劉逢祿)에게 『공양춘추』(公洋春秋)를 배우고 상주학파(常州學派)의 쑹샹펑(宋翔鳳)을 사귀어 『공양』 금문(今文) 경학을 수용하고 경전의 '미언대의'를 찾아내 '경세'(經世)할 것을 주장했다. 그는 『공양』의 뜻을 빌려 시정(時政)을 풍자하고 전제를 비방했다. 또한 개혁의 웅대한 포부를 품고 왕안석(王安石)을 모방하여 커다란 개혁사업을 하고자 했다. 그러나 과거시험에 여러 차례 낙방하고 38세에야 진사에 합격했다. 그후 10여 년간 내각중서, 예부주사 등 작은 관직에 머물렀을 뿐, 끝내 통치자의 중시를 받지 못했다. 현실에서 출로를 찾지 못했기 때문에 그는 장톄쥔(江鐵君) 등에게 불학을 배우고 천태종(天台宗)을 신봉함으로써 정신적 안위를 추구했다. 그의 저서는 대부분 후인들이 편찬한 『궁딩안전집』(龔定盦全集)에 수록되어 있다.

비 · 농민 · 수공업자 · 상인—옮긴이)의 우두머리는 급속히 하층민이 되었다. 각 성의 국면이 위태롭기가 한 달 하루도 지탱하기 힘들거늘 어찌 한 해를 물을 수 있겠는가?[1]

　　서리 밟은 수리부엉이는 꽁꽁 언 얼음보다 차고
　　비 오기 직전의 새는 비바람에 나부끼는 것보다 쓸쓸하며
　　각기병(脚氣病)은 등창보다 위태롭고
　　곧 떨어질 꽃은 마른 나무보다 참혹하네[2]

　한편으로는 잔혹한 봉건착취와 참담한 민생의 황폐함이었고, 다른 한편으로는 "승냥이처럼 웅크리고 물수리처럼 살피며, 넝쿨처럼 끌어당기고 파리처럼 번식하며…… 사민(四民)을 갈라 다섯으로 만들고 구류(九流)에 덧붙여 열이 되는"[3] 대부분의 봉건흡혈귀들이 서로 비호하며 나쁜 짓을 일삼고 황음무치(荒淫無恥)하며 아첨했다. ……그리고 이 세계의 정상에 똬리를 틀고 위협하는 것은 한 사람만 강하고 수많은 사람은 약하며 주상은 대신을 개와 말처럼 대하면서 그들을 단속하고 속박하는 봉건제왕 전제권력의 사나운 위세였다.

　옛날 천하의 패권을 잡은 사람은 조상의 사당을 세웠다. 그 힘은 강하고 뜻은 무력에 두었으며 총명함이 뛰어나고 재물이 많았다. 그들은 천하의 선비를 원수로 삼아 다른 사람의 염치를 거세함으로써 멋대로 호령하고 자신을 숭고하게 만들었다. 한 사람만 강하고 다른 수많은 사람은 유약하며…… 대부분 100년의 역량을 축적함으로써 천

---

1) 『딩안문집』(定盦文集) 중권 「서역에 행성을 설치하는 논의」(西域置行省議論)
2) 『을병지제*저의 제9』(乙丙之際著議第九)
＊ 을해(乙亥)년과 병자(丙子)년 사이, 즉 가경(嘉慶) 20년(1815)부터 21년(1816)을 가리킨다.
3) 『을병지제저의 제3』.

하의 염치를 뒤흔들어 없애버렸다.[4]

4) 『딩안문집』 권2 「고사구침론1」(古史鉤沈論一)

궁쯔전의 이런 논조는 주의할 만하다. 전제(專制)정체에 반대하는 어떤 명확한 요소를 아직 가지지는 못했지만 후세의 부르주아 사상가에게 일정한 계시작용을 했다. 예를 들면 다음과 같다.

"……선비가 부끄러움을 모르면 나라의 큰 부끄러움이다. ……관직에 오래 있을수록 도둑질을 많이 하고 바람이 높을수록 아첨이 몸에 배며 지위가 황제에게 가까울수록 아부 또한 더욱 정교해진다. ……흥성한 시기에 있던 신하 된 자들의 절개는 모두 사라졌다. ……곽외(郭隗)가 연왕(燕王)에게 말하기를, 황제는 스승과 함께 거처하고 왕은 친구와 함께 거처하며 패자는 신하와 함께 거처하고 망자(亡者)는 노비와 함께 거처합니다. ……당송이 흥성할 때 대신과 강관(講官)에게 '함께 이야기하고 차를 내리는'(賜坐賜茶) 행동이 끊이지 않아, 편전 아래에서 편안하게 군신이 어울려 옛 도를 강론하여 큰 선비가 많이 나왔다. 그러나 말기에는 아침에도 꿇어앉아 있는 것을 보고 저녁에도 꿇어앉아 있는 것을 볼 수 있을 뿐 함께 이야기하고 차를 내리는 일이 없어졌다. ……대궐에서 군신이 논의하는 일은 점차 뜸해지다가 단절되었다."(「명량론2」明良論2)

"노자(老子)는 법령이 백성을 밝게 하지 않고 우매하게 한다고 했다. 공자는 백성에게 법령을 따르게 할 수는 있지만 법령을 알게 할 수는 없다고 했다. 백성을 다스리는 것도 마찬가지다. 선비(士)는 사민 가운데 총명하고 헤아려 논하기를 잘하는 사람으로…… 고금을 주의하여 살피고 헤아려 논하기를 좋아한다. 그러므로 조종(祖宗)의 입법과 군주의 거동과 조치에 대해 (논의하므로) 일대의 호령하는 자는 모두 그들을 크게 불편해했다. ……이 때문에 여자 1,000여 명을 모집하여 악적(樂籍)에 집어넣었다. ……그러한즉 천하의 유사(游士)들을 통제할 수 있었고…… 그들에게 자질(資質)을 소모하게 한즉 한 몸을 도모하기에 바빠 국가를 도모할 마음이 없게 되었다. 그들에게 매일 힘을 소모하게 하매 이제 삼왕의 책을 이야기할 겨를이 없고 역사를 읽지 않으니 고금을 모르게 되었다. 그들에게 잠자리에 연연하게 하고 울고 웃게 하고 그들의 장년의 웅위(雄偉)한 재략을 소모하게 한즉 사유는 혼란해지고 뜻은 막혔으며 헤아려 논하면서 위로는 하늘을 가리키고 아래로는 땅을 그리던 자태가 더욱 끊어졌다. ……그리하여 군국(軍國)의 선악과 정사를 논의하는 문장이 지어지지 않게 되었다. 이렇게 되자 백성은 말을 잘 듣고 국사는 편해졌으며 목숨을 보전한 선비도 많아졌다. 묻기를, 이와 같았다면, 당대 · 송대 · 명대에 어찌 국가를 논하다 국시(國是)를 방해하여 스스로 욕을 취한 호걸이 없었단 말인가? 답하기를, 있었다. 군주는 치술(治術)을 때로는 사용하고 때로는 사용하지 않는다. 군주는 기이한 통치술 발명에 고심하므로, 천백의 중등 인재를 단단히 총애하기에 충분하지만 한두 호걸에게 전부 사용하지는 않는다. 이 또한 패자(覇者)의 한이로다. 오호!"(『딩안속집』定庵續集 권1 「경사악적설」京師樂籍說)

궁쯔전은 군주 전제제도의 아픈 곳을 몽롱하게나마 지적했고, 인간의 존엄성이 굴욕당하는 것에 대해 침통해하며 개탄하고 불평했다. 이와 동시에 궁쯔전은 사회의 어두운 현실을 광범하게 폭로했고, 사회문제의 심각함을 간파하고 혁명의 폭풍이 임박했음을 예감했다.

인심은 세속의 근본이고 세속은 왕운(王運)의 근본이다. ……가난한 자는 나날이 기울고 부유한 자는 나날이 북돋워지고 ……매우 상서롭지 못한 기운이 천지 사이에 자욱하며 ……그것이 오래되면 결국 병란(兵亂)이 일어나고 질병이 번질 것이다. 생민(生民)들에게 먹을 것은 조금도 남지 않고 사람은 가축처럼 비통해하며 귀신과 자리바꿈을 생각하는데, 그 처음은 빈부 불평등에서 시작한다. 그러나 작은 불평등이 점차 큰 불평등이 되고, 큰 불평등은 천하를 잃게 된다.[5]

……근년에 재물이 텅 비고 고관들이 백성의 빈궁함을 아뢴다. …… 이로부터 사물이 극에 달하면 다시 돌아간다는 것을 알겠다. ……붕괴되는 것이 있으면 흥성하는 것이 있고, 흥성함도 오래되면 반드시 폭발한다. 오늘날 백성들이 나날이 배불리 먹지 못함으로써 성천자(聖天子)에게 걱정을 끼치는 것은 금(金) 때문이 아니겠는가? 화폐의 금과 도검(刀劍)의 금은 같은 것이니, 10년이 되지 않아 병란이 일어날 것을 걱정한다.[6]

이처럼 맑게 깬 심각한 경고가 이와 같이 아름답고 기이한 문장 속에 들어 있으니, 내용부터 형식까지 사람을 놀라게 하기에 충분했다.

궁쯔전은 문학적으로 사회상황을 하루의 세 때, 즉 아침, 낮, 저녁[7]

---

5) 『딩안문집』 상권 「평균편」(平均篇).
6) 『딩안문집』 상권 『을병지제저의 제1』.
7) 『딩안문집』 권1 「존은」(尊隱).

으로 나누었다. 궁쯔전은 자신이 처한 시대가 "모든 강물이 진리로 귀속되고…… 왕읍(王邑)이 문명을 구가하는" 아름답고 안온한 세월이 아니라, "날은 저물고 비통한 바람이 몰려오며…… 산 속의 백성이 큰 소리를 내지르고 천지는 그에 호응하여 종과 북을 울리며 신이 그를 위해 파도를 일으키는" 혁명의 폭풍전야임을 지적했다.[8]

이런 시대는 자연스레 궁쯔전에게 변법개혁의 요구를 떠올리게 했다. "법은 바뀌게 마련이고 형세는 누적되게 마련이며 사례는 변천하게 마련이고 풍기(風氣)는 바뀌게 마련이다."[9] "한 조상의 법은 낡게 마련이고 여러 사람의 의론은 쇠약해지게 마련이다. 뒷사람에게 개혁을 맡기느니, 스스로 개혁하는 것이 낫지 않은가? ……『역경』에 이르기를 다한즉 변하고 변한즉 통하고 통하면 오래 간다 했다."[10] "어찌 변법을

---

8) "날은 저물고 비통한 바람이 몰려오매 사람들은 등불을 그리워하지만 시야는 어슴푸레하다. ……군자가 마침 태어나지만, 그는 왕가에서 태어나지 않으며 황후와 비빈(妃嬪)의 집에서 태어나지도 않으며 세가(世家)의 집에서 태어나지도 않는다. 산천으로부터 와서 교외에 멈추어 물어 말하기를, 왜인가? 옛 사람의 책과 뛰어난 지혜의 참된 마음은 공(功)이 뛰어난 자와 백공의 우두머리가 만든 것인데 경사(京師)는 받아들이지 않았다. 받아들이지 않았을 뿐만 아니라 그것을 찢어버렸고, 못난 무리들은 왜곡하여 헐뜯고 재목이 아니라고 거짓말하며 끌고 맡기고 그로써 밑천으로 삼으니, 온갖 보물(인재를 가리킴—옮긴이)이 모두 원망했고 원망하므로 재야로 돌아갔다. 귀인의 고가에서 제사 지내는 종묘는 선인이 준 중기(重器)를 기꺼이 지키지 않았다. 선인이 준 중기를 기꺼이 지키지 않은즉 가난한 자가 찬탈했고 그로 인해 경사의 기가 누설되었다. 경사의 기가 누설된즉 재야에 집을 짓게 되었다. 이렇게 되자 경사는 빈곤해졌고, 경사가 빈곤해지자 사방의 산이 충실해졌다. ……제사 지내는 종묘 자손의 견문은 줏대가 없어져서 경사는 비천해졌다. 경사가 비천해지자 산중의 백성 가운데 스스로 공후(公侯)가 나온다. 이렇게 되면 호걸은 경사를 가볍게 보고, 경사를 가볍게 보면 산중의 세가 무거워진다. 이렇게 되면 경사는 부드러운 흙덩어리 같아지고, 경사가 부드러운 흙덩어리 같아지면 산중의 요새는 견고해진다. ……바람이 험하고 물도 나쁘며 기후도 나쁘지만 산중은 담담하고 온화하며 차갑고 맑다. ……밤이 끝없고 아침이 흩날려도 새가 울지 않으면 산중의 백성은 큰 소리로 일어난다. 천지가 그들을 위해 북과 종을 울리고 신들은 그들을 위해 파도를 일으킨다."(「존은」)
9) 『딩안문집 보편(補編)』 권2 「대학사에게 드리는 글」(上大學士書).
10) 『딩안문집』 상권, 『을병지제저의 제7』.

생각하지 않으리요?"[11]

　그러나 시대와 계급의 한계는 아직 궁쯔전의 개혁주장에 진정으로 중요한 사회의 내용을 갖추도록 허락하지 않았다. 단지 스스로 "약방에서 옛 약품만 판다"고 일컫던 종법(宗法)·한전(限田)·균전(均田) 따위의 낡고 복고적인 공상과 인재에 대한 관심, 특급 승진, 탐관오리 정돈, 궤배(跪拜)* 폐지 등에나 주의를 기울이는, 상당히 지엽적인 것을 보충하고 개량하는 것에 머무르게 했을 뿐이다. 이것들은 기본적으로 봉건 정통사상 체계인 '치국 평천하'의 울타리를 벗어날 수 없었다. 그러므로 궁쯔전 사상의 특징과 의의는 주로 어두운 현실——특히 너무나 부패한 봉건 관료체계의 각종 상황——에 대한 날카로운 조소이자 폭로요, 비판이라는 점에 있다. 또 기쁘면 웃고 화나면 욕하는 것을 능사로 여기는 사회풍자에 있으며 소리 없이 출현하기 시작한 반역의 소리에 있음을 알 수 있다. 이 반역의 소리는 내용으로는 근대인이 가장 쉽게 계시와 친밀함을 느끼는 문제——군주독재, 개성의 존엄과 자유, 관료정치의 어두움——를 건드렸고, 형식에서는 근대인이 가장 쉽게 감동하는, 신비하고 은은하게 아름다우며 자유분방한 낭만주의의 색조를 연주했다. 그러므로 그의 '공양 금문학'(公羊今文學)으로 포장된 '대단히 이상하고 괴이한 논리'든 강개하고 낭만적인 시가와 산문이든 모두 낡은 속박의 타파를 요구하고 자유와 해방을 갈구하는 만청(晚晴) 젊은 세대의 영혼과 취향을 깊이 움직였고 그것에 부합했다. 궁쯔전의 시문이 만청 때 일시를 풍미한 것은 우연한 현상이 아니었다. 량치차오(梁啓超, 1873~1929)는 자신의 직접 경험을 토대로 자신들에게 미친 궁쯔전의 거대한 사상의 영향을 여러 차례 강조했다.

　딩안(定庵)은…… 대체로 사상이 매우 복잡하지만 『춘추』에 대해

---

11) 「명량론4」.
* 무릎 꿇고 엎드려 절하는 것을 말한다.

서는 심득(心得)이 있어 기이하고 오묘한 이상으로 옛것의 올바름(古誼)을 증명·연역했으며, 전제정체를 대단히 증오하여 문집에서 여러 차례 개탄했다(「고사구침론」古史鉤沈論, 『을병지제저의』乙丙之際著議, 「경사악적설」京師樂籍說, 『존임』尊任, 「존은」尊隱, 『찬사등십의』撰四等十儀, 『임규지제태관』壬癸之際胎觀 등에 민권(民權)의 뜻을 여러 차례 밝혀놓았고, 기타 지엽적인 것은 전집에서 종종 볼 수 있다).…… 자칭(嘉慶)·다오광(道光) 연간에 전국이 승평(升平)에 취해 있을 때 딩안은 그것이 계속되지 못할 것을 걱정했다. 그 세밀함을 살피는 식견은 당시 아무도 따를 수 없었다. 그물망이 삼엄한 시대에 살았기 때문에 하고 싶은 말을 다할 수 없었으므로 풍자적인 논의가 은근했다. …… 근세사상에서 자유의 길잡이를 말하기 위해선 반드시 딩안을 꼽아야 한다. 오늘날 사상을 위해 빛을 해방시킬 수 있던 인물들은 맨 처음 딩안을 숭배했고 『딩안집』을 읽고 그의 자극을 받지 않은 사람이 없었다.[12]

궁쯔전은…… 정심(精深)하고 미묘한 사색을 즐겼다. ……시정을 풍자하고 전제를 비난했다. ……만청 사상의 해방은 확실히 궁쯔전에게 공이 있었다. 광쉬 연간의 이른바 신학자들은 대부분 궁쯔전을 숭배하는 시기를 거쳤다. 처음 『딩안문집』을 읽었을 때 나는 감전된 듯했다.[13]

궁쯔전의 시가(詩歌), 특히 칠언절구는 만청 때 일시를 풍미했다.

자리를 털고 두려워하며 문자옥(필화사건을 지칭—옮긴이)에 대해 듣는다.

---

12) 량치차오, 「중국 학술사상 변천의 대세를 논함」(論中國學術思想變遷之大勢).
13) 량치차오, 『청대 학술개론』.

저서는 모두 양식을 위해 도모하네.
전횡(田橫)*의 500인은 어디에 있는가?
그들이 돌아왔다면 모두 열후(列侯)에 봉해졌을까?

도잠(陶潛)은 시에서 형가(荊軻)를 즐거워했는데
멈춰 선 구름(정운停雲)**을 보며 호방한 노래를 부르고 싶구나.
은혜와 원수를 마감하면 마음이 통할 터이니
강호의 협객이 많지 않을까 걱정하네.

구주(九州)의 생기는 바람과 천둥에 의지하고
수많은 말이 모두 목이 잠겨 있네.

---

* 통일 진(秦) 말, 진섭(陳涉)이 봉기하여 진의 통치력이 문제점을 드러내자 6국(초楚·한韓·위魏·조趙·제齊·연燕) 제후의 후예들이 옛 땅을 수복하여 왕을 칭했다. 이때 옛 제에서 전담(田儋)이 지방관을 죽이고 왕위에 올랐다. 전횡은 전담의 사촌 아우로, 장한(章邯)이 전담을 죽이자, 전담의 아들을 보위하여 왕으로 세우고 자신은 장군이 되었다. 그러나 항우(項羽)를 따르지 않기 때문에 진을 멸망시킨 후 논공행상할 때 왕에 봉해지지 않았다. 이에 전횡과 그의 형 전영(田榮)은 항우가 임명한 제 땅의 세 명의 왕을 모두 정벌하고 전영이 스스로 제왕이 되었다. 전영은 항우에게 살해당하고, 그후 전횡은 한신(韓信)의 계략에 빠져 패전했다. 유방(劉邦)이 전국을 통일하자 전횡은 부하 500여 명을 거느리고 바다로 나가 섬에 거주했다(이 섬은 지금도 전횡도田橫島라 함). 후에 유방이 그를 부르자 고사 끝에 유방을 만나러 가던 도중 수행하던 사람에게 이렇게 말했다. "내가 처음에 한왕(漢王: 유방)과 같이 왕이 되었는데, 지금 한왕은 천자가 되고 나는 항복한 포로가 되어 그를 섬겨야 하니 그 치욕이 심하다. 또한 내가 역이기(酈食其)를 삶아 죽였는데 그 동생과 나란히 그 주인을 섬기게 되었다. 설사 그가 천자의 조직이 두려워 감히 나를 건드리지 못하더라도 내 어찌 마음이 부끄럽지 않겠는가? 폐하가 나를 보고자 하는 것은 내 얼굴을 한번 보고자 하는 것일 뿐이다. 지금 폐하가 뤄양(洛陽)에 있으니 내 머리를 베어 30리를 달려가면 그 모습이 아직 부패하지 않을 것이다"고 하고, 스스로 목을 찔러 죽었다. 섬에 있던 500여 명은 전횡이 죽었다는 소식을 듣고 모두 자결했다. 『사기』(史記) 권94 「전담열전」(田儋列傳) 제34를 참조하라.

** 정지하여 움직이지 않는 구름을 뜻한다. 도연명(陶淵明)의 시 「정운」에서 "애애 정운, 몽몽시우"(靄靄停雲, 濛濛時雨)라 하며 "정운(停雲)은 친구를 그리워하는 것"이라 했다. 이후 친구를 그리워하는 뜻으로 많이 쓰였다.

원컨대, 하늘이 다시 정신을 차리어

한 분야에 국한되지 않은 인재들을 내려주시기를.

사람을 그리워하는 것 같지도 않고 선(禪)을 하는 것 같지도 않네.

꿈에서 돌아보니 맑은 눈물 흐르네.

화병의 꽃 알맞고 난로 향기 맞춤하니

나의 동심 26년을 찾네.

비분강개함 · 황망함 · 처량함은 개인의 각성에 눈을 뜨기 시작한 만청의 여러 세대 청년 지식인의 정서와 의향(意向)에 완전히 부응하고 부합되었다. 공양학[14]에서 불학에 이르기까지, 낭만적인 시문에서 이단적 관념에 이르기까지 모두 봉건정통의 한대 고증과 송대 의리(義理)와 대항했다. 그것들은 모두 만청의 선성(先聲)을 열었다. 궁쯔전은 중국 근대사조에 낭만주의의 전주곡을 연주했다. 이단적 정조가 가득한 서곡은 조금 뒤의 시대에서 격앙되고 강렬한 교향악으로 발전했다. 문학과 정치, 그리고 학술의 측면에서 모두 그러했다. 반역의 씨앗이 꽃을 피운 것이다. 궁쯔전의 '공양 금문학'은 먼저 캉유웨이의 손에서 풍부한 수확을 거두게 된다.

2. 웨이위안과 펑구이펀

궁쯔전의 주요한 특징과 공헌이 구사회의 폭로와 비판에 있다면, 그와 이름을 나란히 한 동시대의 사상가 웨이위안*의 특색과 공헌

---

14) "그대가 충어학(蟲魚學)을 모두 불태운 이후부터 기꺼이 둥징(東京)에서 떡장수가 되었네."

* 웨이위안(1794~1857)은 원명이 위안다(遠達)이고 자는 모선(默深)이며 후난 사오양(邵陽) 현 사람이다. 1808년 수재(秀才)에 합격하고, 1822년에 거인(擧人)에 합격했으며, 1829년 내각 중서사인이 되었다. 1841년 영국에 저항할 것을 주장하는 장군 위첸(裕謙)에게 투신했고 저장에서 영국의 침략에 반항하는 활동에 적극 참여했다. 1844년 진사에 합격된 후 장쑤(江蘇) 둥타이(東臺), 싱화(興

은 건설적인 원칙의 주장에 있었다. 궁쯔전의 창 끝이 봉건사회의 내부문제를 겨누었다면, 시세의 변이에 따라 이 창 끝은 그의 친구 웨이위안에게서 외세에 반항하는 애국주의라는 새로운 방향으로 돌려졌다.

아편전쟁은 중국 근대사의 장막을 정식으로 걷어올렸다. 그에 따라 중국 인민은 외국 침략자와 투쟁을 개시했다. 이때부터 외래의 침략과 모욕에 반항하는 것은 중국 근현대사상의 가장 중요한 주제가 되었고, 여러 세대 사람들의 행위와 활동 그리고 사상을 지배하고 그것에 영향을 주었다. 궁쯔전과 웨이위안의 친한 친구이자 당시 중상층의 애국 사대부 집단의 중요 인물이던 린쩌쉬(林則徐, 1785~1850)는 외국 침략자와 맞붙어 투쟁했으며 진보경향을 띤 중상계층 최초의 대표자였다. 아편을 엄금하고 인민을 단결시켜 외국의 모욕에 대응하자고 주장한 린쩌쉬의 진보적 사상과 정의로운 행동은 강포(强暴)함을 두려워하지 않는 민족정신의 표현이었다. 우매하고 무지하며 좁은 식견으로 뽐내면서 맹목적으로 배외(排外)하던 당시 그리고 이후의 완고파와는 달리, 린쩌쉬는 더 효과적으로 조국을 보위하고 침략에 반항했다. 동시에 그는 근대 중국 최초로 서양 자본주의 국가에 대한 이해와 주의 깊은 조

化) 등에서 지현을 지냈다. 1851년 태평천국 혁명이 발생했을 때 그에 저항하고 태평군을 진압하는 활동에 참여했다. 누명을 쓰고 파직되었다가 후에 복직되기도 한 그는 어지러운 세상에서 관리 노릇을 하고 싶지 않다며 사직한 뒤 불학(佛學)에 열중하고 저술에 몰두했다. 1857년 항저우(杭州)에서 병사했다. 웨이위안은 류펑루에게서 『공양춘추』를 배우고 궁쯔전과 병칭되었다. 그들은 19세기 중엽 지주계급 개혁파의 사상가였다. 웨이위안은 린쩌쉬의 편에 서서 영국에 항거할 것을 주장한 애국주의자였다. 당시 지주계급 완고파와는 달리 그는 경력이 풍부하고 하층사회를 잘 이해했으며 지식이 폭넓었다. 그는 당시 사회의 실제문제를 중점적으로 연구했으며 봉건사회 말기의 위기를 해결하는 방안을 제출했다. 따라서 그는 학술사상적으로는 경세치용을 제창했고, 정치사상적으로는 대내적으로 복고와 의고(擬古)를 반대하고 변법실행을 주장했으며, 대외적으로는 매국투항을 반대하고 외국 자본주의의 침략에 저항할 것을 주장했다. 동시에 웨이위안은 서양 자본주의 국가의 선진적인 생산기술을 배워야 한다고 주장했고, 중국의 민족상공업을 발전시키려는 전망을 가지고 있었다.

사를 중시하기 시작한 선진적인 인물이었다.

> (중국 관리들은) 교만하게 자족했고 각종 오랑캐를 경시하여 태만하게 대하기만 하고 그들을 연구하지 않았다. 오직 린쩌쉬 총독의 행동만이 완전히 달랐다. 부서에서 통역원을 양성했으며, 통상에 종사하는 자와 뱃길 안내인 20~30명에게 사방을 탐문한 후 기일에 맞추어 보고하도록 지시했다.[15]

> 그를 통해 얻은 오랑캐의 정보는 사실 적지 않았다. 준비방안의 수립이 대부분 여기서 나왔다.[16]

그러나 모욕에 대항하는 린쩌쉬의 애국적인 행동은 왕조통치자의 불만을 야기했고, 조국의 존엄을 수호한 결과는 수천 리 길의 험난한 추방이었다.

우매함과 어수룩함이 굳센 정책을 대체했고, 그 결과는 '성하의 맹세'(城下之盟: 적의 포위에 굴복하여 맺는 강화조약), 즉 국가의 굴욕이었다. '완전무결한 무공'을 가진 '천조'(天朝)가 뜻밖에 '교활하고 조그만 오랑캐'에 무릎을 꿇은 것은 당시 커다란 사건이 아닐 수 없었다. 그리하여 어떻게 '외국 오랑캐를 막아야 하는가'라는 놀랄 만한 중요한 문제가 제기되었다. 전쟁의 교훈은 각성한 애국자를 자극하여 모욕에 대항하는 방법을 고민하게 했다. 린쩌쉬의 친한 친구 웨이위안은 린쩌쉬가 이루지 못한 사업을 흔쾌히 이어받았다. 그는 린쩌쉬가 『사주지』(四洲志)와 『화사이어』(華事夷語)를 주편한 방법을 채용하여 대규모의 힘든 자료채집과 현지방문, 편찬작업을 시작했다. 그리하여 1840년대에 당시 중국과 동양에서 획기적인 세계사지 거작인 『해국도

---

15) 웨이위안, 『해국도지』(海國圖志) 외국 신문의 말을 기록.
16) 린쩌쉬, 「이 장군에게 답하는 광둥 성 방어 6조」(答奕將軍防禦粵省六條).

지』(海國圖志)를 완성했다. 이는 당시 동양 여러 나라의 인민이 서양을 이해하고 서양에 저항하는 데 귀중한 전적(典籍)이 되었다.

『해국도지』 50권은 무엇에 근거했는가? 첫째는 전임 양광(兩廣) 총독 린쩌쉬 상서(尙書)가 번역한 서양의 『사주지』에 근거했고, 둘째는 역대 사지(史地)와 명 이래의 도지(島誌), 그리고 근일 외국의 지도와 책에 근거하여 세밀하게 조사하고 덤불과 잡초를 제거하여 선구자가 되었다. ……이 책을 왜 지었는가? 오랑캐를 이용하여 오랑캐를 공격하고 두드리기 위해 지었으며, 오랑캐의 장기를 배워 오랑캐와 강화하기 위해 지었다. ……똑같이 대적하더라도 그 사정을 아는 것과 모르는 것은 이해가 크게 다르고, 똑같이 강화하더라도 적의 사정을 아는 것과 모르는 것은 이해가 크게 다르다. 옛날 외이(外夷)를 물리친 자는 적의 상황을 자신의 책상과 자리처럼 잘 알고 적의 사정을 자신의 잠자리와 음식처럼 잘 알았다.[17]

『해국도지』의 저자는 "무릇 혈기 있는 모든 사람은 비분해야 하고 이목과 심지가 있는 사람은 모두 도모해야 하는" 애국 열정 속에서, 실사구시의 냉정한 연구를 통해 침략에 반항하는 양대 강령——"오랑캐를 이용하여 오랑캐를 공격"(以夷攻夷)하고, "오랑캐의 장기를 배워 오랑캐를 제압"(師夷長技以制夷)——을 총괄식으로 제기했다. 전자는 서양 자본주의 국가가 자유경쟁 시대에 해외시장을 쟁탈하는 모순을 이용하려는 웨이위안의 거칠고 유치한 인식을 나타냈고, 후자는 과학적 연구를 거친 후 얻은, 침략전쟁에 저항하는 유효한 방안이었다. 하지만 그 주요내용은 군사방면의 전략전술과 신식 총포를 구매하고 제조하자는 건의일 뿐이었다.

하지만 이는 바로 당시 이편과 저편 쌍방의 구체적인 각종 우열조건

---

17) 『해국도지』 「서」(敍).

과 아편전쟁의 실제경험에 근거하여 총괄해낸 현실적 방법이었다. 역사적 한계로 인해 웨이위안이 말한 "오랑캐의 장기를 배우는" 그 실제 내용과 서양의 '장기'에 대한 인식은 무기와 '양병과 조련방법'이라는 협애한 범주에 그치고 말았다. 그러나 중요한 것은 당시 그리고 그 이후에도 지배지위를 차지한 완고파의 사상과는 달리, 웨이위안은 그 시대가 허용하는 범위에서 가장 일찍 "오랑캐의 장기를 배워 오랑캐를 제압"하자는 신선한 사상을 갖추었고, 또한 그것을 제공했다. 이는 새롭고도 원칙적인 지도적 의의를 가졌다. 장기의 내용은 시대와 인식의 심화에 따라 크게 달라졌지만, "장점을 훔치고 의지하는 바를 탈취하자"는 '장기(長技)학습'의 주장("그 장점을 배우고 근거를 탈취하자")은 이후 줄곧 수많은 선진인사가 중국을 구하고 침략에 저항하기 위해 진리를 추구하는 데 사상적 방향이 되었다.

1870년대 개량파 사상가 왕타오는 "모선(默深: 웨이위안의 자) 선생 때 서양인과의 교류가 깊지 않아서 그들의 폐부를 통찰할 수 없었지만, 그들의 '장기를 학습하자'는 견해는 실로 시대의 선성(先聲)이었다"[18]고 했다. 이 평론은 정확했다. 1840년대에 린쩌쉬와 웨이위안은 봉건반동파와는 구별되는 중국 근대의 선진인사들이 가진 사상의 특징을 가장 일찍 체현했다. 두 사람은 이러한 반항과 학습을 가장 표층적인 군사방면에만 국한했을 뿐이지만, 이 또한 역사발전과 논리인식이 필연적으로 경과해야 하는 최초의 단계였다.

또한 웨이위안은 이후 단순하게 서양의 '튼튼한 군함과 예리한 대포'(船堅砲利) 학습을 강구하던 양무파와는 달랐다. 그는 궁쯔전과 마찬가지로 내정개혁을 대단히 중시했다. 웨이위안은 단지 예리한 무기만으로는 침략에 저항할 수 없음을 지적했다.

---

18) 「일본유기」(扶桑* 遊記).

  * 부상(扶桑)은 중국인들이 칭한 일본의 옛 이름이다.

그러한즉, 이 책(『해국도지』)을 가지면 외국 오랑캐를 막을 수 있는가? 그렇기도 하고 아니기도 하다. 이는 병기(兵機)이지 병본(兵本)이 아니다. ……명(明)의 신하가 말하기를, 해상에 있는 왜구의 환난을 평정하려면 먼저 누적된 인심의 환난을 평정해야 한다고 했다.[19]

그러면 '누적된 인심의 환난'이란 무엇인가? 웨이위안은 명확한 것을 지적하지는 않았다. 궁쯔전의 느낌과 마찬가지로 그도 당시 사회에 존재하는 거대한 위기를 몽롱하게나마 느꼈고 전체 사회의 공허함과 어두움을 느꼈다. 그러므로 그는 궁쯔전과 함께 사회적으로 '경세치용', 즉 나랏일과 백성의 질고(疾苦)에 관심을 가지고 사회·정치 생활에 적극 참여하는 삶의 태도와 치학(治學) 작풍을 창도하고자 노력했다.

무엇을 도(道)의 그릇(器)이라 하는가? 예악(禮樂)이다. 무엇을 도의 결단(斷)이라 하는가? 병(兵)과 형(刑)이다. 무엇을 도의 바탕(資)이라 하는가? 식화(食貨)이다. 도가 일에 나타나는 것을 치(治)라 하고, 그 일을 방책(方策)으로 기록하여 천하의 후세 사람에게 그를 통해 도를 구하고 일을 알게끔 하는 것을 경(經)이라 한다. ……선비의 능력은……『주역』으로 의심스러운 것을 결정하고 「홍범」(洪範)으로 변화를 점치고 『춘추』로 일을 결단하고 '예'와 '악'과 복제(服制)로 교화를 일으키며 '주나라의 관제'로 태평에 이르는 것이다. ……이를 일컬어 경으로 치술을 삼는다고 한다.[20]

이는 궁쯔전이 충어학 책을 모두 불태운 것과 같은 가락이다. 웨이위안은 당시 학술의 지배적 지위를 차지하던, 현실생활과 멀리 떨어진 번

19) 『해국도지』 「서」.
20) 『고미당내집』(古微堂內集) 「학편(學編)9」.

쇄한 '한학' (漢學)에 반대했고, 동시에 지배계급에 의해 장려되면서 마찬가지로 현실과 괴리된 채 성리를 공론하던 '송학' (宋學)을 질책했다.[21] 웨이위안은 "실사(實事)로써 실공(實功)을 구하고 실공으로써 실사를 좇아" 사회의 실제를 중시하고 연계하는 태도와 방법을 사용하여 학문을 하고 일을 처리함으로써 구국·구민해야 한다고 지적했다. 이는 사람들이 서재에서 생활로 나오고, 공론에서 실제로 들어갈 것을 요구한 것이었다.

그러므로 웨이위안의 이 사상은 한편으로 명말 청초 리얼리즘 사조*의 계승이자 회복이었고, 18세기 이래 중국 학술을 지배하던 번쇄한 '한학'의 부정이었다. 또 다른 한편으로 그것은 근대 중국의 선진사상이 사회·정치의 현실문제를 중시한 시대정신을 최초로 체현한 것이다. 웨이위안은 훗날의 지식과 학술계, 특히 개량파에 많은 영향을 주었는데, 거기에는 현실을 대하는 이런 태도와 정신이 있었다.

현실문제 연구에 주의를 기울였기 때문에 그들의 사상에는 신선한 관념의 맹아가 내포되어 있었다. 궁쯔전과 웨이위안의 경제적 입장에

---

21) "건륭(乾隆) 중엽 이후부터 국내 사대부들은 한학을 흥기시켰다. ……훈고학과 음성학을 다투어 연구하여 세밀한 부분까지 분석했다. ……세상의 총명하고 지혜로운 자들을 붙들어 모두 쓸모 없는 길로 나아가게 했다."(『고미당외집』「우진 리선치 선생전」武進李申耆先生傳) "……자신의 입과 심성을 사용하여 예의를 행하고 만물은 일체라고 말했지만, 백성이 병들어도 개의치 않고 관리통치를 알지 못하며 국가계획과 국방을 묻지 않는다. 그러다가 하루아침에 그에게 나라를 맡기게 되면 위로는 국가에 필요한 것을 만들어내지 못하고 밖으로는 국경을 안정시키지 못하며 아래로는 백성의 곤궁을 회복시키지 못하매, 백성과 사물을 사랑한다는 평소의 공담은 이에 이르면 백성과 사물에 아무런 보탬이 되지 않으니, 세상에 어찌 이런 쓸모 없는 왕도를 사용하겠는가?"(『고미당내집』「치편1」)

* 명말 청초 시기에 황종희(黃宗羲, 1610~95), 고염무(顧炎武, 1613~82), 왕부지(王夫之, 1619~92), 방이지(方以智, 1611~71) 등을 대표로 한 초기 계몽사조. 그들은 중국 고대철학을 비판적 안목으로 더 전면적이고 객관적으로 총괄한 동시에 미래에 대한 이상을 제기했다. 그들의 사상은 근대 민주주의에 계몽작용을 했다. 그들은 일정한 역사적 자각을 가지고 봉건 군주전제를 공격했고 민주법치의 초보적인 이상을 제출했으며, 이론적 비판의 창 끝을 송명이학에 겨누었다. 실제와 실증을 중시하여 '경세치용'의 새로운 학풍을 개척했다.

는 주의할 만한 선진적 요소가 있었는데, 이들 요소는 당시 사회·경제 발전의 객관적 상황과 추세를 비교적 신속하게 반영했다. 당시 쇄국정책을 견지하던 수많은 낙후사상──서양상품의 사용금지(管同), 백은폐지,[22] 사업억제와 광산폐지[23] 등──과는 완전히 다르게 궁쯔전과 웨이위안은 상업발전을 중시했다. 또한 개인과 이익에 대해 언급했다. 궁쯔전은 "하늘에도 개인이 있고 땅에도 개인이 있다", "삼대(三代 : 하夏·은殷·주周) 이전에는…… 부에 대해 말하기를 부끄러워하는 일이 없었다"고 말했고, 린쩌쉬는 백성에게 탄광채굴을 허용하고 외국과 정당하게 무역할 것을 건의했으며, 웨이위안은 외국의 신식 생산도구와 기술을 학습·채용하여 상품을 제조할 것을 주장했다. 이 사상들은 분명 당시 중국 사회내부의 경제발전 추세를 반영한 것이자, 명말 이래 계속되던 '상업과 공업이 근본'이라는 신선한 사상의 연속이었다. 동시에 그것은 또한 1870~80년대 개량파가 자본주의 상업을 발전시키자는 경제관점의 매개로서 출현하기 시작했다.

1850년대 태평천국의 혁명폭풍이 불자 궁쯔전의 예감은 현실로 드러났다. '산중 백성'의 큰 소리는 '부분 개혁'의 모든 환상을 깨뜨렸고, 웅장한 '천부·천왕·천국'의 전투 호각 속에 궁쯔전과 웨이위안의 개량사상은 시대사상 주류의 무대 뒤로 밀려나 사람들의 주의를 끌지 못한 채 진일보 발전할 수밖에 없었다. 이 발전은 린쩌쉬의 제자인 펑구이펀(馮桂芬, 1809~74)*의 저서 『교빈려 항의』(校邠廬抗議)에 표현

---

22) 쑨딩천(孫鼎臣), 『논치』(論治).

23) 쉬나이(徐鼐), 『무본론』(務本論).

* 펑구이펀의 자는 린이(林一), 호는 징팅(景亭)이다. 다오광(道光) 시기에 진사에 합격, 초년에 린쩌쉬의 학생이었다. 린쩌쉬를 도와 『기보수리의』(畿輔水利議)를 편찬했고, 『염법지』(鹽法志) 수정작업에 참여했으며, 한림원 편수(編修)를 제수받았다. 1853년 태평천국 혁명시기에 쑤저우에서 관직을 지내다가 1860년 태평군이 쑤저우를 공격할 때 상하이로 도망쳤다. 외국 군대의 힘을 빌어 태평군을 진압할 것을 주장했다. 1862년 리훙장의 막부에 들어가 태평군 진압을 도왔다. "중국의 윤상과 명교를 원본으로 삼고 여러 나라 부강의 기술을 보조로 삼는다", "서학을 채용하고 서양기기를 제조하여 국가의 쓰임을 계획하고 과거를

되었다.

동남 연해에 살며 두 차례 아편전쟁의 전란을 겪은 펑구이펀은 오랑캐의 피해가 끊이지 않는다는 느낌 속에서 자강과 설욕을 요구했다.

> 천지개벽 이래 없던 울분이다. 심지(心知)와 기혈(氣血)이 있는 사람이라면 머리카락이 관(冠)을 뚫고 위로 솟지 않는 사람이 없다. 오늘날 만리에 달하는 세계 제일의 대국이 작은 오랑캐의 속박을 받고 있다. ……치욕스럽다면 자강해야 한다. 이른바 어떤 대상을 알지 못한다는 것은 사실 그 대상에 뒤떨어지는 것이다. 꺼리고 미워해도 도움이 되지 않고 글로 수식해도 불가능하며 억지로 하려 해도 쓸모 없다. ……도(道)란 실상 자신이 남들에게 뒤떨어진 원인을 아는 것이다. 저들은 어이해 작으면서도 강한데 우리는 어이해 크면서도 약한가? 반드시 그런 까닭을 추구해보면 여전히 그 원인이 사람에게 달려 있을 뿐임을 알 수 있다.[24]

린쩌쉬와 웨이위안의 방향을 준수하면서 펑구이펀은 사람 같지 않은 중국의 상황을 목도한 후 "남들에게 뒤떨어진 원인을 알 것"을 요구했다. 그리하여 당시 천하가 바르지 않음에도 "선하지 않다면 선인의 법이라도 나는 비판할 것이고, 선하다면 오랑캐의 법이더라도 나는 배우겠다"[25]는 방침을 내놓았다. 그리고 서학을 두루 채용하여 자본주의 기술과학의 '격치지리'(格致至理)*와 역사지리, 어문지식을 열심히 학습할 것을 요구했다.

궁쯔전과 웨이위안의 내정 개혁사상을 준수한 펑구이펀은 군사방면뿐만 아니라 내정방면에서도 봉건주의 중국이 '오랑캐에 뒤떨어진 것

개혁한다" 등을 주장하여 자본주의 기술로 봉건통치를 수호하려 했다.
24) 『교빈려 항의』 하권 「서양 도구제조에 관하여」(制洋器議).
25) 『교빈려 항의』 상권 「빈민수용에 관하여」(收貧民議).
 * 사물의 이치를 파고드는 것으로 물리·화학 등의 자연과학을 가리킨다.

이 네 가지' 있음을 지적했다.

　　재능 있는 사람을 버리지 않는 면에서 오랑캐에 뒤떨어지고, 토지
의 이로움을 남기지 않고 사용한다는 면에서 오랑캐에 뒤떨어지며,
군주와 백성이 소원(疏遠)하지 않는 면에서 오랑캐에 뒤떨어지고, 명
실상부한 면에서 오랑캐에 뒤떨어진다.[26]

　　재능 있는 사람을 버리지 않으려면 팔고(八股)의 과거문체를 폐지하
고 과거시험 과목과 내용을 개혁하여 과학 기술인재를 장려하고 우대
해야 한다. 토지의 이로움을 남기지 않고 사용하려면 수리사업을 대대
적으로 벌이고 양잠과 차 재배를 널리 시행해야 한다. 군주와 백성이
소원하지 않고 명실상부한 관계가 되려면 "향직을 회복"(신사 紳士의
정치권력을 확대)하고 "정시(呈詩)를 회복"(인민이 시가로 의견을 표
달하는 것을 허용)하며 "세금을 매겨 물리는 것을 개혁"하고 "남는 관
원을 도태"시켜야 한다. 이런 주장은 아직 명확하게 부르주아 계급의
개혁적 성격을 가지지 못했고, 궁쯔전과 웨이위안의 사상에 비해 왜소
했다.
　　그러나 펑구이펀의 이 주장은 "개, 파리, 개미를 잡아야 한다"는 궁
쯔전의 분노에 찬 공상과, "우선 누적된 인심의 우환을 해결해야 한
다"는 웨이위안의 모호한 주장에 비해 크게 한 걸음 전진함으로써 그
들의 몽롱한 사회개혁 요구에 절실하고도 구체적인 내용을 갖추게 했
다. 그것은 당시 사상계의 수준을 뛰어넘어 1880～90년대 개량과 변
법사상의 모태이자 선도가 되었다. 1850년대 펑구이펀의 저작은 당
시에는 그다지 주의를 끌지 못했고 영향력을 행사하지 못했지만, 그
후 1890년대 변법사조의 고조기에는 줄곧 그 가치를 잃지 않고 『성세
위언』(盛世危言)·『용서』(庸書)와 마찬가지로 중요한 저서로 간주되

---

26)「서양 도구제조에 관하여」

었다.[27]

계급투쟁이 첨예하던 태평천국의 혁명시대에 처한 펑구이펀 사상의 다른 측면은, 지주계급의 입장에 서서 농민혁명과 태평천국을 완강하게 반대한 것이었다. 그는 줄곧 청조 군대에 참가하여 중요한 업무를 담당했다. "2년간 군무처리를 도왔는데 소탕과 위무(慰撫)의 모든 일에서 그(펑구이펀-옮긴이)는 정책결정에 참여했다."(리훙장李鴻章) 이 또한 궁쯔전과 웨이위안의 입장과 일맥상통했다. 궁쯔전은 용감하게 어두운 현실을 풍자하고 공격했으며 혁명의 도래를 꿈꾸었지만, 동시에 인민을 극단적으로 멸시했다. 그는 삼엄한 봉건 등급제의 수호를 요구했으며, 통치자에 대한 인민의 복종과 외경을 요구했다. 웨이위안 역시 마찬가지였다. 그는 태평천국에 반대하는 전쟁에 참여했고, 청조 통치가 안정되고 강대해지기를 충심으로 희망했다. 장타이옌(章太炎)에게 "오랑캐에 아부했다"고 엄하게 질책을 받은 그의 책『성무기』(聖武記)는 오랑캐 황제의 공덕을 찬양한 작품이었다. 이들 개명 사상가의 봉건지주적 입장은 마찬가지로 개량파에 의해 계승되었다.

웨이위안은 자신들이 "덤불과 잡초를 제거하여 선구자가 되었다"고 말한 적이 있다. 위에서 살펴본 것처럼 궁쯔전부터 펑구이펀까지, 이들 1830~60년대 지주계급의 개명 사상가들은 분명 1870~90년대 지주 부르주아 개량파 사상가의 선구자들이었다. 그들은 개량파 사상가들과 진정한 혈연관계를 가졌고, 개량파에 대량의 사상재료를 비축해주었으며, 자본주의 사상으로 나아가는 새로운 방향을 개척하고 인도했다. 그

27) 이 책은 1880년대에 비로소 각본(刻本)이 나왔고(필사본은 일찍 전파되었음) 1890년대 개량파 우익인사(웡퉁수앙翁同龢 · 쑨자나이孫家鼐 등)들이 특히 이 저서를 중시했다. 그들은 이 저서에 제출한 건의가 자신들이 실행을 요구한 정책이라고 인식했다. 그래서 이 책을 인쇄하고 아울러 광쉬 황제에게 여러 차례 추천했다. 사실 이 책은 1890년대에는 매우 낙후한 것임에 분명했다. 광쉬 황제가 여러 관료에게 영을 내려 독후감을 제출하라 했지만 여전히 상당수는 유보적이거나 반대의 태도를 취했다.

110

러므로 궁쯔전이 비교적 먼 만청(1890~20세기초) 시기에 낭만적인 열정을 불러일으켰다면, 웨이위안은 바로 자신의 뒤를 이은 1870~80년대에 현실적이고 직접적인 주장을 남겨주었고, 펑구이펀의 특징은 (두 사람과 개량파를 연결해주는—옮긴이) 중간다리 역할을 한 것에 있다. 그는 개량파 사상의 직접적인 선행자였고, 1830~40년대부터 1870~80년대 사상의 역사에서 중요한 교량이었다.[28]

---

28) 펑구이펀의 사상에 관해 1960년대초 학술계에서 토론과 논쟁이 있었다. 한 가지 의견은 펑구이펀의 『교빈려 항의』가 부르주아 개량파를 대표한다는 것이었고, 두번째 의견은 양무파, 즉 지주매판 계급을 대표한다는 것이었으며, 세번째 의견은 궁쯔전, 웨이위안과 마찬가지로 지주계급 개혁파를 대표한다는 것이었다. 나는 기본적으로 세번째 의견에 동의하기에, 1950년대의 이 견해를 수정하지 않겠다. 펑구이펀은 개량파를 대표하기에는 지나치게 이르다. 개량파는 당시 양무파에서 분화되어 나오지 않았고, 심지어 양무파 자체도 갓 형성되는 중이었으므로 양무파를 대표한다는 것은 정확하지 않다. 양무파는 내정개혁을 진정으로 요구하지 않았다. 펑구이펀이 농민혁명 진압과정에서 외국 침략자와 합작한 것은 결코 이상하지 않다. 이것이 바로 지주계급의 특징이다. 이 책에서는 여전히 펑구이펀이 위로는 궁쯔전·린쩌쉬·웨이위안을 계승하고 아래로는 개량파의 지주계급 개량파를 계발시킨, 개량주의의 '선구자'라고 인식한다. 펑구이펀과 관련된 다음 논문을 참조하라. 저우푸청(周輔成)의 「펑구이펀의 사상」(馮桂芬的思想)(『역사철학』, 1953년 제9기), 왕스(王栻)의 「펑구이펀은 부르주아 민주사상을 가진 개량주의자인가」(馮桂芬是不是一個具有資産階級民主思想的改良主義者?)(『난징 대학학보』南京大學學報, 인문과학 1956년 제3기), 천쉬루(陳旭麓)의 「펑구이펀의 사상을 논함」(論馮桂芬的思想)(『학술월간』, 1962년 제3기), 황바오완(黃保萬), 「교빈려 항의 해부」(校邠廬抗議剖析)(『학술월간』, 1962년 제11기), 쉬룬(徐侖)의 「펑구이펀의 정치사상을 논함」(論馮桂芬的政治思想)(『학술월간』, 1963년 제8기), 천쉬루의 「교빈려 항의에 관하여」(關於校邠廬抗議)(『신건설』, 1964년 제2기) 등.

2 개량파 변법유신 사상의 발생과 발전

1. 민족자본주의 상공업 발전의 경제적 요구

개량파 변법유신 사상의 진정한 발생과 출현은 1870~80년대였다. 그것은 우선적으로 정부에 민족자본의 발전을 중시해줄 것을 요구하는 경제사상으로 표현되었다.

1870~80년대는 혁명의 대폭풍이 지나간 후의 시기로 스산하면서도 상대적으로 안정된 연대이다. 농민혁명의 실패로 사회는 고통스럽고 구불구불한 길을 가게 되었다. 궁쯔전이 폭로한 만신창이의 사회는 고통스럽게 지속되었고, 봉건지주와 농민계급의 모순은 잠복된 채 더 심각하게 악화되어갔다. 이와 동시에 한 걸음 한 걸음씩 핍박하는 외국 침략자들의 탐욕스러운 침공은 새로운 형세의 특징을 구성했다. 각종 굴욕적인 매국조약이 연이어 체결되었고, 외국 선교사와 상선은 제멋대로 내지 깊숙이 들어오기 시작했으며, 농촌의 자연경제는 분해되고 파괴되었다.

1850~60년대 농민계급과 지주계급의 대투쟁 이후, 침략에 반항하고 조국을 보위하는 민족모순과 민족투쟁은 새로운 단계의 주요단초를 형성하면서 앞으로 뻗어나가기 시작했다. 1870~80년대는 1890

년대에 나타난 애국주의 고조가 양적으로 축적되는 단계였다. 기층 인민은 침입해 들어온 강도에게 거대한 증오를 분출하여 종교사건(敎案)*이 전국적으로 연이어 일어났다.

그러나 농민혁명이 실패한 후 사회의 발전은 상층을 통해 자신의 전진추세를 표현할 수밖에 없었다. 이것이 새로운 단계의 주요한 특징이자 상황이었다. 1870년대 이래 일부 지주 · 관료 · 부상(富商) · 양행(洋行)매판 · 구식 광산주들은 근대 자본가로 전화하기 시작했고, 근대 광공업과 교통 · 운수업에 투자하기 시작했다. 통계에 따르면, 1880년대 말 상판(商辦) · 관상합판(상판이 주요지위를 차지함) 형식의 근대 공장과 광산의 수는 이미 38곳에 이르렀고, 자본합계도 1,400여 만 위안(元)에 달했으며, 그중 방직공업과 야금공업이 주를 이루었다.[29] 이들 공장과 광산의 주인은 대부분 지주관료이면서 자본가를 겸했다. 그들 대부분은 여전히 봉건지대 착취를 중요한 또는 주요한 수입으로 삼았다.

그러나 그들은 자본주의 발전을 요구했기 때문에 봉건완고파와는 심각한 계급적 차이가 있었고, '관독상무'(官督商務)**를 주장하며 자본을 마음대로 운용하는 양무파 사이에도 첨예한 이해관계와 모순이 존재했다. 그들은 완고파의 방해와 양무파의 통제에서 벗어나고자 했고, 사회제도를 근본적으로 개변하지 않는다는 전제에서 개혁을 진행함으로써 자본주의를 위해 신속하게 길을 열기를 희망했다.

그 길이 굴욕과 고통으로 가득한 좁은 길이었음에도 당시 그것은 결국 새로운 사회계급을 지향해가는 발전추세였다. 이 추세를 반영하여 대단히 미약한 소리로 개량파 자유주의의 외침이 나오기 시작했는데, 이는 물질적 · 현실적인 근거를 가진 새롭고도 진보적인 사회사상이었다.

1870~80년대의 개량파 사상은 양무사상에서 직접 분화되어 나왔

---

* 외국인 선교사 살해와 교회 파괴운동.
29) 옌중핑(嚴中平) 등이 편찬한 『중국 근대경제사 통계 자료선』을 참조하라.
** 관청이 감독하고 상인이 경영한다는 뜻.

다. 처음 단계에서는 이 사상 자체나 이 사상의 대표인물을 막론하고 양무주의와 분리하기 어려운 친척관계를 맺지 않은 것이 없었다. 그것은 양무사상의 대립물로서 발전하는 가운데 자신의 성격을 구비하기 시작했음에도 양무주의에 크게 의존했다.

　1860년에 출현하고 전쟁의 피바다에서 태어나 성장한 양무주의는 원래의 봉건 지배계급을 수호하는 데 뜻을 둔 운동이자 사상이었다. 이 주의의 강령과 방법은 "치국의 도는 자강에 있고 자강은 군대훈련을 요체로 하며 군대훈련은 무기제조를 우선으로 한다"(리훙장)는 것이었다. 1840년대 애국적인 지주관료가 외국의 모욕에 대항한 투쟁에서 "오랑캐의 장기를 배워 오랑캐를 제압"하는 것에서 출발하여 "튼튼한 군함과 예리한 대포"를 인식·주장하고 제출했다면, 상층 봉건 지배집단은 오히려 1850~60년대의 내전 속에서야 비로소 이런 방안을 내놓기 시작했다.[30] 그러나 양무주의는 객관적으로 중국 자본주의의 발생

---

30) 태평천국 반대 전쟁에서 외국 침략자는 이미 청조를 적극 돕기 시작했고, 군벌들은 나날이 신식 무기의 '좋은 점'을 간파했다.
　　"쩡궈판 공은 영국의 장군 고든을 등용하여 상승군(常勝軍)이라는 서양 총포 부대를 지휘하게 하여…… 마침내 (태평천국군을―옮긴이) 소멸시켰다. 이에 양법(洋法)이 쓸 만함을 깨달았다. 그리하여 제조국을 개설하고 서적을 번역하며 총포와 선박을 제조했다."(허치) "최근 신유년(1861) 이전에 강남에서 판매하는 서양대포가 적지 않았다. 대부분 이것을 이용하여 비적을 섬멸했기에 비싼 가격을 아까워하지 않고 여러 곳에서 구매했다."(왕타오) "외국 총포를 구매하고 관청을 설치하여 포탄을 제조함으로써 (태평천국군을―옮긴이) 공격·소탕하는 데 크게 효과가 있었습니다."(리훙장,「매판철창기기절」買辦鐵廠機器折) 다른 한편, 외국 침략자에 대해서 '자강'과 '모욕에의 저항'은 허장성세에 불과했다.
　　"해군설치 논의는 커징(恪靖)이 제기했고 사실 리츠칭(李次青)이 도와 이루었습니다. 그 논지를 보면, 적에게 위세를 보이고자 할 뿐으로, 위상(魏相)이 말한 교만한 군대였습니다."(궈쑹타오郭嵩燾,「리 부상에게」寄李付相) "만약 하루아침에 철도부설의 조서를 내려 자강의 기미를 드러낸다면 기세가 즉시 진동하여 저들이 듣고는 반드시 놀랄 것입니다."(류밍추안劉銘傳,「철도를 개설함으로써 자강을 청하는 상소」請開鐵路以自强疏)
　　총포구매에서 총포제조, 그리고 광산개발과 제철에 이르기까지, 양무운동이 이렇게 '전진'하게 된 중요 원인의 하나는 돈이 부족했기 때문에 비로소 '자원을

과 발전에 중요한 자극과 촉진작용을 분명히 했고, 봉건적 소생산 양식과 그 전체 사회분위기에 거대한 영향을 미쳤다.

양무운동이 객관적 경제면에서 중국 자본주의의 발생·발전을 자극한 것과 마찬가지로, 양무사상은 오래된 봉건국가의 사상계에 격동을 일으켰기에 정통 봉건완고파의 반대와 불만을 야기했고, 아울러 사람들의 사상을 활발하게 자극했다. 양무운동에서 수많은 사람이 외국으로 파견되어 서양 자본주의의 '부강'을 직접 접촉하고 중국의 낙후성을 깊이 느꼈다. 그중 일부는 어떻게 해야 중국을 '부강'하게 할 수 있는지를 사고하고 탐색하기 시작했다. 양무운동에 불만을 느낀 그들은 양무운동이 결코 중국을 부강하게 만들 수 없고, 그렇기 때문에 반드시 다른 방법을 찾아야 함을 간파했다.

양무운동은 기존의 봉건 관료체계와 제도를 이용하여 근대기업을 운영했지만, 경제효과와 경제법칙을 전혀 강구하지 않았다. 그렇기 때문

개발'했고, 봉건국가의 재정적 요구를 위해 비로소 석탄과 철을 개발했다는 것이다.

"대포와 선박의 제조와 군대훈련을 제외하면 별다른 자강의 도가 없습니다. 그러나 광산개발과 철강제련은 하지 않고 기계를 구입하여 산을 만드는 것처럼 매번 외국에서 구입했으므로, 경비가 나날이 늘어나 군비가 아편 누수액보다 더 커졌습니다."(페이인선裴蔭森·쭤중탕,「신식 병선제조에 관한 상소」制造新式兵船疏) "거액의 자금이 없으면 공장을 차릴 수 없고 마르지 않는 재원이 없으면 유지할 수 없습니다. ……수입을 늘리고 지출을 줄이는(開源節流) 계책을 추구하고…… 그후에야 양무를 전반적으로 계획할 수 있습니다. ……자원개발을 한다는 것은 석탄과 철광을 개발한다는 것이 아니겠습니까? ……군대조련, 기계점검, 선박제조는 자강의 항목이고 군량조달은 자강의 강목입니다."(눙바오전濃葆楨,「양무 사의에 대해 다시 보내는 상소」復奏洋務事宜疏) "일곱 성의 수군만 하더라도…… 창설 초기에는 반드시 수천여 만 위안이 있어야 하고, 창설 이후 수백만 위안의 경비가 있어야 하는데, 국가재원을 헤아려보아도 재력이 감당할 수 없음을 압니다."(장페이룬張佩綸,「외해병량수사 창설을 청하는 상소」請創設外海兵糧水師疏) "중국의 허약함이 누적된 것은 빈곤에서 비롯되었습니다. 서양의 수천 리 수백 리의 국가들은 세입세금이 수억을 헤아리는데, 그들은 석탄·철광·오금(五金)의 광산·철도·전보·우체국·인구 등의 세금에 근거를 두고 있습니다. ……일찍 계책을 바꾸어서, 가장 중요한 것을 택하여 점차 본떠 시행해야 합니다."(리훙장,「딩바오전에게 보냄」復丁寶楨, 광쉬 2년)

에 국가의 돈을 낭비하고 관리는 그 틈을 타 돈을 벌고 기업의 손해는 전혀 개의치 않았다. 이런 관판(官辦)기업은 당연히 파산될 것이지만 문제는 어떻게 국가를 부강하게 만들 수 있는가였다. 이른바 '관독상판'(官督商辦)은 바로 '상판'(商辦: 자본주의)의 머리 위에 봉건 쇠스랑('관독')을 채운 것이다. 이런 쇠스랑을 어떻게 벗어나는가, 이런 관판 양무를 어떻게 바꾸거나 정지시킬 것인가가 식견 있는 사람들이 주목하는 문제였다.

양무운동에 대해 직접적인 경험과 감각이 있는 사람들은 점차 양무사상 원래의 방향과 궤도에서 벗어나 리얼리즘적 태도를 가지고 보다 절실하고 합리적인 주장과 건의를 내놓았다. 이들 주장과 건의는 객관적으로 당시 중국 사회의 신흥 경제역량의 요구를 대표하고 반영하기 시작했다.

왕타오*·마젠중**·쉐푸청***과 그들의 사상이 바로 그러했다. 그들은 최초의 개량주의 사상가이다. 물론 이 세 사람은 단지 그중의 저

---

* 왕타오(1820~97)의 자는 쯔취안(紫詮), 호는 중타오(仲弢)이고, 장쑤 쑤저우 인으로 수재(秀才) 출신이다. 1849년 상하이로 가 영국 교회에서 운영하는 서점에서 근무했다. 1862년 고향으로 돌아가 태평군에 귀순했다가 청 정부의 체포령을 피해 홍콩으로 도망쳤다. 후에 영국·프랑스·러시아 등을 유람하면서 중국 고서를 번역하고 중국 역사연구에 종사했다. 1874년 홍콩에서 『순환일보』(循環日報)를 창간하여 변법자강을 선전했고, 1884년 '격치서원'(格致書院)을 세웠다. 군주입헌을 주장하고 서학을 제창했으며, 상공업과 신식 교통사업의 발전을 요구했다. 저서로 『도원문록 외편』(弢園文錄外編), 『도원척독』(弢園尺牘) 등이 있다.

** 마젠중(1845~1900)은 청말 언어학자로 자는 메이수(眉叔)이다. 장쑤 단투(丹徒: 지금의 전장鎭江) 인으로, 천주교를 믿는 상인 가정출신이다. 서양 자본주의의 영향을 받아 과거를 포기하고 서학을 연구하여 영어와 프랑스어에 정통했다. 1870년 리훙장을 수행하여 톈진에 가서 양무운동을 도왔고, 1877년 리훙장이 프랑스로 유학 보내, 외국에서 유학한 최초의 중국 관리가 되었다. 1879년 박사학위를 받고 귀국하여 리훙장 막부에서 양무운동에 종사했다.

*** 쉐푸청(1838~94)은 청말 외교관이자 초기 개량파 정론가이다. 자는 수원(叔耘), 호는 융안(庸盦)으로 장쑤 우시(無錫) 인이며, 공생(貢生) 출신이다. 1867년 쩡궈판 막부에 들어가 염군(捻軍)봉기 진압을 도왔고, 안찰사 등의 관직을 거쳐 리훙장을 수행하여 외교업무에 종사했다.

명한 인물일 뿐이고, 기타 해외 파견자와 양무파의 일부도 서로 다른 정도와 다른 문제에서 그들과 유사한 의견과 태도를 가지고 있었다. 이는 시대사상으로서 부르주아 개량주의가 이미 자신의 맹아를 싹 틔우기 시작했음을 증명하는 것이다.

왕타오·마젠중·쉐푸청 등은 '튼튼한 군함과 예리한 대포'의 주장자이자 옹호자였다. 1860년대에 왕타오는 총포를 정밀하게 익히는 법을 내용으로 하는 『조승요람』(操勝要覽)을 지었고, 쉐푸청도 「을축년 정후상에게 올리는 글」(乙丑上曾侯相書)을 썼다.[31] 두 글은 완전히 양무운동을 주장하는 것으로, 농민봉기를 진압하기 위해 신식 무기와 공업기술을 추구했다. 그러나 1870년대에 그들은 이전과는 달리 상공업의 발전문제에 착안했고, 양무운동이 헛되이 껍데기만 답습함을 질책하기 시작했다. 그들은 별도로 광산을 개발하여 석탄과 오금(五金)을 채굴하고, 기계를 제조하여 직조업을 흥성시키며, 민간인이 선박을 이용하여 강을 운행하는 것을 허가하고, 회사를 설립하여 외국과 무역하게 할 것 등을 주장했다.

하늘이 베풀고 땅이 생육하며 산천이 품고 있는 것은 자연의 이로움이다. 제조하고 조작하며 기계의 도움을 받는 것은 인공의 이로움이다. 선박과 기차로 멀리 가고, 있는 것을 팔아 없는 것을 바꾸는 것은 상업의 이로움이다. ……이는 또한 우리가 지닌 고유의 이로움을

---

31) "오늘날 급선무는 비적평정에 있고 비적평정은 군대조련에 있으며 군대조련은 반드시 서양사람들의 장점을 배워 군대가 믿는 바 있어 두렵지 않게 해야 한다. 군대가 조련되고 비적이 평정되면 우리 무기의 정밀함이 증명될 것이다."(왕타오, 『조승 요람』 「서양선박과 대포를 본떠 제조하는 것에 대해」仿制西洋船炮論) "서양인들이 믿는 장점은 두 가지가 있습니다. 하나는 화기의 맹렬함이고, 또 하나는 선박의 빠름입니다. 오늘을 위해 도모하건대, 자금을 모아 큰 공장을 널리 건설하고 서양의 기계를 제조하는 기계를 많이 구입하고 서양인을 선생으로 초빙하여…… 총포 제조방법을 정미하게 익혀야 합니다. ……이렇게 하면 저들의 장점을 우리가 모두 빼앗아 이용할 수 있습니다."(쉐푸청, 「을축년 정후상에게 올리는 글」)

여전히 백성에게 귀속시키려 하는 것일 뿐이다. 민생이 충족되면 국세는 저절로 신장되고 그후 모든 것은 전도가 유망할 수 있다.[32]

옛날 상군(商君), 즉 상앙(商鞅)은 부강을 논함에 경전(耕戰)을 임무로 삼았는데, 서양인이 부강을 도모함에는 상공업을 우선으로 삼는다. ……중국을 위해 계책하건대, 각국의 통상을 금할 수 없으므로 스스로 상무(商務)를 관리하는 방법밖에 없다. 상무의 홍성은 그 요지가 세 가지이다. 첫째 판매와 운송의 이로움(상업을 가리킴)이고 ……둘째는 재배의 이로움(농업을 가리킴)이며 ……셋째는 제조의 이로움(공업을 가리킴)이다.[33]

동남 상업도시 출신으로 상업계와 관계가 대단히 밀접하던 양무파 인사인 마젠중은 국가가 상인을 보호함으로써 외국 상인과 싸워야 한다는 경제정책을 더욱 견결히 주장했다.

최근 100년 동안 서양인들의 재부(財富)요령은 기계업의 흥성에만 있는 것이 아니라 상회(商會)의 보호에 있음을 알았습니다. ……제가 이번에 유럽에 온 지 1년여 되었는데, 갓 도착했을 때에는 유럽 각국의 부강이 제조업의 정밀함과 군대규율의 엄격함에 있다고 생각했습니다. 그러나 그들의 율례(律例)를 들춰보고 그들의 글과 일을 살펴보매 그들의 부유함의 강구는 상회보호를 근본으로 삼고 있고, 강성의 추구는 민심획득을 요체로 삼는다는 것을 알게 되었습니다.[34]

이상은 비교적 일찍 출현한 신선한 사상이었다. 이런 신선한 사상은

32) 왕타오, 『도원문록 외편』(弢園文錄外編) 「보교기폐약고의」(補瞼起廢藥痼議).
33) 쉐푸청, 『주양추의』(籌洋趨議) 「상정」(商政).
34) 마젠중, 『적가재 기언기행(適可齋記言記行) · 기언(記言)』 권2 「리보상에게 올리는 출양공과에 관한 글」(上李伯相言出洋工課書), 1877.

나날이 발전하는 민족자본[35]이 객관적 · 물적 토대였기 때문에, 미약했음에도 반짝했다가 사라지는 우연한 현상으로 끝나지 않았다. 오히려 실제로 나날이 발전하고 풍부해지며 점차 하나의 사조를 형성했다. 이 사상은 졸졸 흐르는 시냇물에서 강바닥을 가진 강물이 되었으며, 단편적인 건의문에서 거창하고 완벽한 경제 · 정치 · 문화의 체계적인 변법 방안으로 확충되었다. 1870년대 왕타오 · 마젠중 · 쉐푸청 등의 사상은 1880년대 정관잉*과 천츠(陳熾 : ?∼1899) 등의 저서에서 장족의 발전을 이루게 된다.

1870∼80년대 상공업 발전을 요구한 개량주의자들의 사상은, 우선 국가를 부강하게 함으로써 외국의 모욕에 대항하는 것을 출발점으로 삼은 것으로, 민간자본의 이익을 반영한 것이었다. 그들은 외국이 상품 수출의 경제침략으로 중국을 약탈하기 때문에 '튼튼한 군함과 예리한 대포'로는 이런 침략을 막을 수 없음이 분명하므로 경제적으로 대책을 강구해야 한다는 사실을 간파했다.

> 저들은 우리의 껍데기를 먹으려는 것이 아니라 고혈(膏血)을 먹으려 꾀하고, 군대를 공격하는 것이 아니라 자본과 재부(財富)를 공격한다. ……군대가 국토를 병탄하는 화는 사람들이 쉽게 느낄 수 있지만 상업 공격의 폐해는 그 형태가 없다. 우리 상무가 하루라도 흥성하지 않으면 저들의 탐욕스러운 계책은 그만큼 그치지 않는다. ……

---

35) 지주 · 관료 · 상인 · 구식 광산주 · 양행매판 등이 투자하기 시작했거나 정식으로 전환하고 있었다.

 * 정관잉(1842∼1922)은 청말 초기 부르주아 개량파이다. 자는 정샹(正翔), 호는 타오자이(陶齋)로 광둥 샹산(香山 : 지금의 중산中山) 인이다. 1858년 과거를 포기하고 상하이로 가서 장사를 배우고 제2차 아편전쟁 후 해외무역에 종사했다. 1880년 리훙장의 위촉을 받아 상하이 기기직포국 업무를 맡아보다가 윤선초상국의 책임자가 되고 상하이 전보국의 책임자를 역임했다. 1893년 『성세위언』을 간행하여 의회개설 · 군주입헌 · 이권회수 · 민족상공업 진흥 · 제국주의와 상업전쟁 진행 등을 주장하고 양무파를 전면적으로 비판했다.

나는 그러므로 한마디로 단언하건대, 군사전쟁을 익히는 것은 상업전쟁을 익히느니만 못하다. ……상업전쟁이 근본이고 군사전쟁은 말단이다.[36]

이런 통절한 느낌과 인식 아래 그들은 수많은 개혁주장을 적극적으로 제출했다. 공업 흥기에서 국가예산에 이르기까지, 교통·운수에서 '후한 봉급으로 청렴한 관리를 배양함'에 이르기까지 일련의 국민경제와 국가재무 각 방면에서 구체적인 경제문제를 언급했다. 그 중심은 여전히 국가가 어떻게 민족자본주의 상공업을 보호하고 발전시켜야 하는가였다. 이 글에서는 그중 가장 중요한 두 가지 문제를 간단하게 논하고자 한다.

우선은 이금(厘金: 상업세 또는 영업세) 폐지와 관세부과의 문제이다. 외국 침략자의 최초의 포탄은 중국을 핍박하여 그들의 상품수출에 유리한 관세협정을 체결하기 위함이었다. 외국 상품은 관세협정의 보호 아래 싼 가격으로 중국에 쏟아져 들어와 민간 토산품의 판매를 심각하게 파괴하고, 타격을 주었다. "토산품을 위한 판로를 마련하고 외국인과 이권을 다투는"(마젠중) 문제는 개량파의 정의의 함성이 되었다. 그들은 국가주권의 존엄성을 수호하고 관세를 증가시켜 세관을 회수함으로써 스스로 주인이 될 것을 요구했다.

마젠중은 초기에 관세부가를 주장한 사람 가운데 하나였다. 그는 관세가 외국과 전쟁을 야기할 것이라 생각하는 외국 공포 논조를 반박했다. 쉐푸청은 리훙장이 영국인 헤드(1835~1911)를 총세무사로 임명하는 것에 반대하는 문제에서 자신의 애국적 태도를 표현했다.[37] 이후

---

36) 정관잉, 『성세위언』 「상전」(商戰).
37) "헤드의 사람 됨은…… 후한 봉록과 높은 직책을 받고 있음에도 그의 마음은 여전히 서양을 편들고 중국을 멀리하고 있습니다. ……중국의 병권과 군량권이 모두 헤드 한 사람의 손에 들어갔습니다. ……이는 중외의 큰 권한이 모르는 사이에 이동한 것으로, 서리가 여러 차례 내려 점차 딱딱한 얼음이 되는 것과 같은

천츠·허치(1859~1914)·후리위안 등도 세관회수의 필요성을 여러
번 강조했다.[38]

관세와 연계된 것이 이금(厘金) 문제였다. 청조는 태평천국과의 전쟁
에서 군자금을 준비하기 위해 별도의 착취, 즉 이금을 신설했다.[39] 이
는 민간상인들이 통한으로 여기는 약탈수단으로, 전국 각성 각지에서
시행되어 민족자본의 발전을 심각하게 저해했다. 1870~80년대 나날
이 첨예해지던 외국 자본주의 상품수출과의 시장쟁탈전에서 이금을 철
폐해달라는 정당한 요구가 광범하게 일어났다.

……서양상인은 내지에 들어와 반액 세금의 운수허가를 가지고 육
지와 바다의 관문을 모두 통행하지만, 중국상인은 세관의 검사를 기
다리고 검사할 때 상자를 들어 엎어서 그 부담이 말로 표현할 수 없
으니…… 이는 또한 거꾸로 시행하는 것에 그치지 않는다. …… 이
금이 모두 철폐되면 상업의 왕래가 잠복되어 있는 어려움을 회복시
켜줄 것이고…… 중국 상선이 세금을 납부하지 않으면 고무될 것이
다. ……이전 세법을 개정하여…… 중국과 외국 상인의 다른 점을

일을 신중하게 처리하지 않을 수 없습니다."(「기묘년 헤드는 총사해방에 적합하
지 않음에 대해 리보상에게 올리는 글」己卯上李伯相論赫德不宜總司海防書) 이는 리
홍장의 다음과 같은 견해와 대조할 필요가 있다. "총세무사 헤드의 마음은 괴팍
하지만 봉록을 탐하여 힘을 바치기를 원했다. ……그러므로 시간이 되면 조정하
여 다른 일을 시킬 수 있다."

38) "세법은 국가의 자주적 권한으로, 다른 나라가 통제하여 참월(攙越)할 수 있는
것이 아니다."(천츠, 『용서 외편』「세칙」稅則) "세관을 양인에게 맡기는 것
은…… 국가에 세관이 있는 것이 집에 열쇠관리자가 있고 상점에 금고관리자가
있는 것과 같음을 모르는 것이다. 집과 상점에서 다른 사람에게 열쇠관리와 금
고관리를 맡기는 것을 여러 차례 보았는데…… 이는 스스로 집과 상점의 소유를
원하지 않는 것이다."(허치·후리위안, 「증론서후」曾論書後) 등.

39) 쉐푸청이 「논강신건수지기」(論疆臣建樹之基)에서 인식한 것처럼 지정(地丁: 농
민세)·조정(漕政: 해운세)·이금·염정(鹽政: 소금세)의 4대 재정수입은 쩡
(귀관)·쭤(중탕)·후린이(胡林翼, 1812~61)·리(홍장)의 '중흥대업'의 '주춧
돌'이었다.

드러내야 한다. 중국 상인은 중국 백성이므로 그 세금을 가볍게 하고 서양상인은 우리 나라의 이익을 탈취하므로 그 세금을 무겁게 해야 한다. ……중국이 적자에서 흑자로 전환되고 허약함에서 강성함으로 전환되는 것은 실로 이 점에 달려 있다.[40]

관세부가와 이금철폐는 개량파가 요구하는 중요한 변법의 하나였다. 그들은 정부가 "백성의 이익에 기인하여 금제(禁制)를 대거 해제함으로써 백성들이 스스로 자신의 생활을 도모하고 이익을 추구"(마젠중)하게 할 것을 희망했다.

---

40) 마젠중, 『적가재 기언기행 · 기언』 권4 「서양상품이 내지에 들어와 세금을 면제 받는 것에 대해」(論洋貨入內地免厘).
　　이금철폐와 관세부가의 요구는 보편화했다. 당시 수많은 사람이 이금의 폐해를 통렬하게 지적했다. "모든 물건이 정체되면 사민(四民)이 모두 곤궁해진다. 천하에 수백 개의 관문을 설치하고 수천 명의 관리를 두어 수만 금의 세금을 거두니, 호랑이처럼 맹렬하고 이리처럼 탐욕스러우며 이를 갈고 덤벼들어 살진 것을 가려 먹으매, 어린 백성들은 수심에 잠겨 울고 고혈은 이미 말랐다. ……서양상품이 들어와 세금을 한 번, 그것도 반액만 내는 것 외에 전혀 검사를 받지 않고, 오히려 서양상인이 오면 부드럽게 아첨하는 등 외국인들을 이처럼 후대한다. 그러나 토산품은 관문마다 검사하고 절차마다 세금을 매기며 욕설이 심하여 온갖 대책도 소용없고 심지어 매질까지 한다. 자기백성을 이처럼 박하게 대한다. 서양상품은 나날이 싸지고 토산품은 나날이 비싸지니, 시냇물이 모여 해일을 이루게 될까봐 식자들은 걱정한다."(천츠, 『용서 내편』 「이금」)
　　그러나 이금철폐 문제에 대한 쉐푸청의 태도는 마젠중 등에 비해 뒤떨어져 있었다. 쉐푸청은 이금이 "상인에게 손해가 없지만 그 이익은 뭇사람에게 돌아간다"(『주양추의』 「권리權利1」)고 인식했다. 이금을 철폐하면 군량에 영향을 준다. "육로에는 수비군이 있고 수로에는 수군이 있어 이들 모두 이금으로 거액의 군량을 공급하는데, 이금을 마음대로 폐지하면 반드시 수륙 군영을 폐지하게 될 터이니, 도적이 봉기하면 어떻게 진압할 것인가?"(같은 책, 「이권利權3」) 경제 침략에 저항하는 측면에서 마젠중의 애국적 태도는 가장 명확하고 견결했지만, 쉐푸청은 마젠중에 미치지 못했다. 마젠중(정관잉도 마찬가지)은 민간상인과 기층 상업 자본의 입장에 더 접근했고, 쉐푸청은 공업 자본으로 전화하는 지주의 입장을 많이 반영했다. 쉐푸청 자신이 봉건적 지방 통치집단과의 관계가 비교적 깊었기에 그는 처음부터 끝까지 지배계급의 입장에서 말했다. 이 점이 마젠중과는 조금 달랐다.

이금폐지와 관세부과는 본래 민간자본이 스스로 이익을 추구하게 하기 위함이었고, 근대적 교통운수 수단의 채용과 근대공업의 창업은 바로 스스로 이익을 추구하게 하는 적극적인 방법이었다. 근대공업(경공업) · 광산업 · 교통운수업을 창업하고 발전시키는 것은 당시 개량파의 일치된 주장이었다.

중국 지주봉건 사회는 본래 상당히 통일되어 있었고, 광활한 국내시장을 가지고 있었다. 서양 자본주의 상품전쟁의 자극과 압박 아래 중국 민족자본——특히 든든한 상업자본——은 거대하고 활기찬 요구를 가지고 있었다. 그들은 '금제의 대거 해제'를 요구했을 뿐 아니라 근대 교통수단에 투자하고 그것을 채용하여 확장할 것을 요구했다. "민간에서 선박의 이로움을 함께 공유하는 것을 시행하도록 여러 차례 청했다."[41] "처음 철도부설을 논의할 때 불하를 요청한 중국 상인들이 적지 않았다."[42] 철도부설은 일찍부터 개량파에 의해 "부강에 이르는 가장 중요한 정책"[43]으로 간주되었다. "피가 흐르지 않으면 신체가 병들고 재화가 소통되지 않으면 국가가 병든다."[44] "중국이 철도를 부설하면 먼 것을 가깝게 할 수 있고, 막힌 것을 통하게 할 수 있으며, 낭비를 절약할 수 있고, 흩어진 것을 모을 수 있다."[45] 그후 이러한 주장들은 정관잉 · 천츠 · 허치 · 후리위안에 의해 여러 번 강조되었다.[46]

동남 시민가정 출신인 마젠중의 사상특징이 주로 상품의 무역과 유통문제를 강조하고 민간 상업자본의 상황과 요구를 반영했다면, 상층 정통사대부 출신인 쉐푸청은 오히려 수출입 상품생산의 발전문제에 중

---

41) 천츠, 『용서 외편』「윤선」(輪船).
42) 추청보(褚成博), 「철로차관의 잠복된 우환이 가장 심함에 대한 상서」(鐵路借款隱患最深折).
43) 마젠중, 「철도조」(鐵道詔).
44) 같은 글.
45) 쉐푸청, 「중국 철로개창에 관하여」(創開中國鐵路議).
46) 개량파의 철도부설의 이유는 양무파가 일찍이 주장한 철도부설의 이유, 즉 병력 이동의 편리함과는 달랐다.

점을 두어 설명하기 시작했다. "공업이 아닌 다른 것이 상업발전의 근원이 될 수 없으므로, 공업을 기초로 삼고 상업은 그 기능이 되어야 한다."[47] 그는 이렇게 근대 민영공업을 장려하고 부양하자는 주장을 제기함으로써, 1870년대 말 소수 지주관료들이 연이어 근대공업에 시험 삼아 투자하거나 투자를 준비하는 시대상황과 요구를 명확하게 반영했고, 관료지주와 상업자본이 공업생산으로 전환되는 것을 반영했다.

1890년대 이런 전환이 급증함에 따라 쉐푸청의 공업진흥 사상도 더욱 활기를 띠었다. 그는 이즈음 계속해서 「백공을 진작시키는 것에 대해」(振白工說), 「공사불거의 병에 대해」(論公司不擧之病), 「기계를 이용하여 돈을 벌고 백성을 부양하는 것에 대해」(用機器殖財養民說), 「서양의 여러 나라가 백성을 인도하여 돈 벌게 하는 것에 대해」(西洋諸國導民生財說) 등과 같은 일련의 논문을 써서[48] "서양의 방법을 모방함에 직포와 방직을 가장 중요한 것으로 삼을 것"을 강조했고, "관리 · 향신(鄉紳) · 상인 · 백성은 빈부에 따라 주식을 구입하여" 기업회사를 창립할 것을 주장했다.

또한 상인출신의 정관잉은 1870~80년대에 영향이 가장 크던 개량파 사상의 탁월한 대표자였다. 그는 당시 민간 상공업의 각종 구체적 · 실제적인 이익과 요구를 표현했고, 반드시 민족공업(경공업)을 진흥해야 함을 강조했다.

---

47) 『주양추의』 「상정」.
48) "무릇 상인은 중국 사민의 꽁무니지만, 서양인들은 상인에 의지하여 국가를 창업하고 만물의 도리에 통달하며 일을 이루는 명맥으로 삼았다. ……사민의 으뜸은 상인이다. 이 도리는 이전 중국에서는 알지 못한 것이고 육경에서도 이야기하지 않은 것이다. 서양이 이런 규모를 이룩한 것은 사실상 확실한 증거가 있다. 근본(농업)을 숭상하고 말단(상공업)을 억제한다(崇本抑末)는 낡은 견해에 집착하여 그것을 비난할 수 없다."(『경진년 사국일기』 庚辰四國日記 「영국이 상무를 이용하여 황무지를 개척한 것에 대해」 英吉利用商務辟荒地說) 이른바 상인은 부르주아 계급이다. 쉐푸청은 1890년대에도 상공업을 근본으로 삼을 것을 제창했는데, 이는 이전의 "경전(耕戰)설치를 근거로 삼아야 하고", "상공업은 그 작용을 확대해야 한다"는 것에 비해 분명 한 걸음 나아간 것이다.

상무의 강목(綱目)은 우선 생사(生絲)와 차의 두 가지를 진흥하고 이금을 철폐하며 누사국(繅絲局)을 많이 신설하는 데 있다. ……새로운 기계를 널리 구입하고 각색의 천을 스스로 직조하며…… 기계를 구입하여 카펫 · 나사 · 모직 · 서양의복 · 양말 · 서양우산 등 물건을 만든다. ……관동지방에 연초를 재배하고 남양에 사탕수수를 많이 심고 중주지역에 포도밭을 만들고…… 산둥 토잠사 고치를 제조하고 강북 토면의 방사(紡紗)를 수확하고…… 오금과 석탄, 구리와 철의 자원을 두루 개발한다.[49]

상층의 봉건관리인 천츠도 '상무진흥'을 특별히 강조한 대표적인 인물이었다. 그는 "각국의 강함은 모두 부에 근원하고"[50] 있으며 "그 바탕은 상무에 있다"[51]고 인식했다. 중국은 "상품이 소통되지 않아 생업이 끊어질 것"[52]이고 그런 상황이 "이미 고질이 되어 상업이 부진하다."[53] 따라서 전제제도로 "공업을 권장"[54]하고 수입세를 무겁게 하고 수출세를 가볍게 함으로써 상인에게 혜택을 줄 것을 주장했다.

위에서 본 것처럼 왕타오 · 마젠중 · 쉐푸청부터 정관잉 · 천츠 그리고 1890년대의 캉유웨이 · 탄쓰퉁 · 량치차오(옌푸는 약간 다름)까지 19세기 전체 개량파의 경제분야의 사상과 주장[55]에는 부르주아 중상주의에 가까운 경향이 관통했음을 알 수 있다. 그들의 착안점은 생산과정이 아니라 주로 상품의 무역유통 과정에 있었다. 당시 심각한 수입초과와 백은의 대외유출을 우려했기 때문에, 그들은 "오늘날의 큰 환난은 먹을 것이 부족한 것이 아니라 화폐가 부족한 것"[56]이라고 생각

---

49) 『성세위언』 권3 「상전」.
50) 『청사고』(清史稿) 「열전」.
51) 『용서』 「자서」.
52) 『용서 외편』 「윤선」.
53) 같은 책, 「상무」(商務).
54) 『속부국책』 「권공강국책」(勸工強國策).
55) 장첸(張謇)을 대표로 하는 20세기 개량파, 즉 입헌파는 이미 그들과 달랐다.

했다. 그러므로 상품수출을 확산해야 한다고 강조했다. "부강추구의 원인을 고찰해보면 통상을 기준으로 삼는다. ……중국이 부유해지려면 상품을 많이 수출하고 수입을 적게 하는 것이 가장 좋다."[57] 그들은 국가가 반드시 관세를 보호하고 상공업을 장려·부양하는 경제정책을 취함으로써 국가의 재부를 증대할 것을 요구했다. 또한 이 점에서 출발하여, 그들은 수출상품을 생산하는 공업(비단·차 등)과 수입상품을 생산하는 공업(방직·성냥·유리 등)을 대대적으로 창건하고 발전시킬 것을 주장했다. 이와 동시에 광산을 채굴하여 은을 주조함으로써 화폐를 증가시키고, 철도를 부설함으로써 유통을 수월하게 하며, 세수(稅收)를 정리하고 불필요한 비용을 삭감함으로써 국가수입을 증대시키며, 차관을 들여오고 기부금을 금지하는 등 국가 경제문제를 중점적으로 토론했다.

그들은 '상무진흥'과 '상업진작'(振商) 등의 개념에 자본주의 농공업과 광산업을 창설하고 발전시킬 것을 확실하게 포함하고 농공업이 상업의 '근본'임을 자주 언급했지만, 이론적인 면에서 볼 때 그들은 기본적으로 자각 또는 비자각으로 그것들을 '상업'에 종속된 범주로 구분하면서 '상업'의 관점에서 주장하고 고찰하며 논증했다. 이것은 그들이 당시 자본주의 경제의 외표와 현상만 보았음을 보여주는 것인데, 당시의 시대적 특징을 반영한 것이라 할 수 있다.

당시 중국 자본주의는 거의 발달하지 않았으며 민족공업 자본도 여전히 거의 성장하지 않았다. 눈앞에 보이는 것은 외국상품 수출의 침략 고조와 이에 어떻게 대응하느냐 하는 문제였다. 이는 사람들의 주의력을 우선 '상무', 즉 상품의 무역유통 방면으로 집중시켰고, 이를 출발점으로 삼아 문제를 고찰하고 연구하는 상황을 자연스레 조성했다.

중국 19세기 개량파는 결코 체계적이거나 이론적인 경제사상을 세우

---

56) 『속부국책』「광산행정 유지에 관해」(維持礦政說).
57) 마젠중, 「부민설」(富民說).

지도 않았고 그럴 수도 없었으며, 자본주의의 경제법칙——상품유통의 법칙에 불과하지만——을 깊이 탐구하지도 않았고 그럴 수도 없었다. 그들은 단지 눈앞의 급박한 경제문제에 대해 몇 가지 구체적인 의견과 방법을 제공했을 뿐이다. 이들의 의견과 방법은 당시 중국 민족자본주의의 발전이라는 요구를 반영했으며, 외국의 경제침략에 저항하고 조국의 부강을 희망하는 애국주의의 선진적 성격을 가지고 있었다. 하지만 통치자가 이들 건의를 묵살하고 반대함으로써 지상공담——예를 들어, 이금철폐와 관세부가는 줄곧 실현되지 못했다——이 되고 말았다. 그런데도 이들 사상은 당시 사회에 깊은 반향을 불러일으켰다.

2. 봉건군주 전제제도 개혁의 정치적 요구

청프전쟁(1883. 12~1885. 4)의 실패는 마비된 상층사회에 새로운 진동을 가져다주었다. 양무운동의 '튼튼한 군함과 예리한 대포'가 참혹하게 검증받으면서 사람들에게 회의를 불러일으켰다. 침략에 저항하는 문제에 대한 인식은 점차 심화되었고, '자강'은 신식 무기에만 의존하는 것이 아님을 점차 깨닫게 되었으며, 부패하고 혼미한 정치는 개혁을 요구하게 했다. 이와 동시에, 지배계급의 양무파는 군자금 마련과 양무운동을 보완하기 위해 강함을 추구하는 대신 부유를 언급하면서 비군사 공업부문의 근대적 기업창설에 착수했다. 그러나 사유기업의 자본가와는 달리, 관판·관독상판 기업을 주재·관리 또는 감독하는 봉건관료들의 개인이익은 기업 자체의 이익과 어긋났으며, 관원들이 흥미를 느끼는 것은 기업이윤의 확대와 자본의 축적이 아니라 어떻게 하면 중간에서 자신의 이익을 취할 수 있는가 하는 것이었다.

구태의연한 봉건관청과 관리들은 자본주의 경제가 요구하는 근대적 경영관리에 적응할 수 없었을 뿐만 아니라 그것을 원하지도 않았다. 이른바 관독상판은 본질적으로 자본주의 경제 위에 무거운 봉건주의적 상부구조의 쇠스랑을 채운 것이었다. 따라서 민족자본은 양무파의 엄격한 압박과 통제 아래에서 진정으로 자유롭게 발전할 수 없었다.[58] 상공업자들은 이런 '관리들의 누적된 위세'의 압제와 방해, 관리와 통제 아래, 정부에 보호를 요구해도 불가한 상황에서 자연스레 봉건통치자에 대한 신뢰를 상실해갔다. "중국 관리가 상인을 박대하고 상인은 상관을 불신하면서 힘들어도 끝내 상소할 수 없는 상황이 오래되었다."[59] "목민관이 불신받는 곳에 있으면서 백성이 자신을 믿기를 바라는 것은 불가능하다."[60]

이에 따라 어떻게든 스스로 정치에 뛰어들어 정치권력을 쟁취함으로써 '위로부터' 자신의 경제적 이익을 수호하려는 견해가 점차 발생했다.

자본주의 경제발전은 그것에 적응하지 못하고 그것을 심각하게 방해하는 봉건 상부구조의 개혁을 요구하기 마련이다. 이러한 역사의 법칙은 1880년대 중국에서 두드러지게 나타났다. 1870년대 왕타오·마젠중·쉐푸청 등의 사상에서는 아직 이런 견해를 찾아볼 수 없었지만, 1880년대 정관잉·천츠 등의 사상에는 이런 견해가 절박하게 표현되었다. 그들은 한편으로 상공업을 "관리가 운영하지 말고 상인만이 운영해야 하며…… 모

---

58) 예를 들어 리훙장의 유명한 상소가 있다. "10년 안에는 중국 상인에게 합작부설만을 허용하되 다른 부서신설은 허용하지 않아야 합니다"(「직포국을 시험 삼아 운영하는 것을 주청하는 상소」奏請試辦織布局折), "관관과 상관을 막론하고 현재 운영하는 방직기계 10만 방추와 직조기 5,000개를 할당량으로 삼아, 10년 이내에는 증설을 허용하지 않음으로써 체증을 면하게 해야 합니다"(「기기제조국 확대에 관한 상소」推廣機器織布局折). 이상은 판원란(范文瀾)의 『중국 근대사』 상책에서 재인용했다. "신이 헤아리건대, 수십 년 후 중국의 부농과 대상은 반드시 서양기계를 모방·제조함으로써 스스로 이익을 취하는 자가 나올 것인바, 관청의 법률은 그를 처리할 수단이 없을 것입니다."(「외국 철창기기 설치에 관한 상소」置辦外國鐵廠機器折) "만약 불초한 무리가 서양방법을 몰래 사사로이 이용하여 새로운 금기를 만들어 하루아침에 평화를 종식시키고 그 정예부대를 내보낸다면, 관병의 낡은 병기로 어떻게 그들을 당할 수 있겠습니까?"(「총리아문 설치에 관한 글」置總理衙門書)
59) 『속부국책』「상부창립에 관해」(創立商部說).
60) 『용서 외편』「자립」(自立).

두 상인의 방법으로 행하되 결코 관장(官場)의 체통에 구애받지 않아야 한다"[61]고 함으로써 관청의 각종 속박에서 벗어날 것을 요구했다. 다른 한편으로 정부는 반드시 '상부'(商部: 상공부 또는 통상부)를 설립하고 '상률'(商律: 상법)을 제정하여 정치법률로 '상인'의 권리를 보장할 것을 강조했다. "상부를 설립하지 않고 어떻게 상업을 보호할 것인가? 상법을 제정하지 않고 어떻게 상인을 보호할 것인가?"[62] 그리고 정부는 상인 스스로 상인대표를 추천하여 상무국·상부에 참가함으로써 자신의 사무를 처리할 권한을 가질 것과, 그것으로 각 상무 공공기관에서 반드시 "관리세력에 의지하지 않고 향신의 권한과 뒤섞지 않을 것"[63]을 윤허해줄 것을 강조했다.

이런 현실의 객관적 경제이익을 부추김으로써 서양 자본주의의 의회제도가 그들에게 대단한 흥미를 유발시킨 것은 쉽게 이해할 수 있다. 필연적으로 서양 자본주의 대의제도는 당시 중국의 개명 인사들에 의해 광범하게 주목받고 소개되고 찬양되었으며, '구국의 방법'이자 '부강의 근본'으로 간주되었다. "서양의 부강방법은 상하의 의견을 소통시키는 의회에 있고 다른 것은 없다."[64] "의회는 유럽의 근 200년 진흥의 근본이다. …… 의회는 각국 정치의 소재이고 각국 근본의 소재이다."[65] "서양의회는…… 군민을 한 몸으로 합해주고 상하를 한마음으로 통하게 해주며…… 이보다 훌륭한 것이 없다."[66] "서양 각국은 모두 의회를 개설하여…… 백성이 불편하다고 생각하는 것은 굳이 실행하지 않으며 백성이 불가하다고 생각하는 것도 굳이 강제하지 않는다. ……그들의 제도와 통치에는 근본이 있다."[67] 그러므로 그들

---

61) 『성세위언』「상무」.
62) 『속부국책』「상부창립에 관해」.
63) 『성세위언』「상무」.
64) 천추(陳虯), 「의회를 창설하여 하층 사정에 통달함」(創設議院以通下情).
65) 쑹위런(宋育仁), 『서양 각국 풍속채취록』(泰西各國柔風錄).
66) 『용서』「의회」(議院).

은 중국에서도 의회정치를 실시하여 부르주아 계급에 정치참여권을 부여하라는 건의를 제출했다. 허치와 후리위안은 그중 가장 두드러진 대표였다.

민심이 복종하지 않는 것은 정령(政令)이 불공평하기 때문이다. 지금 백성들로 하여금 스스로 정치를 논의하게 하고 스스로 법령을 만들게 한다면…… 어찌 복종하지 않겠는가? ……상인 가운데 품행이 방정하고 일 처리가 법도에 맞는 자를 의원으로 선출하여…… 공무를 처리하게 한다. ……신정(新政)시행은 반드시 의회를 개설하고 의원은 모두 백성이 선출한다. 큰일을 완성하려면 반드시 엄청난 자금을 사용해야 하는데 엄청난 자금을 사용하기 위해선 대출을 시행해야 하고, 대출의 재원은 백성에게서 나오며, 백성은 오직 의원만을 믿고 따른다.[68]

오늘의 법령은 어떻게 해야 하는가? 모두 의원이 제정하고 나중에 법령을 개정하는 것도 의원의 논의를 거친다. 의원이 정치법령을 조정하는 실세이기 때문이다. 이 정치법령의 시행은 그 책임이 군주에게 있으니 군주는 관리에게 명하여 시행하도록 한다.[69]

서양 자본주의 경제제도의 학습을 인식하고 요구하는 것에서 서양 자본주의 정치제도의 학습을 인식하고 요구하는 것으로 진전했고, 민족상공업 발전을 요구하는 것에서 일련의 정치·법률제도로 상공업 발전을 요구하는 것으로 진전했다. 이런 사유논리의 발전 필연성은 역사 발전 과정을 반영한 것이라 할 수 있다. "임무 자체는 그것을 빌려 해결

---

67) 『성세위언』「의회」.
68) 허치·후리위안, 『신정진전』(新政眞詮)「신정논의」(新政論議). 여기서의 백성은 주로 상인을 가리킴이 분명하다.
69) 같은 글.

할 수 있는 물적 조건이 이미 존재하거나 최소한 이미 형성과정에 있어야만 발생할 수 있다."[70] 본래 내정의 개혁문제는 처음부터 근대 선진 인사들이 주목한 것이다. 궁쯔전·웨이위안·펑구이펀이 수많은 의견과 방법을 제출했지만, 이들의 의견과 방법은 대부분 봉건주의의 '수신제가치국평천하'라는 낡은 틀에서 맴돌았을 뿐 진정으로 참신한 견해는 없었다. 자본주의가 특정 사회의 물질적 역량으로 존재하는 조건에서만, 그리고 청프전쟁이 청조 정부의 부패를 폭로하고 국내의 폭넓은 사회계층이 개혁을 요구하는 국면에서만, 비록 미미하지만 신생의 진보적인 정치요구와 정치사상이 발생할 수 있었다. 그것은 중국 역사에서 유례가 없던 부르주아 대의제도를 이용하여 수천 년의 군주전제제도를 개혁하려는 주장을 명백하게 제출했다. 이것은 중요한 사상적 의의를 가진다.

그러나 개량파의 이런 정치적 요구가 시작부터 부르주아 자유파의 특징을 띠고 있었음을 이해하는 건 어렵지 않다. 그들은 지주상인의 권리를 수호했지만 보다 철저한 어떤 부르주아 민주——공화국·보통선거 등——도 두려워하고 반대했다. 그들은 "전국이 의회의 말을 듣는 것에 지나치게 편중되어 점차 멀리 나아가게 되면 국법을 폐지하고 빈부를 균등하게 하자는 당이 후에 나올 것"[71]을 우려했다. 그들은 거의 예외 없이 중국이 전제제도와 타협적인 입헌군주의 정치제도를 채용할 것을 한결같이 주장했다. "군주제도는 권한이 위에 편중되고 민주제도는 권한이 아래에 편중된다. 군민공주(君民共主)제도는 권한이 평등하다. 모든 일은 상하 의회에서 의논하여 결정하지만 여전히 군주에게 보고하여 재가를 받는다."[72] 따라서 그들은 선거인과 피선거인의 사회적 지위와 재산을 엄격하게 제한했다. "반드시 신사계층에 들어야만 선거

70) 마르크스,「정치경제학 비판 서문」.
71) 쑹위런,『채풍록』.
72)『성세위언』.

권과 피선거권이 있다."[73] "나이는 서른이 되어야 하고 재산은 1,000금이 있어야 한다."[74] "현(縣) 의원은 수재(秀才) 중에서 선택하고 부(府) 의원은 거인(擧人) 중에서 선택하며 성(省) 의원은 진사(進士) 중에서 선택한다."[75] 그러나 개량파의 이런 정권개방의 요청은 여전히 '만세불변'의 '성명(聖明) 천자'를 수호하는 봉건관료들에 의해 극력 반대에 부딪히면서 부정되었다.

한편, 문화교육의 개혁은 줄곧 개량파 변법사상의 중요한 부분이었다. 그들은 우선적으로 이 방면에서 선전과 실천활동을 진행했다. 개량파는 봉건 우매주의의 문교정책 개혁과 과거시험에서 팔고로 인재를 선발하는 제도를 폐지할 것을 요구했다. "문무 양과는 변통되어야 하고 낡은 제도는 바꾸어야 한다."[76] 다른 한편으로, 학당을 설립하여 '서학'을 학습할 것을 주장했다.[77] 개량파의 이런 주장은 서양의 기술과학을 굳세게 반대하던 봉건완고파의 몽매함과 달랐을 뿐만 아니라, 소수의 외교통역과 군사 · 공업기술의 인재만을 배양하자던 양무파의 정책과도 달랐다. 그것은 완전히 자신들의 경제방면의 이익에 복무하는 것이었다. 그들은 민족자본주의 상공업을 발전시키려면 과학 기술에 정통한 인재가 많이 있어야 한다고 인식했다.

무릇 서양 여러 나라의 부강의 기초는 기술에 근거하지만 기술의 학문은 독서에 의지하지 않을 수 없다. ……우리 나라는 자금을 마련하여 학원을 널리 세우고 인재를 교육하고 제조업을 그 작용으로 삼아야 한다. 그러면 제조업이 나날이 발전하고 기물이 나날이 완비됨

---

73) 『용서』.
74) 같은 책.
75) 「신정논의」.
76) 왕타오, 『변법자강』(變法自强) 상권.
77) '서학'은 자연과학과 공업기술을 가리킨다. "서학이란 격치(格致)와 제조(製造) 등의 학문이 근본이다."

을 바랄 수 있을 것이다.[78]

학교는 인재가 배출되는 곳이다. 인재는 국세가 강해지는 원인이
다. 그러므로 서양의 강함은 배움의 강함이다. ……그러므로 그들과
강함을 다투려면 총포와 전함만으로는 안 된다. 중국의 학을 배우고
또 그들이 배운 것을 배워야 강해질 수 있다.[79]

개량파가 정치 · 문화 · 군사방면에서 수많은 정돈된 방법과 개혁의 방
법을 제출했지만, 대부분 중요한 문제는 아니므로 여기서는 생략한다.
이상을 총괄하면, 쉐푸청의 아래 주장을 1단계(1870년대 하반기부터
청프전쟁 전까지) 개량주의 변법유신 사상의 대표로 삼을 수 있고, 정
관잉의 아래 사상을 2단계(청프전쟁 후부터 청일전쟁 전까지)의 대표
로 삼을 수 있다.

상정(商政)과 광업은 계획되어야 마땅하다. 그것이 바뀌지 않으면
저들은 부유해지고 우리는 가난해진다. 기능검정(考工)과 기계제조
는 정밀해야만 한다. 그것이 바뀌지 않으면 저들의 기술은 발전하지
만 우리는 낙후하게 될 것이다. 군함과 선박 · 기차 · 전보 등은 흥성
해져야 한다. 바뀌지 않으면 저들은 신속하지만 우리는 둔하게 될 것
이다. 법률의 이로움과 해로움, 인재등용의 우수함과 졸렬함, 병제
(兵制)와 진법(陣法)의 변화는 강구되어야 한다. 바뀌지 않으면 저들
은 상호조화될 것이고 우리는 고립무원해질 것이며, 저들은 굳세고
우리는 허약해질 것이다.[80]

저들이 치란(治亂)하는 근원과 부강해지는 근본은 튼튼한 군함과

78) 『성세위언』 「기예」(技藝).
79) 같은 책, 「서학」(西學).
80) 쉐푸청, 『주양추의』 「변법」(變法).

예리한 대포에만 있는 것이 아니라, 의회제도로 상하가 한마음이 되고 교양이 적절하며, 학교를 개설하고 서원을 널리 세우며, 기예를 중시하고 시험을 보지 않음으로써 인간의 재능을 마음껏 발휘시키는 데 있다. 또한 농학을 강구하고 수로를 뚫어 척박한 땅을 좋은 밭으로 바꿈으로써 땅의 이로움을 한껏 발휘하게 하며, 철로를 부설하고 전선을 설치하며 세금을 가볍게 하고 상무를 보호함으로써 상품이 원활하게 소통되게 함에 있음을 알았다. ……학교에서 인재를 배양하고 의회에서 정치를 논하며 군민이 한 몸이 되고 위아래가 한마음이 된다. ……그것이 그들의 본체이다. 선박·대포·총·수뢰(水雷)·철도·전선은 그것의 작용이다.[81]

이렇듯 미약한 경제개혁에서 미약한 정치개혁으로 나아갔고, 양무색채를 벗어나지 못하던 것[82]에서 자신의 독립된 성격을 구비하는 것으로 나아갔다. 그 속에서 발전의 흔적을 완연하게 찾을 수 있다. 양자를 비교해보면 외국의 모욕에 대항하는 방법에서 내정개혁의 방법까지, 경제적 요구에서 정치적 요구까지, 상공업의 발전에서 의회개설의 주장까지 개량파 사조의 발전이 나날이 심화되고 정형화해갔음이 분명하게 드러난다.[83]

---

81) 정관잉, 『성세위언』「자서」(自序).
82) 양무파의 저명한 인물인 쉐푸청이 을해(乙亥)·병자(丙子, 1875~76)에 쓴 「해방밀의 10조 상소」(奏海防密議十條)는 당시에 전송(傳誦)되던 작품이다.
83) 개량파 사상의 이런 발전과정에서, 당시 일단의 해외 파견인사들이 친히 목도하고 제출한, 대체적으로 유사한 관점과 주장은 사회여론에 일정한 작용을 불러일으켰다. "그들의 튼튼한 군함과 예리한 대포만 알았지…… 그 나라에 한가롭게 여유를 즐기는 이런 경지가 있는지는 알지 못했다."(리수창黎庶昌, 「복래돈기」卜來敦記) 이는 스스로 '천조상국'(天朝上國)의 사신이라 생각한 사람의 느낌이었다. "저는 일찍이 서양 각국의 부강이 기계제조와 군대조련 때문만은 아니라고 생각했습니다. ……서양 각국의 기계제조와 군대조련의 요점에는 다섯 가지가 있습니다. 첫째, 백성의 기운을 소통시킵니다. ……마을선거를 통해 상

3. 초기 개량파 사상과 정통사상의 분기와 의존

개량파 변법유신 사상은 일종의 온건한 자유주의 사조였지만, 그것은 당시 지배지위를 차지하던 봉건전제주의 완고파 사상과는 첨예하게 맞선 것이었다. 완고파 사상은 근대 진보적 사물과 사상의 반대자로 과학과 민주의 적이었다. 완고파는 "수구적이고 서학을 원수처럼 증오했고"[84] 심지어 자연과학도 믿지 않았다.

서양사람들은 태양이 움직이지 않고 8개의 행성이 그 주위를 돈다고 말한다. …… 그 의표를 엿보면, 중국의 거대한 천지와 밝은 일월 그리고 군신, 부자, 부부의 삼강을 파괴하려 할 뿐이다.[85]

서양인들이 모태를 논할 때 태아가 엄마 배에서 발은 하늘을 향하고 머리는 땅을 향한다고 한다. ……그러나 중국에서는 사람이 난 이래 남녀가 등을 지고 뱃속에 단정하게 앉아 있었다. ……이로부터 중국과 오랑캐의 구별에는 선천적으로 인간과 금수의 구분이 있음을 알 수 있다.[86]

원과 하원을 구성하고 어떤 일이 있으면 활발하게 토론하여 거리낌이 없으므로…… 위아래의 정(情)이 소통합니다. 둘째, 민생을 보호합니다. ……셋째, 백성의 속마음을 인도(신문·학교 등)합니다. ……넷째, 백성이 부끄러움을 알도록 가르칩니다(자본주의 법률). ……다섯째, 백성의 재산을 증식시킵니다."(리펑바오李風苞, 「파리에서 친구에게 보내는 글」巴黎復友人書) "저는 서유럽의 대세가 전국(戰國) 같다고 생각합니다. ……위아래가 한마음으로 힘을 합해 협력하고 광산을 개발하고 기계를 만들어 통상하고 공업을 우대합니다. ……"(허루장何如璋, 「사동술략」使東述略)

이외에도 정창옌(鄭昌棪)·선둔허(沈敦和)·류치퉁(劉啓彤) 등이 쓴 각종 「정요」(政要)·「정개」(政槪)·「국지략」(國志略)에서 서양의 의회제도를 소개했다. 이는 개량파의 주장과 언론이 당시 사회풍조였음을 설명해준다. 이 방면의 자료는 대단히 많다.

84)『청사고』「쉬퉁전」(徐桐傳).
85) 쩡롄(曾廉), 『참암집』(巉庵集).

이는 당시 반동파의 우매하면서도 완고하고 자고자대(自高自大)하는 사상을 상당히 전형적으로 뒷받침한 것이었다. 이런 사상은 당시 사회의 지배적 지위를 차지하면서 각양각색의 황당하고 가소로운 형식으로 나타났다. 예를 들어 청일전쟁 기간에 한 사대부 관리는 "상서를 올려 양인과 싸울 때는 총포를 사용해서는 안 되며 모든 것을 버리고 오로지 기(氣)를 사용해야 한다"[87]고 했다. 이는 완고파 사상의 수준뿐만 아니라, 당시 전체 사회와 사상이 심각하게 낙후된 것을 알 수 있는 대목이다. 완고파는 그 어떤 형식의 민족상공업과 과학 문화도 찬성하지 않았고, 민간자본의 발전을 극력 방해하고 탄압했다. "산둥(山東)성의 거부가 광산에 종사한 이래 가산을 탕진하고 손해가 누적되었는데도 참회할 줄 모르고 주식을 모아 계속 사업을 하려 하고 있습니다. ……제가 그 이해(利害)를 깊이 헤아려보건대, ……장차 산둥 성 덩라이(登萊) 등의 부(府)에 광산업무를 잠시 금지시킬 것을 청하고자 합니다."[88] 그들은 광산개발 · 철도부설 · 공장건설 등 자본주의 발전의 모든 조치를 반대하고 방해했으며, 이른바 '중농억상' · '중본경말'(重本輕末)과 같은 봉건주의의 진부한 이론을 되풀이했다.

옛날부터 국가재부의 큰 이익은 농업에 있었고 지금도 농업을 중시하는 것이 가장 좋습니다.[89]

저는 국가의 제도는 근본을 중시하고 말단(상업을 가리킴—옮긴

---

86) 예더후이(葉德輝), 『서의론』(西醫論) 「해원서찰」(郘園書札).
87) 탄쓰퉁, 「어우양 선생께 올리는 글(上歐陽瓣囉師書) · 흥산학의(興算學議)」에 보임.
88) 리빙헝(李秉衡), 「산둥 성에서 여러 차례 광무를 실행했지만 아무런 성과가 없으므로 그것을 금지시킴으로써 지방을 안정시키는 것에 관한 상서」(奏山東省歷辦礦務并無成效現擬封禁以靖地方折).
89) 쉬즈샹(徐致祥), 『자딩선생 주의』(嘉定先生奏議) 「시세를 논하는 상서」(論時勢折).

이)을 억제해야 한다고 생각합니다.[90]

완고파의 이른바 '중농'은 개량파가 폭로한 것처럼, 지대착취를 강화하고 전통적인 농업 소생산을 힘껏 보호함으로써 봉건주의 경제토대를 동요시키지 않으려는 것에 지나지 않았다.

낡은 것에 구애받는 선비는 걸핏하면 조정이 이익을 논하는 문을 닫고, ……농업을 중시하고 상업을 경시해야 한다고 한다. ……오호! 그들이 말하는 농사를 살펴보면, 토질의 알맞음을 헤아리고 종자를 변별하며, 황무지를 개간하고 수리사업을 일으키며, 도랑을 깊게 파고 가뭄에 대비하며, 밭에서 열심히 일하도록 농민을 독려하고, 그들을 위해 경영하고 지원하는 일이 어디 있단 말인가? 그들은 밭에 의지하여 세금이나 걷고 지대를 재촉하며 사나운 관리를 제멋대로 날뛰게 하여 백성에게 재앙을 가져다주는 것만 알 뿐이다. 그들은 농민에게 호랑이와 늑대가 될 뿐이다.[91]

개량파가 말한 '중농'과 '농학의 강구'는 봉건적 토지점유제도를 근본적으로 개혁하지 않은 채 선진기술(기계 등)을 들여와 경영방법을 개선하고 농업자본주의를 발전시키는 것이었다. 하지만 완고파의 이른바 '중농'은 농촌의 지배질서를 강화하고 봉건지대 착취를 사수하면서 소생산적 기초를 유지하고 절대 변경하지 않는 것이었다. 따라서 이른바 '기계가 백성의 이익을 탈취'한다는 그럴듯한 말로 은폐한 가운데 완고파가 선진적인 생산도구를 이용하여 인간의 육체노동을 대체하는 것을 극력 반대한 것은, 사실상 자본주의가 자신들의 착취기초와 지배질서를 파괴할까 두려웠기 때문이다. 신정(新政)의 시행은 사람들을 "간악

90) 쩡롄, 『참암집』「양쯔위 선생에게 다시 답하는 글」(再答楊子玉書).
91) 왕타오, 『도원문록 외편』「홍리」(興利).

하고 탐욕스럽게 만들고 도적으로 만들 것"[92]이며 근대공업과 교통업·광산업으로 "수많은 부랑민이 모여들어 해산시킬 수 없게 되면 그 우환을 어찌 말할 수 있으리요?"[93] "기술이 조금 훌륭하고 부강이 기술을 도모한다면 수신제가치국평천하의 도에서 무엇을 취하겠는가?"[94] 따라서 완고파는 모든 변법주장을 반대했고 구제도, 심지어 폐해가 뚜렷한 팔고문의 과거제도조차 변호했다.

그러므로 당시 상층사회에는 두 가지 사상이 존재했다. 한 가지는 미약하지만 신생의 부르주아 양무파와 개량파의 사상이었고, 다른 하나는 강대하지만 낙후한 봉건완고파의 지배사상이었다. 완고파와 양무파의 쟁론은 당시 두드러진 지위를 차지했다. 하지만 이후 1890년대에 이르러 개량파 사상이 점차 성숙하고 분화되어 구체제에 반항하게 되면서 신구 사상의 분기는 주로 개량파와 완고파 사이에 존재했다.

경제문제에서 개량파는 완고파의 '중농'과는 달리 '상업'이 "사민의 강령"[95]임을 강조했다. "오늘날 국가에 10만의 호상(豪商)이 있다면 100만의 강병이 있는 것보다 나을 것이다."[96] 이는 양무파가 주장한 군사공업의 '자강' 사상과 분명 달랐다. "이익을 논하는 문을 닫고", "삼가 이익을 논하는 것을 경계로 삼는" 완고파와 달리 개량파는 "부유해지려는 것은 인간의 진정(眞情)"이므로 "국가는 이익을 도모하는 사람을 걱정할 필요가 없으며…… 무릇 이익이 흥성하지 않으면 민생은 순조롭지 않으며 민생이 순조롭지 않으면 국세(國勢)는 반드시 쇠퇴할 것"이라 했다. 또한 개량파는 "모든 인의와 도덕의 명분, 술수와 권모의 법,

---

92) 황런지(黃仁濟), 『황씨 역사기』(黃氏歷事記).
93) 리빙형, 「서역 성의 광무를 조사하매 채굴할 것이 없으므로 주에서 개혁하는 것이 매우 타당함을 아뢰는 상소」(奏査明西省礦務無可開采由州改流甚善折).
94) 『황씨 역사기』.
95) 『성세위언』.
96) 「신정논의」.

세력과 명분의 중대함, 엄형과 혹형의 위협 등은 사람들을 위협하여 멸사봉공(滅私奉公)하게 할 수 없다"[97]고 공개적으로 선언했다. 이는 전형적인 부르주아 계급의 논조였다.

정치문제에서 완고파는 "군위신강(君爲臣綱)에서 검증해보면, 민주는 절대 시행할 수 없고 민권은 절대 중시할 수 없으며 의회는 절대 변통(變通)할 수 없다"[98]고 했다. 이에 대해 개량파는 "천하는 공기(公器)이고 국사는 공사(公事)이다. 공기는 공적으로 함께 사용하고 공사는 공적으로 처리해야 타당하다. 이는 의원을 선출하고 의회를 개설하는 것을 말한다"[99]고 생각했다. 완고파는 "……선비의 공은 일반 사람의 공과 비교할 수 없고",[100] "군자의 도로 소인의 일을 다스린다. ……사대부는 백관이 될 수 있으니…… 백관을 뽑는 성시(省試)*를 폐지해야 한다"[101]고 하여 사대부의 사회적 지배지위가 절대로 동요될 수 없음을 견지했다. 이에 대해 개량파는 "성현의 입언(立言)은 간곡하게 백관과 사대부를 같이 들어 논했고",[102] "상업에 종사하는 선비가 있고 공업에 종사하는 선비가 있으며 농업에 종사하는 선비가 있고",[103] "천년 이래 과거(科擧)의 학문경계를 타파하고 조정과 재야의 상하가 모두 공인(工人)을 천시하고 선비를 중시하는 마음을 점차 바꾸어 나간다면…… 풍기가 나날이 높아지고 인재가 나날이 배출될 것"[104]이라 하여, 사대부가 상공업에 종사하고 과학 기술을 학습할 것을 요구했다. 아울러 '공'(工: 공인이 아니라 공업가와 기사 등을 가리킴)의 사회적·정치적 지

---

97) 「신정논의」.
98) 왕런쥔(王仁俊), 「실학 평의」(實學平議).
99) 「신정논의」.
100) 쩡롄, 「경의」(經義).
  * 원대 이후 각 성에서 시행하는 시험으로 향시(鄕試)라고도 한다.
101) 「백공」(百工).
102) 『속부국책』.
103) 중톈웨이(鍾天緯), 「상무확충 10조」(擴充商務十條).
104) 쉐푸청, 「진백공설」(振百工說).

위를 격상시켰다.

　문화와 교육문제에서, 완고파는 과거(科擧)의 팔고문(八股文)이 "천하의 호걸을 장구(章句) 조탁에 속박함으로써 사납고 횡포하며 순종하지 않는 기운을 부드럽게 만들어준다",[105] "그렇게 하지 않으면 사람마다 황제자리를 다투고 사람마다 왕이라 칭할 것이다. ……거대한 천하와 수많은 우주에서 누가 속박을 받으려 하고 누가 농락을 당하려 하겠는가?"[106]라고 하여, 과거제도가 훌륭하므로 그것을 폐지하고 학당을 세울 수는 없다고 했다. 이에 대해 개량파는 "문과시험에서 시문(時文 : 팔고문)을 폐지하지 않고 무과시험에서 궁시(弓矢)를 폐지하지 않고 있다. ……이로써 부강을 말하는 것은 '남쪽으로 수레를 몰려 하지만 북쪽으로 달리는'(南轅而北轍) 꼴이 되"[107]므로 "진실한 인재를 얻으려면 반드시 시문폐지에서 시작해야"[108] 하고, 반드시 "팔고문의 과거시험을 폐지하고 격치학을 홍성시키며 학당을 설립하고 널리 인재를 배양해야"[109] 한다고 인식했다.

　종합하면, 완고파는 "법제는 가벼이 바꿀 수 없고"(리빙헝) "무릇 자손이 선인의 법을 바꾸려 한다면 그 화란(禍亂)은 반드시 바꾸기 전의 세상보다 심할 것"(쩡롄)이라 했다. 하지만 개량파는 "다하면 변하고 변하면 통하며 통하면 오래 가고…… 시간이 바뀌면 변법해야 마땅하다"(천추)고 했다. 경제부터 정치까지, 이론부터 실제까지, 본말의 변별과 의리(義利)의 구분 또는 전제와 입헌의 쟁론, 과거와 학당의 구별을 막론하고 이것은 실제로 전형적인 봉건주의 정통사상과 개량파 자본주의 사상 간에 일어난 한바탕 고집다툼이었다.

105) 왕선겸(王先謙),『허수당 문집』(虛受堂文集)「장시 향시록 전서」(江西鄉試錄 前序).
106)『황씨 역사기』.
107)『성세위언』.
108) 왕타오,『변법자강』중권.
109)『성세위언』.

그러나 개량파 사상은 이 시기에 커다란 한계를 가지고 있었다. 우선 그들의 주장은 봉건통치자에 대한 그들의 의존을 반영했고, 경제적으로는 정부의 '진작'과 '보호'에 기탁했다. 그들은 인민대중과 농민혁명 등의 문제에 대해 지주 나으리가 적대하는 입장에서 벗어나지 않았다.[110] 이 시기 개량파 사상의 대표적인 인물의 개인적 신분과 사회적 지위에 대해 말하자면, 그들은 고급관원이었고 정치 또는 경제적으로 봉건 통치자에 완전히 의존하거나(마젠중·쉐푸청) 외국 침략자에 의존했다(허치·후리위안). 이는 그들 사상과 활동의 전개를 속박함으로써 그들의 사상과 주장에 비겁하고 비굴한 모습을 띠게 했고, 심지어 어떤 때는 통치자나 침략자의 죄악을 변호하는 논조를 보이기도 했다. 그러므로 이 시기 신구 사상의 분기는 아직 초급단계에 머물러 있었고, 아직 전면적·대항적인 경지와 형세로는 전개되지 못했다.

이 단계 개량파가 이론과 사상면에서 특히 낙후된 것은 치명적인 약점이었다. 왕타오·마젠중·쉐푸청부터 정관잉·천츠·천추(허치와 후리위안은 조금 다름)까지 거의 모두 한결같이 서양부르주아 사회 정치의 이론과 사상을 배척하고 부정했으며, 아무런 유보 없이 중국 봉건주의의 '강상(綱常)과 명교(名教)'를 옹호했다. 그들 변법의 철학적 근거는 단순한 순환적인 '변역'(變易)의 관념이었을 뿐으로, 그들은 캉유웨이의 소박한 역사진화론에도 훨씬 미치지 못했다. '서학'이 중국 고대에서 유래했다고 하면서 "우리는 그 단서를 끌어냈고 저들은 결말을 밝혔다"고 인식하는 견해가 줄곧 유행했다. "중국이 크게 어지러워(진秦 시기를 가리킴) 재능을 품은 사람이 포용되지 못하고 이리저리 전전하다가 서역으로 갔다. ……『경설』(經說) 상하편(『묵경』墨經)은 광학과

---

110) 허치와 후리위안은 「용설서후」(庸說書後)에서, "고든이 중국에 와서 비적 소탕을 도왔고 영국은 무기를 원조했다. 그러한즉 중국이 멸망하지 않는 이유는 영국과 미국의 힘"이라고 찬양했다. 이런 입장과 관점은 이 시기 전체 개량파가 일관되게 가지고 있던 것이다.

중력학의 조종(祖宗)이 되었고 구두법과 횡서(橫書)는 서양언어와 서양 방언의 조상이 되었다."[111] 따라서 그들은 서양의 기술과학과 정법(政法)제도는 '도'와 '본'이 아니라 '기'(器)에 불과하며, '도'와 '본'은 여전히 중국의 '강상과 명교'의 '성인의 도'[112]라고 인식했다.

이들 개량파 인물들은 다음과 같이 일치하여 강조했다. "만세토록 불변하는 것은 공자(孔子)의 도이다."[113] "서양인의 기수(器數: 당시 서양의 수학·물리학 등의 과학을 가리키는 말)의 학문을 취하여 우리 요(堯)·순(舜)·우(禹)·탕(湯)·문왕(文王)·무왕(武王)·주공(周公)·공자의 도를 지킨다."[114] "도는 근본이고 기(器)는 말단이다. 기는 변할 수 있지만 도는 변하지 않는다. 변하는 것을 아는 것은 부강의 권모술수이지 공자와 맹자의 항상된 경의(經義)가 아니다."[115] "형이상학적인 것을 도라 하고 도를 닦는 것을 교(敎)라 하는데, 이는 황제(黃帝)와 공자로부터 지금까지 폐지된 적이 없다. 이는 천인(天人)의 극치이고 성명(性命)의 큰 원천이며 천만년 동안 변화가 허용되지 않은 것이다."[116] "중국의 잡된 기술은 서양에 미치지 못하지만 도덕·학문·제도·문장은 만국을 훨씬* 능가한다."[117] 그들의 사상에는 "평등과 평등한 권리에 대한 견해가 없었"[118]을 뿐만 아니라 "민주제도는 군주를 범하여 난을 일으키는 근원"[119]이라고 인식했다. 요컨대, 그들은 중국의 강상과 명교 등 '성인'의 '도'와 '본'이 바뀔 수 없으며

---

111) 『용서』. 이런 관점과 견해는 당시에 대단히 보편적이었지만 인증은 부족했다.
112) 마젠중, 「마르세유에서 친구에게 보내는 글」(馬塞復友人書).
113) 왕타오, 「역언발」(易言跋).
114) 쉐푸청, 『주양추의』 「변법」.
115) 정관잉, 『위언신편』(危言新編) 「범례」(凡例).
116) 천츠, 『용서』 「자강」.
   * 원문은 '동연'(瞳然)으로, '멍하니 직시하는 모양(無知直視貌)을 가리키는데, 여기서는 문맥에 적합하지 않아 '훨씬'으로 번역했다.
117) 사오쭤저우(邵作舟), 『위언』 「역서」(譯書).
118) 쉬충리(徐崇立), 「용암 내외편 서」.
119) 천츠, 『위언』 「서」.

그것이 서양보다 우월하다고 인식했다. 서양의 물질문명, 즉 기(器)도 중국 고대에 전파되어 넘어간 것이므로 "하늘은 장차 기를 중국에 돌려주고 도를 서양에 행할 것"(천츠)이라 했다.

그러나 실제주장에서는 상공업을 제창하고 개인과 이익을 언급했다. "재물을 끼고 가는 자가 끊이지 않는 것은 왜인가? 사람마다 자신의 잇속을 채우려 하기 때문이다. 사람마다 자신의 잇속을 채우게 하면 국가의 재정에 손해를 주는 것이 아니라 마침내 국가의 큰 이익이 된다."[120] "부유해지려 하는 것은 인간의 진정(眞情)"이지만 "이익추구를 모르는 것은 인간의 바탕이다."[121] 의회개설과 민권수립 등을 주장한 것은 실제로 봉건성도(聖道)에 위배되었다. 이런 비자각적인 모순은 그들을 1890년대 캉유웨이·탄쓰퉁·옌푸 등의 도기(道器) 관점, 윤상(倫常) 의식과 크게 다르게 했다. 이 단계(1870~80년대)의 개량파 사상은 비록 구체적인 정치주장에서 의회를 개설하고 입헌을 실행하자는 요구를 갖추기 시작했다. 하지만 이론으로는 완전히 자기모순——그들은 이 모순을 느끼지도 않았고 느낄 수도 없었다——에 빠져 서양 대의제도의 이론적 기초인 부르주아의 자유·평등사상과 학설을 배척하고 반대했다. 서양자본주의에 대한 그들의 인식과 학습은 여기에 머물러 있었다.

그들의 사상에 진정한 이론적 인도(引導)가 결여되어 있었기 때문에 그들은 변법주장을 깊이 있고 체계적으로 분석하고 논증하지 못했다. 더욱 중요한 것은 정통 지배사상과 경계를 분명히 긋지 못했다는 점이다. 사실이 그러했다. 개량파는 이때 완고파에 반대하고 양무파를 비판했는데도 그들이 창도한 "중학이 근본이고 서학은 말단이므로 중학으로 주를 삼고 서학으로 보좌한다"[122]는 생각은 이론적으로 양무파의 '중체서용' 사상과 근본적으로 분리되어 있지 않음을 증명했다.[123] 객

---

120) 『주양추의』「상정」.
121) 「신정논의」.
122) 『성세위언』.
123) 다른 점은, 정관잉은 '서용'을 강조하고 '중체'를 잠시 버려놓았지만, 후에 장즈

관적인 역사상황에서 보면, 개량파는 당시 양무진영에서 갓 분화되어 나왔고 양무파와는 여전히 천만 가닥의 연계와 괘념(掛念)을 가지고 있었다. 그러므로 그들은 완고파에 대항하는 투쟁에서 여전히 양무파와 연합관계를 유지했다(당시 완고파와 양무파는 첨예하게 대립·충돌했음). 개량파 사상이 양무파와 정식으로 결별하고 충돌한 것은 다음 단계에서였다.

이 단계에서 개량파는 대부분 양무파에서 분화되어 나왔기 때문에 양파와의 사상적 경계는 그다지 분명하지 않았다. 그러므로 이 단계의 사상도 뒤섞여 있어 혼란스러웠다. 특히 몇몇 문제에 대한 구체적 주장에서 어떤 사람은 한 문제에 대해서는 다른 사람보다 선진적이지만 다른 문제에 대해서는 상반되기도 했다. 시대의 발전에 따라 전후 사상은 대체로 같았지만 여전히 차이가 있었다. ……그러므로 한 인물의 사상이 어떤 파의 범위에 속하는가를 지나치게 융통성 없이 보아서는 안 된다. 이들의 주장과 사상과 발언의 구체적 시간과 내용에 대해 세심한 주의를 기울여야 한다. 예를 들어, 쉐푸청은 중요한 양무파의 외교관이었고 스스로도 자신을 리훙장의 '두터운 신임을 받는' 유능한 참모라 일컬었지만,[124] 그의 1870~90년대 사상은 여전히 개량파의 선성으로 볼 수 있다. 궈쑹타오(郭嵩燾)[125]도 이렇게 볼 수 있다. 수많은 논저가 룽훙(容閎, 1828~1912)을 개량파에 포함시키지만, 이는 그다지 정확하지 않다.

등은 '중체'를 강조했다는 것이다. 이는 정통강상을 수호하기 위한 견해였다.
124) "(리훙장은－옮긴이) 평소 저의 계책에 의거하여 시종 두터운 신임을 보여주고 조금도 견제하지 않았습니다. ……그러므로 중승(中丞: 리훙장의 직책명－옮긴이)이 진정으로 나를 알아주지 않는다 할 수 없습니다."(「을유년 백형에게 답하는 글」乙酉答伯兄書)
125) 궈쑹타오는 쩡궈판과 밀접한 관계가 있었다. 쩡궈판의 사상은 "화친정책을 취하여 절대 바꾸지 않으면 중국과 외국이 서로 평안하여 10년간 아무 일이 없을 수 있다. ……그후에도 여전히 한마음으로 견지하여 이웃과 사이 좋게 지내고, 부득이할 때에 전쟁준비를 하는 것이 전체 국면을 화평하게 하는 것이다"는 것이었다. 이는 쩡궈판이 결정한 외교노선이었다. 쩡궈판이 만년에 톈진(天津) 종교사건을 처리했을 때 전국에서 그 일을 매국행위라고 매도했는데, 궈쑹타오

룽훙은 그의 중요한 사회적 명망과 사회관계, 그리고 상당히 높은 부르주아 문화교양 덕분에 당시 개량파의 존경을 받았고(경자년庚子

는 오히려 그가 "종교사건 처리가 천리와 인정에 지극히 부합되었다"고 칭찬했다. 또 리훙장이 강화를 주장하여 비방을 받았을 때에도 궈쑹타오는 그에게 감탄하여 "논자들이 허페이(合肥)* 백상(伯相)을 집중공격했지만…… 명예를 훼손시키고 사실에 들어맞지 않는 주장이 많았다"(「쩡위안푸에게 보내는 글」復曾沅甫書)고 했다.

"저는 실제로 양무를 추진함에 전쟁을 일으킬 필요가 없다고 생각합니다. …… 서양과 전쟁이 없으면 반란과 기황(饑荒)은 걱정할 필요가 없습니다. 그러나 서양과 전쟁이 일어나면 이 두 가지 근심은 평소보다 두 배가 됩니다." (「리푸샹에게」致李付相) "서양인과 함께 있으면서 성실한 마음이 없으면 저촉됨이 반드시 많을 것입니다. ……이것이 제가 서양과 전쟁이 없어야 한다고 말하는 이유입니다. ……저는 이를 30여 년 견지했습니다."(같은 글) "그러므로 누차 상소하여 전쟁을 명목으로 삼지 말고 일을 마무리하는 것을 의로움으로 삼아야 하며…… 각국 영사를 초대하여 그들과 분명하게 약속을 하여 절대로 전쟁을 하지 않기로 해야 한다고 했습니다."(「쩡위안푸 궁보에게 답함」復曾沅甫宮保) "서양인은 통상을 의로움으로 삼되 본래 중국을 해치려는 마음이 없습니다."(「다시 리보샹에게」再致李伯相) "오늘날 형세에서는 성의를 다하여 각국과 협력해야 한다. 우리는 자립할 수 없다."(「사서기정」使西紀程)

이로써 궈쑹타오가 시종 쩡궈판의 노선을 견지했음을 알 수 있다. 청프전쟁에서 궈쑹타오와 리훙장은 강화를 견지했는데, 이는 심지어 쩡궈판의 아들 쩡지쩌(曾紀澤)만도 못했다. 쩡지쩌는 "프랑스의 베트남 침략모의가 오래되었기 때문에 절대로 말로 해결할 수 있는 일이 아니고"(「파리에서 신기년 8월에 총서 총판에게」巴黎致總署總辦辛己八月) "리샹(李相)은…… 줄곧 세 가지 면에서 오류를 범했습니다. 그것은 유약함·참을성·양보입니다"(「런던에서 쭤쭝탕에게 보냄」倫敦復左中堂)라고 했다. 쉐푸청의 당시 태도도 궈쑹타오와 달랐다. 그러나 다른 면에서 보면 궈쑹타오는 비교적 일찍 유럽에 외교관으로 갔고, 그들과 더 오래 접촉했으므로 튼튼한 군함과 예리한 대포가 결코 부강의 '근본'이 아니라 '말단'임을 비교적 일찍 인식했다.

"서양의 부강은 근본과 말단을 가지고 있는데, 기계에 의지하여 멀리 가는 것은 말단 중의 말단입니다. 지금 그 말단을 익혀 근본을 탐색하는 것은 조그마하게 시험해보는 데는 적합하지만 큰일에는 적합하지 않습니다."(「리푸샹에게」致李付相) "…… 내치에 급속하게 이용하여 부강설립의 기초로 삼을 만한 것으로 이 두 가지(철로와 이공과학 학습을 가리킴)만한 것이 없습니다. 이 두 가지는 입국 천년이 되어도 피폐하지 않을 것입니다."(「런던에서 리보샹에게」倫敦致李伯相) "천지와 자연의 이로움을 백성이 경영할 수 있습니다. 이는 관리의 감독을 필요로 하지 않습니다."(「친구와 더불어 서양인 모방을 논하는 글」

年에 자립회 회장으로 피선됨), 개량파와 변법운동과도 좋은 관계를 유지했으며 그에 대해 공감하는 태도를 취했다. 그러나 그는 국내에 아무런 기초가 없었고, 그의 사상은 국내동태를 전혀 반영하지 못한 것이었다. 엄밀하게 분석해보면, 그의 주된 사상주장과 정치활동[126] 이 본질적으로 외국 자본가의 이익을 반영했음을 알 수 있다. 이는 경제·정치개혁을 급박하게 요구한 개량파의 애국주의 변법사상의 주류와는 여전히 달랐다. 『서학동점기』(西學東漸記) 특히 그 원문(영어)에서 이 점은 더욱 분명하게 드러났다. 그의 사상은 광학회(廣學會)와 앨런(Young John Allen, 1836~1907: 미국 감리회 선교사), 리처드 (Timothy Richard, 1845~1919: 영국 침례회 선교사) 등 재중국 외국인들의 주장과 오히려 비슷했다. 후자의 활동——광학회의 서적번역과 신문발행, 개량파 인사와 왕래, 개량파에 대한 창조와 공감표시 등——또한 대단히 복잡한 성격과 기능을 가지고 있으므로 자세하게 분석해야 한다.

한편 그들은 객관적으로 개량파 사상의 성장을 적극적으로 자극한 셈이었지만 그들의 목적은 오히려 개량파를 이용하여 중국 정치에 관여하고 보다 많은 권력을 획득하는 것이었다. 그들은 중국 변법의 특징이 다음과 같은 점에 있다고 주장했다. 이 변법은 외국, 특히 영국과 미국의 역량에 의존하여 재정·정치·문화·교육의 개혁을 외국이 전부 통제할 것을 요구했다. 재정적으로는 "서양의 은행에서 중국이 차관을

與友人論仿行西人書)

이처럼 귀쑹타오는 '국부'와 '민부'의 관계를 간파했다. 귀쑹타오는 '이금' 제도 창립에 참여했지만, 이때는 이금폐지를 주장했다. 총체적으로 보아, 귀쑹타오는 만년에 이미 초기 개량파의 사상수준에 이르렀고, 쩡지쩌 등에 비해 훨씬 고명했다.

* 리훙장을 가리킨다, 그는 안후이(安徽) 허페이 사람이다.

126) 예를 들어, 외국인을 고문으로 초빙하여 정부를 개편할 것을 건의했고, 미국 차관을 들여와 철도를 부설할 것을 여러 차례 주장하되 국민주식은 굳세게 반대했다. 영국 차관을 들여와 군비로 사용하고 타이완을 저당 잡혀 외국 군인을 고용, 일본을 공격할 것을 주장했다.

들여오면 크게 도움을 받고 제휴할 수 있다"[127]고 했고, 정치적으로는 "신정부(新政部)를 설립하여 8인이 총괄하되 중국 관리와 서양인을 반씩 등용한다"[128]고 했으며, 문화교육적으로는 "영국과 미국 등의 학부(學部: 교육부) 대신에게 요청하여 중국에 와서 그 일(학교설립을 가리킴)을 관장하도록 한다"[129]고 했다.

그들의 이런 변법혁신 주장은 표면적으로 개량파의 주장과 비슷해 거의 모든 개량파 인사들이 그들의 의도를 간파하지 못했다. 그런데도 그들의 이런 변법주장——리처드의 「신정책」, 앨런의 「치안신책」, 헤드의 「국외방관론」(局外旁觀論), 웨이드(Thomas Wade, 1818~95: 영국 외교관)의 「신의론략」(新議論略), 딩웨이량(丁韙良, William Alexander Parsons Martin, 1827~1916: 미국 장로회 선교사), 리자바이(李佳白, Gilbert Reid, 1857~1927: 미국 선교사) 등의 활동과 주장을 막론하고——은 국내실정에 입각해 있던 개량파의 애국주의 변법사상과는 큰 차이가 있었다. 개량파의 사상과 주장을 연구하기 위해서는 이런 복잡한 현상과 문제를 제대로 살피고 구체적으로 분석·판단해야 한다.

---

127) 앨런, 「치안신책」(治安新策).
128) 리처드, 「신정책」(新政策).
129) 「치안신책」.

3 개량파 변법유신 사상의 고조와 정점

1. 개량주의 사상체계의 성숙

개량파 변법유신 사상은 1890년대에 고조와 정점에 이르렀고 질적으로 비약하여 완전히 성숙한 단계로 진입했다.

청일전쟁(1894~95)은 중국 근대사에 새로운 페이지를 열었다. 아편전쟁이 자본주의가 중국을 침략하는 시작이었다면, 청일전쟁은 제국주의가 중국을 노예화한 서막이었다. 이 두 전쟁은 중국 근대역사에서 획기적인 의의를 가지고 있다. 중국 봉건통치자는 청일전쟁의 거대한 실패로 전에 없이 신속하게 중국을 반(半)식민지의 침중한 재난 속으로 밀어넣었다. 자본주의적 상품수출에서 제국주의적 자본수출로 진입한 외국 침략은 더욱 격화되었고, 마관조약(馬關條約: 시모노세키 조약)*은 외국이 중국에서 기업을 설립하고 철도를 부설함으로써 중국의 경제명맥을 직접 장악하는 대문을 열어주었다. 이와 동

---

* 1895년 4월 17일, 청일전쟁에서 패배한 청이 일본에 배상금 2억 량을 지급하고 랴오둥(遼東) 반도·타이완, 평후(澎湖) 열도를 할양할 것을 주요내용으로 했다. 그러나 같은 해 4월 23일, 러시아·독일·프랑스의 3국이 간섭하여 랴오둥 반도의 일본할양을 반대했다.

시에 침략자는 공개적인 군사적 약탈수단을 사용하여 조차지 탈취와 세력권의 분할이라는 파문을 일으켰고 '중국을 과분(瓜分 : 오이처럼 나눈다는 뜻)' 하는 소리가 요란했다. 공전의 민족위난에 처하게 된 것이다.

그러나 심대한 민족위기는 진보인사들에게 강렬한 분노와 적개심을 불러일으켰고, 기세충천한 애국주의적 구국의 분위기를 자아냈다. 1870년대 이래 상대적으로 안정된 단계는 종결되었고, 암암리에 온양(醞釀)되고 있던 민족모순과 계급모순은 한꺼번에 적나라하게 드러나며 첨예화했다. 농민혁명의 복류(伏流)는 점차 고양되었고, 쓰촨(四川)의 위둥팅(余棟廷, 1851~?) 사건*과 같은 봉기운동이 연이어 일어나 20세기초의 혁명시기를 직접 인도했다. 그러나 청일전쟁 이후부터 의화단이 실패한 1890년대 사이에 사회투쟁의 주요모순은 여전히 제국주의에 반대하는 민족모순이었고, 사회 각 계층은 모두 이 모순과 투쟁 속으로 말려들어갔다. 무술유신과 의화단운동은 바로 다른 계급의 다른 반응이었다. 기층──주로 농민과 도시빈민──인민이 일부 중소지주, 완고파 인물과 연합하여 여기저기서 배외 '종교사건'(교회파괴, 외국인 살인)을 일으켰는데, 이는 의화단운동 때 정점에 이르렀다. 사회의 상층은 자본주의 발전을 객관적 기초[130]로 삼는 애국 구국운동에 참여했다.

격동의 1890년대에 청조 정부와 양무운동이 전쟁에 실패함에 따라 일어난 것이 민간자본에 대한 양보였다.[131] 또한 외국 자본의 직접적 침입에 자극을 받아 중국의 민족자본주의는 자신의 초보적인 발걸음을 내딛기 시작하여 청일전쟁 후 공장이 급증했다. 통계에 따르면,

---

* 기독교에 반대하여 일어난 무장봉기.

130) 중국에는 적지 않은 수의 지주가 상품 영업을 겸했는데, 그 유래가 오래되었다.

131) 정부는 이때 여러 차례 명령을 내려 민영상공업의 발전을 장려·보호했지만, 사실 이는 빈 종잇장에 불과했다.

1872~94년의 20여 년간 설립된 공장은 겨우 66곳이지만, 1895~1900년의 5년간 설립된 공장은 82곳이다.[132] 장즈둥은 1897년의 상소문에서 이렇게 말했다.

수년간 저장(浙江), 장시(江西), 후베이(湖北) 등의 성에서 방사, 누사(縷絲), 홍견(紅絹) 등의 공장이 약 30여 곳 증설되었습니다. 이외에 기계로 제조한 상품이 많습니다. 상하이(滬)·쑤저우(蘇)·항저우(杭)·난징(寧) 등에서 기계를 구입하여 양주·양초·성냥·정미(精米)·라이터를 제조했고, 장시에서도 서양방식을 이용하여 누에를 키워 실을 잣겠다는 요청이 있었으며, 산시(陝西)에서는 이미 주식을 모아 기계방사국을 개설했고, 쓰촨에서는 기계를 구입하여 석탄석유공사를 창설했으며, 아울러 양초공사 설립을 의논하고 있습니다. 산시(山西)에서도 주식을 모집하여 석탄철광회사를 설립하고 상무공사를 세웠으며, 광둥(廣東)의 도서(島嶼)에서는 10년 전에 이미 토사(土絲)·양지(洋紙) 등의 기계로 만든 상품이 있었으며…… 후베이·후난 두 성에서는 이미 기계를 구입하여 성냥을 만들고 면유(棉油)를 짜는 자가 있었고, 후베이는 현재 이미 실험을 통해 기계로 차(茶)를 만드는 방법을 얻었습니다.*…… 각 성의 기상이 나날이 새로워지는 듯하고 이는 나날이 광범하게 퍼질 것입니다.[133]

부르주아 계급이라는 사회역량의 성장과 출현으로 개량파 변법유신 운동은 더욱 신속하게 발전할 수 있었다. 구국의 애국열기 속에서 변법 사상은 이전의 협소한 울타리를 타파하고 중상층 사회의 관리와 사대부들에게 광범하게 전파되었다. 점점 더 많은 사람이 완고파와 양무파

---

132) 옌중핑 외, 『중국 근대경제사 통계 자료선』.
* 이 부분에서 "機器造(塞門德土)"가 해결되지 않아 유보했음을 밝힌다.
133) 『장문양공주고』(張文襄公奏稿) 제29권, 9쪽.

의 그릇된 사상과 정책이 검증과정에서 파산되는 것을 보고 개량파의 변법주장에 경도되어갔고 그에 동조했다. 이때 변법유신을 요구하는 수많은 상소문·문장·서적이 나왔고 그것을 선전하는 수많은 신문과 잡지가 발행되었다. 그중 발행부수가 1만 부 이상이었다는『시무보』(時務報)[134]와 각종『위언』이 일시를 풍미했다.[135] 시대의 특징과 인민의 분노를 반영하면서 어휘선택과 문제제기 방법 등 형식조차도 첨예하고 통절하며 격렬한 선전·선동의 색채를 구비했다. 캉유웨이의「황제에게 올리는 글」(上皇帝書)과 량치차오의『시무보』의 정론은 그중 걸출한 대표작이다. 앞 단계의 쉐푸청, 정관잉 등의 어투와는 크게 달리, 량치차오는 "변화도 변하고 불변도 변한다"고 하여 변법하지 않으면 안 된다는 자세로 개혁을 절박하게 요구했고, 각종 의심과 반대를 통렬하

---

134) "30년 전 경사(京師)에서『중서견문록』(中西見聞錄)이 창간되어 서양의 정치와 기술을 여러 가지 약술했지만, 보는 사람이 몇 없어서 오래지 않아 폐간되었다. 내가 상하이에서『격치회편』(格致滙編)을 편역했는데…… 당시 풍기가 아직 개방되지 않아 애호자가 또 몇 되지 않았다. ……그러므로 광쉬 16년 이후 더 이상 편역하지 않았다."(량치차오) '보는 사람이 몇 없음'과 '풍기가 아직 개방되지 않음'에서 '몇 개월 사이에 1만여 부가 팔림'에 이른 것은, 청일전쟁 후의 1890년대가 확실히 이전과 크게 달라진 것을 말해준다.

135) 그중 가장 널리 유행되고 영향이 가장 컸던 것은 정관잉의『성세위언』으로 여러 차례 증보되고 재판되었다. "……또한 자신의 장점에 기대어 우리를 능멸하고 우리를 통제하려 하니, 우리는 저들이 구하면 응하지 않을 수 없고 그들이 찾으면 주지 않을 수 없었다. 나는 이에 대해 아직도 변법으로 자강하려 하지 않는다면 어찌 인간의 마음과 기혈이 있는 자이겠는가 하고 생각했다. 그러므로 기우생(杞憂生: 하늘이 무너질까 걱정하는 사람, 즉 정관잉을 가리킴)의 책은 대저 발분(發憤)하여 지은 작품이다. ……이는 머리카락이 하늘을 찌르고 행간에 눈물이 밴 작품이다. ……이때 쑹베이(淞北)의 일민(逸民: 왕타오 자신을 가리킴)이 오랫동안 병석에 누웠다가 임종을 앞두고…… 먹을 갈아 붓을 들고 이 글을 지어 울분을 풀어냄으로써 기우생에게 천하에 아직도 상심하는 사람이 있음을 알게 하고자 한다. 오호라, 한 가닥 숨이 붙어 있어 보국을 생각하면 10년이 헛되이 길기만 하지만 (이 책은) 동시대 사람들을 깊이 있게 통솔했다."(왕타오,「역언발」)『역언』(1879년에 완성되어 1880년에 출판됨)은『성세위언』의 초판본이다.『성세위언』은 1893년에 초판, 1895년에 재판되었고 제3판은 청일전쟁 때, 마지막 판은 1900년에 나왔다. 영향이 아주 큰 논저였다.

게 반박했다. "(량치차오가 — 옮긴이) 눈을 부릅뜨고 크게 꾸짖은 것은 사람들이 마음속으로 하고 싶은 말이어서 전국 각지에…… 다투어 전파되었다."[136] 캉유웨이가 '보국회'(保國會)에서 행한 저명한 연설은 이런 선전·선동의 대표적인 것이었다. 그것은 국난이 박두한 시대의 특색을 잘 반영했다.

우리 4억 중국인은 귀천을 막론하고 오늘 무너진 집에 살고 있고 물이 새는 배에 타고 있으며 장작불 위에 놓여 있어서 마치 새장에 갇힌 새 같고 가마솥에 놓인 고기 같으며, 감옥에 갇힌 죄인처럼 노예가 되고 마소가 되며 돼지나 양이 되어 다른 사람의 부림을 받고 다른 사람에게 도살당하고 있습니다. 이는 4,000년 20왕조에 없던 기이한 변화입니다. 게다가 성교(聖敎)는 쇠퇴하고 종족은 멸망하여, 기이한 참변과 커다란 고통을 참으로 말로 다할 수 없습니다.

이와 동시에 개량파는 단순하게 사회를 향해 자신의 변법사상을 선전하던 전 단계 수준에 만족할 수 없었다. 캉유웨이를 대표로 한 그들은 황제에게 자신의 요구를 정식으로 제출했다. 아울러 반동파에게 "회당무리와 다를 바 없다"(원티文悌)고 질책받은, 학회명의로 사대부 대중을 조직하는 활동을 시작했다. 각양각색의 명의를 내건 학회 — 월학회(粵學會), 민학회(閩學會), 남학회(南學會), 섬학회(陝學會)…… 부전족회(不纏足會)* — 가 전국의 수많은 지방에서 자발적으로 우후죽순처럼 성립되었다. 량치차오의 기록에 따르면, '강학회' 해산부터 무술변법까지 3년 동안 전국에서 자발적으로 조직된 학회·신문사·학당은 51곳에 달했고, 그 범위는 남중국에 두루 퍼졌다. 이는 수백 년간 사인(士人)들의 집회결사와 정치논의를 엄금하던 청조의 전통법령을 타

---

136) 후쓰징(胡思敬), 『무술이상록』(戊戌履霜錄).
  * 전족에 반대하는 학회.

파함으로써 부르주아 민주생활의 첫걸음을 내디딘 것이다. 더욱 주의
할 만한 것은, 이들 학회명의 뒤에는 실제로 정당성격을 가진 조직이
있기도 하고, 심지어 지방정권 기관으로 탈바꿈하려는 의도를 가진 것
도 있었다는 점이다. "'남학회'(후난湖南)와 같은 것은 전성(全省)의
신정의 명맥이 되어 이름은 학회였지만 실제로는 지방의회의 규모를
겸했다."[137] 변법유신은 선전에서 실천의 행동단계로 나아갔다. 1870~80
년대 개별 인사들이 나름대로 외친 선진적인 주장과 선량한 바람은 이
때 사대부의 대중성을 구비한 행동강령으로 변했다. 그리고 이는 이 단
계의 사상발전과 사상투쟁에 새로운 조건과 새로운 형세를 가져왔다.

캉유웨이는 이 시기 전체 변법운동의 중심인물이자 지도자였고, 또
한 19세기 개량파 사조의 최대의 대표였다. 그의 여러 차례의 상서와
무술변법 시기의 상소문은 전체 개량파의 갖가지 구체적인 경제·정치
주장을 정강식으로 제출한 것이었고, 앞 단계 변법유신 사상을 최종적
으로 개괄하고 총결한 것이었다.

캉유웨이는 「조서에 응하여 전국을 종합계획하는 상서」(應詔統籌全
局折)에서 다음과 같이 지적했다.

우리는 지금 땅도 없고 군대도 없으며 식량도 없고 선박도 없으며
기계도 없습니다. 명목적으로는 국가이지만 토지·철도·선박·상
무·은행이 모두 적의 명을 따르고 손님의 요구에 따릅니다. 비록 형
태로는 망하지 않았지만 내용으로는 망했습니다. ……변하면 보전할
수 있고 변하지 않으면 망합니다. 완전히 변하면 강해질 수 있지만
조금 변하면 여전히 망합니다. ……그 요점은 세 가지입니다. 첫째,
모든 신하와 크게 맹세하여 국시(國是: 개혁의 결심을 선포하는 것)
를 확정함. 둘째, 어진 인재를 뽑을 수 있는 대책을 수립함. 셋째, 제
도국을 설립하여 헌법을 제정함. ……제도국을 설립하여 총괄하게

137) 량치차오, 「무술정변기」(戊戌政變記).

하고, 12국을 설립하여 그 일을 나누어 관장하게 합니다. 첫째, 법률국…… 둘째, 탁지(度支)국…… 셋째, 학교국…… 넷째, 농국…… 다섯째, 공국…… 여섯째, 상국…… 일곱째, 철로국…… 여덟째, 우정국…… 아홉째, 광무국…… 열째, 유회(游會)국…… 열한째, 육군국…… 열두째, 해군국…….

설립을 요구한 국가기구와 이들 기구의 직책과 임무에서 캉유웨이가 국가에 대해 전면적인 자유주의적 민주개혁의 실시를 요구했음을 알 수 있다. 캉유웨이는 정치면에서 국회를 열고 입헌제로 바꾸며 법률제도를 제정하고 인민들이 상서하여 정사를 논의할 것을 허락하며, 지방에 민정분국을 설립하여 신사(紳士: 지식인 지주계층)가 지방정권에 참여하도록 하고 불필요한 관원을 축소시키며, 국호를 바꾸고 우한(武漢)으로 천도할 것 등을 주장했다. 경제면에서는 광산을 개발하고 철도를 부설하며, 상회를 설립하고 이금을 폐지하여 상공업을 부양하고, 과학 발명을 장려할 것 등을 주장했다. 군사면에서는 녹영(綠營)을 폐지하고 기병(旗兵)을 해산하며 신군을 훈련시킬 것 등을 주장했다. 문화와 교육면에서는 과거를 폐지하고 학당을 설립하며, 외국 서적을 많이 번역하고 유학을 보내며 신문사를 설립할 것 등을 주장했다. 사회풍습면에서는 전족(纏足)을 금지하고 복제(服制)를 바꾸며, 국교(國敎), 즉 공교(孔敎)를 세울 것 등을 주장했다. 캉유웨이는 그중 봉건 전제제도의 개혁과 자본주의 법률의 제정에 특히 중점을 두어 그것을 변법문제의 핵심이자 관건으로 인식했다.

지금까지 수십 년간 여러 신하가 언급한 변법은 모두 그 한 부분만을 약간 변화시키자는 것일 뿐 전체를 계획한 적이 없다. 이른바 변법은 반드시 제도와 법률을 먼저 개정해야 변법이라 할 수 있다. 지금 말하는 개혁은 일을 개혁하는 것일 뿐 법을 개혁하는 것(변법)이 아니다. 나는 황상에게 우선 전체 국면을 통합적으로 계획하여 완전

히 개혁할 것을 요청했고, 우선 제도국을 신설하여 법률을 개혁해야 이익이 있을 것이라고 요청했다.[138]

저는 동서 각국의 강성함이 모두 헌법을 제정하고 국회를 개원한 덕분이라고 들었습니다. 국회는 군주와 백성이 일국의 정법을 함께 의논하는 곳입니다. 대개 삼권분립의 견해가 나온 이후 국회는 법을 제정하고 법관이 법을 다스리며, 정부는 행정을 담당하고 군주가 그것들을 총괄합니다. 군주는 신성하게 존중되어 책임을 지지 않고, 정부가 그것을 대신합니다. 동서 각국이 모두 이 정체를 실행하므로 군주와 천백만의 국민이 합하여 일체가 되니, 국가가 어찌 강성하지 않겠습니까? 우리 나라는 전제정체를 시행하여 군주 한 사람과 대신 몇 명이 나라를 다스렸으니 국가가 어찌 약하지 않을 수 있겠습니까? ……지금 신법으로 바꾸어 실시하는 것은 진실로 강성하게 다스리는 계책이 될 것입니다. 그러나 저는 정치에는 본말이 있으므로 먼저 그 근본을 정하지 않고 헛되이 그 말단에만 종사하는 것은 타당하지 않다고 생각합니다. ……헌법을 제정·시행하고 국회를 개원함으로써 서정(庶政)을 국민과 함께 하고 삼권정립(鼎立)제도를 시행한다면 중국의 부강은 손꼽아 기다릴 수 있을 것입니다.[139]

동시에 캉유웨이는 정법제도의 개혁에 따라 반드시 노후한 봉건관료를 퇴출하고 새로운 역량으로 대체할 것을 지적했다. 그는 광쉬 황제에

---

138) 『캉난하이 자편연보』(康南海自編年譜).
139) 「입헌을 확정하고 국회개원을 청하는 상소」(請定立憲開國會折). 황장젠(黃彰健)은 이 상소가 위작된 것이라 하지만, 사상자료로서는 여전히 인용할 만하다. 캉유웨이는 무술년에는 국회개원과 민주실시 등을 전혀 강조하지 않았다. 그와 반대로 '건강독단'(乾綱獨斷)을 강조하고 군권강화를 역설했다. 어떤 연구자는 이에 근거해 그가 '퇴행'했다고 비판하지만, 사실 이는 당시 구체적인 정치환경(츠시慈禧가 여전히 대권을 쥐고 있음)에서 정확한 책략이었다.

게 이렇게 말했다.

대신들이 관심을 가지려 하지 않는 것이 아닙니다. 임기에 따라 여기저기 돌아다니다가 고위직에 오르게 될 때면 정력이 쇠퇴하고 많은 직을 겸하고 있기 때문에 실제로 독서할 시간이 없으므로 어찌할 방법이 없습니다. 그러므로 학당을 세우고 상무(商務)를 처리하라는 성지를 여러 차례 받들었지만, 저들은 젊은이가 배운 것을 모르므로 처리방법을 모르고 있습니다.[140]

캉유웨이의 이런 주장은 바로 전 단계의 정관잉 등이 주장한 변법이 진일보하여 정식으로 제출된 것임이 분명하다. 그러므로 일반적으로 말해서, 캉유웨이의 이러한 구체적 변법유신 사상은 전 단계와 근본적인 차이가 있던 것이 아니라 전 단계 사상의 심화된 개괄이자 총결이다. 그러나 이론과 사상을 기초로 삼았기에 캉유웨이의 정강정책은 전 단계보다 명확해지고 앞서 나갔다. 그중 특히 삼권분립(행정 · 입법 · 사법) · 책임정부 · 사법독립 · 헌법지상(至上)과 봉건관료를 반드시 퇴출할 것 등은 실질적으로 전 단계의 사상수준을 넘어섰다. 그러므로 캉유웨이의 개괄과 총결은 과거의 것을 중복하는 데 그치지 않고 이론적 기초를 가지고 그 중심고리를 잡아 명확하게 제시한 것이다. 이에 대해 당시 이런 평론이 있었다. "『용서』와 『부국책』(富國策)을 읽으면 행할 만한 것이 많다. 그러나 전체 국면을 통일적으로 계획하고 그 선후와 완급의 순서를 하나하나 손바닥처럼 헤아린 것으로는 난하이(南海)의 네 편의 상소문이 가장 뛰어나다."[141]

총체적으로 말해, 이 단계의 개량파 사상은 전 단계보다 훨씬 발전했

---

140) 『캉난하이 자편연보』.
141) 피시루이(皮錫瑞), 『후난 역사자료』(湖南歷史資料) 「사복당 미간일기」(師伏堂 未刊日記), 1958년 제9기.

다. 캉유웨이 · 탄쓰퉁 · 옌푸는 마젠중 · 쉐푸청 그리고 정관잉 · 천츠 · 허치에 비해 그 사상이 크게 달랐다. 이런 다른 특징은, 그 차이가 주로 변법유신의 구체적인 정치 · 경제에 대한 주장에 있지 않고 사회 · 정치 관점과 철학 사상에 표현되었다는 점에 있다. 그러므로 다음과 같은 점이 충분히 평가되어야 한다. 부르주아 계급의 성격을 지닌 사회 · 정치이론과 철학 관점 일습을 만들어 변법사상의 공고한 이론적 기초로 삼은 것은 이 단계 개량파 사상의 가장 중요한 발전이자 가장 탁월한 성취였다. 이런 이론 기초가 있었기에 표면적으로는 전 단계와 비슷한 정강정책의 주장들이 더욱 급진적인 잠재적 의의와 내용을 가질 수 있었다.[142]

이런 성취는 주로 캉유웨이가 금문 경학의 공양삼세설의 틀로 포장한 역사진화론의 사회발전 관점, 사회주의 대동공상 이론에 의해 미화된 철저하고 대담한 부르주아 인권평등의 정치 · 도덕학설, 탄쓰퉁의 '이태(以太)-인(仁)'의 철학 사상을 가리킨다. 이들 사상은 보다 완정한 개량주의적 사상이론 체계를 구성했고, 비교적 풍부한 반봉건 계몽주의적 내용을 가지고 있었으며, 중국 근대사상사에 커다란 영향을 주었고 중요한 가치와 의의를 가지고 있다.[143]

전 단계의 정관잉 등이 의회개설을 주장하면서 다른 한편으로 그것이 결코 '도'와 '본'은 아니라고 인식한 태도와는 달리, 이 시기의 개량파 대표는 민권평등의 부르주아 학설이 '성인의 도'에 부합할 뿐 아니

---

142) 앞서 말한 것처럼, 궈쑹타오부터 캉유웨이까지의 차이와 발전은 대단히 컸다. 궈쑹타오와 쉐푸청은 상공업을 중시했지만 정치제도의 개혁을 건드리지 않았으며, 왕타오와 마젠중 그리고 천츠는 의회개설에 찬동하거나 주장하기도 했지만 강조하지는 않았다. 이 문제는 그들의 사상에서 아직 중요한 지위를 차지하지 않았던 것 같다. 천츠와 정관잉 등은 의회개설을 중요한 지위에 두었음에도 그 주장은 미약했다. 이들 가운데 허치가 가장 용감했지만 그는 국내현실에서 벗어나 있었다. 이는 그가 장기간 해외에서 거주하다 영국으로 국적을 바꾸고 홍콩 의원이 되었기 때문일 것이다. 그는 중국의 윤상과 명교(名敎)에 대해서도 별다른 비판을 하지 않았다.

143) 이 책의 캉유웨이와 탄쓰퉁에 관한 논문을 참조하라. 여기서는 상론하지 않는다.

라 공자의 '미언대의'(微言大義)의 유훈이기도 함을 긍정했다. 그러므로 "의회를 경사(京師)에 개설하고 천하의 군현에게 그 대표(수재守宰)를 공거(公擧)하도록 하는 것이 도이다"[144]라고 주장했다. 캉유웨이 등의 이런 이론과 사상은 그 현실 정강과 커다란 거리, 모순을 가지고 있었다. 그런데도 대동이상과 민권평등의 학설은 필경 현실적 변법방안에 일종의 굳건한 근거와 아름다운 미래를 부여했다. 삼세 진화설은 변법유신의 역사 법칙성이 불가피함을 증명했다. ……이리하여 변법주장의 선동과 사상 계몽운동은 하나로 결합되기 시작했다. 량치차오가 당시 『시무보』에 쓴 민권사상을 선동하고 변법을 요구한 몇몇 중요 논문은 이런 결합의 구체적인 표현이었다. 그것은 한편으로 실제 사례를 들어 변법유신의 합리성과 필요성을 설명했고, 동시에 이런 합리성과 필요성을 민권평등의 부르주아 이론사상의 수준으로 제고해 논증했다. 이는 전단계 정관잉 등의 저서와는 크게 달랐고, 사람들에게 반봉건 사상의 계몽주의를 선전했다. 이런 계몽선전 자체는 거대한 의의를 가지고 있었다. 캉유웨이와 량치차오를 병칭할 때, 량치차오의 역할은 바로 이 점에 있었다.[145]

이 단계 개량파 사상의 이런 특징은 결코 걸출한 개별 인물의 우연한 주관적 창조가 아니라 시대가 규정하고 부여한 것이다. 이는 '커다란 상처와 심한 고통의' 민족위기가 애국인사들을 재촉하여, 총체적 문제를 새롭게 사고하고 계획하며 구국의 진리를 힘써 찾도록 한 결과였다. 탄쓰퉁의 철학·정치 사상체계가 1890년대에 형성되고 성숙한 사실은 이 점을 상당히 구체적으로 설명하고 있다. 그것은 이런 반봉건 계몽사상이 직접 서양에 가보고 견문과 지식이 박식하던 전 단계의 마젠중과 쉐푸청 등에게서 출현하지 않고, 오히려 자연과학과 정법(政法)서적 몇 권 그리고 보고 들은 자질구레한 지식에 의거하여 탐색하고 연구한 캉

---

144) 옌푸, 『원강』(原强).
145) 이 책의 량치차오 관련 논문을 참조하라.

유웨이와 탄쓰퉁 등의 두뇌에서 발생하고 나타났는지 그 연고를 설명하고 있다.

이런 특징은 캉유웨이와 탄쓰퉁 두 사람에게만 있는 것이 아니라 시대적 동향이 되었다. 그것은 서로 다른 정도로 이 시기의 다른 선진인사의 사상에도 드러나고 반영되었다. 예를 들어, 옌푸의 저명한「한유비판」(辟韓)은 탄쓰퉁의 정치관점과 우열을 가릴 수 없다. 하지만 그다지 유명하지 않은 쑹수(宋恕, 1882~1910)*의「육재비의」(六齋卑議)에서 봉건사회 기층민중(농민, 수공업자, 소상인 및 여성)의 고통을 반영하고 삼강오륜과 봉건이학(理學)의 잔인함과 허위를 폭로한 수많은 논점은『대동서』(大同書)와『인학』(仁學)의 사상수준에 도달하고 있다.[146]

2. 개량파 사상과 반동파 사상의 격렬한 투쟁

변법운동의 고양과 개량파 부르주아 자유주의 사상체계의 출현과 성숙은 필연적으로 신구 사상의 공개적 충돌을 야기했다. 이 단계 전체 사회사상의 주요특징은 변법사조가 이미 시대사상의 주류로서 나타났다는 점이었고, 그것은 완고파와 양무파를 포함한 사상과 격렬한 투쟁을 벌였다.

완고파는 맹목적으로 배외하고 우매하게 보수적이었다. 그들의 사상과 주장은 당시 지배적 지위를 점한 대다수 지주와 사대부들이 신봉하던 사회 이데올로기였다. 그러나 그것은 결코 한번 완성되어 불변하는,

---

* 쑹수는 중국 최초로, 일본의 가나를 본떠 어린이가 배우기 쉽도록 한자의 병음(拼音)을 만들었다.

146) 쑹수는 줄곧 소홀히 취급되었지만 실제로는 연구할 가치가 있는 개량파 사상가이다. 그의 저서에는 심각한 봉건예교—특히 정주(程朱) 도학—에 반대하는 사상이 가득하고 아울러 기층인민의 질고를 반영하는 특징이 있다. 쑹수는 당시 선진인사들과 왕래가 빈번했고 장타이옌 등과 매우 가까웠다.

영원히 '기(氣)로써 적을 방어한다' 는 식의 극단적으로 무지하고 가소로운 지경에 머무르지는 않았다.

청일전쟁 이후 외환(外患)이 나날이 심해지고 인심이 격앙되는 상황에서 변법주장은 고조되었고 완고파 사상은 잠시 자신을 단속하면서 각종 양무조치에 동의하고 그에 적극적으로 참여하는 '전진' 을 보여줄 수밖에 없었다. 그런데 양무파는 더욱 교활하게 개명의 얼굴을 하고 모종의 속임수 '변법' 주장을 동의하고 창도했다. 윈티(?~1900)는 캉유웨이를 엄하게 탄핵할 때 자신이 서학에 유의한다고 하면서 "입을 다물고 양무를 논하지 않는 사람과 비교할 수 없다"고 했다. 쉬퉁(徐桐) · 리빙헝(1830~1900) 같은 수구파도 나중에 서학을 강구하고 "행군과 기계제조에서 신법을 참고하여 사용하는 것이 불가하지 않다"고 주장했다. 또한 왕셴첸(王先謙, 1842~1917)은 일찍부터 "직조기계를 모방 제조하고", "관판은 민판보다 못하며", "백성의 중요한 설계도는 상무에 있다"는 건의를 여러 차례 제기하며 자신도 근대공업에 투자했다.[147] 지구가 태양 주위를 운행한다는 것도 믿지 않을 정도로 우매하던 쩡롄도 상하이에 간 후에는 시에서 "등불 켜진 창에 번개가 있다"고 감탄하지 않을 수 없었다.

실제로 전체 봉건지주 계급은 나날이 매판화하고 나날이 제국주의에 의존하게 되었다. 청조에서 이것은 지방군벌 집단의 양무파에서 시작되었고, 경자(庚子)년 이후의 나라(那拉)씨* 중앙정권에 의해 완성되었다. 이후 모든 지주매판 계급의 통치집단은 이 길을 준수했다. 그러므로 이때 완고파와 양무파의 분쟁은 점차 소실되어갔고, 양 파의 사상은 연합하여 공동으로 개량파에 반대했다. 그들의 특징은 형세의 핍박 아래 일찌감치 낙후되었으면서도 철 지난 주장으로 개혁을 가장[148]한

---

147) "나는 만금을 제조업에 투자했는데, 사실 기술이 진흥되지 않으면 중국은 마침내 스스로 주인 되는 날이 없을 것임을 예견했기 때문이다."

* 츠시 태후를 가리킨다. 셴펑(咸豊) 황제의 비(妃)였고, 퉁즈(同治) · 광쉬 시기의 실제 권력자로 만주족, 예허나라(葉赫那拉)씨였다.

점에 있다.

그러므로 이 단계의 사상 투쟁은 두 가지 중요한 특징을 가지고 있다. 첫째, 구체적인 경제·정치 주장에서 개량파의 변법방안과 양무파의 가짜 변법방안의 투쟁이었고, 둘째 개량파의 민권평등, '탁고개제' 등 계몽주의적 사회·정치 이론, 사상과 봉건주의 통치자의 '중체서용' 사상의 투쟁이었다. 후자는 이 단계의 가장 주요한 사상 투쟁이었다.

광쉬 황제에게 "논리전개가 공정하고 통달했으므로 학술과 인심에 커다란 도움이 될 것"[149]이라 칭찬받았고, 그로 인해 "조정의 힘을 빌려 전파되고 빠르게 국내에 퍼졌으며"(량치차오), 그 영향이 매우 넓은 장즈둥의 『권학편』(勸學篇)은 양무파 변법사상의 전형적인 대표작이었다.

『권학편』의 저자는 자신들이 결코 변법에 반대하지 않는다고 선언하면서 "공자와 맹자가 다시 살아난다 하더라도 어찌 변법의 그릇됨을 논의하겠는가?"[150]라고 했다. 그에 따라 과거를 폐지하고 학제를 개편하며, 광산을 개발하고 철도를 부설하며, 농공상학을 강구하고 근대공업을 발전시키자는 등 각종 주장을 내놓음으로써 자신도 진보적 변법유신주의자임을 드러냈다. 그러나 이런 '변법' 주장의 특징은 몇몇 지엽적인 주장을 제출하되 절실한 의의가 있는 당면 변화문제의 주요한 관건이던 의회개설과 정치·법률제도의 개혁을 근본적으로 반대했고,[151] 당면한 구체적인 실제요구(이금폐지, 관세부가 등)에 대해 가능한 한 언급을 회피했다는 점이다.

---

148) 1901년 혁명파가 신속하게 발전했음에도, 장즈둥·류쿤이(劉坤一, 1830~1902)의 유명한 「강초에서 함께 올린 변법에 관한 세 편의 상소」(江楚會奏變法三折)에서는 여전히 그러했다. 이 세 편의 상소를 캉유웨이의 『무술주고』(戊戌奏稿)와 비교해보면, 양무파와 개량파의 차이가 뚜렷하다.

149) 「무술 6월 상유」(戊戌六月上諭).

150) 『권학편 외편』「변법(變法) 제7」.

151) 『권학편 내편』「정권(正權) 제6」을 참조하라.

그러므로 이 변법의 이론적 본질은 변법의 고조 속에서 속임수로 사람들의 정서를 무마하려 하고, 근본적으로는 바꾸지 않는 가짜 변법방안으로 진정한 변법요구를 제지하고 교란하려 했을 뿐이다. 그것은 "시류를 좇는 말이 서양의 방법과 형태가 비슷했기 때문에…… 혹자는 그 것을 유신사업과 같은 것으로 여겼다." 그리하여 수많은 선량한 사람을 속인 것은 분명하다. 그러나 이는 오히려 진보인사들의 강렬한 분노를 야기했다. 량치차오는 그 책이 "10년도 되지 않아 재로 변할 것이고…… 그 냄새를 맡는 사람은 코를 막고 갈 것"이라 했고, 허치와 후리위안은 별도로 책을 지어 상세하게 조목조목 반박하면서 통쾌하기 그지없이 그 지배계급적 입장의 본질을 폭로했다.

중국이 개변해야 할 법은 무엇을 모범으로 삼는가? 군주와 백성이 격절되어 있으므로 그 법을 개혁해야 하고, 정부가 백성을 기만하므로 그 법을 개혁해야 하며, 인재를 속이므로 그 법을 개혁해야 하고, 상무(商務)에 권한이 없으므로 그 법을 개혁해야 한다. …… 격절됨을 변화시키려면 의회를 개설해야 하고, 기만함을 개혁하려면 선거를 실행해야 하며, 속임을 개혁하려면 실학을 시행해야 하고, 상무를 개혁하려면 관리의 감독을 폐지해야 한다. ……변법이라는 것은 각종 기계공장의 설치만을 이르는 것이 아니다. 기계공장은 껍데기일 뿐이고, 위에서 말한 각종 사업이 명맥이다. 무릇 명맥의 일에 대해 변법편을 지은 사람(장즈둥을 가리킴)은 알지 못하고 이런 껍데기 말을 할 뿐이다. 공적으로도 틀렸고 사적으로도 틀렸음을 여기서 알 수 있다.[152]

허치와 후리위안은 장즈둥 변법의 거짓강령을 낱낱이 드러냈다. 『권학편』의 '과거변혁'을 평론할 때 허치와 후리위안은 다음과 같이

---

152) 『신정진전(新政眞詮) 5편』 「권학편 서후 · 변법편변」.

지적했다.

　명목적으로는 변혁하자 하지만 실제로는 여전히 팔고문과 경사(經史)에서 벗어나지 않았고, 여전히 세 차례 시험에서 벗어나지 않았으며, 100명 가운데 한 명 선발하는 것에서 벗어나지 않았다. 이는 낡은 관습을 폐지하지 않아 그 폐단이 더욱 심할 뿐이다. ……이런 주장은 팔고문에 정통하지 않은 사람은 감히 말하지 못할 것이다.[153]

또한 『권학편』의 이른바 광산개발 부분에 대해 이렇게 논평했다.

　천하의 이익은 의당 천하 사람과 함께 누려야 하지 그 이권을 독점해서는 안 된다. ……나는 광학(礦學) 부분의 저자가 광업이 행해지지 않는 원인을 먼저 이해하지 않고 광업을 개발해야 하는 당연함만 헛되이 논하지 않기를 바란다.[154]

『권학편』 저자가 변법유신의 구체적 문제에 대해 물고기 눈을 진주로 가장하는 속임수를 썼다면, 변법유신의 민권평등의 이론·사상에 대해서는 진보적인 사상을 정치적으로 박해하고[155] 이론적으로 공격함으로

---

153) 같은 글.
154) 같은 글.
155) 예를 들면, 궈쑹타오는 탄쓰퉁 등이 주편한 『상보』(湘報)와 『상학보』(湘學報)를 공격했다. "근래 창사(長沙) 『상학보』가 두 차례 발간되었는데, 그중 기괴한 논의가 작년보다 더욱 심합니다. 모세를 추존하기도 하고 민권을 주장하기도 했습니다." "학술과 인심에 장해를 줄까 걱정됩니다. 각하께서는 풍속을 주지하시니 힘써 폐단을 두절하시기 바랍니다." "처음 『상보』가 나왔을 때는 그 편벽됨이 특히 심했습니다. ……이런 글이 원근에 전파되어 선동한다면 반드시 비적들과 사악한 자들이 어지러운 상황을 일으키게 될 터이니…… 빠른 시일 안에 권유하고 이끌어 저지하시고 방법을 마련하여 바로잡아야 합니다."(『장즈둥 서독』張之洞書牘 「천바오전에게」致陳寶箴)

써 자신의 진정한 면모를 폭로했다.

　오늘날 세속에 분노하는 선비가…… 민권논의를 제창함으로써 무
리를 규합하여 스스로 진작할 것을 구한다. 오호라! 어찌 이처럼 어
지러움을 부르는 말이 있는가? 민권주장은 백해무익하다. ……현재
중화는 진실로 웅건하고 강성하지는 않지만, 그래도 백성은 스스로
생업에 편안하고 조정의 법으로 그들을 묶고 있다. 민권주장이 창도
되도록 놓아두면 우민들은 기뻐할 것이 뻔하고, 난민들은 반드시 난
을 일으켜 기강이 흐트러질 것이며, 큰 난리가 사방에서 일어날 것이
니 ……이는 진실로 적들이 바라던 것이다.[156]

여기서 완고파와 양무파는 완전히 일치하여 결합되었다.

　개혁의 주장은 기술을 논하는 것에서 시작되었고(웨이위안 · 펑구
이펀 단계) 이어서 정치를 논했으며(정관잉 단계) 나아가 가르침을
논했습니다(캉유웨이 단계). 군신 · 부자 · 부부의 강(綱)은 텅 빌 것
입니다. 군신 · 부자 · 부부의 강이 폐지되면 천하 사람들은 어른 보
기를 물 속의 부평초가 왔다갔다하다가 부딪히는 것처럼 할 뿐입니
다. ……거리낌없이 군신과 부자의 의를 잊어버리면 근심은 먼저 담

　이에 대해 탄쓰퉁은 "……걸핏하면 민권을 논하는 사람과 적이 되었으므로
남피(南皮) 독사(督事)는 이에 대해 크게 어질지 않다고 했습니다"(『후난 역사
자료』「천유밍 무사에게 올리는 글」上陳右銘撫事書, 1959년 제4기)라고 인식했
다. 당시 탄쓰퉁 등이 인식한 변법은 선전의 중점을 의식적으로 민권문제에 두
어야 한다는 것이었다. "……대개 현재의 급선무는 민권흥성에 있습니다. 민권
을 흥성시키는 것은 백성의 지혜를 여는 데 있습니다. 『상학보』의 거대한 내용
과 굉음은 백성을 지혜롭게 하기에 충분하고 입론(立論)도 도처에 민권을 주입
시켰으므로, 특히 어렵고도 귀한 일입니다."(같은 책, 「쉬옌푸에게 드리는 글」
與徐硯甫書) 그러므로 다른 어떤 것이 아닌 '민권'이 개량파와 양무파, 기타 모
든 가짜유신파 그리고 개량파의 우파를 나누고 구별하는 점이 되었다.
156) 『권학편 내편』「정권 제6」.

에서 일어나고…… 노예와 병졸, 배우들이 장엄하게도 귀족과 관리 위에 군림할 것입니다.[157]

양무파나 완고파나 똑같이 부르주아 민권평등 사상을 두려워했다. 그들은 이 사상이 인민을 선동·현혹함으로써 더 이상 충효와 절의(節義)가 어떤 일인지 알지 못하게 하고, 근본진리를 상실하고 다투어 부화(附和)[158]하여 기강이 흐트러지고, 노예·병졸·배우들이 귀족과 관리 위에 군림할 것을 두려워했다. 그러므로 자신들의 통치를 수호하려면 반드시 이른바 '아비도 없고 군주도 없는 사설(邪說)'을 소멸시켜야 하며, 수천 년간 내려온 '군주는 군주답고 신하는 신하다우며 아비는 아비답고 자식은 자식다운'(君君臣臣父父子子) 사회질서와 사회의식이 동요되지 않도록 진력해야 했다. 이 점에서 출발하여, 그들은 다음과 같은 사실을 특별히 강조했다.

반드시 공자·맹자·정자·주자와 사서오경·성리학 서적을 밝게 닦아 근기로 삼고, 사람들에게 효제(孝悌)·충신(忠信)·예의·강상(綱常)·윤기(倫紀)·명교(名敎)·기절(氣節)을 숙지하게 함으로써 본체를 이해하게 하며, 그후에 다시 외국의 문학과 언어 그리고 예술을 학습하여 치용으로 삼는다.[159]

개혁할 수 없는 것은 법제가 아니라 윤기(倫紀)이고, 기계가 아니라 성도(聖道)이며, 기술이 아니라 심술(心術)이다. ……법은 응용하여 바꿀 수 있지만 반드시 모두 같을 필요는 없고, 도는 근본을 세우는 원인이므로 하나로 하지 않을 수 없다. ……이른바 도·본도

157) 쩡롄,『참암집』권13「두 선생에게 올리는 글」(上杜先生書).
158)『익교총편』(翼敎叢編) 제5「상신공정」(湘紳公呈).
159)『익교총편』권2「원티: 캉유웨이를 엄하게 탄핵하는 상소」(文悌: 嚴劾康有爲折).

(本道)는 삼강(三綱)과 사유(四維)*이다. ……이를 지켜 잃지 않는
다면 공자와 맹자가 다시 살아나도 어찌 변법의 그릇됨을 비판하겠
는가?[160]

　중학은 내학이고 서학은 외학이며, 중학은 심신을 다스리고 서
학은 세상사에 호응한다. 모든 것을 경문에서 찾을 필요는 없지만
반드시 경의(經義)에 어그러지지 말아야 한다. 그 마음이 성인의
마음이고, 성인의 행동을 행하고, 효제와 충신을 덕으로 삼고, 군
주 존중과 백성 비호를 정(政)으로 삼는다면, 아침에 자동차를 운
전하고 저녁에 철로를 달리더라도 성인의 제자 됨에 해가 없을 것
이다.[161]

　이것이 바로 유명한 이른바 '중체서용' 이론인데, 의식적인 강령으
로 제출된 것은 캉유웨이 등 민권평등의 자본주의 이론을 겨냥한 것
이었다. 그것은 당시와 이후, 심지어 오늘날에도 커다란 영향을 미쳤
지만, 당시에는 개량파 사상가들에게 소박하면서도 신랄한 조소를 당
했다.

　체용(體用)은 한 사물에 대해 말하는 것이다. 소의 본체가 있으면
무거운 짐을 지는 작용이 있으며, 말의 본체가 있으면 멀리 달리는
작용이 있다. 소를 본체로 삼고 말을 작용으로 삼는다는 말을 들어보
지 못했다. 중학과 서학의 다름은 중국인과 서양인의 모양새만큼이
나 다르고 억지로 비슷하다 할 수 없다. 그러므로 중학에는 중학의
체용이 있고 서학에는 서학의 체용이 있다. 그것을 분별하면 함께 설

---

*　동서남북의 네 방향과 치국의 근본오덕인 예(禮)·의(義)·염(廉)·치(恥)의 네
　가지를 말한다.
160)『권학편 외편』「변법 제7」.
161) 같은 책, 「회통會通 제13」.

수 있지만 그것을 합하면 둘 다 망한다(옌푸).

중학을 내학이라 하고 서학을 외학이라 하는데…… 내학 없이 어떻게 외학을 얻을 수 있는지 알 수 없다. ……심신과 세상일은 형식은 다르지만 취지는 같다. ……논설에는 반드시 그 근원이 있어야 한다. 전도되고 그릇되면서도 자신의 그릇됨을 모르는 사람은 민권의 이치로도 절대 깨우칠 수 없다(허치 · 후리위안).

당시 개량파는 이런 이론을 철저하게 반박하지도 못했고 그렇게 할 수도 없었다. 그러나 '본체'와 '작용'이 불가분하고 부르주아 민권평등과 변법유신이 일치한다는 개량파의 사상이, 민권평등은 반대하되 선박과 철도는 주장하는 봉건주의의 '중체서용' 사상에 비해 얼마나 깊은 차이와 두드러진 진보성을 가지고 있었는지는 어렵지 않게 알 수 있다. 또한 캉유웨이와 탄쓰퉁 등의 '탁고개제', '삼세대동'의 사상[162]은 '중체서용' 사상과 얼마나 본질적인 차별이 있었는지도 쉽게 알 수 있다. 전자는 '공자의 도'라는 성인의 외투 속에 성도(聖道)와 괴리되는 일련의 신선한 부르주아 사상을 주입했고(이는 거꾸로 '서체중용'이라 할 수 있음), 후자는 오히려 봉건성교를 사력을 다해 수호하기 위해서 서양의 황금으로 도금하여 강화 · 보호했다. 그러므로 '중체서용' 이론은 일찍 사상영역에 반영되어 봉건체제라는 강시(僵尸), 즉 '본체'를 완고하게 끌어안고 놓지 않는 것이었다.

그러나 당시 모든 개량파 인사들이 이 문제에 대해 이런 인식을 가지고 있던 것은 아니었다. 그와는 반대로, 하나의 정치 파벌로서 1890년대에 변법유신을 주장한 개량파는 복잡한 혼합체였다. 이른바 순수한 '가짜 유신인사' 등의 투기꾼 정객과 신학 간판을 도용한 사람을

---

162) 이 책의 관련 부분을 참조하라.

제외하고, 변법운동에 참가한 사람 중에는 천바오전(陳寶箴, 1831~1900)이 추천한 양루이(楊銳, 1857~98)와 장인환(張蔭桓) 등과 같이, 양무파의 대표 또는 양무파와 정치적 연계가 긴밀하던 인물이 많았다. 그밖에도 웡퉁허(翁同龢, 1830~1904), 타오모(陶模), 류광디(劉光第, 1859~98)와 천바오전 부자 등과 같이 중앙과 지방의 중상급 봉건지주 개명 관리가 많은 부분을 차지했다. 이 양자는 방대한 개량파 우익을 구성했다. 그들은 비교적 높은 정치적 지위, 사회적 위세와 명망을 가지고 있었고, 실제적인 정치배경과 권세를 가지고 있었다.

그러나 그들 사상의 특징은 오히려 가장 온화한 개혁——민영 상공업 발전 윤허 · 학교창설 · 내정정돈 등——을 찬성했을 뿐 부르주아 민권평등 이론에는 전혀 찬동하지 않았으며, 봉건주의적 강상질서의 파괴에 반대했다. 그들의 사상과 인식은 기껏해야 전 단계의 정관잉과 천츠 등의 수준에 불과했고, 대부분 1850~60년대의 평구이펀 수준에 머물러 있었다. 그들은 캉유웨이와 탄쓰퉁에 대해 서로 다른 정도로 회의하고 반대했다. 웡퉁허와 쑨자나이는 광쉬 황제에게 평구이펀과 정관잉의 저서를 진상했고 천바오전은 심지어 캉유웨이를 추천하기도 했지만, 그들은 『공자개제고』(孔子改制考)에 많은 불만을 갖고 그것을 강하게 반대했다. 양루이와 류광디는 무술정변 과정에서 희생되었는데, 수많은 완고파의 반동인물도 그것을 애석해했다.

우익에서 좌익까지, 장즈둥의 유력한 제자 양루이부터 거의 개량주의 사상의 문지방을 넘어선 탄쓰퉁까지 개량파 내부는 변법유신의 기치 아래 합작과 공작을 진행했는데도 그 사상의 분기는 결코 미미하지 않았다. 반드시 변법해야 한다는 것과 당면한 몇 가지 부분의 구체적인 변법 조치에서는 대체적으로 일치된 견해를 취했다. 그러나 그것을 제외하면, 그들에겐 이론기초와 변법의 전망 등에서 견고하고 통일된 인식이 없었을 뿐만 아니라 심각한 대립과 분기가 숨어 있었다. 이는 주목하고 연구할 만한 1890년대 개량파 사조의 중요한 문제이다. 이로부터 개량

파 내부의 사상적인 취약함과 산만함이 바로 변법운동 실 패의 중요한 원인이 되었음을 알 수 있다.[163]

---

163) 변법운동 중 각 계파의 지위와 관계, 그리고 작용은 연구·분석할 만한 문제이다. 캉유웨이(온건파)와 탄쓰퉁(급진파) 등 진정한 개량파의 중도파와 좌익 이외에, 우익을 다시 세 파로 나눌 수 있다. 첫번째 파는 캉유웨이와 량치차오의 활동을 적극 지지하고 찬조했다. 천씨 부자, 쉬씨 부자(쉬즈징徐致靖, 쉬런주徐仁鑄), 양선슈(楊深秀, 1849~98), 황쭌셴(黃遵憲, 1848~1905) 등은 개량파에 충실한 인물이었다. 그들은 캉유웨이, 탄쓰퉁과 이론·사상 면에서 일정 정도 거리가 있었지만 기본관점, 특히 눈앞의 개혁에 대한 조치와 주장에서는 일치했다. 두번째 파는 일반적으로 변법운동을 지지했지만, 별도의 기도와 목적을 가지고 정부기관에서 상호결탁하고 특수한 지위를 차지했으며, 나라 태후 직계파와 첨예한 모순관계에 있었다. 이들은 이른바 제당(帝黨)파로 웡퉁허, 원팅스(文廷式, 1856~1904), 쑨자나이 등이었다. 그들은 물론 이론과 사상 면에서 캉유웨이·탄쓰퉁과 크게 달랐고 구체적인 변법정책에서도 대체적으로만 일치했을 뿐이다. 세번째 파는 허위적으로 변법운동에 찬조했는데, 이 파의 인사들은 당시 신파의 명망을 가지고 있었지만, 실제로는 혼란한 틈을 타 이익을 취하려 했을 뿐이다. 이는 장즈둥·위안스카이 같은 양무파 인물이었다. 무술 군기대신 4명 중 린쉬(林旭, 1875~98: 룽루榮祿와 관계가 밀접함), 류광디("그대는 정사에 대해 신구의 영역이 없었고…… 퇴직한 후 친한 사람에게 말하기를, 이 일은 큰일이어서 나는 끝내 맡을 수가 없으므로 급히 휴가를 청하여 돌아간다. 신정 조치가 마땅함을 잃게 되면 장차 떠날 때 절실하게 말하겠다." 류광디의 죽음에 대해 완고파가 자못 애석해했음을 알 수 있음)는 앞 두 파에 속하고, 양루이는 세번째 파(무술집권시의 가서家書를 보면 탄쓰퉁에 대해 불만을 가지는 등의 의견을 통해 그 사상을 엿볼 수 있다. 양루이는 장즈둥 사람으로 "이날 밤 문양—장즈둥—은 톈진의 룽루에게 전보를 쳐서 100명이 상소하여 양루이를 보호할 것을 청했다", "장즈둥은 양루이의 죽음을 듣고 쉬퉁에게 전보를 쳐서 왜 구하지 않았느냐고 야단쳤다" 등 자료가 매우 많음)에 속했다. 그런데도 캉유웨이는 거의 믿을 수 없고 복잡하며 동요하던 이들 우익 정치세력을 오히려 후원자와 자본으로 삼아 자신의 활동을 진행했다. 자신에게 별다른 역량이 없었기 때문에 일정한 지위와 실권을 장악하고 있던 우익 상층관료에 의지할 수밖에 없었다.

량치차오가 「무술유신 때 죄를 얻은 사람의 약력」(戊戌維新得罪者之略歷)에서 작성한 명단과 직위를 보면 이 운동의 주요역량과 계급배경을 알 수 있다. 리두안펀(李端棻: 예부 상서), 쉬즈징(1826~1916: 예부 우시랑), 쉬런주(1863~1900: 후난 학정學政), 천바오전(후난 순무), 천싼리(陳三立, 1852~1937: 이부 주사), 장인환(철로 광무대신), 장바이시(張百熙, 1847~1907: 광둥 학정), 왕댜오산(王釣善: 예부 좌시랑), 황쭌셴(후난 안사, 일본 외교관 역임),

원팅스(한림원 시독 학사), 왕자오(王照, 1859~1933: 발탁하여 삼품직에 제수), 장뱌오(江標: 후난 학정), 두안팡(端方: 삼품직을 제수받고 농공상국 신정 독판), 쉬다옌(徐達寅: 위와 같음), 쑹보루(宋伯魯: 산둥 도어사 道御史), 리위에두안(李岳端: 총리아문 겸 철로광무 종사), 장위안지(張元濟, 1867~1959: 형부 주사 대학당 총판), 슝시링(熊希齡: 한림원 서길사 庶吉士), 캉유웨이(공부 주사, 무술 파총리 아문 장경), 량치차오(육품 관직 제수, 역서국 근무), 캉광런(康廣仁, 1867~98: 주사 후보), 양선슈(산둥 도어사), 양루이(특작 사품 경함, 군기 장경), 린쉬(위와 같음), 류광디(위와 같음), 탄쓰퉁(1865~98: 위와 같음).

무술변법의 반동과 유신 각파의 연합과 투쟁은 대단히 흥미롭고 복잡한 과정이었다. 그것은 오늘날 수많은 논저에서 서술하고 있는 것처럼 그렇게 단순하지 않았다. 반동파와 유신파는 줄곧 격렬하게 싸웠고 한 걸음 한 걸음 긴장감 있게 대항했으며, 그 최후의 고조는 개량파 좌익(급진파)이 무장으로 궁정 쿠데타를 기도하고 반동파 세력이 격렬하게 반격한 것이다. 무술변법은 마침내 실력과 군권을 장악하고 있던 나라씨-룽루의 봉건완고파의 손에 의해 실패하고 말았다.

4 개량파 변법유신 사상의 쇠퇴

 무술변법 실패 후 기층인민은 자신의 소박한 방식으로 제국주의 침략에 대한 반항을 전개했고, 두려움 모르는 의화단 용사들의 끓는 피는 더 이상 중국 민족이 경멸당할 수 없음을 선포했다.[164] 신축(辛丑)조약은 청조 통치자의 부패와 전적으로 인민을 착취하고 국가를 팔아먹는

---

164) 의화단운동*은 농민이 주체(일부 지주도 참가)인 반제배외 운동이었는데, 부패한 청 조정에 이용되었다. 그것은 제국주의 침략에 대한 강렬한 항의를 나타낸 한편, 소생산 계급의 맹목적인 배외주의의 봉건성과 낙후성을 드러냈다. 의화단의 역사적 역할과 혁명적 의의를 과장하는 것은 사실에 부합하지 않는다. 20여 년간 국내의 수많은 근대사 논저 모두 이런 결점을 가지고 있는 것 같다. '사인방'은 이 점을 이용했고, 생각지도 않게 이런 우매한 배외를 1960년대에 최고봉으로 발전시켰다.
 * 외국의 위협에 대처하려는 지식인의 노력이 1898년 실패한 뒤, 그 주도권은 산둥 지방의 의화권이 이끄는 민중운동으로 넘어갔다. 기본적으로 반(反)기독교적 민족운동의 성격을 띤 이 운동은 독일의 산둥 침략과 철도개설 · 토지매입 · 분묘파괴 · 민가철거 등으로 흉흉해진 민심과 때마침 일어난 산둥 지역의 자연재해와 기근이 겹치면서 시작되었다. 의화권은 권술과 이단종파가 결합하여 민간사회에 뿌리를 내린 화베이의 전통적 비밀결사로서 1898년경부터 주위의 농민과 실업자 등을 포섭하면서 세력을 확장하는 동시에 공개적인 활동에 들어갔다. 이 운동은 산둥 지방뿐만 아니라 인근의 허난과 직예에도 확산되었고 '부청멸양'(扶淸滅洋)이란 구호를 내걸고 톈진과 베이징으로 진출하면서(1900), 기독교도와 선교사들을 살해하는 방식으로 자신의 목적을 성취하려 했다.

기존의 방침을 가일층 폭로했다. 점점 더 많은 사람이 청조 통치자에 대한 개량환상을 포기하기 시작했고, 매국정부에 대한 증오가 신속하게 증가했다. 1901년에는 새로운 역사적 특징이 드러났는데 이는 국내투쟁이 전에 없이 격화되고 혁명의 고조가 본격적으로 용솟음치면서 중국 인민과 청조 전제정부의 모순이 반제투쟁의 중심고리이자 시대의 두드러진 과제가 되었다는 것이다. 반제(反帝)에서 반만(反滿)으로 변화하면서 혁명의 창 끝은 청조 정부를 향했고, 19세기가 끝나고 20세기 초 혁명의 대폭풍우가 도래함에 따라 개량파의 변법유신 사상은 마침내 쇠퇴해갔다.

동시에 20세기초의 10년 동안 중국의 민족자본주의 역시 신속하게 발전했다. 그 존재는 이미 확정적이고 객관적인 사실이 되었으며, 당면문제는 이미 민족상공업의 보호와 발전이 필요한지 아닌지에 대한 문제——이전 개량파와 반동파가 쟁론한 것처럼——가 아니라, 민족상공업을 어떻게 보호하고 발전시킬 것인가의 문제였다. 이로 인해 반동파와 개량파의 경제논쟁은 의미를 상실했고, 그것을 대체한 것이 자본주의 발전의 두 가지 정치노선, 즉 혁명파와 개량파의 논쟁이었다. 상황은 매우 빠르게 발전했다. 개량파를 대체하여 혁명민주주의

의화단의 베이징 진출에 자극을 받은 서태후 일파 등 청 정부의 보수파는 열강에 선전포고를 했으나, 오히려 영국·미국·프랑스·러시아·독일·일본·이탈리아·오스트리아 등 8개 연합국은 자국 공사관을 보호한다는 명분으로 공동 출병하여 베이징을 점령했고, 이에 따라 의화단운동도 종결되었다. 연합국의 무력에 굴복한 청 정부는 열강과 신축조약(1901)을 맺었으며, 여기에는 의화단 책임자 처벌, 베이징과 그 주위에 외국군 주둔 인정, 원금과 이자를 포함한 30년간의 9억 8,000만 량의 배상금 지불(약 20억 달러), 새로운 통상조약 체결 등이 있었다. 제국주의 국가들이 중국을 분할하지 않고 서태후 정권을 보존한 이유는, 의화단운동과 같은 민중운동을 통제하기도 어렵거니와, 열강의 분할 쟁탈전으로 도래할 파국을 미연에 방지하는 안전판 구실을 할 수 있는 존재로 청조 정권을 파악했기 때문이다. 이 점에서 의화단운동은 제국주의의 중국 과분(瓜分)을 방지하는 한편, 독자적인 힘으로 외세침략에 대응할 수 없던 보수정권의 기반을 더욱 취약하게 만들었다는 데 그 역사적 의의가 있다.

가 20세기초 10년의 역사도정에서 세차게 흐르는 시대사조의 주류가 된 것은 고양 중이던 혁명운동을 이론적으로 반영한 것이었다. 자유주의 개량파 사상은 바로 혁명민주주의 사상과 투쟁하는 과정에서 쇠퇴하고 몰락했다.

혁명민주주의는 19세기 변법유신 운동의 고조 속에서 처음 출현한 동시에, 애국운동의 또 다른 노선──무력으로 청조 정부를 전복하고 부르주아 민주공화국을 건립함으로써 국가를 독립시키고 부강하게 한다는──을 드러냈다. 이는 바로 '최초의 혁명민주파'인 쑨중산(孫中山)을 대표로 한 활동이었다. 이들 활동은 국내에서 아직 기반과 영향력이 없었다. 많은 사람이 개량파의 변법유신 환상 속에 침잠해 있었다. 무술변법의 실패는 이런 환상을 타파했고, 1900년 탕차이창(唐才常, 1867~1900)이 지도한 자립군운동은 개량파 좌익(급진파)이 혁명파로 전화했음을 드러내기 시작한 사건이다.

자립군 실패 후 혁명으로 전향한 제2세대(흥중회興中會가 제1세대) 인물들이 출현하여 강력하게 혁명화를 촉진했다. 1903년 '항러 의용대'(拒俄義勇隊) 사건 후 이런 혁명화의 발전은 질적으로 비약하여 1905년 혁명 대동맹을 위한 사상적·조직적 조건을 창출했다. 흥중회에서 동맹회에 이르기까지 쑨중산을 기치이자 영수로 삼은 혁명파는 부단히 성장하고 확산되었다. 혁명민주주의는 자유주의 개량파와 분명하게 경계를 긋고 투쟁을 전개했으며, 일련의 중대한 문제에 대한 이론적 논전을 전개했다. 그 핵심은 혁명이냐 개량이냐, 만청 정부를 폭력으로 전복할 것인가라는 기본과제들이었다. 또 바로 이 시기부터 개량파는 이론·사상 면에서 전제(專制)로 후퇴하기 시작했다. "오호라, 공화여 공화여, 나는 너와 영원히 이별하노라!"[165] 그들은 '입헌군주'에서 '개명전제'(開明專制)로 전환했다.

위에서 지적했다시피, 전체 개량파 사조는 중국 근대에서 최초로 부

---

165) 량치차오, 「개명전제론」, 1903년.

르주아 계급의 의도를 반영한 진보적 성격을 갖춘 초기 자유주의였다. 그것의 시대적·민족적 특징은 반제구국과 연계되어 있었다. 그들은 통치자와 타협하고 협조하는 방법으로 민족이익의 확대를 희망했다. 또한 봉건주의에 반대하는 동시에 기층 군중운동에 대해 분명한 계급적 적대감을 표시했다. 제국주의 침략이 격화되고 구국운동이 신속하게 고양되며 계급투쟁이 첨예화함에 따라, 각종 부르주아 계급과 프티 부르주아 혁명파들이 필연적으로 출현하여 그들을 비판했다. 혁명민주파와 자유주의 개량파의 분기와 투쟁은 근대 각국 부르주아 민주혁명 과정에 나타난 보편적인 발전법칙이었다. 그것은 근대 중국에서도 나타났다. 이것이 바로 쑨중산, 황싱(黃興), 장타이옌 등을 수뇌로 하는 혁명민주주의와 캉유웨이, 량치차오, 장첸(張謇, 1853~1926)[166]을 대표로 하는 입헌군주파의 이론적·정치적 투쟁이다.

　혁명민주파와 대립하는 개량파의 계급적 근원은 우선 그들이 지주 토지소유제와 보다 긴밀한 연계를 맺고 있다는 점에 있었다. 중국 개량파 자유주의 사상가들은 혁명파와는 달리 대부분 봉건관리로, 봉건 통치체계, 관료제도와 불가분의 혈연적 의존관계를 가지고 있었다. 그러므로 그들의 사상은 봉건통치자의 이익을 보살피고 반영하지 않는 것이 없었다. 그들 사상의 근본원칙은 통치기반을 근본적으로 개혁하지 않는 조건에서 자본주의를 발전시키는 것이었다. 펑구이펀부터 쉐푸청과 정관잉을 거쳐 캉유웨이와 옌푸까지, 모든 개량파 사상가들은 완전히 일맥상통하게, 궁쯔전과 웨이위안 등의 개명 지주계급의 사상노선을 계승하여 농민혁명에 반대하는 견결한 태도를 견지했다. 그들은 토지문제(민주혁명의 중심문제)에서 지주계급의 이익을 극력 수호했다. 그러므로 1870~90년대 모든 개량파의 사상과 주장은, 사회·경제·정

---

166) 장첸은 초기에 급진적인 캉유웨이와 량치차오를 혐오하여 류쿤이와 장즈둥의 집단에 참가했다. 20세기초 점차 진정으로 실력과 영향을 구비한 국내 입헌파의 주요 지도자가 되었다.

치·군사·문화 등 각 방면의 각종 크고 작은 문제에 대해 수많은 개혁 강령과 구체적 방안을 하나도 빠뜨리지 않고 이야기하고 제출한 것이 하나의 특색이었다.

그런데도 토지라는 이 근본문제를 개량파의 어떤 인물이나 어떤 논저도 감히 건드린 적이 없었다. 기껏해야 아주 모호하고 공허하며 얼토당토않은 몇몇 공상뿐이었다. 예를 들어, 탄쓰퉁은 "지구상에 교화(敎化)가 극성하게 되면 마침내 빈부균등의 경지에 이르게 될 것"이라고 인식했다. 캉유웨이는 비밀에 부쳐 다른 사람에게 보여주지 않던 자신의 『대동서』에서 '공공농업'과 '토지공유'의 환상을 언급한 적이 있고, 『맹자미』(孟子微) 등에서는 '정전'(井田)이 '빈부균등의 법'이라고 인식했다. ……그러나 그들의 총체적 현실정강에서는 모두 지주 토지점유제를 보류한 기초 위에서 지주와 자본가가 신식 생산도구와 경영방식을 이용하여 농업을 개선함으로써 도시와 농촌의 자본주의를 발전시킬 것을 주장했다. 이 또한 그들 변법주장의 '농학(農學)강구'의 진정한 내용이자 본질이었다.[167] 그들은 "토지소유권은 소유권의 일종으로…… 정의에 적합한 권리로 인식해야 한다"[168]고 인식했다.

이런 계급입장에서 출발하여 그들은 필연적으로 혁명민주파가 제출한 '평균지권'(平均地權)과 '토지국유'의 급진적 토지강령을 극력 반대했다. 또한 혁명파 정론가가 용감하게 외친, "무릇 오늘날의 지주는 모두 대도(大盜)이다. ……백성들은 그의 먹이가 되니 폭군과 같다. 지금 그 소유를 빼앗아 백성에게 공유하게 하면 사람마다 모두 일정한 분량의 밭을 가지게 될 것이다", "반드시 귀천의 등급을 타파하고 지주의 밭을 몰수해야 한다", "지주의 밭을 빌리려면 반드시 농민혁명에서 시작해야 한다"[169]고 한 '사회혁명'의 주장을 극력 반대했다.

---

167) 『성세위언』·『용서』와 캉유웨이의 『무술주고』·「이재구국론」(理財救國論) 등을 참조하라.
168) 량치차오, 「모 신문의 토지국유론을 반박함」(駁某報之土地國有論).
169) 이상 『민보』(民報) 제15호 「비전편」(悲佃篇). 「비전편」의 저자 류스페이(劉師

혁명파는 혁명을 농민과 연계시켰다. "1년 내내 쉬지 않고 노동해야 밥 한 그릇과 바꿀 수 있었다. 오늘날 노동이 여전히 옛날처럼 감소되지 않는다면 밥을 먹고 안 먹고는 다른 사람의 처분에 의지해야 한다." 그러므로 "사당(士黨 : 사대부를 가리킴)"은 "대궐에 엎드려 상주하고 이익과 폐해를 통렬하게 늘어놓을 것을 주장하고" 공당(工黨)과 상당(商黨 : 상공업자를 가리킴)은 "돈을 모아 스스로 공유지를 구매하고 각종 사업을 일으킴으로써 방어를 도모할 것을 주장한다. 그러나 유독 농당(農黨 : 농민을 가리킴)만이 그렇지 않다고 생각한다. ……지금 이 기회를 이용한다면 농민을 선동하여 봉기할 수 있다."[170] 개량파는 이런 급진적인 선전에 두려워하며 전율했다. 그들은 농민을 발동시키지 말 것을 간곡하게 훈계했다. 군중혁명이 장차 지주 부르주아에 반대하는 민주 전제정치를 불러올까 두려워한 것이다. "혁명의 거사는 반드시 폭도의 힘을 빌릴 것이다. 천하에 어찌 폭도와 공모하여 완성할 수 있는 자가 있으리요? 끝내는 반드시 망하고 자신과 집과 나라가 함께 쓰러질 뿐이다." 그들은 전제통치와 인민혁명의 양자 중에서 전자를 택할

培, 1884~1920)의 인품은 그다지 말할 것이 없지만, 이 글은 나름의 특색이 있어 사람들에게 자주 인용되면서 당시 혁명파의 급진사조를 대표했다. 사실 이는 개별적인 현상이 아니었다. 예를 들어 『장쑤』(江蘇) 제5기 「국민의 신영혼」에도 "나는 혁명주의를 상층사회 사람에게 선동하여 그들이 온순하게 수용하도록 했지만 끝내 할 수 없었다. 나는 눈을 돌려 평민들에게 희망을 걸었다. ……지금 우리 중국에는 500금의 재산이 있으면 제2의 군주처럼 문을 닫아걸고 편안하게 살며 때때로 사력을 다하여 전농(佃農)과 모든 평등사회를 압제하고, 혁명운동을 들으면 되풀이하여 꾸짖는다. 이들 노예축생의 무리가 어찌 사회에 오래 살면서 무뢰한과 민적(民賊)을 도와 화를 일으키게 할 수 있겠는가? 사회당은 현재 유럽의 신성한 단체로, 평등과 박애를 구했지만 얻지 못했으므로 유혈을 먼저 흘렸는데, 지금 그 세력이 점차 우세를 점하고 있다. 나는 그것을 본보기 삼아 우리 국민의 혼을 주조(鑄造)하고자 한다. 나는 먼저 몸을 바치고 재산을 부수어 계급을 타파함으로써 국민을 위해 창도하고자 한다"고 되어 있다. 이는 당시 급진적 지식인이 재산을 부수어 혁명함으로써 '계급을 타파'하고 지주를 타도하고자 했음을 말해준다.
170) 『중국 백화보』(中國白話報) 제11기.

지언정 후자는 반대했다. 또한 프랑스 혁명의 경험을 들어 설명하기도 했다. "루이 황제의 어질고 부드러움을 산악당의 흉포함과 잔인함에 비교하면 누가 더 심한가?", "프랑스 군주전제의 사나운 위세를 로베스피에르 전제의 사나운 위세에 비교하면 누가 더 심하던가?"[171]

개량파는 봉건 토지점유제를 보존하려는 경제노선과 맞물렸기 때문에 정치적으로 입헌군주 노선을 견지하고 혁명파의 민주공화국에 반대했다. 캉유웨이는 공개적으로 다음과 같이 말했다.

비유하여 논하건대, 입헌군주는 신과 같은가? ……신은 있는 듯 없는 듯하면서도 없을 수 없는 것이다. 귀신에 밝지 않으면 천민은 깨닫지 못하므로 옛 성인은 신도(神道)를 가르침으로 세웠다. …… 제대로 알지 못하는 사람들이 망령되이 신도를 폐지하고 미신을 제거하고자 한다. 그렇게 되면 간사한 자가 나날이 방자하여 거리낌이 없어질 뿐 아니라 못하는 일이 없게 될 것이다. 그러므로 군주를 폐하지 않는 것이 옳은 듯하다.[172]

따라서 청조 정부가 자신의 통치를 유지하고 인민을 속이면서 혁명을 제지하기 위해 '예비입헌'을 선포했을 때, 즉각 두 가지 태도가 출현했다. 혁명파는 『민보』 등 간행물에서 이런 '가짜입헌'을 맹렬하게 공격하고 반대했지만, 개량파는 오히려 몹시 기뻐하며 옹호를 표했다. "이 조서는 수천 년간 제한이 없던 군권을 하루아침에 모두 버린 것이다. …… 이 조서는 수천 년간 군주의 사유재산이던 국가를 하루아침에 모두 헌납함으로써 신하와 백성이 공유하는 나라로 삼은 것이다. ……그러므로 이전에 분연히 다투던 사람들이 지금은 즐거워할 것이다."[173] 따라

---

171) 캉유웨이, 「프랑스 혁명기」.
172) 「구국론」(救國論).
173) 캉유웨이, 「구국론」. 이때 개량파는 심지어 자신의 뿌리이던 양무파의 '튼튼한

서 혁명파 인사들의 욕설을 얻어들었다.

> ……각국 유학생들 가운데 욕하지 않는 자가 없고…… 국내의 지
> 식인들도 욕하지 않는 자가 없었다. ……잡지인 『장쑤』, 『저장조』(浙
> 江潮), 『대륙』(大陸), 『유학역편』(游學譯編), 『후베이 학생계』(湖北
> 學生界)에서도 욕하지 않는 것이 없었고…… 신문인 『경종(警鍾)일
> 보』, 『소보』(蘇報), 『국민일보』에서도 욕하지 않는 것이 없었다.[174)

주의할 만한 것은, 당시 혁명파는 입헌을 반대하고 개량파를 비판하
는 대논전에서 수많은 문제를 제기했는데, 그중 가장 특색 있던 것은
그것을 깊이 있는 계급적 수준으로 끌어올렸다는 점이다.

> 그들의 주장이 과연 진실한 입헌인지의 여부는 논할 바가 아니지
> 만, 그들이 과연 진정으로 입헌한다면…… 상원의원은 반드시 그들
> 만주의 왕공 대신일 것이고…… 하원의원은 반드시 지방의 부호와
> 토호일 것이다. ……이전에는 각 성에서 관리만이 실권을 가졌고 신
> 사(紳士)에게는 실권이 없었다. ……만약 이 사람들이 정말 실권을
> 얻게 되면 그 후환은 생각조차 할 수 없다. ……이것은 신사전제의
> 정체(政體)가 아니겠는가? 이민족은 위에서 전제하고 신동(紳董) * 은
> 아래에서 전제하면 우리 백성의 고통은 엎친 데 덮친 격이 될 것이다.
> 사람마다 선거권이 있다 하더라도 현재 지방에는 돈 있는 사람은 적
> 고 돈 없는 사람은 많으며, 세력 있는 사람은 적고 세력 없는 사람은

군함과 예리한 대포'의 주장을 치켜들기도 했다. "우리 나라 사람이 유럽 사람
보다 부족한 원인은 물질에 있을 뿐이다. ……그러한즉 지금 구국하려면 물질
에 종사하면 충분하다." "내가 취하는 구국의 구급약은 기술·자동차·전기·
대포·선박과 군대가 있을 뿐이다." (캉유웨이, 「물질구국론」物質救國論)
174) 『민보』 제5호 「독자편지2」.
* 신사(紳士) 겸 이사(董事)로 지방에서 세력과 지위가 있는 사람을 가리킨다.

많으므로…… 선거할 때 돈 없는 사람이 돈 있는 사람을 뽑지 않으면 돈 있는 사람은 돈 없는 사람의 밥그릇을 빼앗을 수 있다(현재 일본에는 사람마다 선거권이 있는데도 여전히 돈 있고 세력 있는 자가 의원이 된다. 이는 돈 있고 세력 있는 자는 지주이고 돈 없고 세력 없는 자는 모두 농민이기 때문이다. ……중국은 말할 필요도 없다). ……그러므로 지권(地權)이 불평등하고 계급이 소멸되지 않으면 이후 피선될 자들은 반드시 부호·지역 깡패·토호일 것이다. 현재 동남 각성에 상회와 학회 또는 광무국과 철로국이 있지만, 회장과 총리를 맡은 사람들은 모두 본성 사람이고 모두 신사(紳士)와 상인이 추천하게 되어 있다. 그런데 부호가 아니고 지역 깡패나 토호가 아닌 자가 하나도 없다. 이로 볼 때, 이후 의원선거는 반드시 이와 마찬가지일 터이니 어떻게 사람들이 제대로 참정할 수 있겠는가?[175]

또한 입헌 이후 각 지방은 사업을 일으키려 하고 회사를 설립하려 할 것이다. 이들 부호, 지방 깡패, 토호는 돈뿐만 아니라 세력이 있기 때문에 모든 영업권이 그들의 손에서 놀아날 것이고, 백성이 돈 벌 길은 점차 썰렁해질 것이며, 백성 노릇 하는 자는 굶어 죽지 않을 자가 없거늘 무슨 권리를 말하고 무슨 자유를 말하겠는가?[176]

이는 입헌을 반대하고 개량을 비판했을 뿐 아니라 자본주의 의회민주를 근본적으로 회의하고 반대한 것이다. 이는 혁명파의 프티부르주아 급진적 인민파의 특징을 반영했다.[177] 이 대논전에서 자유주의 개량파 사상은 마침내 민주주의 혁명파와 인민주의 혁명파에 의해 격파당하고 침몰당했다. 변법유신 개량파의 자유주의 사상은 수많은 청년 지

---

175) 『천토』(天討) 「입헌당에게」(論立憲黨).
176) 같은 글.
177) 이 책의 장타이옌 부분을 참조하라.

식인 속에서 터전을 상실했다. 사람들이 나날이 급진화함에 따라 그것은 혁명민주주의 사상의 주류에 자리를 양보했다. 이는 객관적인 역사의 과정이었다. 오늘날 이 과정을 어떻게 보느냐의 문제는 여전히 새롭게 고민할 만한 과제이다. 아마도 조금 덜 격동적이고 조금 덜 급진적이며 조금 덜 개혁적이고 개량적인 것이 '급히 서두르다가 도리어 망치는 것'에 비해 더욱 훌륭하고 빠르지 않았을까?

당시 개량파의 변법유신은 불필요한 관리들을 해고하고 각종 정치·경제·문화·교육 제도와 관리방법을 개변할 것을 요구했다. 이는 이미 봉건 전제관료 통치체제에 대한 커다란 타격이었다. 그것은 봉건관료들의 절실한 이익에 심각한 영향을 주었으므로 나라씨를 대표로 하는 전제세력은 포악한 반격을 진행했다. 당시 상황에서 급진적 개량은 결코 통용될 수 없었다. 이는 대단히 험난하고 복잡하며 지루한 길이었다. 그러나 이들 근대 부르주아 계급의 선구적 사상가들은 이 점을 명확하게 보지 못했다. 그들은 전제역량의 완고함과 잔인함을 너무 과소평가했고, 황제 한 사람만 잡으면 충분하다고 생각했다. 그러나 이 황제는 표트르 대제도 메이지 천황도 아니었고, 겁 많고 무능한 광쉬 황제였다. 그리하여 그들의 평화적 요구는 즉각 선혈의 대가를 지불해야 했다.

그러나 총체적으로 보아, 중국 개량파의 자유주의 사상은 외세의 침략에 저항하고 조국을 구하려는 애국주의와 봉건적 낙후성에 반대하는 특징을 가지고 있었다. 이는 역사상 깊이 있고 거대한 계몽작용을 일으켰다. 우리는 이들 사상가를 추모하면서 그들이 남긴 심후한 교훈에 관심을 가져야 하며, 그들 사상의 발자취를 계승하여 계속 전진해야 한다.

• 『신건설』 1956년 제4·5기에 게재됨. 이후 계속 수정·증보함

캉유웨이 사상 연구

1 철학 사상

1. 사상체계와 철학의 기초

캉유웨이*의 사상은 1880년~1890년대 초에 탄생하고 성숙했다. 그것은 당시 봉건사회 상층의 진보계층, 주요하게는 막 흥기하던 지주 부

---

* 캉유웨이(1858~1927)의 원명은 주이(祖詒), 자는 광샤(廣夏), 호는 창쑤(長素) 또는 겅성(更生)이다. 광둥(廣東) 난하이(南海) 현 출신으로 사람들은 그를 난하이 선생이라 불렀다. 캉유웨이는 봉건 관료지주 가정에서 태어나 주츠치(朱次琦)에게 몇 년간 수학했고 나중에 독립적으로 유가와 불교의 경전, 제자백가 학설, 그리고 서양서 번역본을 연구했으며, 변법유신의 이론적 근거를 적극적으로 탐구했다. 그에게 사상적 영향을 크게 준 것으로 중국에서는 『역전』(易傳)의 변역관(變易觀), 금문경학의 탁고개제와 장삼세(張三世) 학설, 「예운」(禮運)의 대동사상, 육구연(陸九淵)과 왕양명의 심학과 불학, 명청 사이 진보 사상가들의 '경세치용' 학설과 민주사상 경향 등이 있었고, 서양에서 전입된 것으로는 자연과학의 초보적 지식(특히 진화론 사상), 부르주아 국가의 정치 · 경제 · 문화제도에 관한 지식이었다. 그는 이들 중국학과 서양학을 하나로 용해시켜 민족부르주아 상층의 요구를 반영하는 사상체계를 구축했다. 캉유웨이는 초기에 변법유신의 정치적 요구를 위해 광저우(廣州) 장싱리(長興里), 완무초당(萬木草堂) 등에서 강연과 저술을 통해 자신의 변법유신 이론을 선전했다.

1888년 캉유웨이는 처음으로 황제에게 글을 올려 변법주장을 제출했다. 1895년의 공거상서부터 1898년 무술정변까지 그는 부르주아 계급의 변법유신 운동을 지도했다. 무술변법 실패 후 그는 해외로 망명했고 보황당의 수령이 되었으며 부

르주아 자유파의 의향과 주장을 대변했고, 그 현실적인 경제적 · 정치적 요구와 이익을 대변했다. 동시에 캉유웨이의 사상은 수천 년간 지속되던 봉건주의 사상체계가 마지막 세대의 봉건사대부에 이르러 마침내 붕괴 · 와해되고 부르주아 사상을 향해 변화하는 것을 나타냈다. 그것은 하나의 거울이 되어, 신구가 모두 진열되어 있지만 어느 것도 우세를 차지하지 못하던 만청 시대 인물들의 사상적 면모와 계급적 성격을 명료하게 비추었다.

캉유웨이의 사상은 비교적 정합적인 체계를 갖추었다. 그것을 분석하면 대략 네 측면으로 나눌 수 있다. 첫번째 측면은 그의 적극적인 사회 · 정치활동과 「황제에게 올리는 글」·『무술주고』에 표현된 변법유신(變法維新)* 사상이다. 그 주요내용은 경제 · 정치 · 군사 · 문화와 사회풍습 등 각 방면에 걸친 현실생활의 절박한 당면문제에 대해 일련의 구체적 개혁의 주장 · 건의 · 조치와 방법을 내놓은 것이다. 그

르주아 민주혁명에 반대했다. 그후 장쉰(張勳)의 복벽(復辟)에 참여하여 역사조류에 역행하는 완고파가 되었다.

* 청일전쟁에서 패배한 뒤, 젊은 개혁사상가인 캉유웨이와 그의 제자 량치차오를 비롯한 일부 급진적 지식인들은 더 강력한 제도개혁을 주장했다. 캉유웨이의 개혁사상은 기본적으로 유교에 기초하고 있었지만 변화를 추구하는 공양학(公羊學) 계통이었다. 서양이 강하게 된 이유를 도(道)와 기(氣)가 합일된 덕분이라고 본 그는 제도개혁으로 성공한 대표적인 국가로 일본을 꼽았다. 개혁을 주장하는 지식인들은 학회를 조직하거나 신문을 발행하여 여론을 조성했다. 특히 후난 성은 적지 않은 개혁가가 활동하던 대표적인 지역이었다. 1897년에 독일이 자오저우(膠州) 만과 칭다오(靑島)를 점령하자, 개혁을 통한 자강은 피할 수 없는 것처럼 보였다. 특히 젊은 광쉬 황제가 개혁에 동의했기 때문에, 1898년 무술년에 캉유웨이 등을 등용하면서 일련의 칙령을 내려 전통적인 제도를 근대적인 것으로 개혁하는 데 착수했다. 그 내용은 유교 중심의 과거제도를 고쳐 실용적인 학문을 시험하며, 민간주도의 상공업을 진흥시키고, 관제와 법제를 효율적으로 개혁하며, 신사층이 정치에 참여할 수 있는 의회제도를 개설하고, 상주제도와 군제를 개혁하는 등 거의 모든 방면에 걸쳐 있었다. 그러나 보수파(완고파와 양무파)의 반격과 개혁파의 취약한 지지기반은 황제의 명령조차도 제대로 실행할 수 없도록 만들었다. 결국 100일 동안 진행되던 무술개혁은 서태후를 중심으로 한 반대파의 쿠데타(무술정변)로 종결되었다. 캉유웨이와 량치차오는 일본으로 망명했고, 탄쓰퉁을 비롯한 일부 인사는 처형되었으며, 황제도 강제격리되었다.

요점은 정권을 개방하여 봉건 군주전제제도를 입헌제도로 대체하고, 온건한 개량적 방법을 통해 위로부터 부르주아 민주개혁을 실행하며 자본주의 상공업 발전을 요구한 것이다. 이 요구와 건의는 1870~90년대 개량주의 변법사조를 직접적으로 계승·종합했고 그것을 최종적으로 개괄한 정강정책이었다. 행동강령으로서 이 사상은 당시 변법활동에 직접적으로 복무했고, 캉유웨이 본인과 개량파에 대해 가장 직접적인 실천의의를 가지고 있었다. 캉유웨이의 기타 방면에서의 사상·이론활동과 선전·조직활동은 대부분 이 실천목적과 현실정강에 복무했다.

캉유웨이가 1890년대 사대부 지식인들에게 선전하여 전국을 풍미했던 '공자 탁고개제'* 학술이론의 본질도 그러했다. 이런 학술활동은 변법운동이 '성인의 도'에 부합됨을 이론적으로 논증하기 위해서였다. 따라서 이 '성인의 도'라는 기치는 실천과정에서 봉건사대부를 선동하고 쟁취했으며, 그들에게 오랜 전통사상의 속박의 깊은 잠에서 깨어나 눈앞의 개량주의 변법운동에 주의를 기울이고 찬동하게 했다. 낡은 병에 새 술을 담는 캉유웨이의 활동은 당시 시대와 그 계급의 특징, 요구에 부합했고 진보적인 작용을 했다. 이는 캉유웨이 사상의 두번째 측면이다.

캉유웨이 사상의 세번째 측면은 그의 '대동' 사상이다. 이 사상이 다른 사상과 다른 점은 그것이 상당히 철저하고 급진적인 경제·정치·도덕 등의 사회적인 원리원칙 위에 세워진 웅대한 사회주의 유토피아라는 점에 있다. 그것은 중국 근대의 공상적 사회주의 사상발전사에서 두드러진 요충지이다. 그러나 다른 한편으로 그것은 당시 현실투쟁과 완전히 유리되어 아무런 관계를 가지지 못하던 부르주아 자유주의 식의 유토피아였으며, 사상누각과 같은 미래의 '지상낙원'에 대한 계몽자의 낙관적인 신념이자 바람일 뿐이었다.

---

* 탁고개제(托古改制)는 옛 것에 의거하여 제도를 바꾸는 것을 의미한다.

캉유웨이 사상의 네번째 측면은 그의 철학 관점이다. 이는 그의 전체 사상의 기초이자 출발점으로 앞의 세 측면과 불가분하게 침투되고 연계되면서 상당히 전형적인 중국 근대의 부르주아 자유주의 개량파의 사상체계를 구성했다.

*　　*　　*

캉유웨이의 사상체계는 1885~93년, 즉 30세 전후에 전면적으로 구성되어 완전하게 성숙했다. 그 성숙은 복잡한 발전과정을 거쳤는데, 그것은 바로 당시 봉건주의의 정통체계와 악전고투하면서도 그것에서 완전히 벗어날 수 없던 한 선진인물이 걸어간 과정이었다. 그것은 또한 온갖 신구(新舊)가 교차하면서도 미처 성숙하지 못한 흔적을 가지고 있으며 동시에 그 시대와 계급을 대변하고 있다.

캉유웨이는 "대대로 이학(理學)으로 이어져온"[1] "명문세가"("선생에 이르기까지 12대 동안 사인士人이 되었다")의 관료지주 가정에서 태어나 성장했다. 그러므로 캉유웨이가 견고한 봉건 전통사상의 울타리를 타파할 수 있던 것은 젊은 그가 스승(애국자 주주장朱九江)에게서 배운 중국 역대 우수한 지식인들의 '경세치용'(經世致用)*과 나랏일, 백성의 고통에 관심을 가지는 현실적인 학풍과 태도 덕분이었다. 그보다 더욱 중요한 것은 당시의 객관적인 시대와 국면이 그에게 준 자

---

1) 량치차오, 『난하이 캉유웨이 선생전』(南海康先生傳).

* 학술연구와 눈앞의 현실을 긴밀하게 결합시키고 고대전적의 해석을 수단으로 삼아 자신의 견해를 펼치면서, 아울러 이를 사회현실 개혁에 이용한 명청 사이의 학술조류. 이 조류에는 공간적으로는 남방 저장의 황종희(黃宗羲)와 고염무(顧炎武), 중남부의 왕부지(王夫之), 허베이・산시(山西)・산시(陝西) 일대의 안원(顔元) 등이 있었고, 시간적으로는 전후 거의 2세기에 걸쳐 유행했다. 그들은 모두 실용을 종지(宗旨)로 하는 실학을 주장했다. 이것은 송명이학과는 다른 특징을 가지고 있었다. 사회 현실에 관심을 가지고 조사・연구를 중시하며 강한 공리주의적 색채를 띠고 있었고, 광세제민(匡世濟民)의 시대적 책임감을 가지고 있었다.

극이었다. 일관된 시서(詩書) 독서와 '성현의 정도(正道)'의 엄격한 가르침 아래 갓 스무 살 된 청년의 사상 속에는 전통의 속박에 반대하는 현상이 움트고 있었다.

……사고전서(四庫全書) 주요서적의 대의를 대략 파악하고 매일 고서더미에 파묻혀 그 영명(靈明)함에 매몰되었지만 점차 염증을 느끼게 되었다. 대동원(戴東原, 1723~77)과 같은 고증학자의 저서가 집에 가득했지만, 매일같이 새로운 생각을 하다보니 '도대체 또 무슨 쓸모가 있겠는가'라는 생각을 하게 되었다. 이에 그것을 버리고 홀로 안심입명(安心立命)할 곳을 찾았다. 홀연히 공부를 그만두고 문을 닫아걸은 채 친구들을 사절하며 정좌하여 수양하니 동문들이 크게 이상하다 했다. ……정좌하다보니 홀연 천지만물이 나와 일체가 되고 광명을 크게 발했다. 이에 스스로 성인이 되었다고 생각하여 기뻐서 웃었고, 홀연 창생(蒼生)의 고난을 헤아린즉 답답하여 울었다. …… 동문들은 내가 노래 부르다 울다가 하는 것을 보고 미쳐 정신병이 들었다고 여겼다. ……이는 『능엄경』(楞嚴經)의 이른바 비마입심(飛魔入心)으로, 절실하게 진리를 추구하지만 아직 깨우치지 못했을 때 많이 일어나는 현상이었다.

이에 고증학을 버리고 전심으로 수양했다. 민생이 고난에 빠져 있고 하늘이 나에게 총명함과 재능을 주어 그들을 구하게 했음에 생각이 미치어, 세상을 슬퍼하여 천하경영을 뜻으로 삼았다. 수시로 『주례왕제』(周禮王制), 『태평경국서』(太平經國書), 『문헌통고』(文獻通考), 『경세문편』(經世文編), 『천하군국이병전서』(天下郡國利病全書), 『독사방여기요』(讀史方輿紀要) 등을 꺼내어 읽으면서 생각하니 국가와 천하를 다스리는(經世緯宇) 말들이 기록되어 있었다. 얼마 후에 서양에서 최근에 펴낸 세계일주 신록과 서양서 몇 권을 얻어 보고 홍콩을 유람하며 서양인 주택의 아름다움과 도로의 정결함, 그리고 경찰들의 엄밀함을 보고 비로소 서양인들의 치국에 법도가 있어 옛

날 오랑캐와 동등하게 볼 수 없음을 알게 되었다. 이에 차츰 서학 책을 모아 서학의 기초를 강구했다.[2]

장기간 빠져 있던 전통적 학술사상과 생활에 대한 회의와 불만으로 인생의 의의에 대해 방황하고 고민하던 그는 '의탁할 곳이 없는' 단계를 거쳐 최종적으로 서학을 강구(講求)함으로써 '천하경영을 뜻으로 삼았다'. 이런 사상의 거대한 파동과 변화는 결코 단순하게 개인의 우연적이고 주관적인 현상으로 간주할 수 없다. 실제로 그것은 그 시대정신을 분명하게 체현하고 있지 않은가? 낡은 틀은 이미 새로운 국면에 대응할 수 없었고, 생활은 새로운 사상의 탄생을 요구했으며, 사람들은 신성한 경전에 대해 '도대체 또 무슨 쓸모가 있겠는가' 라는 의심을 가지게 되었다. 전통의 중압 아래 있던 사대부 지식청년도 차츰 각성하면서 방황하고 고민하게 되었고 '절실하게 진리를 추구' 하여 새로운 출로를 찾지 않을 수 없었다. 인생과 진리에 대한 탐색과 추구를 시작한 것이다. 캉유웨이의 이론적 탐색과 추구는 청프전쟁의 강렬한 자극으로 촉진되어 마침내 질적 변화에 이르게 되었다. 1880년대에 세계와 인생에 대한 자신의 개괄적 관점과 견해의 기초가 된 캉유웨이의 철학 관점이 마침내 탄생한 것이다. 캉유웨이는 이때의 상황을 다음과 같이 표현했다.

경전과 제자백가서의 심오한 말에 진입하고, 유교와 불교의 심오한 뜻을 탐구하며, 중국과 서양의 새로운 이치를 참고하고, 천(天)과 인(人)의 심오한 변화를 궁구하며, 여러 가지 가르침을 수합하고 대지를 분석하며, 고금을 해부하고 뒷날을 고찰함으로써 생물의 근원과 인간 무리의 결합에서 제천(諸天)의 사이와 뭇별의 세상, 생장·번식하는 각종 사물의 연고, 대소장단의 헤아림, 정해짐과 정해지지

2) 『캉난하이 자편연보』 (이하 『자편연보』).

않음의 이치까지…… 육통사벽(六通四辟)을 호연하게 스스로 깨우쳤다. …… 그리하여 대동제도를 만들어 『인류공리』(人類公理)*라 명했다.[3]

캉유웨이는 '이원위체'(以元爲體: '원'을 본체로 삼음)의 발전적 자연관과 '이인위주'(以仁爲主: '인'을 중심으로 삼음)의 박애적 인생관을 구비하고, 이 기초 위에서 미래사회의 이상적인 구도를 전개했다. 캉유웨이의 철학 관점은 당시 자신이 이해한 자연과학과 직접 목도한 사회국면에 대한 일종의 직관적인(진정한 과학적 분석을 거쳐 이해한 것이 아니기 때문에 몽롱하고 모호함) 종합이자 개괄이요, 인식이었다. 동서고금과 사면팔방에서 그가 흡수한 복잡한 사상의 원료 중에서 자연과학은 중요한 작용을 했다.

……해동화림(海幢華林)에서 불전을 많이 읽었고…… 아울러 수학을 공부하고 서학 서적을 섭렵하여 가을과 겨울에 홀로 방에 거하며…… 독서하고 사유하여…… 깨달음이 나날이 깊어갔다. 수천 배 되는 현미경으로 이(虱)를 보니 크기가 바퀴만 하고 개미를 보니 코끼리만 하여 크고 작음이 같다는 이치를 깨달았고, 전기광선이 일 초에 수십만 리를 가는 것을 알고 느리고 빠름이 같다는 원리를 깨달았다. 아주 큰 것 밖에 또 더 큰 것이 있고 아주 작은 것 안에 더 작은 것이 내포되어 있음을 알았다. 하나를 쪼개도 끝이 없고 만 개를 불어보아도 그 소리가 다르니, 원기의 혼란함에 근거하여 태평세계를 추동하련다.[4]

---

* 캉유웨이는 1885년에 『인류공리』, 1886년에 『공리서』(公理書)를 지었고 이 두 책에 기초하여 『실리공법 전서』(實理公法全書)를 지었다. 이것들이 '다른 사람에게 보여주지 않던' 『대동서』의 전신이다.
3) 『자편연보』.

그밖에 육구연(陸九淵) · 왕양명(王陽明)의 심학(心學)과 중국 고대의 민주사상, 「예운」, 『맹자』, 명말 청초의 사조와 같은 유토피아 사상도 캉유웨이의 철학 관점 형성에 중요한 영향을 미쳤다. 이들 전통사상은 봉건적 속박에서 해탈하거나(육구연과 왕양명의 정주程朱 반대), 새로운 세계관을 건립(변증적 관점이 풍부한 불학佛學)했다는 면에서 신시대의 사상가에 의해 요청되었다.

『자편연보』 등 자료에 따르면, 캉유웨이의 기본 철학 관점이 전체 사상에서 가장 일찍 형성되고 확정된 부분임을 알 수 있다. 그러나 격동의 시대는 그에게 철학적 사색의 서재인 '담여루'(澹如樓)에서 나와 현실의 정치풍파에 뛰어들게 했다. 대동제도를 만든 지 3년 후, 즉 1888년에 캉유웨이는 두번째로 베이징에 갔다. 그곳에서 겪은 시국의 위난은 그에게 "높은 곳에 올라 멀리 바라볼 때마다 산하 인민의 고통을 느끼게 했다."[5] 그는 당시 개량파 인사의 지지 아래 "발분하여 만언 상소문을 올려 시기의 위급함을 극력 간언하여 시기를 놓치지 말고 변법하기를 청했다."[6] 이것이 바로 큰 위험을 무릅씀으로써 일시를 경동시킨 캉유웨이의 최초의 '포의(布衣)상서'였다.

이미 온양(醞釀)하고 성숙한 개량주의 변법유신 사조의 큰 깃발은 이렇게 캉유웨이에 의해 용감하게 이어져 높이 나부꼈다. 여기서 사상적 조류가 실천적 행동으로 전화되었다. 이후 캉유웨이는 더욱 적극적으로 변법유신 운동을 선동하고 활동을 조직했으며—강의와 사대부와의 광범한 연계 등—자신의 정치활동 생애를 정식으로 시작했다. 그러나 변법유신의 사상과 주장은 처음부터 한계가 많은 개량이었기 때문에 그것과 담여루에서 구축한 캉유웨이의 웅대한 대동이상 사이에는 커다란 거리와 모순이 있었다. 그러므로 양자를 이론적으로 연결하고 통일해줄 교량이 필요했다.

---

4) 같은 책.
5) 같은 책.
6) 같은 책.

바로 이런 체계자체의 절박한 요구 아래, 그리고 캉유웨이가 자신의 철학·정치관점을 사대부와 전통습관의 형식으로 당면형세에 적용시켜야 하는 요구 아래, 그는 랴오지핑(廖季平, 1852~1932)의 반(反)고문경의 저작을 보자마자 신속하게 경도되었다. "자신의 옛 학설을 모두 버리고"(량치차오) 그것을 전면적으로 수용하게 되었다. 그것은 번개처럼 캉유웨이에게 계시를 주었다. 중국 고대의 '공양삼세설'은 당시에 가장 필요한 것이었다. 그것은 가장 훌륭한(개량주의자에게) 역사발전관으로서 캉유웨이의 전체 사상에 관철되었고, 그 속에 잠재된 거리와 모순(높은 대동이상과 왜소한 변법강령)을 조화시켜 이 사상들을 하나의 정합적인 체계로 연결시켰다. 또한 안성맞춤으로 가장 우렁찬 깃발과 대의명분이 되어 사대부 속에서 자신의 체계를 끌어올려 그것을 '공자의 미언대의(微言大義)'라는 '성인의 도'의 적통(嫡統)으로 분장시켰다. 또한 그것은 가장 적합한 비판의 무기가 되어 낡은 봉건의 신성한 관념과 경전을 향해 진공하여 그것을 격파했다.

초기에 캉유웨이는 '공양삼세'의 거대한 기능에 대해 명확하게 이해하지는 못했다. 『인류공리』를 쓸 즈음, 그는 나중에 직접 파기한, 공양학을 반대하던 『하씨규류』(何氏糾謬)와 『교학 통의』(敎學通儀) 등을 썼다. 그러나 1890년대 캉유웨이는 이미 '공양 금문학'을 정통으로 정하고 자기사상이 이 전통의 빛나는 계승자임을 강조했다. 캉유웨이는 그것으로 학생을 가르쳤고[7] 당시 전체 학술사상계를 진동시켰던 『신학위경고』(新學僞經考)와 『공자개제고』 등 저작을 내놓았다.

이 시기에 캉유웨이의 철학 관점은 명확한 형식들을 찾으면서 그의 전체 사상체계에 구체적으로 침투되고 관철되었다. 그것은 기타 방면의 관점, 주장과 불가분하게 직접적으로 연계, 융합되었다. 이때 캉유웨이의 전체 사상체계는 최종적인 구성과 성숙을 선고했다. "내 학문은 30세에 이미 완성되었다. 이후 다시 나아가지 않았으며 나아갈 필요도

---

7) 『장흥학기』(長興學記), 『계학답문』(桂學答問)을 보라.

없었다."[8] 이때부터 캉유웨이의 사상은 확실히 한 걸음도 나아가지 못했다.

*　　*　　*

캉유웨이의 철학 사상은 내용면에서 당시 유입된 자연과학의 영향과 갓 흥기한 중국 부르주아 계급의 정치적·경제적 요구의 표현이었고, 형식면에서는 중국 고대철학의 연속이자 고전전통의 근대적 종결이었다. 그러므로 내용에서 형식까지, 사상에서 언어까지, 캉유웨이의 철학은 신구 시대의 교체를 담지(擔持)하고 있다.

캉유웨이는 '원'(元)을 세계의 본체로 삼았다. 『자편연보』에서 그는 자신의 철학 체계를 종합하여 다음과 같이 서술했다.

> ……그 도는 원(元)을 본체(體)로 삼고 음양(陰陽)을 작용(用)으로 삼는다. 이(理)에는 모두 음양이 있듯이 기(氣)에는 차가움과 뜨거움이 있고 역(力)에는 배척과 흡인이 있으며, 질(質)에는 응결과 흐름이 있고 형(形)에는 네모남과 둥긂이 있으며, 광(光)에는 하양과 검정이 있고 성(聲)에는 맑음과 탁함이 있으며, 체(體)에는 자(雌)와 웅(雄)이 있고 신(神)에는 혼(魂)과 백(魄)이 있다. 이 여덟 가지로 물리(物理)를 통제한다. 천계(天界), 성계(星界), 지계(地界), 신계(神界), 혼계(魂界), 혈륜계(血輪界)로 세계를 통제한다.[9]

캉유웨이가 사용한 '원'이라는 개념은 주로 동중서의 철학에서 취한 것이었다. 캉유웨이는 그것으로 세계(자연계)의 근본·본질·기원을 나타냈다. 캉유웨이는 많은 곳에서 천지만물이 '원'에서 나온다고

---

8) 량치차오의 『청대 학술개론』에서 캉유웨이의 말을 인용.
9) 『자편연보』.

했다.

  천지의 시작은『주역』(周易)에서 말한 '건원통천'(乾元統天)이다.
천지·음양·사시(四時)·귀신은 모두 원이 나뉘고 변화된 것으로,
만물이 그것에서 시작된다.[10]

  공자는 만물을 연결하여 원으로 그것을 통솔함으로써 그 하나(一)
를 세웠고, 또한 원을 분산시켜 천지·음양·오행과 사람으로 삼고
그것들로 열(十)이 된 후 만물이 그것에서 생성되었다. 이것이 공자
가 말한 대도(大道)의 다스림(統)이다.[11]

그러면 문제는 '원은 도대체 무엇인가'라는 것이다.
캉유웨이는 한대(漢代) 하휴(何休)가 쓴『공양전주』(公羊傳注)에서
"원은 기(氣)다. 무형으로 일어나고 유형으로 나뉘며 흥기하여 천지를
창조하니, 이는 천지의 시원(始原)이다"는 말을 인용하여 "원은 기다"
[12]라고 했다.

  『주역』에 이르기를, 건원은 크도다! 이에 하늘을 다스리네. 천지의
근본은 모두 기에 의해 운용된다. 열자(列子)는 천지 공중의 미물을
말했고, 소문(素問)은 하늘이 대기에 의해 들어올려진 것이라고 말했
으며, 하휴는 원을 기라고 말했고,『주역』의「위편」(緯篇)에서는 태
초는 기에 의해 시작되었다고 했다.[13]

  '기'는 중국 철학에서 일반적으로 물질 또는 물질성으로 이해되었다.

---

10)『예운주』(禮運注).
11)『춘추 동씨학』(春秋董氏學).
12)『완무초당 구설』(萬木草堂口說) 복사본(抄本), 베이징 대학 도서관 소장.
13)『춘추 동씨학』.

'이'(理), '기'(氣)의 선후에 관한 논쟁은 중국 고대철학에서 '정신이 자연보다 우선한다고 단언하는가', 아니면 '자연을 근본으로 간주하는가' 하는 양파 철학의 투쟁이라 할 수 있다. 캉유웨이는 이에 대해 상당히 명확한 의견을 제시했다.

모든 물은 기에서 시작한다. 기가 있은 연후에 이가 있다. 사람과 사물을 만드는 것은 기다. ……기가 있으면 음양이 있다. 그 뜨거운 것은 양이 되고 차가운 것은 음이 된다. ……주자(朱子)는 이를 기의 앞에 두었는데, 그 견해는 잘못되었다.[14]

기는 세(勢)를 낳고 세는 도(道)를 낳으며 도는 이(理)를 낳는다. …… 물(物)은 상(象)을 낳고 상은 수(數)를 낳는다.[15]

그 외에 '무극'(無極)과 '태극'(太極) 등의 전통논쟁에 관해서도 캉유웨이는 대체로 '이가 기에 앞서 존재한다'를 부정하는 듯한 태도를 취했고 무극의 존재를 부정했으며, '무극이 태극을 낳고' '무에서 유가 나온다'는 관점을 부정했다. "태일(太一)은 태극이고 원이다."[16] "태극 이전은 말할 수 없다."[17] "무가 없음을 알면 오로지 유의 생성으로 존재를 존재하게 한다."[18] 그러므로 자연관에서 캉유웨이는 기본적으로 중국 고대의 기일원론(氣一元論)의 철학 전통을 계승했고, 그중에서도 특히 음양오행으로 자연계의 생성변화를 이해하는 소박한 관점을 계승했다.

그러나 중요한 것은 캉유웨이가 당시 배우고 이해한 서양의 자연과

---

14) 『완무초당 구설』.
15) 『춘추 동씨학』.
16) 『중용주』(中庸注).
17) 『완무초당 구설』.
18) 『자편연보』.

학 등 근대지식에 의거하여 고대의 진부한 견해를 발양(發揚)시킴으로써 자신의 자연관 체계를 건립했다는 점이다. 과학에 대한 믿음과 추구가 유물론적 요소를 지닌 그의 자연관을 구성하는 가장 주요한 원인이 되었음을 지적해야 할 것이다. 당시 대다수의 우매한 사대부가 자연과학을 질시한 것과는 달리, 캉유웨이와 탄쓰퉁 등 당시 선진인물들은 몽매함에서 벗어나 지식의 광채를 다투어 맞이하는 것처럼 자신의 눈앞에 펼쳐진 신기하고도 웅대한 과학의 풍경을 굳은 믿음과 기쁜 마음으로 영접했다. 이들 진리의 추구자는 모방하기 어려운 천진함과 열정으로 알 듯 모를 듯한 과학에 대한 견문을 성급하게 자신의 사상에 섞었다.

이로 인해 진정으로 이해하고 융합할 겨를도 없이 자신의 철학관과 자연관에 공상과 환각이 첨가된 황당한 과학 만화(漫畵)를 그려냈다. 탄쓰퉁은 『인학』에서, 캉유웨이는 『제천강』(諸天講)과 『대동서』 등 저작에서 자신의 역량을 모두 이용하여 시작도 없고 끝도 없으며 무한히 광대한, '무량수(無量數)의 불가사의한' 우주의 풍경을 그렸다. 불교의 33천＊(캉유웨이) 및 '세계종(種)'·'세계해'(탄쓰퉁)와 진정한 천문과학을 뒤섞어놓았기 때문에 이 그림들이 황당하여 유치하고 조잡하게 보이지만, 이는 당시 자연과학이 해설한 물질적 존재의 세계에 대한 태도를 합리적으로 드러낸 것이었다. 그것은 회의와 부정, 혐오와 방기가 아니라, 과학의 발전과 그 무한한 인식의 위력에 대한 어린이 식의 기쁘고도 목숨을 건 섭취이자 수용이었다.[19]

그러므로 이들 계몽사상가에게 과학적 객관존재로서 외부세계의 사실은 당연하고 의심의 여지가 없었다. 그들은 종종 당시 그들이 수용

＊ 산스크리스트어인 'Trayastrimsa'의 의역. 욕계(欲界) 6천의 하나로 소승(小乘)에서는 욕계 10천 가운데 제6천이라고도 한다.

[19] 이후 20세기 초기에 캉유웨이와 량치차오, 수많은 선진인물은 유럽을 여행한 후 모두 과학과 물질문명에 대한 회의와 부정을 표시했다. 이는 그들의 이전 태도와 상반된다.

하고 이해한 과학 지식을 최대한도——종종 이 한도를 넘어서서 황당하고 괴상하게 변하기도 했지만——로 이용하여 세계·만물·인체, 지혜와 정신의 존재구조를 해석하려 했다. '성광전화'(聲光電化) 등으로 가득한 과학 용어들이 중국 철학의 진부한 단어들과 대단히 부조화하게 섞여 사용되고 있는 것에서 우리는 그들의 이런 기도(企圖)를 알 수 있다.[20]

  따라서 중국 고대의 '기'의 개념은 이렇게 캉유웨이 등의 손에서 화학·물리학의 과학적 물질개념——'이태'(以太),* '전'(電), '원소'(元素)——의 내용으로 채워졌다. 근대의 과학지식은 그들에게 이전에는 기이하고 신비하게 보이던 성(聲), 광(光)과 허공 등이 모두 물질이거나 물질의 존재형식임을 알게 했다. 이리하여 그들은 철학에서도 "천지 사이는 빈 듯하면서도 차 있다. ……기와 물(水)의 관계는 물과 진흙의 관계와 같다. 그러므로 실질적이지 않은 것이 없다"[21]고 결론 지었다. 탄쓰퉁이 당시 물리과학의 물질개념인 '이태'를 만물을 구성하는 단위로 삼은 철학 관점도 마찬가지였다. 그들은 결코 광대무변한 외부세계가 인간 또는 인간의 주관에 의지해야만 존재한다고 생각하지는 않았다. 또한 신(神) 또는 인류의 주관적 지혜가 무한히 광대한 세계의 본체 또는 주재자라고도 생각하지 않았다.

  그와 반대로 캉유웨이는 자신의 우주설계도를 그릴 때 고대의 "점을 쳐서 하늘을 말하"는 것을 비웃으며 "옛날에 하늘과 땅을 서로 짝지어

---

20) 이런 상황은 쑨중산과 20세기 초기 혁명파에서 종말을 고했다. 캉유웨이·탄쓰퉁 등이 자연과학을 중국 고전철학에 끌어들이고 호응시킨 것과는 달리, 혁명파에서는 경험적 자연과학이 그들 철학 사상의 기초이자 내용이 되기 시작했다. '원'·'태극' 등의 고전적 철학 술어는 단순한 외피일 뿐이었다. 이런 차이는 시대의 차이와 두 세대 지식인의 과학 지식 수준의 차이에 의해 결정되었다.

* '이태'를 '에테르'로 번역하기도 하는데, 탄쓰퉁의 '이태'는 순물질 개념인 '에테르'와는 다른, 반(半)물질적이고 반(半)정신적 개념이라 할 수 있다. 탄쓰퉁 부분을 참조하라.

21) 『춘추 동씨학』.

말한 것은 큰 오류"이고 "재난을 점치는 것은 물론 큰 오류"라고 했다.[22] 왜냐하면 그가 보기에 인간과 인간이 생존하는 지구는 우주(天)의 아주 작은 한 점일 뿐인데, 그것으로 하늘에 짝짓고 하늘과 함께 논하는 것은 대단히 가소로운 일이었기 때문이다. 봉건시대에 사람들이 자연계의 과학 법칙을 이해하지 못하고 조그만 인간사로 하늘을 측정하려 한 것은 더욱 우매한 일이었다. 동시에 캉유웨이의 초기 관점에서 그가 가장 숭배하던 불교의 교주와 공자를 포함한 각 종교의 교주조차도 결코 세계의 창조자는 아니었다. "여러 교주는 이 조그만 지구에서 태어나 존경을 받지만 우둔한 중생에 비해 약간의 지혜가 있는 것에 불과하다. 여러 교주도 하나의 생물이므로 지혜가 유한하다." "옛 교주는 망원경이 없던 옛날에 살았으므로 하늘에 대해 이야기한 것에는 오류가 없지 않았다."[23]

한편으로는 중국 고대철학의 발전관(캉유웨이에게는 주로 춘추삼세설)과 결합했지만 주로는 자연과학의 영향에 의해, 캉유웨이·탄쓰퉁과 당시 대부분의 선진 사상가들은 사물이 발전·진화한다는 관점을 믿었다. 캉유웨이도 자연관에서 진화의 관점을 견지했다. 『자편연보』에는 "인간은 원숭이에서 변화했다"를 믿는 기록이 있는데, 이는 분명 19세기 다윈의 진화론에 영향을 받은 것이다. 자연과 사회의 진화·발전을 긍정하는 것은 근대 중국 철학 사상의 전체적인 특색이며, 발전·진화의 관점은 캉유웨이 사상체계의 주요한 이론적 핵심이었다. 캉유웨이는 우선 개량주의 변법유신의 정치주장을 발전적 역사철학을 논증하는 체계적 관점으로 향상·승화시켰다.

위에서 본 것처럼 캉유웨이(와 탄쓰퉁)는 자연관에서 기본적으로 소박한 유물론적 입장을 취했다. 이런 입장은 당시 시대가 이들 과학

---

22) 『제천강』. 『제천강』은 일찍 쓰기 시작했지만 가장 늦게 완성되었다. 그 속에는 초기와 만년의 사상이 모두 들어 있는데, 대체로 일관되고 그 기본관점은 초기부터 가지고 있던 것이다.

23) 같은 책.

과 진리의 추구자들에게 부여한 합리적이고 자연스러운 경향이었다. 이런 자연관이 그들의 철학 체계 전체를 대표할 수는 없지만, 그리고 그들의 철학적 열광 가운데에서 짙은 관념론·신비론 또는 종교적 허튼소리를 수시로 들을 수 있지만, 그로 인해 그들의 소박한 유물론 경향의 과학적 자연관을 과도하게 경시하거나 낮게 평가할 수는 없다. 특히 자연관은 이 시기에 중요한 의의를 가진다. 그것은 이 시대 철학의 중요한 고리였다. 유럽의 문예부흥 시기에 자연관이 철학에서 중요한 의의를 가진 것과 마찬가지로, 봉건 중세기에서 나온 첫 세대의 이런 자연과학적 요소도 철학 유물론이라는 중요한 의의를 가졌다. 캉유웨이 세대는 철학에서 사회윤리의 문제를 중시하던 고대 철학과는 달리, 근대 자연과학의 영향을 수용한 자연관을 그들 철학의 주춧돌로 삼았고, 우주만물의 근원에서 인간사회와 정치윤리를 이야기할 것을 강조했다.

이 점을 깊이 평가해야만 캉유웨이와 탄쓰퉁 등의 관념론 철학 체계와 범신론에 준하는 특색에 대해 정확하게 분석하고 평가할 수 있다. 캉유웨이 등이 중국의 '기' 일원론의 전통과 형식을 계승하고 그들이 당시 이해할 수 있던 근대과학의 새로운 내용을 첨가한 것, 그것이 바로 당시 철학 사상 발전과정에 주요한 사실이자 현상이요, 경향이었음을, 또한 캉유웨이 등 철학 사상의 특징이었음을 알아야 한다. 그러므로 이전 봉건철학과 구별되는 근대적인 새로운 기본경향을 홀시(忽視)하고, 인식론과 기타 측면에서 관념론의 요소와 성분을 과장하고 절대화하여 그들의 전체 철학으로 간주하는 것은 전면적이지도 정확하지도 않다.

* * *

탄쓰퉁 사상의 논리적 역정과 거의 마찬가지로, 캉유웨이는 자연과학의 소박한 유물론 경향을 수용한 자연관을 가졌고, 인류의 의식문제에 대한 통속적 유물론과 기계론적 이해를 경유하여 관념론의 미궁으로 들어갔다. 탄쓰퉁은 '심력(心力)*=전(電)'에서 '심력'이 '이태'를 대체할 수 있고, 우주세계는 '심력'의 표현이라는 관념론을 얻었다. 캉유웨이는 '혼지(魂知: 혼의 앎)=전(電)'에서 '천'(자연)과 '인'(의식)이 평행하면서 상호독립적이라는 심물(心物) 이원의 난처한 지경으로 빠졌다. 또한 관념론 체계와 유물론 경향의 교착은 그들에게 준범신론적 색채를 띠게 했다. 이런 색채는 캉유웨이와 탄쓰퉁의 철학에 공통된 시대적·계급적 특징이기도 하다.

사상가로서 탄쓰퉁은 캉유웨이에 비해 더욱 정심(精深)했고, 이에 따라 탄쓰퉁 철학에 내재된 유물론과 관념론의 모순·충돌 역시 더욱 심각하고 첨예하게 발전하고 드러났다. 그러나 우리는 캉유웨이와 탄쓰퉁 사이에 있는 부차적 차이를 버리고 그들을 공통된 시대사조의 구현자로서 관찰한다. 그러면 그들 철학 발전의 논리적 도정과 그들의 강점, 약점이 얼마나 일치하고 얼마나 비슷하게 공통된 사회계급 특징과, 당시 선진인사들의 과학 지식 수준을 반영, 표상(表象)하고 있는지를 알 수 있다.

그러므로 중요한 것은 몇 단락을 발췌·인용하여 그들의 철학 체계가 관념론인지 유물론인지를 간단하게 판결하는 데 있지 않을 뿐만 아니라, 그들의 체계가 모순이라는 사실을 해석하고 논증하는 것에 있지도 않다. ……보다 중요한 것은 그들이 왜 이러한 모순을 가지고 있고, 이들 모순된 측면은 왜 그리고 어떻게 연계되어 과도적이며 통일되어 있는가, 그리고 그것들의 내재적 논리관계는 어떤 것인가를 논증하는 것이다. 이래야만 비로소 그들의 기본경향이 도대체 어떤 것인지 확정할 수 있고, 이 '체계'가 출현한 시대의 필연성을 진정으로 충분하게 알 수 있으며, 그것들의 사회적·정치적 의의를 이해할 수 있다. 이것이야말로 사상사의 임무이다. 그렇지 않고 탄쓰퉁의 철학을 '반동적 주관관념론'이라고 일방적으로 강조하고, 이 반동적 주관관념론의 철학과 정치관점에 커다란 '진보작용'이 있다고 인식하면서도 양자의 필연적 연계에 대해서

---

* 일종의 주관인식이다.

는 시종 논증이 결여된다면, 이는 신복(信服)하기 어렵다.

탄쓰퉁은 다음 장에서 이야기하고 여기서는 캉유웨이만 논하고자 한다. 그런데 캉유웨이는 의식(意識)의 관점에서 탄쓰퉁과 거의 일치했다. 그들은 함께 이 지점에서 수렁으로 걸어 들어갔다. 그러므로 우리는 이 문제가 당시 이들의 '철학 체계' 구조의 관건이었고, 각종 모순과 혼란의 중요한 고리였다는 사실에 주의해야 한다.

의식과 인류의식의 문제는 동서고금의 철학자와 과학자들의 오랜 문젯거리였다. 의식은 도대체 무엇인가? 그것은 도대체 어디에서 온 것인가? 그것은 왜 그처럼 오묘하고 신기한가? ……이런 문제에 대해 역사상 각양각색의 해답이 있어왔다. 그러나 이런 해답 가운데 가장 정확한 것조차 몇몇 천재의 추측에 지나지 않는다. 캉유웨이 등의 답안은 불행히도 그중 가장 황당한 것의 하나였다. 본래 중국 고전철학에서 어떤 이는 인류의 의식과 정신을 육체 바깥에 있는 '정기'(精氣)라는 독립된 물질적 존재로 생각했다(그리스 철학에서 영혼을 '정미精微한 원자'라 여기는 것과 비슷함). 또 귀신을 자연적·물질적인 현상의 존재로 인정하기도 했다.[24]

캉유웨이는 이런 관점을 답습하고 계승하여 근대과학에 억지로 갖다 붙였다. 그러나 이렇게 함으로써 고대 유물론에서 그다지 두드러지지 않던 결함이 분명한 오류로 변화하고 팽창했다. 캉유웨이 등은 정신과 의식을 물질적인 '전'(電)과 동일시했다. 당시 그들이 볼 때 이 두 가지는 매우 근사하고 신기하고 영통하여 변화를 예측할 수 없으며, 가지 못할 곳이 없이 모든 것을 관통하는 것이었다. ……신기한 전기를 괴이하게 여기고 섬기면서 그들은 정신에 대한 '가장 훌륭한' 주석을 발견

---

24) 예를 들어 장재(張載)는 "귀신은 이기(二氣)의 양능(良能)이다", "물(物)이 갓 생길 때 기(氣)가 이르러 번식하고 물이 이미 차면 기는 오히려 흩어진다. 지(至)를 신(神)이라 하는데, 그것이 신장(伸張)하기 때문이고, 반(反)을 귀(鬼)라 하는데 그것이 돌아가기(歸) 때문이다"라고 했다.(신神과 신伸, 귀鬼와 귀歸는 발음이 같다―옮긴이)

했고, 정신문제를 해결하는 황당한 열쇠를 발견한 것이다. 그들은 전기가 바로 정신이고 정신이 바로 전기이며, 양자는 기본적으로 같은 종류이고 같은 것이라고 환호했다. "차마 하지 못하는 사람의 마음은 인(仁)이요, 전(電)이요, 이태이다." "전(電) 없는 물(物)이 없고, 신(神) 없는 물이 없다. 무릇 신이란 지기(知氣)요, 혼지(魂知)이다."[25] "뇌는 형질이 있는 전이고 전은 형질이 없는 뇌이다."[26] "뇌의 기(氣)와 근(筋)은 전기학의 이(理)이다."[27] 전기와 뇌와 정신의식을 유사하고 동등한 것으로 인식한 것은 당시 이 사상가들이 보편적으로 일치를 이룬 견해였는데, 이런 견해는 그들의 철학 저서에 가득 차 있다. 캉유웨이는 이렇게 말했다.

오관(五官)과 백해(百骸), 피부와 혈액은 몸의 체이다. 백(魄)은 뇌기(腦氣)의 백단(白團)과 허리의 백근(白肵)이 덩어리처럼 된 것으로, 온몸의 뇌기근(腦氣筋)은 오직 운동을 관장하고 지각이 없으면 억지로 변화하지 않는 것이다. 지기(知氣)란 영혼이다. 대략 전기와 같고 사물마다 그것이 있다. 모이면 더욱 영적이고 지(知)가 있으며 또한 성(性)이라 이른다. 배양함이 오래되고 모이면 흩어지지 않고 더욱 영명해지면 정기(精氣)가 되고 신명(神明)이 된다. 이를 명덕(明德)이라 하는데, 그 뜻은 하나다. 대개 사람이 죽는다는 것은 체백(體魄)이 끝나는 것이지만, 혼기(魂氣)가 지(知)를 가지고 하늘에서 떠다니면 죽은 것이 아니다.[28]

---

25) 캉유웨이, 『대동서』.
26) 탄쓰퉁, 『인학』.
27) 탕차이창의 『각명전제 내언』(覺冥顚齋內言). 심지어 장타이옌도 초기에, "하고 싶은 대로 하는 것을 선함의 훌륭함으로 삼고 그로써 인(仁)을 귀히 여긴다", "전(電)은 만물을 아득하게 만들어 말하는 것이다. ……그러므로 사랑과 미움이 공격하지 않으면 집사(集事)할 수 없다"(『솔서』率書 목각본 「독성상」獨聖上)고 생각했다.
28) 『예운주』.

이런 관점은 한편으로 물질(電)을 신격화하고 다른 한편으로 신(神)을 물질화했다. 한편으로 물질의 작용에 신비한 정신적 성질을 띠게 했고, 다른 한편으로 통제하고 계산할 수 있는 물질과 기계의 작용과 기능을 정신과 동일시했다. 그러나 중요한 점은 이런 관점이 논리적으로 다음과 같은 결론에 이르렀다는 것이다. 의식과 정신이 허공의 전기와 비슷하다면 그것은 전혀 인류의 육체에 의지하지 않고 독립적으로 존재하는 것이라 할 수 있다. 그것은 일정기간 인체에 잠시 거주한 것에 지나지 않는다.

그래서 캉유웨이는 자연스럽게 "혼지(魂知)는 있되 체백(體魄)은 없"으면서도 자연규정성과 물질성을 가진 귀신의 합법적 존재를 믿게 되었다. 그는 인민들에게 대처하기 위해 귀신존재의 지배와 감독작용을 자주 강조함으로써 "민중과 만민을 외경하게 하고 복종하게 했다."[29] 심지어 인과응보 등 진부한 사상을 강조하고 대동이상에서 인류는 영혼을 양생함으로써 생성 · 소멸하지 않음을 구한다는 '선불지학'(仙佛之學)을 황당하게 강조했다.[30] 캉유웨이는 사람의 체백(體魄)과 영혼을 상호독립된 것으로 생각했다. "영혼의 정기와 백질(魄質)의 형태가 회합한 후 사람이 되었다."[31] "원(元)을 만물의 근본으로 삼고, 사람(의식과 정신을 가리킴)과 하늘(물질세계를 가리킴)은 함께 원에 근거를 둔다. 마치 파도와 물거품이 함께 바다에서 일어난 것처럼 사람과 하늘도 사실 같은 근원에서 일어났다."[32]

캉유웨이는 많은 저작에서 사람이 아버지 · 어머니 · 하늘의 세 가지가 합쳐져 태어났음을 유난히 강조했다. 형체는 부모(祖 · 父)에게서 얻고, 정신과 지혜는 천(天)에서 얻었다는 것이다. "아마도 성명(性命)

---

29) 『중용주』.
30) 탄쓰퉁도 장래 인류는 체백은 없고 영혼만 있는 경지까지 '발달 · 진화' 할 수 있다고 여겼다.
31) 『예운주』.
32) 『춘추 동씨학』.

과 지각(知覺)의 생성은 하늘에 기초하고, 인류형체의 모양은 조부(祖父)에 근거했을 것이다. 만약 하늘에서만 생겨났다면 그것은 인류의 형체가 될 리 없고, 만약 조부에게서만 나왔다면 성명과 지각은 있지 않을 것이다."[33] 이는 사람의 체백과 영지(靈知)가 완전히 분리되어 서로 간섭하지 않는 별개의 것이고, 그것들의 기원은 평행적이고 상호 독립적이라는 것이었다.

> 조부는 알지만 하늘을 모르는 자는 형체는 받았지만 지기(知氣)를 잃어버린 것으로, 이를 부지(不智)라고 한다. 하늘을 존경함은 알지만 조부를 버리는 자는 대대로 전수하는 것을 버리고 키운 공로를 잊는 것으로, 이를 불인(不仁)이라고 한다.[34]

한편으로 인간은 하늘이 아니면 태어나지 못하고 인간의 정신과 의식은 부모가 주고 조절할 수 있는 것이 아님을 지적함으로써 인간의 정신적 평등과 자유, 그리고 독립을 요구했다. 다른 한편으로 형체는 반드시 부모에게 의지해야 하기 때문에 사람들은 여전히 일정한 세상의 현재 규범을 따라야 하고, 봉건질서와 오륜을 완전히 포기할 것을 요구하지 말아야 한다고 인식했다. ……그러므로 과학 지식의 한계(전기, 인류의식의 진정한 내용을 이해하지 못한 것) 외에도 이런 철학 관점의 기초는 개량주의 입장이었다. 캉유웨이 등은 심(心)과 물(物)을 분할하고 심지(心知)를 체백에서 독립시켰는데, 이는 주로 심지를 과장하고 체백을 깎아내리기 위해서였다. 탄쓰퉁은 "영혼을 중시하고 체백을 버린다", "나는 지를 귀하게 여기고 행동을 귀하지 않다고 여긴다"고 강조했다. 캉유웨이는 "마음에는 지가 있지만 육체에는 지가 없다. 사물에는 지가 없고 사람에게는 지가 있으므로 사람은 사물보다 귀하다. 사람이 사물

---

33) 같은 책.
34)『중용주』.

보다 귀함을 알면 마음이 체(體)보다 귀함을 안다"[35]고 했다.

　그들이 이처럼 심지를 과장하고 체백을 깎아내리려고 한 이유는 자신들의 무력함과 연약함으로 말미암아 현실의 체백투쟁에서 영혼을 추구하는 공상에 종사할 수밖에 없었고, 신비를 추구하는 '인심 제도(濟度)'에 종사할 수밖에 없었기 때문이다. 물질적 투쟁수단의 결여는 정신을 과장하는 방법을 사용하게 마련이다. 탄쓰퉁은 "가볍게 체백의 일을 소멸하는 것은 사람마다 오륜에 시달리지 않게 하려 할 따름"이라고 했다. 체백을 소멸하고 오로지 영혼에 맡기는 방법을 이용하여 체백이 받는 봉건오륜의 고난과 속박을 없애고자 한 것이다.

　이들 자유주의자는 진정으로 '심'(心)을 이용하여 고난에서 해탈하고 세계를 해방하고자 했다. 탄쓰퉁은 종교의 '심력'(心力)을 이용해 만물이 상통하고 다른 사람과 나를 합일함으로써 자유와 평등을 실현하고자 했으며, 캉유웨이는 '전'(電)은 '지기'(知氣)이자 '인심'(仁心)이라는 사실에서 출발하여 그의 박애철학을 선포했다. 캉유웨이는 '전'은 '지'(知)이고 '지'(知: 정신·의식)는 '인'(仁)이자 '애'(愛)이며 '다른 사람에게 차마 하지 못하는 마음'(不忍人之心)으로, 이것들은 명칭은 다르지만 내용은 같은 하나의 것이라고 인식했다. "지각이 있으면 흡인력이 있다. ……불인(不忍)은 흡인의 힘이다."[36] "지각이 작으면 사랑하는 마음도 작고, 지각이 크면 인자한 마음도 크다. ……사랑은 지각의 크기와 많음에 비례한다."[37] "인(仁)은 두 사람에게서 비롯되었으니, 사람이 길에서 만나 흡인의 뜻이 있는 것은 사랑의 힘 때문이고 이는 사실 전력(電力)이다."[38]

　여기서 캉유웨이는 '원'을 직접 '지'(知), '혼'(魂), 정신·의식과 동일시했다.

---

35) 『춘추 동씨학』.
36) 『대동서』. 물질의 기계적 흡인력도 인류정신(지知, 인仁)의 성질에 첨가되었다!
37) 같은 책.
38) 『중용주』.

그 도도한 원기는 하늘과 땅을 만들었다. 원은 일물(一物)의 혼허(魂虛)이다. ……신장(伸張)하지 않는 사물도 없고 신(神) 없는 사물도 없다. 신(神)은 지기(知氣)요, 혼지(魂知)요, 정신의 상쾌함(精爽)이요, 영명(靈明)이요, 명덕(明德)이다. 이들은 명칭은 다르지만 내용은 같다. 각지(覺知)가 있으면 흡인력이 있다. 불인(不忍)은 흡인의 힘이다. 그러므로 인(仁)과 지(知)는 함께 소장되어 있되 지가 우선이고, 인과 지는 함께 쓰이되 인이 귀하다.[39]

요컨대 원=혼=신=지=인=불인인지심(不忍人之心)=박애이다. 그것은 우주만물의 본체를 구성한다. 만물은 모두 사람의 '지―인―사랑의 힘'을 수용할 가능성을 가지고 있다. "하늘과 땅을 부모로 삼으니 만물은 동포이고, 전기는 흐를 때에 멀고 가까움을 가리지 않고 통하지 않는 곳이 없다."[40] 다른 한편으로 인간은 지기(知氣)의 가장 영명한 것이므로 의당 불인(不忍)의 본성―인―박애를 발휘해야 한다. "인이란 것은 하늘에서는 생장과 발전(生生)의 이치가 되고, 사람에게는 박애의 덕이 된다."[41] "공자는 인을 근본으로 삼고 겸애를 가장 중시했다."[42] "건(乾)은 내 아버지이고 곤(坤)은 내 어머니이며, 인신(人身)은 단지 하늘의 나뉜 기(氣)일 뿐이다. ……중생의 번식은 모두 나와 같은 기이므로 반드시 인을 생각하여 그것을 사랑함으로써 백성 한 사람, 사물 하나도 자기자리를 얻게 한다."[43] 캉유웨이는 사회윤리관에서 '차마 하지 못하는 마음'의 박애에서 '인'을 규정하고 해설하는 데 특히 치중했다.[44]

---

39) 『대동서』.
40) 『중용주』.
41) 같은 책.
42) 『춘추 동씨학』.
43) 『중용주』.
44) 탄쓰퉁은 더 명확하고 추상적으로 '인'을 자연법칙의 철학적 본체로 완전히 승화시켰다.

차마 하지 못하는 마음은 인이요, 전(電)이요, 이태인데, 사람들마다 모두 그것을 가지고 있다. ……모든 인정(仁政)은 불인지심에서 나와 만 가지로 변화하는 세계가 되고 모든 근원이 된다. ……인도 (人道)의 인애(仁愛)와 인도의 문명(文明) 그리고 인도의 진화는 태평 대동에 이르러 그곳에서 나온다.[45]

캉유웨이는 일찍부터 "날마다 구세(救世)를 염두에 두고 시시때때 구세를 자신의 일로 삼는"[46] 영웅으로 자처했고, 거듭하여 '광선교혜' (廣宣敎惠: 가르침의 은혜를 널리 베풂)와 '동체기익'(同體飢溺: 배고픈 사람과 함께한다)을 인에 의지하는 공자의 구체적 내용으로 삼아 이를 학생들에게 규약으로 지키게 하면서 학생들을 교도(敎導)했다.[47] 그러므로 학생들도 이런 철학관을 아예 '박애파 철학'이라고 불렀다.

선생의 철학은 박애파 철학이다. 선생의 논리는 '인'자를 유일한 종지로 삼고, 세계가 생겨나고 중생이 태어나며 집안과 국가가 존재하고 예의가 흥기한 것이 모두 인에 근본하지 않은 것이 없어서, 사랑의 힘이 없으면 하늘과 땅은 즉시 소멸할 것이다. ……그러므로 선생께서 정치와 학문을 논한 것은 모두 불인지심에서 발휘된 것이다. 사람마다 불인지심을 가지면 나라를 구하고 천하를 구하는 일을 하지 않고자 하여도 그럴 수 없게 된다.* ……그 철학의 커다란 근본은

---

45) 『맹자미』. 『맹자미』와 『중용주』의 저작연대는 약간 늦다(1903년 이전). 량치차오와는 달리, 이때 캉유웨이의 사상은 이미 보수로 달렸고 철학에도 반영되었다 (예를 들어 '성', '귀신', '존양 存養' 등이 두드러짐). 그러나 기본변화는 크지 않았다. 무술변법이 실패하자 캉유웨이의 철학 세계관도 그에 따라 근본적으로 변화했다고 보는 것은 사실과 부합하지 않는다. 하물며 정치사상은 신속하게 변화될 수 있지만 철학적 세계관의 체계는 상대적으로 안정되어 있음에랴.

46) 『자편연보』.

47) 『장흥학기』.

* 원문에는 '欲己而不能自己'로 되어 있는데, 이는 '欲已而不能自己'의 오자이다. 일일이 밝히지는 않았지만, 저자와의 검토를 통해 몇 군데 오자를 바로잡았

아마도 여기에 있을 것이다.[48]

이는 확실히 캉유웨이 철학의 두드러진 징표였다. 캉유웨이 스스로도 이에 대해 여러 차례 개괄 설명했는데, 그 하나를 아래와 같이 기록한다.

대개 인(仁)과 지(知)는 모두 오성(吾性)의 덕이고, 기(己)와 물(物)은 모두 성(性)의 본체이다. 사물과 나는 일체(一體)여서 피아의 경계가 없고, 하늘과 사람은 같은 기운이므로 내외의 구분이 없다. 물이 온몸을 일주하고 전기는 긴 공간에 널리 퍼져 있고…… 사물이 자신이고 자신이 사물이며, 하늘이 사람이고 사람이 하늘이다. 무릇 나의 지가 미치는 바는 나의 인이 미치는 바이다. ……으뜸의 근원(元元)으로 기를 삼되 하늘의 하늘(天天)로 신(身)을 삼으며 만물로 체(體)를 삼는다. ……산하와 대지는 모두 내가 보편적으로 현현(遍現)한 것이고 푸른 대나무와 노란 꽃은 모두 나의 영화(英華)로다.[49]

"사랑의 힘이 없으면 하늘과 땅은 즉시 소멸되고", "산하와 대지는 모두 내가 보편적으로 현현한 것이다." 이것은 주관적 관념론이 아니겠는가? 그렇다. 원래 캉유웨이에 의해 '기'(氣)로 인식된 '원'(元)은 결국 여기서 '기'(己)로 변했고 주관적 '인지'(仁知)로 변했다. 인류의 주관적 인애를 과장한 결과, 자연스레 이런 논조에 이르게 된 것이다. 자신의 현실적인 육체적 역량의 미소함을 알았기 때문에 그는 자신의 정신적 역량을 대단히 거대하게 과장했다. 나의 체백(體魄)은 이 세계에서 비록 무력하고 하찮지만, 나의 정신은 이 세계의 창조자이자 주재자

음을 밝혀둔다.
48) 량치차오, 『캉난하이전』. 장보전(張伯楨)의 캉유웨이 전기에도 같은 견해가 있다.
49) 『중용주』.

이다. 그래서 체백은 별것 아닌 것이 되고, 모든 것은 영혼과 지혜, 박애와 자비로 귀결된다. 세상을 구원하는 영웅의 영혼과 지혜, 박애와 자비로 귀결된다.[50]

다른 한편으로 사랑의 철학은 그들 사상의 관념론적인 경향의 원인이자 내용임이 분명했지만, 그들 박애의 전체이거나 주요한 내용은 아니었다. 왜냐하면 그들이 강구한 박애는 완전히 인심을 초월해버린 그런 영혼의 공상이 아니라, 현실생활을 개혁하려는 여러 가지의 실제적인 내용을 가지고 있었기 때문이다. 탄쓰퉁은 신비한 '심력'만을 전적으로 말한 것이 아니었고, 캉유웨이도 종교의 '초월'만을 담론한 것이 아니었다. 이와는 반대로 그들은 '심력'을 말하고 불학을 이야기하며 신과 혼을 말했지만, 항상 그 관념론의 실체와 본체가 존재하지 않는 곳이 없고 그것이 없는 사물이 없다고 인식했다. 결코 현실과 물질을 초탈하지 않았다. 그러므로 신과 자연, 천과 인, '심력'(心力)·'인'(仁)·'지'(知)와 '기'(氣), 불학의 인심(정신)초월과 변법유신의 세계(물질)구원 등이 기이하게도 동일한 것으로 변화했다. 이것이 바로 그들 철학 체계의 아주 두드러진 준범신론적 색채이다(이 책의 탄쓰퉁 부분 참조). 그들의 이런 '박애철학'은 어떻게 현실적인 방법으로 백성을 재난에서 구하고, 어떻게 사회생활을 개혁하며, 어떻게 현실의 체백 위에 인류의 자유와 평등을 실현하는가 등의 문제에 주의를 기울였다.

모든 성인이 가르침을 세움(立敎)에는 반드시 근본이 있다. 노자는 천지를 불인(不仁)이라 여겼지만 공자는 천지를 인이라 여겼으니, 이것은 근본취지가 다른 것이다. 하늘에서 인을 취하므로 인은 도(道)의 근본이 되고…… 무릇 수많은 이(理)는 여기서 나온다. ……대동(大同)의 다스림은 오직 자기부모에게만 효도하고 자기자식만을 양

50) 캉유웨이가 말하는 '박애'와 쑨중산이 말하는 '박애'는 그 이론적 근거와 계급적 기초가 달랐다. 쑨중산은 프티부르주아 혁명민주주의와 인민주의의 '박애'였지만, 캉유웨이는 부르주아 자유파 계몽주의자의 '박애'였다.

육하는 것이 아니다. 노인은 편안히 임종할 곳이 있고 젊은 사람은 일할 수 있으며 과부와 홀아비, 고아와 폐인이 된 사람들은 부양을 받는다. 그러면 인은 하늘과 서로 일치한다.[51]

한유(韓愈)에서 장재(張載)에 이르기까지 봉건지주는 문벌 영주와는 달리 "박애를 인(仁)이라 하고", "백성은 나의 동포이며 만물은 나와 함께한다"는 봉건적인 인정(仁政)철학을 선양(宣揚)했다. 캉유웨이는 분명 이 전통적인 관념을 답습했지만, 그것을 새로운 부르주아 인본주의와 인도주의의 본질에 주입시켰다. 이러한 기초 위에서 캉유웨이는 "고통을 덜고 즐거움을 추구하며" "천하가 한집안"이라는 대동이상을 세우기 시작했으며, 적극적으로 정치운동에 참가하고 변법유신을 주장하는 인생태도를 세운 것이다.

나를 미루어 다른 사람에게 미치게 하는 박애에서 부모도 없고 임금도 없는 대동에 이르기까지 많은 위험이 잠복되어 있는 이런 박애철학은 반동적인 인물들의 우려와 공격을 야기했다. 반동파는 인애를 많이 이야기하는 것이 장차 "군군 신신 부부 자자"(君君臣臣父父子子)의 금성철벽(金城鐵壁: 쇠로 만든 성벽)을 파괴할까봐 두려워했다. 그들은 그것이 '유가를 유인하여 묵가에 들게' 하고 '묵가를 다시 번성하게 하는 것'으로 여겼다. 그러므로 반드시 인애를 '예'를 포함하고 있는 규약에 귀납시킴으로써 '처음의 사소한 잘못이 나중에 가서 큰 잘못이 되는 것'을 면하고자 했다.

예교가 밝으면 인은 그 속에 있으니…… 이는 그 본체(體)를 말한 것이다. 사랑에는 차등이 있으니…… 이는 그 작용(用)을 말한다. 이것을 버리고 인을 말하면 묵가의 겸애, 석가모니의 자비, 모세의 구세주가 될 것이니, 처음의 사소한 잘못이 나중에 가서 큰 잘못이

---

51) 『춘추 동씨학』.

될 것이다. 누구나 자기부모를 섬기고 어른을 모시면 천하에서 가장 사적인 것도 실제로 천하에서 가장 공적인 것이 된다. ……이것을 버리고 사랑을 말하면 오륜에서 그 네 가지를 잃어버리는 것이니, 모두 친구로 사귀게 되어 군신·부자·형제·부부의 도는 고통을 겪게 된다.[52]

봉건주의 사상체계에서 '인'과 '예'의 양자는 원래 서로 조화롭고 보충적이었지만 여기서는 첨예하게 대립하고 투쟁했다. 부르주아 개량파는 '인'을 강조했고, 봉건정통 수호자들은 '예'를 견지했다. 이(理: 예禮)를 반대하고 인(仁: 인人)을 중시하는 것이 캉유웨이와 탄쓰퉁 일파의 기본논점이었다. 인은 그들에 의해 공전의 철학적 높이로 끌어올려졌고, 심지어 그것을 생성·소멸하지 않고 영원히 변치 않는 인류의 본성이며 자연법칙과 세계의 실체라고 보았다. 그리하여 그것에 반봉건주의적인 근대부르주아 계급의 자유·평등·박애의 내용을 갖게 했다. 그것은 자연히 봉건옹호자들에게 적대시되었다. 사실 이들은 지나치게 염려할 필요가 없었다. 왜냐하면 캉유웨이의 박애 역시 여전히 '가까운 것에서 먼 곳까지 미치는'(由近及遠) 이론을 통하여 일정한 범위 내에서는 '사랑은 차등이 있다'는 봉건윤리를 지니고 있었기 때문이다. 개량파는 점진적 방식을 통해 '이'(理: 예禮)의 속박을 천천히 풀면서 '인'―'인간의 본성'을 실현해야만 했다.

2. 부르주아 계급의 자연인성론

캉유웨이의 박애철학은 인성론과 밀접한 관계가 있다. 인성의 선악 문제는 중국의 전통철학에서 논쟁이 그치지 않던 오래된 문제이다.

---

52) 주이신(朱一新), 『패현재 잡존권』(佩弦齋雜存卷) 「왕즈상 동년에게 보냄」(復王子裳同年).

캉유웨이와 봉건주의 정통사상가의 논쟁은 이 문제에 관한 최후의 논쟁이었다. 여기서 우리는 신구가 교체하는 시대의 내용과 형식 문제를 볼 수 있다. 또한 마르크스가 말한 대로, 새로운 용어로 사상을 표현하는 방법을 미처 습득하지 못한 학생이 거대한 보수역량을 가지고 있는 전통 속에서 우선 그 모양을 바꾸는 예를 볼 수 있다. 그러므로 끝이 없는 듯한 번쇄(煩瑣)한 철학의 공담 때문에 골치 아파할 것이 아니라, 오래된 전통언어 속에서 그것의 새로운 근대적 의미를 간파하고 그것이 지닌 근대적 부르주아 자연인성론의 새로운 빛을 인식해야 한다.

전통인성론의 선악 문제에 대하여 캉유웨이는 '성(性)에는 선악이 없다'는 고자(告子) 이론의 신도임을 공언했다. "성이라는 것은 생의 바탕이니 선악이 없다." "성을 논하는 주장에서는 고자가 옳고 맹자가 틀리다."[53] "고자가 생을 성이라고 말한 것은 지당한 논조이고 이는 공자의 말과 합치한다. ……정자(程子), 장자(張子), 주자는 성을 둘로 나누어 기질(氣質)과 의리(義理)가 있다고 했는데 ……이는 맹자를 견강부회한 것이다. 사실 성은 완전히 기질이며, 이른바 의리는 기에서 나오므로 억지로 나눌 수 있는 것이 아니다."[54] "성은 천생이고 선(善)은 인위적이다."

'성'과 '선'(여기서 선은 봉건주의가 규정한 윤상倫常 도덕의 규범과 준칙 등을 가리킴)이 생겨날 때부터 함께하는 것이 아니라면, '성'에는 원래 선천적으로 주재하고 있는 '선'이 없고 '성'은 단지 기질이며 '의리의 성', 즉 '선'은 기질에 속하는 후천적인 습득이라면, 이것에서 어떤 결론을 얻게 되는가?

첫번째 결론은 바로 인욕(人欲)을 제창하고 천리(天理)에 반대하며 봉건주의적 금욕주의에 반대하는 것이었다. 탄쓰퉁은 이것에서 그의

---

53) 『완무초당 구설』.
54) 『장흥학기』.

사회윤리관을 세우기 시작하여 봉건윤상을 맹렬히 공격했다. "천리는 인욕 속에 있으므로 인욕이 없으면 천리도 발현될 수 없다.[55] 이는 봉건예교에 반대하는 가장 우렁찬 도덕론이었다. 캉유웨이 역시 인성이 자연과 같다는 이론에서 출발하여 고통을 버리고 즐거움을 구하는 것으로서 인생의 정의와 합리성을 다방면으로 논증했다. 또 물질문명 발전의 필연성과 행복을 인정했으며, 인간의 힘든 생활을 개선할 것을 요구했다. 그렇게 하여 지상에 대동세계의 천당을 세우려 했다.

그는 '공자의 도'는 바로 '인성'에 기초하여 '사람의 성을 따르는 것으로 도를 삼았고', '인성'은 바로 '천성(天生)에 기초한다'고 인식했다. 이런 천성 역시 정욕과 쾌락 등 인류의 육체와 정신의 요구라고 강조했으며 무엇보다 육체의 요구라고 지적했다. "인도는 고달픔을 구하고 즐거움을 버리는 것이 아니다."[56] "천하의 생명이 있는 것들은 모두 즐거움을 구하고 고통을 면하려 할 뿐 다른 도는 없다. 길을 우회하여 구불구불하게 가면서 고통을 당하여도 괴로워하지 않는 것은 그 또한 즐거움을 구하려 하기 때문일 따름이다."[57] 그러므로 인욕은 결코 '악'이 아니며 인욕을 억압하는 이, 즉 천리는 결코 '선'이 아니다. 성(性) 자체라야 비로소 '선'이다. 그런데 '성' 자체는 오히려 '인욕'(고통을 버리고 즐거움을 구함)에 지나지 않는다. 이렇게 그는 봉건주의 정통사상과 완전히 대립되는 논점을 얻었다. 봉건정통이 '악'(인욕)이라고 여긴 것을 여기서는 '선'(인성 자체)으로 여겼고, 봉건정통이 '선'(인욕을 억압)이라고 여긴 것을 여기서는 '악'(이런 억압이 자연스런 본성의 발전을 위반했기 때문에)으로 여겼다.

결론은 바로 개성의 자유와 개인의 권리를 반드시 쟁취하고 세속의 즐거움과 지상의 행복 등을 인정하는 것이었다. 캉유웨이는 그가 표방한 '공자의 도'를 자연인성론의 기초 위에 세웠다.

---

55) 『인학』.
56) 『대동서』.
57) 같은 책.

공자의 도는 하늘과 인간의 자연스러운 이치이고 ……성인이 도를
행하는 것은 백성의 본성이 이롭다고 여기는 바를 따라서 이익으로
그것을 이끈다. ……그래서 삶의 풍부함(聲色)을 폐하지 않는다.
……백성을 인도하는 자는 인정이 지향하면서 물성이 회피할 수 없
는 것을 따르게 될 때, 그 도가 반드시 행해질 것이다.[58]

법률을 제정하고 가르침을 세워 사람에게 기쁨을 주고 고통을 없애
주는 것이 선한 것 중의 선한 것이고, 사람에게 기쁨을 많게 고통을
적게 할 수 있는 것은 선하되 선을 다한 것이 아니며, 사람에게 고통
을 많게 기쁨을 적게 하는 것은 선하지 않은 것이다.[59]

마치 프랑스 부르주아 유물론자가 유물론적 감각론 위에 자연인성론
의 윤리학을 세운 것[60]처럼, 중국 자유주의 개량파 캉유웨이와 탄쓰퉁
의 자연관과 인성론 역시 이런 사유의 필연법칙에 지배되었다. 그리하
여 인성을 물질적 자연존재로 간주함으로써 자신의 유물론 경향의 자
연관과 논리적으로 연계했다. '성─선'의 문제는 근본적으로 '기─이'
의 문제이고, '성이 먼저고 선이 나중'이라는 것은 사실상 '기가 먼저
고 이가 나중'이라는 것의 표현형식이자 논리적 연역이었다. 캉유웨이
는 먼저 '기'를 주재하고 결정하는 '이'가 있는 것이 아닌 것과 마찬가
지로, '성'의 앞에 존재하면서 '성'을 결정하는 '선'은 없고, '이'는
'기' 속에 존재하고 '기'에 종속되어 있는데, 이는 '선'이 '성' 속에 있
고 '성' 자체가 '선'인 것과 같다고 했다.[61]

---

58) 『춘추 동씨학』.
59) 『대동서』.
60) "포이어바흐에 비추어보면…… 인간은 대상에서 일부 인상을 느끼는데, 그중 일
부는 그를 유쾌하게 하지만 일부는 그를 고통스럽게 한다. ……그는 자신을 유
쾌하게 만드는 모든 것을 선이라 하고 자신을 고통스럽게 만드는 모든 것을 악
이라 한다."(플레하노프, 『유물론사 논총』)
61) 탄쓰퉁에게는 '이태'와 '성'의 관계가 그러하다. 이 책의 탄쓰퉁 부분을 참조하라.

그러나 봉건정통 사상가들은 그렇게 생각하지 않았다. 그들의 관점은 캉유웨이의 관점과 대립했다. 그들은 '선'은 반드시 '성' 앞에 존재하고 '성'을 주재하고 조절한다고 생각했다. 이는 바로 '이'가 '기' 앞에 존재하면서 '기'를 주재하고 조절하는 것과 같다. 반동파 역시 인성 문제가 세계관 문제와 연계되어 있음을 간파했고, 이 문제를 철학의 근본문제에서 서로 다른 두 노선의 높이로 끌어올려 논쟁했다.

성(性)은 고치(繭)나 알(卵)과 같다. 실(絲)은 고치 속에 있는데, 만약 실이 없다면 어찌 고치가 있겠는가? 어린 새끼(雛)는 알 속에 있는데, 만약 어린 새끼가 없다면 어찌 알이 있겠는가? 알이 실을 만들 수 없고 고치가 어린 새끼를 만들 수 없는 것은 이(理)이고, 성이 악(惡)이 될 수 없는 것 또한 이이다. ……성 스스로가 선(善)이다. 그것이 불가하다면 성으로 선을 삼아야 할 것인데, 성이 선에 근본하는 것이 아니라 할 수 있을까? 예를 들어 고치 스스로 실을 뽑아내고 알이 스스로 새끼를 만드는데, 그것이 불가하다면 고치를 실로 삼고 알을 새끼로 삼아야 할 것이다. 그런데 고치가 실에서 생기는 것이 아니고, 알이 어린 새끼에서 생기는 것이 아니라고 할 수 있을까? 어린 새끼의 종자(種)가 있은 후 알이 되고 실의 종자가 있은 후 고치가 되며 선을 계승한 후에 성을 이룬다. ……하늘의 도는 선하지 않은 것이 없다. 그렇다면 하늘에서 받아 성이 된 것에 어찌 선하지 않은 것이 있겠는가? 동중서(董仲舒)는 선이 성에서 나오는 것만 알았을 뿐 성이 실제로 선에서 나온다는 것을 몰랐다.[62]

실이 먼저 있은 후 누에고치가 있고, 새끼 새가 먼저 있은 후에 알이 있으며, 선이 먼저 있은 후에 성이 있다. 선천적인 것으로서 새끼 새의

---

62) 주이신, 『익교총편』(翼敎叢編) 「캉창루에게 답하는 다섯번째 글」(答康長孺第五書).

본질은 알보다 앞서고 아울러 알을 결정하고 주재한다. 선천적인 것으로서 '선' 도 '성' 보다 앞서고 '성' 을 결정하고 주재한다. '선' 의 선천적인 '성' 을 결정하는 것은 실질적으로 다른 것이 아니라 '기' 를 결정하는 '천도 – '이' 이므로, '선' 은 바로 '천도·'천리' 이다. 이 '이' 는 당연히 다른 것이 아니라 '예'——봉건주의 지배계급의 사회질서이자 사회의식——이다. 바로 이와 같기 때문에 그들은 이 '이' – '선' 이 인민대중의 물질생활의 '기' – '성' 을 결정하고 주재함으로써 '기' – '성' 을 그것들에 종속시키고 복종시킬 것을 유난히 강조하여 요구했다. 이것이 그들이 주장하는 '인성선' (人性善)의 본질이다.

기는 이가 주재해야만 성을 절제시킬 수 있다. 성은 무엇으로 절제시킬 것인가? 예가 있을 뿐이다. 예란 것은 이의 바꿀 수 없음이고 태일(太一)에 근본을 두고 천만 가지 다른 것에 뒤섞이며, 그 혈기(血氣)와 심지(心知)를 본보기로 삼아 점차 천명의 근본을 회복시킨다. ……물질이 있으면 반드시 규칙이 있고, 기질(氣質)이 있으면 반드시 의리(義理)가 있으며, 부자(父子)가 있으면 반드시 자애가 있고, 군신이 있으면 반드시 등급과 위엄이 있다. 이것들은 동해에 두어도 정확하고 서해에 두어도 정확하다.[63]

봉건주의의 유로(遺老)들이 이처럼 귀찮음을 마다하지 않고 반복해서 캉유웨이와 이런 건조한 문제에 대해 논쟁한 것은 다른 특별한 까닭이 있어서는 아니었다. 캉유웨이가 주장한 "성에는 선악이 없다" 는 이론이 봉건주의의 지배질서를 파괴하고, "성인의 가르침의 뜻을 모두 날조·조작했고 성의 자연스러움에 근본을 둔 것이 아니므로, 필연적으로 예와 의를 버리는 데까지 나갈 것" 을 두려워했기 때문이다.[64] 그

---

63) 같은 글.
64) 『패현재 잡존』 「모생에게 답함」(答某生).

들이 보기에 '예와 의를 버리는 것'은 인간이 더 이상 '선'(善)의 '천리'(天理)로 자신의 '성'(性)과 '인욕'(人欲)을 다스리지 않으려는 것이고, 이는 당연히 인욕을 자유롭게 하고 천리를 소멸시키는 것이라고 생각했다. 요컨대 캉유웨이는 '성'을 '정'(情)·'욕'(欲)과 결합시킨 후, '성'의 본질이 그것들('정'과 '욕')이고 '성'은 그런 '기질(氣質)적 성'이며, 그것들 자체가 선천적인 도리의 선악과 관계가 없고, '선'(善)은 그것들을 정당하게 발전시키고 '악'(惡)은 그것들의 발전을 방해한다고 인식했다.

이와 반대로, 봉건정통주의는 '성'을 '정'·'욕'과 분리하여 대립시킨다. 그런 후, '정'·'욕' 그 자체가 대부분 '악'이며 이런 악의 '기질의 성' 위에 반드시 선의 '의리'(義理)의 성'을 군림시켜야만 그것이 '성'의 본질이 되고, 사람들은 반드시 그것으로 자신의 '기질'과 정욕을 통제해야 한다고 인식했다. 이른바 "인성이 이 본연의 선을 따르면 이(理)에 통달하여 성(性)에 진력할 수 있음"이다. '성에 진력(盡性)'한다는 것은 봉건주의의 윤상도덕에 진력하는 것이다. 이는 또한 "성인이 기질에 권한을 부여하지 않고 반드시 선을 성에 귀속시키는 것", 즉 반드시 '기질적 성'을 억누르는 도리이다. 그러므로 '인성은 선을 근본으로 함'을 한결같이 강조하고, '성인의 도'가 인간의 본성을 근본으로 함을 한결같이 강조한다. 그런데도 인간의 본성에 대한 두 가지 다른 해설——근대 부르주아 인성자연론과 봉건주의의 천리인욕론——이 있음을 명확히 알 수 있다. 전자는 자연스러운 정욕을 '인간의 본성'으로 삼고, 후자는 '천리'의 예의를 '인간의 본성'으로 삼는다. 이에 대해 캉유웨이 자신도 이렇게 말했다.

공자의 도는 육체에 근본을 두고 있다. 인간의 육체는 본래 재물을 좋아하고 여색을 좋아하며 즐거움을 좋아하는 욕망이 있으므로 성인은 이를 금하지 않았다. 그런데 공자와 맹자의 학은 인(仁)에 있으므로 그 학파를 확대하여 추론하면 점점 넓어진다. 반면 주자의 학은

의(義)에 있으므로 단속할수록 더욱 각박해진다. 그러나 백성의 정욕
은 실제로 끊어지지 않는다.[65]

캉유웨이 등의 이런 자연인성론은 명말 청초의 사조를 직접 계승한
것으로 민족사조의 근대적 발양이었다. 이것은 전통에 더 명확한 부르주
아 계급성질을 갖게 했다.

그밖에 캉유웨이가 불학과 육구연 · 왕양명 심학(心學)의 영향을 수
용한 것도 이것과 관계가 있다. 육왕 심학이 정주(程朱) 이학과 대항자
적인 위치를 가졌고, 불학 또한 반(反)속박과 반(反)세속적 특징을 가
졌으며, 양자는 '심' (心)을 중시하고 마음을 '성'으로 인식했기 때문
이다. '심'은 '이' (理)보다 훨씬 풍부한 정욕과 지각 등 인류의 구체적
이고 자연스러운 실제의 성(性)을 가졌다. '이'는 논리적 추상이지만
'심'은 육체적 내용을 가진다. 주희(朱熹)는 일찍이 고자(告子)를 빌
려 육상산(陸象山)과 불학을 질책했다. 그는 불학과 육상산의 "마음을
성으로 삼는 것이 바로 고자가 생(生)을 성(性)이라 한 견해"라고 인식
했다. 그러나 '심을 성으로 삼고' '생을 성이라 하는' 등 중국 고전철
학 전통에서 인류의 자연스런 정욕을 긍정한 사상적 경향이나 요소는
바로 근대 부르주아 계급이 각별히 필요로 하여 발전시킨 이론자료였
다. 봉건 관념론의 육왕 심학이 청말 시대사조에서 정주 이학보다 우월
한 지위를 차지할 수 있던 것은 이상할 것이 없다.[66] 명말 청초에서 근

---

65) 『맹자미』.
66) 왕양명 철학에서는 '심' (心)을 '도심' (道心: 천리天理)과 '인심' (人心: 인욕人
欲)으로 나누었다. '도심'은 '인심'에 반대되면서도 반드시 '인심'에 의거해야
만 존재할 수 있다. 여기에 이미 그 전체 체계를 파열시키는 필연적 모순이 내장
되어 있었다. 왜냐하면 '도심'은 '인심'의 지(知) · 의(意) · 각(覺)을 통해 체현
되고 양지(良知)는 자연스러움에 순응하는 것이기 때문이다. 그러므로 지 · 의 ·
각은 인류의 육체적 · 심리적 성질을 가지고 있을 뿐, 순수한 논리적 이(理)가 아
니다. 이로부터 필연적으로 '천리는 인욕 중에 있고' '이는 기(氣) 중에 있다'는
유물론이 발전하게 된다.

대에 이르기까지 진보적 사조의 한 가지 특색은 당시 사회의 지배적 사상이던 정주 이학에 대한 반항이었다. '이가 기에 우선한다'는 관념론, 전제 군주의 정치관점, 인욕을 악으로 여기는 도덕이론 등 영혼을 속박하고 행동을 압제하는 봉건악마는 근대인들이 가장 참지 못하던 적이었다. 근대의 선진 사상가들은 거의 예외 없이 그것을 비판하고 공격했다.[67] 육왕 심학과 불학 관념론이 환영받고 수용된 것은 봉건속박의 반대와 관계가 있지만, 그밖에 주관 심지(心地)를 과장하는 것과 결합하는 것이 더욱 중요한 원인이기도 했다. 이 점에 대해 우리는 앞에서 이미 살펴보았다.

자연인성론에서 도출된 두번째 결론은 인성평등론이다. 이 결론은 박애설과 인욕 무악설의 연역적 판단이다. '인(仁)은 박애'라고 선전하는 철학과 평등민권을 선전하는 정치는 이처럼 서로 잘 융합되어 스스로 그 체계를 형성했다. "자신에게 비추어보아 타인을 이해하는 것은 공자 입교(立敎)의 근본이고, 백성과 더불어 하는 것과 자유·평등은 공자 입치(立治)의 근본이다."[68] 캉유웨이의 '교'(철학)와 '치'(정치)는 원래 긴밀하게 하나로 연결되어 있다. 성의 선악이 선천적인 규약과 준칙에 복종하거나 배반함에 따라 결정되는 것이 아닌 바에는, 그것은 단지 후천적으로 합리적이거나 불합리적인 결과일 수밖에 없다. 그렇다면 인간은 자연본질적으로 평등하고 비슷하며 모두 같은 기질과 욕구 그리고 권리를 가지는 것이 당연하다. 황제와 소인(백성), '군자'와 '야인'은 모두 선천적인 차이가 없고 평등하다. 캉유웨이는 이것에서 '천부인권'과 같은 부르주아 평등사상을 이끌어냈다.

사람마다 본성이 선하다(생각하건대 여기서 성선은 자연스러운 성이 선하다는 것이고, 성이 선이라는 것임). 문왕(文王)도 본성이 선

---

67) 탄쓰퉁과 쑹수가 가장 격렬했고 캉유웨이는 그중 비교적 온건했다.
68) 『중용주』.

할 뿐이므로 문왕은 다른 사람과 평등하고 서로 같다. ……모든 인간 또한 자립하여 성인이 될 수 있다. ……모든 사람은 저절로 생겨나고 하늘에 직접 기록되어 있으므로 저마다 독립적이고 평등하다.[69]

사람마다 하늘이 낳으매 사람마다 모두 하늘의 아들이다. 그러나 성인이 잠시 그 이름을 달리하여 왕자(王者)를 하늘의 아들로 삼고 서인(庶人)을 어머니의 아들로 삼는데, 사실은 사람마다 모두 하늘의 아들인 것이다.[70]

이뿐만 아니라 만물은 모두 지각과 정신이 있고 인류와는 다만 '군집'(群集) 여부의 양적 차이만 있을 뿐이라고 인식했다. 이와 마찬가지로, 캉유웨이는 선천적으로 인간과 동물과 초목은 자연본질적으로 서로 비슷하고 일치한다고 인식했다.

무릇 성(性)이란 천명으로부터 받은 자연스러움이고 지순(至順)함이다. 이는 유독 사람에게만 있는 것이 아니라 금수에게도 있고 초목에게도 있다. ……그러므로 공자는 성은 서로 비슷하다고 했다. 무릇 서로 비슷함은 평등을 가리키므로 성이 있으면 배움이 없더라도 모두 평등하다. 똑같이 음식을 먹고 소리, 의복, 얼굴빛이 다르므로 이른바 소인도 없고 이른바 대인도 없다. 성이 있고 배움이 없으면 인간과 금수가 평등하고, 똑같이 보고 듣고 운동하므로 인간과 금수의 구별이 없다.[71]

모든 차이는 후천적인 '배움'과 '배우지 않음'에서 오는 것이고, 선천적인 지혜나 지식이나 학문은 없다. 캉유웨이는 분명 이런 후천적

---

69) 같은 책.
70) 『춘추 동씨학』.
71) 『장흥학기』.

습득을 중시하는 유물론적 인식론의 경향을 가지고 있었다. "사물이 지극하고 앎이 지극한 후에야 호오(好惡)가 드러난다." "물리는 무궁하므로 거짓으로 학문에 이를 수 없다. 비록 천부적 지혜를 타고난 성인이라 하더라도 명물(名物)과 상수(象數)에 통달할 수 없을진대, 하물며 다른 것에 있어서랴? 그러므로 배움을 묻는 것으로 길을 삼아야 한다."

그들이 이렇게 말한 까닭은 구국의 진리를 찾으려면 반드시 고달프고 진지하게 학습해야 하고 '배움을 묻는 것을 길로 삼고' '사물의 도리를 파고들어 지식을 명확히 하는' 현실적 태도를 취해야만 했기 때문이다. 또 심(心)을 천지만물의 '치양지'(致良知)*로 삼는 순수한 주관적 공상에 빠질 수 없었기 때문이다. 육왕 심학과 불교 관념론은 결코 이들 진리추구자의 전체 철학이 아니었다. 그러나 인성의 선악 문제는 선천과 후천, 본성과 환경의 관계에 관련되어 있기 때문에 항상 인식론적 의의를 가지게 된다. 캉유웨이 등은 인류의 의식과 지혜의 문제를 언급할 때면 그 즉시 구제할 길 없는 '지(知)=전(電)'의 공식으로 빠졌다. 비록 실천과 현실에서 그들은 언제나 배운 후에야 알 수 있고, 반드시 '하학상달(下學上達)'해야 하며 과학을 깊이 강구할 것을 지적했는데도!

봉건주의 정통사상은 인성평등과 물성평등의 이론에 반대했다. 이 이론의 입장에서 볼 때, 세상에 존재하는 등급과 차이와 불평등은 상천(上天)의 뜻이고 선험적인 규약의 구현이었다. 예란 이(理)이다. 군자는 태어나면서 '천리', 즉 '선'을 체현하고, '소인'은 세상에 나오면서 '기질', 즉 '인욕'이 마치 탁한 물과 같기 때문에 '천리'의 대부분이 '인욕'에 은폐되어 대부분 '악'하다. '군자'와 '소인'[72]은 그들이 획득한 '이'가 '기품'(氣稟: 인욕)이 다르고, '기질'(인욕)에 은폐된 것이

---

* 배우지 않고도 깨우치는 천부적 지능에 이르는 것을 말한다.

72) 실제로 객관적인 계급적 의미에서 이것은 지주와 농민, 통치계급과 피통치자 이다.

다르기 때문에 실제의 '성'(천리)은 결코 비슷하거나 평등하지 않다. 사람과 금수 초목(통치자는 인욕을 가진 인민을 금수라고 욕하는 사람임)의 '성'은 당연히 비슷할 리 없다. 정이(程頤)와 정호(程顥)는 "천지 사이에는 모두 짝이 있다. ……선이 있으면 악이 있다. 군자와 소인의 기상은 항상 정체되어 있어 누구나 모두 군자가 될 수는 없다"[73]고 했다. 그러므로 당시 낡은 도덕의 옹호자들은 "평등을 비슷한 것이라 여기고, 금수와 사람을 구별하지 않는" 캉유웨이를 호되게 비판했다. 그들은 "맹자가 말하길 개와 소의 성은 사람과 다르고, 사람과 금수의 차이는 배우고 배우지 않음에 있지 않다"고 강조했다.[74]

결국 이 철학 문제의 의의는 다음과 같은 점에 있다. 먼저 봉건주의 사상가는 인의 '성'(性)의 본질적 존재로서 주재적 '선'―'천리'(예)를 요구했고, '천리'(선)와 군자·소인·금수·초목의 관계는 실제로 각기 지닌 바가 같지 않으므로 인성과 물성도 평등할 수 없다. "이 이로 이 기를 주재하지 않으면 인과 물의 생(生)은 혼연일체가 되고, 인의 성(性)은 개나 소의 성과 같아진다.[75] 반면 개량파들은 인성과 물성은 마찬가지로 자연 자체이고, 이른바 '천리'('선')적 '성'이 인욕과 기질에 의해 은폐되는 문제는 결코 없기에 개개인의 '성'은 당연히 평등하고 비슷하다고 인식했다. 개량파의 이런 사상은 일종의 추상적인 자연인 성론이다. 이른바 '인성'의 사회적·역사적 성질을 이해하지 못하고, 인성을 생리적 체질로 귀결시켜 그것이 '물성'과 '완전히 일치'한다고 인식한 것이 분명하다.

그러나 절대적인 이론적 의미에서 보면 오류이고, 심지어는 황당하기까지 한 것이 당시의 상대적·역사적 의미에서는 진보적이고 필요한 것일 수 있다. 부르주아 자연인성론이 반(反)봉건시대에서 바로 그러했다. 이론적으로는 정확하지 않은 사상이 역사적으로는 자신보다

73) 『유서』(遺書) 권15.
74) 예더후이, 「장흥학기 박의」(長興學記駁議).
75) 주이신, 「캉창루에게 답하는 다섯번째 글」.

더 황당한 봉건주의의 인성사상에 반대하는 진보적 작용을 한 것이다. 그러므로 중요한 문제는 오히려 이 학설의 이론적 본질의 오류에 있던 것이 아니라, 캉유웨이가 이 이론을 명확하게 끝까지 고수하지 않은 점에 있다. 오히려 캉유웨이는 나중에 그것을 낡은 봉건이론과 서로 조화시켰다.

탄쓰퉁을 대표로 하는 개량파 좌익의 인성문제에 대한 격렬한 태도와 봉건오류에 대한 빛나는 비판과는 달리, 캉유웨이는 똑같은 기본관점에서 출발했지만 도저(到底)하게 관철시키지 못했다. 그뿐만 아니라 이것에서 획득한 삼강오륜의 낡은 봉건예교를 비난하는 논리와 논단이 눈앞의 실제문제와 관련되면 될수록 오히려 더욱 뒷걸음질쳤다. 예를 들면, 오래 전에 학생들에게 하던 학술강연과 그 저작[76]에서 캉유웨이는 자신의 진정한 관점을 대담하게 말할 수 있었고, "고자가 옳고 맹자는 틀리다"고 말할 수 있었다.

그러나 이후의 다른 저서, 특히 『중용주』·『맹자미』 등의 경전 주석서에서는 현실사회, 봉건경전과 타협적이고 조화로운 태도를 취했다. 이것은 봉건경전을 이용해서 이론적인 정치선전 활동을 진행하기 위하여 대대적으로 경전을 주석한 것이었고 그에 따라 봉건경전의 원뜻과 타협할 수밖에 없는 것이었다.[77] 동시에 (경전주해 자체를 포함하여) 당시 봉건사회의 환경과 타협한 것이 분명하다.

현실과 타협하고 조화를 이루고자 한 캉유웨이의 주장과 태도는 자신의 인성주장에도 녹아들었다. 예를 들면, 캉유웨이는 『맹자미』(무술변법 이후의 저작)에서 상당히 많은 분량으로 인성의 선악문제를 논증했다. 그는 중국 고대 각파의 주장에서 이동(異同)을 열거하고는 초기 논점과는 다른 절충적·통속적인 결론을 얻었다. "고자·순자·동자(동중서)는 맹자와 추호도 다를 바가 없다. 다만 명칭 변별에 다름이 있

---

76) 예를 들면 『대동서』·『완무초당 구설』·『장흥학기』 등.
77) 예를 들어 『맹자』를 주해하면서 『맹자』가 틀리다고 말할 수는 없다.

지만 귀착점은 하나이다." 캉유웨이의 이런 주장에 비추어보면, 성(性)에는 본래 선과 악의 두 가지 원소가 있고, 후천적으로 선을 발휘하면 선이 되고 악을 발휘하면 악이 된다. 실(絲)의 본질이 일찌감치 고치에 포함되어 있는 것처럼 선의 본질도 일찌감치 성에 포함되어 있고, 선은 사람이 '성의 선한 자락'을 따라 후천적으로 확충되어 이루어진 것이다. "누에는 고치에서 실을 뽑은 후에 생사가 될 수 있고, 성은 교훈에 훈도된 후에 선이 될 수 있다." 캉유웨이의 이런 주장을 귀납하면 동중서의 다음 말과 같다.

성이란 천부적 바탕의 소박함이고, 선이란 왕의 가르침의 덕화다. 그 바탕이 없으면 왕의 가르침으로 덕화시킬 수 없고, 왕의 가르침이 없으면 질박함도 선할 수 없다.

이것은 정주(程朱) 봉건주의 전통의 성선론과 같지 않은데도 여전히 후천적 교화의 요소를 강조한 셈이다. 그러나 그것은 필경 성에는 선천적이고 외재적인 선악이 없고 선은 자연인성이라는 처음 입장을 점차 벗어나, 성에는 이미 모종의 도덕규범인 '선'이라는 본질이 존재하고 있음을 인정했다. 또한 마찬가지로 '성'에 모종의 '의리' 본질이 있음을 인정하고 그것을 자연기질과 분리해갔다. 그 결과 필연적으로 다시 봉건주의 둥우리로 되돌아가 '이'와 '기'를 분리하고, '성'과 '선'을 분리하며, '성'은 '이'('의리의 성')와 '기'('기질의 성')의 양자로 구성된다고 인식하게 되었다. 캉유웨이는 바로 이 길을 걸었다. 『중용주』에서 그는 '의리의 성'을 긍정했다.

성에는 질성(質性)이 있고 덕성(德性)이 있다. 덕성이란 하늘이 나에게 명덕(明德)을 생기게 하는 선으로, 기질(氣質)에 붙어 밝은 영혼이 어두워지지 않게 하는 것이다. ……후세에 의리의 성이라 불렀는데 또는 영혼이라 말하고, 또는 성식(性識)이라 한다.

또한 『맹자미』에서는 다음과 같이 말했다.

그런데 기(氣)의 관점에서 보면 지각과 운동은 사람과 사물이 다르지 않지만, 이(理)의 관점에서 보면 인·의·예·지의 천품을 어찌 사물이 온전하게 얻을 수 있겠는가? 이는 사람의 성이 선하지 않은 것이 없어 만물의 영혼이 되는 까닭이다. 고자는 성(性)이 이가 됨을 모르고 이른바 기로 그것을 충당했는데, 이 장의 오류는 근본적이다.

혼기(魂氣)의 영(靈)은 어질고, 체백(體魄)의 기는 탐욕스럽다. ……혼과 백은 항상 서로 다툰다. ……혼으로 백을 제압할 수 있으면 군자이고, 백으로 혼을 강박하게 하면 소인이다.

이는 천리인욕론과 아무런 구별이 없다. 자신의 논적이던 주이신의 논조와 거의 완전하게 비슷하다.

이런 후퇴와 타협은 그의 철학 체계의 특징이었다. 이는 유물론적 자연관에서 심물(心物) 이원의 노선으로 나아가는 것과 깊은 관계를 가지고 있다. 캉유웨이는 '지를 귀하게 여기고'(貴知) '물을 경시하며'(輕物) '심지를 귀하게 여기고 체백을 경시하' 는 등 심지와 체백을 나누었다. 이 때문에, 여기서 그는 마침내 '의리' 와 '기질' 을 분리하고 '선' 과 '성' 을 분리했으며, '선' ('의리')은 '혼지' (魂知)를 만들고, '성' ('기질')은 '체백' 을 만든다고 인식했다. 그리고 이에 따라 캉유웨이가 좋아하던 공식——선(善)=지(知)=인(仁)=전(電)——에 관철시켰다. 그리하여 '혼지' 와 '의리' 만을 이야기하고, '기질' 과 '체백' 을 쓸데없는 물건이라 간주하여 경멸의 눈초리로 길옆으로 내던졌다. 이것은 '심지' 와 '의리' 를 본체로 삼는 봉건관념론의 옛길로 되돌아간 것과 다름이 없었다.

3. '공양삼세설'의 역사관

'공양삼세설'이라는 낡은 틀 속에 포장하여 발전을 강조한 역사관은 캉유웨이 사상체계의 주요한 대들보이다. 이후 많은 부분에서 얘기할 것이므로 여기서는 간단히 언급하고자 한다.

중국 근대철학의 특색은 변증법적 관념이 풍부하다는 것이다. 캉유웨이도 마찬가지였다. 이는 당시 시대적 상황과 과학적 특색의 반영이었다. 신구가 교차하는 사회변동은 사람들에게 복잡하게 뒤섞인 오색영롱한 사회적 풍경을 가져다주었고, 자연과학 또한 마찬가지로 신기하고 괴이한 오색영롱한 자연풍경을 가져다주었다. 생활은 격동하고 사물은 신속하게 변이되고 교체되었으며 모순은 극렬하게 충돌하고 발전했다. 영원불변이라 여기던 척도가 모두 부적당한 것으로 변했고, 고정불변이라 여기던 사물이 분열 · 와해되며 전진하고 변화했다. ……도대체 무슨 이유 때문인가? 어떤 법칙이 그것을 제약하고 결정하는가?

이 모든 것이 만화경(萬花鏡)처럼 사람들 눈앞에서 반짝거리며 사람들 머릿속을 어지럽혔다. 이것들은 당시의 진보적인 인물이 어지러운 숱한 변화 속에서 있는 힘을 다해 그것을 포착하고 이해함으로써 자신들의 관념을 쇄신하게 하고, 자신들의 사상이 그런 객관환경을 정확하게 반영할 수 있게 했다. 그들은 자연과학과 사회생활 속에서, 이전에는 고립되고 정지되었다고 여긴 사물들이 긴밀하게 서로 연계되고 의존하고 있으며, 끊임없이 꼬리에 꼬리를 물고 변화하는 현상을 보았다. 또한 이전에는 고정되고 통일된 것이라 여기던 사물들이 첨예한 모순과 대립으로 가득 차 있고, 모순과 대립이 기이하고 복잡하게 서로 의존하면서 전화하고 있음을 알게 되었다. 더욱 중요한 것은, 이처럼 많고 복잡한 연계 · 변혁 · 모순 속에서 그들이 마침내 주요한 실마리를 간파했다는 것이다. 그것은 바로 자연과 사회는 필연적으로 발전한다는 관념이다. 이 관념은 "하늘이 불변하고, 도 역시 불변한다"(天不變, 道亦不變)는 봉건주의의 형이상학적 주장과 대립되었다. 다윈의 진화론 등 근대 자연과학적 지식과 사회생활이 전진 · 발전(예를 들면 서양 자본주의 사회가 봉건제도 앞에 드러낸 우월성)하고 있던 당시의 현실은 그들의 이런 관념을 만들어낸 토대였다.

캉유웨이는 바로 이런 발전관념을 체계적으로 주장했고, 그것을 골간으로 삼아 전체 사상체계를 건설한 사상가였다. 이 체계를 건축하는 데 사용한 벽돌과 기와 등 재료는 여전히 봉건주의 철학에서 가져온 진부한 재료였고, 이 체계를 건설한 목적도 봉건성인을 공양하는 데 필수적인 신식 묘당을 표방하고 있었다. 그런데도 이 묘당의 점잔을 빼는 신상(神像)에서 우리는 부르주아 자유주의의 잔망스러운 귀신의 얼굴을 알아볼 수 있게 되었다. 그것은 캉유웨이가 엄숙하고 신중하게 추종한 '춘추 미언대의'와 '공양삼세설'의 '성인(聖人) 심법(心法)' 속에서 봉건주의의 진정한 미언대의에 대해 소란을 피우는, 위험한 웃는 얼굴이었다. 캉유웨이가 봉양한 것은 부르주아화한 봉건 성상(聖像)이던 것이다.

캉유웨이 사상체계의 가장 큰 밑천은 사람들을 위협하는 새로운 간판의 '공자의 성도(聖道)'; 즉 '거란(據亂)→승평(升平)→태평(太平)' ('군주→군민 공주共主→민주, 전제→입헌→공화')으로 가는 공양 삼세(三世)의 미언대의였다. 캉유웨이는 이 미언대의를 빌려 자신의 부르주아 진화론의 사회역사관을 제시하고 설명했다.

인도(人道)의 진화에는 모두 정해진 자리가 있다. 부족제에서 시작하여 부락이 되어 국가를 이루고 국가에서 대통일을 이룬다. 한 사람에서 추장을 세우고 추장에서 군신의 관계를 바르게 하며, 군주에서 입헌에 이르고 입헌에서 공화가 된다. 한 사람으로부터 부부가 되고 부부에서 부자(父子)가 정해지며, 부자에서 인류에게로 베풂이 나아가고 인류에게 베풂으로부터 대동이 된다. 그리하여 다시 한 사람이 된다. 거란에서 시작하여 승평으로 진화하고 승평은 태평으로 진화한다. 진화에는 점진이 있고 연혁(沿革)에는 이유가 있기 때문에 그것을 만국에 실험해도 풍속이 같지 않음이 없다. ……공자가 『춘추』(春秋)를 편찬함에 삼세를 널리 주장했다. ……이는 아마도 진화의 이론을 연역하여 지은 것이리라.[78]

이 대의에서 캉유웨이는 변법유신 활동의 이론적 근거를 수립했다. 사회는 필연적으로 '거란'에서 '승평'으로 진화하고 '군주'에서 '군민공주'로 진화하며 전제에서 '입헌'으로 진화한다. 그렇다면 변법개량은 이 '위대한' 역사적 사명을 집행하고 이 신성한 공자의 유언을 집행하기 위함이 아닌가? 그러므로 이론적으로는 봉건주의의 면전에서 정의(正義)라는 튼튼한 기초 위에 변법주장을 세운 것이다. 이로 인해 캉유웨이는 '공자 개제입교(改制立教)'의 큰 깃발을 대담하게 들어올려 전통적인 '위경'(僞經)과 '신학'(新學)을 훼손시킴으로써 태평에 이르는 '공자의 진도(眞道)'를 실현할 것을 주장했다. 이 대의에서 캉유웨이는 자신의 이상사회의 청사진을 만들어 한 폭의 아름답고 오묘한 대동이라는 태평세상의 공상적 설계도를 그려냈다.

'공양삼세'의 낡은 틀 속에 포장된 캉유웨이의 역사관은 그 사상체계에서 핵심적인 역할을 했다. 동시에 이 역사발전관은 '고통을 버리고 즐거움을 구하는' 자연인성론과 밀접하게 연계되어 있었다. 그 발전은 무엇보다도 사회 물질생활의 발전을 가리키며, '대동세계'는 무엇보다도 물질문명이 고도로 발달하고 과학 문화가 급격히 비약하는 시대임을 알 수 있다. 이렇게 각기 다른 발전단계를 표지하고 있는 것은 정치 · 법률제도의 차이다.

캉유웨이는 여기서 '자유', '평등' 등을 특정한 역사단계와 물질생활의 필연적 산물이라고 깊이 있게 간파했다. 중국이 유럽 · 아메리카와 아프리카 · 오세아니아 등지의 낙후 국가와 다른 점은 단지 다른 사회단계, 즉 '거란' · '승평' 등에 처해 있기 때문일 뿐이다. 그러므로 그들

---

78) 『논어주』(論語注).

은 장차 일정한 법칙과 순서에 따라 필연적으로 전진·발전할 것이
고,[79] 봉건주의 중국은 필연적으로 유럽과 미국의 자본주의의 길로 나
아가야 한다고 믿었다. 캉유웨이는 단지 자연과 사회의 필연적인 발전
과 진보를 긍정하고 강조했을 뿐 이런 발전과 진보를 추동하는 것, 즉
사회발전의 근본동력이 도대체 무엇인지에 대해서는 전혀 몰랐다. 심
지어 그는 근본적으로 이 문제를 명확하게 제기한 적도 없다. 기껏해야
'성인'은 '식욕과 성욕을 고찰하고 희로애락의 성(性)을 살펴' '삼세를
연역하여 태평에 이른다'고 극히 공허하게 인식했을 뿐이다. 이것은 바
로 사회의 전진은 단지 인성의 생리적·자연적 요구에 의해 추동될 뿐
이라는 것으로, 부르주아 자유파의 빈곤하고 추상적인 인본주의에 지
나지 않았다.[80]

캉유웨이의 이런 역사발전관은 전형적인 개량주의 진화론이기도 하
다. 이런 진화관의 특징은 발전 중의 비약과 혁명, 연속성의 중단에 대
한 부인이다. 캉유웨이는 '순차적인 점진'을 견지했다. '거란'은 반드
시 '승평'을 거쳐야만 비로소 '태평'에 다다를 수 있고, '군주전제'는
반드시 '입헌민주'를 거쳐야만 완전한 '공화민주'에 다다를 수 있다.
이것이 이른바 '삼세는 비약할 수 없다'(三世不能飛躍)는 이론이다. 캉
유웨이는 이 점을 일관되게 강조했다.

『춘추』의 뜻은 삼세를 나누었다. 어진 사람의 편을 들되 자식의 편

---

79) 캉유웨이는 또 추측의 방식으로 역사발전의 곡절(曲折)적인 형태를 주장했다.
'대동태평세'는 표면적으로 원시인들의 평등하고 자유로운 생활의 특징을 가지
고 있고, 엄격한 등급제도의 현상을 가지고 있는 '소강승평세'와 완전히 상반되
어 있다. "태평과 거란(여기서의 거란은 원시사회를 뜻함)은 가까운 듯하지만
실제로는 멀고, 거란과 승평은 상반된 듯하지만 실제로는 가깝다" 등.
80) 쑨중산은 '민생', 즉 인민생활이 사회발전의 동력이라는 견해를 내놓았는데,
이는 캉유웨이에 비해 이론적으로 크게 진보한 것으로, 아울러 계급노선의 차
이를 반영하고 있다. 캉유웨이의 자유주의 계몽사상의 인본주의와는 달리, 쑨
중산의 인본주의는 혁명민주주의적 성격을 가지고 있다. 이 책의 관계 부분에
서 상론함.

을 들지 않는 것이 태평세이다. 거란세에서는 옳은 사람의 편을 들되 어진 사람의 편을 들지 않는다. 선공(宣公)이 거란세에 태평세의 의를 행한 것은 법에 맞지 않았다. 그러므로 공자는 취하지 않았다.[81]

공양삼세설은 캉유웨이 수중에서 일종의 교활한 도구가 되기도 했다. 캉유웨이는 '삼세' 속의 각 일세를 다시 작은 삼세로 구분했다.

각 일세마다 또 삼세가 있다. 거란 역시 난세(亂世)의 승평과 태평이 있고 태평의 처음에도 거란과 승평의 구별이 있다. 각 작은 삼세마다 또 삼세가 있다. 각 큰 삼세마다 또 삼세가 있다. 그러므로 삼세가 세 번 거듭되어 구세가 되고 구세가 다시 81세가 되며, 엎치락뒤치락 거듭되면 무한에 이를 수 있으니 세상 운명의 변화를 기다리는 것을 진화의 법칙으로 삼는다.[82]

이런 진화의 법칙은 점적식(點滴式) 개량이다. 그래서 이런 발전관은 한편으로 진화를 선전하면서도 동시에 비약적 진화에 반대했다. 이미 혁명적 비약이 출현한 상황 아래, 이런 발전관은 필연적으로 혁명의 장애가 되어 맹렬한 비판을 받게 마련이었다.[83]

발전은 인정하되 비약을 부정한 것과 마찬가지로, 캉유웨이는 모순은 인정하되 모순의 투쟁은 부정했다. 캉유웨이는 어떤 사물도 시작부

---

81) 『춘추 동씨학』.
82) 『중용주』.
83) 캉유웨이의 「중국에서 입헌은 시행할 수 있지만 혁명은 시행할 수 없음에 대해 남북 아메리카의 여러 화교에게 답하는 글」(南北美洲諸華僑論中國可行立憲不可行革命書)이 대표적이다. "시세가 있는 곳에 이(理)가 있습니다. ……오늘날은 소강에서 대동으로 나아가고, 군주에서 민주로 나아가는 과도기에 처해 있습니다. 공자가 말한 승평세입니다. 한 번에 비약하는 이치는 절대로 없습니다. 군주전제 · 입헌 · 민주의 세 가지 법은 반드시 하나하나 순서대로 시행되어야 합니다. 그 순서가 무시되면 반드시 크게 어지러울 것입니다."

터 대립적 양면을 갖지 않는 것이 없다고 인식했다. 그는 중국 전통의 철학 용어인 음양(陰陽)을 그대로 사용하여 "천하의 사물은 음양을 갖추지 않은 것이 없고", "음양으로써 천하의 물리를 포괄하니 그것에서 벗어날 수 있는 것은 없다. 몸에서는 얼굴과 등이 음양이고, 나무에서는 가지와 줄기가 음양이며, 빛에서는 명암이 음양이다"고 했다. 캉유웨이는 아울러 모순의 상호의존적인 동일성을 지적했다.

원(元)과 태극, 태일은 볼 수 없다. 볼 수 있고 논할 수 있는 것은 반드시 둘이다. ……주자(周子)는 태극이 움직여서 양을 생성하고 움직임이 극에 달하여 움직이지 않게 되고 움직이지 않음이 극에 달하여 음을 생성한다고 말했다. ……생물의 시초는 알 수 없지만 형태 지어지고 번식함에 음양이 동시에 드러나는데, 이른바 천도의 영원불변한 것은 음과 양의 순환이다. 모든 사물에는 반드시 음과 양의 합이 있다. 합하여 횡(橫)이 되고 서로 근거하여 종(縱)이 되는데, 주자(朱子)는 그것을 알지 못했다.[84]

그러나 이런 대립·통일의 결과는 조화이다. 탄쓰퉁과 마찬가지로 캉유웨이의 변증적 관념 역시 아주 여러 곳, 특히 인식론에서 '크고 작음이 같고' '늦고 빠름이 같은' 상대주의에 빠졌다.

＊　　＊　　＊

캉유웨이의 사상체계와 그 기초로서 철학 사상은 전형적인 중국 근대 초기의 부르주아 개량주의자의 이데올로기였다. 그것은 자질구레하고 낡은 구형식──예를 들어 토론의 주제·형식·용어 등──속에 당시 사람들의 마음을 설레게 하고 격동시키는 새로운 내용, 즉 봉건주의 반

---

84) 『춘추 동씨학』.

대, 우매와 낙후에 반대한 근대 계몽사상을 주입시켰다. 한편으로 그것은 중국 고전철학의 계승이자 종결이었지만, 다른 한편으로 그것은 중국 근대철학의 진정한 시작을 알린 것이다.

공전의 변화와 동요의 시대에 처해 있고 급격한 사회적 · 정치적 투쟁의 무대에 처해 있던 중국 근대의 부르주아 사상가들은 더 완벽한 체계를 갖춘 이론을 만들어낼 여유가 아예 없었다. 그들을 절박하게 기다리고 영접한 것은 현실의 정치투쟁이었다. 그러므로 그들의 사상은 부득이하게 순식간에 변하는 사회정세와, 수시로 유입되는 과학 지식에 따라 모순에 뒤섞인 채 구불구불하게 앞으로 나아가거나 뒷걸음질쳤다. 그들의 세계관 체계는 모순 없는 총체를 이루지 못했다. 반대로 그들은 늘 다른 시기와 다른 측면에서, 심지어 논리상으로 근본적으로 충돌하여 자신의 견해를 그럴듯하게 꾸미지도 못하는 지경에 빠졌다. 세계의 본체인 '원'(元)이 물질의 정기라고 인식하고, 그 과학적 세계의 풍경을 묘사했을 때 캉유웨이는 곧바로 유물론으로 나아갔다. 그러나 그가 '원'은 '심지'(心知)에 불과하다고 인식하고 '원원'(元元)을 몸으로 삼았을' 때 그는 바로 관념론으로 빠져들었다. 이것은 바로 탄쓰퉁이 '이태'(以太)를 세계의 근원과 본질로 삼았을 때는 유물론적 경향을 띠었지만, '이태'를 전적으로 '심력'(心力)으로 귀결시켰을 때는 관념론적 결말을 지은 것과 같다.

총괄하면, 그들은 자연관과 인성론, 사회 · 역사발전 등의 문제에서 부르주아 계급의 경제적 · 정치적 요구를 반영했다. 그들은 대체로 자연과학과 진화론의 소박한 사상적 입장을 가지고 있었고, 그 속에는 유물론의 성분과 요소가 들어 있었다. 그러나 인식론과 의식론, 세계를 어떻게 개조하느냐 등의 측면에서는 거의 관념론자였다. 이 양자를 연결하는 이론적 유대와 논리적 관건은 과학의 영향 아래 있긴 했으나, 인류의 정신과 지혜문제에 대해 지닌 비과학적 · 통속적인 이해였다. 그로 인해 그들은 범신론의 근대적 색채를 드러냈다. 그러므로 각종 모순이 착종하고 상호충돌하는 내용을 보고, 그들에게 유물론 또는 관념론의 간판을 단순하게 걸어주는 것은 의미가 없다. 그 속의 각종 모순을 깊이 있고 구체적으로 분석하고 드러내는 전면적인 논증과정에서 그들의 주요경향을 실사구시로 파악해야 한다. 그들의 이런 경향을 잘 간파해야 할 뿐만 아니라, 그것을 중국 근대의 진보적인 철학 사상의 총체적 발전경향과 연계시켜 고찰해야한다.

궁쯔전과 웨이위안에서 쑨중산과 루쉰(전기)에 이르기까지 모든 중국 근대의 진보적인 철학 사조는 한편으로는 각성한 리얼리즘과 유물론의 성분을 가지고 있는 반면, 다른 한편으로는 심지(心知)를 강조하는 농후한 관념론과 신비론의 요소를 줄기차게 가지고 있었다. 그러나 중국 근대의 진보적인 철학 사상의 주요한 또는 기본적인 추세와 특징은 변증법적 관념의 풍부성이고, 과학과 이성에 대한 존중과 신뢰였으며, 자연과 사회의 객관법칙에 대한 진지한 탐구와 해설이었다. 또한 정주 이학을 핵심으로 삼는 봉건주의의 정통관념론에 대한 대항이자 투쟁이었으며, 어두운 현실에 대해 변혁을 요구하는 진보적 정신과 낙관적 태도였다. 캉유웨이의 사상도 기본적으로는 이와 같았다.

탄쓰퉁과 비교해보면, 캉유웨이의 '대동' 이상과 역사진화론은 탄쓰퉁에 비해 깊이 있고 폭넓었지만, 철학적 깊이에서는 탄쓰퉁만 못했다. 그러나 캉유웨이의 사상은 중국 근대철학사에서 중요하고도 관건적인 고리이자 근대 중국의 대표적인 사조다. 그러므로 그의 사상체계와 철학적 기초를 깊이 있게 연구하는 것은 중국 근대사를 이해하는 데 중요한 의미가 있다.

• 『철학 연구』 1957년 제1기에
「캉유웨이의 철학 사상을 논함」이라는 제목으로 게재됨

2 '대동' 공상

마르크스주의가 광범위하게 전파되기 이전에 근대 중국에는 세 차례에 걸쳐 반제·반봉건 사조가 출현했다. 또 이에 부응하여 중국 근대에 세 가지 공상적 사회주의 사상이 출현하여 그 시대를 풍미했다. 바로 태평천국의 농업사회주의의 공상, 캉유웨이의 부르주아 자유파의 개량주의의 대동공상, 쑨중산의 프티부르주아와 부르주아 혁명파의 '민생주의'(民生主義)의 공상이 바로 그것이었다. 이 세 가지 공상주의가 근대 중국에서 연이어 출현하고 교체된 것은 깊은 사회적 의의를 지닌 역사현상이다. 그것들은 다른 성격·다른 방면·다른 정도에서 각자 독특한 모습으로 중국 인민의 착취제도에 대한 증오와 행복한 생활에 대한 갈망을 강하게 반영했다. 또한 중국 사회가 직면한 객관적인 시대과제와 경제발전의 현실적 추세를 그대로 반영했다. 중국 근대의 공상적 사회주의 사상을 심도 있게 연구하는 것은 중국 근대역사와 사상사를 이해하는 데 중요한 의의를 가질 뿐만 아니라, 사회주의 세계역사에 근대 중국 민족의 빛나는 한 쪽을 더하는 것이기도 하다.

여기서 중국 근대의 세 가지 사회주의 공상, 그 상호연계와 관계* 모

---

* 이에 대해서는 「후기」에 개괄적으로 논술되어 있다.

두를 철저히 분석할 수는 없다. 다만 캉유웨이의 공상적 사회주의만을 간략히 분석하고자 한다.

1. 사상의 근원

캉유웨이의 사회주의 공상은 주로 그의 저명한 저서 『대동서』에 잘 나타나 있다. 그러므로 『대동서』는 캉유웨이의 가장 중요한 저작 가운데 하나다. 그런데 그것은 오랫동안 오해되고 곡해된 저작 가운데 하나다. 근래에 『대동서』를 언급한 몇몇 글에는 다음과 같은 경향이 보인다. 예를 들어, 리루이(李銳)는 『대동서』를 "공상적 농업 사회주의 사상"이라 했고,[85] 지원푸(嵇文甫)는 현실사회적 기초가 없는 "유리된 학설"이라 했다.[86] 판원란은 캉유웨이의 저술목적은 중국의 부르주아 계급에게 출로를 가리키기 위한 것이라 했고,[87] 마오젠위(毛健予)는 반대로 그 목적이 "인민군중을 속이고 마비시킴으로써 인민혁명의 고조를 완화하기 위해서"라고 확신했다.[88] 이런 갖가지 서로 다른 견해는 혼란스러운 느낌을 준다.

사실 『대동서』의 내용과 특색은 유토피아적 방식을 통해 전기 캉유웨이의 반봉건적 부르주아 진보사상을 숨김없이 표현한 것이다. 캉유웨이가 『무술주고』와 기타 저작에서 19세기 중국 개량파의 현실적 정치강령을 최종적으로 총결했다면, 『대동서』에서는 처음으로 개량주의에 공상이라는 최고목표를 부여하고자 했다. 이 두 가지는 커다란 차이와 모순(바로 이 차이와 모순이 많은 사람을 미혹시켰음)을 가지는 동시에 유기적으로 통일되어 있다. 한편으로 대동세계의 공상에는 개량사상이

---

85) 『중국 청년』「마오쩌둥 동지의 초기 혁명활동」첫부분 제1절, 1953년 제13기, 19쪽.
86) 『신사학 통신』「유리된 학설」, 1953년 6월호, 6쪽.
87) 『중국 근대사』, 인민출판사, 322쪽.
88) 『신사학 통신』「문제의 해답」, 1953년 5월호, 19쪽.

잠복해 있었고, 다른 한편(이것이 주요측면이다)으로 대동공상은 개량파의 현실적 요구를 훨씬 초월하여 그 정치강령에서는 감히 건드리지 못하던 사상과 주장을 명백히 논술했다.

캉유웨이는 대동이상과 해묵은 '공양삼세' 학설에서 분명하게, "꼭 필요한 이상과 예술형식, 환상을 찾아냈는데, 이는 자신이 투쟁하고 있는 부르주아 계급의 협애한 내용을 스스로 보지 못하게 하기 위함이었으며, 자신의 열정을 위대한 역사비극의 높이로 유지하고자 함이었다."[89] 대동세계의 아름답고도 아득한 풍경에 대한 열정적인 환상과 추구는 당시 개량파의 중견인물(탄쓰퉁을 우두머리로 하는 좌익과 캉유웨이의 직계학생)의 중요한 사상적 기초와 실천동력이 되었다. 그들은 자신이 전체 세계의 고난을 해방시키는 위대한 유토피아 이상의 실현을 위해 빛나는 헌신을 하고 있다고 인식했다.

이런 유토피아 사상이 탄생한 주관적인 원인은 다음과 같다. 캉유웨이의 철학 사상을 논증할 때 지적한 것처럼, 그들은 당시 공전의 변동과 매우 어지러운 시대상황에 직면해 있었다. 모든 것이 신속하게 파기되고 형성되며 변이되고 있었고, 공전의 새로운 국면이 사람들을 현혹했다. 견고하고 오래된 기존의 사물들을 회의하기 시작했으며, 개별적이고 지엽적인 문제가 아니라 복잡하고도 심각한 근본문제가 사람들 앞에 펼쳐져 그 해결을 요구했다. 사회의 붕괴와 국가의 위기는 부득불 진정한 애국적 사대부의 대뇌를 오랫동안 덮고 있었다. 하지만 이제는 그 영험을 잃은 '치국 평천하' 라는 '성현의 경전' 에서 탈피하여 새롭게 자신의 대뇌를 사용하여 독립적이고 깊이 있게 사고함으로써 상하고금, 특히 서양의 것들을 힘써 배우게 되었다. 또한 전 세계와 인생의 문제를 새롭게 사고함으로써 진리를 탐구하고 출로를 찾게끔 했다. 이리하여 세계의 모든 크고 작은 문제들이 참신한 사물처럼 그들에 의해 새롭게 관찰·평가되고, 사고·연구되었다.

---

89) 마르크스, 『루이 보나파르트 정변기』.

우리(필자와 탄쓰퉁, 샤청유夏曾佑)는 거의 매일 만났고 만나면 학문을 논했으며 학문을 논하다가 자주 언쟁을 벌였다. 매일 한두 번의 언쟁을 벌였다. ……그때 우리의 사상은 정말 놀랄 만큼 '낭만적'이었다. 어디에 그렇게 많은 문제가 있었는지 모를 정도로 끊임 없이 문제가 발생했다. 우리는 우주의 모든 문제를 해결하려 했지만 자료가 없었다. 그러므로 우리는 주관적 명상에 의존하여 얻은 것으로 언쟁을 벌였다. 언쟁을 벌이다 의견이 일치하면 스스로 문제가 다 해결되었다고 여겼다. 지금 회상하면 정말 가소롭다.[90]

캉유웨이도 마찬가지였다.

밤새도록 앉아 한 달 동안 잠들지 못하고, 천상과 인간세를 오가며 마음대로 생각했다. 지극히 고통스럽다가도 지극히 즐거웠다. ……고개 숙여 책을 읽고 고개 들어 생각하기를 열두 달여 계속하다 마침내 깨달은 바가 날로 깊어졌다. ……원기의 혼돈(混沌)*에서 시작하여 태평의 세계를 연역했다.[91]

분명 이런 상황은 진실한 것이다. 결코 비웃거나 비난할 수 없다. 그 것은 인간의 이성이 각성하기 시작함을 보여주고 있다. 황당한 허튼소리로 가득 차 있고 "높이 펼치다가 깊이 천착하며" "꿈결 같다"고 비난받은 『대동서』와 『인학』은 결코 허공에 뜬, 현실에서 '유리된 학설'이 아니었다. 그것들은 실제적인 사회현실적 기초를 가지고 있었고, 당시 시대의 필연적이고 합리적인 산물이었다. 그러므로 『대동서』가 늦게 완

---

90) 량치차오, 「망우 샤쑤이징 선생」(亡友夏穗卿).
 * 원문은 '混淪'으로, '混淪'과 통하는 것으로 간주했다. '혼륜'은 '혼돈'(混沌)의 뜻이다. '혼돈'이란 세계가 개벽되기 전 원기가 분화되지 않고 모호하게 한덩어리로 되어 있는 상태를 가리킨다.
91) 『자편연보』.

성되고 캉유웨이 만년의 사상이 뒤섞여 있는데도, 그 기본관점과 중심사상은 일찌감치 형성되었다. 캉유웨이 본인과 천첸추(陳千秋)·량치차오·탄쓰퉁 등과 같은 친밀한 학생과 친구들은 여러 차례 이 점을 설명했다. 실제로 1884년, '대동의 뜻을 발전시킨' 『인류공리』는 바로 『대동서』의 초고였다. 캉유웨이는 "그 원고를 비밀로 하여 사람들에게 보여주지 않았"[92]는데도 학생들에게 강의하고 친구들과 교류하는 과정에서 자신의 유토피아 사상을 선전했다. 이 유토피아 사상의 웅대한 기백은 커다란 흡인력을 가지고 학생들과 친구들을 완전히 사로잡았다. 그들은 그를 심복하게 되었고 일대의 천재 앞에 경도되어 "부처가 세상에 출현"(탄쓰퉁)했다고 하면서 그를 추존했다. 이 유토피아 사상을 통해 캉유웨이는 전면적이고 직접적이며 비교적 체계적으로 자신의 사회·정치 사상과 이론을 논술했다. 그 속에는 중요한 사회발전 문제, 민주제도 문제, 국가문제, 가정문제, 여성문제 등이 들어 있다.

2. 민주주의의 객관적 내용

1) 봉건사회에 대한 폭로와 비판

『대동서』는 모두 10부로 나뉜다. 1) "세계 속에 들어가 군중의 고통을 살핀다." 2) "국가의 경계(國界)를 없애고 대지를 합친다." 3) "계급의 경계(級界)를 제거하고 민족을 평등하게 한다." 4) "종족간의 경계(種界)를 없애고 인류를 동등하게 한다." 5) "남녀의 경계(形界)를 없애고 독립을 보존한다." 6) "가정의 경계(家界)를 없애고 하늘의 백성(天民)으로 삼는다." 7) "산업의 경계(産界)를 없애고 생업을 공유화한다." 8) "어지러움의 경계(亂界)를 제거하고 태평하게 다스린다." 9) "유계(類界)를 없애고 중생을 사랑한다." 10) "고통의 경계(苦界)를 없애고 극락에 이른다." 그중 객관적 의미에서 가장 중요하고 동시에 캉

---

92) 장보전, 『난하이 캉 선생전』.

유웨이 자신이 특별히 중요하게 여긴 것은 1), 5), 6), 7), 8) 등의 사상이었다. 아래에서 우리는『대동서』에서 가장 중요한 이들 사상을 최대한 간략하게 논술하고자 한다.[93]

『대동서』의 제1부 "세계 속에 들어가 군중의 고통을 살핀다"는, 스스로 '구세주'라 일컫는 영웅들이 위대한 포부를 가지게 된 이유이자 근거에 대한 것이다. "내가 난세에 태어나 고난의 길을 목격하고는 무엇인가 그것을 구할 방도가 없을까를 깊이 사색하매, 오직 대동태평의 도를 행할 뿐임을 알게 되었다." 저자는 우선 여러 측면에서 '난세'의 '고난의 길'을 고찰했다. 제1부에서 "군중의 고통을 살핀다"는 부분은 실제로 봉건사회의 갖가지 모순과 고난을 반영했다.

『대동서』는 각 방면에서 '인생의 고통'·'천재(天災)의 고통'·'인도(人道)의 고통' 등을 상세하게 열거했는데, 그중 가장 중요한 것은 봉건사회의 불합리한 삶의 면면——빈곤·야만·우매·낙후·착취 등——을 광범위하게 폭로한 점이다. 저자는 전제의 억압과 낙후된 문명, 생활의 고통과 인민의 빈곤 등을 지적했다. 이런 광범한 폭로에서 노동계급의 고통도 진솔하게 반영되었다.

예를 들면, '환생(還生)의 고통'에서 저자는 "가난한 사람, 변방의 오랑캐, 노예가 남자의 70~80퍼센트를 차지한다"고 지적했다. 저자는 수많은 인민이 일생을 노역당하도록 정해진 운명에 대해 심심한 개탄과 불평을 드러냈다. '똑같은 하늘의 자식이고 사실상 동포'인데 무엇때문에 나면서부터 귀천을 차별하는 불평등이 있는가 하는 문제를 지적한 것이다. '수해, 한해(旱害), 해충으로 인한 고통'에서는 농민의 막심한 고통을 힘껏 묘사했다. "농민은 곤궁하며 1년 내내 손발이 닳도록 일해도 곡식 한 톨 수확하지 못하고", "빈농은 하늘을 우러러 통곡하고 피를 토한다." '노고(勞苦)의 고통'과 '천한 자의 고통'에서는 농공업 노동자가 당하는 잔혹한 착취를 강조하여 고발했다. '억압의 고통'과

---

93) 인용문에서 출처를 밝히지 않은 것은 모두『대동서』에서 인용했다.

'계급의 고통'에서는 봉건통치자들이 인민을 억압·착취하는 것을 질책했다. "군신입네, 부부입네 하며 난세의 인도라며 크게 선양하는 경전은 사실 하늘이 세운 것이 아니라 인간이 만든 것이다. 그런데 군주는 나라를 마음대로 다스리고 신민을 어육으로 삼아 마치 벌레나 모래처럼 대하고 한껏 잔혹하게 다스린다. ……정치참여를 불허하고 날로 가혹하게 세금을 징수하며 민생을 억압하고 사기를 저하한다." "거란세는 강한 자가 약한 자를 능멸하고 다수가 소수에게 폭력을 행사하며 똑똑한 자가 우매한 자를 속이고 부자가 가난한 사람을 억압한다. 이 시기에는 공공의 도덕도 없고 공평한 마음도 없다."

바로 이런 기초 위에서 저자는 고달픈 처지에서 벗어나자는 구호를 내놓았고 자신의 공상사회의 아름다움을 묘사했다.

부르주아 계급의 대변인(캉유웨이)은 여기서 서양에서처럼 전 민중의 대변인이 되어 "사회 전체 군중의 자격으로서", "전체 사회의 대표자로서 출현"[94]하고자 했음을 분명히 알 수 있다. 그는 봉건사회의 암흑과 죄악을 애써 폭로했고 수많은 인민의 깊고 무거운 고난을 대담하게 반영했다. 낡은 사회에 옳은 것이 하나도 없음을 용감하게 드러냈고, 행복한 생활을 쟁취하자고 주장했다. 이것은 분명 과격한 사상이었다.

그런데 『대동서』의 저자는 사회의 곤궁과 인민의 재난을 용감하게 고발한 반면, 다른 한편으로는 이것들과 근본적으로 다른 구사회의 각종 '고난', 즉 피착취자의 진정한 고난으로부터 착취자의 허위적인 고난('제왕의 고통'과 '부자의 고통' 등)을 터무니없이 함께 뒤섞어 늘어놓았다. 저자는 모든 계급을 초월하여 '중생을 모두 구제할 것'(普渡衆生)을 진지하게 요구했고, 모두가 고통스럽기 때문에——부귀한 사람도 고통스럽다——평화롭게 공생하며 함께 '대동'으로 나아갈 것을 공언(公言)했다. 그러므로 시작부터 세계 '민중의 고통'을 다루는 현실사회

---

94) 마르크스, 『독일 이데올로기』.

문제에서 『대동서』 저자의 개량주의적 사상본질을 표현했다.

2) '대동' 세계의 경제적 기초

구사회의 고난을 열정적으로 공격하고 그러한 기초 위에서 저자는 아름답고 원만한 대동사회에 대한 청사진을 전개했다. 이 청사진의 이론적 기초는 앞의 철학 사상부분에서 지적한 부르주아 계급의 '인간의 욕망은 악하지 않다'(人欲無惡)는 '자연인성론'이었다. "인생의 길은 고통을 제거하고 즐거움을 구할 뿐 다른 길은 없다."『대동서』는 모든 허위적 봉건도덕의 외피를 제거하고 질박한 인본주의의 기치를 내걸었으며, 고통을 제거하고 즐거움을 추구하는 인류 삶의 정의와 합리성을 지적했고, 장구하게 이어져온 봉건 지주계급의 금욕주의 이론을 반대했다.

사람이 태어나면서부터 욕망을 가지는 것은 천성이다. ……사람으로 태어나 맛보는 즐거움에서 바라는 것은 무엇이겠는가? 입은 맛있는 음식을 바라고, 주거는 훌륭한 집을 바라며, 몸은 아름다운 의복을 바라고, ……훌륭한 도구를 사용하기 바라며, 지식은 도서와 학문을 바라고, 유람자는 아름다운 정원과 숲·산·호수를 바라며, 신체는 질병이 없기를 바란다.

'인성'이 천부적으로 이와 같다면, 세계는 사람의 이런 '본성'에 부합하고 이에 의거하여 건설되어야 한다.

백성이 부유함을 바라고 빈궁을 싫어한다면 농업·공업·상업·광업·기계제조 등 이익이 생기는 근원을 열어주고 생계를 걱정하지 않게 해주어야 한다. 백성이 즐거움을 바라고 노고를 싫어한다면 쉬게 하고 배불리 먹게 하며 가무와 유람을 즐기게 해야 한다. ……백성이 즐거워하면 그것을 주고, 백성이 자유를 바라면 그것을 준다.

그리고 모든 속박과 압제의 도구, 중과세와 혹형제도, 주택과 도로의 더러움과 막힘 등 백성이 싫어하는 것은 모두 제거해야 한다.[95]

저자의 이상적인 대동세계의 생활기초는 바로 이런 물질문명이 완전하게 갖추어진 세계다. 여기서 과학과 문화는 지극히 발달된 것으로 묘사되었고, 인민생활은 지극히 아름답고 원만하다고 묘사되었으며, 모든 사람이 물질(의·식·주·교통)과 정신(문화·교육·오락)면에서 완벽하다. 집은 "주옥과 금과 벽옥(碧玉)이고 광채는 현란하고" 교통은 "날아가는 집과 날아가는 배"이며 "배는 모두 전기로 움직이고" 음식은 "양생(養生)을 구비한다." "그러므로 사람은 더욱 장수한다." ……요컨대 "태평세에 태어난 사람은 착취와 고문의 고통을 모르고, 임금을 수령하여 노래와 춤, 여행과 유희를 즐긴다." 그래서 "평안과 즐거움이 극에 달하고 오직 장생만을 생각한다." "이때 사람들은 모두 장생의 이론을 강구하고, 신선의 학문이 크게 흥성하며", "전적으로 신과 혼만을 기른다." 인류의 즐겁고 행복한 생활에 대한 갈망은 천진하고 용감하게 묘사되었다.

많은 논자처럼 단순하게 이 모두를 부르주아 계급의 향수와 부패라고 비판할 수만은 없다. 황당한 환상으로 직조된 아름다운 그림은, 객관적으로는 고도로 공업화한 자본주의 사회에 대한 신흥 부르주아 계급의 강렬한 지향과 미화의 찬가였다.

저자는 낙후된 민족의 고난을 묘사할 때 서양 자본주의의 발달한 물질문명과 대조시켰다. "유럽과 미국 백성들의 넓은 집과 가는 깃발, 정결한 식사와 음료, 쾌적한 농장과 향기로운 꽃은 모두 사람을 위한 것이다. 어찌 이렇게 차이가 큰가?" 이는 마르크스주의 경전 작가가 서양 부르주아 계몽학자를 논단하며 내놓은 견해와 비슷하다. "서유럽과 러시아를 막론하고, 우리는 완전하고도 진실하게 세계의 낙원을 믿고 세계의 낙원이 존재하기를 진심으로 바라며, 농노제도에서 형성되어 나온

---

95) 『맹자미』.

여러 제도의 각종 모순을 보지 않기를—부분적으로는 아직 볼 수 없기를—진실로 바란다."[96]

"이전의 모든 사회형식과 국가형식 그리고 모든 전통관념은 불합리한 것으로 인식되고 진부한 쓰레기처럼 버려진다. ……서광이 처음으로 나타났고 이성의 왕국이 도래했다. 지금부터 미신과 편견, 특권과 억압은 영원한 진리와 영원한 정의, 자연계에서 나온 평등과 박탈할 수 없는 인권에 그 자리를 내주어야 마땅하다."[97] 사실 "이 이성의 왕국은 바로 부르주아 계급의 이상화의 왕국이다"[98]

캉유웨이의 이런 '세계낙원'의 환상과 사회의 필연적 발전을 확신하는 견해는 당시 사회발전의 현실적 요구에 부합했고, 객관적으로는 행복한 생활에 대한 수많은 인민군중의 강렬한 바람을 반영한 것이었다. 또한 대동세계가 물질문명이 고도로 발달된 기초 위에 건설된다고 강조한 것은 정확하고 진보적인 생각임에 틀림없다. 이것 또한 캉유웨이의 『대동서』가 『천조전무제도』와 근본적으로 다른 점이다.

캉유웨이는 대동세계의 기본조건을 진일보하여 논증했다. 그는 노동과 재산의 사회공유제가 대동세계의 기초라고 생각했다. 아울러 『대동서』는 노동자의 숭고한 사회적 지위를 지적했다.

야만적인 세상은 질박함(質)을 숭상하고 태평한 세상은 세련됨 (文)을 숭상한다. 질박함을 숭상하므로 농업을 중시하고 배불리 먹으면 그만이다. 세련됨을 숭상하므로 기술을 중시하고, 정교하고 기이하며 구슬처럼 아름답고 놀라워서 마치 귀신과 같고, 끝없이 날로 새로워지는 것을 사람들이 좋아한다. 그러므로 태평의 세계는 특별히 중시하는 것이 없고 다만 기술로 새로운 기계를 창조하는 일을 중시할 뿐이다. ……그러므로 야만적인 세상에서는 기술이 가장 천하고

96) 레닌, 「우리는 도대체 어떤 유산을 거절하는가」.
97) 엥겔스, 「공상적 사회주의로부터 과학적 사회주의로의 발전」.
98) 같은 글.

종사하는 사람도 가장 적으며 기술자 대우도 박하지만, 태평의 세상에서는 기술이 가장 귀하고 기술자가 되려는 사람도 많고 기술자를 후하게 대우한다. 학교를 졸업하면 전국의 모든 지식산업 · 농업 · 상업 · 우정(郵政)업 · 전기업 · 철로업 등 기술직에 종사한다. ……이때가 되면 노동의 고역은 기계의 힘을 빌리고 짐승을 길들이며 사람은 그 기계만을 다룬다. 그러므로 한 사람의 노동은 옛날 100명의 노동을 대신할 수 있고, 기술자는 모두 배우는 사람이므로 인문학적 지식이 있다. ……태평의 시대에 한 사람이 일을 하는 시간은 하루에 서너 시간 또는 한두 시간이면 충분하다. 그 나머지는 모두 즐기고 독서하는 시간이다.

이 때문에 '대동'의 기초 가운데 하나는, 저자가 지적한 것처럼, 누구나 일을 해야 하는 것이다. 일하지 않고 얻는 것을 불허한다. '게으름 금지'는 대동세계의 4대 금지('게으름 · 독존 · 낙태 · 경쟁 금지'), 즉 4대 공공규범의 첫머리에 놓여 있다. "민생이 근면하고 근면하면 부족하지 않은 것이 대동의 공리(公理)이다." 그렇지 않으면 "모든 일은 파괴되고 실패하며, 기계는 녹슬어 문명을 모두 잃어버리고 퇴화될 것이다." "그러므로 일을 하지 않고 힘을 쓰려 하지 않는 사람을 공중(公衆)은 미워한다."[99] "그 피해가 매우 크므로 엄금해야 한다."

저자는 대동세계는 착취와 억압이 없고, "한 사람을 위한 사사로움"이 없으며 "사로써 공을 망치게 하는"[100] 것을 금지하자고 주장했다. 이때 재산의 소유권은 모두 '공공정부'가 갖는다. "무릇 농공상업은 반드시 공공의 것으로 귀속되어야 하고", "천하의 농지는 모두 공유되며", "온갖 크고 작은 제조공장 · 철도 · 선박을 공유화하고 개인의 사업은 불허한다." "사유재산을 가진 상인이 있을 수 없으며 전국의 상업을

---

99) 『예운주』.
100) 같은 책.

모두 공공정부의 상업부에 귀속시켜 통제하게 한다." 생산과 분배는 모두 계획하여 진행한다. "중복된 잉여상품도 없고 부패로 천하만물을 망치는 일도 없다." "대동세계에서 천하는 공(公)이 되어 계급이 없어지고 모두가 평등하게 된다."

이것은 위대한 공상적 사회주의 사상이 분명하다. 이런 사상은 봉건지주 등 착취계급의 사상체계와 범위를 초월했다. 이는 과감하게 진리를 탐구하고 과감하게 이해관계를 초월하여 이론을 탐구·토론하는 초기 부르주아 사상가들의 분발정신을 드러낸 것이다. 또한 착취를 증오하고 억압에서 탈피할 것을 요구한 위대한 중국 인민의 사상과 정서를 반영한 것으로 풍부한 인민성의 내용을 가지고 있었다.

그러나 이런 공상적 사회주의 사상은 19세기 서양의 유토피아 사상과는 차이가 있다. 특정한 역사적 색채를 띠고 있으며 직관·단순·비과학적이라는 특징을 짙게 드리우고 있다는 점이 바로 그것이다. 캉유웨이의 '대동' 공상(空想)이 발생한 연대는 전 세계가 아직 독점자본주의에 진입하지 않은 시대였고, 중국의 진보인사가 서양 자본주의에 대해 아직 충분히 익숙하지 않았으며, 자본주의 사회의 어두운 죄악이 중국 인민의 면전에서 아직 철저히 폭로되지 않은 시대였다. 그러므로 『대동서』는 서양의 비판적 공상 사회주의가 언급하고 폭로한 문제를 언급할 수 없었으며, 아주 복잡하던 근대 자본주의 경제의 각종 문제를 분석하고 해결하려고 기도하지 않았다. 또한 이후 쑨중산을 우두머리로 한 부르주아 혁명파처럼 근대 자본주의 사회의 각종 암흑과 죄악과 재난의 비통한 현실을 첨예하게 폭로하거나 비판할 수 없었다.[101]

---

101) 『대동서』의 자본주의 사회에 대한 비판과 불만은 대부분 캉유웨이가 무술정변 후 유럽과 미국에 가서 보충한 것으로, 초기 사상이라 할 수 없다. 『대동서』에서 유럽과 미국 노동자 정당의 투쟁과 푸리에의 사상을 이야기하고 아울러 '공공업'(公工業: 공장을 공유로 귀속), '공상업'(公商業) 등을 주장한 것도 모두 나중에 첨가·보충한 것이다. 전기의 재산공유의 내용은 주로 '토지공유'였다. 그러나 이 토지공유 사상은 캉유웨이 당시의 현실정강(政綱), 전체 개량주의

총괄하면, '대동' 세계의 경제면모와 기본원칙에 대한 캉유웨이의 깊은 사려와 계획과 규정은 엥겔스가 생시몽을 찬미한 다음과 같은 말을 빌려 표현할 수 있다. "여기서 우리는 원대한 천재의 안목을 보았다." 그는 '대동' 사회의 경제문제에 착안했고, '대동' 세계의 아름답고 원만함은 고도로 발달한 물질문명과 생산력의 거대한 물질적 기초 위에 건축되어야만 비로소 가능하며, 이때에야 진정으로 가난과 고난에서 벗어나 행복과 기쁨을 얻게 될 수 있을 것이라고 인식했다. 그는 모든 정치가 장차 생활을 관리하는 경제사무로 변화될 것이라 예고했고, 모든 사람은 노동해야 한다는 위대한 원칙을 제출했다. 캉유웨이는 생시몽처럼 근대 자본주의 사회의 노동과 자본의 근본적인 계급대립을 깊이 있게 볼 수 없었고, 사유제 이면의 계급이익의 충돌과 투쟁을 볼 수 없었음이 분명하다. 따라서 캉유웨이의 개량주의적인 '대동' 공상은 부득이 한계를 가질 수밖에 없었다.

3) '대동' 세계의 사회구조

'대동' 세계는 노동집단의 경제적 기초 위에 세워졌지만, 다른 한편으로는 이른바 '절대적으로 자유로운 개인'이라는 사회적 기초 위에 세워졌다. '대동' 세계의 사회구조는 캉유웨이에 의해 계급을 소멸시키고 가정을 폐기하며, 자연적·인위적 속박이 없는 절대적으로 독립적이고 자주적인 개인의 자발적 결합으로 기획되었다. 『대동서』 전서의 중심고리인 캉유웨이의 민주이론과 '대동' 공상의 가장 중요한 초석은 개인의 자유·평등·독립이었고, 개인의 권리와 개성의 해방이었다. 캉유웨이는 "농공상의 대동을 이끄는 것은 남녀의 인권을 분명하게 하는 데에서 시작한다"고 생각했다. "『대동서』에서 그는 모든 고통의 근원이 아홉 가

정치노선과 거리가 있었고, 모순이 있었다. 그러므로 캉유웨이는 『대동서』에서 이 점을 상세하게 논증하지도 않았고 그럴 생각도 없었다(이상은 원문에서 괄호에 있던 부분을 각주로 처리한 것이다─옮긴이).

지 경계"에 기인한다고 결론 내리고, '아홉 가지 경계를 제거'하고 '대동에 이르는' 관건적인 고리는 '남녀가 평등하고 각자가 독립'하는 것에 있다고 했다.

그러므로 전 세계인이 가정경계의 얽힘을 제거하고자 한다면, 남녀평등과 각자의 독립된 권리를 분명하게 하는 데서 시작해야 한다. 그것은 하늘이 인간에게 부여한 권리이다. 전 세계인이 사유재산의 해로움을 제거하고자 한다면, 남녀평등과 각자의 독립을 밝히는 데서 시작해야 한다. 이것은 하늘이 인간에게 부여한 권리이다. 전 세계인이 국가의 전쟁을 제거하고자 한다면, 남녀평등과 각자의 독립을 밝히는 데서 시작해야 한다. 이는 하늘이 인간에게 부여한 권리이다. 전 세계인이 종족간의 전쟁을 제거하고자 한다면, 남녀평등과 각자의 독립을 밝히는 데서 시작해야 한다. 이것은 하늘이 인간에게 부여한 권리이다. 전 세계인이 대동세계와 태평의 경지에 이르고자 한다면, 남녀평등과 각자의 독립을 밝히는 데서 시작해야 한다. 이것은 하늘이 인간에게 부여한 권리이다.

저자는 '대동'의 공상, 심지어 '영혼과 정신의 단련과 수양', '장생지도'(長生之道)와 같은 환상도 완전히 '천부인권'과 같은 실재적 기초 위에 세웠는데, 이는 참으로 범상치 않으며 재미있는 견해이다. 그러나 이것이 바로 캉유웨이의 '대동' 공상이 중국의 부르주아 계몽사상의 독특한 표현방식임을 더욱 두드러지게 증명하는 것이 아닌가 한다. 캉유웨이는 다른 저술에서 갖가지 방식으로 이런 사상을 크게 선전했다.

요(堯)와 순(舜)은 모든 사람과 평등하고 같다. 이것은 사람은 마땅히 스스로 서야 하고, 사람은 평등해야 함을 맹자가 밝힌 것이니 태평 대동세계의 극치이다.[102]

『곡량전』(谷梁傳)에서 공자의 대의를 설명하길, 사람은 하늘이 아니면 생겨날 수 없고 아버지가 아니면 생겨날 수 없으며 어머니가 아니면 생겨날 수 없다. 그러므로 하늘의 자식이라 말하는 것도 옳고 부모의 자식이라 말하는 것도 옳다. ……사실은 모든 사람이 하늘의 자식이다.[103]

'모든 사람의 평등'의 연역은 바로 존존비비(尊尊卑卑 : 높은 것을 높이고 낮은 것을 낮춤)의 봉건적 삼강오륜에 대한 부정이다. 부르주아 계급이 반봉건을 실행하려면 "'태어나면서부터 어른을 존중(天然尊長)해야 하는 봉건적 관습에 인간들을 묶어놓은 복잡한 봉건멍에들을 냉정하게 절단해야 했다."[104] 개인의 해방을 위하여 『대동서』는 중국 구사회에서 가장 지독한 봉건속박의 하나이던 종법 가족제도를 단호하게 제거할 것을 주장했다. '가정의 경계를 제거하고 하늘의 백성이 되는 것'은 캉유웨이에 의해 '대동'에 이르는 가장 중요한 이론으로 인식되었다. 량치차오는 "『대동서』 전서에서 수십만 마디의 말 가운데…… 가장 중요한 관건은 가족소멸에 있다"고 했다.[105] 캉유웨이는 개인을 사회의 구성단위와 기초로 삼는 부르주아 이론을 내놓음으로써 가족을 기반으로 하고 그 단위로 삼는 봉건주의를 대체하고자 했다. 그는 '개인'은 인류의 원시 야만시대의 상태였는데, 그것이 추장시대 · 군주시대 · 입헌시대를 거쳐 대동시대에 이르면 '다시 개인이 된다'고 지적했다. 개인을 단위로 삼는 부르주아 사회를 건립하기 위해서는 반드시 봉건가족제도를 반대해야 한 것이다. 그래서 그는 봉건사회 '가정'의 어두운 면을 폭로하고 '가족이 무리하게 합해지는 고통'을 지적했다. "무

---

102) 『맹자미』.
103) 『무술주고』 「공교를 국교로 추존하고 교부와 교회를 세워 공자에서 연대를 시작하고 마을제사를 폐지할 것을 청하는 상소」(請尊孔敎爲國敎, 立敎部敎會以孔子紀年而廢淫祀折).
104) 마르크스 · 엥겔스, 『공산당 선언』.
105) 『청대 학술개론』.

릇 천하에 지극히 큰 것 가운데 의견(意見)만한 것이 없다. 동쪽에게 강제로 서쪽의 의견을 따르게 하면 이미 상반되어 서로 좇기 어려운데, 따르지 않으면 힘들게 거스르게 되고 따르면 아주 고달프게 된다." 봉건가정은 "의견이 같으면 합하고 의견이 다르면 분리"되는 평등과 자유의 공생원칙을 완전히 위반한 것이었기 때문이다.

(가정에서) 사나운 며느리가 시어머니를 억압하여 식사를 주지 않고, 사악한 시어머니가 며느리를 모욕하여 목숨을 잃게 하며, 어리고 약한 며느리가 사나운 시어머니에 의해 죽고, 외롭고 어린 자녀가 계모에 의해 죽으며, 명목상으로는 형제의 손아래 동서와 손위 동서이지만 적보다 더하고, 명목상으로는 시어머니와 며느리, 시동생과 형수지만 낯선 사람들보다 더 원망하며, 그 예법이 엄할수록 그 고통은 더욱 심각해진다.

캉유웨이는 종법가정이 사회생산력의 발전을 저해하고 노동력의 해방을 제한하며, '가정의 사적인 것'이 사회진화의 장애로 작용한다고 인식했다.

인간이 그 가정을 각자 자기소유로 삼으면 사유재산을 공유재산으로 귀속시킬 방법이 없고 전 세계인을 공동으로 양육할 방법이 없어져 고달프고 곤궁한 사람이 많아진다.

한 집안에서 이익을 분배받는 자는 많아지고 이익을 생산하는 자는 적어진다. 여성과 어린아이는 말할 것도 없고, 설령 장성한 자제라 하더라도 늘 가장에게 빌붙어 먹고 산다. 이 때문에 가장은 집안사람들에게 늘 묶여 있고, 1년 내내 열심히 일해도 여전히 자급하기에도 충분하지 않다. 집안사람들 역시 가장에게 묶여 반평생 억압당하고 끝까지 자유로울 수가 없다.

바로 이렇게 캉유웨이는 자발적으로 철저하게 가정을 폐기함으로써 봉건오륜의 굴레를 해체하려 했다. 그는 모든 사람이 하나같이 평등한 세계의 국민이라고 주장했다. 아울러 캉유웨이는 대담한 공상방안을 제공했는데, 그 요점은 이렇다. 남녀가 자유롭게 함께 살고 어린이는 공유하며 아이가 태어나면 바로 공적 가정이 운영하는 '영아원'과 '탁아소'에서 정성껏 키운다. 이후에 다시 '소학원'(小學院)과 '대학원'(大學院) 등을 경유하여 그들을 '공적으로 양육하고 가르쳐' 모든 사회성원이 고도의 우수한 문화교육을 받은 후 사회를 위해 봉사하게 한다. 늙거나 불행하게도 장애자가 되면 사회의 '양로원'과 '요양원' 등에서 공적으로 그들을 구제한다. 캉유웨이는 이렇게 중국 고대경전이 흠모한 '노인은 봉양받을 곳이 있고 어린이는 믿는 곳이 있으며 외로운 자와 불구자는 모두 부양받는 곳이 있는' 행복하고 즐거운 '대동' 세계에 도달할 수 있다고 생각했다.

이 경지에 도달하려면 먼저 봉건가정의 속박을 타파하고 개인을 철저하게 해방시켜야 한다. 봉건가정과 종법제도는 원래 봉건사회의 낙후된 자연경제와 봉건적 정치통치의 견고한 기둥이었다. 캉유웨이는 이 기둥을 철저하게 타파할 것을 요구함으로써 시대정신의 절실한 바람을 표현했다. 동시에 그가 깊이 사색한 '공적인 양육', '공적인 교육', '공적인 구제'의 사회복지 사업은 여러 가지 면에서 합리적인 요소를 가지고 있었다. 캉유웨이의 이런 공상은 낙후되고 보수적이며 우매하던 봉건시대에 뛰어난 창견(創見)임에 손색이 없다. 100여 년 전에 출현한 『대동서』는 탁월한 지식과 원대한 식견을 가진 천재의 저작이라 해도 과언이 아니다.

사회구조와 긴밀하게 연계된 것은 여성문제다. 여성문제는 인권평등운동의 구체적인 문제 중 하나이다. 캉유웨이는 그것을 전면적으로 제기했다. 『대동서』에서 "남녀의 경계를 제거하고 독립을 유지하자"라는 부분의 상당한 분량은 완전히 여성의 권리를 위한 호소에 바쳐졌다. 봉건가정의 큰 특징으로서 남녀불평등은 『대동서』에서 맹렬한 규탄의 대상이.되었다. 억압당하고 착취당하는 봉건사회 여성의 비참한 지경에 대해 캉유웨이는 상세하고 철저하게 서술했고, 동시에 강개하고 격앙된 어조로 반대했다. 그는 남녀불평등이 천부인권의 공리에 완전히 위배됨을 지적하고, 여성은 생리적으로나 재능과 지혜에서나 남성에 미치지 못한다고 생각하는 황당무계한 견해를 질책했다.

인간은 하늘이 낳았다. 신체를 가진다는 것은 그 권리를 가진다는 것이다. 권리를 침범하는 것은 하늘의 권리(天權)를 침해하는 것이라고 말할 수 있고, 권리를 양보하는 것은 하늘이 준 직책(天職)을 잃는 것이라고 말할 수 있다. 남자와 여자는 비록 다른 형태이지만 하늘의 백성이 되어 함께 천권을 부여받는 것은 한가지이다. 인간 가운데 남자는 이미 하늘이 인간에게 준 권리가 있음을 알고 있으면서도 국정에 참여할 때는 어째서 여자를 억압하여 그 권리를 폐지하는가? ……공공의 평등을 가지고 논하자면 군주와 백성조차도 평등한데 하물며 남자와 여자의 관계에서랴?

사람으로 말하자면 남자와 여자가 있다. 이것은 천리의 지극한 도리로, 물형(物形)의 없어서는 안 되는 부분이다. 사람으로 태어나면 그 총명함과 명석함이 같고 그 성정과 기질이 같으며, 그 덕의와 욕망이 같고 그 몸과 머리, 수족이 같으며, 그 이목구비가 같고…… 그 뛰노는 행동거지가 같고, 그 일을 집행하고 사물의 이치를 탐구할 수 있는 능력이 같다. 여자는 남자와 다르지 않고 남자는 여자와 다르지 않다. ……그러므로 공리적 입장에서 말하자면 여자는 마땅히 남자와 모든 것이 같고, 효용적 입장에서 그것을 증명하자면 여자는 마땅히 남자와 모든 것이 같다. 이것은 천리의 지극한 공리이고 인도의 지극한 공평함이다. ……이 세상에서 옛부터 줄곧 내려온 여자를 대하는 태도는 놀랍고도 한숨이 나오며 흐느껴 울 만한 것이다.

저자는 봉건시대의 여성이 노예처럼 압박받고 정치·문화 등의 권리를 박탈당해온 것을 낱낱이 들추어냈다. 그는 봉건시대의 여성이 '자유롭게 결혼하지 못하고' '스스로 주인 노릇을 할 수 없으며' '죄수처럼 갇히고 형벌을 받으며' (예를 들면 전족), '노예처럼 부려지고' ("마음대로 부려지는 것이 노예와 같다") '사유화되며' '노리개가 되고', 아울러 '관리가 될 수 없고' '과거를 볼 수 없으며' '공적인 일에 참여할 수 없고' '학자가 될 수 없음' 등등을 강요당했다고 지적했다.

저자는 또한 가정 내의 봉건통치를 폭로했다. "한 집안에서 아내와 남편의 관계는 한 나라에서 신하와 임금의 관계와 같다는 것이 강령과 법통으로 여겨졌다." "위로는 천만 년의 낡은 풍습을 계승했고, 중간에는 수천 년 동안의 예교를 획득했으며, 아래로는 한쪽으로 치우친 잔혹한 국법을 획득했다." "처음에는 열녀는 두 남편을 섬기지 않는다고 말하다가…… 나중에 가서는 굶어 죽는 일은 적으나 정조를 잃는 일은 많다는 뜻을 덧붙였다." 그래서 "눈에 보이는 것은 모두 과부였다. …… 가난해도 의지할 곳이 없고 늙어도 알릴 곳이 없으며, ……겨울에 추운데도 옷과 이불이 없고 그해에 풍년이 들어도 반쪼가리 콩조차 배불리 먹지 못한다." 저자는 이에 "수많은 여자들이 하늘을 가득 메운 억울함을 호소하고, 여성들이 빠져 있는 고통을 구제"하기 위하여 엄한 목소리로 격렬하게 외치면서 남녀평등설을 크게 노래했다.

여성해방 문제는 근대 민주운동의 중요한 문제 중 하나이다. 여성의 정치·사회적 권리를 위한 투쟁은 오늘날까지도 여전히 커다란 의미를 가지고 있다. '삼종사덕'(三從四德)과 '부위처강'(夫爲妻綱)을 사회규약과 정치사상으로 삼던 사회에, 수많은 여성이 맨 밑바닥에서 억압당하고 착취당하던 그 시대에, 캉유웨이가 이런 사상과 주장을 내놓을 수 있던 것은 계몽사상가로서 그의 두뇌의 명석함과 용감함을 선명하게 보여주는 것이다. 엥겔스는 일찍이 열정적으로 프랑스의 공상적 사회주의자인 푸리에(1772~1837)의 여성해방에 관한 사상과 주장을 칭찬했다. 우리는 중국의 우수하던 계몽사상가의 이런 사상과 주장에 대해서 충분하게 평가해야 한다.

　지적해야 할 것은, 캉유웨이가 봉건적 윤상에 반대하고 여성과 개인의 해방을 요구했을 때에도 여전히 그 자유주의적 개량주의의 연약한 일면을 가지고 있었다는 점이다. 『대동서』는 탄쓰퉁의 『인학』처럼 봉건적 윤상이 봉건정치를 위해 복무하는 관계를 더 깊이 있게 지적하지 못했고, 여성이 억압당하고 착취당하는 진정한 사회적 원인을 깊이 있게 해석하지 못했다. "원래 여자가 억압받는 까닭을 살펴보면, 남자가 강제로 협박하고 약자를 모욕하는 형세에 있기 때문에 여자는 자연히 노예가 되고 사람이 되지 못했다." 이렇게 인본주의는 구체적인 사회내용을 사상시키면서 추상적인 공담으로 변해버린다.

　봉건윤상의 속박을 타파하는 방법과 절차에서 캉유웨이는 온건한 개량적 방법을 견지했다. 그는 탄쓰퉁의 격렬한 어조와는 달랐다. 그는 사람들이 봉건의 그물망을 타파하고 독립과 평등을 추구하는 것에 반대했다. 오히려 '가정의 경계를 제거'함으로써 '집에서 쫓겨나는 고통을 없애는', 위에서 아래로 은혜를 베푸는 방법을 설계했다. 동시에 저자의 사상 속에는 여전히 깊고 강한 봉건적 도덕관념과 정감이 내장되어 있었다. 수천 년 동안 이어져온 중국의 윤상이 사상가에게 벗어날 수 없는 강렬한 영향을 남긴 탓이었다. 캉유웨이는 가정에 대해서 효의 관념으로 충만해 있었기 때문에 자기모순적이게도 봉건적 부자관계의 '효'의 필요성을 각별하게 변호했다. "공자의 도는 인에 근본하고 인은 효를 근본으로 삼으며 효는 부자를 근본으로 삼는다."[106] "사람의 자식은 마땅히 효를 세움으로써 그 덕에 보답해야 한다. 우리는 중국적인 것을 취하고 공자를 따르련다."

　저자는 한편으로는 가정폐지의 기초인 평등·박애이론의 정당성을 증명함과 동시에 봉건윤상의 '사랑에는 차등이 있음'의 정당성을 증명했다. "아버지가 육친과 행인에게 베푸는 것에는 도타움과 가벼움이 있

---

106) 『춘추 필삭 대의미언에 관해』(春秋筆削大義微言考).

다. 이것은 천리의 자연스러움이지 인위적인 것이 아니다. 그러므로 공자는 오복(五服)*의 순서를 등급 매기고 아버지를 아버지로 모시고 백성에게 은혜를 베풀고 사물을 사랑하는 등급을 세웠다."[107] 저자는 한편으로는 '가정의 사사로움이 있는 것'에 반대하면서도, 동시에 "부자 간의 사사로움은 인체가 성장하게 되는 미묘한 이치다. 사랑하지 않고 사사롭지 않다면 인류는 끊어지게 되고, 몹시 사랑하고 몹시 사사로우면 인류가 번영하게 된다"고 말했다. 저자는 봉건강상에 반대했지만 종법제도를 찬양했다. "만국에는 인류가 있고 친족제도는 중국만큼 흥성한 곳이 없다. 그러므로 (중국은) 인류 가운데 가장 번성한 종족이다." "반드시 중국의 법과 같아야만 인류의 윤상에 일치하는 지극함에 이르게 된다." 이처럼 캉유웨이의 사상은 수많은 모순으로 가득했다. 한편으로는 그의 원대한 이상과 그 개량방법의 모순이었고, 다른 한편으로는 초기와 말기 사상의 역사적 모순이었다. 이 두 가지의 모순은 밀접하게 연결되어 있었다.

4) '대동' 세계의 정치원칙

'대동' 세계의 정치원칙 문제는 대단히 중요한 문제이다. '대동' 세계는 이미 가정이 없어졌으므로 개인은 모두 공공가정에서 부양하고 교육하며, 공공가정을 위해 복무한다. 그러면 이 '공'(公)은 도대체 무엇일까? 그것은 어떻게 해야만 비로소 구체적으로 체현될 수 있을까? 그것은 캉유웨이가 그 정치 실천과정에서 견지한 입헌군주제와 같은 것인가? '대동' 세계의 '공', 즉 '공정부'의 성격과 내용은 여기서 매우 중요하다. 캉유웨이는 '대동' 세계의 공상에서 우리에게 의외로 철저한 민주세계의 화폭을 펼쳐보였다. '의외'라고 말하는 까닭은 우리가 잘 알고 있는 것처럼 입헌군주제와 상당히 한계가 있는 민주를 견지한 아주

---

* 죽은 사람과의 관계에 따라 상복의 종류와 입는 기간의 차이를 다섯으로 나눈 것을 말한다.
107) 『맹자미』.

보수적인 개량주의자(즉 캉유웨이—옮긴이)를 염두에 두었을 때 이런 민주사상이 우리의 예상을 벗어나기 때문이다. 또한 캉유웨이는 여기서 그의 이상과 실천 사이에 거대한 모순을 드러냈다.

캉유웨이는 스스로를 "중국에서 실제로 먼저 공리를 창도하고 민권을 창도한 사람"[108]이라고 일컬었다. 그는 초기에 학생과 친구들을 통해, 그리고 그의 『공자개제고』 등 저서를 통해 부르주아 민주사상의 선양을 기도했다.

요(堯)와 순(舜)은 민주를 행하고 태평세를 행하고 인도의 지극함을 행했다. ……공자는 문왕(文王)이 군주의 인정을 행했기에 어지러움을 바로잡고 승평(昇平)의 실행을 그에게 기탁했고, 요와 순이 민주의 태평을 행했기에 특히 주의하여 태평을 그들에게 기탁했다.[109]

무릇 천하의 국가라는 것은 천하 국가의 사람이 공동으로 공유하는 그릇이지, 한 사람, 한 가정이 사유(私有)할 수 있는 것이 아니다. 마땅히 공중의 뜻에 부합하여 어질고 능력 있는 사람을 공공으로 선출하여 그 직책을 맡겨야지, 자손과 형제가 세습해서는 안 된다. 이것이 군신의 공리이다.[110]

그런데 캉유웨이의 민주사상은 그의 공개된 저서에서 여전히 의도적으로 선현의 신성한 겉옷을 입고 수줍은 모습으로 등장할 뿐이었다. 그러나 '비밀로 삼아 다른 사람에게 보여주지 않던' 유토피아의 구도에서는 이런 사상이 적나라하고 대담한 자태로 나타났다. 먼저 저자

---

108) 「중국에서 입헌은 시행할 수 있지만 혁명은 시행할 수 없음에 대해 남북 아메리카의 여러 화교에게 답하는 글」.
109) 『공자개제고』.
110) 『예운주』.

는, '대동' 세계의 '정부'는 주로 사회의 경제 · 문화의 관리기관이지, 강제로 압박하는 성격을 가진 국가기구가 아님을 명확하게 지적했다.

> 대동은 나라가 없으므로 군법의 무거운 규율도 없고, 군주가 없으므로 모반을 일으키는 패륜도 없다. ……작위가 없으므로 권위와 무력에 의지하여 강제로 차지하고 이익을 빼앗으며, 권세에 빌붙어 이익을 추구하고 아첨하는 일도 없다. 사유재산이 없으므로 농지와 주택, 상공업과 산업의 소송이 없다. ……세금과 무역, 관문과 나루터가 없으므로 도주하고 은닉하고 기만하고 횡령하는 죄도 없다. 명분이 없으므로 윗사람들의 능멸과 압박이 없고 아랫사람들의 범법과 반항이 없다. 이런 일들 이외에 또 어떤 소송이 있고 어떤 형벌이 있겠는가?

그래서 "대동세계에는 모든 관리가 다 있지만 병부와 형부의 두 관리만 없"다. 군대도 없고 형벌도 없고 군주도 없고 귀족도 없다. '공정부'의 관리자는 모두 인민의 공개선출로 뽑힌 '지혜로운 사람'과 '어진 사람'이다. "태평세계에서는 만인이 평등하다. 하인과 노예도 없고 군주의 통솔도 없으며 교주와 교황도 없다." "공정부를 배반하고 땅을 점거하여 반란을 일으켜 황제나 왕을 참칭하고 세습을 회복하려는 것은 반역의 가장 큰 죄이다." "공정부는 의원만 있을 뿐, 행정관도 없고 의장도 없으며 통령도 없고 더욱이 제왕도 없다. 큰일은 다수에 따라 결정한다." "공정부의 행정관은 상하의원이 선출하고", "그 직책은 차이가 있지만 업무수행 중에만 사용하고, 업무 외에서는 모두 세계인이고 모두 평등하며 작위의 특수함은 없다." 그리고 "의원은 모두 인민이 선출한다 ……그들도 모두 인민이고 ……의원은 다만 세계인민의 대표일 뿐이다. ……3년에 한 번 선출하거나 매년 한 번 선출"한다.

그러므로 개인독재를 반대하고 민주파괴를 반대하는 것이 캉유웨이가 강조한 문제가 되었다. '독존(獨尊)금지'는 저자가 계속 관심을 기울이던 '커다란 금지'의 하나로 편입되었다. 『대동서』에서 '대동' 세계의 행복한 생활을 보장하는 중요한 조건으로 삼은 것은 진정한 민주제도다. '만인이 평등하고 인민의 권리를 제한하지 않는' 원칙에 기초한 민주사회라야만 진정으로 자유롭고 행복한 생활을 할 수 있다. 이러한 논증은 중요하고 객관적이며 실제적 의의를 가진다. 그것은 신흥 부르주아 계급의 정치적 요구를 반영하고, 반동적이고 부패한 당시의 봉건전제제도에 대한 불만과 반대를 나타낸 것이었다. 이런 민주사상은 커다란 진보성을 가지고 있다.

다른 한편으로 『대동서』의 저자가 아름다운 민주를 묘사함과 동시에, 이런 민주는 "갑작스레 얻을" 수 있는 것이 아니고 반드시 먼저 제한이 따르는 각종 '입헌군주'의 단계를 거쳐야 한다고 지적한 것에 주의해야 한다. 량치차오는 초기에 '민권'과 '민주'의 다름을 엄격히 나누고, 반드시 "순서에 따라 점진"하되 "아직 그 시대에 이르지 않으면 뛰어넘어갈 수 없다"[111]고 인식했다. 그것과 마찬가지로 캉유웨이도 『대동서』를 포함한 모든 저서에서, "군주에서 민주로는 일약 날아 넘을 수 있는 이치가 없고" 반드시 "나라를 합쳐 점차적으로 나아가고 군주는 점차적으로 폐지해야 한다"고 여러 번 설명했다. 량치차오는 『캉유웨이전』에서 이렇게 말했다. "중국에서 민권을 제창한 사람은 선생이 으뜸이었지만, 정책실시를 논할 때는 군권을 중시했다. ……의당 군주의 법으로 민권의 뜻을 행하는 것이라 했다. 무릇 민주제도는 얼렁뚱땅해서는 불가능하다고 생각했다." 완전한 '민주'는 요원한 이상이었을 뿐이고 통치자에게 많은 제한을 요구하는 '민권'('입헌군주')이 현실이었다.

"개별 국가의 사사로움"에 반대하고 "국가의 경계를 제거하고 대지를 합하자"는 주장은 또한 『대동서』의 중요한 논점의 하나다. 몇몇 학자처

---

111) 량치차오, 「군정과 민정이 서로 물려주는 이치에 대해」(論君政民政相嬗之理).

럼 이 관점을 세계주의의 매국사상으로 간주할 수는 없다. 당시 서양제 국주의가 선양한 것은 주로 국가 쇼비니즘이었다. 부르주아 계급은 원래 민족국가라는 간판을 내걸고 세력을 번성시켰다. 개량파와 캉유웨이도 그 현실적 정강에서 침략에 저항하고 조국의 보호를 주장했다. 그러므로 『대동서』는 주로 국가로 인해 발생한 끝없는 전쟁의 재난을 꾸짖는 것에서 출발하여 반드시 국가를 폐지해야 한다는 의견을 냈다.

그러나 국가가 수립되면 국의(國義)가 따라서 생기고 사람마다 자기나라를 사사롭게 여기며 다른 사람의 국가를 공격하여 빼앗는데, 다른 사람의 국가를 전부 빼앗지 않으면 그치지 않는다. 또는 큰 나라가 작은 나라를 삼키고, 또는 강국이 약국을 삭감하며, 또는 여러 대국을 연합하기도 한다. 그러나 서로 대치하는 까닭에 수천 년 동안 그 전쟁의 화로 생민에게 해독을 끼친 것은 대지의 수천 년을 합하여 계산하면 셀 수도 없고 논할 수도 없다. ……오호라, 이기심에서 비롯되어 서로 다투기 때문에 백성의 재앙이 이에 이르렀다. 어찌 국가가 있기 때문이라고 말하지 않을 수 있겠는가!

그러므로 "생민의 참화를 구하고자 하면 반드시 먼저 국가의 경계를 파괴하는 것부터 시작해야 한다"고 주장한 것이다. 현상적으로 국가는 침략의 도구라고 인식하고 그것을 부정했다. 이것은 실제로 당시 제국주의의 야만적인 침략에 대한 반(半)식민지 중국의 항의를 반영한 것이고, 제국주의가 전쟁으로 중국 시장을 침탈하는 것에 대한 당시 부르주아 계급의 반대를 반영한 것이었다. 이런 면에서 볼 때 캉유웨이의 공상의 탄생은 일정한 합리성이 있었다. 그러나 다른 한편, 캉유웨이는 "대국은 소국과 평등하고 대국이 소국을 억압할 수 없다"[112]고 주장하고, "오늘날 일본이 타이완을 협박하여 분할"한 것은 "공리에 부합하지

112) 『춘추 필삭 대의미언에 관해』.

않는다"[113]고 여기면서도 동시에 부르주아적 인종주의의 편견을 품고 있었다. 그는 부르주아 인종학의 부정적인 영향을 받아 '문명국'이 '야만국'을 멸망시키는 것은 문명의 진화이고, 장래에 '문명국'이 세계를 통일하여 대동을 실행할 것이라 생각했다. "강대국이 병탄하고 약소국이 멸망하는 것은 또한 대동의 선구가 되기에 알맞다." 이에 호응하여 『대동서』의 "종족의 경계를 제거하고 인류를 동등하게 한다"에서 그는 백인이 우수한 종족이고 흑인은 열등한 종족이므로, 후자는 반드시 종족을 개변시켜 진화해야 한다는 종족이론을 선양했다. 이처럼 국가를 폐지하자는 것은 각국 인민민주의 정체를 기초 또는 전제로 삼는 것이 아니라, 현재의 각 국가정권의 이른바 협의와 연합에서 출발하는 것이었다. "공의(公議) 정부를 처음 세우는 것이 대동의 시작이다", "러시아와 미국의 군대가 회합하면 대동의 기초가 시작된다"고 한 것은 그가 후에 '국제연맹'을 칭찬하면서 그것이 '대동의 실행'[114]이라고 여긴 주석본이 되기도 한다.

또한 『대동서』에는 "유계(類界)를 없애고 중생을 사랑한다" 등의 장이 있다. 그러나 그것들은 전서와 캉유웨이 사상의 중요한 부분이 아니고, 단지 과학 지식이 부족한 상황에서 캉유웨이의 불학 사상이 표현된 것이었으므로 여기서 더 이상 상세히 논술하지 않는다.

5) '대동' 사상의 내재적 모순

캉유웨이 철학 사상의 역사관을 연구할 때, 그것이 점진을 긍정하고 비약을 부정하는 진화사상임을 이미 지적했다. 이러한 역사관은 그의 전체 사회 · 정치 이론의 뼈대이다. 캉유웨이의 '대동' 세계 공상은 바로 이런 개량주의적 역사관점 위에 세워졌다.

그것은 한편으로 진화론 위에 세워진 것이기도 하다. 왜냐하면 캉유

---

113) 같은 책.
114) 『대동서』 「제사」(題詞).

웨이는 사회는 부단히 발전·진화하고, 아름다운 '대동' 세계는 바로 이런 진화의 필연적 결과라고 생각했기 때문이다. 그러나 그것은 또한 혁명에 반대하는 진화론 위에 세워졌다. 다시 말해, '대동' 세계는 별안간 얻을 수 있는 것이 아니라 기나긴 고통의 점진적 역사과정을 거쳐야 한다는 것이다. '대동' 세계의 내용과 원칙은 토지공유제든 정치민주든 개인의 자유든 모두 미래의 일이다. 현재 요구해야 할 것은 완전히 별개의 일이다. 현재 '대동' 세계의 원칙과 주장의 실행을 요구하게 되면 반드시 "천하가 크게 어지러울 것"이라 생각했다. 예를 들어, 대동세계의 주장에 의하면 토지는 공유되어야 하고 정부는 백성이 선출해야 하며 황제는 폐지되어야 한다. 이 모든 것은 당연히 당시 개량주의자의 실제적인 주장과 의사 그리고 노선과 전혀 부합하지 않았다. '대동' 세계의 원칙에 비추어보면, 수많은 인민은 즉각 일어나 자신을 위해 정치권리를 쟁취하고 행복한 생활을 쟁취할 권리가 있는데, 이것은 당연히 지주 부르주아 자유파의 이익에는 허용되지 않았다.

그래서 캉유웨이는 "(『대동서』가) 완성된 후, 대동의 다스림을 바라면서도 지금 당장 시행될 수 없을 것이라고 걱정했다. 빨리 시행되면 어지러움을 조장할까 걱정하여 그 원고를 감추어두고 다른 사람에게 보이지 않았"[115]으니, 이를 탓할 수도 없다. "(캉유웨이는) 스스로 새로운 이상을 발명하고 그것이 대단히 훌륭하고 아름답다고 생각했지만, 그것이 실현되기를 원하지 않았으며 오히려 전력을 다해 가로막았다. 인류 천성의 기괴함이 이보다 더한 것은 없을 것이다."[116] 이는 무슨 개인의 '천성적 기괴함'이 아니라, 부르주아 자유파 사상의 첨예한 모순의 양면성 ──민주와 자유를 원하면서도 혁명을 두려워하는 것──을 전형적으로 표현했음이 분명하다.

캉유웨이의 이러한 진화론적 역사관은 자신의 '대동' 공상에 모순적

---

115) 장보전, 『난하이 캉 선생전』.
116) 량치차오, 『청대 학술개론』.

인 이중 색채를 띠게 했다. 한편으로는 원대한 이상이었고 다른 한편으로는 현실정신의 심각한 결여였다. '대동' 세계의 실현은 100년 이후에나 실현되기를 기다려야 하고, 사람이 모두 평등하고 제왕이 없는 이상세계는 필경 만주족과 한족도 구분하지 않고 군주와 백성이 함께 다스리는 실천 위에 구축되어야 했다. 캉유웨이는 줄곧 공자를 자신에게 비유하여 "그 뜻은 대동에 있는데도 그 일은 다만 소강(小康)에 있다"[117]고 했다. 그가 강조한 것은 "우여곡절을 거쳐 그것을 거느리고 순서대로 그것을 이룬다"는 것이었다.

선생께서는 학자를 가르치실 때 항상 말씀하시기를, "사유는 반드시 본분을 벗어나야만 천지의 변화를 궁구(窮究)할 수 있고, 행동은 반드시 자신의 자리를 지켜야만 인간사의 보편성에 부응할 수 있다" 하셨다. 그러므로 그 사상은 아주 원대한 것을 영원히 궁구하되 그 행동은 아주 작고 가까운 것을 영원히 실행하니, 그렇게 함으로써 조화롭고 질서가 잡힌다.[118]

『대동서』에 반영된 토지문제에 관한 관점은, 캉유웨이의 '대동' 공상이 중국 근대의 기타 두 가지 사회주의 공상과 다르다는 것을 나타내고 있다. 캉유웨이가 토지공유 사상을 전혀 논하지 않았다고 말할 수는 없지만, 개량파 특징의 하나로서 이론적으로나 정치강령적으로 이 문제를 정식으로 주장하거나 자세하게 논증하지 않았다. 오히려 이와는 반대로 그들은 봉건지대의 착취와 농민군중의 계급투쟁을 은폐해야만 했다. '대동' 공상에 표현된 것도 마찬가지였다. 그러므로 『대동서』는 각 측면을 모두 언급하면서 물질문명, 모든 사람의 노동, 개인의 자유 등 수많은 문제를 아주 자세하고 상당히 그럴듯하게 이야기했지만 이 근

---

117) 『공자개제고』.
118) 량치차오, 『캉유웨이전』.

본적인 문제에 대해서는 대단히 모호하고 간략하게 언급했다. 이는 태평천국의 사회주의, 쑨중산과 혁명파의 '민주주의'가 이 문제를 특히 중시한 것과는 커다란 차이점을 드러낸 것이었다. 이런 차이점은 우연한 현상이 아니라 계급의 본질적 차이를 심각하게 반영한 것이다.

따라서 앞서 지적한 것처럼 20세기초 혁명운동이 봉기했을 때, 캉유웨이와 그 제자들은 혁명을 두려워하여 자신들이 원래 이상적이라 생각한 것들을 공격했다. 그들은 혁명파의 '평균지권'과 '토지공유'를 반대했다. 혁명파가 "이것들로 일반 하등사회의 공감을 널리 얻어 도박꾼·홀아비·큰 도적·좀도둑 등의 무리를 모두 이용하려" 하는 것에 반대했다.[119] 그들은 또한 민주정치를 반대했다. "민권이 무거워지면 포악한 백성이 크게 일어날 것"[120]이고, "백성이 우두머리를 뽑으면, ……생민은 도탄에 빠지며"[121] "소수의 재능 있는 백성과 부유한 백성이 다스리면 다수의 포악한 백성이 어지럽히는 것을 면할 수 있고, ……만약 다수를 좇는 것으로 다스림을 삼으면……, 어떻게 그것이 포악한 백성의 어지러운 정치로 흐르지 않겠는가?"[122] 그들은 자유와 평등을 반대했다. "평등·자유, 이 빈말 네 글자는 지금 우리 나라 신학(新學)이 온종일 크게 외치는 것이다. ……우리 나라는 진한(秦漢) 시기에 이미…… 이 평등·자유를 얻은 지 2,000년이 되었다."[123] 여성해방도 반대했다. "지금 만약 여성의 학습이 완성되지 않고 인격이 아직 갖추어지지 않았는데도 함부로 여성의 독립을 예로 든다면, 여성이 남편을 등지고 마음껏 음란하게 되는 것"[124]이다. ……이처럼, 철저한 개인의 독립과 인권의 자유를 꿈꾸던 용감한 사상가가 발전하

---

119) 량치차오, 「개명전제론」.
120) 캉유웨이, 「중국은 어떤 방안으로 위기를 구할 것인가에 대해」(中國以何方救危論).
121) 캉유웨이, 「중화민국 헌법초안 발범」(擬中華民國憲法草案發凡).
122) 「중국은 어떤 방안으로 위기를 구할 것인가에 대해」.
123) 캉유웨이, 「프랑스 혁명기」.
124) 『대동서』. 이는 말년에 증보한 것이 분명하다.

여 상기(喪期)의 단축에 반대하고 혼인의 자유에 반대하며, "규구(規矩)와 법도와 교화가 모두 폐기되어 전국이 크게 어지러워짐"[125]을 슬퍼하는 위도사(衛道士: 도를 수호하는 선비)가 되었다.

캉유웨이의 '대동' 공상은 봉건계급과 '평화공존'을 주장하고 "대중운동을 극단적으로 적대시"한 면에서, 레닌이 비판한 제정 러시아 시대 자유주의자의 정치공상, 이른바 정치상의 유토피아[126]와 표면적으로 비슷한 점이 있다. 하지만 캉유웨이의 '대동' 공상은 결코 "대중의 민주의식을 훼손"시키는 "새로운 착취자의 …… 사욕의 은폐물"은 아니었다. 그것은 결코 이런 정치적 유토피아의 의미를 가지고 있지 않았다. 그와는 반대로, 캉유웨이가 공개적으로 선포하려 하지 않던 '대동' 공상은 중국 근대의 공상적 사회주의사에서 중요한 진보적 지위를 차지하고 있다. 또한 이것은 소박한 태평천국의 농업사회주의 공상에 비해 크게 한 걸음 전진한 것이었다. 사회가 필연적으로 발전한다는 역사진화론에 근거하여 고도의 물질문명을 경제토대로 삼고, 모든 사람이 노동하고 재산을 공유하는 것을 기본원칙으로 삼으며, 정치민주와 개인의 평등과 자유를 사회구조로 삼는 '대동' 세계를 주장한 것이다. 이것은 중국 선진 인사와 중국 인민의 행복한 생활에 대한 갈망과 과학 발달에 대한 희망, 봉건전제에 대한 증오, 인권민주에 대한 요구를 훌륭하게 표현함으로써, 사회주의적인 주관적 공상형식에 민주주의의 객관적 내용을 가득하게 했다.

이러한 사실은 레닌이 쑨중산을 논할 때, 근대 중국의 사회주의자는 주관적 사회주의자로서 일반적 압박과 착취에 반대하지만, 객관적으로는 "특정한 역사시기 착취의 독특한 형식인 봉건제도"[127]에 반대하는 일정이 놓여 있을 뿐이라는 평가와 같다. 이런 공상적 사회주의의 반(反)착취·반(反)억압의 사상은 실상 당면한 봉건착취와 봉건억압

125) 「물질 구국론」.
126) 레닌, 「두 개의 유토피아」를 참조하라.
127) 레닌, 「중국의 민주주의와 인민주의에 대해」.

에 대한 강렬한 항의였다. '대동' 공상은 비교적 철저한 반봉건의 함성이었지만 결코 자본주의에 대한 비판은 아니었다. 그것은 실제로 사회주의를 지향한 것이 아니라 자본주의를 지향한 것이다.『대동서』는 중국이 밝은 미래로 나아갈 것을 갈망하는 근대 계몽사상가의 환희의 찬가였다.

• 『문사철』(文史哲) 1955년 제2기에
「캉유웨이의『대동서』를 논함」이라는 제목으로 게재됨

부록: 『대동서』의 평가문제와 저작연대
―탕즈쥔 선생에게 간단히 답함

탕즈쥔(湯志鈞) 선생의 「캉유웨이의 『대동서』에 관하여」[128]라는 글은 나의 「캉유웨이의 『대동서』를 논함」에 관한 비판으로, 그 핵심은 『대동서』 평가에 관한 근본문제를 제기한 것이다. 그것은 바로 캉유웨이의 『대동서』가 기본적으로 진보적인가 반동적인가의 문제이다. 분기점은 다음과 같다. 탕 선생은 『대동서』의 사상이 기본적으로 반동적이고, 캉유웨이가 만년에 "군중을 마비시키고", "혁명에 반대하며", "보황과 복벽을 주장하게 한 이론적 기초"를 세웠다는 것이다(이상 인용은 모두 탕 선생의 원문임). 나는 이런 견해에 동의할 수 없다. 나는 『대동서』의 주요내용이 기본적으로 부르주아 민주와 자유를 주장한 캉유웨이 초기의 진보사상이라고 여긴다. 아래에서 탕 선생의 논단에 대해 간단히 몇 가지 의견을 제시하고자 한다.

첫째, 나는 탕 선생의 연구와 논단 방법이 매우 부적절하다고 생각한다. 탕 선생은 『대동서』 자체를 연구·분석하는 것에서 출발하지 않고, 그것이 저작된 연대에 대한 고증에서 시작하여 다음과 같이 주장했다. 『대동서』는 1901~02년에 캉유웨이가 변법에 실패하고 해외에서 유랑하고 있을 때 이루어진 책이다. 이 시기는 바로 혁명이 흥기하고 캉유웨이가 반동적으로 변했을 때이다. 캉유웨이는 "한편으론 자이톈(載湉: 광쉬 황제)의 개인적 은혜에 감사하고, 또한 인민군중의 운동을 두려워한 데다가 이상적인 경계를 건립하고자 했기에 『대동서』를 쓰게 된

---

128) 탕즈쥔, 「캉유웨이의 『대동서』에 관하여」(關於康有爲的大同書) 『문사철』(文史哲), 1957년 제1기.

것이다."(탕즈쥔의 글) 이 때문에 『대동서』는 반동적이라는 것이다. 논문에는 『대동서』의 기본사상과 내용에 대해 아무런 분석적 비판도 없을 뿐만 아니라, 심지어 이 책 내용에 관한 내 글의 분석에 대해서도 무슨 구체적인 반대의견을 내놓지 않았다. 작품 자체의 사상내용과 당시 사회역사 상황과의 진정한 내부연계도 구체적으로 연구하지 않고, 작품의 저작연대만을 고증하여 그 가치와 역할을 당연한 것처럼 판정하려 했을 뿐이다. 솔직히 말해 이런 기초 위에 세워진 주장은 상당히 위험하다.

둘째, 나는 탕 선생의 고증은 믿을 수 없고 성립될 수도 없다고 생각한다. 우선 탕 선생은 『대동서』가 1901~02년에 이루어진 책이기 때문에 이 시기의 캉유웨이 사상을 대표할 뿐이라고 여겼다. 그러나 사실은 결코 그렇지 않다. 오늘날 볼 수 있는 『대동서』는 분명히 1901~02년에 대부분 쓰여졌다.[129] 하지만 이 책의 기본적인 내용과 사상은 바로 『대동서』와 동시에 쓰여진 또 다른 중요한 저작인 『춘추 필삭 대의미언에 관해』와 마찬가지로 비교적 일찍 성숙했고, 기본적으로 캉유웨이 전기 사상의 범위에 속한다. 또한 『춘추 필삭 대의미언에 관해』가 전기에 이미 초고본이 있다가 당시에 소실된 것처럼[130] 『대동서』도 초기에 『인류공리』라는 초고본이 있었고, 이 초고본의 사상은 기본적으로 『대동서』의 내용과 같다. 이 점에 관해 인증자료로 제공할 수 있는 것은 많다.

이 해(1887)에 『인류공리』를 편집하고, 여러 세계를 돌아다니며 사색했기 때문에, ……공자의 거란(據亂)·승평(升平)·태평(太平)의 이치를 미루어 지구의 일을 논하고, ……지구에 공의원을 창립하고 공사(公士)를 결합시키고 국가통합의 공리를 논하며, ……지구를 통합할 계략이라고 여겼다. 그날 대략 이와 비슷하게 생각한 것이 헤아

---

129) 『대동서』에는 비교적 늦은 시기에 첨가된 부분이 있고, 또 원고를 확정하여 '책을 완성' 하지 않은 것으로 여겨진다.
130) 쉬즈징이 이 책을 위해 작성한 서문을 참조하라.

릴 수 없이 많았다.

그리고 1884년 연보 중에는 다음과 같은 것이 있다.

……하늘을 받들고 땅을 통합하고, 국가통합, 종족통합, 종교통합을 함으로써 지구를 통일한다. 또한 통일을 이룬 후에 인류의 언어와 문자, 음식과 옷과 집의 변화된 제도, 남녀평등의 법, 인민이 공모한 공법을 힘써 완성함으로써 극락세계에서 생활하게 만든다. 500년 후는 어떠할까, 1,000년 후는 어떠할까, 세계는 어떠할까, 인간의 영혼과 육체의 변화는 어떠할까, 달과 뭇별의 교통은 어떠할까, 뭇 행성과 뭇 태양계, 기질과 물류, 인민과 정교(政教), 예악과 문장, 주택과 음식은 어떠할까? ……멀고 아득하며 캄캄하고 불가사의하여 마음대로 생각해보았지만 끝까지 생각할 수 없었다.[131]

량치차오와 장보전의 캉유웨이 전기는 모두 이와 유사한 기록을 가지고 있고, 게다가 이 점—캉유웨이가 초기에 이미 사회의 발전과 세계의 대동이상을 가지고 있었다는 것—을 강조하여 지적했다. 량치차오의 『캉유웨이전』은 특히 상당히 구체적으로 이 이상세계의 기본내용을 소개했다. 예를 들면, '이상국가'(공정부) '이상가족'(가정을 폐지하고 공동으로 교육하고 공동으로 양육함) '이상사회'(공산업) '토지위공'(土地爲公) 등. 캉유웨이의 『자편연보』에서 제출된 문제, 특히 량치차오의 『캉유웨이전』이 얘기한 이들 사상은 우리가 지금 보고 있는 『대동서』의 기본사상, 내용과 완전히 일치한다.

---

131) 『자편연보』가 1898년 변법이 막 실패한 후에 씌어졌고, 『대동서』에 비해 저작 연대가 이르다는 것을 고려하면 믿을 만한 자료이다. 『대동서』 앞 2부가 간행되었을 때 캉유웨이는 친필로 서문을 써서 이렇게 말했다. "내 나이 스물일곱, 광쉬 갑신년(1884)에 프랑스 군대가 양성(羊城)을 침략하여…… 국난과 민생을 슬퍼하여 『대동서』를 지었다."

그러므로 캉유웨이는 상당히 초기부터 당시의 사회형세와 자연과학 지식의 자극을 받았고, 사회발전과 문화진보 등과 관련된 수많은 각종 문제를 공상했으며, 그리하여 주관적으로 미래의 아름다운 세계에 대한 공상을 세웠음을 알 수 있다. 이에 대해 그는 『자편연보』에서 이렇게 공언했다. "마침내 대동의 제도—제목은 『인류공리』—를 썼다. 나는 이미 도를 들었고 이미 대동을 확정했으므로 죽어도 좋다고 생각했다." 여기서 대동은 『대동서』와 마찬가지로, 탕 선생이 생각하는 이른바 '입헌군주'를 가리키는 것이 아니라, 바로 1,100년 이후 인류의 원경(遠景)인 '공리'(公理)를 가리킨다. 캉유웨이 스스로 자랑스럽게 생각하고 우리를 자랑스럽게 만드는 것은 그가 발견하고 '직접 제정'한 '입헌군주'의 이치가 아니라, 바로 '국가통합과 지구통합'의 세계대동의 원대한 포부였다.

캉유웨이의 '대동' 공상은 그의 현실정강과 상당한 거리와 모순이 있었기 때문에 그는 줄곧 '비밀로 삼고 사람들에게 보이지 않았으며' 공개 저서에서도 거의 이야기하지 않았다. 그러나 그의 몇몇 가까운 학생, 특히 량치차오는 많은 곳에서 얘기하고 드러냈다. 이에 관한 방증도 많이 찾을 수 있다. 예를 들면, 량치차오가 쓴 『탄쓰퉁전』에는 "(탄쓰퉁은) 난하이(南海: 캉유웨이의 호) 선생이 『춘추』의 뜻을 쉽게 밝히고 대동태평의 조리를 궁구하며 건원(乾元) 통천(統天)의 정밀한 뜻을 체화한 것을 듣고 크게 탄복했다"고 되어 있다. 캉유웨이도 「육애시」(六哀詩)에서 탄쓰퉁을 애도하며 "내가 『춘추』를 이야기하면서 삼세의 뜻은 태평에 있고 그 도는 인(仁)에서 마무리된다는 말을 (탄쓰퉁이—옮긴이) 듣고 공교의 정밀함에 탄복했다"고 했다. 그리고 탄쓰퉁이 지은 『인학』에도 『대동서』와 완전히 일치하는 사상이 있다.

지구를 다스림에 천하는 있지만 나라는 없다. ……사람은 누구나 자유로울 수 있고 반드시 나라가 없는 백성이 된다. 나라가 없으면 구역으로 나뉘고 전쟁은 그치며, 질투는 중단되고 권모술수는 버려지며, 피아의 구분이 없어지고 평등이 출현한다. ……군주가 폐지되면 귀천이 평등해지고, 공리(公理)가 밝혀지면 빈부는 균등해지며, 천리만리에 떨어진 사람들이 한집안의 한사람이다. ……이는 「예운」에 그려진 대동의 모습을 방불케 한다.

다른 많은 부분[132]에서도 캉유웨이가 『대동서』에 쓴 기본사상[133]이 그의 전기의 진보사상이라는 것을 증명할 수 있다.

이상한 것은 탕 선생이 왜 분명하게 볼 수 있는 자료를 보지 않았을까 하는 점이다. 예를 들어 탕 선생이 인증한 량치차오의 그 말의 전문은 본래 다음과 같다.

선생께서 예운 대동의 뜻을 발전시켜, ……교설로 세웠고, ……20년 전에 대략 제자들에게 강의했고, 신축년·임인년에 인도로 피신했을 때 책을 완성했다. (량)치차오가 여러 차례 출판사에 넘기기를 권했지만, 선생께서는 지금은 바야흐로 국가가 경쟁하는 시대라고 여겨서 허락하지 않았다.

그런데 탕 선생은 거두절미하고 유독 중간 부분의 "신축년·임인년에…… 책을 완성했다"는 문구만 취하여, 『대동서』의 내용이 1901~02년 혁명에 반대한 사상을 대표한 것이라는 증명으로 삼았다. 자료에 대한 이런 인용방법은 주관적인 임의성이 너무 크지 않은가? 실제로 이 자료는 『대동서』에서 발전시킨 '대동의 의의'가 바로 '20년 전 제자들에게 강의'한 사상이라는 사실을 명백히 이야기하고 있다. 그렇다면 『대동서』의 기초내용은 그 초기사상을 대표하는 것이 아닌가?

탕 선생은 이 모든 것을 보지 못했다. 단지 『대동서』에서 말한 '삼세'

---

132) 예를 들면 『장흥학기』, 『계학답문』(桂學答問), 『청대 학술개론』 등의 책.
133) 이들 사상은 앞에서 이미 분석했으므로 여기서는 다시 덧붙이지 않는다.

와 『예운주』에서 말한 '삼세'는 다르다는 것을 일면적으로 붙잡고는 크게 과장했다.[134] 그리고 탕 선생은 다음과 같은 점을 거의 모르고 있다. 캉유웨이의 '삼세설'은 본래 교활한 도구였으며, 그 견해는 융통성이 많은 것이었다. 캉유웨이는 삼세의 각 일세를 다시 소삼세로 나눔으로써 '거란'의 '거란'·'승평'·'태평'이 있고, '승평'의 '거란'·'승평'·'태평'이 있으며, 중국은 아직 '소강의 승평'일 뿐이라고 했다. 그러나 출국 이후 서양도 완벽하지 않은 것을 보고는 서양이 가까스로 '승평'에 도달했다고 여겼다가, 나중에는 서양이 '승평'에도 이르지 않았다고 여겼다.[135] 그러므로 삼세설은 분명 약간의 변화를 겪었다. 그러나 이런 변화는 그다지 중요하지 않다. 초기부터 나중까지, 캉유웨이는 기본적으로 먼저 '입헌군주'를 실현해야만 '민주공화'를 실현할 수 있으며, '입헌군주'를 뛰어넘어 국가를 폐기하고 종족을 통합하는 '대동태평'은 실현할 수 없음을 견지했다. '입헌군주'를 실현하는 것이 도대체 '승평'인지 '태평'인지,[136] 당시 중국은 '거란'인지 '승평'인지,[137] '입헌군주'는 도대체 '거란세의 태평'인지, '태평세의 거란'인지,[138] 이들 모두는 본질과 무관한 부차적인 문제이다. 만약 어떤 사람이 억지로 이런 문제에 매달려 글을 지어 되지도 않을 '승평'이니 '태평'이니를 연구한다면 그것은 아마도 캉유웨이에게 크게 속는 일이 될 것이다.

---

134) 사실 이 점에 대해 첸무(錢穆)도 지적한 적이 있다.
135) "현재 공자 삼세의 도를 살펴보면, 지금까지도 승평세를 지나지 않았는데 하물며 태평세와 대동세에 있어서랴? 오늘날 유럽의 새로운 이치는 국가경쟁의 도구가 많아 공자 대도와는 거리가 멀다. ……내가 이전에 유럽과 미국을 지나치게 높게 평가하여 점차 대동에 이를 수 있겠다 생각했는데, 지금 생각하건대 승평에도 아직 이르지 못했다."(『이탈리아 유기』)
136) 내가 보기에, 캉유웨이는 종래 탕 선생이 인식하는 것처럼 '입헌'이 '대동태평'을 실현하는 것이고 그것이 인류공리의 극치라고 생각하지 않았다.
137) 내가 보기에, 캉유웨이는 당시 중국이 이른바 '승평의 거란' 단계에 진입했다고 인식했다.
138) 내가 보기에, '입헌'은 캉유웨이에게 기본적으로 '승평세의 승평' 또는 '승평세의 태평'으로 간주되었다.

그러므로 총괄적으로 말하자면, 『대동서』가 1901~02년에 쓰여졌기 때문에 혁명에 반대하는 반동사상을 대표한다는 탕 선생의 논단과는 달리, 나는 『대동서』가 비록 1901~02년에 쓰여졌고, "아주 늦게 출판되었음에도, ……그 기본관점과 중심사상은 오히려 꽤 일찍 형성되었다"[139]고 생각한다.

셋째는 탕 선생이 『대동서』가 '대중을 마비'시켜 혁명에 반대하기 위해 지어졌다고 인식한 점이다. 나는 이에 대해 결코 동의할 수 없다. 나는 이 견해에는 우선 극복할 수 없는 두 가지 어려움이 있다고 생각한다.

우선 『대동서』에서 묘사·서술한 것은 '입헌군주'의 범위를 훨씬 뛰어넘은 더 철저하고 급진적인 민주주의의 유토피아였고,[140] 아울러 캉유웨이는 긍정하고 찬미하는 태도를 가지고 이런 사상을 제기했다. 그래서 탕즈쥔조차도 이것이 '원대한 이상'이라고 승인할 수밖에 없었다. 그렇다면 이런 이상의 제기가 도대체 혁명에 어떤 불리한 일이 될 수 있는가? 캉유웨이는 도대체 어떻게 이 이상을 이용하여 혁명에 반대했는가? 캉유웨이의 '대동태평'의 아름다운 세계에는 군주가 없다. 이것은 당시 혁명파의 민주공화 주장에 부합하지 않는가? 그렇다면 그것이 왜 거꾸로 '보황(保皇)과 복벽(復辟)의 이론적 기초'가 되었다는 것인가? 왜 그것은 거꾸로 '개량의 이름으로 혁명을 억압했는가?' ……분명한 것은 이 모든 것에 대해 탕 선생은 조금도 설명하지 않았으며 실제로 설명할 수도 없었다.

그 다음으로 탕 선생은 『대동서』가 "높고 원대한 이상인 대동으로 대중을 마비시켰다"고 강변했다. 그렇다면 캉유웨이는 왜 이 저서를 한사코 공개하지 않으려 했는가? 왜 캉유웨이는 훗날 혁명에 반대하고 보황을 주장하는 그렇게 많은 논저를 쓰고도 이런 논저 속에 그의 '대

---

139) 「캉유웨이의 『대동서』를 논함」.
140) 예를 들어, 군주를 폐지하고 귀천을 평등하게 하며 가정을 폐지하고 여성을 해방시키는 등의 것들. 앞의 글을 참조하라.

동' 이상[141]을 전혀 언급하지 않았는가? 대중을 마비시키기 위해 그는 꼭 그렇게 해야만 했는가! ……탕 선생의 논점은 사실 앞서 말한 것처럼 근거 없는 독단을 드러낼 수밖에 없음이 분명하다.

우리가 보기에 이런 상황은 오히려 이해할 수 있다. 이를테면, 캉유웨이의 '대동'은 비교적 급진적이고 철저한 부르주아 자유민주의 진보적 이상이었고, 그의 현실적인 정치 실천강령과 일정한 거리가 있는 이상이었기 때문이다. 그래서 그는 그것을 공포하고 선전하길 원하지 않았고, 스스로 '지선지미'(至善至美)하다고 여긴 『대동서』를 공개하려 하지 않았다. 왜냐하면 이런 원대한 이상이 제기되고 전파되면 유리한 쪽은 캉유웨이의 '입헌군주' 노선이 아니라 '민주공화'를 주장하는 사람들이기 때문이었고, 또한 『대동서』에서 "민주는 입헌군주에 비해 더욱 아름답고 즐거운 단계"라고 지적했기 때문이다. 장보전은 이를 정확하게 지적했다.

『대동서』가 완성된 후, 대동의 다스림을 희망하면서도 오늘날 급속히 시행할 수 있는 바가 아님을 걱정하고, 서둘러 시행하면 난리를 초래하게 될 것을 걱정했으므로 그 원고를 비밀로 하여 사람들에게 보여주지 않았다.[142]

이 점[143]은 당시에 아주 분명했다. 그런데 의외로 몇 십 년 후의 연구자들은 그 점을 보지 못하고, 오히려 캉유웨이가 『대동서』를 쓴 것이 혁명에 대항하기 위한 것이라고 말하고 있다. 사정은 정말 불가사의하게 변했다.

잠시 이 점을 접어두고 한 걸음 나아가 탕 선생이 도대체 어떤 근거로 캉유웨이의 『대동서』가 대중을 마비시키고 혁명에 대항하기 위한 것

---

141) 예를 들어, 가정폐기 · 여성해방 · 개인의 자유와 독립 등과 같은 것.
142) 장보전, 『난하이 캉 선생전』.
143) 『대동서』가 혁명에 유리하고 인민이 당장 민주공화의 '대동'의 다스림을 급속하게 '시행'할까봐 두려워했기 때문에 그것을 공개하지 않은 것.

이라고 말했는지를 살펴보자. 자세히 살펴보면 원래 근거는 바로 다음과 같다. 캉유웨이가 『대동서』를 썼을 때는 바로 혁명파와 개량파가 '개량과 혁명의 경계선을 차츰 명확하게 긋고' 있을 때(?)이고, '이때 전국적 규모의 부르주아 혁명정당인 동맹회의 계급기초와 조직기초, 사상기초와 간부의 조건이 점차 구비' 되는 때(?)였으며, 캉유웨이가 혁명파를 굳세게 반대했을 때(?)이다. 그러므로 이때 쓴 『대동서』는 당연히 반동적일 수밖에 없다. 그러나 여기서 나는 탕 선생의 이 논점에 대해 거의 문장마다 물음표를 첨가할 수 있다고 생각한다. 탕 선생은 글의 서두에서 내가 "『대동서』의 시대적 배경에 대해…… 아직 진일보한 정탐을 하지 못했다"고 꾸짖었지만, 나는 오히려 탕 선생의 '진일보한 정탐' 에 대해 아주 실망을 느낀다.

왜냐하면 분명히 탕 선생은 역사적 사실과 시간을 완전히 잘못 처리했기 때문이다. 왜냐하면 혁명파와 개량파가 명확하게 경계선을 그은 시간은 결코 1901~02년이 아니라 1903~05년이었고, 동맹회의 각종 사상, 조직과 간부조건이 점차 구비된 것도 1901~02년이 아니라 1903~05년이었으며, 캉유웨이·량치차오의 개량파가 혁명파와 정식으로 결렬되어 물과 불처럼 서로 용납하지 못하고 반동진영으로 타락한 것도 1901~02년이 아니라 1903~05년이었다.

1901~02년은 개량주의 유신운동이 막 실패했고 혁명사상이 대규모로 전파되기 시작했으며, 하층 지식인이 대규모로 혁명의 길을 걸어나가기 시작할 때였다. 개량과 혁명의 구분은 아직 선명한 대항 진영을 형성하지 않았을 뿐만 아니라, 어떤 면에서는 아직 우호적인 연계를 유지하고 있었다. 일일이 열거할 수 없는 역사적 사실도 이 점을 증명할 수 있다. 량치차오가 이때 혁명과 개량 사이를 오가면서 혁명파의 영향을 받고 파괴와 암살을 높게 외친 것을 그대는 알지 못하는가? 물론 이 시기에 양 파는 이미 갈라서서 투쟁했다.[144] 그렇지만 탕 선

---

144) 1901년 혁명파가 량치차오와 개량파를 공격한 문장(예를 들어, 「국민보 회편」

생이 상상한 그런 상황과는 거리가 멀었다. 탕 선생이 논단한 상황은 모두 1903년에 시작된 일이었다. 량치차오는 미국에 갔다가 도쿄로 돌아와서 '개명전제'를 크게 외쳤고, 이와 동시에 쑨중산과 혁명파는 끊임없이 글을 발표하여 진정으로 개량파와의 경계선을 명확하게 긋기 시작했다.

탕 선생은 역사적 사실을 구체적으로 연구하지 않고, 변법이 실패하자마자 혁명파가 성숙하여 개량파와 경계선을 분명하게 그었으며 캉유웨이와 량치차오가 바로 반동으로 빠져들었다는 점을 당연시했을 뿐, 그 중간에 꽤 여러 해의 과정을 거쳤다는 사실은 알지 못했다. 혁명파는 1895, 1900, 1903년을 지나 1905년이 되어서야 비로소 진정으로 성숙했고, 캉유웨이와 량치차오도 1898, 1900, 1903년을 지나 1905년이 되어서야 철저하게 보수적이 되었다.[145] 탕 선생은 그의 논점을 실증하기 위해 너무 성급했음이 분명하다. 그 결과 역사를 2~3년 앞당겨 사실을 왜곡했다.

그래서 우리의 견해에 따르면 바로 이 시기에 양 파의 투쟁은 아직 격화되지 않았고, 캉유웨이는 아직 철저하게 반동적이지 않았다. 이 때문에 그는 『대동서』, 『춘추 필삭 대의미언에 관해』 등의 진보적인 저서를 써낼 수 있었고, 이들 저서에서 민주와 자유를 주장하는 전기의 진보정신을 보존할 수 있었을 것이다. 그렇지 않았다면 곤란했을 것이다.[146] 『대동서』의 여성해방과 인격독립에 반대한 몇 군데는 더욱 늦은 시기에 증보한 것이다. 이 몇몇 증보는 이 책의 기본정신, 주요내용과 모순적이다. 이렇게 탕 선생이 책 전체가 반동적 관점이라고 생각한 것과는 반대로, 『대동서』 저작연대의 역사적 상황을 구체적으로 고찰한다면

國民報匯編)이 있었지만, 당시에는 아직 주요하고 필연적인 현상은 아니었다. 그러므로 커다란 사상논전을 야기시키지 않았다.

145) 그중 1903년은 현재 모두가 소홀히 여길는지 몰라도 실제로는 아주 중요하고 관건적인 해이다.

146) 캉유웨이가 이 시기에 쓴 몇 권의 책은 나중 1~2년 사이에 쓴 여러 책(예를 들어 「물질 구국론」 등)과 아주 큰 차이가 있다.

『대동서』의 내용이 기본적으로는 진보적이라는 우리의 기본논점은 여전히 성립될 수 있다고 생각한다.

마지막 한 가지는 탕 선생이 그의 글에서 『대동서』의 사상적 내원(來源)에 대해 말한 문제다. 그런데 탕 선생이 말한 것은 실제로 캉유웨이 전체 사상의 연원에 대한 것이다. 이 문제는 이미 이 글의 토론범위를 벗어났기에 여러 말 하지 않으려고 한다. 나의 글 「캉유웨이의 철학 사상을 논함」을 참조하기 바란다. 다만 여기서 간략하게 두 가지를 지적하고자 한다.

첫째, 탕 선생이 지적한 세 가지 내원은 내재적인 연계가 없고 아울러 금문경학 방면을 일면적으로 강조했다. 당시의 자연과학 지식 부분은 완전히 홀시하고 아예 제기하지도 않았다. 그러나 사상적 내원으로서 실질적으로 후자가 전자보다 훨씬 중요하다. 그밖에 육구연과 왕양명·불학·중국 민주사상의 전통(황려주黃黎州)도 탕 선생에 의해 완전히 생략됨으로써 아주 일면적이 되었다. 둘째, 탕 선생은 캉유웨이의 사회 진보 사상과 『대동서』의 삼세진화관이 옌푸가 번역한 『천연론』(1895)을 보고 난 후에 형성되었다고 억지 주장을 했다. 나는 이것이 억지로 끌어붙인 말이라고 생각한다. 탕 선생은 결코 어떤 유력한 증거도 들지 않았지만, 상반된 증거──"(캉유웨이는) 이 책을 저술할 때 조금도 다른 것에 의지하지 않고 답습하지도 않았다. 그러나 30년 전의 그의 이상과 오늘날의 이른바 세계주의 사회주의자와는 부합되는 것이 많다"고 량치차오가 누누이 말한 것과 같은──는 아주 많다. 여기서 일일이 열거하지는 않겠다.

우리와 탕 선생의 불일치는 아주 분명한 듯하다. 연구방법에서 구체적인 고증에 이르기까지, 캉유웨이 사상에서 역사배경에 이르기까지, 『대동서』에 대한 평가에는 상당히 큰 차이가 있다. 여기서는 몇 가지 주요문제를 취하여 나의 견해를 아주 간단하게 설명했을 뿐이다.

〔부기〕 방금 린커광(林克光) 선생의 「『대동서』를 논함」[147]을 읽었는

데, 글 가운데 나의 「캉유웨이의 『대동서』를 논함」을 언급하면서, 나의 글이 "매우 많은 유익한 의견을 제기했고", "일정한 공헌이 있다"고 한 것 등은 사실 과분한 칭찬으로 부끄러워 감당할 수 없다. 린커광의 기본 논점은 나의 견해와 대체로 일치하지만, 오히려 나를 이렇게 책망했다.

　당시 중국과 서양 사이에 존재한 역사적 특징을 소홀히 했고, 위에서 말한 각종 외부조건의 변화와 그것이 중국 사회와 캉유웨이의 사상에 미친 영향을 소홀히 했다. 그에 따라 『대동서』가 유럽과 미국의 자본주의 제도를 비판하고 폭로할 가능성과 필연성을 보지 못했다. 그리고 마침내 『대동서』가 "서양의 비판적·공상적 사회주의가 언급하고 폭로한 문제를 언급할 수 없었으며, 근대 자본주의 사회의 각종 죄악, 암흑과 불합리를 폭로할 수 없었다"(이것은 린커광이 나의 말을 인용한 것임)고 인식했다.

이것은 내가 동의할 수 없다. 나는 여전히 린커광이 위에서 인용한 논점을 견지하지만, 『대동서』가 유럽과 미국의 자본주의 제도를 비판했다고 생각하는 린커광의 견해에는 동의할 수 없다. 왜냐하면 내가 보기에 『대동서』의 주요사상은 세계낙원에 대한 부르주아 계몽주의자의 공상이었고, 그 특징은 봉건주의를 반대하고 자본주의를 미화한 것이기 때문이다. 캉유웨이와 쑨중산은 각각 처한 시대적 역사조건과 개인경력이 매우 달랐다. 캉유웨이는 전기에 국내에서 아직 "근대 자본주의의 각종 암흑과 죄악을 인식하고 폭로"할 수 없었으며, "자본주의는 이미 한물갔고 각양각색의 사회주의 사상이 이미 세차게 일어나서 유럽과 미국의 정치사조를 석권했는데, 이것은 당시 캉유웨이와 기타 선진 사상가들의 앞에 놓인 확고부동한 사실이었다"고 한 린 선생의 견해는 완전히 사실이 아니라고 말해야 한다. 1870~80년대는 자본주의가 아직

---

147) 『중국 근대사상가 연구논문』, 삼련서점.

한물간 시기가 아니었을 뿐만 아니라, 이때 이른바 '세차게 일어선' 사회주의 사조는 당시 캉유웨이 등이 알 수 있는 것이 아니었다. 린 선생이 당연하다고 생각하는 역사배경 서술은 완전히 근거 없는 것이다. 따라서 캉유웨이가 이 때문에 회의하고 자본주의를 비판했으며, 그로 인해 자신의 '대동세계'를 '추구'하고 '꿈꾸'었다는 린 선생의 결론은 더욱 진실에서 벗어나 있다.

캉유웨이는 1880년대에 서양 자본주의를 심각하게 인식하거나 그것을 폭로하고 비판하지도 않았고 그럴 수도 없었다. 그와는 반대로, 그는 자본주의를 이상화하고 꿈꾸었다. 그의 '대동' 세계는 봉건주의에 대한 비판 위에 구축된 것이지, 자본주의에 대한 비판 위에 구축된 것이 아니었다. 후기에 출국 후 자본주의의 부패를 보고 불만을 가졌을 때는 이미 기본적으로 봉건주의 입장으로 퇴행했고, 더욱 낙후된 관점으로 이런 '비판'을 진행했다. 이는 캉유웨이, 량치차오와 이후의 많은 선진 인물이 유럽을 여행한 후 서양 물질문명의 파산을 큰 소리로 외치고 중국 정신문명을 회복해야 한다는 등과 같은 진정한 복고주의 함성으로 주로 표현되었다. 그러나 『대동서』 전체에서는 몇 곳에서 유럽·미국의 사회와 제도의 결점과 폐단[148]을 지적한 것 이외에, 서양 근대의 공상적 사회주의자, 쑨중산과 혁명파와 같은 깊이 있고 중점적인 '폭로'와 '비판'은 실제로 없었다. 그리고 이런 개별적 폭로도 결코 캉유웨이가 초기에 가질 수 있는 것이 아니었고, 만년에 '대동' 공상의 정확함을 강화하고 증명하기 위해서 증보한 것일 뿐이었다.

그러므로 이런 자본주의에 대한 불만 또는 비판 부분은 캉유웨이의 초기 사상이나 전체 19세기 개량파의 시대사조에서 객관적 역사의 필연적인 부분이 결코 아니다[149](그러므로 그것을 과장해서는 안 된다). 그러므로 이 부

---

148) 여성의 여전한 불평등, 격심한 빈부격차, 노동자의 반항 등.
149) 탄쓰퉁의 사상으로 캉유웨이의 초기 사상을 인증할 수도 있다. 탄쓰퉁은 『인학』에서 다음과 같이 말했다. "광산은 학교를 세우고 기계를 만들어 그것을 개발하고, ……밭은 학교를 세워 기계를 만들어 그것을 경작하며, ……공장은 학

분은 『대동서』와 캉유웨이 사상의 주요내용과 근본성질로 구성될 수 없다. 물론 그렇다고 캉유웨이와 탄쓰퉁 등이 초기에 자본주의 사회에 대한 회의와 불만 또는 비판을 가질 수 없었다고 말하는 것은 아니다. 다만 어쨌든 이것은 개량파 사상가의 특징이 아니라, 그들에 비해 조금 늦은 혁명파 사상가의 특징이다.

여기서 주요한 것은 어떠한 과장이나 축소를 해서는 안 된다는 것이다. 탕 선생처럼 수레에 실은 장작과 같이 큰 것을 보지 못하는 것도 옳지 않지만, 린 선생처럼 자본주의에 대한 캉유웨이의 '비판'을 강조하는 것 역시 참깨를 수박인 듯 과장하는 것이다.

총괄하면, 내가 볼 때 탕즈쥔 선생이 『대동서』의 봉건주의 비판의 요소를 과소평가했다면, 린커광 선생은 오히려 『대동서』의 자본주의 비판의 요소를 과대평가했다. 그리고 양자의 공통점은 모두 주관적으로 문제를 처리한 점, 역사배경과 사상본질을 구체적으로 분석하지 않은 점에 있는 듯하다.

다시 글을 써서 상세히 증명하려 하지 않고자 삼가 린커광 글에 대한 의견을 여기에 부기한다.

• 『문사철』 1957년 제9기에 게재됨

교를 세워 기계를 만들어 그것을 대신하고, ……큰 부자는 큰 공장을 세우고 중간 부자는 큰 부자에 붙거나 별도로 작은 공장을 세운다. 부자가 기계공장을 세울 수 있으면 가난한 백성은 그것에 의지하여 부양되고 물산은 그것에 의지하여 풍부해지며 화폐는 그것에 의지하여 유통된다. ……그리하여 충일(充溢)하고 두루 퍼지게 되어 널리 베풀어 여러 사람을 구제하는 공을 거두게 된다. ……나날이 더욱 절약하고 상품은 나날이 풍부해지며 백성은 나날이 부유해지고, ……백성에 대한 공은 어떠한가? ……각자 자신의 생업에 종사하고 각자 그 이익을 균분하며 베틀이 바쁘게 돌아가면 누더기 옷은 없어질 것이고 일이 풍성하면 천장을 바라보며 내쉬는 탄성이 소멸될 것이다."

서양 자본주의가 이미 점차 늙바탕에 진입하고 사회주의 사조가 이미 '거세게 일어' 나던 시기에 바다 멀리 떨어져 있던 중국의 갓 흥기한 부르주아 계급은 여전히 얼마나 천진하게 기계생산과 자유무역의 송가를 높이 부르고 있었는가! 그들은 이때 구해도 얻을 수 없는 천당을 '비판'할 생각을 아예 꿈에서도 하지 못했다.

3 '탁고개제' 사상

1. 시대배경

인간은 스스로 자신의 역사를 창조한다. 그러나 이런 창조작업은 결코 하고 싶은 대로 하는 것이 아니며, 스스로 선택한 상황에서 진행하는 것이 아니다. ……사망한 선구자의 모든 전통은 일반적으로 산 사람의 머리를 악몽처럼 뒤덮고 있다. 인간들이 자신과 주위 사물을 개조하거나 들어보지 못한 사물을 창조하는 데만 종사하면 혁명의 위기시대에 비겁하게 마법을 운용하고 과거의 망령에 도움을 구하게 된다. 그리고 그것들의 이름과 전투구호와 복장을 차용해 세계 역사의 새로운 장면을 연출한다.[150]

캉유웨이는 중국 봉건성인의 낡은 복장을 입고 공자개제의 마술 지팡이를 빌렸으며, 공양 금문학의 신비한 장막을 드리우고 중국 근대사 상사에 새로운 막을 연출했다.

캉유웨이는 금문 경학파의 대가였다. 금문 경학 자체의 학술내용과

---

150) 마르크스, 『루이 보나파르트 정변기』.

청대 공양 금문학파의 발전에 관한 내용은 이 글의 범위를 벗어나지만, "(그것은) 다른 새로운 학설과 마찬가지로 그것 앞에 이미 누적되어온 사상자료에서 출발"[151]한다. 캉유웨이가 의존하고 표방한 '탁고개제' 사상도 바로 그 '누적되어온 사상자료'에 그 연원이 있었다. 멀리 18세기, 봉건학술이 흥성하던 반역사적 시기에 공양 금문학은 흥기했다. 그 창시자 장존여(莊存與)는 이미 '미언대의'에 착안했고 유봉록(劉逢祿)은 『좌전』을 공격하고 유흠(劉歆)을 질책했다. 그러나 이 모든 것은 당시에 주로 순수한 학술연구였을 뿐이다. 금문학의 창도는 당시 청조 정치통치를 위해할 '위험'이 없었을 뿐만 아니라, 반대로 봉건전제 통치질서를 수호했기에 청조 통치자의 격려를 받았다. 예를 들어 유봉록의 공양학은 "모든 것은 하늘의 명을 받으므로 의당 천명을 두려워해야 하고 하늘에 따르고 사람에 순응해야 한다"[152] 등을 이야기하여 만청(滿淸) 통치에 복무했다. 전혀 혁명적 의미가 없었다. 그래서 장타이옌은 "……유봉록 등은 대대로 만주에서 벼슬을 했고, 오랑캐를 모시려는 뜻을 가지고 공양학을 과장함으로써 부명(符命)을 늘어놓았다"[153]고 평했다.

진정으로 금문학에 개혁적인 사회적·정치적 경향을 띠게 한 것은 1840년대 전후의 궁쯔전과 웨이위안에서 비롯되었다. 궁쯔전과 웨이위안에 관해서는 이미 논했으므로 여기서 반복하지 않는다. 요컨대 19세기 이래 청조 통치의 동요가 문화영역에 반영됨으로써 '순정'한 봉건학술 가운데에서 이단적인 색채가 출현하기에 이르렀다. 선진인사들은 "날은 저물고 슬픈 바람 몰려오니 촛불을 켜려 하나 앞이 캄캄하네"[154] 하고 사회위기의 박두에 민감해했다. 또한 "문자옥에 연루되는 것을 두려워하여 자리를 피하는" 전제정치의 사나운 협박 아래, 학술활동을 통

---

151) 엥겔스, 「공상적 사회주의로부터 과학적 사회주의로의 발전」.
152) 「춘추 공양 경전 하씨 석례」(春秋公羊經傳何氏釋例).
153) 「중화민국 해(解)」.
154) 궁쯔전, 「존은」.

해서만 봉건정치에 대한 불만과 비판을 조금씩 토로할 수 있을 뿐이었다. 그리하여 일관되게 종교식의 모호한 해설 속에 강렬한 정치적 의미를 담은 공양 금문학이 이 시기에 자연스럽게 '시정을 비방'하는 발전의 길로 접어들었다. 궁쯔전과 웨이위안은 난해하고 불분명한, 오래된 공양학의 외투를 걸친 채 당시 사회·정치·경제·문화·풍습 등 각 방면에 대해 첨예한 비판과 적극적인 요구를 제출했는데, 그 속에는 이미 중요한 사회개혁의 사상적 맹아가 잠복해 있었다. 후대의 뜻 있는 사람은 마침내 그 속에서 정신적 양식과 귀중한 계시를 찾아냈고, 스스로를 전진하게 하는 중요한 '사상적 자료'로 삼았다.

> 궁쯔전은…… 금문을 좋아하고…… 종종 공양의 뜻을 인용하여 시정을 풍자하고 전제를 비방했다. …… 금문학파의 개척은 사실 궁쯔전에서 비롯되었다. …… 금문학의 맹장으로는 궁쯔전과 웨이위안을 들어야 한다. …… 그러므로 금문학을 공부한 사람들이 즐겨 경술(經述)을 정론으로 삼은 것은 궁쯔전과 웨이위안의 유풍이었다.[155]

궁쯔전과 웨이위안은 일반적으로 개량파 사상의 선구자일 뿐만 아니라, 특히 캉유웨이의 탁고개제 사상의 안내자였다. 심지어 봉건주의 완고파조차도 이 점을 간파했다. 쩡롄은 캉유웨이의 변법주장을 반대함과 동시에 "떡을 파는 공양이 화근"이라고 통렬하게 개탄했다.[156] 예더후이도 "『모전』(毛傳)의 위조는 웨이모선(魏默深: 웨이위안)에서 시작되었는데…… 웨이모선이 만년에 실성하여 죽은 것도 오랑캐를 흥성시킨 것에 대한 응보였다",[157] "궁쯔전의 학술은 괴이하고 편벽되었다"[158]고 거듭 질책했고, 캉유웨이의 금문학이 '딩안(定盦: 궁쯔전의

---

155) 량치차오, 『청대 학술개론』.
156) 『참암집』.
157) 『익교총편』「유헌금어평」(輶軒수語評).

호)의 중복'일 뿐이라고 인식했다. 사실상 캉유웨이도 공양 금문학의 이런 전통과 경향을 계승하고 이용하여, 그것에 새로운 내용을 주입해 변법유신의 정치투쟁에 직접 배합함으로써 이 낡은 무기의 전투작용을 최대한 발휘하게 했다. 만청 금문학 운동은 이때에 이르러 가장 성숙한 정상에 도달했고 그에 따라 영광스러운 종결을 선고한 셈이었다.[159]

그러나 이것은 단지 캉유웨이의 탁고개제 사상 자료의 연원적 측면일 뿐이다. 더욱 중요한 측면은 캉유웨이 사상의 현실적인 물적 기초이다. "……전통관념 속에서 발생하는 변화는 이 변화를 만드는 사람들의 계급관계, 즉 경제관계에 의해 결정된다."[160] 현실관계의 변화를 이해해야만 비로소 진정으로 전통적 학술사상 영역의 변화를 이해할 수 있다.

시대의 수레바퀴가 우리를 이렇게 멀리 끌고 왔기에 오늘날 우리가 그 문제를 이해하는 데에서 몇 가지 곤란을 느끼지 않을 수 없다. 예를 들어, 만약 오늘날 량치차오가 '사상계의 일대 태풍'이라고 비유한 만청 금문학의 중요서적이자 캉유웨이의 저명한 대표작인 『신학위경고』를 우리 앞에 다시 놓는다면, 우리는 오히려 량치차오의 비유를 이상하다고 느낄지도 모른다. 추호도 정치를 언급하지 않은 듯한 순수한 학술저서가, 그리고 조금도 우리의 흥미를 야기하지 못하는 사소한 고증서적이 어떻게 그토록 강렬한 정치적 의미를 가질 수 있었으며, 당시에 그렇게 큰 정치적 풍파를 일으킬 수 있었단 말인가? 왜 당시 수많은 사람이 환영하고 감동했는데, 정부측과 정통학자들은 이를 갈면서 증오하고 여러 차례 출판금지령을 내려 그것에 반대했는가?

이 문제에 대답하려면 당시의 사회환경과 시대분위기, 특히 당시 사

---

158) 「두안보유 무재에게 드리는 글」(與段伯猷茂才書).

159) 그후 랴오지핑의 여러 차례의 '변법', 피시루이와 첸쉬안퉁(錢玄同) 등의 금문학 주장은 순학술적인 내용과 의의를 가졌을 뿐이며, 학술영역에서도 그 작용과 영향이 매우 적어 사상사의 범위에 들지 못했다.

160) 엥겔스, 『포이어바흐와 독일 고전철학의 종말』.

대부들의 사회사상적 면모를 충분히 파악하고 이해하지 않으면 안 된다. 당시 중국은 기본적으로는 여전히 봉건사회였다. 봉건관가와 봉건토지 관계에서 해방되어 그것들과 나날이 소원해지는 각종 부르주아와 프티부르주아의 평민, 지식인들은 아직 대량으로 출현하지 않았다. 당시 자본주의의 요구를 체현한 사람은 주로 구식 봉건사대부 지식인들이었다. 그들은 정치·사상·문화면에서 장기적으로 봉건주의 정통사상의 지배를 받아왔다. 그들의 머리를 누르는 것은 공자를 우상으로 삼고 성현의 경전을 중심으로 삼는 정통 봉건 전제주의의 사상 체계였다. "……일반적으로 전통은 사상체계의 모든 영역에서 거대한 보수적인 힘이다."[161]

유구한 역사를 가지고 있으면서 상당히 완비되고 완강한 이론체계를 지닌 봉건사상은 당시 사대부 지식인의 사상에 채워진 혹독한 차꼬이자 족쇄였다. 그것은 모든 진보적 인사와 진보적 사상이 발생하고 출현하는 것을 잔혹하게 질식시키고 억제시켰다. "그 입을 막았을 뿐만 아니라 감히 올바른 말을 하지 못하게 했으며, 아울러 마음도 붙들어매 감히 생각도 하지 못하게 했다.[162] 낡은 일련의 체계는 이미 새로운 국면에 대응할 수 없었고, 국가의 위기와 시대의 곤란함은 사상의 새로운 방향인 서양 자본주의의 정치·문화에서 진리를 찾도록 사람들을 몰아세웠다. 그러나 봉건주의의 사상적 차꼬는 오히려 그들이 이렇게 하는 것을 완강하게 저지했다. 우뚝 솟아 있는 봉건주의 경전은 으름장을 놓으면서 '경전에서 벗어나고 도리에 어긋나는 것'과 '성인을 비난하고 법을 업신여기는 것'(非聖無法)을 허락하지 않았다. 근대인들은 이 차꼬의 속박 아래에서 고뇌하고 곤혹스러워하면서 정신의 해방을 절박하게 요구했다. "인류를 속박하는 족쇄는 두 가닥 밧줄로 이루어져 있는데, 만약 다른 가닥이 끊어지지 않는다면 이 가닥도 풀리지 않을 것이

---

161) 같은 글.
162) 탄쓰퉁, 『인학』.

다."(디드로) 현실 봉건통치의 밧줄을 풀려면 먼저 사람들의 영혼을 속 박하는 사상적 권위를 절단해야 한다.

이런 상황에서 "모든 혁명적인 사회 · 정치 이론은 반드시 신학(神 學)적 이단이 되어야 한다. 현존하는 사회관계를 공격하기 위하여 그 신성한 법륜(法輪)을 박탈하지 않을 수 없"[163]던 것이다. 동시에 "군중 의 감정은 종교와 음식으로 배양할 수 있을 뿐이므로 폭풍우 같은 운동 을 야기하기 위해서는 군중 자신의 이익에 종교의 외피를 입혀야"[164] 했다. 당시 중국 봉건사대부 군중에게 두루 포섭되지 않은 것이 없는 종교 또는 신학은 바로 신성한 '공자의 도'아니었겠는가? 그러므로 현 실적 사회역량의 추동 아래 시대의 총아가 시의적절하게 탄생했다. 캉 유웨이는 '탁고개제'의 큰 깃발을 치켜들고, 봉건 전제제도의 '현실관 계'를 공격하는 변법사상과 호응 · 배합하여 봉건경전을 직접 공격했 다. 또한 용감하게 '그 신성한 법륜을 박탈하여'변법주장의 이론적 근 거를 정면으로 제출했다. 그리하여 캉유웨이와 그의 저서는 이와 같이 일약 당시 정치상 · 학술상의 중심사건이 되었다. 캉유웨이는 마침내 『신학위경고』와 『공자개제고』의 양대 저서에 의거하여 유신운동의 사 상적 지도자가 되었고, 당시 비교적 선진적인 사대부 지식인들의 옹호 를 받게 되었다.

그러므로 참신한 사회적 · 정치적 의의를 가진 사상 · 이론 투쟁이 고 루한 복장을 입어야 한 원인은 '사망한 선배의 모든 전통이 마치 악몽 처럼 산 사람의 두뇌를 감싸고'있었으므로 '혁명적 사회 · 정치 이론은 반드시 신학적 이단이 되어야 했기'때문이다. 다른 한편으로 고루한 전통에 변화가 일어나 새로운 내용과 의의를 가질 수 있게 되는 것은 결과적으로 완전히 '이 변화를 만드는 인간들의 계급관계, 즉 경제관계 에 의해 결정'되기 때문이다.

---

163) 엥겔스, 『독일 농민전쟁』.
164) 엥겔스, 『포이어바흐와 독일 고전철학의 종말』.

2. 현실내용

1) 봉건경전의 부정

그렇다면 시대적 요구를 반영했기에 당시 사림(士林)을 경동(警動)시킨 캉유웨이의 금문학에 관한 중요한 전적——가장 유명한 『신학위경고』와 『공자개제고』——의 내용은 도대체 무엇일까?

우선 『신학위경고』를 보도록 하자. 량치차오는 그에 대해 비교적 정확하게 개괄하여 설명했다.

> '위경'이란 『주례』(周禮)·『일례』(逸禮)·『좌전』(左傳:『춘추좌씨전』의 약칭)과 『시경』의 『모시전』(毛詩傳)을 이른다. 모두 서한말 유흠이 노력하여 각 분야의 박사를 두었다. '신학'(新學)이란 신(新)나라 왕망(王莽)의 학문이다. 허신(許愼)과 정현(鄭玄)을 법통으로 삼던 청나라 학자들은 스스로 '한학'(漢學)이라 일컬으면서, 의도적으로 이것(위경─옮긴이)을 신(新)나라의 학문이지 한나라의 학문이 아니라고 여겨 그 이름을 (신학으로─옮긴이) 바꾸었다.
>
> 『신학위경고』의 요점은 다음과 같다. 첫째, 서한의 경학은 이른바 고문이 없었으므로 모든 고문은 유흠의 위작이다. 둘째, 진나라 분서(焚書) 때 그 화가 육경에는 미치지 않았다. 한나라 14박사가 전수한 것은 모두 공문(孔門)의 완성본으로 결코 결손 부분이 없다. 셋째, 공자 시대에 사용한 문자는 진한 시대의 전서(篆書)이므로 '문'(文)으로 논한다 하더라도 절대 고금의 차별이 없다. 넷째, 유흠은 위작의 흔적을 미봉하려고, 교중비서(校中秘書)로 재직할 때 모든 고서를 뒤섞었다. 다섯째, 유흠이 위경을 만든 원인은, 왕망을 도와 한나라를 찬탈하려면 우선 공자의 미언대의를 인멸하고 혼란하게 만들어야 했기 때문이다.[165]

간단하게 말하자면, 『신학위경고』의 내용은 주로 역사고증의 학술방법을 통해,『좌전』등 고문경전이 '위경'이고 그것들은 단지 '기사(記事)의 책'일 뿐 '뜻을 밝힌 책'이 아니므로, 공자가 경을 지어 '옛것에 기탁하여 제도를 개혁'(托古改制)하려 한 원뜻을 인멸했다고 단정하는 것이었다. "제도개혁의 경전을 어지럽혔으므로 대의미언이 인멸되었다."[166] "『좌전』을 위조하고『공양전』을 인멸했을 때부터『춘추』는 망했고 공자의 도도 망했다."[167]

공인된 것처럼, 캉유웨이의 이 책에는 정밀하고 정확한 논단이 있지만 그 가운데에는 무단(武斷)하고 강변한 곳도 적지 않다. "종종 미련 없이 증거를 말살하거나 곡해함으로써 과학자의 큰 금기를 범했다." (량치차오) 그러나 우리가 오늘날 흥미를 느끼고 있고 여기서 논증해야 하는 것은 '일찌감치 경직된 폐물'(판원란)인 금고문학 경전 자체의 내용과 가치, 그리고 장기간 논쟁이 일어나 그 중론이 분분하던 진위(眞僞) 문제가 아니다. 또한 캉유웨이의『신학위경고』의 학술적 논증이 엄격하고 합리적이며 그 장단점은 무엇인가의 문제도 아니다. 중요한 것은 당시 사상이론 투쟁에서 캉유웨이의 이런 학술활동과 논증이 가진 성격과 의의, 그리고 그 사회적·정치적 내용이다. 그러므로 오늘날 주의하고 연구해야 할 요점은『신학위경고』등 책 자체의 학술적 내용과 가치보다는, 그것의 사회적·정치적인 실제의 내용과 작용이다. 우리가 이해해야 할 것은 캉유웨이가 이런 학술활동을 통해 자신의 정치투쟁과 선진적인 사회적·정치적 이상을 위해 어떻게 기여했는가 하는 점이다. 오히려 이 점이 사실 캉유웨이 본인이 중시한 부분으로, 저서 첫쪽에서 그 요지를 밝히는 식으로 저서의 거대한 목적과 의도를 선포했다.

나는『위경고』를 모두 14편 지었다. 그 차례를 매기고 묶으며 말하

---

165)『청대 학술개론』.
166)『중용주』「서」.
167)『춘추 동씨학』.

건대, 최초로 위경을 만들어 성인의 제도를 어지럽힌 사람은 유흠이며, 위경을 실행하여 공자의 도통(道統)을 찬탈한 사람은 정현이다. 2,000여 년의 세월이 어렴풋이 연결되었음을 보면서, 무수한 학자가 학문에 대해 질문한 것을 모으고 20조대 왕들의 예악제도의 숭엄함을 종합해보았다. 그 결과, 전부 위경을 성스러운 법으로 받들어 소리내어 읽고 시행했으며, 위반한 자는 성인을 비난하고 법을 업신여기는 자로 논죄했다. 그러므로 감히 위반하는 자도, 의심하는 자도 없었다. ……성스러운 제도는 먼지에 묻히고 안개 속에 빠졌으며 천지는 비정상적이고 일월은 변색했다. 공자는 하늘이 명한 대성인인데 400년 후 중국 땅에서 고난과 근심을 만나 이 지경이 되었으니 어찌 이상하지 않은가! ……미약한 역량을 헤아리지 않고 위설(僞說)을 타파하여 철저하게 궤멸시키매, 괴물들은 도망가 숨어 어두운 계곡에 안개처럼 흩어졌다. 일황성이여, 바라건대 망실된 경전을 일으키고 성스러운 제도를 보좌하여, 그것들이 공자의 도를 외부의 침략에서 막게 하기를 바란다.[168]

전제의 사나운 위협 아래에 있었으므로, 캉유웨이는 책에서 '위경'의 진정한 정치적 함의를 직접적으로 언급할 수는 없었다. 그러나 당시 정식으로 간행하여 발표하지 않은 다른 저서에는 시원하게 이 점을 누차 강조하여 지적했다.

유흠은 문왕을 주나라의 평왕으로 대체했으므로 위작『좌전』이 행해지고 천하는 스승의 설법을 알지 못하게 되었다. ……『춘추』의 뜻은 왕을 인정하고 존중하는 것일 뿐이었다. 만약 도살자와 무인이 요행으로 천하를 평정하고 진시황이나 수양제 같은 사람이 백성을 억압한다면 그 또한 존중하고 지켜야 할까? 그것은 성도(聖道)에 어긋

---

168) 『신학위경고』.

날 뿐 아니라 성도를 해치는 것이다.

군주는 존귀하고 신하는 비천하다는 견해가 역대 왕조에 크게 시행되었고 민적(民賊)이 그 술수를 몰래 장악하여 우리 백성을 우매하게 지배하고, ……유흠이 위경을 창조하매…… 대의는 어그러지고, ……미언은 단절되었으며, ……그래서 삼세의 설은 인간세상에서 통용되지 못하고, 태평의 씨앗은 중국에서 영원히 단절되었다. 공리(公理)는 밝혀지지 않았고 인술(仁術)은 창성하지 않았으며 문명은 진보하지 않았다. 2,000년간의 어리석음은 오직 거란세의 법을 독실하게 지킴으로써 천하를 다스릴 뿐이었다.[169]

그러나 『신학위경고』가 눈앞의 정치제도 문제를 한 문장도 직접 언급하지 않았을지라도, 그리고 캉유웨이가 필사적으로 '망실된 경을 일으키고 성스러운 제도를 보좌'한다는 당당하고도 거창한 명목을 내세웠을지라도, 반대파는 그 속에서 엄중한 정치적 의의를 엿볼 수 있었다.

『주례』가 유흠의 위작이고…… 주자는 이미 그것을 논박했다. ……캉유웨이의…… 신학위경의 고증은 그 기본의미가 군권을 축출하고 민력을 신장함으로써 자신의 뜻을 마음껏 펼치는 데 있었다. ……그 말의 황당무계함은 저절로 알게 될 것이다. 그래서 『주례』를 빌린 왕망과 왕망에 붙은 유흠을 통렬히 비판했다.[170]

명백하지 않은가? 이른바 금고문학 논쟁이라는 봉건학술의 허울 아래에 은폐된 것은 객관적 역사임무에 의해 규정된 첨예한 정치사상 투쟁이었다. 자본주의 자유파의 신흥세력이 경제·정치 면에서 봉건주의

---

169) 『춘추 필삭 대의미언에 관해』.
170) 예더후이, 「유헌금어평」.

에 대해 어떤 민주개량의 투쟁을 하려면, 반드시 그리고 동시에 사상·이론 면에서 봉건주의에 대해 모종의 개량 또는 투쟁을 해야 했다. 신성불가침의 봉건경전을 2,000년 동안 감히 한 사람도 위반하지도 의심하지도 않았다. 그런데 갑자기 하루아침에 캉유웨이가 위조된 한 무더기의 폐지일 뿐이라고 선언한 것은 결코 캉유웨이 개인의 주관적 방자함이 아니라, 객관적 역사발전의 피할 수 없는 요구였다.

봉건주의 통치의 물적 토대가 실제적으로 쇠약해지고 동요한 것은 그 사상체계의 이론적 동요를 반영한 것이고, 이런 사상·이론의 동요는 역으로 그 토대의 위기를 크게 촉진시켰다. 그것이 사람들에게 은밀히 제시한 것은 다음과 같은 것이었다. 만약 통치자에 의해 봉건 전제제도의 이론적 근거로 받들어지던 신성한 전적들이 사실은 별다른 것이 아니었고, 그와는 반대로 그것들이 어떤 교활한 야심가가 위조한 열악한 위조품에 지나지 않았다면, 이 전제제도 통치 자체의 존재도 완전히 그 충분한 이유와 근거를 잃어버린 것이 아닌가? "오류에 대한 변명이 천국에서 반박을 거치게 되면, 인간세상의 오류의 존재도 폭로되게 마련이다."[171] "이 때문에 반종교적 투쟁은 간접적으로는 종교를 정신적 위안으로 삼는 그 세계에 반대하는 투쟁이기도 하다."[172] 그렇다면 천국의 비판이 인간세상에서 그렇게 큰 놀라움과 파동을 일으키는 것은 필연적이고 합리적인 것이 아니겠는가? 몸소 이 사건을 경험한 량치차오는 이에 대해 적절하게 논술했다.

열 편 남짓한 위서를 변별하는 것이 뭐가 그리 중요한가? 특히 이것이 위서란 것을 모르고 1,000여 년 동안 전국의 학자들이 모두 그것을 익혔다. 7~8세가 되면 입에 올리고, 마음으로는 항상 신성불가침이라고 여겼다. 역대 제왕은 경연(經筵: 천자가 경서 강의를 듣는

---

171) 마르크스, 『헤겔 법철학 비판』 「서문」.
172) 같은 글.

곳)에서 매일 강의했고, 임헌(臨軒: 천자가 평대平臺에 임하는 것)에서 대책을 마련할 때 전부 이 책들에 의거하고, 존중했다.

의연하고 단호하게 글을 지어 그것을 물리치는 것은 커다란 용기가 있는 자가 아니면 진실로 할 수 없다. 한무제(漢武帝)가 육경을 높이 들어올리고 백가를 축출한 이래, 백성들에겐 육경에 대해서 단지 인증과 해석만 허락되었을 뿐, 비평과 연구는 허락되지 않았다. 한유(韓愈)는 "일찍이 성인의 손을 거쳤으니 어찌 감히 그것을 따지고 논하리요"라고 했다. 만약 경문의 한 자, 한 구에 대해 조금이라도 문제를 제기하면, 스스로 성인을 비난하고 법을 업신여기는 상태에 빠졌다고 느끼고 근심하며 자신의 양심에서 불안해했다. 이는 법망을 두려워하여 정치에 대한 논평을 삼간 것만은 아니었다. 무릇 종교성을 가진 것에 대해서는 학문의 연구주제로 삼는 것을 허락하지 않는 것이 관례였다. 일단 문제가 되면 그 신성한 지위는 분명 동요될 것이다. 지금은 문제가 되지 않는다 하더라도 연구결과, 옛날에 신성한 것으로 받들던 것 중 일부가 썩은 흙이라는 것을 알게 되면, 인심은 자극을 받아 경악하면서 변화가 일어날 것이니 어떻게 해야 하겠는가? ……봉건학자의 안목으로 보면 인심과 세도(世道)에 대해 우려할 것이다.[173]

당시 예더후이 무리들이 캉유웨이의 금문학 이론을 그렇듯 통렬하게 증오한 것도 당연하다.

량치차오의 이 말은 본래 옌뤄쥐(閻若璩)의 『상서고문 소증』(尙書古文疏證)이란 책을 형용한 것이지만, 결코 적절하지 않다. 왜냐하면 17~18세기에는 이론이나 사실 면에서 옌뤄쥐의 저작이 그런 거대한 정치적 작용을 일으키지도 않았고 그럴 수도 없었기 때문이다. 사상의 해방은 일정한 사회·경제·정치적인 요구가 일어나는 객관적인

___

173) 『청대 학술개론』.

물적 토대에서, 다시 말하면, 단지 중국 근대 신흥 부르주아 자유파가 흥기하여 봉건 전제정권을 향해 민주개량을 요구한 캉유웨이 시대에야 비로소 진정으로 분출될 수 있었다. 이것은 또한 18세기 이래 위경을 의심하고 고문경학을 비난한 저작이 결코 적은 편이 아니었는데, 유독 캉유웨이의 저작만이 왜 그렇게 큰 풍파를 불러일으켰는지 그 이유를 설명해준다. 동시에 캉유웨이의 저작이 피시루이와 랴오지핑 등 동시대의 저명한 금문학 대가의 영향보다 훨씬 큰 이유를 설명해준다. 그것은 바로 캉유웨이가 이런 학술연구 활동을 자신의 현실적인 변법 주장, 정치투쟁과 긴밀하게 결합시켰고, 그에 따라 자신의 학술논단에 첨예한 정치적 성격과 의의를 매우 직접적이고 선명하게 담았기 때문이다.

2) 역사진화와 인권민주의 선전

그러면 캉유웨이가 그처럼 중시한 '미언대의'와 '공자의 도'의 신성한 뜻, 그리고 그가 그처럼 회복시키려 표방하던 '망실된 경전'과 '성인의 제도'의 신성한 사업은 도대체 무엇이었을까? 그 문하생이 '화산의 대분화'라고 칭찬하던 유명한 『공자개제고』와 『춘추 동씨학』 등 초기 저작에서 캉유웨이는 이 문제에 대답했다. 『신학위경고』의 주요내용과 목적이 유흠이 경전을 위조하여 공자의 '미언대의'를 인멸하려 한 것을 증명하기 위해서였다면, 『공자개제고』 등은 바로 이런 '대의'를 정면으로 설명하고 밝히려는 것이었다. 『신학위경고』가 '타파'였다면 『공자개제고』 등은 '건립'이었다. 캉유웨이는 이 점을 단단히 움켜쥐고, 1891년 『신학위경고』에 이어 1897년 『공자개제고』를 간행하여 공포했다.

(캉)유웨이의 두번째 저술은 『공자개제고』라고 했다. ……(캉)유웨이는……『춘추』를 공자가 개제를 위하여 창작한 책이라고 규정했다. ……또 『춘추』뿐만 아니라 무릇 육경이 모두 공자가 지은 것으

로, 옛 사람들이 공자가 취사하여 기술한 것이라고 말한 것은 잘못이다. 공자는 스스로 하나의 종지를 세우고 그것에 의거하여 옛 사람들을 집어넣거나 뺐고 고서를 취사선택하여 저술했다. 공자는 제도를 바꿈에 항상 옛것에 의탁했다. 요(堯)와 순(舜)은 공자가 의탁한 사람이지만 그 존재는 알 수 없다. 설사 존재했다 하더라도 지극히 평범한 사람이었을 것이다. 경전 중의 요와 순의 성덕과 대업은 모두 공자가 이상 속에서 구성한 것이었다.[174]

이것이 바로 캉유웨이의 '공자개제'의 학설이다. 캉유웨이는 그 저서에서 "주공(周公)을 축출하고 노(魯), 즉 공자를 왕으로 삼는" 등의 금문학 논지를 따르고 힘껏 발휘하여 공자의 '탁고개제'를 각 방면에서 논증했다.

> 공자는 민주적 군주의 이론을 육경 중의 요·순·문왕(文王)에 의탁했다. ……그러나 그것들이 반드시 요·순·문왕의 사실일 필요는 없다.[175]

캉유웨이의 '탁고개제' 설의 가장 중요한 핵심은 공양삼세의 역사진화론 학설이다. 캉유웨이는 공양 삼세의 역사진화론의 관점에서 출발하여, 인권민주 등 부르주아 사회·정치 사상을 전면적으로 논증했다. 그는 "공자가 인물진화의 뜻을 전문적으로 다루었다"고 강변하면서 '삼세 진화'는 공자 '탁고개제'의 중심과 종지라고 인식했다. 캉유웨이는 공자를 부르주아 역사진화론과 부르주아 민권평등 사상의 창도자로 분장시켰고, 다방면으로 견강부회하여 공양 삼세의 봉건학설을 기본방안으로 삼았으며, 여기에 공자가 말로 전수한 '미언대의'가 있다

---

174) 량치차오, 『청대 학술개론』.
175) 『공자개제고』.

고 여겼다.

『춘추』는 문왕에서 시작하여 요와 순에서 끝이 났다. 이는 아마도 난리를 다스린 정치는 문왕에서 이루어졌고, 태평의 정치는 요와 순에서 이루어졌기 때문일 것이다. 공자가 성인의 뜻으로 제도를 개혁한 대의는 『춘추 공양전』(줄여서 『공양전』 또는 『공양』이라고도 함─옮긴이)에서 주해한 미언의 제일의(第一義)다.[176]

삼세는 공자의 범상치 않은 대의로, 『춘추』에 의탁하여 그것을 밝혔다. '전해 들은 세상'(所傳聞世)은 거란에 의탁했고, '들은 세상'(所聞世)은 승평에 의탁했으며, '직접 본 세상'(所見世)은 태평에 의탁했다. 거란세는 문화와 교화가 아직 밝혀지지 않았고, 승평세는 점차 문화와 교화를 가지는 것으로 소강이며, 태평세는 대동의 세계로…… 문화와 교화가 완전히 구비되어 있다. ……이것이 『춘추』의 제일 대의이다.[177]

캉유웨이는 분명 '공자를 이용해 정치투쟁을 전개'[178]했다. "그는 공자를 유신운동의 창시자로 묘사했는데 그 면모는 고문 경학파의 공자와 뚜렷이 달랐다. 고문 경학파의 공자는 기술하되 창작하지 않은(述而不作) 보수주의자였지만, 캉유웨이의 공자는 옛것에 기탁하여 제도를 개혁한 유신주의자였다."[179] 이른바 "공자가 성인의 뜻에 따라 제도를 개혁했다"는 주문(呪文) 아래, 캉유웨이는 자신의 제도개혁 주장을 보호하면서 자신의 정치사상과 변법주장이 '옛 교훈에 부합'하는 점을 증명했다. 또한 캉유웨이는 이른바 『공양』에서 주해한 미언의 제일의'의 해설에서 신선한 부르주아 역사진화론과 민권평등 사상을 대

---

176) 같은 책.
177) 『춘추 동씨학』.
178) 판원란, 「중국 근대사의 분기문제」.
179) 같은 글.

대적으로 선전하면서 개량파가 요구한 입헌군주의 역사발전의 필연성과 합리성을 증명했다. 예를 들어 캉유웨이는 『춘추』 경문의 "은공"(隱公) "원년 봄, 왕 정월"(元年春王正月)을 다음과 같이 해설했다.

왕(王)은 가는 것(往)이다. 천하가 그에게 돌아가는 사람을 왕(王)이라 한다. ……그래서 연호를 고치고 천하를 통치할 수 있다. ……아마 문왕은 군주(君主)의 성인(聖)이고, 요와 순은 민주(民主)의 성인일 것이다. ……공자는 이 세상이 미개한 것에서 나날이 문명으로 나아가야 한다고 생각했다. 그러므로 공자는 나날이 진화를 의(義)로 삼고 문명을 주(主)로 삼았다.[180]

캉유웨이는 또 "환공"(桓公) "송인이 제인·위인·채인·진인을 거느리고 정을 공격하다"(宋人以齊人衛人蔡人陳人伐鄭)라는 『춘추』 경문을 다음과 같이 해설했다.

백성은 군주의 근본이다. 그들을 죽도록 부리는 것은 바른 일이 아니다. 이것은 백성이 소중하다는 뜻을 전적으로 나타낸 것이므로 백성의 목숨을 가벼이 여기는 것을 미워한 것이다. 국가의 건립은 백성이 기초이다. 국사(國事)를 관리하는 사람이 없을 수 없으므로 군주를 세웠다. 그러므로 백성은 근본이고 군주는 말단이다. 이것은 공자의 제일 대의(大義)로, 『춘추』는 모두 이것에서 출발했다.[181]

"양공"(襄公) "14년 봄, 왕 정월 계손 숙숙로가 향에서 진사개·제인·송인·위인·정공손을 만나다"(十有四年春王正月季孫宿叔老會晉士匄 齊人宋人衛人鄭公孫……於向)라는 조목에서는 이렇게 해

---

180) 『춘추 필삭 대의미언에 관해』.
181) 같은 책.

설했다.

이것은 대부(大夫)의 독재를 밝힘으로써 당시 정세의 변화를 보여주는 것이다. 최근 각국에서 대부의 독재로 헌법을 세웠는데도 오히려 승평의 미정(美政)이 된 것은, 입헌의 대부는 공적으로 선출되므로 어질고 능력 있는 사람을 선발하는 뜻을 얻어서이지, 세습군주가 임명하는 것이 아니기 때문이다. 거란세에서는 작위를 세습하면 대부를 깎아내리고 군주를 따르지만, 승평세에서는 세습군주를 버리고 공적 선거를 따르니, 각기 그 뜻이 있다.[182]

"은공", "겨울 10월, 백희가 기로 시집가다"(冬十月伯姬歸於紀)라는 조목과 "희공"(僖公) "여름 6월, 계희와 증자가 방에서 만나 증자로 하여금 조정에 나아가게 하다"(夏六月季姬及鄫子遇於防使鄫子來朝)라는 조목에서는 이렇게 해설했다.

……중고(中古)의 어지러운 시기에 여성은 약했으므로 의당 남자에게 의지해야 했지만 부부의 도가 분명하지 않았으므로 공자는 그것을 법으로 무겁게 하여 의(義)를 저술하여 '귀의처'(歸)로 삼았다. ……이것은 거란세에 행해진 법이다. 태평세에서는 국가관계처럼 사람마다 자립하고 둘씩 서로 교제하므로 '귀의처'라 말할 수 없다.[183]

승평세와 태평세에는 여성의 배움이 점차 흥성하고 여성의 권리가 점차 드러난다. 사람마다 자립하고 더 이상 다른 사람에게 의지하지 않게 되니 각자 마음대로 좋아하는 사람과 약혼하고 결혼하게 된다.[184]

---

182) 같은 책.
183) 같은 책.

이와 같은 예는 많이 있다.

캉유웨이는 일부러 춘추 공양학 중 당시 투쟁에 필요없는 많은 부분—예를 들어 자연재해, 미신, 서법(書法), 의례 등—은 내버려두고, 가능한 한 공양학을 이용하여 미언대의의 원래의 융통성과 신비성을 해설했고, 암암리에 원래의 봉건사상 내용을 변환시켰다. 이로써 역사의 진화에서 결혼의 자주에 이르기까지, 입헌민주에서 개인의 자유에 이르기까지, 부르주아 계급의 사회·정치 사상과 변법유신의 주장을 희극식으로 전면적으로 들여와서 개량파의 현실정치 활동을 위해 쓰이게 했다. 이렇게 캉유웨이의 공양 금문학은 보통사람과 다른 선진적 정치의미를 선명하게 가지고 있었다.

제도개혁으로 『춘추』를 말하고 삼세로 『춘추』를 말한 것은 난하이에서 시작되었다. 제도개혁의 뜻이 서자 『춘추』는 군주의 위엄을 축출하고 인권을 신장하며, 귀족을 평정하고 평등을 중시하는 것으로 인식되었다. ……난하이는 자신의 포부를 가지고 천하를 바꿀 것을 생각했지만, 국민의 사상이 이미 오랫동안 속박을 당해왔기 때문에 갑자기 바꿀 수 없음을 깨달았다. 이에 존경하고 믿을 만한 사람을 모범으로 삼고, 이해할 수 있는 자들을 선택하여 지도했다. 이것이 난하이가 경전을 해설한 미의(微意)이다.[185]

서양의 중세 유명론(唯名論)*자가 "신학을 강박하여 유물론을 선

---

184) 같은 책.
185) 량치차오, 「중국 학술변천의 대세를 논함」.
 * 중세 유럽 전체를 지배한 실재론(實在論)에 반대하여 제기된 철학 이론. 이데아와 유사한 보편자가 있어, 그것이 세계를 만들어내고 세계를 움직인다는 사고에 반대했다. 경험적 연구나 관찰과는 무관하게 이미 알려진 사실들을 신학적 원리에 따라 해석하고 꿰어맞추는 스콜라 철학과는 달리, 개별 사실들을 강조하고 그것이 원리에서 벗어난다면 벗어나는 대로 있는 그대로 인식하자는 견해는 바로 이 유명론적 전통 속에서 나왔다. 유명론은 어떤 관념이나 보편

전"[186]한 것과 마찬가지로, 중국의 중세기에서 빠져나오려고 발버둥치던 캉유웨이는 전통 성인을 강박하여 부르주아 개량주의를 선전했다.[187]

그러나 성현의 경전의 엄폐 아래에서 멈칫멈칫하던 부르주아 개량주의의 민권평등 사상은 반동파에 의해서도 간파되었다. "저자는 민주의 견해를 은밀히 가지고 민심을 불안하게 하면서도 오히려 공자와 맹자에게 의탁하려 했다."[188] "겉으로는 공교를 추앙하고 숭배하는 것 같지만 사실은 그 제도개혁의 뜻을 스스로 펼친 것이다."[189] 캉유웨이의 '탁고개제' 사상에 대해 반동파는 난폭하게 공격했다.

캉유웨이의 무리는 민심을 선동하여 민주를 세우고자 하고 제도를 개혁하고자 했다. 그들은 아무런 근거 없는 공양가의 말에 의탁함으로써 부화뇌동하는 패거리들의 사사로운 지혜를 발휘했다.[190]

육경을 위조한 것은 성인의 경전을 소멸시킨 것이고, 의탁하여 제도를 개혁한 것은 법을 어지럽힌 것이며, 평등을 창도한 것은 강상

원리를 가지고 전체를 다 설명하려는 경향에 대해 해체적이고 비판적인 입장에 서 있다. 대표적인 철학자로는 로스켈리누스와 아벨라르두스 그리고 윌리엄 오컴이 있다. 유명론의 주장은 훗날 경험주의 철학으로 이어진다.

186) 마르크스 · 엥겔스, 『신성가족』.

187) 『맹자미』 등의 저서에서는 여전히 민권평등의 개념이 풍부하게 보이는데, 이는 확실히 캉유웨이가 말한 '미언대의'의 실제내용이었다. 이 점은 과소평가되어서는 안 된다. "법률은 각각 그 권한이 있으므로 귀한 사람을 피해 가서는 안 된다. ……맹자는 세간의 의론을 정리했으므로, 법관이 천자를 체포해도 천자는 그것을 금할 수 없음을 밝혔다", "세상의 법을 평등하게 하면 범죄는 모두 동등하게 처리된다. 미국의 대통령에게 죄가 있으면 법관에게 말하여 구속시킬 수 있다", "하늘이 군주와 백성을 낳은 것은 모두 같은 사람이고 그 도는 평등하다" 등.

188) 예더후이, 「서학서법서를 읽은 후」(讀書學書法書後).

189) 원티, 「캉유웨이를 엄하게 규탄하는 상소」(嚴參康有爲折).

190) 예더후이, 「유헌금어평」.

(綱常)을 타락시킨 것이고, 민권을 신장하고자 하는 것은 군주를 없애자는 것이며, 공자로 연호를 기록하자는 것은 이 왕조가 있음을 알지 못하게 하려는 것이다.[191]

이런 것들에서 당시 사회사상의 투쟁상황과 캉유웨이의 개제사상의 사회적 의미를 알 수 있다. 그 의미는 캉유웨이의 탁고개제 사상으로서 부르주아 민주주의의 내용이 봉건 정통사상 체계를 내부부터 심각하게 파괴했다는 점에 있다. 학술활동에 은폐된 이러한 사상투쟁은 현실 정치투쟁의 반영이기도 하다.

3. 정치적 의의

캉유웨이의 탁고개제 사상은 자신의 부르주아 개량주의의 사회·정치 사상을 위해 신성한 논거를 찾았을 뿐만 아니라, 동시에 자신의 실제적인 정치·조직 활동을 위해 그 이론적 근거를 찾은 것이었다. 캉유웨이가 특별히 중점을 두어 논증한 '포의개제설(布衣改制說)'의 진정한 내용과 의미는 바로 이 점에 있다.

변법유신 운동이 이미 실천활동의 진행단계로 나간 1890년대에 이 이론은 현실적인 가치를 가지고 있었다. 캉유웨이는 『공자개제고』 등 저작에서 일찍이 자신의 계급인 봉건사대부 지식인들을 향해, 포의개제의 논지를 귀찮음을 마다하지 않고 선전하고 논증했다. 캉유웨이는 공자는 본래 민간인, 즉 '포의'로서 "그 덕은 있으나 그 지위가 없었다", 그러나 '탁고개제' 함으로써 "주(周)를 축출하고 노(魯)를 왕으로 삼았으며", "노를 빌려 천하의 법도를 실행했고", "후왕(後王)을 위하여 입법"했다고 말했다. 그는 『공자개제고』에 「제자가 병립하여 가르침을 세우고 개제함에 대하여」(諸子竝立創敎改制考)라는 장을 만들어, 공자와

---

191) 『익교총편』 「서」(序).

300

같은 시기에 수많은 '포의', 즉 선진제자도 "제도를 개혁하고 가르침을 세우려" 했음을 강조하여 지적했다. "공자뿐만 아니라 주와 진(秦)의 여러 학자 가운데 개제하지 않은 사람이 없고 탁고하지 않은 사람이 없었다." 이것들은 공자와 제자백가가 원래 작위와 권세가 없는 '포의' 로서, '난세에 살아 어지러운 것을 바로잡아 옳은 것으로 돌아가게' 하려고 생각했기 때문에, 각자 주장을 내고 각자 학설을 세워 '개제입교' 했음을 지적하려 한 것과 다름이 없었다. '공자의 가르침' 은 '식욕과 성욕에서 시작했기' 때문에 '인정에 가깝다' 는 것이다. 그러므로 여러 학자 중 유독 많은 사람의 지지를 얻었고 "사람마다 공자의 가르침으로 돌아갔으며" 이로 인해 "소왕"(素王)*이 되었다. '포의개제' 는 결코 희한하고 이상한 것이 아니었다. 역사적으로 백성의 고통과 국사에 관심을 가진 지사와 어진 사람이라면 모두 '개제입법' 할 수 있었다. "무릇 대지의 교주 중에 개제입법하지 않은 사람이 없었으며"[192] "아마도 주나라가 쇠락하고 예가 폐지되자 제자백가들은 모두 개혁하려는 마음을 가졌을 것이다. 황려주의 『명이대방록』(明夷待訪錄)과 고정림(顧亭林)의 『일지록』(日知錄)은 사실 아주 평범한 것으로 놀랄 만한 내용이 없다."[193] 그 제자들도 캉유웨이의 이런 이론을 선전할 때 솔직하게 말했다.

황려주가 『명이대방록』을 지은 것은 그의 개제(改制)였고, 왕선산이 『황서』(黃書)와 『악몽』(噩夢)을 지은 것은 왕선산의 개제였으며, 펑린이(馮林一: 펑구이펀馮桂芬)가 『교빈려 항의』를 지은 것은 펑린이의 개제였다. 독서를 하다가 심득(心得)한 사대부는 당시 제도에 미비한 점이 있다고 느낄 때 무엇인가로 그것을 변통(變通)시킬 것을 생각한다. 이는 가장 평범한 일로, 공자가 『춘추』를 지은 것 또한 이와 같을 따름이었다.[194]

---

* 왕위는 없지만 임금으로서 덕을 갖춘 사람.
192) 『공자개제고』.
193) 『장흥학기』.

이는 실로 천지에 자욱하던 검은 독기와 당당히 표방하던 간판을 일소하고 진정한 비밀을 드러내 보인 것이었다. 성인으로서 공자와 역사상의 저명한 현량과 학자 모두 '당시 제도에 미비한 점이 있다고 느낄 때 무엇인가로 그것을 변통시킬 것을 생각' 하여 '개제입교' 했다면, 캉유웨이는 왜 그렇게 할 수 없었겠는가? 성인으로서 공자 스스로가 포의의 자격으로 개제했다면 그것은 바로 후세 사람들에게 본받을 만한 가장 좋은 본보기를 제공한 것이 아닌가? 이로 인해 캉유웨이의 저서와 견해, 민주의 선전, 대중(사대부)의 구성, 정치제도의 개혁을 요구한 각종 활동 역시 '이는 가장 평범한 일이며, 공자가 『춘추』를 지은 것 또한 이와 같을 따름' 이었다. 캉유웨이는 '포의개제' 등 고대의 굳어버린 폐물 속에서 그 현실적 정치활동을 지지하는 데 사용하기에 알맞은 근거를 찾아냈다.

그러나 설사 공자라는 성인의 정통 깃발을 제아무리 높이 들었다 해도 그의 개제이론은 실제로 사람들에게 봉건 전제제도에 대한 배반을 고무·독려했다. 정통파가 그의 이론에 광분하며 적대시하는 것을 격발시킨 것은 당연했다. 봉건 전제주의 정통파 입장에서 보면, 어찌 되었든 민간의 야인과 포의는 절대로 개제를 주장하고 창도할 권리가 없었다. "시대를 걱정하는 군자 중에 법을 바꿔야 함을 모르는 자는 없다. 그런데 조정에서 논하지 않는데도 야인들이 그것을 논하는 것은 정치를 어지럽히는 것에 가까운 것이다."[195] 봉건성인으로서 공자가 절대 '개제' 할 리 없고 "공자는…… 존왕(尊王)에 뜻이 있었지…… 제도를 개정하는 것이 아니었음을 모든 사람이 알 수 있다."[196] 공자가 "노나라를 빌려 왕에 의탁하고 주나라를 등지고 개제한 것도 아마도 이 정도의 참월(僭越)은 아닐 것"[197]이다. 캉유웨이 등 개량파가 표방하고 추

194) 량치차오, 「춘추 계설을 읽고」(讀春秋界說).
195) 예더후이, 『익교총편』 「위커스 관찰에게 드리는 글」(與兪恪士觀察書).
196) 예더후이, 「서학서법서를 읽은 후」(讀西學書法後).
197) 예더후이, 「정계편」(正界篇).

앙·숭배한 황려주·왕선산과 근대의 궁쯔전·웨이위안·펑구이펀에 대해 반동파는 있는 힘을 다해 공격했다.

> 황려주의 『명이대방록』은 그 「원군편」(原君篇)에서 군권이 너무 무거움을 은근히 비난했는데, 이는 사실상 오늘날의 사악한 주장들의 선성(先聲)을 열었다.[198]

> 펑린이의 『교빈려 항의』는…… 성인의 경전에서 몇 만 리나 떨어져 있는지 모른다.[199]

진보적 인물은 케케묵은 고서더미에서 할 수 있는 한 고대의 우수한 사상을 찾아 이용했고, 중국 고대의 우수한 민주사상의 전통을 연구하고 계승·발전시켰지만, 반동파는 이에 대해 미친 듯한 적대감을 나타내고 악랄하게 공격했다. 고대 경전과 저작에 대한 해석과 태도에서의 이런 첨예한 대립과 투쟁은 당파적인 정치투쟁의 '학술적' 표현이기도 했다.

이상에서 다음과 같은 사실을 알 수 있다. '탁고개제'와 '창교입법'이 캉유웨이 개량파의 정치활동에 필요한 이유는 그것이 일종의 소극적 보호색이 될 수 있었음에 그친 것이 아니다. 더욱 중요한 것은, 캉유웨이가 특별히 그것을 기치로 삼아 적극적으로 변법운동을 공감하는 사람들과 군중—봉건사대부들—을 끌어당기고 쟁취하고 단결·조직할 것을 필요로 했기 때문이다. 그래서 캉유웨이는 공자를 받들었을 뿐만 아니라 "항상 공자를 그리스도와 나란히 하려 하고", "그를 교주로 삼으려 했"다.[200] 즉 오랫동안 봉건사대부를 지배하던 이 성인의 이름을 빌리고, 공자를 받들어 교주로 삼고 '공자 기년'(紀年) 등 몇몇 종교적 의미를 가진 형식을

---

198) 예더후이, 「유헌금어평」.
199) 예더후이, 「정계편」.
200) 량치치오, 『청대 학술개론』.

통해 공교(孔敎)를 종교로 바꾸려 했다. 그렇게 함으로써 모든 사람을 종교에 준하는 이러한 신앙과 격정 속에서 긴밀하게 단결시키고, 공동으로 행동하게 할 것을 기도한 것이다. 또 캉유웨이는 '보성교'(保聖敎)를 표방하여 서양종교(기독교)에 대한 반항을 명분으로 삼아 사대부들의 공감과 신임을 널리 얻었으며, 그들을 보교(保敎)의 신성한 구호 아래 단결시켜 정당성격을 가진 조직역량을 만들고자 했다.

이렇게 캉유웨이는 탁고개제의 학술이론을 군중(사대부)성을 띤 행동강령으로 변화시키는 경로와 방법을 찾아냈다. 그는 공양 경학에서 가능한 한 힘을 다해 공자개제론과 공자가 소왕(素王)이라는 기이한 이론을 이용하여, 정치적 조직활동('입교')을 전개하는 호명부로 삼았다. 그러면 실제로 캉유웨이가 외친 '입교'(立敎)와 '보교'(保敎)에서 '공교'의 내용은 도대체 무엇이었을까?

선생은 종교를 논함에 신앙의 자유를 주장하되, 어느 한 종교만을 숭배하고 다른 종교를 배척하지는 않았으며, 항상 심위일체(心爲一體)와 제교평등을 주장했다. 그러나 중국에서 태어났으므로 마땅히 중국을 먼저 구해야 한다고 생각했고, 중국을 구하고자 하면 중국인의 역사습관을 이용하여 지도하지 않을 수 없다고 생각했다. 또한 중국인은 공중도덕이 결여되어 있고 단체가 무질서하므로 장차 대지에 제대로 설 수 없다고 여겼다. 그리하여 그것을 통일하고자 한다면, '전 국민'(여기서 말하는 '전 국민'은 실제로 주로 당시 중국 사대부일 뿐임)이 함께 떠받들고 성실하게 복종할 수 있는 사람을 택하지 않고는, 그들의 감정을 결합하고 그들의 본성을 광대(光大)하게 하는 데 부족하게 된다. 그러므로 가장 먼저 공교복원에 착수했다. 선생은 공교에서 루터이다. ……선생은 이렇게 생각했다. ……공자의 도를 구하려면 『역』과 『춘추』에서 시작해야 한다. ……선생은 『춘추』 해설에서 우선 개제의 뜻을 밝혔고, ……선생은 이에 『공자개제고』를 지어 그 취지를 크게 폈다. 이것이 공교복원의 첫

단계이다. 그 다음은 삼세의 뜻으로, ……선생은 『춘추 삼세의』(春秋三世義)·『대동학설』(大同學說) 등을 지어 공자의 진의(眞意)를 밝혔다. 이것이 공교복원의 둘째 단계이다.[201]

캉유웨이의 공교(孔敎)는 사실상 '개제진화', '삼세대동'을 제창하여 봉건성인과는 반대방향으로 달린 부르주아화한 공교였으며, 신흥지주 부르주아 계급의 경제적·정치적 이익에 부합하는 개혁된 신종교임이 분명하다. 그러나 "상제(上帝)의 왕국이 이미 공화화했는데 설마 지상의 왕국이 아직도 군주와 주교와 제후의 통치 아래 있을 수 있겠는가?"[202] 공자의 신성한 교의 속에 이미 부르주아 계급의 민권평등 주장이 있다는 것을 알았을 때, 지상왕국의 봉건 전제제도가 영원히 존재할 수 있으며 변법개량이 필요하지 않단 말인가?

캉유웨이가 요구한 이런 부르주아화한 공교는 당연히 봉건반동파의 광분과 분노를 격발시켰다. 그들은 캉유웨이가 '합군(合群)의 도'라 일컬은 '공자 기년(紀年)'에 대해 "들으면 혀가 굳고 얼굴색이 변한다"고 하면서, "스스로 정월 초하루를 고치는 것은 반드시 다른 뜻을 가진 것이며", "가장 놀랄 만한 것은 대청(大淸)으로 기년하지 않고 공자로 기년한 것이다"[203]라고 했다. 캉유웨이에게 '입교'는 공교에 부르주아 계급의 개혁과 사대부 지식인의 단결과 조직을 부여하려는 것이었지만, 반동파의 입장에서 보면, "캉유웨이는 서양 민권평등설을 주로 삼았다. ……이는 반드시 천하를 통솔하여 부모도 없고 군주도 없는 행동을 하려는 것"[204]이었다. 그들은 "평등의 설이 인륜을 없애고…… 입교를 살펴보면 그 어긋남과 잘못이 대단하다"[205]고 생각했다.

201) 량치차오, 『캉난하이전』.
202) 엥겔스, 「공상적 사회주의로부터 과학적 사회주의로의 발전」.
203) 량치차오와 캉유웨이 책의 잔고(殘稿)에서 인용한 말. 『각미요록』(覺迷要錄)에 보인다.
204) 쩡롄, 「응조상봉사」(應詔上封事).

칭유웨이는 중국을 구하려면 반드시 '군중을 근본으로 삼고 변화를 작용으로 삼아야' 한다고 생각했기 때문에 도처에 학회를 세우거나 제자를 모아 강학함으로써 조직활동을 전개했다. 그러나 반동파가 보기에 이것은 오히려 "모임을 열고 당원을 모으며 사악한 주장을 부추기는 것"[206]이었다.

청조는 중원에 들어온 후 여러 차례 사대부들의 결사와 집회를 금지했다. 그들은 "천하의 큰 우환은 무리(群)이고, ……이단학설에 의해 고무되면 무리의 폐해는 학설로 이루어진다"[207]고 여겼다. "강학은 통유(通儒)가 가장 책망하는 것이다. ……한 사람이 창도하면 백 사람이 화답한다. ……량치차오는 후난에서 강학당을 주관하여 그 스승의 학설에 기초하여 우민을 선동했다."[208] 예더후이는 계속해서 칭유웨이를 비난했다. "소왕(素王)의 이름을 빌려 장각(張角: 한말 황건적 봉기의 지도자)의 비밀계략을 행했고"[209] "그러므로 성교보호의 명분을 빌려 외교(外敎)와 결탁하려 했다."[210] "그 뜻은 본래 공교를 폐지하고 부처와 예수를 한데 녹인 캉교(康敎: 칭유웨이교의 준말)를 실행하려는 것이다."[211] "그 제자들은…… 항상 그 선생을 공자와 묵자가 하나로 합해졌다고 일컬었다."[212] "칭유웨이와 량치차오를 공격하는 사람들은 대부분 민권평등과 개제를 공격할 뿐이지만, 나는 특히 칭유웨이와 량치차오의 오류가 종족을 통합하고 가르침을 통합하는 여러 주장에 있다고 생각한다. ……만약 저들의 가르침에 관한 신구의 책들을 두루 살

205) 빈펑양(賓鳳陽) 등, 『익교총편』「왕이우 원장에게 올리는 글」(上王益吾院長書)에 보인다.
206) 쩡롄, 「응조상봉사」.
207) 왕선겸, 『허수당 문집』(虛受堂文集)「군론」(群論)에 보인다.
208) 예더후이, 『익교총편』「장홍학기 박의」에 보인다.
209) 같은 글.
210) 「피루먼에게 드리는 글」(與皮鹿門書).
211) 「정계론」.
212) 「다이쉬엔츠에게 드리는 글」(與戴宣翅書).

피지 않으면 캉유웨이와 량치차오의 속마음을 거의 알지 못할 것이다. 하늘을 받들고 육친에게 효도하며 사람을 사랑하는 이치는 중국과 서양이 같은데, 유독 군주에게 충성하는 것만은 공교가 특별히 중시하는 법이다. 그러나 서양의 가르침은 이를 알지 못한다."[213] "무릇 지구의 세계에서는 군주가 흥하면 공교가 번창하고 민주가 흥하면 예수교가 흥성한다."[214]

이로써 다음과 같은 사실을 알 수 있다. 캉유웨이가 무리하게 공교의 간판을 내걸었는데도 진정한 공교 신도들은 결코 인정하지 않았으며, 캉유웨이가 예수와 묵자와 부처를 이용하여 공교를 사칭, 혼합하여 대체했음을 지적했다. 그러나 그 핵심은 첨예한 정치문제인 충군(忠君), 즉 군주 전제제도에 대한 근본태도의 문제였다.

정통파는 이런 입교와 보교의 모자를 쓰고 심각한 정치적 의의를 가지고 있던 캉유웨이의 조직활동을 통렬히 증오하고 두려워했다. 그들은 보교를 명목으로 한 '강학회'(强學會)를 압력으로 해산했고, 이간질·협박, 비방 등 각종 수단을 사용하여 후난의 '남학회'(南學會)를 파괴했다. 량치차오는 이에 대해 훗날 "학술논쟁이 정쟁으로 연장되었다!"[215]고 개탄했다.

실제로 이런 번쇄하고 은밀하던 '개제입교'에 대한 학술논쟁의 장막 뒤에 은폐된 것은 강한 정치내용과 정치성격이었다. 그것은 사람들을 밝고 공개적인 사상투쟁과 실제적인 정치투쟁으로 나아가도록 인도했다. 개제입교를 형식으로 삼고 민권평등을 내용으로 삼아 벌어진, 이른바 학술문제에 대한 신구 양 파의 논쟁은, 무술변법 전야에 전개된 사회사상의 격렬한 투쟁의 역사적 면모이자 그것의 독특한 학술적 표현이었다.

---

213) 「위커스 관찰에게 드리는 글」.
214) 같은 글.
215) 『청대 학술개론』.

4. 계급적 특색

　캉유웨이의 '탁고개제' 사상은 당시 사상적·정치적으로 커다란 진보적 의의를 가진다. 그러나 이 단계의 '변법유신'의 현실정강이 커다란 개량주의적 한계성을 가진 것과 마찬가지로, '탁고개제' 사상과 그것이 전통 고문 경학과 벌인 공자의 마술 지팡이에 대한 쟁탈전 또한 커다란 계급적 한계를 가지지 않을 수 없다.

　봉건성인의 마술 지팡이의 힘을 빌려 투쟁을 벌인 것은 일종의 역사적 필연이었으므로, 이것을 캉유웨이 개인의 비겁함으로 돌릴 수는 없다. 그러나 이런 투쟁방식은 여전히 그 계급적 특징을 반영하고 그것을 폭로하기도 했다. 태평천국 혁명의 농민은 성인 공자를 던져버리고 평등하고 사심이 없는 상제(上帝)를 옹호했다. 부르주아 혁명민주파도 공자를 버리고, 『민보』 제1기에 평소 유가에 의해 아비도 없고 군주도 없다고 책망받아온 묵자의 초상을 게재하고, 그를 '세계 최초의 평등주의·박애주의의 대가'로 존중했다. 프롤레타리아 계급이 영도한 5·4운동은 '공씨네 가게(孔家店: 공자를 모신 사당 등을 가리킴) 타도'를 전투구호로 삼아 이 봉건주의 사상체계를 격멸했다. 캉유웨이와 다른 이런 점은 실제로 계급적 차이를 깊이 있게 반영했다. 혁명적 농민과 부르주아 혁명민주파는 성인 공자에 의지하려 하지 않았고, 프롤레타리아 계급이 영도한 민주혁명은 이 성인을 우상과 표지로 삼은 봉건주의 상부구조를 철저하게 때려 부수어야 했다. 오직 캉유웨이만이, 그리고 지주통치 계급과 관계가 특별히 밀접하던 개량파만이 봉건성인에게 이처럼 애정을 기울였던 것이다.

　근본적으로 봉건제도를 개혁하지 않는 상황에서 모종의 민주개혁을 추진함으로써 자본주의를 발전시킬 수 있으리라고 희망한 것과 마찬가지로, 그들은 같은 전제 아래 부르주아 문화·사상의 개혁만을 할 수 있기를 희망했다. 그들이 정치적으로 기대한 것은 워싱턴과 로베스피에르가 아니라 표트르 대제와 메이지 천황이었다. 그것과 마찬가지로, 그들이 전통문화와 종교개혁에서 기대한 것은 당연히 급진적이고 이단적인 뭔처가 아니라, "나는 공교(孔敎)에 루터와 같은 사람이 있음을 대단히 경축"[216) 하는 것이었다. 태평천국 혁명지도자들이 '천부'(天父)를 내세워 수많은 농민군중을 단결·조직한 것과는 대조적으로, 부르주아 개량파의 대표는 오히려 공자를 치켜들어야만 봉건사대부를 단결시킬 수 있었다. 천상(天上)의 두 우상의 차이는 지상계급의 차이를 깊이 있게 나타냈다. 천상의 공자의 지위와 권력의 보존은 실제로 지상의 공자(봉건주의)의 지위와 권력을 전부 파기할 수는 없음을 의미했다.

취추바이(瞿秋白)는 다음과 같이 지적했다. "유신개량의 보황주의(保皇主義)에서 혁명광복의 배만주의에 이르기까지, ……언제나 사대부의 기질이 농후했다. ……이런 근본적인 경향 아래 당시 사상계에는 얼마쯤은 이미 복고주의라는 반동적인 씨앗이 매복되어 있었고, 모종의 고유한 문화를 회복하고자 했다."[217) 이런 구식 봉건사대부의 계급적 기질과 특징은 자유주의 개량파의 대표인 캉유웨이 일파의 몸에서 가장 전형적이고 가장 농후하게 드러났다. 이런 계급적 기질은 이 일파의 전기의 진보사상이 지닌 심각한 취약성과 한계성을 결정했고, 그 속에는 이미 훗날 그것을 퇴행시키고 타락시킬 복고주의의 반동적 요소가 매복되어 있었다. 신성(神聖)한 의복으로 포장된 캉유웨이의 '탁고개제' 이론에는 전형적으로 이런 특징이 침투되어 있었다. 전기에 캉유웨이가 '탁고개제'라는 진부한 형식으로 선전한 부르주아 민주개혁 사상은 그 형식을 개변해야 했으므로, 각종 견강부회한 방법을 사용하여 '고훈'(古訓)을 준수해야만 했다. 그로 인해 진보적 내용의 광활한 개척을 크게 방해했다. 동시에 그 많은 진보적 논단에 반(反)이성주의의 봉건적 종교성격의 검은 망사를 한 겹 덮어씌웠다. "스승은 위서(緯書)

---

216) 탄쓰통, 『인학』.
217) 취추바이, 『루쉰 잡감선집』(魯迅 雜感選集) 「서」(序).

를 즐겨 인용하고 신비성으로 공자를 설명했다. ……(캉)유웨이의 마음속에 있는 공자는 신비성을 띠었다."[218]

후기에 이르러 이른바 캉유웨이의 '공자 존중'과 '입교'는 혁명을 반대하는 사상으로 완전히 바뀌었다. 캉유웨이가 후기에 보교와 공자 존중을 강조한 것은 현존 사회질서와 윤상도덕을 수호하기 위해서였다. 초기와 대조해보면, 캉유웨이는 말년에 공교(孔敎)의 간판 아래에서 민권평등의 불가함을 애써 강조하면서 '군신'과 '충효'의 필요성을 변호했고, 개인의 자유를 반대하면서 혼인의 자유 등을 반대했다. "중국은 수천 년 동안 성인의 경전의 가르침을 받고 송학(宋學)의 풍습을 계승했다. 그리하여 인양(仁讓)을 귀하게 여기고 효제(孝悌)를 중시하고 충경(忠敬)을 아름답다고 여겼다. ……이것으로 중국은 유럽과 미국 사람을 이길 수 있다."[219]

캉유웨이 초기 마음속에 있던 공자가 부르주아 계급의 민권평등을 주장하던 공자였다면, 만년의 마음속 공자는 이미 기본적으로 민권평등을 반대하고 삼강오륜을 긍정하는 진정한 봉건주의적 공자로 돌아갔다. 전기 캉유웨이의 '탁고개제' 사상에서 구형식 속에 부르주아 계급의 새로운 내용이 들어 있었다면, 만년에는 그가 이용한 새로운 형식(최신 자연과학의 발명 등) 안에 대부분 봉건주의의 낡은 상품이 들어 있었다. 앞서 지적한 것처럼, 전기의 캉유웨이를 대표로 하는 개량파에게 천상의 공자 지위를 보존하는 것은 지상의 봉건왕국 토대를 진정으로 폐기할 수 없음을 의미했다. 반면에 훗날 청년군중이 불러일으킨 혁명폭풍이 진정으로 이 지상의 공자, 즉 봉건제도를 동요시키려 했을 때, 캉유웨이는 당연히 목숨을 걸고 그 천상의 공자를 수호하며 손을 놓지 않으려 할 수밖에 없었다.

캉유웨이의 '탁고개제' 사상에서 가장 중요한 골격과 핵심인 역사진

---

218) 량치차오, 『청대 학술개론』.
219) 「물질 구국론」.

화론의 공양삼세설도 이런 운명에서 벗어나지 못했다. 우리는 캉유웨이의 철학 사상을 설명할 때 이 점을 이미 분명히 보았다. 초기에 캉유웨이는 삼세설을 통해 역사의 진화를 선전했다. 이와 동시에 그는 '순서에 따라 점진적으로 진화' 하는 진화——비약할 수는 없고 점진만 할 수 있으며, 혁명할 수는 없고 개량만 할 수 있다——를 선전했다. 캉유웨이의 역사진화관의 이 측면은 후기에 필연적으로 혁명을 반대하는 사상으로 나아갔고, 혁명의 비약을 반대하는 것은 캉유웨이의 만년에 나타나는 '삼세 진화' 사상의 주요내용이 되었다. 캉유웨이는 삼세의 일세를 다시 소삼세로 나누고, 소삼세를 다시 더욱 작은 삼세로 나누었다. 이리하여 삼세설은 전기에 입헌군주의 정치노선을 지지하는 호부(護符)가 되었을 뿐만 아니라, 후기에는 혁명을 반대하는 기치가 되었다. 예를 들어, 초기에 캉유웨이는 중국 봉건사회가 '소강세' 또는 장차 자본주의로 진입할 '승평세' 라고 여러 차례 인식했다. 그러나 만년에는 중국은 단지 '거란세' 에 처했을 뿐이고 이전에 말한 '소강세' 는 '거란세' 의 작은 '소강세' 일 뿐이므로, 현재 중국은 근본적으로 큰 '거란세' 를 벗어날 수 없으며 즉시 '승평' 과 '태평' 에 진입할 수 없다고 강변했다. 캉유웨이는 만년에 이렇게 참회했다.

무술을 회상해보면, 내가 입헌을 창의한 것은 사실 내가 국정을 제대로 살피지 않은 커다란 오류였다. 적당한 수준에 도달하지 않았는데 그것을 초월하여 행하고자 한 것은, 어린애가 아직 걷지도 못하면서 담을 넘고 지붕을 나는 것을 배우는 것과 같다.[220]

물론 이때 캉유웨이의 '탁고개제' 사상은 이미 그 의의를 완전히 상실했고 캉유웨이 자신조차도 던져버리고 점차 거론하지 않았다. 캉유웨이의 이런 반성은 지금까지도 깊은 생각을 하게 한다. 유감스러운 것

---

220) 『불인』(不忍) 잡지 회편(滙編) 제2집 『국회탄』(國會嘆).

은, 무술변법의 실패와 1905년 혁명폭풍의 도래는 일말의 사양도 없이 일시를 진동시키던 캉유웨이의 '탁고개제' 사상을 멀리 뒤로 던져버리고, "이미 새로운 언어의 정신을 융합"한 진정으로 명랑한 정치사상의 투쟁——혁명파 대 입헌파의 열렬한 논전——이 이 신비하고 회삽한 모든 것을 대체해버렸다는 점이다. 이후 혁명의 고조가 끊임없이 진행됨에 따라 캉유웨이의 이러한 변화를 근본적으로 돌아보고 반사(反思: 반성적으로 사유)하고 성찰할 수 없게 되었다. 행운일까? 불행일까? 말하기 어렵다.

• 『문사철』 1956년 5월호에
「캉유웨이의 탁고개제 사상을 논함」이라는 제목으로 게재됨

탄쓰퉁 연구

탄쓰퉁*은 사상가만은 아니다. 다년간 남북유랑과 무술변법 과정의 활약을 보면 그는 결코 서재에서의 사색만을 달가워하지는 않았다. 그는 적극적인 정치활동가이자 조직가라고 할 수 있다. 그러나 그가 역사에 남긴 주요하고도 객관적인 역할은 역시 완벽하지도 성숙하지도 않은 철학과 정치에 관한 저서인 『인학』에 있다. 그가 도모한 유혈 궁정쿠데타와 자신의 선혈을 바친 빛나고도 극적인 종말은, 비극적으로 발전해간 그의 사상이 초래한 필연적 결과였다. 그러므로 그의 사상은 그의 일생을 대표한다고 할 수 있다. 탄쓰퉁에 대한 논의는 주로 그의 철학과 정치사상에 대한 것이다.

---

* 탄쓰퉁(1865~98)은 자가 푸성(復生)이고 호는 쫭페이(壯飛)이며 화상중성(華相衆生)이라고도 한다. 후난 류양(瀏陽) 사람이다. 탄쓰퉁은 관료지주의 가정에서 태어났다. 부친은 후베이 순무(巡撫)를 지냈다. 탄쓰퉁은 20세 때 신장(新疆) 순무 류진탕(劉錦棠)의 막부에 있었다. 그후 10년간 즈리(直隷)·신장·간수(甘肅)·산시·허난(河南)·후난·후베이·장쑤·안후이·저장·타이완 등을 왕래했고 각지의 사회상황을 숙지했다. 갑오전쟁(청일전쟁: 1894~95년)에서 패배한 후, 시국의 강한 자극 아래 그는 신학을 제창하고 변법으로 민족의 위기를 구할 것을 적극 주장했다. 1896년 부친의 명을 받들어 지부(知府) 후보가 되어 베이징에서 발령을 기다리면서 『인학』을 지었다. 1897년 후난 순무 천바오전의 초청에 응하여 관직을 버리고 후난으로 돌아가, 천바오전, 황쭌셴, 장쫘오 등과 함께 시무학당(時務學堂), 『상보』(湘報), 광무국(鑛務局), 무비학당(武備學堂), 보위국(保衛局) 등을 창설했다. 후에 또 남학회를 창설하고 스스로 학장이 되었다. 그는 후난에서 량치차오 등과 변법·민권·자유·민주를 주장하여 완고한 수구파 관료의 공격을 야기하기도 했다. 1898년 무술변법이 시작된 후 쉬즈징의 추천을 받아 병든 몸으로 입경했고, 양루이·린쉬·류광디와 함께 군기장경에 임명되어 신정에 참여했다. 오래지 않아 나라씨(서태후)를 우두머리로 한 봉건수구파가 쿠데타를 일으켰고, 탄쓰퉁은 체포되어 희생되었다. 그의 저술은 대부분 『탄쓰퉁 전집』(譚嗣同全集)에 수록되어 있다.

1 탄쓰퉁 사상 탄생의 역사적 배경

1. 시대적 특징과 계급적 특징

애국주의 정신은 탄쓰퉁과 당시 전체 개량파 사상의 주요내용인 동시에, 탄쓰퉁 사상이 탄생하여 온양(醞釀)되고 성숙하게 된 직접적인 원인이다. 탄쓰퉁 사상이 탄생하고 성숙한 시대배경을 명확하게 설명하지 않으면 그만이 지니고 있는 애국주의적 특색의 소재를 이해하고 설명하기 어렵다.

그런데 근래 탄쓰퉁에 관한 몇몇 논문은 이 점을 깊이 연구하지 않았다. 양정뎬(楊正典)의 「탄쓰퉁 사상 연구」(譚嗣同思想硏究)[1]는 탄쓰퉁 사상의 전체 사회적·시대적 배경을 상당히 상세하게 서술했고, 심지어 그 시기를 아편전쟁 이전까지 소급했지만, 탄쓰퉁 사상에 가장 관계가 깊은 1890년대의 시대적 특징에 대해서는 충분하게 논술하지 못했다. 이와 비슷하게 몇몇 글도 엄청난 분량으로 아편전쟁 이래 중국 근대의 역사적 배경을 그려내면서 중국 근대공업과 자본주의의 탄생과 발전과정, 그리고 그 특징을 중점적으로 서술한 후, 탄쓰퉁 철학의 계

---

1) 양정뎬, 「탄쓰퉁 사상 연구」, 『광명일보』(光明日報), 1954. 11. 3.

급적 기초가 중국 근대의 신흥 자유 부르주아 계급이라고 판정했다.[2] 그러나 이 배경과 탄쓰퉁 철학의 구체적인 관계에 대해서는 논증하지 않았다. 따라서 묘사된 역사적 사실은 실제로는 괴리가 있었고, 탄쓰퉁 사상이 '부르주아 계급을 대표한다'는 판단 역시 지나치게 공허하고 모호한 것이었다.

이런 분석과 판단은 탄쓰퉁에게 해당될 뿐만 아니라, 캉유웨이와 쑨중산은 물론 구민주주의 시기의 모든 진보사상가에게도 해당될 수 있다. 탄쓰퉁 철학의 역사적 배경과 계급적 기초에 대한 기존 논증의 특징은 탄쓰퉁 철학의 구체적인 역사적·계급적 배경은 보지 못하고, 일반적인 근대사의 역사적·계급적 배경[3]만을 가지고 논한 점에 있다.

나는 어디에나 적용될 수 있는 일반적이고 모호한 중국 근대사의 배경을 가지고 설명하는 것에 동의하지 않는다. 중요한 것은 일반적인 전제 아래 탄쓰퉁 철학이 지닌 고유의 역사적·계급적 특징을 구체적으로 탐구해야 한다는 점이다.

이 책의 앞에서 지적한 것처럼 1890년대 중국 사회는 이미 새로운 단계로 진입했고, 1894~95년의 청일전쟁은 중국 근대사의 중대한 창을 열었다. 1860년대 이래 비교적 평온하던 혁명저조기의 단계는 종결되었고, 중국 인민과 봉건주의, 특히 제국주의와의 모순이 전에 없이 격화된 상태였다. 심각한 민족위기는 수많은 진보계층에게 강렬한 분노와 공동의 적에 대한 적개심을 불러일으켰다. 개량주의 변법유신의 복류(伏流)는 청일전쟁 후 우연히 고조된 것이 아니며, 1860~80년대 개개 인사들의 고독한 이상과 선량한 바람이 수많은 사람의 찬성

---

2) 물론 이런 서술과 논단은 어느 누구도 부인하거나 반대하지 않는다. 현재 중국 근대사 저술에서 이런 서술과 묘사는 어디에서나 찾아볼 수 있다
3) 이것은 1870~80년대일 수 있고 1890년대일 수도 있으며 20세기 초일 수도 있다 (리쩌허우의 사상사론의 초점은 바로 이 세 단계의 변화와 차이점, 그리고 그 내적 논리를 밝히는 데 있다고 해도 과언이 아니다—옮긴이).

과 옹호를 받아서 전국적인 정치운동으로 변한 것 역시 결코 우연이 아니었다.

지적해야 할 점은, 이처럼 강고한 애국주의적 시대상황에서, 그리고 거칠고 사납던 1890년대 사회토대 위에서 장기간 온양돼온 탄쓰퉁의 변법유신 철학과 정치사상이 비로소 탄생했다는 것이다.

평소 중외(中外)의 일에 대해 좀 연구해보았지만, 결국 그 요령을 얻을 수 없었습니다. 그러다가 이 거대한 상처와 깊은 고통(청일전쟁을 가리킴)을 겪고 나서야 비로소 모든 것을 버리고 전심을 기울이게 되었습니다. 밥상을 대하고도 식사를 잊고 잠자리에 들어서도 수시로 깹니다. 집 주위를 방황하며, 나아갈 길을 알지 못했습니다. 있는 그대로 백성과 사물을 걱정했을 뿐만 아니라 재난이 피부를 찢는 데까지 이르렀음을 우려했습니다. 비록 조급한 마음이 오래도록 떠나지 않았지만 내면의 정서는 일단락지었습니다. 수십 년의 세상변화를 상세히 고찰하고 그 사리(事理)를 구명하고자, 멀게는 고서에서 그것을 증명했고 가까이는 지혜가 깊은 선비에게 자문을 구했습니다. 감히 나만 옳다 하고 다른 사람을 그르다 하지 않았습니다. 감히 내 단점을 가리고 다른 사람의 장점을 미워하지 않았습니다. 감히 좁은 소견에 얽매여 낡은 견해에 갇히지 않았으며, 과감하게 자신을 버리고 다른 사람을 따라 그 사람의 장점을 취하여 선(善)으로 삼았습니다. 처지를 바꾸어놓고 생각하니 예리한 생각이 백출했습니다. 옛것에 얽매여서는 큰 변화의 추세와 기풍의 흐름을 만회할 수 없음을 알기에 앞장서 혁명을 일으키는 것을 두려워하지 않으며, 서양을 본받아 변법하고자 하는 계획에 몸 바치고자 합니다.[4]

나라를 사랑한 중국인은 맹렬한 자극을 받아 각성했다. 그들은 구국

---

4) 「어우양 선생께 올리는 글 2」, 즉 「홍산학의」.

의 길을 험난하게 새로이 학습하면서 숙고하고 탐색했다. 탄쓰퉁은 1894~95년에 "풍경은 여전한데 산하는 문득 괴이하고, 성곽은 여전한데 인민은 다르네"라고 개탄하면서 일련의 중요한 글들을 썼다. 「삼십자기」(三十自紀), 「망창창재시 자서」(莽蒼蒼齋詩自敍), 「중숙사서의 자서」(仲叔四書義自敍) 등에서 과거를 결산하며 회고했다. 과거에 생명을 허비한 것에 대한 회한을 침통하게 표현했으며, 봉건적인 서생생활과 결별할 것을 분명하게 선포했다. 「어우양 선생께 올리는 글」과 「사위일곤대단서(思緯壹壺臺短書) ─보견 원징(報見元徵)」 등 두 편의 유명한 장문에서 '기'(器)가 '도'(道)를 결정한다는 유물론적 철학 사상을 초보적으로 제기하고, 유신변법에 대한 일련의 구체적인 주장을 했다. 그 안에는 이미 탄쓰퉁 사상의 특색인 반봉건적 전투정신이 충만해 있었다. 이런 기본사상은 부단히 발전하여 1897년에 더욱 깊고 풍부한 면모로 하나의 철학 체계를 구성하게 된다. 그리고 그것은 『인학』에 드러나게 된다.

탄쓰퉁 사상은 민족모순과 계급모순이 신속하게 격화되고 심화되던 1890년대 국면의 직접적인 자극과 영향을 받아 최종적으로 형성되었다. 질풍노도와 같은 당시의 사회 분위기와 시대적 사상, 정서는 탄쓰퉁 개인의 풍부한 생활경력을 통해 그의 사상에 깊은 흔적을 남겼다. 이로써 그 애국주의 정신은 기타 개량주의자와 변별되는 매우 중요한 내용과 특색을 가지게 되었다. 탄쓰퉁이 이론적으로 도달한 최고조는 개량주의 사상체계가 허용하는 범위를 뛰어넘었다. 봉건제도와 청조 정권에 대한 강렬한 증오와 혁명에 대한 요구를 일정 정도 표현하고 있다. 그것은 객관적으로 이후 부르주아 민주혁명파의 사상적 선도가 되었다.

이런 특징이 형성된 것은 사상가의 주관적인 생활경력과 관계가 있다. 탄쓰퉁은 초기에 "부친에게 학대와 냉대를 받는 자식의 서러움을 극도로 받았[5]다. "아마도 산 사람이라면 참을 수 없는…… 인류의 재난"[6]에 대한 절절한 느낌은 그에게 봉건강상과 명교(名敎)에 대해 깊은 생각과 인식을 가지게 했고, 묵가의 겸애(兼愛)·이타(利他)사상에 대해서 친근함과 희열을 느끼게 했다. 장년 이후에 "자연풍토와 시정의 생활, 호걸들을 시찰"[7]했고, 남북을 왕래하는 수차례의 여행, 특히 하층 회당(會黨)과의 왕래[8]는 탄쓰퉁으로 하여금 하층 인민의 현실생활과 사상·정서를 접하고 그에 감염되게 했으며, 봉건적 반동정권의 부패와 어둠을 똑똑히 보게 했다. 이로써, 의협심을 인(仁)으로 삼고 자신의 생명을 가볍게 보는 늠름하고 낭만적인 그의 성격에 더 적극적인 내용을 더하게 되었다.

　……작년에 수재를 입은 난민을 보니, 제방에 기거하며 돗자리를 집으로 삼고 있었습니다. 작은 것은 한 자 남짓이고 길어봤자 키만하여, 멀리서 보면 마치 관 같았습니다. 여윈 사람들이 무려 수천 명이었습니다. 그러나 여기까지 도망칠 수 있던 것도 그나마 천행이 있는 자였습니다. ……그러나 중앙과 지방의 대관들은 결코 수해대비를 하지 않았으며 오히려 다행이라 여기면서 이렇게 말합니다. '천부적으로 험난한 지형에 의지해 서울을 지킴으로써 외국 군대가 쳐들어

---

5) 량치차오, 『탄쓰퉁전』(譚嗣同傳).

6) 『인학』「자서」(自敍).

7) 『탄쓰퉁전』.

8) 캉유웨이 등과는 달리 탄쓰퉁과 탕차이창 등은 줄곧 하층 회당의 인물들과 밀접하게 왕래했고, 탄쓰퉁 자신도 '무예'가 출중했다. 일반적인 '백면서생'과는 달리, "(탄)쓰퉁은 허약했지만 무술을 익혀 몸놀림이 아주 날렵해졌습니다. 오랫동안 활을 가지고 놀았고, 특히 말을 타고 달리는 것을 즐겼습니다. ……이에 동년배들은 놀라 벌벌 떨었지만 (탄)쓰퉁은 전혀 느끼지 못했습니다"(「선샤오이沈小沂에게 드리는 글」). 탄쓰퉁은 톈진에서 하층 비밀단체를 이해하기 위해 특별히 '재리교'(在理敎)에 가입했다. 대도(大刀) 왕우(王五)와의 교분은 그로 하여금 무술정변 전후에 '탈문복벽'(奪門復辟)을 행하려 하게 했고, 아울러 최후의 희망을 이 '곤륜'(昆侖)에게 기탁했다(량치차오). "나는 스스로 칼을 비껴 들고 하늘을 향해 웃으며 나의 간담을 두 곤륜에게 남기네." 이 시*의 진위는 세밀하게 고찰되어야 하지만 이 글에서는 논하지 않는다.

* 이 시에서 두 곤륜은 캉유웨이와 왕우를 가리킨다는 설이 있다.

오지 못하게 한다'고 말입니다. 백성들의 재난을 즐거워하고 백성에 대한 잔인함을 국가에 대한 충성으로 여기니 생민은 장차 고기밥이 될 것입니다! ……또한 저 스스로 생각하기에 다행히 부유하게 태어나 이런 고통을 당하지는 않았지만, 대관절 무슨 우열이 있어 이렇게도 현격하게 차이가 난단 말입니까? 우유부단하다고 한다면 얼굴이 두꺼운 것입니다! 이에 앞으로는 맹세코 전력을 다하여 동족을 구하겠다는 큰마음을 먹었습니다.[9]

그러나 탄쓰퉁 사상의 이런 급진적인 특징을 우연한 개인의 주관적 특징이자 개별적 현상으로 간주해서는 안 된다. 그것은 특정한 계급적 기초와 사회적 근원을 가지고 있다. 탄쓰퉁은 개량파 좌파의 대표자였다.

이 책의 앞에서 개량파는 복잡한 혼합체라고 지적한 바 있다. 양루이(楊銳)와 웡퉁허(翁同龢) 등 상층 고급관원을 대표로 하는 개량파 우익의 각 유파는 주로 일부 개명지주의 이익을 기초로 삼았다. 그리고 캉유웨이를 우두머리로 하는, 조화적 색채를 짙게 띤 좌익 온건파(또는 중도파)는 주로 광범위한 중간층의 정부관리와 봉건사대부, 부상(富商)들을 골간으로 삼아서, 당시 형성되기 시작했거나 전변 중이던 자유 부르주아 계급의 요구를 반영했다. 반면 탄쓰퉁과 탕차이창을 우두머리로 하는 좌익 급진파는 중하층 지주지식인들과 갓 출현한 프티부르주아 청년 지식인들을 대변하는 혁명민주파의 선구였다.

1890년대 이후 봉건사회의 급격한 해체로 각 분야의 평민지식인들이 처음으로 대량 출현하기 시작했다. 그들은 토지와 봉건적 토지 소유관계에서 이탈하여 고향을 등지고 해외로 나가 유학하거나 생계를 도모했다. 상층의 봉건사대부와 봉건관리에 비해 그들은 봉건관료 사회와 비교적 소원했다. 그들은 봉건적 사회관계의 속박을 상대적으로 적게

---

9) 「어우양 선생께 올리는 글22」, 즉 「북유방학기」(北游訪學記).

받았지만, 애국의 열정과 정치적 적극성은 더 견결했고 인민과 가까웠다. 1860~90년대 귀족 개량주의자의 영향과 계발 아래, 특히 1890년대 혁명고조의 자극 아래 그들은 점차 중요한 역량을 형성하여 적극적으로 정치투쟁에 들어갔다. 무술변법 시기와 그 이전에 그들은 캉유웨이를 우두머리로 하는 변법유신 운동을 찬성하고 옹호하거나 이에 적극 가담했다. 량치차오는 그들을 다음과 같이 묘사했다.

······후난 백성들의 지혜가 갑자기 열리고 선비들은 기개를 크게 떨쳤다. ······사람마다 모두 정치의 공리(公理)를 말할 줄 알고 애국으로 서로 독려·연마하며 구국을 자신의 임무로 삼았다. 영준하고 침착하고 굳센 인재들이 넘쳤다. 모두 20~30세 안팎으로 과거를 보지 않았고 관직도 없었으며 명성도 두드러진 자가 없었지만, 그 수는 헤아릴 수 없이 많았다. 이때부터 수구세력들이 나날이 막고 억눌렀지만 그들은 요원의 불길처럼 봄바람이 불면 또 타올랐다.[10]

그러나 무술변법 개량주의의 환상이 깨짐에 따라, 탕차이창이 이끈 경자(庚子)년 봉기*의 유혈교훈에 따라, 그리고 투쟁정세의 급격한 발전에 따라 개량파는 분화되었다. 우파와 중도파, 그들의 유명한 지도자들은 모두 기존질서의 대변인으로 변했지만, 좌익(급진파)의 대부분은 현실에서 얻은 교훈과 혁명선전의 격려 아래 나날이 혁명민주파의 반청 혁명투쟁으로 나아갔다. "'오래된 신당 사람'(老新黨)들은······ 배만(排滿) 학설이 전파되자 수많은 사람이 혁명당으로 바뀌었다."(루쉰, 『준풍월담』准風月談 「중삼감구」重三感舊)[11]

---

10) 량치차오, 「무술정변기」. 강조는 인용자가 한 것이다.

* 1900년의 자립군운동을 가리킨다.

11) 탕차이창이 지도한 자립군운동은 개량파가 혁명으로 나아가는 과도기의 표현이었다. 그의 강령과 주장(현존 청조 정권을 승인하지 않는 것 등), 인원조직(회당을 기초로 삼는 것 등), 실천행동(무장봉기 준비 등)은 모두 개량주의의 경계

탄쓰퉁의 출신과 신분과 지위는 하층의 평민 지식인 명단에 들어가기 어려운 것이었다. 그렇지만 마르크스가 지적한 바와 같이, 특정계급의 정치와 저작 분야의 대표적인 인물과 그들이 대표하는 계급의 관계는 결코 그들의 실제생활, 지위와 같게 나타나지 않고, 그 대표자의 이론주장이 그 실제이익을 반영하고 부합하는 것으로 나타난다. 탄쓰퉁 사상의 특징은 다음과 같은 점에 있다. 그것은 몇몇 부분과 일정 정도에서 봉건사대부 개량주의자의 계급적 협애성을 타파했고, 하층 지식인의 급진적인 정서와 요구를 객관적으로 반영했다. 또한 자유주의 개량파에서 민주주의 혁명파로 전화하는 그들의 내적 계급내용과 역사경향을 반영했다. 탄쓰퉁의 사상은 개량주의가 혁명민주주의에 자리를 내주던 시기의 시대동향의 중요한 반영이었다.

캉유웨이의 사상체계(변법유신 · 탁고개제)가 1880년대말에 성숙되었고 쑨중산의 사상체계(삼민주의)가 20세기초에 성숙된 것과는 달리, 탄쓰퉁의 사상체계는 청일전쟁 이후인 1890년대 중말엽에 탄생했다. 그러므로 그는 개량파에 속하는데도 캉유웨이와는 차이가 있고, 몇몇 혁명사상의 요소를 가지고 있는데도 쑨중산과 20세기초의 혁명파와는 달랐다. 왜 그럴까? 이는 단순히 가정환경이나 지리환경으로만 해석할 수는 없다. 그러한 해석은 탄쓰퉁 사상의 특징을 역사의 우연으로 귀결

를 초월했다. 그것은 비록 통치계급(장즈둥 등)에 대한 환상을 가지고 있었고, 명목상 온건파(캉유웨이 · 량치차오)의 지도를 받고 있었으며, 대단히 복잡한 좌익의 동조자 및 투기꾼(원팅스, 룽훙 등)과 연계를 유지했는데도, 이 운동의 중심뼈대와 운동의 실제지도자와 조직가는 완전히 개량파 좌익(급진파)이었고 후난 시무학당의 급진인물들이었으며 탄쓰퉁의 가장 가까운 친구와 학생들이었다. 탕차이창 형제, 비융녠(畢永年), 친리산(秦力山), 린시구이(林錫圭), 차이중하오(蔡忠浩), 톈방쥔(田邦濬) 등이 그들이다. 그들은 무술정변 이후 일본으로 건너가 홍중회 혁명파 인사와 연계하고 합작했다. 그러므로 혁명파도 이 자립군운동에 참가했다. 자립군 실패 후 쓰라린 피의 교훈은 그들에게 완전히 혁명파 진영으로 들어가게 만들었고 혁명민주주의 사상을 수용하게 했다. 그들은 상당히 일찍 혁명파 대오에 가입한 사람들이었다. 그들의 혁명으로의 전향은 국내에서 영향이 컸다. 이후 두 차례의 혁명운동은 그들과 밀접한 관계가 있다. 이 책의 혁명파 부분을 참조하라.

시킬 뿐이다.

우리는 마땅히 1890년대의 역사적 특징에서 그 근원을 찾아야 할 것이다. 청일전쟁 이후의 1890년대는 그 이전과 크게 달랐다. 제국주의 자본의 유입, 과분(瓜分)의 물결, 전국 인민들의 애국주의 고조 등은 굳이 말할 것도 없다. 특히 중요하던 것은 이 애국주의 고조의 영향 아래 반(半)식민지 중국이 정형화하기 시작하여, 낡은 사회의 계급분화가 가속적으로 진행되면서 새로운 상황이 발생했다는 것이다. 즉, 중국 사회에 '과거에 급제하지 않고 관직이 없는' 최초의 평민 지식인, 즉 프티부르주아 지식인이자 최초의 근대적 청년·학생 지식인군이 싹트기 시작한 것이다. 그들은 열정을 품고 정치생활에 뛰어들기 시작했는데, 이것이 바로 내가 말하려는 탄쓰퉁 철학의 계급적 특징이다.

모두 알다시피 중국 근대에는 개량파와 혁명파가 있다. 전자는 캉유웨이를 대표로 해서 1890년대에 활동했고, 후자는 쑨중산을 대표로 해서 20세기초에 활동했다. 전자는 대부분 관료·지주 출신의 구식 사대부 지식인이었지만, 후자는 관직이 없는 프티부르주아 지식인(대부분 유학생)이었다. 그러므로 그들의 활동이 모두 부르주아 계급의 이익을 반영하고 대표했음에도 그들은 여전히 서로 다른 계급 또는 계층에 속한 것이 분명하다. 그러므로 더 중요한 문제는 혁명파 사람들이 어떻게 출현했느냐의 문제이다. 그들이 불쑥 20세기초에 일제히 뛰쳐나왔을리 만무하다. 그렇다면 1890년대에 그들의 상황은 어떠했을까? 이 문제는 개량파와 혁명파 초기의 각종 상황과 관계, 그들의 변천과정과 연관되어 있다.

우리가 혁명파의 역사를 구체적으로 고찰해보면, 쑨중산 등 극소수의 선진적 혁명가를 제외한 수많은 혁명파 인물은 이때(1890년대) 모두 예외 없이 개량파 변법유신 운동의 열렬하고 적극적인 지지자이자 가담자이고 동조자였다. 그들은 이때 개량주의 변법유신의 기치 아래 개량파를 구성하는 한 부분이 되었음을 발견할 수 있다. 이것이 바로 내가 말한 개량파 좌익 급진파의 구체적 내용이다.[12] 좌익 급진파는 개량파의 기타 부분과 계급적으로 다른 점이 있고[13] 나름의 특징이 있다. 예를 들어, 그들은 경제적 지위에서 대부분 일반 지식인이거나 심지어 파락(破落)한 지식인이었고, 인민·회당과 연계되어 있었다. 그들의 정치적 지위는 개량파 우파(상부관료)·중도파(이미 '명성을 지닌' 캉유웨이와 량치차오)와 다른 점이 많았다.

이런 다른 점은 그들의 정치적 태도와 정치적 사상을 차별화했다(개량적 요구에 만족하지 않고 혁명적 정서를 가지게 함). 그러나 이런 차별화는 당시는 아직 잠재적이었고 구체적 모순과 반항으로 발전하지 않았다. 무술년과 경자년에 탄쓰퉁과 탕차이창의 두 차례 유혈봉기 후에야 그들은 한 걸음씩 캉유웨이와 량치차오에 반대하는 혁명노선에 뛰어들었고, 이로 인해 개량파는 분화되었다. 탄쓰퉁의 사상은 바로 이 과도기에 처한 특징을 반영하고 좌익 급진파의 이런 특색을 반영한 것이었다. 탄쓰퉁의 급진적 사회·정치 사상, 그 첨예한 모순과 고민은 바로 이것을 계급적 토대로 삼고 있다.[14] 탄쓰퉁은 1897년 후난에서

---

12) 현대의 여러 사람도 '개량파 좌파'라는 용어를 사용하지만, 그 본질과 내용을 설명하지 않고 있다. 그러므로 이 좌파를 말하면서 단지 탄쓰퉁과 탕차이창 등의 한두 사람만을 가리키고 있는 듯한데, 이는 잘못된 것이다.

13) 한마디 덧붙이면, 현재 많은 사람이 대개 계급분석을 단순화시켜 계급은 지주계급과 부르주아 계급일 뿐이라 생각하고 그 속에 들어 있는 매우 복잡한 계급과 계층에 대한 구별과 분석은 하지 않는다. 이는 마르크스주의 경전 작가가 계급을 어떻게 분석했는지를 보기만 해도 잘 알 수 있다. 예를 들어, 마르크스의 금융 부르주아 계급과 공업 부르주아 계급의 구분, 엥겔스의 『독일 농민전쟁』에서의 도시 각 계급에 대한 분석은 결코 농민계급 또는 부르주아 계급으로만 분류하지 않았다.

14) 이는 탄쓰퉁 사상의 객관적 의미에서 말한 것이다. 탄쓰퉁 본인은 결코 이런 하층인이 아니라, 농후한 혁명사상과 정서를 구비한 상층사대부였다. 그러나 그의 혁명사상과 정서는 하층 젊은 세대를 계몽하고 교도했다. 계급과 그 대표자의 신분이 반드시 일치하지는 않는다. 탄쓰퉁은 개량파 좌익을 대표하고 이 좌익의 성원은 당시 비교적 하층 출신의 지식인(관직과 신분이 없는 사대부)이었다. 이들 지식인은 당시 수많은 프티부르주아지를 대표했으므로 그들은 캉유웨이 등(지주관료에서 전화된 상층 지주 부르주아 계급의 대표)과 달랐다. 이런 차이는 훗날 혁명파와 입헌파의 노선차이로 발전했다.

신정(新政)을 창도했다. 수업과 출판—『명이대방록』과 『양주십일기』(揚州十日記)[15] 등 간행—을 통해 시무학당에서 용감하게 민주사상을 선전했다. 몇 가지 계획[16]을 가지고 비밀스러운 반청 선전활동을 진행했으며 젊은 혁명세대를 직접 교육하고 배양했다. 개량파 우익은 그것을 시기하고 방해했다.[17] 『인학』이 발표되자 캉유웨이는 극력 반대했다. 그러나 동맹회는 대대적으로 선전하고 소개했다. 이 때문에 천

---

15) "또 몰래 『명이대방록』과 『양주십일기』 등을 인쇄하고 주석을 덧붙여 비밀리에 배포하고 혁명사상을 전파했는데, 신봉자가 나날이 늘어났다."(량치차오, 『청대학술개론』) "일찍이 『대의각미록』(大義覺迷錄)과 『철함심사』(鐵函心史) 등의 금서를 비밀리에 부친에게 소개하여 읽게 했다."(어우양위첸歐陽予倩), 「탄쓰퉁이 어우양 선생께 올리는 글 서문」)

16) 남학회 설립을 통해 지방의회를 구성함으로써 독립자치를 기도함.

17) 후난은 변법운동 중 가장 두드러지게 부상한 곳이었는데, 현재 유행하는 견해처럼 단순하게 그것을 지방장관이던 천바오전의 지도 덕분이라고 결론 지을 수 없다. 후난의 신정은 매우 복잡하므로 깊이 있게 연구해야 한다. 그것은 후난의 전체 정치와 경제상황 또는 후난 개량파 내부의 모순과 충돌의 문제와 연관되어 있다(예를 들어 천씨 부자와 탄쓰퉁·탕차이창 등의 사상적 거리 등. 탄쓰퉁이 스승인 어우양 선생에게 보낸 편지에서 이런 상황을 선명하게 알 수 있다). 개량파 내부의 이런 의견불화와 무술년의 신정 조칙 이전의 후난 남학회·시무학당의 동요와 위기감, 그리고 계속 지탱할 수 없던 상황은 모두 후난의 강고한 반동세력이 개량파 내부에 압력을 가함으로써 탄쓰퉁과 탕차이창을 공격하고 신정을 파괴하려 한 계급투쟁을 심각하게 나타내고 있다. 여기서는 분량의 제한으로 상세하게 설명할 수 없다. 지적해야 할 것은, 광둥·장쑤·저장에 비해 후난의 자본주의 경제와 정치세력이 발달했다고 할 수는 없지만, 근대사상사에서 후난은 줄곧 투쟁이 유난히 첨예하고 격렬하던 장소였으며 사상계에서 항상 눈부신 불꽃을 격동시켜왔다는 점이다. 왜 그랬을까? 이는 마땅히 후난의 계급모순과 계급투쟁에서 그 근원을 찾아야 할 것이다. 후난의 반동세력은 강대하고 완고했지만 하층 인민(농민과 도시평민)의 반항도 거셌다. 그러므로 계급모순과 계급투쟁이 특별히 첨예하고 격렬했다. 예를 들어, 태평천국 이후 샹(湘)군 군대는 강제해산된 후 가로회(哥老會)로 변했는데, 이들은 통치계급에 의해 잔혹하게 도살되었다. 하층 인민과 통치계급의 첨예한 계급충돌은 인민과 가깝던 중하층 출신의 지주계급 지식인(탕차이창·차이하오중 등)과 극소수의 선진 관료사대부(탄쓰퉁)의 사상과 행동에 영향을 주고 반영되었으며, 구제도에 대한 불만과 반대, 새로운 사물에 대한 동경과 추구를 촉발시키지 않을 수 없었다. 이 또한 개량파 좌익과 이후 혁명파 지식인이 후난에서 대량으로 배출되고 그 활동이 특별히 활발하던 원인이었다.

텐화(陳天華), 쩌우룽(鄒容), 우웨(吳樾) 등과 같은 혁명파의 걸출한 전사의 언론과 사상, 행동에서 우리는 탄쓰퉁의 반청·반봉건 급진사상의 영향을 직접 느낄 수 있다.[18] 수많은 혁명지사의 사상이 성숙되는 과정에서 탄쓰퉁 사상의 진보적인 요소는 직접적이고도 중요한 계도작용을 했다. 이 모든 것은 그 시대의 계급적 특징과 관계 있다.

2. 사상발전의 우여곡절

탄쓰퉁 사상의 이론적 전제에 관해서는 수많은 글에서 비교적 상세하게 설명했으므로 이 글에서는 중복을 피하고자 한다. 요약하면 탄쓰퉁은 당시 수많은 선진적 인사와 마찬가지로, 모두 절박하게 동서고금의 각 이론가와 각 파의 사상과 학설에서 자신의 요구에 적합한 이론적 무기를 한껏 취하고자 했다. 그러나 신구 사물이 격렬하게 변하고 있고 정치투쟁이 첨예하게 전개되던 격동의 과도기에 탄쓰퉁이 당시의 수많은 사람처럼, 자신이 취득한 신구 지식을 흡수하고 용해시켜 독립적이고 완정한 체계를 건립하기에는 역부족이었다.

캉유웨이·량치차오·탄쓰퉁 등은 '학문의 기근'이라는 환경에서

---

18) 관련자료는 많다. "룽(쩌우룽)은 탄쓰퉁을 매우 앙모하여 항상 그의 영정을 자리 옆에 걸어두고 스스로 시를 지어 그를 찬양했다."(쩌우루룽鄒魯, 『중국 국민당사고』中國國民黨史稿 제4편, 1242쪽). 자오다펑(焦達峰)은 다른 사람들에게 "탄쓰퉁, 탕차이창이라 불리는 것을 좋아했고", 봉기하여 출정할 때도 탄쓰퉁과 탕차이창의 위패를 모셨다. 천톈화는 그의 유명한 선전책자인 『맹회두』(猛回頭)에서 탄쓰퉁을 "늠름하게 나라를 위해 피를 흘린 대호걸"이라 일컬었고, 우웨는 유서에서 '테러리즘'을 크게 제창하면서 탄쓰퉁 『인학』의 "의협심을 인(仁)으로 삼은" 사상을 처음으로 크게 찬양했다. 이런 상황은 상당히 많았다. 혁명파의 수많은 인물이 탄쓰퉁에 대해 최대의 존경과 경애를 표시했고 탄쓰퉁을 자신의 선구자이자 동지로 간주했다. 그들은 탄쓰퉁을 캉유웨이와 분리했고, 심지어 탄쓰퉁이 "베이징에 간 목적은 혁명에 있었는데 그가 희생된 것은 완전히 캉유웨이에게 속았기 때문"이라고 강변하기도 했다.

자라면서 암중모색했다. '중국적이지도 않고 서양적이지도 않으면서 중국적이고 서양적인' 신(新)학파를 구성하고자 했지만 시대가 용납하지 않았다. 고유의 구사상은 뿌리가 깊었고, 외래의 신사상의 내원은 천박하여 쉽게 고갈되었기 때문에 지리멸렬해진 것이 당연했다.[19]

중국의 부르주아 계급은 너무 늦게 태어나 아무런 이론적 준비도 없는 상태에서 정치투쟁의 격동국면에 놓였다. 또한 봉건주의 사상과 서양 부르주아 사상이 과도하게 성숙한 연대에서 그것은 분명 독자적인 풍격을 형성할 수 없었다.

그러나 탄쓰퉁의 '다종다양한' 사상의 내원을 동등하게 취급할 수는 없다. 중국 민주사상의 전통, 특히 묵자의 겸애와 왕선산의 민족·민주 학설, 그리고 서양의 자연과학 지식은 탄쓰퉁 사상의 연원에 중요한 작용을 했다. 서양에서 전래된 자연과학 지식은 탄쓰퉁 철학 유물론적 요소의 이론적 근원의 하나가 되었다. 당시 전래된 서양의 자연과학 지식은 19세기의 과학적 성과를 포함하고 있었지만, 주요한 지위를 차지하고 영향이 컸던 것은 역시 엄정하고도 기계적·형이상학적 성격을 가진 초등 수학·역학·화학 등이었다. 이는 탄쓰퉁과 당시 수많은 선진적 사상가의 유물론적 관점에 기계적 특성을 두드러지게 했다. 다른 한편은 시대적 특징에 의해 결정된 것으로, 당시 보편적으로 학습된 서양지식은 주로 자연과학 지식이었기 때문에 캉유웨이와 마찬가지로 탄쓰퉁의 사회·정치 사상은 중국의 사상적 자료의 기초 위에서 발생하고 발전되었다.

당시 사람들은 유럽과 미국 사람들에게 제조·측량·운전·조련 능력 외에 다른 학문이 있음을 전혀 인정하지 않았다. 그래서 번역된 서양 서적에서 찾아보았지만 볼 만한 다른 학문은 확실히 없었다.[20]

---

19) 량치차오, 『청대 학술개론』.

『인학』 하편에는 정치 이야기가 많았다. ……그러나 그들은 당시 루소의 『사회계약론』의 이름을 꿈에서도 보지 못했다. 그런데도 그들의 이상은 대부분 우연히 일치했다.[21]

이는 완전히 사실이다.

정허성(鄭鶴聲)의 「탄쓰퉁의 변법사상과 그 역사적 의의를 논함」(論譚嗣同的變法思想及其歷史意義)[22]은 독립된 절에서 캉유웨이와 탄쓰퉁 사상의 관계라는 흥미로운 문제를 따로 논했다. 그러나 아쉽게도 사실적 서술만 했을 뿐 분석을 가하지 않았다. 이 글에서도 분량의 제한으로 그에 대해 충분히 논증할 수는 없다. 단지 대략적으로 볼 때, 캉유웨이의 웅대한 '대동' 이상과 공자(孔子)개제라는 '미언대의'의 겉옷 아래, 각 방면에 걸쳐 관철된 체계적인 부르주아 민주자유 사상과 역사진화론, 그리고 '공거상서'(公車上書) 등 용감한 행동의 실천과 이미 가지고 있던 전국적인 진보적 정치지도자로서의 명망은 이 부지런한 진리추구자를 강렬하게 흡인했다. 탄쓰퉁은 캉유웨이를 경배했다. 그는 캉유웨이를 "부처님이 다시 태어났고", "유교의 루터"라고 칭찬했으며 자신을 그의 '사숙제자'라고 일컬었다.

캉유웨이도 "(탄쓰퉁은) 내가 『춘추』를 강론하면서 삼대의 뜻이 태평에 있고 그 도는 인으로 귀결된다고 하니, 유교의 정밀함에 감복했다"[23]고 했다. 량치차오는 "(탄쓰퉁은) 난하이 선생이 밝힌 『역경』과 『춘추』의 뜻을 듣고 그것이 대동(大同)과 태평(太平)의 이치에 통달하고, 건원통천(乾元統天)의 정밀한 뜻을 체득하고 있음을 알고는 크게 탄복했다"[24]고 평했다. 탄쓰퉁은 캉유웨이의 사상에서 가장 훌륭한 부

---

20) 같은 책. 당시 탄쓰퉁 등은 외국어를 몰랐으므로 그들이 읽은 서양서적은 기술과학에 관한 번역서뿐이었다.
21) 같은 책.
22) 정허성, 『문사철』 「탄쓰퉁의 변법사상과 그 역사적 의의를 논함」, 1954년 9월호.
23) 「육애시」.

분——역사진화와 '대동태평'의 원대한 이상——을 흡수했지만, '순서에 따라 점진적으로 진화'하는 것이지 비약할 수 없다는 통속진화론은 시종 완전히 수용하지는 않았다. 동시에 수많은 사람이 지적한 대로 탄쓰퉁은 불학(佛學)에서 풍부하고 깊이 있는 변증법적 사상과 대무외(大無畏: 부처)의 희생정신을 흡수했음에도, 불교 관념론의 해로운 영향이 오히려 그 주요한 측면이 되었다. '삼계유심'(三界唯心)*의 신비주의는 탄쓰퉁의 진보적 철학 사상에 검은 망사를 씌웠다. 캉유웨이를 통해 수용한 육구연과 왕양명의 심학(心學)도 그에게 기본적으로 불교 관념론(유식종唯識宗)과 거의 비슷한 작용을 했으며 영향을 주었다. 탄쓰퉁 자신도 이렇게 말했다.

> 『인학』을 공부하는 사람은 불학에서는 『화엄경』(華嚴經)과 심종(心宗)과 상종(相宗) 서적에 통달해야 하고, 서양서에서는 『신약성서』와 수학 · 물리학 · 사회학 서적에 통달해야 하며, 중국에서는 『역경』 · 『춘추 공양전』 · 『논어』 · 『예기』 · 『맹자』 · 『장자』 · 『묵자』 · 『사기』와 도연명(陶淵明) · 주무숙(周茂叔) · 장횡거(張橫渠) · 육구연 · 왕양명 · 왕선산 · 황려주의 서적에 통달해야 한다(『인학』**).

탄쓰퉁의 전체 사상과 이 사상연원의 자아서술에서 서양의 자연과학 지식과 중국의 반(反)권위적 · 반(反)세속적인 민주주의의 사상전통(『맹자』 · 『사기』 · 도연명 · 황종희 등)이 양호한 작용을 했음을 알 수 있다. 속박에 반항하고 해방을 요구하며 주관정신을 강조하는 사상도 탄쓰퉁에 의해 중시되었다(『장자』 · 육구연 · 왕양명 · 불학). 『공양

---

24) 『탄쓰퉁전』.

* '삼계'는 중생이 생사 왕래하는 세 가지 세계로, 욕계(欲界) · 색계(色界) · 무색계(無色界)를 말한다. '삼계유심'은 '삼계일심'이라고도 하는데, "삼계의 삼라만상은 모두 자기 마음에 반영된 현상이므로 마음밖에 따로 삼계가 없다는 말"이다.
** 이하 출처 표시가 없는 인용은 모두 『인학』에서 인용한 것이다.

전』·『논어』·『예기』 등은 개량파의 '탁고개제'와 관련이 있는 기본저작이었다. 이 두 분야의 사상(불학과 육구연·왕양명과 공양)은 주로 당시의 시대조류 아래 캉유웨이와 양원후이(楊文會)의 영향을 받아 탄쓰퉁에게 흡수되었다.[25] 탄쓰퉁 사상의 본래 골수는 여전히 묵자의 겸애와 왕선산의 민족·민주 사상이었다. 이로부터 개량파의 기타 인물과 구별되는 탄쓰퉁의 급진사상의 독특한 면모가 그 사상적 근거를 가지게 되었음을 알 수 있다.

탄쓰퉁 사상의 연원은 동서고금에 걸쳐 있었으므로 상당히 복잡할 뿐만 아니라 우회적이고 복잡한 변화·발전과정을 겪었다. 『치언』(治言)을 대표로 하는 초기에는 완고히 옛것을 수호하는 봉건도학자의 사상주장으로, 변법에 반대하고 서양학습에 반대했다. "오늘의 오랑캐들은 옛날의 오랑캐들의 상황과 같다. ……도가 변할 수 없음은 백대가 지난다 하더라도 증거를 잡고 있는 것과 같다." 이 말은 거의 캉유웨이의 변법제창을 겨눈 것이었다.

그러나 탄쓰퉁은 시종 현실생활과 정치적 사건에 관심을 가지고 있었기 때문에 1890년대 중외관계가 나날이 활발하게 전개됨에 따라 서양의 관련 서적과 교과서(자연과학)를 열람하기 시작했고, 이에 따라 사상이 변화되었다. 필기 『석국영려필지 사편』(石菊影廬筆識思篇)이 대표하는 장횡거와 왕선산의 유물론적 기일원론(氣一元論)과 중국의 고서를 가지고 서양의 '격치'(格致)에 연계시키고 부회(附會)한 것은 이 시기의 선명한 징표가 되었으며, 청일전쟁 후의 사상에 질적 변화를 위한 양적 축적과 준비가 되었다. 1895년의 「사위일곤대단서－보견 원징」부터 1897년의 『인학』까지 2~3년의 짧은 기간에 탄쓰퉁의 사상은 급격하게 격동하고 변화했다. 자연과학 지식과 왕선산의 소박한 유물

---

25) 량치차오는 『탄쓰퉁전』에서 "그대와 내가 처음 만났을 때 예수의 겸애의 가르침을 매우 숭배했고, 불학과 공자를 알지 못했다"고 한 후, 탄쓰퉁이 캉유웨이와 양원후이의 계도 아래 역경과 공양학, 불학을 수용한 경과를 차례대로 서술했다.

론을 주요한 기초로 하는 철학 사상에서 불학 유식론을 근본기초로 삼는 것으로 변화했다. 그러나 그것은 결코 퇴행[26]이 아니라, 나날이 철학의 심오한 경지로 심화하는 과정에서 관념론적 불학의 미궁으로 빠진 것이다.

탄쓰퉁은 불학 유식론을 기초로 삼아 동서고금을 융합시켜 당시의 투쟁요구에 부응하는 새로운 체계를 구축하고자 했다. 결과적으로 그 것을 완성하지 못했고, 남은 것은 모순과 혼란뿐이었다. 그는 『인학』을 저술할 때의 상황을 이렇게 묘사했다. "매번 한 가지 의미를 사유할 때마다 이치와 예가 심오했고 생각이 용솟음치고 비등하여, 그 사이에서 붓이 저절로 움직여 미처 선택할 겨를이 없었으니……" 수많은 복잡한 철학 문제에 대해 그는 명료하게 고려하지도 표현하지도 못했다. 유치하고 단순하며 미숙하고 불완전한 각종 심각한 약점을 드러냈다. 그래서 장타이옌은 "잡다한 것을 끌어들여 조리를 잃어버려 마치 꿈꾸는 것과 같았다",[27] "그 뒤섞임을 탓하여 그다지 받아들이지 않았다"[28]고 했다. 그러나 불학 유식론을 기초로 삼아 근대적 철학 체계를 건립하려던 탄쓰퉁의 작업은 공교롭게도 장타이옌에 의해 계승되었고[29] 마침내 슝스리에 의해 완성되었는데, 그것은 오랜 시간 이후의 일이다.

『단서』(短書)에서 『인학』까지 그의 정치사상은 같은 맥락으로 지속적으로 발전했지만 철학적으로는 유물론에서 관념론으로, 종교미신의 반대에서 종교신앙으로, 묵가에서 불학으로 변화했다. 그러나 그의 관념론·종교·불학에는 여전히 유물론·자연과학·경험론 등의 요소가 다분히 유보되어 있고 잔존해 있다. 이 면을 해소하거나 취소할 수 없다. 그것은 여전히 탄쓰퉁 철학의 중요한, 심지어 주요하고도 객관적인

---

26) 장더쥔(張德鈞), 『역사연구』 「탄쓰퉁 사상 술평」(譚嗣同思想述評), 1962년 제3기에서는 이를 퇴행이라고 보았다.
27) 장타이옌, 「인무아론」(人無我論).
28) 장타이옌, 『자편연보』.
29) 이 책의 장타이옌 관련 글을 참조하라.

내용을 구성하기 때문이다.

「북유방학기」는 『단서』와 『인학』의 중간다리였다. 이 서신은, 완고하게 변법하려 하지 않는 청 조정에 대한 강한 불만과 스스로 기댈 만한 현실적 역량을 갖지 못한 상황이 탄쓰퉁을 한편으로는 정치사상에서 나날이 급진으로 나아가게 했고, 다른 한편으로는 철학 사상에서 "희망이 모두 공허"해져서 불학에 귀의하게 만드는 근본원인이 되었음을 명료하게 보여준다.

2 탄쓰퉁의 철학 사상

1. 변증법적 개념

탄쓰퉁은 아마도 중국 근대에서 철학적 기질이 가장 풍부하던 사상가의 한 사람일 것이다. 그는 더 완정한 세계관을 제공하여 그것을 변법유신 운동의 이론적 기초로 삼으려 했으나 이를 완성하지 못했다. 그는 『인학』을 저술했지만 그 체계는 미숙했다. 오히려 결코 완정하지 않은 탄쓰퉁의 세계관에는 첨예한, 심지어는 형식논리적인 자기모순이 가득했다. 그것은 낡은 사물과 질서를 대담하게 타파하여 봉건주의의 경직된 형이상학과 투쟁하는 변증법적 정신을 가지고 있었지만, 다른 한편으로는 심각한 주관주의적 상대주의와 궤변론의 성격을 드러냈다.

탄쓰퉁의 철학에서 사물의 모순과 운동, 변화와 발전에 관한 변증법적 요소는 유난히 선명한 빛깔로 사람들을 끌어들이고 있다. 탄쓰퉁은 이 관점을 주로 '인(仁)—통(通)'에 관한 학설에 표현했다. 탄쓰퉁은 자신의 주요저서인 『인학』에서 '인'(仁)의 개념을 강조하여 주장했고, 인을 축으로 삼아 모든 사상을 전개했다.

'인'이란 무엇인가? '인'은 본질적으로 승화되고 추상화된 객관세계의 총법칙이다. 캉유웨이의 철학 사상을 논할 때 지적한 것처럼, 중국의 고대철학은 대부분 사회적·윤리적 방면을 중심으로 삼아 토론하고 연구했다. 근대철학은 서양 자연과학의 충격으로 자연관에 대한 주의를 가중시켰다. 여기서 구형식은 신내용과 결합되었다. 캉유웨이가 연용(沿用)하던 고대철학의 '기'(氣) 개념에 근대적인 자연과학의 내용이 짙게 밴 것과 마찬가지로, 탄쓰퉁도 여기서 고대철학의 윤리학 범주인 '인'을 자연적인 실체이자 법칙으로 해석하고 개조했다. 이는 부르주아 계급이 인간세상의 규범을 자연법칙으로 삼으면서 당시 부르주아 계급의 경제적(상품생산과 유통)·정치적(민권, 평등) 요구를 영원한 객관적 준칙으로 삼은 것을 말한다. 개량파 변법유신의 경제·정치사상은 탄쓰퉁에 이르러 최고의 철학적 승화에 도달했다 할 수 있다. 량치차오의 『변법통의』(變法通議)는 '변'(變)을 강조했고 캉유웨이의 '공양삼세설'은 진화·발전을 부각시켰지만, 탄쓰퉁에 와서야 모든 것이 '인─통'이라는 우주의 총법칙으로 추상화되었다. 철학 면에서 탄쓰퉁은 캉유웨이에 비해 더 높은 대표성을 가지고 있었다.

그러면 '통(通)'은 또 무엇인가? '통'의 주요한 내용의 하나는 사물의 평등한 소통·연계·일치·통일이다. 탄쓰퉁은 다방면의 예를 통해 사물의 이런 성질을 논증했다. 그는 세계가 고립·격절되어 있지 않으며, 표면적으로는 아무런 관계가 없는 듯한 사물도 모두 상관관계가 있음을 지적했다. "나는 멀다고 생각하지만, 이웃(鄰)에서 그것을 보면 그 이웃에 가깝다. 이 이웃은 멀다고 하지만 저 이웃에서 그것을 보면 그 이웃으로 변한다. 연결되어 이웃이 되고 이웃마다 끊이지 않으며 그것을 추론하면 무한에 이르고, 돌아서 다시 시작하면 전 지구의 형세가 형성된다." "지구의 이웃은 허공계까지 다할 수 있고, 격절되어 있지 않다." 탄쓰퉁은 모든 사물의 '상호소통'(相通), 즉 "서로 연결되어 흩어지지 않고…… 상호흡인하여 흩어지지 않음"을 강조했고, "이역도 한몸 같고…… 머리카락 한 올을 당겨도 온몸이 움직인다" 등을 강조했다. 만물은 단순한 동일성이 아닐 뿐만 아니라 떨어져 있는 다수도 아니며, 동일함 가운데 많음이 있고 많음 가운데 동일함이 있다. "달라지면 다시 같아지는 않지만 그 같음을 해치지 않고", "많아지면 다시 하나가 되지는 않지만 그 하나 됨을 해치지 않는다." 사물의 통일성에 관한 탄쓰퉁의 생각은 모든 사물의 상호제약과 상호영향에 대한 초보적인 인식을 모호하게 표현했다. 그는 이런 법칙성을 '인'(仁)이라 총칭했다.

물론 '머리카락 한 올을 당겨도 온몸이 움직인다'는 '상호소통'의 관념은 그 내용이 빈곤하고 공허하다. 왜냐하면 그는 각종 사물의 연계의 다양성과 복잡성을 구체적으로 이해하지 못했고, 당시 자신이 아는 역학 범위 내의 기계적인 외부연계를 가지고 세계의 복잡다단한 법칙을 개괄함으로써 기계적인 성격을 띠었기 때문이다.

그러나 탄쓰퉁은 정지된 채로 사물의 연계와 통일을 이해한 것이 아니라, 반대로 운동을 특별히 강조했다. 그는 운동 속에 모든 것이 존재하기도 하고 존재하지 않기도 하며, 물질이 시시각각으로 운동하고 변화하는 가운데 그 존재를 구현한다고 의식하기 시작했다. 사물의 연계와 통일도 사물의 운동과 변화 속에서 생산되고 존재하며 체현된다는 것이다. 운동의 끊이지 않는 지속성이 만물의 변화와 발전을 만들어낸다는 것이다.

……내가 오늘이라 하지만 오늘은 없다. 이것은 그 생성과 소멸이 그치지 않음을 말하는 것이다. 그치지 않으므로 오래되고, 오래되므로 그침이 없다. 그러므로 짧은 시간을 연결하면 영원해지고, 짧은 것을 늘리면 길어지며, 흩어진 것을 합치면 모아지고, 끊어진 것을 연결하면 영원해지며, 셈이 있는 것을 휘저으면 셀 수 없게 되고, 흔적이 있는 것에 도랑을 내면 흔적이 없어지며, 틈이 있는 것에 힘을 가하면 틈이 없어지고, 등급이 있는 것을 소통시키면 등급이 없어진다.

……살기로써 나를 위하면 나는 홀연 소멸되지만, 죽기로써 나를 위하면 나는 참으로 살게 된다. 나는 삶 속에 있다 할 수 있고, 또한

죽음 가운데 있다 할 수 있다. 그러므로 살지도 않고 죽지도 않은즉 이를 생멸(生滅)이라고 말한다. ……체모와 안색은 나날이 변하므로 아침에 일어나보면 매일 똑같지 않다. 골육친척들은 수십 년간 같이 살기 때문에 그 변이를 느끼지 못하지만 수십 년 전의 정경을 회고하면 완연히 다른 사람이다. 그러므로 하루하루 사는 것은 사실 하루하루 죽는 것이다. 하늘은 낳고 또 낳는다 하고, 타고난 성품은 보존하고 또 보존한다고 한다. 계속 이어서 운동하여 멈추지 않는다.

하늘의 운행은 조금도 어긋남이 없으며 스스로 움직인다. 하늘은 만물을 북돋우되 그 움직임을 북돋운다. 도와서 서로 길러주며 완성하되 하늘의 움직임을 받든다. 군자의 학문은 그 움직임을 영원토록 함이다. ……무릇 천하를 잘 다스리는 자는 어찌 이 도에 말미암지 않겠는가!

탄쓰퉁의 이런 운동적 관점은 바로 '천하를 다스림'도 반드시 '이러한 도, 즉 부단히 혁신하고 제도를 개변하는 것'에서 말미암아야 함을 지적하기 위해서였다. 아울러 이런 개변은 '틈이 있는 것에 힘을 가하면 틈이 없어지고 등급이 있는 것을 소통시키면 등급이 없어지는' 강제적 필연성을 띤 것이다.

그러므로 탄쓰퉁의 운동관과 변화관은 완전히 순환론적 범위에 정체되어 있었다[30]고 생각할 수 없다. 탄쓰퉁과 개량파는 발전에 대한 정확한 이해와는 거리가 멀었고 탄쓰퉁은 항상 '전도(顚倒)된 순환'과 '순환의 무단(無端)'에 대해 언급했지만, 세계와 모든 사물의 변화·발전을 강조한 것은 줄곧 개량파 변법유신의 중요한 이론적 기초였다. 변화를 인정했을 뿐만 아니라 발전을 긍정한 것은 캉유웨이의 '대동' 사상과

---

30) "발전관념에 대한 정확한 이해에 도달했다고 할 수 없다" —양정뎬, 「탄쓰퉁 사상 연구」.

공양삼세 학설, 탄쓰퉁의 사회 · 정치 주장의 역사진화론의 핵심이었다. 자연계에 관해 탄쓰퉁도 자신의 이해를 이렇게 서술한 적이 있다.

천지만물의 시초는 물 한 방울일 뿐이었다. 한 방울이 만 방울로 분화되어 쇠바늘을 녹이고 바람을 따라 돌다가 마침내 원체(圓體)를 이루었다. 태양은 다시 나뉘어 마침내 이 땅이 생겨났다. ……진펄이 번져 무럭무럭 증발하고 풀이 우거지며 벌레가 기어다니고 박테리아가 조금씩 생겨나 번식했으며 소라와 대합, 뱀과 거북이 점차 동물의 형태를 갖추었다. 동물의 진화가 원숭이에 이르러 인간이 몇 명 생겨났다. 인간의 총명함은 뒷사람이 앞사람보다 뛰어났다.

캉유웨이의 진화론 사상과 마찬가지로 19세기 자연과학의 지식이 준 영향을 볼 수 있다. 그러므로 운동과 발전의 관점에서 "탄쓰퉁이 18세기 프랑스 유물론자와 비슷하다"[31]는 평가는 부정확하다. 캉유웨이와 마찬가지로 탄쓰퉁은 기본적으로 자연과 사회를 영원히 운동 · 변화 · 발전하는 과정으로 간주했다. "지구의 운행은 고난에서 달콤함으로 나아갔다." "천하의 대세는 마치 하천이 터진 것과 같아 한번 가면 만고에 합해지지 않는다." 이는 『인학』의 수많은 언급의 최종적인 맺음말이다. '이태'(以太)*는 이른바 탄쓰퉁의 '생성 · 소멸하지 않음'의 운동 속에 존재하고, 만물은 '생성 · 소멸'의 운동과정에 존재하며, '이태의 생성 · 소멸하지 않음'은 만물의 '생성 · 소멸'을 만들고 만물의 '생성 · 소멸'은 천지의 '나날이 새로움'(日新)을 만든다. 천지의 '나날이 새로움'은 역사의 연속이자 진화이다. 작게는 '이태'에서 크게는 세계에 이르기까지 그들 존재가 '생성하지 않고 소멸하지 않음'은, 그들 존재가

31) 같은 글.
 * '이태'를 '에테르'로 번역하기도 하는데, 탄쓰퉁의 '이태'는 순물질 개념인 '에테르'와 다른, 반(半)물질적이고 반(半)정신적 개념이라 할 수 있다. 여기서는 '이태'를 탄쓰퉁의 독자적인 용어로 인정하여 그대로 사용했다.

부단하고 영원하게 '생성 · 소멸하지 않음'과 '생성 · 소멸함'의 운동변화와 발전과정 속에 존재하기 때문이다. 이 또한 사물의 총체적 법칙인 '인—통'의 기본내용이다.

운동변화의 기본관념과 긴밀하게 연계되어 탄쓰퉁은 개량과 가운데 독특하게 '모순대립의 타파'(破對待) 관점을 내놓았다. 탄쓰퉁은 현존 단계에서 사물의 모순과 차이의 영원성, 절대성을 부인하고, 모순과 차이의 상대적 성격을 더욱 강조했다. 또한 유무 · 선악 · 존망 · 생사 등 모순의 쌍방이 상호의존하고 상호전화함을 지적했다.

예를 들어, 질그릇을 실수로 깨뜨리면 그릇의 입장에서는 훼손이다. 그러나 질그릇은 흙으로 만든 것이다. 처음 질그릇을 만들면 질그릇 입장에서는 완성이지만 흙의 입장에서는 훼손이다. 그것이 깨지면 흙으로 돌아가는 것이다. 이는 질그릇 입장에서는 훼손이지만 흙의 입장에서는 완성이다.

예를 들어, 떡은 위에 들어가 소화되면 음식의 입장에서는 없어진다. 그러나 떡은 곡식으로 만든 것이다. 처음 곡식으로 떡을 만들면 떡의 입장에서는 존재하는 것이지만 곡식의 입장에서는 없어지는 것이다. 그것이 소화되면 배설되어 곡식으로 돌아가므로, 떡의 입장에서는 없어지지만 곡식의 입장에서는 존재한다.

이 논점은 사물의 연계와 통일에 대한 관점이 진일보하고 심화된 것임이 분명하다. 사물의 연계와 통일에서 그것들의 상호의존과 상호전화를 간파한 것이다. 이와 동시에 탄쓰퉁은 세인에 의해 불변으로 간주되는 '대'(大)와 '소'(小), '다'(多)와 '과'(寡), '진'(眞)과 '환'(幻), '용'(庸)과 '기'(奇) 등이 사람을 기만하는 '모순대립'에 지나지 않으며, 실제로는 상호의존 · 전화하고 동일성을 가진 것이라고 인식했다. 그것들은 운동변화의 과정에서 존재하고 또 소멸한다.

……무엇이 진실 아닌 환상이고, 무엇이 환상 아닌 진실인가? ……무엇이 평범하지 않은 기이한 것이고, 무엇이 기이하지 않은 평범한 것인가? ……이것들은 모두 기만이다. 그러나 서양인의 격치학(格致學)으로 그 답을 모두 밝힐 수 있다. 넘치면 줄이고, 미미하면 드러내며, 사라지면 있게 하고, 다하면 늘게 한다. 성광(聲光)이 비면 갈무리하여 채우고, 형질(形質)이 막히면 조사하여 뚫어줄 수 있다. ……이것이 있으면 저것이 있으니 어떤 것도 짝 없이 홀로 존재하지 않는다는 것은 묻지 않아도 알 수 있다. 이것이 모순대립 변별의 이론이다. 저것이 없으면 이것이 없고 이것은 저것이고 저것은 이것이다. 알 필요도 없고 알 수도 없다. 이것이 모순대립 타파의 이론이다.

탄쓰퉁의 "모순대립은 피차(彼此)에서 생긴다"는 철학관은 중요한 현실적 의미를 가지고 있다. 그것은 본질적으로 당시 봉건주의가 지닌 신성하고 영원한 존비(尊卑)와 장유(長幼)의 사회질서와 준칙에 대해 탄쓰퉁이 견결하게 부정하는 이론적 기초가 되었다. 탄쓰퉁은 '모순대립의 타파'에서 "모순대립이 없어야 평등해지고", "오직 인 한 가지일 뿐, 모든 모순대립의 언사는 마땅히 타파해야 한다"는 견해를 곧바로 도출했다. "모순대립이 없어진 연후에 평등해진다", "모순대립의 타파", 즉 기성(旣成)의, 고유한, 진부한 것을 따르는 모순과 규정을 타파함으로써 '인─통'의 총법칙을 실현하는 것이 탄쓰퉁이 우선적으로 중시하여 설명한 철학 관념이었다.

그러나 모순과 '모순대립'에 대한 탄쓰퉁의 견해는 유치한 직관일 뿐 그 속에는 거대한 오류가 포함되어 있다. 탄쓰퉁은 사물이 변이되어 일정하지 않음을 과도하게 강조했고, 대립면의 의존과 전화를 과도하게 강조했다. 더 나아가 그는 사물, 그 모순과 모순의 대립적 관계의 상대적 안정성을 완전히 부정하기 시작했고, 그들 존재의 필연성과 현실성을 부인하게 되었다. 그리하여 구체적 모순의 진실한 내용을 사상시켜 버렸다. 그는 모순과 '모순대립'이 일시적이고 변이적이며 불안정한 것일 뿐 진실한 본체가 아니고, 다만 허구적인 현상이자 인위적인 개념('명' 名)일 뿐이라고 모호하게 인식했다. 그리하여 '실'(實)은 '공'(空)이고 '공'은 '실'이며 이것은 저것이고 저것은 이것이며, '일(一)'과 다(多)는 서로 허용'하고 '삼세(三世)는 한때'가 된다. 사물과 모순존재의 상대성을 과장하고 '모순대립'을 허위라 여기며, 모순과 운동을 근본적으로 초탈하고 회피함으로써('큰 윤회'와 '작은 윤회'의 초탈을 요구) 영원한 실체를 탐구하고자 했다. 이는 개량주의자 탄쓰퉁 등이 현실의 모순을 대하는 데 취약성을 드러낸 것이다.

탄쓰퉁의 모순에 관한 최고인식은, 모순되는 두 세력의 충돌이 아마도 사물이 발생하고 운동하며 발전하게 하는 최종적인 근원일 것이라고 몽롱하게 의식하기 시작한 것이다.

나날이 새로워지는 것은 무엇에 근본을 두는가? 대답하기를, 이태의 동기일 뿐이다. 천둥을 보지 못했는가? 허공은 깊고 어두워 아무것도 없다가 홀연히 우레와 비가 서로 만나면 양극의 전기를 갖게 된다. 양극에는 양전기와 음전기가 있는데, 양과 음은 다르기도 하고 같기도 하다. 다르면 서로 공격하고 같으면 서로 취하여 달리고 무너지면서 요란한 소리를 낸다.

내가 천지만물의 시초를 말해보고자 한다. 깊고 아득하다가 문득 환해졌다가 없어진다. ……그러다가 이윽고 움직이는 기미가 생겨난다. 예를 들면, 구름처럼 둘둘이 만나면서 음극과 양극이 두 전기를 만들어내고, 두 전기는 다름과 같음이 있어 다름과 같음끼리 서로 공격하고 취하다가, ……있음이 생겨나게 되니, 어찌 다름과 같음이 공격하고 취하기만 할 뿐이겠는가!

그러나 이 관점은 그의 사상에서 전광처럼 번쩍했을 뿐 그것을 확정하고 발전시키지는 못했다. 그리하여 시작하자마자 '말하기 어렵다'고

해버린다. 탄쓰퉁은 여기서 한계에 이르렀다. 그가 강조한 것은 일반적인 운동 · 변화 · 발전이었지, 모순의 투쟁과 진화의 비약이 아니었다.

이상을 요약하면, '인—퉁'에 대한 탄쓰퉁의 사상에는 두 측면이 있다. 주요한 측면은 '통일', '일신'(日新), '모순대립의 타파'를 기본내용으로 하는 '인—퉁'의 변증법적 관념이다. 이 철학 관점의 현실적 연원은 그 시대의 자연과학과 사회의 급진적 변화가 그 이론에 반영된 것이다. 또한 그것의 현실적 의의는 '하늘이 변하지 않으므로 도(진리) 역시 변하지 않는다'(天不變道亦不變)고 하는 봉건제도의 구질서 · 구규칙 · 구기준에 대한 도전이자 부정이라는 점이었다. 탄쓰퉁은 이 이론관점을 준수했고 이어서 일련의 급진적인 사회적 · 정치적 주장을 내세웠다. 탄쓰퉁은 그 '정의' 속에서 이러한 철학 이론의 실제적인 의의, 그것과 사회적 · 정치적 관점('평등')의 밀접한 관계에 대해 다음과 같이 결론지어 말했다. "소통시키는 것은 평등하게 되는 것과 같다." "평등은 만물의 조화를 낳는데, 대수의 방정식이 그러하다." "평등이란 것은 하나에 도달함을 말한다. 하나가 되면 통하고 통하면 인(仁)이 된다."

다른 한편, 탄쓰퉁은 사물의 모순과 운동변화에 대해, 그리고 개념('명')과 실제('실')의 관계에 대해 진정한 변증법적 이해에 이르지 못했다. 이들 문제를 과학적 · 구체적으로 고찰하고 연구하지 못하고, 지나치게 주관적인 임의성을 띤 추상적 · 일반적인 논술에 그쳤기 때문에 상대주의적 궤변론의 함정에 빠져 헤어나지 못했다. 예를 들어, 탄쓰퉁은 사람들이 사용하는 개념('명')이 지닌 큰 신축성을 정확하게 간파했고, "대립면이 동일해지는 신축성에 도달"했다. 그러나 "이런 신축성에 주관적 운용—절충주의와 궤변—이 더해지면", "객관적 변증법에서는 상대성 속에 절대성이 있게 되지만, 주관주의와 궤변에서는 상대성은 상대성일 뿐이어서 절대성을 배척"[32]한다. 탄쓰퉁은 공교롭게도 후

---

32) 레닌, 『철학 수고』, 인민출판사, 1957년판, 87쪽, 362쪽.

자였다. 이런 주관주의가 탄쓰퉁을 절대적 회의론과 불가지론이라는 변두리로 이끌었다. 탄쓰퉁은 근대적 수리공식으로 시작했지만, 이런 혼란 때문에 주관적인 원시 변증법적 관념은 결국 비관적 색채를 띠게 되었다. 이에 대해서는 뒤에 탄쓰퉁의 인식론을 언급할 때 분명하게 볼 수 있을 것이다.

2. 유물론적 요소

사상의 변증법적 관념과 비교해보면 탄쓰퉁 철학 체계의 유물론은 훨씬 불명확하다. 이로 인해 여러 사람이[33] 탄쓰퉁의 철학을 철두철미한 주관적 관념론으로 치부했다. 탄쓰퉁의 철학에는 분명 관념론적 성분이 많이 있다. 탄쓰퉁 자신도 상당히 명백하게 자신의 철학 사상에 대해 관념론적으로 규정하고 해석한 적이 있다. 『인학』에서도 그는 분명 불학 유식론을 기초로 하는 관념론 체계를 자각적으로 세웠다.

그러나 총체적으로 볼 때, 이 미완의 철학 체계에는 여전히 유물론적 내용과 요소가 갖추어져 있었다. 이런 내용과 요소는 매우 중요하다. 이것들이 탄쓰퉁의 철학을 체계가 이미 갖추어진 장타이옌의 불학 관념론과 구별짓게 만든다. 그러므로 탄쓰퉁 철학 사상의 모순되고 복잡한 특색은 깊이 있게 고찰해야 한다. 그렇지 않으면 문제를 단순화시켜 일면만을 붙잡고 탄쓰퉁을 유물론자로 단순하게 묘사하거나, 마찬가지로 단순하게 그를 주관적 관념론자로 치부하게 될 것이다.

이렇게 서로 다른 견해를 야기하는 원인은 이론적으로 탄쓰퉁 철학의 주요한 두 가지 개념이자 술어인 '이태'와 '인', 그리고 양자의 관계에 대해 충분한 이해와 분석을 하지 못했기 때문이다. 예를 들어, 양정뎬과 양룽궈(楊榮國) 등은 '이태'가 물질이므로 유물론이라고 인식

---

33) 가장 이른 것으로 장위톈, 『광명일보』 「탄쓰퉁 철학 사상의 관념론적 성격을 논함」(論譚嗣同哲學思想的唯心主義性質), 1956. 5. 16이 있다.

33) 가장 이른 것으로 장위톈, 『광명일보』 「탄쓰퉁 철학 사상의 관념론적 성격을 논함」(論譚嗣同哲學思想的唯心主義性質), 1956. 5. 16이 있다.

342

했고, 장위톈(張玉田)과 쑨창장(孫長江) 등은 '이태'가 '심력'(心力)—의식(意識), 즉 '우리 인간의 주관의식에서 탈각할 수 없는 정신적인 개념'과 완전히 같다고 보아 주관적 관념론이라 생각했다. 탄쓰퉁이 유물론자라고 주장하든 관념론자라고 주장하든 모두 '이태'와 '인'을 완전히 하나의 동일한 개념으로 인식했다. "인은 이태이고 이태는 인이다."[34] "이태는 본질적으로 인이다."[35]

이런 관점은 최근의 여러 논저에서도 여전히 유행하고 있다. 그러나 실제로 이 양자는 탄쓰퉁 사상에서 구별된다. '이태'는 무슨 '정신적인 개념'이 아니라 기본적으로는 물질적인 관념이다. 그러나 그 속에는 관념론적 규정이 섞여 있다. 동시에 '이태'는 결코 '인'과 같지 않다. '이태'와 '인'의 두 개념에는 같은 점도 있고 다른 점도 있다. 양자의 관계는 자못 복잡하다. 이 두 개념의 관계에 탄쓰퉁 철학의 근본모순이 축소판식으로 반영되어 있다. '이태'를 '인'과 완전히 동등하게 보면 관념론에 접근하게 되고, 그 반대이면 유물론으로 나타난다. 요컨대 '이태'를 '인'과 완전히 동등하게 보아서도 안 되고, '이태'를 순수한 정신적 개념으로 인식해서도 안 된다. '이태'는 대단히 모순되고 복잡한 내용과 성격을 가지고 있다. 탄쓰퉁 본인이 그것에 대해 명백한 관념론적 규정을 내려 매우 짙은 정신적 색채를 띠었는데도, '이태'의 주요한 특징은 여전히 중국 근대철학사에서 물질적이거나 물질에 접근되어 있는 개념이다.

'인'은 앞서 지적한 대로, 자연과 사회의 각종 현상을 관찰·연구한 후 탄쓰퉁에 의해 승화되고 추상화된 우주의 총법칙이다. '이태'는 그 물적 근거이자 토대이고, '인'을 '소통시키는 도구'이다. "무릇 '인'은 이태의 작용이다. 천지만물은 이로부터 생겨나고 이로부터 소통된다." '인'의 실현은 반드시 '이태'의 존재를 빌려야만 가능하다. '이태'는

---

34) 양정뎬, 「탄쓰퉁 사상 연구」.
35) 장위톈, 「탄쓰퉁 철학 사상의 관념론적 성격을 논함」.

'인'의 '본체'이고 '인'은 '이태'의 '작용'이다. 탄쓰퉁은 "학자는 우선 '이태'의 본체와 작용을 잘 알아야만 더불어 '인'을 말할 수 있다"고 여겼다. 여기서 그가 양자 사이에 차별이 있다고 생각했음을 알 수 있다.

'이태―인'의 체용(體用)관계에 관한 탄쓰퉁의 사상은 '기'(器)가 '도'(道)를 결정한다는 초기 관점의 발전이자 심화라고 생각할 수 있다. 탄쓰퉁은 청일전쟁 후 '기'(객관 사물)와 '도'(법칙)에 관한 왕선산의 유물론적 학설을 준수하여 '기'와 '도'는 통일적 존재이고, '기'가 '도'를 규정하지만 '도'는 '기'를 규정하지 못함을 여러 번 강조했다. 그에게 '도'는 반드시 자신의 물적 기초를 가져야 한다. 관념론자가 본체라고 표방하는, 물질('기')을 초탈하는 '도'는 "모호하여 분간하기 어렵고", "공허하고 경계 없는 곳에 헛되이 걸려 있는…… 환상적인 것"에 지나지 않았다.

그러므로 도는 작용이고 기는 본체이다. 본체가 서야 작용이 행해지고 기가 존재해야 도가 망하지 않는다. 학자들이 깊이 살피지 않고 도를 본체라고 오인한 때부터 도는 모호하여 분간하기 어렵게 되었고, 마치 환상적인 것이 공허하고 경계 없는 곳에 헛되이 걸려 있는 것처럼 되었으니 이는 과연 무엇이란 말인가? 인간에게 어떤 보탬이 되고 세상에 어떤 구제가 있으며, 그것을 얻으면 무슨 이익이 있고 그것을 잃으면 무슨 손해가 있단 말인가? ……무릇 도가 기로부터 괴리되지 않음을 변별·분석해낸다면 천하가 기 됨 역시 크다. 기가 변하는데 도가 어찌 홀로 변하지 않을 수 있겠는가? 변하여도 여전히 기이고 여전히 도에서 벗어나지 않는다. 인간은 그 스스로 기를 버릴 수 없으니 도 역시 어찌 버릴 수 있겠는가?

탄쓰퉁은 '기'가 중국과 외국에서와 마찬가지로 보편성을 가지고 있으므로 '도' 역시 보편성을 가진다고 지적했다. '기'가 변화하므로

'도' 역시 그에 따라 변해야 한다. 그러므로 결론은 오늘날 중국은 현재 서양의 '도'를 취하여 학습해야 한다는 것이었다. 이는 일종의 소박한 유물론적 관점이다. 그것은 탄쓰퉁의 변법유신에 관한 정치적 주장의 철학적 근원이었다(탄쓰퉁 자신도 이렇게 말했음). 탄쓰퉁의 이 사상 (1894년)은 훗날(1897년) 『인학』 철학관의 선도(先導)가 되었고, 자기 모순적으로 스스로 구축하려 하던 관념론의 체계에 계속 보존되었다. 그러므로 장위톈 등이 생각한 것처럼, 탄쓰퉁의 이 사상이 "이곳저곳에서 발견되고 완정하지 않아 그 철학 체계에 넣을 수 없으며" 탄쓰퉁의 전체 사상발전과는 무관하게 우연히 드러나는 관점으로 치부할 수 없으며, 이것이 탄쓰퉁에 의해 이미 철저하게 버려지고 부정되었다[36]고도 할 수 없다. 실제로 '이태-인'의 관점은 '기-도' 사상이 전면적으로 발전한 것이었다. 전자는 후자에 비해 훨씬 혼잡하고 순수하지 않았지만 그만큼 풍부하고 다채로웠다.

어떤 '도'(법칙)이든 반드시 자신의 객관적인 물적 기초('기')를 가지고 있다. 그러면 우주만물의 근본법칙인 '인-통'의 기초이자 그것을 체현하는 도구와 실체는 무엇일까? 탄쓰퉁은 소통시키는 원인을 고심하여 탐구하고, 그 소통시키는 정신의 원인을 규명한 결과, 당시의 자연과학적 지식을 견강부회하여 그 기초를 몽롱하게 찾아 확정했다. 이것이 바로 '이태'이다.

모든 법계·허공계·중생계에는 지대한 것도 있고 지극히 미세한 것도 있는데, 서로 엉키지 않은 것이 없고 관통하여 조화롭지 않은 것이 없으며, 서로 교착하여 연계되지 않은 것이 없으니 하나의 물(物)로 충만하다. 눈으로 볼 수 없고 귀로 들을 수 없으며, 입과 코로 맛보고 냄새 맡을 수 없으므로 이름 지을 수 없는데, 그것을 '이태'라고 한다. 그것이 작용으로 드러난 것을 공자는 '인'이라고도 하고

---

36) 장더쥔, 「탄쓰퉁 사상 술평」.

'원'(元)이라고도 하며 '성'(性)이라고도 했다. 묵자는 '겸애'라고 했으며, 불가에서는 '성해'(性海)라고도 하고 '자비'라고도 했다. 기독교에서는 '영혼'이라고도 하고 '다른 사람을 자기처럼 사랑하라'고도 하며 '원수를 친구처럼 대하라'고도 했다. 과학자들은 '사랑의 힘', '흡인력'이라고 했다. 이는 모두 물(物)이다. 법계는 이로 말미암아 생기고 허공도 이로 말미암아 세워지며 중생도 이로 말미암아 나온다.

탄쓰퉁의 친한 친구이자 개량파 좌익의 또 다른 저명한 지도자인 탕차이창도 이와 비슷한 관점을 가지고 있었다.

지구를 만든 것은 하늘이고 인간을 만든 것도 하늘이며 하늘을 만든 것도 하늘이다. 땅의 하늘이 있고 인간의 하늘이 있으며 하늘의 하늘이 있다. 하늘은 박(薄)하지 않고 하늘의 하늘은 더욱 박하지 않다. 그런데 땅과 하늘은 통하고 사람과 하늘도 통하며 하늘과 하늘도 통한다. 하늘에는 하늘이 없고, (하늘이―옮긴이) 지구에 나누어 가지게 한 질(質)과 점(點)을 하늘이라 한다. 하늘에는 질과 점이 없고, 질점을 지구에 나누어 가지게 한 64개의 원질(화학의 64원소를 가리킴)과 선과 면을 이끌어내는 무수한 점이 천만억조의 은하수가 된다.[37]

당시 중국의 선진적 인사와 마찬가지로, 탄쓰퉁과 탕차이창 모두 서양 과학 지식의 열렬한 학습자였다. 탄쓰퉁은 이 기초 위에서 서양에서 갓 전래된 '화학 원소(원질)는 불멸하다'는 등의 과학 정의와 물리학 가운데에서 '이태'(에테르) 개념을 빌려 견강부회함으로써 자신의 철학체계를 건립했다. 우주를 가득 채워 무소부재(無所不在)하며 증가하

---

37) 『각전명제 내언』(覺顚冥齋內言) 「질점이 배합되어 만물을 형성하는 것에 관해」 (質點配成萬物說). 여기서의 '하늘'은 대략 탄쓰퉁의 '인'에 해당하고 '질점'은 탄쓰퉁의 '이태'에 해당한다.

지도 감소하지도 않고 생성·소멸하지 않는 '이태'가 '인'의 기초임을 논증했다.

'이태' 개념은 확실히 두 가지 내용을 가지고 있다. 그런데 우선 탄쓰 퉁은 '이태'가 인류의 주관적 의식에 의존하지 않고 독립적으로 존재하는 객관적 물질 그 자체이며, 모든 물질이 더 이상 나뉠 수 없는 최종적인 분자라고 규정했다.

……임의로 어떤 질점의 작은 부분을 무에 이르도록 해부하여 그것이 어떤 물질로 응결되었는지를 살펴보라. 이태일 뿐이다. ……물한 방울 속에도 천만 마리의 미생물이 있지 않은 것이 없고 더더욱적어 무에 가깝게 적더라도 그중에는 미생물이 없는 것이 없고 공기속에도 부유하고 있다. 그러므로 오직 이태일 뿐이라고 말한다.

탕차이창도 이렇게 말했다.

원질은 오직 하나의 질로 되어 있어, 한번 이루어지면 바뀌지 않고 다른 질의 섞임도 없고 다른 공용(功用)도 없다. 64원소가 배합되어 세계만물을 형성한다.[38]

탄쓰퉁과 탕차이창의 견해에는 약간의 차이가 있지만 주의해야 할 것은 중요한 공통점이다. 그들은 '무질'(無質) 또는 '이태' 등의 자연과학적 물질개념을 사용하여 우선 그것들을 일종의 물질적인 것으로 간주했고, 어떤 목적이나 의식 또는 인격 등의 신비한 성격을 가지게 하지 않았다. 그것들은 '배합되어 만물을 형성하는 것' 외에 '다른 기능이 없고' 순수한 기계적 전파와 매개 등의 물질작용만 가질 뿐이었다.

---

38) 같은 글.

열은 공기의 이태 속에서 영원히 팽창되어 사방으로 나가고자 한다. ……이태는 그것에 의해 팽창되고 순서에 따라 그것을 전달하는데, ……이것이 이른바 빛이다. 소리와 빛은 비록 체(體)가 없지만 그것이 의지하는 기(氣)를 체로 삼아 빛이 될 따름이다. 그것이 움직이면 기는 빛에 의해 빛나고 흐름으로 발사된다.[39]

인류와 만물의 각종 복잡다양한 '성질과 성정'은 결코 '질점'이나 '이태'에 이미 갖추어진 것이 아니라, 단지 '질점'이나 '이태'의 번잡하고도 다른 여러 가지 배합과 구성에 의해 발생된다.

저 동식물의 다른 성(性)은 자성(自性)인가 아니면 질점의 위치와 분리·조합이 다를 뿐인가? 질점은 73종의 원질(화학 원소를 가리킴)을 벗어나지 않는다. 어떤 원질과 어떤 원질이 화합되면 어떤 물질의 성을 구성하고 해부하여 다른 원질과 화합시키거나 어떤 원질을 증가시키거나 감소시키면 또 다른 물질의 성을 이룬다. 즉 동소(同素) 원질을 화합할 때 많고 적음, 주부(主副)가 조금 달라도 다른 물질의 성이 된다. ……향기로움과 냄새남은 판연히 다른 성을 가지고 있는 것 같지만, 향기로움과 냄새남을 이루는 원인을 살펴보면 질점의 배열에 조금 차이가 날 뿐이다. ……법칙에 의해 그 질점의 집합을 변경시키면 향기로움과 냄새남을 서로 바꿀 수 있다.

'이태'의 존재는 만물이 '성'(性)을 가지게 되는 원인이지만 '이태' 자체는 어떤 선험적이고 기묘한 '성'을 가지고 있지 않다. '성은 이태의 작용'이므로 '이태를 성이라 하는 것은 가하지만 성이 없다고 해도 가하다.'

'이태' 또는 '질점'은 시작도 끝도 없고 생성하지도 소멸하지도 않는

---

39) 『석국영려필지』.

다. 이는 탄쓰퉁의 '이태' 관념의 근본적인 내용의 하나이다. 이는 분명 당시 화학 원소('원질')에 관한 자연과학 지식(당시에는 아직 원소가 변환함을 알지 못했음)의 영향을 받아 형성된 관점이었다. 사물의 생성과 소멸, 존재와 멸망, 이룸과 이지러짐, 분리와 결합은 어떤 원소도 없애거나 창조할 수 없고 모두 이 원소들의 분리·결합·조정 등에 불과할 뿐이며, 화학 원소('원질')도 그러하고 '이태'('원질의 근원')도 그러하다. 그러므로 탄쓰퉁은 "그러나 원질에는 73원소의 다름이 있는데, 원질의 근원에 이르면 하나의 이태일 뿐이다. 하나이므로 생성하지 않고 소멸하지 않는다", "생성하지 않고 소멸하지 않음이 인의 체"라고 여러 번 강조했다. 탄쓰퉁은 만물이 변화하고 생성·소멸하는데도 그 최후의 '원질'과 '이태'는 생성·소멸하지 않음을 지적했다.

생성·소멸하지 않음은 그 증거가 있는가? 눈에 보이는 모든 것이 그것이다. 예를 들어, 앞에서 말한 화학의 모든 원리를 끝까지 궁구해보면, 몇 개의 원질을 분석하는 것과 몇 개의 원질을 병합하는 것에 지나지 않는다. ……어찌 하나의 원질을 없애고 별도로 하나의 원질을 창조할 수 있겠는가! ……본래 생성·소멸하지 않거늘 어떻게 생성·소멸시키겠는가? 비유하자면, 물에 열을 가하면 점차 물이 마르는데, 이는 물이 소멸되는 것이 아니라 수소와 산소로 변화하는 것이다.

탕차이창도 "어떤 질(質)도 소멸시켜 무로 만들 수 없고, ……그것을 이끌어 유(有)로 만들 수도 없다"고 했다. 동시에 앞에서 지적한 것처럼, 탄쓰퉁은 '이태'의 '생성·소멸하지 않음'은 영원히 '이태' 자체의 운동과정 속에서만 존재하고 체현될 수 있을 뿐이라고 인식했다. 탄쓰퉁은 그것을 '미생멸'(微生滅: 생성·소멸하지 않음)이라 일컬었다.

생성·소멸하지 않음은 어디에서 나오는가? 미생멸에서 나온다.

이것은 부처가 말한 보살 지위의 미생멸이 아니라, 이태 속에 스스로 가지고 있는 미생멸이다.

생성 · 소멸하지 않음에서 이루어지므로 미생멸이 된다.

'미생멸은 어디에서 시원하는가?' 앞서 지적한 것처럼, 탄쓰퉁은 두 가지 동기, 즉 모순의 충돌에서 일어난다고 애매하게 의식했다.

'이태' 존재의 영원성과 '이태' 운동의 불가분성에 관한 탄쓰퉁의 관점은 중요한 의미를 가지고 있다. 물질 자체를 영원히 활동하는 분자라고 간주해야만 자연에 대한 이해에서 유신론(有神論) 또는 "최초의 일격", "비물질적인 것이 그것을 추동"한다는 식의 오류를 피하게 할 수 있다. "만약 우리가 자연을 생명이 없고 특성이 없으며 순수하게 피동적인 질료 덩어리로 이해한다면 우리는 부득이 자연 밖에서 운동의 원칙을 찾을 것임은 의심의 여지가 없다."[40] 활발하고 내재적인 생명이나 운동의 원천을 갖춘 우주의 기본단위와 여기서 생겨나 운동 · 변화 · 발전하는 전체 우주는, 탄쓰퉁이라는 신흥 부르주아 계급의 대변인이 최초로 내놓은 새로운 철학 이데올로기 또는 세계관이었다.

탄쓰퉁의 '생성 · 소멸하지 않는 이태' 의 관점은 바로 세계의 통일성과 법칙성에 대한 인식의 근본이었다. 최후의 단위가 능히 생성 · 소멸─무에서 유가 생기고 유에서 무로 변화─할 수 있다면 전체 세계의 존재, 그 통일성과 법칙성도 이해하기 어렵다.

바로 이런 '이태' 의 기초 위에 탄쓰퉁은 자신의 자연관을 구축했다. 탄쓰퉁은 『인학』에서 시작부터 자신이 인식한 광대무변하고 궁구할 수 없으며 시작도 끝도 없으면서도 끊임없이 운동 · 진화하는 우주를 묘사했다. 그는 그것을 '대천(大千)세계' · '화장(華藏)세계' · '세계해

---

40) 포이어바흐. 플레하노프, 『유물사관 논총』, 인민출판사, 1953년, 2~3쪽에서 재인용.

(海)'·'세계종(種)'이라 일컬었다.

……지구는 달을 거느리고, 금성·수성·화성·목성·토성·천왕성·해왕성과 함께 8행성이 된다. 또 무수한 소행성과 무수한 혜성이 있어 서로 끌어당겨 흩어지지 않는다. 또 금성과 수성 등 여러 행성은 각각 공전하는 달을 가지고 있어 서로 끌어당겨 흩어지지 않는다. 8행성과 그것을 도는 달과 소행성과 혜성은 태양의 주위를 빠르게 회전하여 서로 끌어당겨 흩어지지 않고 한 세계(태양계―옮긴이)가 된다. 이 한 세계의 태양은 행성과 달을 거느리고 상위 항성의 주위를 빠르게 회전하며, 갠지스 강의 모래만큼이나 많아 셀 수 없는 은하수의 성단(星團)을 이루고, 서로 끌어당겨 흩어지지 않아 하나의 대천세계가 된다. 이 대천세계의 앙성(태양의 위에 존재하는 별―옮긴이)에는 태양과 행성과 달, 그리고 은하수의 성단을 거느리고 또 주위를 빨리 회전하는 것이 있으며, 셀 수 없는 각 성단·성림(星林)·성운(星雲)·성기(星氣)가 서로 끌어당겨 흩어지지 않아 하나의 세계해가 된다. 셀 수 없는 세계해는 하나의 세계성(性)이다. 셀 수 없는 세계성은 하나의 세계종(種)이고 셀 수 없는 세계종은 하나의 화장세계가 된다. 화장세계 이상은 비로소 일원(一元)이 되기에 충분하다. 원(元)의 수는 셀 수 없는 것을 세는 것으로 마침내 끝이 없다.

여기서 캉유웨이와 마찬가지로, 탄쓰퉁은 자연과 자연의 통일적 법칙성의 객관적 물질존재를 의심하지 않았을 뿐만 아니라, 자연과 그 법칙성은 결코 무슨 혼령·귀신이나 모종의 비물질적인 신비한 힘이 자연 밖에서 창조하고 주재하는 것이 아니라고 인식했다. 그와 반대로, 존재의 원인은 자기자신에게 있고 운동에도 내재적 필연성이 있다고 인식했다. "비록 천지와 귀신이라 하더라도 어떻게 할 수 없다." 여기서 탄쓰퉁의 기본경향은 사물의 생성·소멸·변화가 가장 근본적인 물질인 '이태'의 운동을 궁극적인 기초로 삼아, 멈추지 않고 끊어지지 않으면서 빠르게 진행되는 '이태' 자신의 운동과 전환 속에 있다고 인식했음을 알 수 있다. '이태'는 끊이지 않는 운동 속에 놓여 있고, 만물은 생성·소멸·변화 중이며, 천지는 '나날이 새로워지는' 과정에 놓여 있고, 전체 세계는 이렇게 생성·소멸하지 않는 상태로 영원히 존재·발전하고 있다. 이것이 바로 탄쓰퉁이 주장하는 '이태'설의 자연관이다. 캉유웨이와 마찬가지로 탄쓰퉁도 역사의 발전과 진화를 강조했다. 그는 이 모든 것을 '이태'의 기초 위에 세웠으며, 캉유웨이보다 더욱 풍부한 철학적 사변을 지닌 의미를 가지고 논했다.

캉유웨이와 마찬가지로, 탄쓰퉁의 이런 유물론적 자연관은 당시 서양에서 전래된 자연과학 지식의 직접적 도움과 영향을 받아 형성된 것이 분명하다. 그것의 의의는 당시 봉건주의의 반(反)과학적 세계관과 첨예하게 대립하고 투쟁한 점에 있다. 이 점은 홀시할 수 없다. 탄쓰퉁이 칠흑 같은 주관적 관념론을 가졌다고 말하는 것은, 대개는 위에서 말한 자연관의 과학적 경향이 지닌 역사적 위치와 의의를 무시한 것이다. 당시 봉건적 반동지배 계급의 관념론자는 과학을 극력 반대하여 과학을 '절대 믿을 수 없는 이단과 사설'이라고 질책했다. "서양인들은 태양이 움직이지 않고 8개의 행성이 그것을 돈다고 하는데 ……이는 아마도 서양인들이 하늘을 중심으로 삼고 땅을 억눌러서 하늘과 짝이 되지 못하게 하려 하기 때문일 것이다. ……그 속마음을 살펴보면 천지의 규모와 일월의 밝음, 군신·부자·부부의 삼강을 깨뜨리려는 것일 뿐이다. 오늘날의 학자들이 왜 『상서』(尚書)를 버리고 그들의 견해를 믿는지 모르겠다."[41]

탄쓰퉁의 자연관은 바로 이처럼 우매하고 반동적이면서도 유구한 전통과 거대한 역량을 가지고 있던 봉건주의 관념론과 비교하여 그것이 당시에 일으킨 철학적 역할을 평가해야 한다. 탄쓰퉁이 30세 전후

---

41) 쩡롄, 『참암집』「서양인의 천문학(西人天算)·역상(歷象)」.

에 『인학』을 쓰기 전, 당시 유행하던 봉건주의의 신비하고도 전통적인 여러 가지 관념론에 대해 비판하고 반대한 것도 이 각도에서 평가해야 한다.

석가모니의 말류(末流)는 천지를 소멸·분열시키고 모든 성광(聲光)의 환상을 동등하게 봄으로써 이른바 공적(空寂)*에 부합하기를 구했다. 이는 스스로를 천지로부터 단절했을 뿐만 아니라 성광이 있음을 알지 못하게 했다. 무릇 천지는 환상이 아니며 성광도 지극한 실체이다. 성광은 비록 체는 없지만 그것이 의지하는 기를 그 체로 삼는다.[42]

무릇 호연지기는 특별한 기운을 가지고 있는 것이 아니라 코로 호흡하는 기이다. 이기(理氣)의 기도 이 기이고, 혈기(血氣)의 기도 이 기이며, 성현과 평범한 무리도 모두 이 기를 호흡한다.

그러면 이른바 하늘이라는 것은 어디에 존재하는가? 대답하기를, 하늘에는 형질이 없지만 존재하지 않는 곳이 없다. 거칠게 말하면 지구·해·달·별 이외는 모두 하늘이다. ……이것은 기로써 말하는 것이다. 거칠게 말하면 지구·해·달·별과 그것에 부속된 만물 속에 하늘이 존재하지 않는 것이 없다. ……후인들이 하늘과 땅을 둘로 잘못 나눈 후부터 그 해석이 모호해졌다. 무릇 땅은 하늘 속에 있고 하늘도 땅 속에 있다.[43]

탄쓰퉁은 객관세계의 실재성을 지적했고, 물질('땅'·'기')을 초탈하여 독립적으로 존재하는 법칙과 진리규범의 본체('하늘'·'이')를

---

* 불교용어. 만물이 모두 실체가 없고 상주하는 것이 없는 상태.
42) 『석국영려필지』「사편」. 나중에 '이태'는 '기'(氣)를 대신했고 성광은 더 이상 '기'를 체로 삼지 않고 '이태'를 체로 삼게 된다.
43) 같은 글.

부정했다. 이는 바로 탄쓰퉁이 '기'(器)에서 이탈한 '도'를 부정한 것과 마찬가지로, 당시 뿌리 깊던 전통적 봉건주의 관념론 사상을 반박한 것이었다.

탄쓰퉁은 중국 봉건사회에서 오랜 세월 상당히 광범하게 유행하던 '수'(數: 점치는 것을 가리킴)를 가지고 노는 신비주의 사상을 조소하고 부정했다.

중국은 종종 허망한 것으로 어지럽게 한다. 셈을 논하는 자는 기어이 하도(河圖)*와 낙서(洛書)**까지 근본을 따져 들어가 가감승제(加減乘除)의 출처로 삼았다. 임의로 2개의 숫자를 뽑아도 더하고 빼고 곱하고 나눌 수 있는데 왜 하필 하도와 낙서를 근본으로 삼는지 모르겠다. 무릇 하도와 낙서는 정말 어떤 것인지 해석할 수가 없다. 태극도, 선천(先天)도, 참위(讖緯)서, 오행, 효진(爻辰), 봉기(封氣), 납갑(納甲), 납음(納音), 풍각(風角), 임돈(壬遁), 감여(堪輿)***, 성명(星命), 복상(卜相), 점험(占驗) 등 모든 신괴(神怪)한 것과 함께하려면 똑같이 허망해질 뿐이다. 반드시 서양인들처럼 각종 허망함을 싹 쓸어버려야만 비로소 정확한 실체에 이를 수 있다. 산술가(算術家)들은 황종(黃鍾)****이 만사의 근본이라고 말하는데 이는 가소로운 일이다. 황종은 하나의 율통(律筒)일 뿐인데 어떻게 만사의 근본이 될 수 있는가?

이(理)와 수는 두 가지이지만 사실은 한 가지이다. ……수를 아는 것은 이를 아는 것일 뿐, 수가 따로 말할 수 있는 것은 없다. 수를 잘

---

* 옛날 중국 복희씨 때 황하에서 나온 용마(龍馬)의 등에 나타나 있었다는 55개의 점.
** 옛날 중국 하나라의 우왕이 홍수를 다스릴 때 낙수(洛水)에서 나온 거북의 등에 있었다는 아홉 개의 무늬.
*** 감은 높은 곳, 여는 낮은 곳을 가리킴. 즉 풍수(風水).
**** 고대 타악기의 하나로 악률(樂律) 12율의 첫번째 율이다.

논하지 못하면서 전적으로 수에 맡기면 수는 비로소 이와 갈라진다. ……사오쯔유(邵子囿)가 수를 도로 삼은 때부터 수는 비로소 천하에 의해 현혹되었다. ……그러나 오행을 견강부회하고 팔괘를 나열·대비하면서 아직 정해지지 않은 천명을 듣는다고 하는 것에 지나지 않는다. 일단 계기를 만나면 드디어 부신(符信)과 같아진다. 요컨대 이렇게 된 원인을 아무도 알 수 없다. ……그러므로 수명과 장례의 별점 등 여러 가지 점술이 볼 만한 것이 있다 하더라도 그것은 근본을 알지 못하는 것이므로 군자는 반드시 그것을 멀리하고 하지 말아야 한다.[44]

봉건적 관념론은 '수'를 신비화하고, '수'를 '이'(객관사물의 법칙)의 추상적 반영방식의 일종으로 인식하지 않았다. 또한 '수'가 어떻게 '이'를 표현하는가를 연구하지 않고, '수'를 본체라고 인식하여 그 속에 모든 '이'를 선험적으로 갖고 있다고 인식했다. 또한 '수'에서 모든 사물의 법칙을 직접 추산해내려고 기도했다. 미신을 반대하고 과학을 믿는 탄쓰퉁의 이런 사상은 모두 그의 유물론적 요소와 경향으로 간주해야 한다. 이 요소와 경향들은 '이태'를 기초로 하는 『인학』의 유물론적 자연관, 진화론과 연결되고 일치된다.

일반적으로, 이들 분산된 관점은 본래 별 커다란 의의가 없으므로 무슨 대단한 철학 사상으로 간주할 수 없다. 그 의의는 단지 당시의 선진적 인사가 과학을 수용하는 시대정신을 표현했다는 점, 탄쓰퉁 철학사상의 발전과정에서 일정한 지위를 차지했다는 점에 있을 뿐이다. 그것들은 이른바 탄쓰퉁이 불학을 수용하기 전의 이른바 "서학에 지나치게 아첨"[45]하던 시기의 사상인데도 훗날의 사상과 아무 관계가 없는 것은 아니었다. 『인학』의 '이태'에 관한 관점을 이들 관점과 완전히 단절하고 분리할[46] 수는 없다. 그것들을 단절하고 분리하는 수많은 논

---

44) 『단서』(短書).
45) 량치차오, 『탄쓰퉁전』.
46) 장더쥔, 「탄쓰퉁 사상 술평」.

저도 그 이유를 정면으로 논증하지 않고 있다. 사실은, 탄쓰퉁이 『인학』을 쓰기 전후 양원후이 등에게 깊은 영향을 받고 불학 유식론을 기초로 하는 관념론 체계를 구축하려 힘쓸 때, 몇 년 전에 가진 이들 소박한 유물론적 관점과 견해는 그 체계와 서로 모순을 일으켰다(이전의 반反불과 현재의 존불 등). 그런데도 그는 이들을 결코 완전히 타기(唾棄)하지는 않았다. 그와 반대로 자신의 철학 사상에 수용하여 섞어버렸다. 그가 '이태'의 개념을 제출한 원인, '하학' (下學: 서학을 가리킴)을 '상달' ('교무' 敎務: 종교를 가리킴)의 기초로 삼은 원인, 자연과학적 지식관을 견지한 원인, 그의 불학이 결코 완전히 서학을 해소하거나 취소하지 못한 원인, '인'과 '심력'이 결코 '이태'를 완전히 대체하지 못한 원인 등이 바로 이 점을 말해준다. 이는 또한 그의 『인학』이 미성숙하고 미완성된 체계이며 아직 구축과정에 있어서 모순과 혼란으로 가득함을 말해준다. 이런 혼란을 질책[47]하거나 인위적으로 그것을 미봉하고 보충하는 것은 모두 쓸데없는 일이다. 그것은 자기나름의 역사적 의의와 원인을 가지고 있다. 『인학』의 '이태'라는 개념이 바로 그러하다. 여러 해에 걸친 쟁론이 있었기 때문에, 아래에서는 탄쓰퉁 철학의 핵심인 '이태' 개념에 대해 중복을 마다하지 않고 다시 분석해보고자 한다.

예를 들어, 어떤 사람은 탄쓰퉁의 관념론이 다음과 같은 점에 있다고 생각했다. 탄쓰퉁은 성(聲)·광(光)·전(電)이 자기 스스로는 설명할 수 없어서 반드시 근본적인 것, 즉 '이태'를 찾아 그것을 원인으로 삼는다고 생각했다. 그들은 성·광·전의 밖에서 다시 무슨 '이태'를 주장하는 것은 옳지 않으며, 근본적으로는 성·광·전 등 현상의 공통적인 기초와 원인이 무엇인가 하는 문제를 제기해서는 안 된다고 했다. 광은 광랑(光浪: 광파)이고 전은 전랑(電浪: 전파)이지, 그들 존재의 공통된 본질과 원인이 결국 무엇인가를 고민하고 연구하는 것은 '객관적인 물

---

47) 탄쓰퉁을 유물론자 또는 관념론자라고 주장하는 사람들은 이런 혼란을 질책한다.

질세계 자체를 이탈하여 해석을 추구하는' 관념론이라는 것이다.

　사실 나는 탄쓰퉁이 드러낸 그런 사상과 그가 제출한 이 문제가 오히려 철학가로서의 그의 특색을 제대로 드러냈다고 생각한다. 왜냐하면 그는 세계와 모든 사물의 존재와 원인에 대해 표면적이고 현상적인 번다한 해석을 가하는 것에 만족하지 않았다. 그 번잡한 현상의 근본적 본질과 통일적 원인이 무엇인지에 대해 끝까지 사고하고 탐구했기 때문이다. '광랑', '전랑', '성랑'(聲浪: 음파)이 그를 만족시키지 못한 것은 바로 이것들이 일종의 형태이자 현상일 뿐이고 그 본체의 존재는 해석을 필요로 한다고 여겼기 때문이다. "격동하는 것은 어떤 물체인가?" "견인하는 것은 어떤 물체인가?" "어떻게 기록할 수 있는 수(數)가 될 수 있는가?" 성광전화(聲光電化) 법칙의 현상과 존재의 이면에는 하나의 공통된 기초나 원인이 있는가? 그것은 하나의 통일된 본체 또는 본질인가? 탄쓰퉁은 여기서 세계의 통일성, 세계의 실체와 본질 등 철학적 문제를 건드려 고민하고 연구했음이 분명하다. 당시 탄쓰퉁이 알고 있던, 자연과학의 성·광·전에 대한 과학적 해석의 모호함[48]은 철학적으로 그 통일성과 실체의 문제를 탐구하도록 탄쓰퉁을 조장하고 자극했다.

　탄쓰퉁이 단순한 자연과학 지식의 선전가에 그치지 않고 철학가의 면모를 가질 수 있던 원인도 바로 그의 이런 탐구정신과 그 과정에서 '이태'를 세계의 본체로 보는 철학 관점을 내놓은 점에 있다. 그는 '이태'를 기초로 삼아 자신의 통일적 우주관을 주장했다. 본래 다양한 물질현상에서 통일된 세계의 본체와 본질을 추구하려는 것은 일반 철학자(유물론이든 관념론이든)가 고민하고 연구하는 과제이다. '이'를 이용해도 좋고 '기'(氣)를 이용해도 좋으며, '이념'을 이용해도 좋고 '원자'를 이용해도 좋다. '정신'을 이용해도 좋고 '물질'을 이용해도 좋다.

---

48) 전자학설과 광립파 이중설이 아직 출현하지 않았기에 '광랑'과 '전랑'이 도대체 어떤 것인지는 아직 모호했다.

고금동서의 철학가들 가운데 세계의 물질과 현상에 대해 통일된 본체론의 철학 개념을 찾아 그것을 근본적으로 설명하지 않은 사람은 없었다. 그러므로 이런 개념을 주장한 것이 바로 '객관사물의 본질에서 벗어나 해석을 찾는' 관념론이라 말할 수는 없다.

문제는 탄쓰퉁이 철학 본체론의 '이태' 개념을 주장해야 했는가의 여부에 있지 않고, 이런 '이태' 개념이 도대체 어떤 특징을 가지며 어떤 내용을 가지느냐에 있다. 바로 여기서 가장 복잡한 문제에 직면하게 된다. '이태'는 모순으로 가득한 모호한 개념이기 때문에, 다시 말해 이 개념은 '원자'처럼 철저한 물질적인 개념이 아닐 뿐 아니라 '이념'처럼 순수한 정신적인 개념도 아니기 때문에 쟁론이 발생한다. 중요한 것은 어떤 일면만을 붙잡아 주장해서는 안 된다는 점이다.

우선, 앞서 말한 것처럼 '이태'는 근본적으로 탄쓰퉁에 의해 일종의 물질적 미립자 비슷한 것으로 규정되었다.[49) 많은 곳에서 탄쓰퉁은 '이태'를 소박한 물질성으로 묘사하고 설명했다. 주목해야 할 것은 '이태'가 당시 자연과학에서 존재하지 않는 곳이 없고 형체도 없고 성(性)도 없으면서 만물에 관통되어 있고, 광전 전파의 원인이자 매개이며 대단히 미세한 물질로 인식되었다는 점이다. 탄쓰퉁이 다른 정신적 개념을 고려하지 않고 이 자연과학적인 물질개념을 취해서 사용한 것은 우연이 아니었다. 캉유웨이·탕차이창 등 당시 수많은 선진적 사상가와 같은 유형의 체계에 속한 탄쓰퉁의 철학도 바로 중국 전통철학의 근대적 종결임을 알아야 한다. 그들의 특징은 '기'(氣), '기'(器) 등 전통관념과 사상을 계승하되, 이들 진부한 철학 범주에 그들이 당시 수용한 근대 자연과학의 내용을 견강부회식으로 메우면서 고친 점에 있다.

그들은 당시 자연과학적 지식을 최대한 이용하여 세계를 전(電)·질

---

49) "임의로 어떤 질점의 작은 부분을 무에 이르도록 해부하여 그것이 어떤 물질로 응결되었는지를 살펴보라. '이태'일 뿐이다. ……더욱 작고 무에 가깝게 작더라도 그중에는 미생물이 없는 것이 없으며, 공기 속에도 부유하고 있다. 오직 '이태'일 뿐이다."

점(質點)·원소·'이태' 등으로 설명하고 결론 지었다. 그들이 전(電), '이태' 등에 대해 신비로운 관념론적 견해를 가지고 있었음에도 그 주요한 시대적·역사적 의의는 여전히 다음과 같은 점에 있다. 그들은 자연과학의 세례를 열성적으로 수용했고, 당시 자연과학의 세계에 대한 유물론적·과학적 해석을 선택하고 채용함으로써 자신의 세계관과 본체론 개념의 근거를 마련했다. 이런 총체적인 사조경향과 시대적인 특색을 경시하거나 부인하고 일면적으로 그들이 사용한 개념— '이태'·'질점'·'전' 등—에 부가된 비과학적·관념론적인 성분을 강조하는 것은, 당시 시대정신의 의의가 가진 가치를 정확하게 평가하기 어렵게 한다. 전체 시대사조의 특색에서 이탈하여 모순이 가득한 철학 체계 자체만을 논한다면 그 진실한 내용과 역사적 가치를 규명하기 어렵다. 『인학』만 가지고 『인학』을 담론하는 것은 불충분하다.

그 다음으로, 탄쓰퉁의 '이태'는 플라톤과 헤겔의 '이념' 또는 정주(정이·정호 형제와 주희)의 '이'(理)와 같지 않다. 그것은 객관적인 물질세계를 벗어나거나 초월한 어떤 실체적 존재가 아니다. 탄쓰퉁 스스로 명백하게 말했다. "'이태'는 형태가 없지만 만물이 의지하는 바이고, 마음이 없지만 온갖 마음이 느끼는 바이다." 다시 말해 '이태'는 결코 만물과 만심(萬心)의 밖에 존재하지 않으며 만물과 만심 속에 존재할 따름이다. '이태'는 결코 만물을 초월하여 독립적으로 존재하는 '형'(形)과 '심'(心)을 가지고 있지 않다. 탄쓰퉁이 '이태'에 대한 총체적 묘사에서 강조한 것은 '이태'는 만물과 나뉠 수 없으며, 만물에 존재하면서 운동·변화하는 것이었다. 그것은 '이' 또는 '이념'처럼 세계를 벗어난, 실재적이거나 논리적인 선험적 존재라는 그런 규정이 없다. '이태'와 세계의 관계는 탄쓰퉁에게 논리적 연역 또는 반조(反照)가 아니라— '이' 또는 '이념'과 물질세계의 관계처럼—물질세계를 구성하는 대단히 정미한 '원질의 근원'인 미립자일 뿐이다. 그러므로 '이태'가 정신성의 '이념'에 접근했다기보다는 물질성의 '원자'에 더 접근했다고 말하는 것이 옳다. 이 모든 것은 '이태' 개념의 한 측면이다.

그러나 '이태' 개념은 분명 또 다른 측면을 가지고 있다. 탄쓰퉁이 선택한 이 과학 개념 자체가 모호했기 때문에, 탄쓰퉁은 그것에 신비한 색채를 짙게 띠게 했으며 그것으로 관념론과 타협하게 했다. 우선 탄쓰퉁은, '이태'가 인류의 감각기관에 의해 감지될 수 없으며(이른바 "눈으로 볼 수 없고 귀로 들을 수 없다"), 그것이 언급할 만한 '형체와 성질이 없고' 형체와 성질에 명확한 감정 규정성이 결여되어 있다고 강조했다. 이 때문에 '이태'의 객관적 존재에 지극히 추상적인 성격을 띠게 했고, 그 물질성에 충분한 내용이 결핍되게 만들었다. 더욱 중요한 것은, 탄쓰퉁이 세계와 사물의 법칙적인 존재와 발전이라는 복잡하고도 많은 구체적인 물질적 원인과 근거를 이해하지 못했기 때문에, 이 모든 만사와 만물이 '그렇게 된 까닭'(所以然)[50]을 개괄적이며 단순하게 추상적인 '이태'의 작용으로 돌렸다. 이로 인해 '이태'는 순수한 물질적 효용을 훨씬 뛰어넘어 모종의 신비적이고 주재적인 성질을 띠게 되었다.

그리하여 이런 상황에서 '이태'와 '인'의 두 가지 개념의 차별은 크게 축소되어 완전히 사라지기에 이르렀고, '이태'는 자연법칙의 추상적 존재가 되어 '인'과 완전히 동등해져서 하나로 합해졌다. "돌이켜 살펴보매 인(仁)이 본체임을 알 수 있다." 더 이상 '이태'가 본체가 아니라 '인'이 본체가 되었다. 이런 상황에서는 '이태'가 '인'이고 '인'이 '이태'라고 말할 수 있다. 그에 따라 여기서 '이태'와 '인'의 본체가 '생성·소멸하지 않음'은 형이상학적·추상적인 성격을 가지게 되었다. 이로 인해 탄쓰퉁은 "인은 적막하여 움직이지 않는다"고 말하여, 자연법칙을 강조함으로써 자연과 그 법칙을 구체적인 감성물질에서 추출하여 세계의 본체로 삼기에 이르렀다. 이는 대개 갓 탈태(脫胎)한 유물론의 거대한 결점이었고, 관념론으로 전화하는 계기였다. 유럽 철학사에도 이런 상황이 있는데, 중국 근대에서 이 약점의 발전과 전화는 훨씬 빠르고 두드러졌다.

---

50) "골육이 흩어지지 않고 끈끈하게 얽혀 있음", "성·광·열·전·바람·비·구름·안개·서리, 눈이 그렇게 된 까닭" 등의 자연현상에서 "가정·국가·천하의 존재와 그것들의 연계" 등의 사회문제에 이르기까지.

그것은 맨 먼저 탄쓰퉁의 철학 체계에 비집고 들어와 압축되었다.

총체적으로 말해, 나는 '이태'와 '인'이 두 가지의, 완전히 같을 수 없는 개념이라고 생각한다. '이태'는 '인'과 동등한 면도 있지만, '인'이 완전히 개괄하고 포함할 수 없는 면도 가지고 있다. 한편, 탄쓰퉁은 "무릇 인은 이태의 작용"이라 하면서 "그것이 작용으로 드러난 것을 공자는 인이라 했으며…… 성(性)이라 했고…… 영혼이라 했다. ……성은 이태의 작용"이라 함으로써 물질 '이태'는 '인'의 '본체'(법칙)이고, '인'은 '이태'의 '작용'(표현)이며, '이태'는 본원적이고 일의적이며, '인'은 파생적이고 이의적이며, '성'·'영혼' 등과 같은 다른 것도 모두 '이태'의 '작용'이라 표명했다. 여기서 '이태'와 '인'의 양자는 동등해질 수가 없다. 이는 단순히 "하나는 서양에서 가져왔고 하나는 고대에서 차용"⁵¹⁾했다는 문제가 아니다.

그런데 다른 한편, 탄쓰퉁은 또 분명하게 그리고 자주 '이태'를 '인'과 완전히 동등하게 보았다. 심지어 '인'이 '이태'보다 더욱 근본적이고 더욱 중요하며, '이태'가 미립자의 물질일 뿐만 아니라 만사만물의 원인이 되는 초감관적(超感菅的)인 경험의 추상적 존재라고 인식했다. 여기서 '이태' 자체가 자연법칙의 성질⁵²⁾을 가지게 된다. 그러므로 '이태'는 추상적이고 '지대'(至大)하며 형이상학적인 실체존재라는 본체론적 성질을 가지게 되어 '인'과 확실하게 동등해진다.

요컨대 '이태'는 한편으로는 단순하고 '지극히 정미한' 단립자식의 물질존재가 되는데, 그런 면에서 그것은 '인'과 다르다. 그러나 다른 한편으로 그것은 이른바 '지대'하고 형이상학적·추상적인 실체의 성질과 작용을 가지고 있는데, 그런 면에서 '이태'는 '인'과 같다. 바로

---

51) 쑨창장의 글. 각주 58을 참조하라.
52) 계몽사상가에게 사회법칙 일반은 모두 자연법칙의 연역적 판단일 뿐이었다. 탄쓰퉁도 마찬가지였다. 따라서 그는 '인'을 세계(자연과 사회를 포함)의 총법칙으로 간주하고 "나라와 가정이 그렇게 된 까닭"과 "전·광·성이 그렇게 된 까닭"이 동일한 법칙의 지배를 받는 것으로 간주했다.

이 두 측면의 착종과 혼합으로 '이태' 개념이 범신론에 가까운 색채를 띠게 되었다.

이것이 '이태'라고 하는 개념이 지닌 거대한 모순이자 서로 다른 함의이며 '이태'와 '인'의 다층적인 관계이기도 하다. 그러나 '이태'의 물질 단위적 측면과 법칙적 측면에서 궁극적으로는 전자가 주요한 측면이었다. 이는 '이태'가 '인'과 변별되는 독특한 특징이다. 또 설사 근본적으로 생성·소멸하지 않는 영원한 실체('인')로서 '이태'가 포괄하지 않는 것이 없고 존재하지 않는 곳이 없으며, 모든 사물이자 모든 사물이 그렇게 된 까닭이라 하더라도, 그것은 여전히 이들 사물과 세계의 밖으로 초월하지 않고 그 속에 존재할 뿐이다. 그것은 궁극적으로 현실의 물질 세계와 밀접하게 통일되어 있어서 관찰하여 알 수 있는 감각적인 빛을 구비하고 있다. 이는 캉유웨이 철학 사상의 상황과 완전히 일치한다. 자연관에서 과학적 유물론의 영향은 관념론적 본체론으로 옮아가는 과정에서 이런 범신론에 가까운 빛을 발했다. 탄쓰퉁은 참으로 물질('이태') 존재를 신비화('인')했다. 물질을 법칙으로 승화시켰고, 법칙을 주재신으로 삼아 만물 위에 군림하게 했다.

그러나 다른 한편, 이 신화의 법칙('인')은 궁극적으로 물질('이태')과 함께 존재할 수 있을 뿐이었고 물질 속에 존재할 수 있을 뿐이었다. 자연관(물질구성과 우주도경)으로서 '이태'와 본체론으로서 '인'이, 상호침투하여 동등하면서도 차이가 나고 모순적이고 착종된 다층적인 관계를 만드는 가운데, 데카르트의 이원론과 스피노자의 범신론과 같은 유럽의 부르주아 철학보다 훨씬 혼란스럽고 유치한 상황이 나타났다. 이 여러 가지의 복잡하고 착종되어 유치하고 혼란스런 상황의 특징을 경시하거나 던져버리고, 그를 완정한 유물론자[53] 또는 완정한 관념론자[54]라고 단순하게 평가하는 것은 일면적이며 탄쓰퉁 철학에 내재된

---

53) 양룽궈·펑유란 등.
54) 장위톈·쑨창장·장더쥔 등.

모순을 밝히는 데 아무 도움이 되지 않는다.

3. 관념론적 요소와 체계

범신론은 물질세계 전체를 상제(上帝)라는 실체 속에 둔다. 그 속에서 상제는 사물 속에 존재하며 상제의 실체는 물질세계이다. 그러므로 "범신론은 신학의 무신론이고 신학의 유물론이며 신학의 부정이다."[55] 그러나 "범신론은 필연적으로 관념론으로 나아간다." "관념론은 범신론의 진리이기도 하다. 상제 또는 본체는 이성의 대상이고 '자아'의 대상이며 사유실체의 대상일 뿐이기 때문이다. ……상제가 없으면 어떤 사물도 존재할 수 없으며 사유될 수 없다. 이 말들을 관념론의 맥락에서 보면, 모든 것은 다만 의식의 대상으로서 존재할 뿐으로…… 존재의 의미는 바로 대상이 되는 것에 있다. 그러므로 의식을 전제로 삼아야 한다. ……당신은 사물이 당신 밖에 존재하는 것을 어떻게 믿는가? 이는 당신이 모든 것을 보고 듣고 만지기 때문이다. 그러므로 이것들은 의식의 대상이 된 후에만 실제적인 것이 된다. ……따라서 의식은 절대적인 실재 또는 절대적 실제이며 모든 존재의 척도이다."[56]

외국의 고전철학을 이처럼 길게 인용하는 이유는, 이 말들이 철학 사상 발전에 내재되어 있는 필연논리의 행로를 깊이 있게 드러내기 때문이다. 상제의 실체는 물질세계 속에 존재하며, 사유대상으로서 존재는 필연적으로 물질세계 자체로 건너가 사유대상으로서 존재하게 마련이어서 범신론은 필연적으로 관념론으로 건너가게 된다. 철학은 대상에서 자신으로 향하게 되고 객체에서 주체로 향하게 되며 자연관에서 인식론으로 나아가게 된다.

이러한 철학의 역사적 행로가 중국 근대의 수많은 철학 체계에 얼

---

55) 포이어바흐, 『미래 철학 원리』, 삼련서점, 1955년, 23쪽.
56) 같은 책, 27, 28, 29쪽.

마나 급박한 축소판이 되어 끼어들어왔는가? 탄쓰퉁은 종교유신론(有神論)에 대해 투쟁한 범신론자가 아니었고 '인'도 '상제'가 아니었다. 그의 범신론은 신(상제)이 없는 범신론이다(그러므로 우리는 그것을 범신론에 가깝다고 함). 그것은 정주 이학의 관념론을 반대했을 뿐이고, 정주가 높이 들어 인간세상을 벗어나게 한 '규범과 준칙'인 '천리'를 인간세상으로 끌어내려 인간세상, 사물과 한몸으로 섞어서 분할할 수 없는 '인'으로 바꾼 것이다. 그러나 그것은 '인'의 실체가 물질세계의 '이태' 속에만 존재할 수 있음을 인정하는 것에서, 물질세계의 '이태'도 '유식'(唯識), 즉 의식의 대상으로서만 존재할 뿐이라고 인식함으로써 의식은 '모든 존재의 척도'라는 결론으로 신속하게 나아갔다. 이 과정은 앞서 말한 철학사의 행로와 비슷하다.

탄쓰퉁의 유물론적 자연관은 이처럼 관념론적 인식론으로 나아갔다. 인식론은 근대철학의 주제이다. 중국 근대에서 이 주제는 탄쓰퉁에 이르러서야 두드러지게 변했다. 이전에는 캉유웨이를 포함하여 그 중심을 여전히 자연관에 두었고, 봉건시대의 중심은 윤리학에 있었다. 탄쓰퉁은 원래 봉건 윤리학의 범주에 있던 '인'을 유보시켜 그것을 본체론에 응용하여 적용시켰다. 이때에 이르면, 양원후이의 이불석유(以佛釋儒)*의 직접적인 영향을 받아 탄쓰퉁의 '인'(유가)도 점차 '식'(識: 불학)에 예속되어갔으며 그런 상태에서 본체론과 자연관도 완전히 인식론으로 돌아갔다. 자연관에서 탄쓰퉁의 유물론적 성분이 우세를 점했다면 인식론에서는 관념론이 탄쓰퉁의 전체 사상을 질식시켰다고 할 수 있다. 세계관에서 자연과학적 지식이 탄쓰퉁에게 좋은 영향을 주었다면, 인식론에서는 불교적 관념론과 부르주아의 가짜과학[57]이 지대한 파괴작용을 했다.

탄쓰퉁 인식론의 정확한 측면은 인식의 대상과 진리의 객관성을 의

---

* 불학으로 유학을 해석한다.

57) 예를 들어 영혼불사, 심령감응을 증명하는 '심령학'(靈學), '심령치유법'(治心免病法) 등.

식하기 시작한 점이다. 예를 들어, 탄쓰퉁은 냄새가 좋고 나쁨 등의 다른 감각은 외계의 다른 구조의 물질이 감각기관에 작용한 결과라고 지적했다. 그러므로 "질점의 취합을 바꾸면 냄새가 좋고 나쁨을 바꿀 수 있"다. 탄쓰퉁은 또한 인류지식의 상대성과 객관진리의 무궁무진함을 인식했다. 그는 이론과 실천 면에서 대대적으로 과학을 제창하여 "인이학(仁而學)하되, 배움은 마땅히 격치를 진제(眞際)로 삼아야 함"을 강조했으며 우매함과 보수를 반대했다. 그러나 다른 한편, 탄쓰퉁은 지나치게 과장하여 객관세계의 운동과 변화를 강조했고 사물존재의 상대적 안정성과 질적 규정성을 부정했다. 이 때문에 인류감관의 '믿을 수 없음'을 강조하게 되었으며, 나아가 감관과 과학에 의거하여 진리를 인식할 수 있는 가능성과 그것에서 획득한 지식에 대해 회의했다. 왜냐하면 그는 감관과 과학이 획득한 것은 주관적 가상과 '아견'(我見)에 불과할 뿐이라고 인식했기 때문이다.

……또한 눈과 귀로 보고 들은 것은 진실로 보고 들을 수 있는 것이 아니다. 눈에는 막이 있어 외부의 형상이 들어가면 그 그림자가 생기고 그것이 막에서 뇌로 전달되어 본다고 느끼게 되지만, 보는 것은 눈의 망막에 나타난 그림자를 볼 뿐이고 진짜 형체와 내용은 만고에 볼 수 없다. ……실에 매달린 이를 오래 보면 수레바퀴만큼 커지고 침대 밑의 개미가 움직이는 것도 오래 보면 소머리만해진다. 과연 눈과 귀가 믿을 만한 것인가?

그러나 탄쓰퉁은 자신의 철학 체계에서 절대진리에 대한 인식을 완성하여 인식을 하나의 종점으로 간주하려 기도했다. 탄쓰퉁은 "식(識)은 시작은 없지만 끝은 있다. 업식(業識)*이 지혜로 전화되는 것이 식

---

* 불교용어로 12인연에서 행연식(行緣識)을 이른다. 사람이 태어날 때 심동(心動)하는 일념(一念)이기도 하다. 탄쓰퉁은 『인학』10에서 "공자는 지혜를 도심(道

의 끝이다"라고 했다. 이 때문에 탄쓰퉁은 상대진리와 절대진리를 완전히 갈라놓았고, 절대진리를 상대진리와 완전히 이탈되고 심지어 상반되어 신비하고도 영원한 불변의 형이상학적 실체라고 간주했다. 이는 탄쓰퉁이 감관의 실천과 이성적 사유를 버리고 거꾸로 신비한 '직각' (直覺)과 '돈오' (頓悟)에서 도움을 구하도록 했다.

눈으로 보지 않고 귀로 듣지 않으며, 코로 맡지 않고 혀로 맛보지 않으며, 몸으로 접촉하지 않고 마음으로 생각하지 않으며 업식을 전환시켜 지혜를 이룬다. 그후에 하나와 다수가 서로 받아들이고 삼세가 한순간이 되는 진리가 나날이 앞에 보인다.

이처럼 상대주의에서 회의론과 불가지론을 거쳐 최종적으로 주관적 관념론에 이른 것은 모두 인식론의 감각론과 경험론에서 시작된 것이기도 했다. 캉유웨이의 철학 체계에서는 경험론적 인식론의 위치가 그다지 뚜렷하거나 두드러지지 않았지만, 탄쓰퉁과 뒷사람에게는 그렇지 않았다. 감각으로 입론하고 감관 인식의 의의를 중시하며 '학' ——과학 지식의 학습——과의 연계를 강조하는 것은 원래 탄쓰퉁 등의 시대적 공통점이다. 비록 '상달' 하여 종교에 이르렀지만(뒤에서 자세하게 논함) '하학' (과학)을 그 기초로 삼았다. 당시 자연과학 지식의 영향 아래 탄쓰퉁이 감관과 감각을 기점으로 삼고 경험론적 인식론을 출발점으로 삼았다가 신속하게 상대주의와 주관적 관념론으로 전향한 것은 기이한 풍경을 만들어냈다. 경험론에서 관념론으로 건너간 것은 변증법의 주관적 사용, 즉 개념의 융통성을 궤변식으로 희롱하는 것을 그 구체적인 길로 삼았다.

그러므로 탄쓰퉁 철학의 기본모순이 '체계와 방법의 모순', [58] 즉 변

心)이라 하고 업식을 인심(人心)이라 했다. 인심을 떠나서는 도심이 없다. 즉 업식이 없으면 지혜로 전환될 근거가 없게 된다"(智慧者, 孔謂之道心; 業識者, 孔謂之人心. 人心外無道心, 卽無業識, 無由轉成智慧)고 했다.

증법적 방법과 주관적 관념론의 체계 사이의 모순이라고 인식하는 견해에 동의할 수 없다. "진보적인 방법은 유물론의 섬광을 만들어냈지만 그 체계가 관념론적이었기 때문에 진보적 방법을 질식시켰다"[59]고 하는데, 도대체 어떻게 '질식'시켰단 말인가? 이런 체계와 방법의 모순은 도대체 어떻게 형성되고 어떻게 발전했으며 어떻게 드러났는가? 그 구체적인 상황은 어떠한가? 어떤 문제에 구체적으로 나타나 있는가? 그것들은 탄쓰퉁의 전체 사상에 대해 어떤 관계를 가지고 있는가? 이 모든 것이 전혀 설명되지 않았다.

내가 보기에 탄쓰퉁의 체계나 방법은 모두 그 내부에 첨예한 모순과 충돌이 존재했다. 체계를 보면 유물론적 요소와 관념론의 모순, 즉 '이태'와 '심력'의 모순이 있었으며, 방법을 보면 변증법과 궤변론적 상대주의의 모순, 즉 사물의 변화·발전을 강조하는 것과 사물이 상대적으로 안정되면서 별도로 영원한 실체를 추구하려 한다는 것 사이에 모순이 있었다. 그 내부에 이처럼 대단히 첨예하여 거의 직접적으로 형식논리의 모순에 빠져버린 하나의 체계, 앞서 끊임없이 지적한 것처럼, 이것이 바로 탄쓰퉁의 철학 사상이 다른 사람——캉유웨이·옌푸·장타이옌·쑨중산——과 변별되는 독특한 특징이다.

여기서 이른바 방법이란 인식론이다. 왜냐하면 탄쓰퉁의 방법론은 인식론과 긴밀하게 연결되어 하나로 교직(交織)되어 있기 때문이다. 앞에서 변증법적 개념을 말할 때 이미 이 점을 지적했다. 즉 변증법을 주관적으로 사용하여, 인식으로서 인류 감각기관의 '믿을 수 없음'을 강조하는 것에서 나아가 감관과 과학에 의거하여 진리를 인식하는 가능성을 회의하게 되고, 객관적 진리와 사물의 존재를 근본적으로 회의하고 부정하기에 이르렀다. 인식의 상대성과 객관적 진리의 무궁함을 강

---

58) 쑨창장, 「탄쓰퉁 시론」(試論譚嗣同) 『교학과 연구』(敎學與硏究), 1955년 제10기; 「탄쓰퉁은 유물론자인가」(譚嗣同是唯物主義者嗎) 『교학과 연구』, 1956년 제10기.
59) 같은 글.

조하는 것에서 나아가 모든 인식은 주관적 '아견'에 지나지 않는다고 인식하기에 이르렀다. 그의 많은 글에서 우리는 변증법에서 상대주의와 궤변론으로 넘어가는 과정을 직접 볼 수 있다.

탄쓰퉁의 원문에서 상반부는 그래도 상대적으로 깊이 있는 변증법이 드러나지만, 하반부는 이미 주관주의적 궤변론으로 변한다. 예를 들어, "하나와 다수는 서로 허용하고" "삼세가 일시가 되며" "무엇이 진실 아닌 환상이고" "무엇이 환상 아닌 진실인가?" 등의 상대주의적 궤변은 헤라클레이토스의 변증법적 관점(세계 모든 것의 변화 · 발전, 모든 존재의 상대적 성질)에 비견될 수 있다고 지금 사람들이 칭찬하는 논증으로 바로 이어졌는데, 이것은 바로 그것의 직선적인 연역판단이다. 진리를 향해 한 걸음 내딛자마자 황당한 것으로 변해버린 꼴이다. 변증법의 주관적 · 임의적 · 직선적 연역판단이 즉시 궤변으로 옮아간 꼴이다. 이 점을 이해하는 것은 매우 중요하다. 그것은 탄쓰퉁 철학 사상에 관건이 되는 소재이고, 이 철학이 남긴 중요한 교훈의 하나다.

모양은 변증법과 유사하지만 실제는 주관궤변론인 것, 이는 중국 근대에서 자못 대표적 의의를 가지고 있다. 한편으로 과학 지식을 열정적으로 학습하고 경험과학을 믿고 중시할 것을 요구하면서, "학습은 의당 격치를 진제(眞際)로 삼아야 하고", "인이학(仁而學), 학이인(學而仁)"을 주장했다. 하지만 다른 한편으로는 감각과 인지에 의한 인식을 경시했고 그것이 "믿을 만하지 않다"고 여겨 "아견만 있으면 세상에는 결국 크고 작음이 없다"고 인식했다. 물질세계를 가상(假象)으로 여겼고, 운동 · 변화하며 생성 · 소멸이 그치지 않는 이 세계를 초탈하여, 이른바 비참한 '윤회'를 뛰어넘어서 생성 · 소멸하지 않고 영원히 존재하는 별도의 진리와 실체를 찾아 얻게 되기를 요구했다. 그 결과, 탄쓰퉁은 마침내 자신의 심령의 보배인 무소부재(無所不在)의 '심력'(心力)을 찾았다.

인간이 영험한 원인을 생각해보면 심(心) 때문이다. 인력으로 할 수 없는 것도 심은 할 수 없는 것이 없다. ……이른바 격치학은 신기한 것이 무엇인지를 정말 모른다. 그러나 신기함이 어떤 경지에 이르렀든 항상 심이 그것을 만든다. 심의 본원을 이해할 수 있다면 당장 1억 년 후의 신기함을 만들 수 있으니, 오로지 이치에 의거하여 하나하나 행하는 것만을 아는 저 격치가(과학자)들과 비교하면…… 예리함과 둔함이 어찌 하늘과 땅의 차이에 그치겠는가?

탄쓰퉁은 단번에 절대진리의 인식을 완성하고자 했기 때문에 '심'―'심력'이 그러한 진리 자체라고 인식했다. 탄쓰퉁은 감각지식의 신뢰성을 회의하고 부정했으며, 영혼과 지혜로 절대적 진리를 추구하려 했다. 이런 추구의 결과로 얻은 것은 순 정신적인 실체인 '심력'일 뿐이었다. 탄쓰퉁은 지혜[60]를 통해 절대진리의 인식에 도달할 때가 '천인합일', 즉 인간의 '심력'과 '영혼'이 우주의 큰 '심력', 큰 '영혼'과 합일하는 때라고 인식했다. 이리하여 인식은 완성되고 '인―통'은 실현되며 다른 사람과 나, 만물이 혼연일체가 된다. 이 점에서 탄쓰퉁의 신비로운 직각인식론은 그의 '심력'과 확실하게 일치되었다.

종합하자면, 인식론에서 왜 상대주의가 우세를 점하게 되었을까? 그 원인은 첫째, 변증법을 주관주의적으로 운용하여 궤변론으로 변하게 했고, 둘째 '심력'을 본체로 인식하여 세계를 허상으로 여겼기 때문이다. 여기서 지적해야 할 것은, 탄쓰퉁이 감관과 이성을 통해 절대진리를 얻을 수 있다는 것을 회의하고 부정했을 뿐,[61] '지혜', 즉 '심력'과 상통하는 신비한 직각을 통해 그것을 획득할 수 있다는 것은 결코 부정하지 않았다는 점이다. 그러므로 그의 인식론의 모순은 불가지론의 문제가 아니라 과학적 인식과 신비한 직각의 모순이고, 격치와 종교의 모순이다.

---

60) 여기서의 지혜는 이성이나 논리가 아니라 일종의 신비한 직각이었다.
61) 이런 의미에서만 탄쓰퉁에게 불가지론이란 용어를 사용할 수 있다.

'심' — '심력'이 객관에 의존하지 않고 모든 것을 창조하고 개변할 수 있다면 "모든 것은 심(心)이 만든 것"이다. 그러므로 당연히 "영혼을 존중하고 체백(體魄)을 배격하며" 모든 문제를 직접 심으로 해결할 수 있다고 여기게 된다. 왜냐하면 인심은 천심(인仁)이고 천심(인)은 인심이기 때문이다. "이(理)는 무엇인가, 천(天)이다. 그러나 지성으로 이룬 것은 활촉이 깊이 박힌 것처럼 굳건함에 이를 수 있다. 이는 심에 의해 이룰 수 있고 천도 심에 의해 이룰 수 있다." 인류만물의 '심력'을 상호소통시킬 수 있다면 '인'도 실현될 수 있다. 여기서 '심'은 '인'의 근본내용이자 우주의 본체가 되었다. 우주본체가 여기서는 하나의 통일된 '심'이 되는데, 그것은 영혼이자 법칙이며 인간의 의식이기도 하다. 인간의 의식은 이 큰 심의 일부분이다. 객관세계가 주관의식으로 변했다. 여기서 물질적 내용을 가진 '이태'도 저절로 불필요한 환상과 가차(假借)가 된다.

그러므로 탄쓰퉁은 여러 차례 이에 대해 언급했다. "인은 천지만물의 근원이므로 유심(唯心)이고 유식(唯識)이다." "이태는 전(電)으로, 거친 도구이다. 그래서 그 이름을 빌려 심력에 바탕이 된다." "이태는 유식이 나뉜 것으로 이태가 없다고 해도 가하다." "삼계(三界)는 유심(唯心)이고 만법(萬法)은 유식(唯識)이다."(三界唯心法具唯識) "천지여 만물이여, 그 안에 있되 밖에 존재하지 않음을 그 누가 아는가?" 이런 예는 무수히 많다. 모든 물질은 정신과 동등해지고, 실재적 현실세계는 공허하고 신비한 심력과 의식으로 선포되었다. 또한 자연과학의 '이태'는 불교관념론의 주석이 되었고, '이태'설의 유물론적 경향과 요소는 신속하게 관념론 속으로 매몰되었다.

그렇다면 탄쓰퉁의 '심력'설은 주관적 관념론인가, 아니면 객관적 관념론인가? 표면적으로 볼 때 '심력'은 '심'이고 '식'이며, 또한 명확하게 불학 유식론을 기초로 했으므로 당연히 주관적 관념론이어야 한다. 수많은 논문(장위톈·쑨창장·장더쥔 등)에도 이렇게 씌어 있으므로 의심의 여지없이 분명한 듯하다. 그러나 사정은 그렇게 단순하지 않은 것 같다. 탄쓰퉁의 철학 사상에는 극단적으로 첨예한 각종 모순이 있다. 유물론과 관념론의 모순, 변증법과 궤변론의 모순뿐만 아니라, 객관적 관념론과 주관적 관념론의 모순도 있다. '심력'의 개념만 보아도, 그것은 주관적 관념론의 개념일 뿐만 아니라, 거기에는 수많은 객관적 관념론의 규정이 있다. 그것은 인류의 의식뿐만 아니라 객관적인 대정신을 가리키기도 했다.

탄쓰퉁은 '심력'은 보편적·독립적이며 존재하지 않는 곳이 없이 만물을 관통하는 대영혼과 대지혜이고, 인류의 '심력'은 그중의 한 부분에 지나지 않는다고 묘사했다. "같은 하나의 대원성(大圓性)의 바다에서 각자 조금씩 나누어 갖고 그것을 각자에게 주어서 사람도 되고 동물도 되며, 식물이 되고 금석이 되며 모래와 조약돌, 물과 흙이 되고 대소변이 되었다. 그런데 오직 사람에게만 영혼이 있고 다른 사물에는 없다고 하니 이는 참으로 그렇지 않다." "이를 추론하면 허공 속에도 모두 지(知)가 있다." "(심은) 밖에 존재하지, 안에 존재하지 않는다."

이것이 바로 탄쓰퉁이 계속 강조했는데도 수많은 연구자가 피하고 건드리지 않은 사상이다. 그가 "다른 사람과 나를 소통"시키고 "천지만물과 다른 사람과 나를 한몸에 소통"시킨다는 것은 바로 만사만물의 공통되고 통일된 객관적 기초 위에 서 있는 것이다. 그러므로 이 통일되고 공통된 기초를 물질에 가까운 '이태'라고 해도 좋고 정신적인 '심력'이라고 해도 좋다.[62] 그것들의 공통되고 기본적인 특징은 바로 객관적인 것이다. 바로 이 때문에 탄쓰퉁은 존재하지 않는 곳이 없으면서 만물에 관통되어 있는 '전'으로 '심력'을 자주 비유하고 논증했다. 왜냐하면 '전'도 객관적 존재이기 때문이다. 따라서 "전기는 뇌"이고 "전기가 가지 않는 곳이 없고 '나'(我)가 가지 않는 곳이 없다"고 했으며, "생각은 사물로 들어가고 사물은 생각으로 들어간다"고 했다. 이런 말들은 주관적 관념론인 것으로 인식되지만 객관적 관념론으로 설명할

---

62) 도대체 무엇인지, 그리고 무엇이 주요한 것인지는 앞에서 이미 설명했다.

수도 있다. '인심'은 '천심'의 일부분일 뿐이므로 그것들은 동질이고 상통한다. '이태'도 좋고 '심력'도 좋으며 '전'도 좋다. 그것들은 모두 객관적인 개념일 수도 있다. '인-통'의 법칙은 바로 이러한 기초 위에 구축되었고 탄쓰퉁에 의해 거부할 수 없는 객관적 법칙으로 간주되었다. 그러므로 탄쓰퉁은 '식'에는 끝이 있지만, "이태는 처음과 끝이 있는 것이 불가하다"고 했다.

아울러 더욱 흥미로운 것은, 탄쓰퉁이 주장한 이 '심력'설은 자신의 기계적 유물론의 경향과 관계가 있다는 점이다. '기'를 '이태'로 바꾸면서 탄쓰퉁은 근대적 기계운동으로 중국 고대의 '기가 변화하면서 흘러간다'는 소박하고 모호한 생각을 바꾸어버렸다. 그리고 '심력'으로 '이태'를 정의하면서 '심력' - '인'이라는 그의 관념론은 철학의 근본 문제, 즉 물질과 정신의 관계에서 기계적 유물론의 관점과 한데 뒤섞였다. 그리하여 황당하게 '심력'을 말하는 관념론이 뜻밖에도 통속적인 유물론을 특이하게 끌어들여 넓히게 되었다. 탄쓰퉁은 세계관의 측면에서 객관세계의 물질성을 명확하게 인식했지만, 인체에 거하면서 독립적으로 존재할 수 있는 전(電)과 같은 높은 수준의 정교한 물질로 정신(의식)을 간주했고, 인류의 의식(정신)을 물질의 정교한 기계운동으로 간주했다.

다른 사람과 내가 소통하지 못하는 원인의 근본을 고찰해보면 뇌기(腦氣)가 움직이는 방법이 각자 다르기 때문이다. 내가 매번 조용한 가운데 자신을 관찰해보면 뇌기의 움직임을 볼 수 있는데, 그 색은 순백이고 그 빛은 찬란했다. ……마치 구름 속의 전기처럼 대단히 많았다. 그러므로 뇌가 전임을 믿게 되었다. ……만 가지 생각이 맑게 투명하다가도 조용히 바닥으로 가라앉으면 볼 수가 없고, 우연히 한 생각이 싹트면 전상(電象)이 즉시 나타나 생각에 생각이 끊이지 않아서 그 움직임이 그치지 않지만, 다른 생각으로 바뀌면 움직임도 크게 달라졌다. ……어떤 생각은 어떤 방식이고 어떤 생각은 어떤 방식으로 바뀌는데 반드시 법칙적으로 움직이며 일정한 비례가 있었다. ……그것을 잘 다루어 미리 헤아릴 수 있으며 그것을 잘 배열하여 그림을 완성할 수 있다.

탄쓰퉁은 과학 지식의 유치함 때문에 이렇게까지 생각했다. "(장래) 뇌기의 체(體)와 용(用)을 측량할 수 있고 오래되면 반드시 무거운 질을 제거하고 가벼운 질을 남기어 그 체백(體魄)을 떼어내고 영혼을 증강시킬 수 있다. ……금인은 고인보다 영험하며 사람은 나날이 영험함으로 나아갈 뿐만 아니라 반드시 ……순수하게 지혜와 영혼을 사용하는 사람으로 변할 것이다." 동시에 탄쓰퉁은 만물(동식물·무기물)이 모두 '영혼'과 '지혜'를 가지고 있다고 생각했다.

지혜는 이태에서 나오고…… 영혼은 그것의 생성·소멸하지 않는 지혜이다. 그런데 사물에 영혼이 없고 이태가 없다고 하는 것이 가한가?

인간의 지혜는 고도로 발전하고 동물의 지혜는 그보다 아래이며, 식물 이하는 그 일단을 가지고 있을 뿐이다. 예를 들어 해바라기가 태양을 바라보고 철이 전기를 흡수하며 불이 위로 타오르고 물이 아래로 흐르는 것이 그것이다. ……인간에게는 지혜라고 하고 사물에는 지혜라고 하지 않는 것이 가한가?

인지(人知)와 이른바 '물지'(物知)의 근본적 구별을 무시하고 높은 수준의 인류의 사유를 저급한 물질인 전(電)의 활동과 동일시한 것은, 당시 자연과학의 영향 아래 형성된 선진적인 인사들의 기계론적 관점의 공통점이다. 캉유웨이의 철학 사상에서도 이 점을 이미 보았다. 탄쓰퉁은 그중 가장 두드러지게 표현되고 발전된 것에 지나지 않았다.
탄쓰퉁이 고취한 '심력'과 '영혼'은 물질의 기계적 내용이 부여된 정신이고, '심력상통'과 '심령감응'은 물질의 기계적 운동과 동일시된 정신활동이다. 인지와 '물지'의 근본적 구별을 인식할 수 없고, 인류의 의식이 발생·발전하게 된 진정한 사회적·역사적 근원을 인식할 수 없었다. 이 때문에 인류의 지혜에 대해 놀라움을 느끼게 되고, 비로소 인간의 마음에 있는 어떤 신비한 '영적인 결'인 '심력'을 느꼈으며, 이에 '심' — '심력'의 작용을 거칠게 과장하게 되었다.

이는 탄쓰퉁 철학에 주관적 관념론의 성분이 없다는 것을 완전히 부인하는가? 물론 그렇지 않다. 그와 반대로 유물론과 객관적 관념론의 모순, 범신론과 물활론의 모순이 뒤섞인 것 이외에 주관적 관념론도 두드러진 위치에 있다. 아울러 체계의 구조로 말하자면, 탄쓰퉁이 불학 유식종을 핵심이자 근거로 삼은 이상, 그것은 당연히 주관적 관념론의 일종이다. 문제는 이 체계가 성숙하지 않았거나 완성되지 않아서 각종 '혼란'과 형식논리적인 자기모순이 있다는 점이다.

간단하게 말하면, '이태'는 유물론(자연관)이고 '인'은 객관적 관념론(본체론)에 속하며, '심력'은 기본적으로 주관적 관념론(인식론)이라 할 수 있다. 탄쓰퉁은 이 세 가지를 때로는 구별하고 때로는 동일하게 사용했고 때로는 한데 섞었다. ……그 자신도 분명하게 생각할 겨를이 없었고 분명하게 표현하지도 않았다. 앞서 말한 것처럼, 그는 『인학』을 집필할 때, "매번 한 가지 의미를 사유할 때마다 이치와 예가 심오했고 생각이 용솟음치고 비등하여, 그 사이에서 붓이 저절로 움직여 미처 선택할 겨를이 없었다"[63]고 했다. "결코 이 세상의 언어와 문자로 곡진하게 묘사할 수 없었고 이 속세의 머리와 생각으로는 직접 도달할 수 없었다."[64] 장타이옌은 당시 그것을, "잡다한 것을 끌어들여 법칙을 잃어버렸다"라고 평했다. 우리에게 오늘 중요한 것은 이 층층의 모순을 들춰내는 것이다. 따라서 한 끝을 움켜쥐고 억지로 전체를 개괄할 필요는 없다.

---

63) 『인학』「자서」.
64) 같은 글.

성숙하지 않은 이론은 성숙하지 않은 사회·정치 역량을 반영한다. 탄쓰퉁의 철학은, 중국 근대 부르주아 개량파가 자유와 해방을 요구했지만 현실투쟁을 진행할 역량이 결여되어 있었고, 투쟁역량을 찾지 못한 것을 깊이 있게 반영했다. '체백'의 투쟁을 찾지 못했기 때문에 필연적으로 '영혼'의 공상으로 도망 갈 수밖에 없었다. "나는 앎을 귀히 여기고 행동을 귀히 여기지 않는다. 앎은 영혼(靈魂)의 일이고 행동은 체백의 일이다." "체백의 일을 경멸함으로써 모든 사람이 봉건윤리에 얽매이지 않게 할 뿐이다."

한편으로 '체백'의 평등을 요구하고, 이른바 '인' ──이것은 사실 부르주아 계급의 '자유'·'평등'·'박애' 등 구호의 철학적 추상화이다──의 새로운 질서와 새로운 기준, 새로운 척도를 실현할 것을 요구했으므로, 이 구호를 고취하여 근본적으로 불변하는 '자연법칙'과 절대 진리가 되게 할 필요가 있었다. 그러므로 탄쓰퉁에게 '인'은 '천지만물의 근원'이고 '생성·소멸하지 않는' 존재이기도 했다. 동시에 그들은 또 새로운 기준, 새로운 척도, 새로운 질서를 수립하려면 반드시 봉건주의의 낡은 기준, 낡은 척도, 낡은 질서를 냉정하게 타파해야 함을 알았다. 그러므로 탄쓰퉁에게 '인'은 물질적 '이태'의 운동변화에 의지하여 "모순대립을 타파"하고 "겹겹의 그물을 타파"하며, "간격이 있는 것을 소통시켜 간격이 없게 만들고 등급이 있는 것을 소통시켜 등급이 없게 하는 것"이었다.

그러나 다른 한편으로 그들은 실천방면에서 진정한 혁명투쟁을 하지 않았고, 이런 투쟁을 진정으로 찾지도 않았으며, 그것에 투신하지도 않았다. 이 때문에 개량주의로 가는 길조차도 막혀버리는 방해를 받게 되었으며 가슴 가득 비분을 품고 어찌할 바를 모르게 되었다. 이런 이유로 난징에서 머리를 파묻고 이런 철학 저서를 저술할 수밖에 없었다. 이러한 것이 철학 이론에 반영되었고, 그래서 '인'의 실현도 '심력'의 소통과 심령의 감응에 더욱 편중된 것이다. 탄쓰퉁의 구국에 대한 진보적 요구와 서양 자연과학에 대한 학습은, 그가 원래 가지고 있던 소박한 유물론적 사상 경향을 기계적 유물론의 경향으로 발전하게 했다. 다른 한편으로는 정치상의 의기소침과 고민, 불교 유식종 학설의 수용이 그를 관념론으로 끌어들여 스스로 빠져나올 수 없게 했다. 이 두 측면과 두 가지 성분은 아직 성숙하지 않은 사상가의 두뇌에서 모순·착종되고 여기저기서 불쑥불쑥 일어났다. 그리하여 『인학』에서 자주 앞 문장에서는 자연과학적 진리를 설파하다가 뒷 문장에서는 불교 관념론의 잠꼬대로 변하게 했다. 이런 사상모순의 정치적 내용과 계급적 본질이 탄쓰퉁 자신에 의해 자각적으로 의식되지 못했는데도 그 객관적·역사적 내용은 확실히 이러했으며, 그것이 발생한 구체적 상황도 확실히 이러했다.

탕차이창이 주장한 "질점이 배합되어 만물을 이룬다"는 철학 이론이 탄쓰퉁과 비슷한 모순을 가지고 있는 것은 결코 우연이 아니었다. 탕차이창은 이렇게 인식했다. "사물의 몸이 질에서 배합되고 질의 생성은 점에서 시작하며 점의 미세함은 혼에서 일어나고 질점의 가운데에 있는 혼은 천(天)이다." "미세한 점이라 하더라도 영혼이므로 이 미세한 점의 세계를 관리하는 것이 영혼이다." "대천계의 여러 미세한 점과 뇌기를 다스리는 것을 대영혼이라 한다." 초월적인 독립 형체가 없고 인격도 없으며 목적도 없는 '천'과 '영혼'이 '질점'에 나뉘어 존재하므로 '질점' 자체는 '혼'이다. 이것은 '인-이태'와 같은 범신론에 가까운 것이다. 그러나 이런 범신론의 다음 단계는 여전히 통속적 유물론을 거쳐 관념론으로 나아가는 것이다. "천의 큰 뇌기를 전이라 하고 인(人)의 큰 뇌기를 영혼이라 한다." "천은 대영혼과 질점의 만물을 가지고 있으므로 만물의 혼이다. 인간이 질점을 사용하여 자신의 영혼을 천과 같게 할 수 있으므로 혼이 있고 영험하다." 천-전-영혼은 '질점'보다 높은 우주본체를 이룬다. 캉유웨이부터 탄쓰퉁과 탕차이창에 이르기까지 이 세대 사람들의 철학은 결국 이처럼 비슷했다.

여기서 다시 『인학』과 탄쓰퉁 철학의 중심개념인 '이태'의 문제로 돌아가고자 한다. '이태'와 '심력'은 어떤 관계인가? '인'이 '심력'을 통해 실현될 수 있다면, '이태'는 자연히 사족(蛇足)이 되고 '심력'의 '가차'(假借)가 되며 "그 이름을 빌려 심력을 바탕으로 삼"는다. 그러면 '심력'이 더욱 근본적인 것이다. 그런데 '심력'은 쟁론의 여지없이 정신적인 것이다. 그렇다면 '이태'는 정신적인 개념이 아닌가? 그렇다면 탄쓰퉁의 철학은 바로 주관적 관념론이 아닌가? 여러 글의 수많은 언급은 간단하게 말해 사실 이 점을 논증하기 위한 것이다.

탄쓰퉁이 '이태'가 '심력'의 '가차'라고 말한 것은 물론 '이태'에 대해 분명하게 관념론적으로 규정하고 해석한 것이다. 그러나 이로 인해 즉시 '이태'가 분명 '심력'일 뿐이며 정신적인 개념이라고 하는 결론을 얻을 수 있는가? 결코 그렇지 않다. 우선 '이태'가 '심력'의 '가차'일 뿐이라면, 왜 탄쓰퉁은 이 '가차'에 의지하려 했는가? 왜 직접 순수한 정신적 '심력'에서 모든 것을 연역하지 않고 물질에 가까운 '이태'를 이용하여 자신의 체계를 구축하는 기둥으로 삼았는가?

다음으로 탄쓰퉁의 철학에서 객관적으로 중요한 지위에 있는 것은 도대체 '이태'인가, 아니면 '심력'인가? 탄쓰퉁의 말에 비추어보면 '심력'이 확실히 '이태'보다 더욱 근본적인 것인데도, 탄쓰퉁의 모든 저서를 통독해보면 '이태'가 역시 '심력'보다 더욱 근본적이고 중요한 것임을 알 수 있다. 탄쓰퉁의 전체 철학은 물질적인 '이태' 위에 세워졌지, 정신적인 '심력' 위에 세워지지 않았다. 이 점 역시 명백하다. 그러므로 '이태'를 '심력'과 완전히 동일시하거나 그것에 귀결시킬 수 없다. '이태' = '심력' = 정신적 개념이라고 인식할 수도 없으며 '이태'의 이중적 모순의 특징을 말살할 수도 없다.

'이태' 등 개념의 이중적 특징은 탄쓰퉁뿐만 아니라 전체 중국 근대철학 사상의 특징 가운데 하나이다. 쑨중산에 이르러서도 그의 '생원'(生元) 역시 이런 이중성에서 벗어나지 못했다. 그것은 한편으로 물질적 단위이면서, 다른 한편으로는 정신적 활력론의 성격을 가지고 있었다. 이런 이유는 앞서 말한 바와 같이 탄쓰퉁 철학의 시대적·계급적 배경에 의해 결정되었다.

탄쓰퉁의 철학에서는 유물론과 관념론의 모순이 첨예했다. 거기에는 모순의 두 가지 기본측면이 있으며, 측면마다 모두 전체 철학의 두 가지 성분, 두 가지 경향과 복잡하게 연계되어 있다. 한 측면은 발전적 관점의 변증법과 소박한 유물론적 자연관, 인성론과 연계되어 있으며, 다른 측면은 상대주의, 궤변론과 '심력'을 과장한 관념론 및 신비적 직각 인식론과 연계되어 있다. 그리고 그의 철학 사상의 이러한 두 가지 성분과 두 가지 경향의 모순은 그 사회·정치 사상의 급진성과 연약함, 혁명과 개량, 과학 주장과 종교미신의 모순을 직접 표현해낸 것이다.

좀더 구체적으로 탄쓰퉁 철학 사상의 특색을 총괄하면 다음과 같다. '인'은 탄쓰퉁 철학의 가장 근본적인 실체인데, 그것은 '이태' 또는 '심력'에 기대어 자신의 존재를 실현한다. '이태'는 기본적으로 물질적 개념이고[65] '심력'은 기본적으로 정신적 개념이다.[66] 탄쓰퉁 자신의 규정에서 '심력'은 '이태'보다 높고, '이태'는 '심력'이 가차한 '거친 도구'일 뿐이며, '심력'은 '인'의 본성에 더 접근해 있다. 그러므로 우리는 탄쓰퉁이 자신의 철학을 명백하게 관념론적으로 해석·규정했다고 하여 그가 관념론의 체계를 구축했다고 말한다. 그러나 사실상 탄쓰퉁의 전체 철학은 '심력'이라는 정신개념 위에 건축된 것이 아니라 '이태'라는 물질개념 위에 구축되었고, '이태'는 그의 철학에서 '심력'에 비해 훨씬 중요한 기초적 지위에 있다. 탄쓰퉁은 '이태'에 의거하여 자신의 자연관과 인성론의 구도를 전개해야만 한 것이다. 그러므로 '이태'가 불필요한 '가차' 정도로 일컬어졌는데도, 그의 철학 체계는 결국 '가차'를 필요로 했으며 이 '가차' 위에 세워져야만 했다. 이는 또한 각종 모순이

---

65) '이태'가 동시에 정신적 기능을 가지고 있지만 이 정신적인 것은 부차적인 것이다.
66) '심력'이 통속유물론적인 물질내용을 가지고 있지만 이 물질적인 것은 부차적인 것이다.

착종된 가운데에서 유물론적 성분과 요소가 여전히 더 중요한 측면이라는 사실을 증명하고 있다. 그 중요성은 이러한 관점이 역사에서 진보적인 작용을 하던 사회·정치 사상과 직접적으로 연계된 것이며, 그 사회·정치 사상은 당시 가장 강력한 소리였다는 사실에 있다.

3 탄쓰퉁의 사회·정치 사상

1. 봉건윤리와 예교에 대한 비판

탄쓰퉁의 사회·정치 사상은 그의 철학 이론과 거의 직접적으로 추론식의 형식논리적 연역관계를 유지하고 있어, 철학 체계와 사회·정치 주장의 밀접한 연계와 통일을 반영하고 있다. 이는 그의 철학이 사회·정치 주장의 직접적인 승화임을 증명하는 것이다. '이태' — '인'·'통'의 유물론에서 급진적인 사회비판의 논리적 결론을 끌어냈고, 다른 한편으로 관념론적 '심력'설로 신비하고 반동적인 사회적·종교적 주장의 이론적 기초를 삼았다.

캉유웨이와 마찬가지로 탄쓰퉁도 자연인성론에서 사회비판을 시작했다. 탄쓰퉁은 '이태'가 만물의 '원질(原質)의 근원'이고 '이태는 성(性)'이라는 철학관에서 출발하여, 중국 철학에서 장기간 의론이 분분하던 인성의 선악문제를 논증했다. 그는 봉건주의 선천인성설의 관념론을 부정하고, '성은 이태의 작용'으로 그 속에는 선천적인 이른바 '의리'의 선악요소나 본질이 존재하지 않는다고 인식했다. 천지간에는 본래 절대적인 선악의 도덕법칙이란 것이 없기에, 인류와 만물을 지배하는 것은 마땅히 자연의 규율 또는 법칙, 즉 '인'일 뿐이다. 자연 본래의 이치와 규율, 즉 '인'에 부합하는 것은 '선'이며 '악'은 이치를 따르지 않는 것을 가리킨다고 여겼다.

생지위성(生之謂性)은 성이고, 형(形)과 색(色)의 자연스러운 성(性)도 성이며 성이 선한 것도 성이고 성이 없어진 것도 성이다. 성이 없으면 어떻게 선한가? 선이 없으므로 선하다. 선이 없은 후에야 성이 없어지고, 성이 없어지면 그것을 선이라 한다(이것은 선천적·주재적인 의리의 성, 즉 선의 존재를 부인하고 성 자체가 선이라고 인식한 것이다). ……성은 이태의 작용이고 이태는 서로 완성시켜주고 서로 사랑하는 능력을 가지고 있으므로 성선(性善)이라고 한다. 성선은 왜 정(情)을 수반하는가? 악(惡)이 있으면 정이 생긴다. 왜 악이 있는가? (외물과의 감응을—옮긴이) 좋아서 일어남에 그것을 일컬었을 따름이다. ……예(禮)는 음식에서 시작하므로, ……음식은 선하지 않음이 없다. 백성은 재화로 생활하게 되므로, ……재화는 선하지 않음이 없다. ……그러므로 말하기를, 천지 사이에는 인(仁)만 있고 악은 없다고 한다. 악은 선의 이치를 따르지 않는 것을 말한다. ……성이 선하다고 하면 그 정 역시 선하다. 생(生)과 형색은 또 어찌 선하지 않음이 있겠는가? 그러므로 말하기를, 모두 성이라 한다. 세속의 소유(小儒)는 천리를 선으로 삼고 인욕을 악으로 삼는데, 인욕이 없다면 어떻게 천리가 있을 수 있는지를 모르는 것이다. 그러므로 나는 세상이 함부로 나누고 구분하는 것을 슬퍼한다. 천리가 선하니 인욕도 선하다. 왕선산(王船山)은 "천리는 인욕 가운데 있다. 인욕이 없으면 천리 또한 나타날 방법이 없다"고 했다. ……남녀가 성교하는 것을 음(淫)이라 하는데, 이는 지나친 명명이다. ……이름이 바뀌지 않으므로 모두 습관적으로 음을 악(惡)이라 할 뿐이다. 가령 인류 초기에 음을 초빙과 연회의 거대한 전례(典禮)로 삼아 그것을 조정에서 시행하고 도시에서 시행하며 많은 사람에게 시행해 지금까지 이어졌다면, 마치 엎드려 절하는 중국의 습관과 껴안고 입 맞추는 서양의 습관처럼, 누가 그것을 악이라고 하겠는가? ……이 예와 음에는 그윽함과 드러남의 구별이 있을 뿐이며 선악의 변별이 있는 것은 아니다. (봉건사회가 '만악의 으뜸'으로 여기는 '음'을 가장 숭고하게 여기는 '예'와 동일시하다니!) ……악은 이미 이름이 되었고 이름은 습관이 되는 법이니, 단연코 악이 있는 것이 아님을 알 수 있다. 정말로 악이 있었다면, 악이 있을 때 선은 소멸되었을 것이고, 선이 소멸되었을 때 악은 생성되었어야 한다. 생성·소멸하지 않는 이태가 바로 이와 같을진저!

캉유웨이의 인성론과 마찬가지로, 그들 모두 유물론적 자연관에서 출발하여 사회도덕과 정치방면의 자연인성론으로 나아갔다. 그들 모두 자연의 법칙을 인간세상의 법칙으로 간주했고, 인간세상의 모든 규범과 준칙이 영원히 불변하는 자연법칙의 표현이자 체현일 수밖에 없으며 그래야 한다고 인식했다. 캉유웨이에게는 '이'가 '기' 속에 존재할 뿐이므로 '선'('의리')은 '성'('기질') 속에 존재할 뿐이다. 따라서 '생지위성'이지, '기질지성'(氣質之性)을 초탈하는 주재적 '선'은 없다. 탄쓰퉁에게는 '인'이 '이태' 속에 존재할 수 있을 뿐이므로 '천리'는 단지 '인욕' 속에 존재할 수 있으며, '인욕' 자체가 '천리'이다. '이태'를 초월하여 그것과 대립되는 '인'은 없다. 그래서 '인욕'을 초탈하고 그것과 대립되는 '천리'와 '선악'도 없다.

그러므로 탄쓰퉁에게는 '이태'가 '성'이고 '인'(자연법칙)이 '선'이며 그외에 다른 '선'과 '악'은 없다. 이전의 모든 '선'과 '악'의 기준은 자연법칙('인')에 반하는 허위적인 '명'(名)이고 인위적인 쇠고랑임을 특별히 강조한 것이다. "성은 이태의 작용인데, 이태는 상성상애(相成相愛)의 능력, 즉 인을 가지고 있으므로 성은 선하다." "천지 사이는 인일 뿐, 이른바 악은 없다." 그러므로 봉건사회의 모든 '선'과 '악'의 도덕규범과 개념은 하나같이 폐지되어야 한다. 봉건도덕이 '악'이라 여기는 것은 결코 '악'이 아니며 '선'이라 여기는 것도 '선'이 아니다.

이처럼 그들은 감히 침범할 수 없던 당시의 신성하고도 존엄한 봉건주의의 강상 예교(禮教), 이른바 강상 명교(名教)를 향해 비판적 무기의 예리한 창 끝을 겨누었다.

중국 철학사에서는 선진(先秦), 위진(魏晉) 등 사회 대전환의 단계마다 명(名)과 실(實)의 문제를 논쟁하곤 했는데, 근대 중국에서도 마찬가지였다. 탄쓰퉁은 명과 실을 문제제기하여, 봉건명교를 맹렬하게 공격함으로써 시대전환기의 급박한 요구를 선명하게 드러냈다. 탄쓰퉁은 봉건강상이 모두 실제('이태')에 부합하지 않는 '명'으로 많은 혼란을 불러일으켰다고 강조했다. "인의 본체를 알지 못했으므로 명이 어지러워졌다. 명이 어지러워지자 통하지 않게 되었다."[67] 봉건명교는 각종 인위적인 등급·구별·경계·단절을 만들어 '인하지 않고', '통하지 않으며', '평등하지 않게' 되었다. 그는 묻는다. "인(仁)하면 될 뿐인데 난데없이 지(智)와 용(勇)의 명이 있고, 난데없이 의(義)·신(信)·예(禮)의 명이 있으며, 난데없이 충효와 청렴한 절개의 명이 있었으니…… 무엇을 위한 것인가?" 본래 '이태'의 실체를 근거로 삼는 '인—통—평등'만 있으면 충분한데, 왜 본래 실체가 없는 충·효·청렴·절개·예·의·신 등의 '명'(名), 즉 봉건주의의 기준과 관념이 있게 되었는가? 그는 고의로 이것을 만들어 인민을 압제하려 했기 때문이라 인식했다.

속된 학문과 비루한 행동으로 명교를 이야기할 때마다 마치 천명처럼 존경하여 감히 넘어서려 하지 않고, 마치 국헌(國憲)처럼 두려워하여 감히 따지려 하지 않는다. 오호, 명(名)으로 가르침을 삼은즉 그 가르침은 이미 실(實)의 손님이 되었으므로 절대로 실이 아니다. 또 하물며 명이라는 것은 사람이 창조했는데도, 윗사람은 그것으로 아랫사람을 제압하니 그것을 받들지 않을 수 없게 된다. 그러므로 수천 년

---

67) 『인학』.

동안 삼강오륜이 가져온 참혹한 화와 강한 독은 가혹할 뿐이다. 군주는 명으로 신하를 질곡에 빠뜨리고, 관료는 명으로 백성에게 차꼬를 채우며, 아비는 명으로 자식을 억압하고, 지아비는 명으로 처를 괴롭힌다. ……군신간의 화는 급박해졌고 부자와 부부의 인륜은 각각 명의 기세를 가지고 제압하는 것을 당연하게 생각하기에 이르렀다. 이는 삼강의 명이 부른 해이다. 명이 있음에 그 입을 막아서 감히 마음대로 말하지 못하게 하며 그 마음을 속박하여 감히 연상하지도 못한다. 따라서 우민술(愚民術) 가운데 명을 번잡하게 하는 것보다 훌륭한 것이 없다. 그러므로 말하노니, 예는 충신(忠信)의 얄팍함이요, 어지러움의 으뜸이다. 무릇 예는 인에 의해 드러나는데, 인을 갖추면 저절로 예를 가지게 된다. 특별히 표지(標識)하기 위해 인위적으로 새기고 묶고 하지 않더라도 윤상과 친소 등은 스스로 어지러워졌다가도 있게 되므로 엄하게 등급의 위엄을 세워서 가혹하게 유지할 필요가 없다. 예와 윤상은 모두 인에 근본을 둔다. ……인에 대해 말하자면 공명(共名)이다. 군주와 아비가 그것으로 신하와 자식을 책망하고 신하와 자식 또한 그것으로 군주와 아비를 반대할 수 있으므로, 겸제(箝制)의 술수가 필요 없게 된다. 그러므로 충효와 절개 등의 등차(等差)를 분별하는 모든 명을 만들지 않을 수 없고, 그것으로 신하와 자식을 책망하여 말하기를, '너는 어찌 불충한가! 너는 어찌 불효한가!' 라고 한다. 이는 마땅히 추방해야 하고 마땅히 도륙해야 한다.

다시 말해, 봉건주의가 '큰 경과 큰 법'으로 받들어 모시는 여러 가지 관념과 기준, 예를 들어 이른바 충·효·염(廉)·절·예·의·신과 '삼강오륜' 등은 모두 '윗사람이 아랫사람을 제압'하는 반동적 도구이다. 탄쓰퉁은 정주 철학을 비판한 왕부지(王夫之)와 대진(戴震)의 전통을 계승하고, 근대적 사회조건과 서양의 영향 아래 훨씬 격렬하게 봉건윤리 도덕의 죄악을 고발했다. 봉건통치자가 윤상과 명교를 이용하여 인민을 잔혹하게 박해한 사실을 폭로했으며, 하늘을 찌르는 봉건윤상의 죄악을 투철하게 고발하고 질책했다. 수많은 인민이 봉건주의의 예교와 강상의 속박과 압제 아래 무거운 고통을 겪고 있으며, 자유도 없고 평등도 없으며 독립·자주의 권리도 없고, 인간의 정신과 육체가 이 족쇄 아래에서 심하게 학대받고 굴욕받는 것을 파헤쳤다. "……계모가 전처 자식을 대하고 첩이 적자를 대하며 주인이 노비를 대하는 것은 체백과 관계가 없으므로, 어둡기가 그보다 더한 것이 있으리요! 삼강이 사람을 협박함은 족히 간담을 상하게 하고 그 영혼을 죽일 만하다!"

이들 부르주아 사상가들은 큰 소리로 외치면서 이 모든 반(反)인도적인 속박과 족쇄인 '예'를 비롯해 자연의 본래 법칙('인')에 위반된다고 인식한 모든 인위적 기준·그물·족쇄를 타파하고자 했다. 그들은 새로운 도덕 기준과 규칙을 내놓으면서 이것이 바로 자연과 인성의 본래 법칙이라고 생각했다. 중국의 전통적인 '인'과 '예'의 상호보충 관계는 내와 외, 본(실체)과 말(현상)의 관계인데, 탄쓰퉁은 이를 상호대립·충돌하고 병존할 수 없는 적대적 관계로 인식했다. 탄쓰퉁은 각종 명교, 즉 예교의 그물을 '타파'하고 '인—통—평등'을 실현해야만 사물에 본래의 면목을 되돌려줄 수 있고, 정치상의 개혁을 이야기할 수 있다고 인식했다. 그는 또한 봉건주의의 삼강오륜을 일률적으로 폐지하고 '친구' 일륜(朋友一倫)으로 그것을 대신할 것을 요구했다. '친구' 일륜에서 가능한 인간과 인간의 공동거주 원칙만이 자연의 '본성'과 인간의 '본성'에 부합하며 '인—통'을 표현한다고 인식했다.

오륜 중에서 인생에 대해 폐단이 없고 이익이 있으며, 추호의 고통도 없이 담백한 물 같은 즐거움이 있는 것은 오직 친구에 관한 것뿐이다! ……그 원인은 무엇일까? 첫째 '평등'이고, 둘째 '자유'이며, 셋째 '절의(節宣)'에 유념함이다. 그 뜻을 총괄하면, 자주의 권한을 잃지 않는 것을 말한다. 형제는 친구의 도보다 조금 떨어지므로 그 다음이라 할 수 있다. 나머지는 모두 삼강에 의해 닫히고 막혀 지옥과 같다. 위로 천문을 살피고 아래로 지리를 살피며 멀리 여러 사물을 보고 가까이 몸을 살펴보면, 능히 자주 할 수 있는 것은 흥하지만 그러지 못하는 것은 패한다. 공리(公理)가 확연하니 이를 따르지 않는 것이 없다. ……그러므로 민주는 천국의 의(義)이고, 군주와 신하는 친구이다. 아비와 자식은 각자 집과 재산을 가지며 서로 친구이다. 지아비와 지어미가 배우자를 선택할 때 양자의 마음이 서로 원해야 하고…… 지아비와 지어미는 친구이다. ……지금 동서가 모두 변법을 무성하게 이야기하지만, 오륜이 변하지 않으면 이 모든 지극한 이치와 중요한 도리를 하나도 시작할 수 없거늘, 하물며 삼강에 있어서랴!

캉유웨이가 '대동' 공상에서 계획한 것과 마찬가지로,[68] 탄쓰퉁은 자유롭고 독립적인 사회구조에서, 그리고 상공업과 물질문명이 매우 번영하고 발달한 경제기초 위에서[69] 보편적으로 행복한 이성을 가진 나라와 지상의 천국을 건립하려는 환상을 가졌다. "군주를 폐지하면 귀천이 평등해지고 공리가 밝아지면 빈부가 균등해진다. 천리 만리 떨어져도 한 가족, 한 사람처럼 된다." 이것은 일종의 공상적 사회주의의 대동세계였다. 이들 부르주아 계몽가들은 이후의 혁명파들처럼 자본주의 사회의 모순과 궤양(潰瘍)을 간파할 수 없었다. 그들이 동경하고 찬양한 '지상의 천국'은 바로 이상화한 자본주의 사회였다. 이것이 중국 근대의 선진적 이데올로기였다. 그것은 수천 년간 내려온 봉건적 생산양식을 돌파했고 경제 · 정치 · 문화 · 관념 등에 참신한 바람을 일으켰다. 이는 근대의 객관적 역사과정의 요구이자 반영이었다. 그것은 태평천

---

68) 두 사람의 다른 점은, 탄쓰퉁은 즉각적인 실현을 급박하게 요구했고 캉유웨이는 천천히 오게 될 자유 · 평등 · 박애의 원칙이 필요하다고 생각했다는 것이다.
69) 탄쓰퉁의 이상적인 사회는 조용하고 근검하며 흩어져 있고, 보수적인 자연경제의 소생산적 봉건사회와는 완전히 상반된, 격동적이고 사치스러우며 집중되어 있고 선진적인 기계 대생산의 자본주의 사회였다. 그는 기계생산과 자유무역, 근검 반대, 사치 주장 등을 천진하게 찬양했다.

국 이데올로기가 가지고 있던 농민계급적 혁명성은 없었지만, 더 높은 사회형태를 지향하고 봉건 이데올로기를 반대(다음 절에서 상세하게 논함)한 측면에서 전자에 비해 훨씬 선진적이었다. 예를 들어, 탄쓰퉁이 사치를 주장하고 근검을 반대하며 소비를 제창함으로써 봉건착취를 비판하고 생산을 발전시키며 자본주의를 창도한 것은 상당히 선명하고 두드러진 훌륭한 안목이었다.

> 광산이 있으면 학교를 세우고 기계를 발전시켜 그것을 개발하고 ……전지(田地)가 있으면 학교를 세우고 기계를 발전시켜 그것을 경작하며…… 공장이 있으면 학교를 세우고 기계를 발전시켜 그것을 대신한다. ……부자가 기계공장을 설치할 수 있다면, 가난한 백성은 그것에 의지하여 부양되고 물산은 그것에 의지하여 풍부해지고 화폐는 그것에 의지하여 유통되고 자신의 부도 그것에 의지하여 늘어나 쌓일 터이니, 마침내 가득 넘치고 넓게 미치고 두루 베풀어 대중을 구제하는 공을 거둘 수 있는 까닭이다. 이재(理財)는 지출을 절약하는 것에 대해서는 신중하게 말하지 않는다. 그것은 근원을 열어줄 뿐이다.

마르크스와 플레하노프는 프랑스 18세기의 유물론은 유물론적 자연관과 인간의 욕망은 악이 아니라는 윤리관에서 출발하여, 일련의 사회·정치 이론과 사회주의 유토피아의 이상을 구축했다[70]고 지적했다. 탄쓰퉁과 캉유웨이의 인성론은 프랑스 유물론자의 인성론과 상당히 비슷했다. 그들은 반봉건의 창 끝을 드러냈는데, 그 출발점은 '이태'이지 '심력'이 아니었으며, 유물론적 자연관이었지 주관적 관념론이 아니었다. 프랑스 유물론자와 마찬가지로 탄쓰퉁도 "인성으로 열쇠를 삼아 ……그것을 이용하여 도덕상·정치상·역사상의 모든 문을 열 수 있다고 믿었"다. 또한 그는 "사회법칙과 자연법칙이 상호저촉됨"을 깨달

---

70) 19세기 서양의 유토피아는 프랑스 유물론 이론의 계승이자 발전이었다.

고 "자연에서 사람마다 지켜야 할 불변의 규칙을 추출"하여 "자연 모체를 정치적인 면과 도덕적인 면에서 법칙으로 삼아 다루고자" 했다.[71] 이른바 자연의 영원한 '법칙', 즉 '사람마다 지켜야 할 불변의 법칙'은 탄쓰퉁에게 '생성·소멸하지 않는' '이태'였고, '생성·소멸하지 않는' '인'—'통'(通)—'평등'이었다. 물론 여기서 '자연'과 '인성'은 구체적인 계급내용을 상실한 추상이었고, 아름답지만 공허한 '자유'·'평등'·'박애'였다.

그는 있는 힘을 다해 자연계와 인간을 붙잡았다. 그러나 그에게서 자연계와 인간은 여전히 빈말이었을 뿐이다. 현실적 자연계에 관한 것이건 현실적 인간에 관한 것이건 그는 어떤 확정적인 것도 말할 수 없었다.[72]

이것은 마찬가지로 탄쓰퉁 등 중국 부르주아 계급의 추상적인 자연 인성론의 관념론이 있던 자리이기도 하다. 추상적 인간에서 역사적·구체적 인간으로의 전환, 자연인성론에서 역사적·계급적 인성론으로의 전환, 이것이 사회문제에 대한 마르크스주의의 사적 유물론의 이해이자 파악이었다.

이런 부르주아 계급의 추상적인 인권평등의 사회·윤리 사상은 봉건적 금욕주의의 사상체계와 대립되었으므로, 그것의 출현은 반동파의 광분을 격발시켰다.

새로운 도덕은 육체의 지위를 회복시켰고 정욕이 정당함을 새롭게 긍정했으며 사회가 사회구성원의 불행에 책임지도록 했고…… '지상에 천국을 건립'하기를 희망했다. 이것이 새로운 도덕의 혁명적 측

---

71) 플레하노프, 『유물론사 논총』, 인민출판사, 1953년, 22, 24, 27쪽.
72) 엥겔스, 『마르크스·엥겔스 선집』 제4권 「루트비히 포이어바흐와 독일 고전철학의 종말」, 236쪽.

면이다. 그러나 당시 기존의 사회질서를 옹호하는 사람들에게는 이 것이 잘못된 것이기도 했다.[73)

이들 '당시 기존의 사회질서를 옹호하는 사람들'은 탄쓰퉁과 개량파를 미친 듯이 적대시하고 공격했다.

군주는 신하의 벼리이고 아비는 자식의 벼리이며 지아비는 지어미의 벼리이다. ……동자(董子: 동중서를 가리킴—옮긴이)가 말한바 ……하늘이 변하지 않으면 도 역시 변하지 않는다는 뜻은 그것(삼강三綱)에 근본을 두고 있다. ……육친을 가까이 모시고 존귀한 자를 존중하며 어른을 어른 대접하고 남녀를 분별하여 대하는 것은 변혁을 바라는 백성과 함께할 수 없다. 오륜의 요체는 만 가지 행동의 근원으로, 수천 년간 전래되어 왔어도 아무런 이의가 없었다. 성인이 성인인 까닭과 중국이 중국인 까닭은 실제로 이 점에 있다. 그러므로 군신의 벼리를 알면 민권설은 행할 수 없으며, 부자의 벼리를 알면 부자가 동등하고 상례와 제사를 폐기하자는 주장은 할 수 없음을 알게 된다. 부부의 벼리를 알면 남녀평등의 견해가 나올 수 없음을 알게 된다. ……요즈음 내가 듣기로…… 공공연하게 삼강을 폐지하자는 견해를 만드는 자가 있다고 하는데…… 가슴이 놀라고 귀를 놀라게 하는 것에 이보다 더한 것은 없을 것이다.[74)
무릇 군주가 있어야 나라가 있고 부모가 있어야 가문이 있으며 스승이 있어야 가르침이 있다. ……그런데도 보국(保國)함에 군주를 근본으로 삼지 않으면 민주·민권의 주장이 일어나고 아버지와 자식의 권한이 같게 되니…… 이는 대란의 도이다.[75)

---

73) 플레하노프, 『유물론사 논총』, 13쪽.
74) 장즈둥, 『권학편 내편』 「명강(明綱) 제3」.
75) 왕런쥔, 『정학』(正學) 「서언(序言)」.

이들의 이론은 탄쓰퉁이 위에서 주장한 이론과 완전히 대치되었다. 보수파의 이런 미친 듯한 주장과 저항으로부터 당시 탄쓰퉁의 사상이 얼마나 첨예한 투쟁 속에서 용감하게 전진했는지, 그것이 당시 얼마나 큰 진보적 의의를 가졌는지를 이해할 수 있다. 이런 신흥사상, 즉 부르주아 자연인성론과 그것과 연관된 사회 · 정치 · 도덕 학설은 충분히 긍정해야 한다.

2. 군주전제와 청조 정권에 대한 공격

탄쓰퉁의 사회사상의 특색 가운데 하나(캉유웨이와 다른)는 사회윤리 문제에 중점을 둔 것이었다. 특히 그는 사회윤리 문제를 정치적 압박의 문제로 집중 · 귀결시켰고, '오륜의 으뜸'인 군신의 일륜을 중심으로 하여 광범위한 비판을 펼쳤으며, 군주전제 제도를 용감하게 공격했다. 이는 플레하노프가 프랑스 유물론자들을 "도덕은 그들에게서 전부 정치로 변했다"[76]고 찬양한 것과 같다. 군주전제, 윤리명교, 청조 정권에 대한 애국주의 · 민주주의 · 인도주의 정신이 충만하던 용감한 비판은 탄쓰퉁 사상의 가장 깊이 있고 중요한 내용이자 특색이었다. 그것은 커다란 진보적 영향을 불러일으켰고 지금까지도 사람들이 숙지할 정도이다. 그러나 수많은 글이 이에 대해 중점적으로 설명했기 때문에 여기서는 지나친 중복을 피하고자 한다.

총체적으로, 탄쓰퉁의 사회정치적 비판은 자신만의 독특한 시대와 계급의 빛깔을 가지고 있음을 지적해야 한다. 탄쓰퉁의 비판은 비참하고 고통스러운 현실 속에서 장기간에 걸친 전제주의의 압박에 대해 수많은 인민이 가진 증오와 정서를 깊이 반영했으며, 이 제도에 반항하는 폭풍우가 곧 도래할 것임을 반영한 것이었다. 탄쓰퉁의 비판은 놀랄 만한 사상의 높이에 도달했다. 그것은 우선 전체 봉건전제 제도를 명확하고 견결하게 정면

---

76) 『일원론적 역사관의 발전을 논함』, 인민출판사, 1954, 19쪽.

에서 공격하면서 인민을 노역시키고 착취하는 무거운 죄악을 지적했다. "2,000년 동안 정치는 진나라 정치였고, 모두 큰 도적이었다." 탄쓰퉁은 경제·정치·군사·문화의 각 방면에서 구체적인 사실을 통해 이 점을 논증했다. 그는 수천 년 동안 진행된 봉건전제의 잔인한 죄악을 일일이 열거하면서 군주전제 제도를 비통하게 고발하고 신성불가침한 황제 나으리의 위엄을 호되게 꾸짖었다.

이때부터 2,000년 동안 군신의 윤리는 더욱더 어둡고 꽉 막혀서 더이상은 인간의 도리에 들어맞지 않게 되었고, 지금에 이르러 바야흐로 더욱더 극렬해지고 있다. 무릇 저 군주는 눈귀와 손발을 가지고 있을 뿐인데, 코가 두 개, 눈이 네 개가 아니며 지력이 다른 사람보다 뛰어난 것도 아닌데, 과연 무엇에 의지하여 4억의 무리를 학대하는가? 일찍부터 삼강오륜이라는 글자에 기대어 남의 몸을 통제할 수 있었을 뿐만 아니라 남의 마음까지도 통제할 수 있었다.

엄한 형벌을 쌓아서 천하를 겸제하려면 명(名)을 널리 세워 겸제의 도구로 삼지 않을 수 없다.

탄쓰퉁은 군주전제 제도를 위해 복무하는 봉건사회의 상부구조—법률·정치·문화·도덕—의 본질을 폭로하고, 통치자가 예를 만들고 법을 제정하는 등 모든 행정 조치는 자신의 통치를 위한 것임을 지적했다.

무뢰한과 도적이 진실로 삼강의 명(名)을 매우 좋아하여 모든 형률(刑律)제도는 모두 이것을 모범으로 삼았는데, 그 편리함을 취하기 때문이다. ……그가 관리와 선비, 농민과 기술자와 상인을 대하는 방법은 그 조례를 번잡하게 하고 그 등급을 내려 그들을 옭아매는 그물로 삼는 것이다. 그러므로 그들의 권리를 침탈함으로써 그들이 앞에서 끌어당기고 뒤에서 절름거리며 따라오게 한다. 온갖 상황을 견제하여 그들의 근력을 피곤하게 만들고, 끝까지 자진하여 분주하게 고생하다가 늙어 죽게 만든다. ……그런 후에 저 군주는 비로소 태연하게 베개를 높이 베고 말하기를 '아무도 나를 해치지 못한다'고 한다. ……학술로 말하면 '영정'(寧靜)하다 하고, 통치술로 말하면 '안정(安靜)'하다 한다. 일을 처리함에 시비를 헤아리는 것이 아니라, 아예 처음부터 금지하여 계속 확장시켜 나간다. ……정부의 대간(臺諫), 육부(六部), 구경(九卿), 독무(督撫), 사도(司道)가 조석으로 전전긍긍하면서 통어(統御)하는 것은, 4억 인의 움직임을 힘으로 통제하여 그 손발을 묶고 그 이목을 틀어막는 것에 지나지 않는다.

'억울한 문자옥'을 일으켜 위협하고 과거시험에서 팔고문을 시행하여 이익으로 유혹한다. "금서를 불태움으로써 백성을 우매하게 만드는 것보다는 시서(詩書)로 백성을 우매하게 만드는 것이 낫다." 『태평어람』(太平御覽)을 짓느라고 당대의 호걸들을 소모시켰으며", "무자비하고 참혹하게 다루어 백성의 영험한 생각을 모두 질식시켰다."

탄쓰퉁은 역대의 유가학설이 봉건통치와 압박을 위해 봉사한 반동적인 성격임을 깊이 파헤치고, '충신'과 '대유'(大儒)로 추앙되던 봉건사회의 저명한 정치·학술 대표자들이 '주(紂)'와 걸(桀)을 도운 공범이자 노복이었음을 지적했다.

……그 학문을 함에, 밑에 있는 사람이 설명·해석을 하면 구차하게 부귀해지고 편안함과 기쁨을 얻고자 하는 마음을 질타하면서도, 공공연하게는 낮추고 아첨하고 눈치 보는 노예 같은 얼굴과 무릎 꿇는 모습을 하여 신하의 충절에는 손상이 없게 했으며, 반대로 주(紂) 같은 폭군을 도와 학정(虐政)을 펴는 자는 충의롭다 일컬었다. 위에 있는 사람이 공부를 하면 더더욱 이익을 취하면서, 군주를 존중하고

신하를 천시하며 백성을 우매하게 만들고 스스로 방종하고 횡포를 부리면서 천하의 인심을 틀어막았다. ……(그중 역대 한당漢唐 각 대 봉건군주는 유가학설 가운데 하나인 순학을 수단으로 하여) 상하를 엄하게 구분하고(군주를 존중하고 신하를 천시함을 가리킴) 중외의 구분을 엄하게 세워서, ……마침내 북송과 남송의 여러 대유의 학파를 열었다. ……위에 있는 자 가운데 송유(宋儒)를 숭배하지 않는 자가 없고 그것을 수사(洙泗)*의 정전(正傳)이라 호칭했다. 그 뜻은 송유가 가지고 있는 사사로운 덕목이 자신에게 크게 유리하다는 것을 말하는 것이 아닌가? ……2,000년의 학문은 모두 순학(순자의 학설)이었고, 이들은 모두 지방유지들이었다. 큰 도적은 지방유지들을 이용했고, 지방유지들은 큰 도적에게 아첨했으며 양자는 서로 교류하며 도왔다.

오호, 삼대 이하의 충신 가운데 걸과 주를 돕지 않은 자가 얼마나 있는가! 하물며 폭군을 위해 연못을 말려 고기를 잡듯이 긁어모으면서도 스스로는 이재(理財)라 하고 보국(報國)이라 했다. 이는 지금 지출을 줄여야 한다고 말하는 자들이 국가를 위한다는 것과 백성을 위한다는 것이라는 두 가지로 나뉜 것과 같지 않은가? 국가와 백성이 둘로 나뉘었는데, 나는 백성을 떠나서 국가에 과연 무엇이 있는지 모르겠다. 군주가 천하를 자신의 주머니 속 사유재산으로 여기고 천하의 백성을 개돼지와 지푸라기로 보는 것이 조금도 이상하지 않구나!

이에 대립하여, 탄쓰퉁은 새로운 정치원칙—우리가 앞서 이야기한 부르주아 민주정치—을 주장했다. 탄쓰퉁은 민주정치를 이론적으로 증명했다. 그는 황려주**와 왕선산의 민주사상을 직접적으로 계승하

---

* 산둥 성 취푸(曲阜) 현의 사수(泗水)와 그 지류인 수수(洙水)의 병칭. 공자가 사수와 수수 사이에서 제자를 가르쳤다 하여, 공자의 사상과 학통을 가리키는 말로 사용된다.

여 '백성은 귀하고 군주는 가벼우며'(民貴君輕), '백성이 근본이고 군주는 말단'(民本君末)임을 지적했고, '다스림'의 '극치'는 '민권을 흥성'시키는 것임을 지적했다. "군주는 백성을 위해 일하는 사람이고 신하는 백성의 일을 도와 처리하는 사람이다. 일을 제대로 처리하지 않으면 그 사람을 바꾸는 것이 천하의 통용된 이치다." 탄쓰퉁이 절박하게 바란 것은 더 철저한 민주공화국의 이상이었다. 그러므로 캉유웨이와는 달리, 그의 저서에서는 반드시 군주입헌제에서 민주제로 넘어가야 한다는 역사진화의 점진론이 거의 논증되지 않았다. 반대로 탄쓰퉁의 분노에 찬 함성에 표현된 것은 혁명에 대한 환상과 민주에 대한 갈망이었다. 여기에 개량파 좌익 급진파의 특색이 있다.

위에서는 다만 탄쓰퉁의 사회·정치 사상의 특색을 중점적으로 이야기했을 뿐, 탄쓰퉁과 기타 개량파 인사들의 수많은 공통사상, 예를 들어 경제면에서 자유무역과 자유경쟁의 강조, 정치면에서 민주인권의 선전과 해석, 문화면에서 팔고 시문(詩文)의 반대와 과학 '격치'의 주장, 그밖에 수많은 변법유신의 구체적 방안과 주장에 대해서는 일일이 논술하지 않았다.

물론 탄쓰퉁은 봉건 군주전제 제도와 봉건윤상 명교의 역사적 본질을 여전히 인식하지 못했다. 그는 봉건사회의 상부구조가 그 지주계급 토지소유제라는 경제토대에 복무하고 있다는 본질을 이해할 수 없었다. 이들 계몽가들은 항상 역사관념론의 입장에 서서 사회문제를 논했다. 역사와 인류의 재난을 단순한 '불행'과 '오류' 정도로 간주했고, 이것이 인류의 이성이 '순학'과 '큰 도적'의 속임수 아래, 그리고 습속과 편견의 어리석음 아래에서 비참하게 희생된 까닭이라고 간주했다. 그들은 역사와 인류를 '오류'와 '불행'에서 해방하려면 오직 이성을 회복('인재배양')하기만 하면 된다고 생각했다. 역사는 어떤 법칙성의 결과가 아니라 칠흑 같은 일단의 불행이며, 오직 이성만이 재

** 황종희(黃宗羲)를 말한다. '종희'는 이름이다.

난을 구할 수 있고 이성만이 역사의 추동자라고 생각했다.

그런데도 탄쓰퉁은 봉건윤상 명교가 봉건통치를 위해 봉사하고 있는 본질을 꿰뚫어보았다. 이 점은 여전히 탄쓰퉁의 전체 사상에서 가장 깊이 있는 부분이다. 한밤중 같던 당시의 시대적 환경에서 이 사상은 혁명의 불꽃이었고 반역의 호각소리였다. 『대동서』의 저자와 당시 기타 진보적인 인사와 비교할 때, 탄쓰퉁의 봉건윤상 질서에 대한 비판은 훨씬 더 풍부하고, 훨씬 더 옹골찬 감성과 피와 살의 내용이었다. 또한 훨씬 강렬하고 훨씬 용감한 계급투쟁의 생활체취가 있다. 탄쓰퉁은 당시 어떤 사람보다도 호되게 그리고 깊이 파헤쳤다. 그 속에는 사적 유물론에 근접한 몇몇 개별 관점이 빛을 발했다.[77] 탄쓰퉁의 이런 비판은 직접적으로 '5·4운동'에 의해 계승되었고, 마침내 진부하고 흉악한 봉건 묘당을 파괴하는 불로 활활 타올랐다. 탄쓰퉁의 이 비판의 무기는 지금까지도 여전히 사라질 수 없는 광채를 발하고 있다. 오늘도 전투적 체취가 충만한 비판문장을 읽노라면 여전히 그 시대의 진보정신과 사람의 마음을 격동시키는 거대한 힘이 절절하게 느껴진다.

탄쓰퉁의 봉건 윤상 예교 비판이 '5·4' 운동 때에 이르러서야 진정한 혁명의 불로 타올랐다면, 그의 청조 정권 공격은 곧바로 당시의 혁명파 인사들을 배양했다.[78] 전자를 5·4운동 사조의 선조라 할 수 있다면, 후자는 신해혁명의 선구라 할 수 있다. 탄쓰퉁의 반청과 군주전제 반대

---

77) 예를 들어 윤상 명교와 학술문화가 봉건군주의 전제정치 제도를 위해 봉사하는 성격을 지닌다는 것에 대한 폭로.

78) 그 이유는 플레하노프의 견해로 해석할 수 있다. 한 시대의 혁명은 자신의 가장 주요한 전장(典章)과 가장 주요한 대상, 목표물을 가지고 있다. 19세기말 20세기초의 가장 주요한 전장은 아직 봉건적 윤리와 예교의 방면이 아니었고 문학개혁도 아니었으며, 현존 정권을 반대하거나 개혁하는 직접적인 정치방면에 집중되었다. 이것은 그토록 격렬하고 용감하던 혁명파 인사들이 왜 사상영역—도덕·학술·문예 등—에서 대개혁을 일으키지 않았는가 하는 것을 설명해준다. 이를 통해 또 예교와 강상에 대한 탄쓰퉁의 비판은 '5·4' 운동 시대에 이르러서야 자신의 계승자를 찾게 되었지만, 군주제도와 청조 정권에 대한 공격은 왜 당시에 즉각적으로 그렇게 광범위한 관심과 주의를 야기할 수 있었는지를 설명해준다. 자세한 것은 이 책의 관련 문장을 참조하라.

사상은 직접적으로 당시 이미 흥기한 혁명민주주의자의 정신적 양식이 되었다. 탄쓰퉁의 반청 혁명적 경향은 자신의 전체 사회사상의 두번째 특색(첫번째 특색은 앞서 말한 봉건윤상 비판)이 되었다.

천하가 군주의 주머니 속 사유재산이 된 것은 어제오늘 일이 아니라 수천 년 동안 그러했다. 그러나 요(遼)·금(金)·원(元)의 죄가 그 이전의 군주보다 더 심했음을 아는 자가 있는가? 그들의 땅은 황무지였고 그 사람들은 벌거벗은 종족이었으며 그 마음은 수심(獸心)이었고 그 윤리는 원시인의 풍속이었다. ……하루아침에 그 흉악하고 잔인하여 음탕하고 살기등등한 위세를 드러내 중원의 자녀와 보물을 탈취했다. ……그들의 눈과 귀를 막고 손발을 묶었으며 생각과 마음을 억압하고 그 이익의 근원을 차단했다. 그들의 생계를 궁색하게 하고 그 지모와 술수를 폐쇄시켜, ……자신들의 든든한 호신으로 삼았다. ……그러나 칭기즈칸의 어지러움은 서양 국가가 말할 수 있었고, 쿠빌라이(忽必烈)의 학정은 정소남(鄭所南)의 『심사』(心史)에 기록되어 있다. 고통스러워도 수백 년간 감히 말하지 못하고 기록하지 못했으니 더욱 슬프지 아니한가! 『명계패사』(明季稗史)의 『양주십일기』와 『가정도성기략』(嘉定屠城記略)은 한두 가지만 간략하게 기록했을 뿐이다. 당시 불지르고 약탈하는 군대를 풀어놓았을 뿐만 아니라 변발령도 엄하게 시행했으니, 도살과 노략질이 모두 그러했다. ……또한 영주라고 호칭하는 자가 있었지만(건륭乾隆을 가리킴), 『남순록』(南巡錄)에 기재된 노략질과 무례한 행동을 보면 수양제, 명무제와 거의 다르지 않았을 뿐만 아니라, 금수와 같은 행동은 『대의각미록』에 모두 나타나 있다. 타이완이라는 동해의 고도를, ……정성공(鄭成功)이 점거하고 있었다. ……그런데 아무런 연고도 없이 그 토지를 탐하여 자신(淸)의 소유로 차지했다. 자신의 소유로 차지하는 것은 그래도 가하지만 200여 년 동안 그 백성의 힘을 고갈시키다가 하루아침에 구차한 자구지책으로 몽땅 들어서 다른 곳

(일본)에 주어버렸다. 그들은 중국인의 몸과 집을 장난감만도 못하게 취급했다. 아! 만약 방어를 했다면 타이완은 진실로 손상되지 않았을 것이고, 열여덟 성의 중국인이 도마 아래에서 나뒹굴고 상인의 손아귀에서 움츠러들지 않았을 것이다. ……나는 중국인이 다시는 꿈에라도 그들을 같은 족속이라고 잘못 끌어들이지 않기를 원한다. …… 그러므로 러시아 신문에서는 "고통의 끝에 이른 중국인이 수조 이상이므로 우리는 의당 그 조정을 멸망시키고 그 백성을 구해야 한다"고 했다. 미국과 유럽의 여러 나라도 이에 대해 말할 때면 모두 협의의 미명을 빌리지만 음험하게 그 자산(資産)을 사냥하지 않는 나라가 없었다. 중국인이 스스로 방위하지 않으면 그 화는 참으로 말로 이를 수 없을 것이다.

『인학』의 이런 부분은 『민보』 등 혁명파 간행물과 비교해보더라도 별다른 차이가 없을 것이다. 이는 다음과 같은 사실을 증명한다. 낙엽 하나가 가을을 알려주듯이, 이런 탄쓰퉁 사상의 출현은 혁명의 폭풍이 불가피할 것임을 예고하고 있고, 개량주의가 장차 민주주의에 자리를 넘겨줄 것을 예고하고 있으며, 혁명민주주의의 거대한 사조가 산 같은 파도처럼 곧 이르게 될 것임을 예고하고 있다! 탄쓰퉁의 청조 정권 비판에는 청조 통치자의 이익과 인민의 이익이 근본적으로 대립되어서 조화할 수 없는 성격이고, 청조 통치자의 대외적인 매국행위와 대내적인 도살행위가 필연적으로 연관되어 있다는 인식이 들어 있었다.

중국은 백성이 병법을 아는 것을 두려워하여 민간인이 무기를 팔고 소장하는 것을 범법이라 했다. ……아마도 백성이 무기사용을 숙지하여 난을 일으킬 것을 방지하려는 것일 것이다. 이는 한나라 때 궁노(弓弩) 소지를 금한 것과 같다. ……나날이 시기하는 마음을 품고 백방으로 백성을 통제했다. ……그런데 외국의 모욕을 당하자마자 오히려 수치스럽게도 기꺼워하면서 조칙을 받아들였다.

……외환이 깊어지고 해군은 멸망했으며 요충지를 빼앗기고 안방까지 침입당했다. 이권을 빼앗기고 재원이 고갈되었으며 분할의 조짐이 보였고 백성은 거꾸로 매달려, 국가와 교육과 종족이 장차 모두 멸망하기에 이르렀다. 오직 변법만이 그것을 구할 수 있는데도 (통치자는—옮긴이) 끝까지 불변을 견지했도다! 이는 백성을 바보로 만드는 것이 아니겠는가? 변법을 하면 백성이 지혜롭게 된다. (통치자는—옮긴이) 백성을 가난하게 하려 하는데, 변법을 하면 백성이 부유해진다. 백성을 유약하게 하려 하는데, 변법을 하면 백성이 강해진다. 백성을 죽이려 하는데, 변법을 하면 백성이 소생한다. 그 지혜와 부와 강함과 소생을 자기 한 몸에 사사로이 가지고 있으면서 우매함과 빈곤과 약함과 죽음을 여러 백성에게 돌리고 있다. 변법을 하면 백성이 지혜·부·강함·소생을 놓고 자신과 다툴 것이라 생각하여 불변을 견지하는 것이다.

탄쓰퉁이 청조 통치정권을 극도로 증오하는 가운데 인민봉기와 반항에 대한 공감이 자연스럽게 나왔다. 정허성(鄭鶴聲)은 탄쓰퉁이 초기에 부친의 명을 받아 쓴 족보에 선조(상군湘軍의 장군)에 대해 송양(頌揚)한 것을 자신의 글에 인용하면서 탄쓰퉁이 인민대중에게 적대적인 태도를 가졌다고 증명했는데, 이는 일면적인 것이다. 사실 탄쓰퉁은 이론적으로 인민혁명에 대한 공감과 지배계급의 도살정책에 대한 분개를 일관되게 나타냈다.

홍슈취안과 양슈칭의 무리는 군주와 관리의 고통에 못 이겨 뛰쳐나와 위험으로 달려 나아갔는데, 그 상황은 충분히 동정하겠다. ……어찌하여 상군(湘軍: 태평천국군을 치기 위해 쩡궈판이 조직한 군대—옮긴이)은 백성을 살육하는 것을 의로운 일로 삼았는가? 상군의 이른바 반란평정은 비적소탕이라는 명목을 빌려 무량수(無良荄)는 모두 칼날 아래 살찌고, 세를 틈타 노략질과 방화를 하는 등 못하는 짓이 없었다. 중흥을 주장한 여러 인사는 바로 맹자가 말한 '중형을 받아야 할' * 자들이었다.

중국의 군대는 외국의 모욕을 방어하기에는 부족하지만, 자기백성을 도륙하는 데는 남음이 있다. 자기백성을 도륙하고는 큰 작위를 받고 큰 상을 얻으며 큰 명예를 누리고 당당하게 교만하게 살면서 스스로 큰 공이라 여긴다. 이것이 내가 상군을 지극히 수치스럽게 여기고 증오하여 잠시도 잊지 않는 이유이다.

함정을 만들어 백성을 유혹하고 그들을 도살한다. 금수를 잡아도 그렇게는 하지 못할 것인데, 어찌 우리 중국인을 학살함에 이리도 과감한가! 유랑하는 용사를 죽이는 것도 모자라 '회당의 비적'도 죽인다. 원래 회당의 비적이 흥성하게 된 것은 병사들이 서로 연락하고 도움으로써 환난에 함께 대처하는 것이었기에 위에서도 좋게 여겨 칭찬했다. 그리고 모임이라는 것은 살아 있는 사람에게 없앨 수 없는 공리이다. 그런데 지금은 그 공식적 모임을 허락하지 않는다. 공식적 모임을 허락하지 않으면 비밀모임으로 가는 것이 또한 순리다. 그러자 횡포하게 비적의 이름을 뒤집어씌워 줄줄이 수색하여 죽이니 죽은 자가 1년에 수만 명이다. 왕년에 메이슨과 리훙(李洪)이 함께 모반한 사건이 있었을 때, 메이슨은 서양 법률에 따라 일곱 달 동안 감금당했으나 형기가 만료된 후에는 바다에서 마음대로 돌아다녔다. 그런데 중국의 창장(長江) 일대에는 피가 가득 흘렀다. 자기백성을 학대함에 그 공평치 않음이 어찌 이다지 극심하단 말인가!

위와 같은 논점들에서 탄쓰퉁은 "만주족과 한족을 구분하지 않으며", "군주와 백성이 함께 다스린다"는 개량주의적 이론강령과 "차례

---

* 『맹자』의 「이루」(離婁) 상편에 다음과 같은 말이 나온다. "그러므로 전쟁에 뛰어난 사람은 중형을 받아야 하고, 제후를 연합시켜 (전쟁을 일으키는) 자는 그 아래 형벌을 받아야 하며, (백성을 부리어) 황무지를 개척하고 토지(의 세금)를 마음대로 하는 자는 그 아래의 형벌을 받아야 한다."

에 따라 점진적으로 진화"하되 "뛰어넘을 수 없다"는 개량주의적 정책 주장을 이끌어낼 수 없었다. 이런 주장과 강령은 본질적으로든 논리적으로든 탄쓰퉁의 급진적인 정치비판, 애국정신과 서로 모순되고 충돌했다. 그러므로 이론의 논리적 법칙은 탄쓰퉁을 반청 혁명이라는 자연스러운 결론으로 인도했다. "저 군주가 의롭지 않으면 누구나 그를 살육할 수 있다", "내외의 성대한 여러 관리를 제거하면 법을 바꿀 수 있다", "오늘 중국이 신구 양당의 유혈로 대지를 덮을 수 있어야만 바야흐로 부흥의 희망이 있다", "지사와 어진 사람은 진섭(陳涉)과 양셴간(楊玄感)이 되어 성인공양(供養)을 몰아내야만 죽어도 유감이 없을 것이다", "각국의 변법에서 피를 흘리지 않은 것이 없었다."

캉유웨이가 『프랑스 혁명기』를 진상하여 통치자들을 깜짝 놀라게 한 것과는 대조적으로, 탄쓰퉁은 "맹세코 천하의 군주를 모두 살해함으로써 유혈로 지구를 가득 채우고 만민의 한을 씻으련다"라는 프랑스 대혁명의 '민주주의'를 거리낌없이 찬양했다. 그리고 반청 서적을 비밀리에 자기학생과 친구들에게 소개했고, 하층의 회당과 연락하고 왕래하기 시작했다. 오롯한 희망을 만청 귀족이 통제하는 중앙정권에 걸지 않고 지방정권에 주의를 기울였다(예를 들어 암암리에 후난 독립을 계획한 것). 남학회를 정치적으로 조직하는 등의 여러 가지 사상과 행동[79]은 이미 이후 혁명민주파의 주장과 상당히 근접했다. 그것은 개량파 좌익 급진파의 정치적 · 조직적 특징이었다.

물론 탄쓰퉁이 이미 완전하게 혁명민주파가 되었다고 말하는 것은

---

79) 당시 탄쓰퉁 등은 민권을 일으키고(정치) 회사를 설립(경제)하는 것만이 구국의 근본이므로, 이 일들을 청 정부가 할 수 없다면 지방에서라도 할 수 있다고 생각했다. '남학회'는 바로 의회의 초기 형태로 창립되었다. "후난 성에 남학회 설립을 청하여 궁유(公優)의 허락을 얻자 국회는 이에 기초를 다졌고 의원도 몰래 기탁한다. ……천지가 무너지더라도 힘써 국회를 보호하면 민권을 모두 상실하지 않을 수 있다. 민권이 있는 곳이라면 감히 아프리카와 오스트레일리아의 갈색 인종과 흑인종처럼 대하는 것은 고금에 있을 수 없다."(「천유밍 무사에 올리는 글」上陳右銘撫事書 『추우년화지관총좌서미간고』秋雨年華之館叢脞書未刊稿, 『후난 역사 자료』, 1959년 제4기).

결코 아니다. 알다시피, 실천과정에서 생각으로만 의식하고 긍정한 것을 진정으로 인정하는 것은 그것을 행동으로 옮기는 것과 커다란 차이가 있다. 하물며 탄쓰퉁의 이런 혁명의식은 당시 넘실대는 큰 바다처럼 국내 개량주의 사조가 포위한 가운데, 싹을 틔우는 단계에 놓여 있었을 뿐 아직 여러 방면으로 관철시킬 수 있는 완정한 체계를 이루기에는 미성숙했음에랴! 이는 플레하노프가 포이어바흐를 논한 다음의 말과 같을 것이다. "……폭풍우가 더 이상 호사스럽고 화려하게 장식된 홀에서 폭발하지 않고 거대한 역사무대에서 폭발했을 때, 가장 가련한 이 사람은 자신의 견해를 바꾸었다. ……아마도 그는 이들 '거친' 공화당원들과 어떤 왕래도 원하지 않았을 것이다."[80]

사상가들은 인민대중을 경시하는 관점에서 벗어나기 어렵고, 항상 '구세제민'하는 위대한 개인만이 역사의 추동력이라 생각한다. 탄쓰퉁은 때때로 자신이 '소동을 두려워하고', '큰 난리가 일어나면 수습할 수 없지 않을까'를 두려워한다고 했다. 그러나 다른 한편 '작은 성과를 달가워하지 않는' 그의 개성적 특징과 앞서 말한 급진적 사상을 감안하면, 혁명이 일어났을 때 그가 그 속에 말려들어 지도자가 되지 않았으리라 보장하기 어렵다. 그러므로 캉유웨이·량치차오와는 달리, 탄쓰퉁은 중국 근대에서 급진파와 급진사상의 가장 이른 대표였고, 그야말로 신해혁명과 5·4운동의 진정한 선구자였다.

3. 종교적 신비주의에 대한 숭배

위에서 논한 탄쓰퉁의 사회관점의 오류가 수많은 다른 계몽사상가에게도 공통된 오류였다면, 여기서 논하는 그의 사상적 오류는 연약하고 고민이 많던 탄쓰퉁 개인의 독특한 오류라 할 수 있다. 이는 바로 그 철학의 '심력' 관념론에서 직접 파생되어 나온 종교적 신비주

---

80) 플레하노프, 『유물론사 논총』, 38쪽.

사상이다.

이런 사상이 비롯된 것은 이론적으로는 탄쓰퉁이 사회적 재난의 진정한 원인을 이해하지 못하고 사회적 죄악의 물질적 근원을 찾지 못했기 때문이다. 또한 자신의 경험 속에서 지배계급과 봉건사대부들의 비루하고도 더러우며 사리사욕에 찬 비열한 여러 가지 심리를 보았고, 그것을 자신의 그릇된 정신론, 추상적 인성론과 결합시켰기 때문이다. 탄쓰퉁은 단순하고 그릇되게 모든 죄악의 원인을 추상적인 '인심'이 후천적으로 선하지 않음으로 돌렸다. 또 그것을 인간의 이기심 때문에 생기는, '기심'(機心)을 일으키고 '아상'(我相: 자기 견해)을 만들며 '찰나 찰나 상속'(念念相續)을 만드는, '의식'(意識)과 '아식(我識)'으로 귀결시켰으며, 인류만물의 '심력'이 방해를 받아 소통·융합될 수 없어 '불통'·'불인' 하게 된 것에 귀결시켰다. 그러므로 탄쓰퉁은 이렇게 말했다.

> 큰 재난이 장차 이를 것인데, 이는 인심이 초래한 것이다. 서양인들은 몸 밖의 기계로 물건을 만들어내는데, 중국인은 마음의 기계로 큰 재난을 만든다. ……연겁운(緣劫運)이 마음 때문에 이루어진 것을 안다면 마음으로 해결할 수 있을 것이다.[81]

그러므로 '인—통'은 당시 겹겹이 쳐 있는 봉건그물망의 타파를 요구하고, "모순대립을 타파하고 평등을 추구"할 것을 요구했으며, 다른 한편으로는 인간들의 '심력' 정신이 상호소통하여 영혼의 교류와 불법(佛法)의 보도(普渡)가 실현되기를 희망했다. 전자는 현실투쟁을 지향한 것이고, 후자는 종교의 품으로 들어간 것이었다. 계급적 근원이란 측면에서는 탄쓰퉁 자신이 고급관리 가정 출신이어서 끝내 인민대중에서 진정한 물질적 힘을 찾을 수 없었고, 그로 인해 사회개혁을 요구하면서

---

81)「북유방학기」.

도 착수할 길도 기댈 곳도 없었다. 그런데다 커다란 곤란을 만나 의기소침해지자 저절로 종교로 전향해서 추상적인 '인심의 개조'를 행하게 된 것이다.

통달하면 아울러 천하를 선하게 할 수 있다고 하는 것은 곤궁해도 아울러 천하를 선하게 할 수 있다는 것을 모르고 한 말이다. 그리고 그것은 높은 관직의 역량보다 더욱 크다. 무릇 천하 사람들의 뇌기근(腦氣筋)은 모두 연결되어 있다. 여기서 선한 생각을 발하면 저기서 반드시 응답하는 자가 있다. 마치 전신을 보내는 것처럼 만리라 하여도 방해물이 없다. ……인심과 풍속이 받은 피해는 이루 말로 다할 수도 그것을 구할 방법도 없지만, 심으로는 구할 수 있다. ……심력은 모아서 증강시킬 수 없으므로 심을 강구하는 학파를 열어, 불가의 이른바 원력(願力)과 영국 오토 헨리의 이른바 심을 다스려 병에 면역되는 방법을 전적으로 수양하는 것이 좋다. 각 교의 교주는 필부가 일심으로 고행하여 창시한 자이다. ……무릇 심력의 작용은 전일함에서 비롯된다. 불교의 밀종(密宗)은 주문의 힘이 크다. 주문은 다름이 아니라 마음을 집중하는 것이다. 그러므로 범어 주문은 번역을 통하지 않으면 그 뜻을 구해도 분분하여 집중할 수 없다. ……생각하고 또 생각하면 귀신에게 통할 수 있다. 공자가 백성을 말미암게 할 수는 있어도 알게 할 수는 없다고 한 것은 아마도 이를 말한 것일 것이다. ……자비를 말하면서 영혼을 말하지 않는 것은 성현을 가르칠 수 있을 뿐 우중을 교화할 수는 없다. ……우매한 부부가 항상 이것을 염두에 두면 생전의 성색(聲色)과 재물의 이익 등 여러 가지 마음에 드는 일이 연연할 것이 없다는 것을 알게 되고 생각을 바꾸어 사후의 영원한 즐거움을 얻기를 바라고, 특히 사후의 영원한 고통을 두려워하게 된다. ……천당과 지옥이 마음속에 삼엄하게 늘어서 있음을 알면 반드시 감히 속이고 꾸미고 방종하지 않고, 장차 나날이 선하게 됨으로써 스스로 삼가고 두려워하게 될 것이다.

탄쓰퉁은 여기서 조소에 대해 변명하는 식으로 이른바 "마음으로 모든 중생의 고뇌를 헤아림"을 제출하고, 모든 사람이 "자비를 행하고", "자기견해(我相)를 제거하며", "의식을 끊고", "기심(機心)을 소멸시키며", "적을 친구처럼 보고", "다른 사람을 자신처럼 사랑"함으로써 '심력'을 소통시키고 다른 사람과 자신을 합일시키면 '인'도 "활짝 체현"될 수 있다고 부르짖었다.

탄쓰퉁 자신으로 말하면, 우주와 동일한 종교감정은 기타 세속적인 욕망행위와 도덕의지의 근기(根基)이자 동력이었고, 동시에 초기의 인간세상에 대한 비량감(悲凉感)과 밀접하게 관련되었다. 그러나 객관적 의미에서 보면, 탄쓰퉁의 '인-통' 사상은 본래 "중외의 소통"[82], "상하의 소통",[83] "남녀 내외의 소통",[84] "다른 사람과 나의 소통"[85]을 요구하는 것으로, 각 방면의 현실적 내용과 투쟁의 의의가 있다. 이때는 결국 종교감회에서 '인심' 소통이라는 허황된 제도의 마약으로 변하고 축소되었다. 탄쓰퉁은 '인-통'을 실현할 희망을 완전히 "우매한 부부가 쉽게 따르"고, "백성이 명(命)에 귀순하게 하는" 종교신앙에 기탁했다. 무기의 비판을 외치던 급진적 전사가 동시에 "사람에게 눈물을 흘리며 애소"하는 가련한 구걸자로 변한 것이다.

세간에 종교가 있고 그것이 득세하는 원인을 고찰해보면, 모두 민생이 저절로 움직이고 있고, 반드시 부지런히 사식(思息)하는 습성을 따른 연후에 비로소 그 기(機)를 맞이하고 이록(利錄)으로 유도한다.

종교가 인간을 이처럼 가볍게 현상에 대한 안면(安眠) 속으로 보낼

---

82) 학문의 소통, 정치의 소통, 종교의 소통, 즉 서양의 것들을 전면 학습하여 과학 기술·사상·정치·종교를 소통시킴.
83) 민권을 홍기시키고 군민 상하의 격절을 반대.
84) 남녀평등 주장, 예교 반대.
85) 자유·평등·박애.

것을 요구한 것은 움직임을 주장하고 영정(寧靜)을 반대하던 탄쓰퉁의 사상과 얼마나 모순되는가!

인심은 안정되기 어렵고 쉽게 격동하는 것이다. ……그것을 평화로 안정시키면 천하는 점점 순종하고, 조급함으로 격동시키면 모두 속임수를 쓰고 떠돌아다니며 심(心)으로 전쟁하고 심에서 밖으로 나아가면 겁운(劫運: 악운)이 일어날 것이다. ……이것에서 맹렬하게 깨닫는다. 배운 것은 모두 공허하고 실재적인 것은 아무 것도 없으며 오직 심만이 실재이다. ……비록 천지가 크더라도 심에서 그것을 이룰 수 있고 훼멸할 수 있다.[86]

그리하여 모든 현실투쟁과 모든 '격치'·'서학'은 아무런 의의가 없어졌고 모든 운동과 변화도 마찬가지였다. "그물망을 타파하려던 자가 그물망을 타파하지 못하자" 명쾌하게 종교로 도피했다. "혹시 인력으로 하지 못하더라도 심(心)은 하지 못하는 일이 없다."[87] 이는 탄쓰퉁이 일관되게 '동'(動)을 강조하고 '정'(靜)을 반대한 것과 얼마나 모순되는가? 탄쓰퉁의 불교 공부가 완전히 이 신비한 길로 도피한 때는 그가 베이징에서 난징으로 가 인민의 생활과 멀리 떨어진 더러운 봉건관가에서 "바람이 모두 헛되고", "의지할 곳이 없으며" 자신의 포부와 정력을 전개할 수 없던 가장 고독하고 가장 적막하며 가장 고통스럽던 시기였다. 현실투쟁에서 벗어나자 급진적인 사상가 역시 소극적인 종교해탈에 투항할 수 있었다. 의지할 현실적 역량이 없으면 '심'에 의지할 수밖에 없다. 탄쓰퉁이 도피한 이 길은 전형적인 것이었다. 이후 혁명파의 꽤 많은 사람도 이 길을 걸었으며, 혁명가에서 불문의 화상(和尙)으로 변하고, 현실개변을 요구하는 것에서 영혼을 제도하는 것으로 변했

---

86) 「북유방학기」.
87) 같은 글.

다. 장타이옌도 한 차례 화상이 되려 했다. 그러나 후대의 급진적 혁명가들은 탄쓰퉁의 종교적 측면을 비판하면서 그것이 『인학』의 진보적 사상과는 크게 다르며 일치하지도 않는다고 인식했다.

『인학』을 읽고 큰 의문점이 하나 있었다. 즉 종교를 제창하여 인민을 덮어씌운 것과 평등·자유·자주의 권리를 힘써 창도한 것이 그것이다. 무릇 종교는 세간을 극히 불평등하고 부자유스러우며 자주적이지 못하게 하는 장애물이다. 요컨대 종교는 인민의 사상을 제한하고 인민의 사상을 열어주지 못하므로, 평등·자유·자주의 견해는 종교의 우민적 설교와 병립할 수 없음이 명백하다.[88]

탄쓰퉁의 사상, 성격과 행동은 확실히 급진적이면서도 급진적일 수 없었고, 투쟁을 요구하면서도 투쟁하지 않은 첨예한 모순으로 충만해 있었다. 이는 비극적 모순이었다. 탄쓰퉁의 사상적 모순은 캉유웨이와는 구별점이 있었다. 캉유웨이는 자신의 사상모순을 스스로 의식하고 아울러 그것을 조화시키고 통일시켰다. 캉유웨이는 한편으로 급진적 '대동' 이상을 믿었지만, 다른 한편으로 반드시 '차례에 따라 점차 진화' 하고 '뛰어넘을 수 없다' 는 개량주의적 책략 주장을 제정했으므로 모순되지 않는다고 할 수 있다. 그러나 탄쓰퉁의 모순은 자각하지 못한 모순이었다. 1890년대 애국주의의 고조 아래 형성된 그의 급진적 민주사상과 '천성이 과격' 하고 '작은 성과를 즐거워하지 않던' 용감하고 낭만적인 그의 성격은 '차례에 따라 점차 진화' 하는 이론과 책략 주장에 만족하기 어려웠다. 캉유웨이나 량치차오와는 달리, 탄쓰퉁의 저서에는 이 주장에 대한 논증과 해석이 아주 적다. 실천적인 면에서 개량주의 노선에 참가하고 그에 종속되었다 할지라도 자신의 독행(獨

---

88) 『후난 혁명열사전』(湖南革命烈士傳) 「장쿤제 열사 일기」(張昆第烈士日記), 후난 통속출판사(湖南通俗出版社), 99쪽.

行)적인 격렬한 색채를 덮기는 어려웠다. 이 개량주의 노선의 실천이 파산에 직면하고, 위안스카이(袁世凱)를 강력하게 설득하여 궁정쿠데타를 시행하려는 모의도 실패했다. 그후 탄쓰퉁은 해외망명을 거절하고 "나는 스스로 칼을 비껴 잡고 하늘을 향해 웃는다"는 강개한 희생과 "도적을 죽일 마음은 있지만 힘이 없어 하늘로 돌아가네"라는 비장한 정신으로 통치자에게 자신의 최후의 급진적 '오만함'을 표시했다.

그러므로 탄쓰퉁의 죽음은 '성주에게 보답'(량치차오)하기 위해서라거나 "개인적 영웅주의"(양정롄)가 아니라, 탄쓰퉁 사상의 비극적 모순이 정점으로 발전한 필연적 결과였다. 이런 개인의 비극은 당시 개량파 좌익의 비극을 반영한 것이고, 이 계층 또는 파벌의 독특한 급진적인 정치적 요구를 가졌으면서도 개량주의의 연약한 실천에 종속되고 그것을 추종할 수밖에 없던 내재된 고통과 모순을 반영한 것이었다. 이런 급진적인 사상과 연약한 실천의 모순은 비참하게 탄쓰퉁 자신을 매장한 후에야 진정한 승리의 해결——혁명으로의 진군——을 획득했다. 또한 탄쓰퉁의 급진사상은 피의 세례를 거쳐 사람들의 마음속에서 더욱 무성하고 견실하게 성장하여 아름답고 비참한 행동의 꽃송이를 피웠다. 혁명파는 탄쓰퉁의 기치를 들고 앞으로 매진했다.

*　　*　　*

요컨대 탄쓰퉁의 전체 사상에는 첨예한 모순의 양면성이 있다. 그것은 유물론과 관념론, 변증법과 상대주의 궤변론, 과학과 종교, 반만(反滿)과 개량 등 조화될 수 없는 모순과 충돌과 혼란으로 나타났다. 한편으로는 물질적 '이태'였고 다른 한편으로는 정신적 '심력'이었다. 한편으로는 사물의 운동·발전을 강조했고, 다른 한편으로는 영원히 불변하는 실체를 추구했다. 한편으로 탄쓰퉁의 철학은 '심력' 위에 구축되지 않고 '이태' 위에 구축되어 수도 없이 '이태'를 이야기했지만, 다른 한편으로는 "이태가 없다고 말해도 가하다"고 말하기도 하고, '이태'를 근본적으로 원하지 않을 수 있으며, 다만 "그 이름을 빌려 심력을 증명"[89]할 뿐이라고 했다. 한편으로 "그물을 타파"하고 "온 땅에 피를 뿌리려" 했지만, 다른 한편으로 "눈물을 흘리며 읍소하고" "적을 친구처럼 보려" 했다. 한편으로 이론적으로 봉건군주를 통박했지만, 다른 한편으로 실천에서 봉건군주에 의지하려 했다. 한편으로는 가장 급진적인 혁명요구였지만, 다른 한편으로는 가장 반동적인 종교독소였다. 그러나 탄쓰퉁 사상이 역사적으로 중요한 작용을 일으킨 것은 그 철학의 변증법적 요소와 사회·정치 사상의 봉건윤상도덕과 군주전제에 대한 도전과 반역이었다. 그의 용감한 반봉건적 사상은 지금 읽어도 도처에 생기가 있어 그 진보적 의의를 잃지 않는 듯하다.

그러므로 몇 개의 공식에 의거하여 탄쓰퉁이 도대체 유물론자인가 관념론자인가에 대해 끊임없이 쟁론하기보다는 구체적으로 문제를 연구하고 모순을 깊이 들춰내 분석해야 한다. 그래서 탄쓰퉁 사상의 각 방면이 어떻게 구체적으로 연계되고 관련되었으며, 어떻게 모순되면서도 통일되었는지를 논증해야 한다. 그렇게 함으로써 문제의 복잡하고 풍부한 전체 성격을 전개하고, 아울러 그의 '이태' – '인' – '통' – '평등'의 반봉건주의적 사상의 주된 노선을 역사적으로 평가하고 긍정하는 것이 낫다고 생각한다.

• 『신건설』 1955년 제7기에 게재됨. 수정·증보함

---

89) 서양철학을 이해한 왕궈웨이는 당시 캉유웨이의 철학을 "범신론의 맛을 많이 가지고 있다"고 평했고, 탄쓰퉁의 "형이상학적인 '이태' 설은 반(半)유물론·반(半)신비론"이라고 평했다(「근년의 학술계를 논함」). 이것은 오늘날에도 여전히 정확하다.

옌푸론

1 중국 근대사에서의 지위

1. '법가' 인가?

옌푸*는 마오쩌둥이 '중국공산당 출현 이전에 서양을 향해 진리를 찾은 인물들'로 인식한 네 명의 대표 가운데 한 사람이다. 이에 대한 연

---

* 옌푸(1853~1921)는 자가 유링(又陵)·지다오(幾道)이며, 푸젠(福建) 허우관(侯官: 지금의 민허우闽侯 현) 사람으로, 중국 근대사에서 서학을 적극적으로 선전한 부르주아 계몽사상가이다. 옌푸는 1866년 양무파에서 세운 푸저우(福州) 해군학당에 입학하여, 전통경전 학습 외에도 영어와 항해기술, 일부 근대 자연과학 지식을 학습했다. 1877년부터 1879년까지 양무파의 추천을 받아 영국에 유학하여 해군업무를 배웠다. 이 기간에 그는 서양 자본주의의 사회제도와 부르주아 계급의 학설에 대해 연구했고, 서학과 중학을 비교했다. 1880~1900년까지 북양 수사학당에서 교무처장과 교장 등을 역임했다. 이 시기에 그는 여러 차례 과거시험에 참가했지만 낙방했다. 부패한 청 봉건왕조는 중일 갑오전쟁에서 일본 제국주의 침략자에 패배해 치욕적인 마관조약을 조인하고, 이로써 양무운동은 철저하게 파산되었다. 첨예한 계급모순과 엄중한 민족위기는 옌푸를 부르주아 개량파의 유신운동에 적극 참가하도록 추동했다. 1895년 그는 톈진『직보』(直報)에『원강』(原强) 등의 중요 정론을 발표하여 봉건제도와 구문화를 첨예하게 비판했다. 1898년 그가 번역한『천연론』이 정식으로 출판되어 사회에 커다란 파장을 불러일으켰다. 이후 그는 서양 부르주아 계급의 정치·경제·철학 등 각 방면의 저작을 계속 번역하여 서양 자본주의 문화를 대대적으로 선전했다. 그러나 무술변법 실패 후 옌푸는 나날이 보수화해 구학과 타협했다. 신해혁명 후 그는 공자와 맹자의

구는 아직 충분하지 않다. "번역의 귀재로 옌푸와 린수(林紓)를 꼽는다"는 말처럼, 1949년 이전에 사람들은 옌푸를 린수와 비슷한 저명한 번역가로 간주했을 뿐이다. 그래서 1949년 마오쩌둥이 옌푸를 홍슈취안·캉유웨이·쑨중산과 병렬할 만한 대표적 인물이라 했을 때, 학술계를 포함한 수많은 사람은 의아하게 생각했다. 홍슈취안·캉유웨이·쑨중산 등의 지위에 대해 회의하는 사람은 없었다. 그들은 중국 '근대'의 삼대 진보사조를 대표할 뿐만 아니라, 몸소 당시 시대의 앞 줄에 서서 풍운을 일으키며 투쟁을 지휘한 정치활동가이자 지도자였다. 그렇지만 옌푸는 분명 그런 두드러진 역할과 혁혁한 신분을 갖추지 못했다. 그런데 그가 어떻게 앞의 세 사람과 병칭될 수 있단 말인가? 왜 탄쓰퉁도 아니고 장타이옌도 아니며, 당시 더 큰 위세와 명망을 가진 다른 인물도 아닌, 유독 옌푸란 말인가?

1949년 이후에도 옌푸에 관한 논저는 여전히 얼마 되지 않았고, 중국 근대 사상계의 선진인물을 논한 꽤 여러 편의 글에서도 옌푸의 이름은 거의 보이지 않았다. 그러다가 얼마 전 마오쩌둥이 새삼 옌푸를 거론하자 상황이 변하여 옌푸에 관한 글이 크게 증가했다. 그러나 '사인방'은 유가와 법가의 투쟁으로 중국 근대사를 날조하면서 옌푸를 '법가'라고 했다. 마오쩌둥은 이렇게 말했다.

'5·4' 운동 이전, 중국 문화전선에서의 투쟁은 부르주아 계급의 신문화와 봉건계급의 구문화 사이에 일어난 투쟁이었다. '5·4' 운동 이전 학교와 과거(科擧)의 투쟁, 신학과 구학의 투쟁, 서학과 중학의 투쟁은 모두 이러한 성격을 띠고 있었다.[1]

그러나 '사인방' 시기에는 '법가'와 '유가'의 투쟁, 법가사상과 유가

_____

도를 제창하고 위안스카이의 제제(帝制) 복원활동에 참여하며 5·4운동을 반대했으며, 봉건 복고주의자가 되었다.
1) 『신민주주의론』.

414

사상의 투쟁으로 변했다. 그리하여 몇몇 기괴한 현상이 생겨났다. 혁명파를 이야기하면서 쑨중산을 들지 않고, 이른바 '법가'라고 하면서 장타이옌을 추어올리고, 개량파를 대표한 것은 '유가'의 캉유웨이가 아니라 '법가'의 옌푸였다는 것이다. 이와 같은 현상들은 커다란 혼란을 초래했다.

일반적으로, 선진(先秦) 시기의 특정한 사상·정치 유파로서의 유가와 법가를 초계급적·초시대적 추상적 틀로 삼아서 중국사 또는 사상사와 철학사에 사용해서는 안 된다. 특수하게는, 그들을 근대 중국사 또는 사상사와 철학사의 투쟁의 단서로 삼을 수 없으며, 그것을 옌푸에 적용할 수 없음은 물론이다. 옌푸의 비유존법(批儒尊法)* 사상은 결코 새로운 발견이나 새로운 문제제기가 아니었다. 그전에도 이에 대해 논한 사람이 있었고, 국외에서도 이 점을 특별히 강조한 사람이 있었다.[2] 관건은 반드시 그들을 구체적인 역사적 조건 속에 두고 분석해야 한다는 것이다. 옌푸에게는 확실히 중국의 고대 법가 또는 법가사상가들을 추존(推尊)하고 찬양한 점이 있다. 이런 점은 전기에도 있고 후기에도 있다. 그러나 양자 사이에는 커다란 차이가 있다.

전기의 옌푸는 서양 부르주아 신문화의 열렬한 제창자였다. 그는 이 신문화를 열정적으로 선전·소개·번역할 때 부단히 고대 제자백가의 사상과 학설을 끌어들여 비교·대조·인증하면서 주장을 폈다. 그중에는 신불해(申不害)·상앙(商鞅)·순황(荀況)·왕안석을 찬미하고, 공자·맹자·정이·정호·주희·육구연·왕양명에 대해서는 불만을 토

---

* 유가를 비판하고 법가를 존중한다는 것을 뜻한다.

2) 슈바르츠(Benjamin Schwartz), 『부강의 추구: 옌푸와 서양』 제1장, 런던, 1964. "19세기 이전에 발전한 중국 전통사상은 정치-경제라 일컬을 수 있는 철학 영역에서 두 가지를 선택했다. 하나는 유가라는 정통 주요노선이고, 다른 하나는 그 근원이 대개 법가와 일치하는 것이다."(10쪽) 그리고 『상군서』(商君書)·『한비자』(韓非子)·『관자』(管子)·「염철론」(鹽鐵論)·한무제(漢武帝)·제갈량(諸葛亮)·주원장(朱元璋)·장거정(張居正) 등이 "생기와 활력이 있는 황제와 재상으로…… 본능적으로 법가인 듯하고"(13쪽) 옌푸의 반유존법(反儒尊法)도 그에 해당된다 했다.

로하거나 비판한 글이 몇 편 있다.

어진 이를 숭상하면 묵가에 가까워지고 명실(名實)을 따지면 신불
해와 상앙에 가까워진다. 그러므로 그 술수는 중고(中古) 이래 중국
에서 사용하는 자가 드물었다. 그러나 오늘날의 서양 국가에서 사용
하고 있다.[3]

(스펜서는) 인류를 크게 연구하여 그 학문을 군학(群學: 사회학)이
라 했다. 군학이란 무엇인가? 순자가 말하기를, 인간이 금수와 다른
이유는 군집할 수 있기 때문이라 했다.[4]

천고의 재상 중에 재무와 회계가 국가의 큰 사업임을 안 사람은
……형공(荊公: 왕안석의 시호) 한 사람뿐이었다. ……이는 후인들
이 쉽게 배격할 수 있는 일이 아니다.[5]

왕형공은 변법을 시행하면서 사대부들에게 율령을 공부할 것을 요
구했다. 율령과 이재(理財)는 통치의 요체를 아는 것이었다. 촉당(蜀
黨)*이 떼지어 왕안석을 공격한 것은 옳은 것 같지만 사실은 그릇된
견해였다. 지금까지 1,000년 동안 그 피해를 입었으니, 오호 혹독하
도다.[6]

삼대(三代: 하·은·주)부터 지금까지 우리 나라에서…… 정법(政
法)을 세울 수 없었다. 공자는 한 마을을 살피면 왕도가 쉽게 시행될
수 있을지를 알 수 있다고 했지만, 이 노인이 지금까지 살았다면 그
의 말이 조금 달라졌을 것이다.[7]

---

3)『천연론』 상권「도언17 선군(善群) 평어(按語)」.
4)『원강』(原强),『직보』(直報) 원문에 의거함.
5)『국부론』 평어.
* 송(宋) 철종(哲宗) 천우(元祐) 시기 수구파(낙당洛黨·촉당蜀黨·삭당朔黨)의 하
  나. 천당(川黨)이라고도 함. 주요인물인 소식(蘇軾)과 여도(呂陶) 등이 쓰촨 출신
  이라는 사실에서 비롯되었다. 이들은 왕안석의 신법을 반대했다.
6)『법의 정신』 권6「평어」.

옌푸가 맹자(맹가孟軻), 한유(韓愈), 송대 유가 특히 육구연과 왕양명을 비판한 부분은 특히 두드러지고 명확했다. 그러므로 중국 고인을 끌어들여 서양의 새로운 학설을 논증할 때 옌푸는 상앙·순황·유우석(劉禹錫)·유종원(柳宗元)·왕안석을 맹자·송대 유가 등과 대립시킨 후 전자를 긍정하고 후자를 반대한 부분이 있었다. 예를 들어, 옌푸는 『천연론』(天演論)에서, 인성에는 "애락(哀樂)과 수오(羞惡) 같은, 금수와는 다른 정밀하고 귀중한 것 등이 있"으므로 "인간은 이 성(性)을 가진 연후에 만물을 초월하여 독존하게 된다"는 헉슬리의 선험적 성선설에 동의하지 않았다. 그는 「평어」(評語)에서 말하기를, "이 편의 말은 송유(宋儒)의 성(性)에 대한 것 같다. 주자는 '이거기선'(理居氣先)*의 설을 주장했지만, 기가 없이 어떻게 이를 보겠는가"[8]라고 했고, 헉슬리의 '여천쟁승'(與天爭勝)**의 사상에 동의하면서도 주석에서 말하기를, "이 견해는 당나라의 유종원과 유우석의 천론(天論)에 관한 견해와 들어맞으며, 송 이래 유가들이 이를 천(天)에 귀속시키고 천은 인(人)에 귀속시킨 것과는 반대된다"[9]고 했다.

그러나 이 모든 것은 결코 고대 유가와 법가로 서학을 평가하고 소개한 것이 아니다. 그와는 정반대로 옌푸는 서학을 소개하기 위해 홉스·로크·애덤 스미스·스펜서 등의 관점을 이용하여 중국 고인을 끌어다가 평가하고 논했다. 그는 인간이 천부적 '성선'(性善)에 의하지 않고, 각자 '사사로운 이익'과 '안전'을 위해 싸우며 결국에는 그 사사로움을 모아서 공익으로 삼는다고 생각했다. 그는 양자에게 이로운 것이 이로움이며, 홀로 이로운 것은 이로움이 아님을 밝혀야만 비로소 사회를 형성하고 근대 부르주아 경제가 크게 발전할 수 있다고

---

7) 『법의 정신』 권19 「평어」.
 * '이'(理)가 '기'(氣)의 앞에 존재한다는 것을 뜻한다.
8) 『천연론』 하권 「논13 논성(論性) 평어」.
** '자연과 승패를 겨룬다'는 뜻.
9) 『천연론』 하권 「논16 군치(群治) 평어」.

생각했다.

그가 순황 · 유종원 · 유우석 · 왕안석 등을 긍정적으로 논증하고 맹자 · 정주 · '촉당'을 비판한 것은 이 관점에 전자가 접근했고 후자는 괴리되었기 때문이다. 망령(亡靈)을 소환하는 것은 눈앞의 요구 때문이다. 부르주아 법제를 제창하고 사회의 필연적 변화와 진보를 선전해야 했기 때문에 법가와 변법을 찬양했으며[10] "중국과 서양의 다름은 법제에 있다"[11]고 강조했다. "공리를 어찌 탓하겠는가" "이재 · 회계학은 근세 백성에게 가장 공이 있는 학문"[12]이라고 주장했기 때문에 "하필 이(利)를 말하는가"라고 말한 맹자를 반대하고, '이재와 율령학습'을 요구한 왕안석을 칭찬했다. 그러나 왕안석의 '이재'가 근대 부르주아 계급의 경제 원칙——자유주의 · 개인주의 · 방임주의 등——에 부합하지 않을 때는 즉시 비판을 가했다.

---

10) 그러므로 『법의 정신』과 『사회통전』(社會通詮) 등의 주석에서 여러 차례 법가를 언급했다. "무릇 정전(井田)제도는 춘추 시기 정공(定公) · 애공(哀公) 연간에 존재하기는 했지만 미미했고, 맹자 때에는 거의 없었다. 그것이 제량(齊粱)의 여러 논자에게서 논의된 것은 아마도 복고의 뜻이 있었기 때문이겠지만, 강물이 흐르는 것을 막을 수 없는 것이 필연적 추세이다. 그러므로 상군과 이회(李悝)는 그것을 폐지시킴으로써 일시적 효과를 거두었다. ……당송의 여러 학자는 태평을 희망하면서 선왕(先王)의 경제제도가 파괴된 것을 탄식하고 상군의 허물을 탓했다. 그런데도 상군은 허물이 없다. 당시를 생각해보건대, 상군이 없었다면 정전제도가 여전히 존재할 수 있었을까?"(『법의 정신』 권27 「평어」) "사물은 궁극에 달하면 반드시 변한다. 상군, 시황제, 이사(李斯)가 일어나 봉읍을 군현으로 바꾸고 토지를 정리했다." "그러므로 상군과 이사가 중국에 복을 가져온 것이 무궁함을 깨닫는다."(『사회통전』 「서」 · 「평어」) 이런 글들은 최근 몇 년 사이 사람들이 자주 인용하는 부분이다. 사실 당시에 개혁을 주장하고 상앙과 왕안석을 찬양하는 것은 특별히 희한한 일도 아니었다. 예를 들어, 주장이 상당히 온건하고 후대에도 별로 알려지지 않은 중톈웨이(鍾天緯, 1840~1900)조차도 상앙과 왕안석을 긍정하는 「상앙론」과 「왕안석론」, 「한무제론」 등을 썼다(중톈웨이의 『월족집』刖足集을 보라).

11) 『국부론』 「평어」.

12) 『천연론』 하권 「논16 군치 평어」.

왕개보(王介甫 : '개보'는 왕안석의 자)가 탁지부사청(度支部使廳) 벽에 남긴 기록을 보면……, 명목적으로는 이재를 말했지만, 실제로는 천하 사람들이 돈 버는 것을 금하고 있다. 돈 버는 것을 금했을 뿐만 아니라 천하가 풍족하고 정치가 평안하기를 바랐으니, 이는 그야말로 모순이 많은 것이다.[13]

고대 제자백가 학설에 대한 옌푸의 평가와 취사선택은 그가 당시 부르주아 계급의 신학(新學)과 서학 제창의 요구에 완전히 종속되어 있고, 특정한 시대적 내용을 가지고 있음을 보여준다. "육경에는 쓸 수 없는 것이 있다"[14]는 주장에서 송학과 한학, 과거(科擧) 사장(詞章)과 금석(金石) 서법(書法) 등 각종 봉건문화의 일소[15]에 이르기까지, 모든 것이 자본주의 신문화를 위하여 징을 울리며 길을 열기 위함이었다. 그것은 당시 근대 서학, 신학과 전통 중학, 구학(舊學)의 투쟁을 선명하게 드러낸 것이었다. 이는 근본적으로 '유가와 법가의 투쟁'이 아니었다. 유가와 법가는 전근대적인 것이었다. 옌푸도 '법가'가 아니었다. 옌푸가 법가 인물을 추앙하고 찬동하는 몇 마디 말을 했다고 해서 그를 법가 또는 '법가의 전통을 계승'한 사람이라 한다면, 옌푸가 노자를 추존하는 말을 꽤 많이 했고[16] 여러 곳에서 묵자(묵적墨翟)에 찬동하고 맹자에 반대했다[17] 하여 그를 '도가' 또는 '묵가'라고 하거

---

13) 『법의 정신』 권21 「평어」.
14) 『원강』, 『직보』의 원문. 후에 옌푸는 '육경'(六經)을 '고인의 책'(古人之書)으로 바꿨다.
15) 「구망결론」(救亡決論) 등의 논문을 참조하라.
16) 그 평가는 어떤 법가 이론이나 인물을 초월한다. 『노자평점』(老子評點)을 참조하라. "태사공(太史公 : 사마천司馬遷을 가리킴—옮긴이)이 「육가요지」(六家要旨)에서 도가를 중시한 뜻이 바로 이와 같다. 지금 유가·묵가·명가·법가가 한계를 드러낸 것은 많은 말로 끝이 없는 것을 추구했지만 그것이 결국 한계가 있는 것을 알지 못했기 때문이다."
17) "맹자는 지극히 어진 사람이 아닌가? 그러나 묵자를 비판했다. 묵자의 어떤 부분을 비판할 수 있는가? ……나는 지금도 그 이유를 모르겠다."(『법의 정신』 권

나 '도가와 묵가의 전통을 계승'한 사람이라 해야 하지 않겠는가?

아울러 재미있는 것은 옌푸의 '법가존중' 사상은 신해혁명 후에 선명하고 확정적이며 두드러지게 변했다는 점이다. 이 시기에 옌푸는 반복하여 이렇게 말했다.

제(齊)의 강성(強盛)은 관중(管仲) 덕분이었고, 진(秦)의 흥기는 상앙 덕분이었으며, 기타 신불해 · 조사(趙奢) · 이회 · 오기(吳起) · 제갈량 · 왕징뤠(王景略) · 당의 요숭(姚崇) · 명의 장태악(張太岳) 등 강한 효력을 발휘한 사람들은 대개 법에 의존하던 사람들이었다.[18]

그러므로 지금 구국학(救國學)을 말한다면 신불해와 한비(韓非)를 이용할 수 있을 것이다. 명분을 종합하고 내실을 조사하는 것을 제하면 어찌 다른 방법을 행할 수 있겠는가? 현자가 역사를 살펴보면, 동서고금을 막론하고 강한 효과를 거둔 것 중에서 법에 의존하지 않은 것이 무엇이던가? 관중과 상앙이 그러했고 조사 · 오기 · 왕맹(王猛) · 제갈량 · 한 선제(宣帝) · 당 태종 등은 법의 정신을 거의 이해했다. 그에 따라 효과도 있었다. 기타 망국의 연약한 군주들은 대개 겁쟁이였다.[19]

그러나 오늘날 가장 어려운 문제는 어떤 방법으로 공화에서 벗어나느냐에 있다. ……내가 보건대, 오늘날 중국은 진 영정(嬴政: 진시황) · 위 무제(武帝: 조조曹操) · 관중 · 상군과 이와 비슷한 정치가를

---

24 「평어」) "겸애설은 결코 공격할 수 없다. 겸애가 이원적인 것이 아니라 맹가의 견해가 진짜 이원적이다! ……맹자는 진실로 성현이지만, 그 학설에는 아직 안정적이지 않은 것이 많다. 정씨 형제와 주희가 어떻게 그것을 전부 변호할 수 있었겠는가?"(같은 책, 권24「평어」)

18) 「슝춘루에게 드리는 편지」(無態純如書)15, 1915. 순서와 연대는 난징 대학 역사과에서 편찬한 『옌푸 서신 영인본』(嚴復書信油印本)에 의거했다. 이하 같음.

19) 같은 글 16, 1915.

필요로 한다. 그러면 아마도 구제될 것이다. ……방법은 그 다음의 문제이다.[20]

간난(艱難)을 극복하고 어지러운 세상을 바로잡아 올바름으로 돌아갈 수 있으려면, ……한 광무제(光武帝)와 당 태종이 으뜸이다. 그렇지 않으면 조조·유유(劉裕)·환선무(桓宣武)·조광윤(趙匡胤)도 환영받을 것이다.[21]

이는 몇 년 전 격찬받던 '법가명단'에 접근하지 않았는가? 옌푸는 이때 확실히 '법가의 전통을 계승'한 측면이 있었다. 그러나 그것의 구체적인 역사적·계급적 내용은 또 무엇이었을까?

본래 옌푸는 혁명과 부르주아 혁명파에 강력히 반대했다. 신해혁명 이후 그는 현실이 자신의 원래 주장이 정확했음을 증명했다고 생각했다. 그래서 그는 "천하는 여전히 전제에 의해 결정되어야 한다",[22] "결국 공화 정체는 우리에게 적합한 것이 아니다"[23]라고 계속 말했다. 바로 이러한 사상적 기초 위에서 그는 마침내 위안스카이가 칭제하기 위해 조직한 주안회(籌安會)에 등록하여 참여했다. 위안스카이가 무대에서 내려간 후에도 옌푸는 여전히 자신의 견해를 견지했다.

샹청(項城)의 함락*은……, 다른 원인 때문이지 황제제도(帝制) 때문이 아니었다. ……무릇 공화가 중국에 전혀 합당하지 않음에 대해서는 국내외 인사들이 모두 입을 모은다.[24]

---

20) 같은 글 32, 1916.
21) 같은 글 36, 1916.
22) 같은 글 1, 1912.
23) 같은 글 6, 1913.
  * 허난 성 샹청 현은 위안스카이의 원적(原籍)이다. 샹청의 함락은 위안스카이의 몰락을 가리킨다.

중국의 정세와 수준, 습관은 공화와 합치되는 것이 하나도 없다.[25]

현재 한 가닥의 생기(生氣)는 복벽(復辟)에 있다.[26]

요컨대 우리는 시종일관 공화제를 중화가 채용해야 할 통치체제라고 여기지 않는다.[27]

앞서 말한 '법가존중' 주장들은 이러한 사상, 언론과 긴밀하게 얽혀 있는데, 그가 위안스카이를 극구 지지하고,[28] 쑨중산과 황싱을 매도하고, 신해혁명을 공격하며 백화문과 5·4운동을 반대한 것 등과 연관되어 있다. 그는 민주공화에 반대하고 제제복벽을 주장했다. 마키아벨리[29]를 제창하고 철인정치의 환상을 품었다. 강력한 통치자 한두 명이 출현하여 압제의 방식으로 '질서를 회복'하고 '어지러움을 바로잡아' '명과 실을 바로잡고', '공화에서 벗어나' 혁명을 진압하고 중국을 통일하기를 희망했다. 이것이 바로 이 시기의 주도적인 지위를 차지한 옌푸의 정치사상이었고, 이 시기 '법가존중'의 구체적 함의이자 계급적 내용이었다. 그러므로 왜 옌푸가 '법가존중' 사상을 주장하면서 동시에 점점 더 구문화를 찬양했는지를 이해하기는 어렵지 않다. 그의 '법가존중'은 유가와 공자에 대한 비판이 아니라 존중과 병행했다. 예를 들어, 그는 다음과 같은 견해를 제출하기도 했다.

대학의 경(經)과 문(文)을 하나로 합병하여 완전히 전통학문을 강의하는 곳으로 삼음으로써 우리 나라의 4,000~5,000년 동안 성현들

---

24) 같은 글 26, 1916.
25) 같은 글 40, 1916.
26) 같은 글 41, 1917.
27) 같은 글 68, 1920.
28) 다만 철광석이 강철로 되지 못하고 그의 재(才)와 식(識)이 부족한 것을 한탄했다.
29) 『군주론』(君主論)의 저자로, 강력한 전제군주에 의한 통치를 주장했다. 또한 전제군주는 어떤 수단과 음모를 써도 된다고 했다.

이 전한 강기·윤상·도덕·문장들을 타락하지 않도록 보존유지한다. ……이는 진실로 우리 나라 옛 성현들이 기대하는 바이고 400조 중국인들이 위탁받은 명이다.[30]

그의 이런 사상과 언론 그리고 활동내용은 아주 많다.[31]

똑같이 신불해와 상앙을 이야기하고 법가를 언급했지만, 시간과 조건이 달라짐에 따라 옌푸에게는 그 의미가 크게 달랐거나 완전히 상반되었음을 알 수 있다. 전기에는 "전제통치는 어떤 것도 가하지 않다"[32]는 관점과 연관되어 있지만, 후기에는 "여전히 전제에 의해 결정되어야 한다"는 주장과 일치되었다. 옌푸를 연구할 때 왜 구체적 분석을 회피하여 그것들을 하나로 뭉뚱그려 이야기하려 하는가?

2. 개량파를 대표하는가?

'사인방'이 '유가' 캉유웨이의 공자 존중과 복벽에 대한 논의만 허용한 것은 '법가' 옌푸를 무술변법 운동에서 개량파의 주요 대표인물로 충당하기 위해서였다. 이 점은 최근 몇 년 동안 쓰어진 여러 편의 글과 소책자에서 공개적이거나 암묵적으로 떠올랐다.

---

30) 「슝춘루에게 드리는 편지」2, 1912.
31) "1913년 공교회(孔敎會)가 성립되었는데…… 옌푸를 우두머리로 삼았다. 동시에 그는 또 중앙교육회에서 '경서학습을 적극 제창해야 한다'는 강연을 했는데, 그 취지는 공자를 숭앙하고 경서를 학습하자는 것이었다. 이후 그는 또 「중화민국 입국정신을 도양하는 논의」를 집필하여 충효와 절의 등 봉건도덕을 적극적으로 제창했다. 1914년 그는 웨스트하프가 지은 『중국 교육에 대한 논의』(中國教育議)에서 공구(孔丘)를 찬양하는 말을 보고는 동지라 여기고 그 책을 전부 번역했다. 제1차 세계대전이 일어난 후……, 중국 봉건시대를 대표하는 공구의 사상을 더욱 독실하게 믿고 그것이 중국을 구하고 세계를 구하는 처방이라 생각했으며……, 옌푸는 또 공자와 맹자 이래의 도통을 찬양하기 시작했다."(왕스王栻, 『옌푸전』嚴復傳, 상하이 인민출판사, 1976년판, 132~133쪽)
32) 『법의 정신』권5 「평어」.

이것은 본래 지금까지 분명하지 않은 문제였다. 수년간 옌푸를 논할 때 거의 예외 없이 그를 부르주아 개량파의 대표로 간주하여 논술했고, 그가 무술 시기에 변법유신을 요구하고 당시의 개량파를 대표한 것 등을 대서특필했다. 물론 넓은 의미에서 보면 옌푸의 정치사상과 계급적 입장은 당시 부르주아 개량파에 속한 것이 사실이다. 그러나 내가 보기에 그것은 옌푸의 역사적 역할에서 결코 주요한 측면이 아니다. 이 시기에 옌푸는 몇 편의 중요한 글을 썼으며, 그의 『천연론』의 번역원고도 극소수만이 읽고 칭찬한 상황이었다.

그러므로 그 영향과 작용은 캉유웨이의 『만언서』(萬言書)와 량치차오의 『시무보』에 미치지 못했을 뿐만 아니라, 옌푸가 제출한 구체적 주장과 변법방안도 캉유웨이와 량치차오에 비해 훨씬 보수적이었다.[33] 아울러 변법유신 운동이 나날이 고조되고 그에 참가하고 찬동하는 사람이 점점 많아지던 무렵 옌푸는 그와 반대로 나날이 뒤로 물러나 그에 대한 회의 또는 반대의 태도를 취했다. 1898년에 쓴 「황제에게 올리는 만언서」(上皇帝萬言書)는 이전 2~3년의 글에 비해 훨씬 보수적이었다.

실제로 그는 캉유웨이 등이 제기한 정치개혁 운동에 그다지 찬성하지 않았다. 그가 강조한 것은 교육을 실행하고 신문을 창간하여 '민지를 계도'하는 것이고, 이것이야말로 구국의 '근본'이라고 생각했다. 무술변법의 정치운동을 이론적·사상적으로는 그다지 찬성하지 않았고 행동으로도 그다지 열심이거나 적극적이지 않던 사람을 굳이 그 주요대표로 삼는다면 그를 왜곡시키는 것이 아닐까? 중국 근대사에서 옌푸의 지위가 무술변법 운동의 개량파를 대표하는 것일 뿐이라면, 개량파의 대표로 캉유웨이 한 사람만으로는 부족하단 말인가? 농민혁명

---

33) 『원강』에서 가장 '급진적'인 정치주장은 "경사(京師)에 의회를 세우고 천하 군현으로 하여금 그 수령을 천거케 한다"는 것에 불과했다. 이렇게 모호한 구절도 량치차오에 부응하여 썼을 뿐, 『직보』 원문에는 이 말이 없다. 왕스, 『옌푸전』, 47~48쪽을 참조하라.

의 지도자 홍슈취안, 부르주아 개량파의 지도자 캉유웨이, 부르주아 혁명파의 지도자 쑨중산과 병렬되면서 마오쩌둥에 의해 근대의 대인물로 찬송된 옌푸의 역사적 지위와 대표적 의의는 결코 이 점에 있지 않다.

나는 중국 근대사에서 옌푸의 지위는 무슨 '법가'니 '부르주아 개량파'의 대표라느니 하는 것에 있지 않고, 그가 중국 부르주아 계급의 중요한 계몽사상가라는 점에 있다고 생각한다. 마오쩌둥이 그를 중시한 것은 마오쩌둥 자신의 개인적인 경력, 느낌과 관계가 있다. 그러나 옌푸도 서양 자본주의에서 진리를 추구해온 근대 중국의 참신한 계급을 확실히 표현하고 대표했다. 그는 중국인에게 새로운 세계관을 가져다주었으며, 전에 없던 광범위한 영향과 장기간의 작용을 불러일으켰다. 이런 계몽의 영향과 작용은 무술 시기와 개량파에 대해서만 국한되지 않았다. 더욱 중요하고 두드러진 것은 이후 여러 세대에 걸쳐 젊은 애국자와 혁명가에 미친 영향이었다. 그러므로 옌푸 자신이 기본적인 정치 경향에서 무술 시기의 개량파에 속한다 하더라도, 그의 객관적·역사적인 지위와 의의, 그 작용을 개량파 또는 무술 시기에 국한하는 것은 실제에 부합되지 않는다.

린쩌쉬가 『사주지』(四州志)와 『화사이언』(華事夷言)을 주편하고 웨이위안이 『해국도지』(海國圖志)를 편찬한 이래, 진보적인 중국인들이 구국의 진리를 탐구하는 천신만고의 험난한 길에 접어들어 5·4운동 시기에 마르크스주의가 중국에 유입되기까지, 장장 80년이라는 세월이 흘렀다. 그리고 그 중간에 몇 개의 중요한 단계를 거쳤다. 1870~80년대에 정관잉의 『역언』(易言, 즉 『성세위언』)을 대표로 하는, 서양의 경제와 정치를 배울 것을 제기하면서 '장부어민'(藏富於民: 백성에게 부를 축적함)과 '의회를 열어 하층 정황에 통'할 것을 주장한 것이 그 하나의 단계였다. 이후 1890년대 캉유웨이와 탄쓰퉁을 대표로 하는, 부르주아 철학 사상을 창조적으로 제출하면서 변법운동의 이론적 기초로 삼은 것이 또 하나의 단계였다. 그러나 정관잉 등이 제출한 것은 구체적인 정치적 조치였을 뿐, 이의 이론적 근거가 무엇인지, 서양 자본주의의 각종 경제 · 정치 제도는 그 근본이 무엇인지 등에 대해 사람들은 아직 망연한 상태였다. 당시 읽을 수 있는 서양 번역서는 『기기문답』(汽機問答), 『격치회편』, 『만국공법』(萬國公法) 등에 불과했고, 이들 번역서에서는 위 문제에 대한 해답을 찾을 수 없었다.

캉유웨이와 탄쓰퉁은 현실의 투쟁이 이론적 지도를 요구한다고 절박하게 느꼈기 때문에 "이런 학문적 기황(飢荒)의 환경에서 노심초사하여 중국적이지도 않고 서양적이지도 않으면서, 동시에 중국적이면서 서양적인 신학파를 구성하고자 했다."* 그리하여 이론적인 저작을 내기 시작했다. 이 저작들은 공자 · 맹자 · 육구연 · 왕양명부터 유식종 · 화엄종에 이르기까지 봉건 잡동사니를 모두 혼합한 것이었다. "무릇 원래 있던 구사상의 뿌리는 깊었고, 외래의 신사상은 그 근원이 천박하여 쉽게 고갈되었기 때문에 그 지리멸렬함은 당연했다."** '공양삼세'의 틀 속에 포장된 통속적 진화론이든, 『인학』의 인권평등의 정치구호든 모두 반쯤은 황당하고 반쯤은 천박했다. 이렇게 "잡동사니를 끌어 모으다보니 조리가 없어 거의 몽매했으며" 과학성과 설득력이 부족했고, 점점 증가하고 있던 애국인사들, 특히 젊은 세대의 요구를 만족시킬 수 없었다.

근본적으로 서양을 이해하고 중국이 어느 곳으로 가야 할지를 고민하는 것은 역사발전의 보편적 방향과 연계되어 있었고, 이런 법칙의 이해에 대한 요구는 당시 절박한 과제가 되어 있었다. 그 누구도 아닌 바로 옌푸가, 시대가 제기한 이 역사의 중심을 스스로 짊어졌다.

『천연론』 · 『국부론』 · 『법의 정신』 · 『밀 논리학』(이는 옌푸의 역작에서 가장 중요한 4부임) 등의 번역은 진화론과 유물론적 경험론, 부르주

---

* 량치차오, 『청대 학술개론』, 97쪽.
** 같은 책(같은 곳).

아 고전경제학과 정치이론을 총체적·체계적으로 들여온 것이었다. 옌푸는 서양 부르주아의 고전정치·경제 학설과 자연과학, 철학의 이론 지식을 최초로 소개한 사람이다. 그것은 서양으로부터 진리를 추구하는 데 있어서 감성에서 이성으로, 구체에서 추상으로, 형식에서 내용으로, 현상에서 본질로라는 '천로역정'에서 부단히 상승하는 이정표를 나타냈다. 따라서 옌푸는 중국 근대사상사에 신기원을 엶으로써 수많은 중국의 지식인에게 지식의 광활한 경관──중국의 봉건경전의 도리 이외에도 세계에는 얼마나 풍부하고 깊이 있으며 신기한 사상의 보물이 있는지──을 보여주었다.

옌푸의 서양 학술사상의 체계적 소개는 당시 사람들의 진일보한 진리추구와 서양학습에 대한 절박한 요구를 시의적절하게 만족시켰다. 이로써 사람들은 『기기문답』·『격치회편』 등 자연과학 또는 공업기술의 교과서와 『서양신사요람』(泰西新史攬要)·『정법유전』(政法類典) 류의 단순한 정법(政法)과 사지(史志)의 기술(記述)역서에서 서양의 이치와 상황을 고생스럽게 학습·연구하고 추측할 필요가 없게 되었다.[34]

이리하여 중국 근대의 진보적 인사들이 서양에서 진리를 추구하는 행로는 더 참신하고 심화된 단계로 접어들었다. 이 사실은 대단히 중요하다. 그것은 근본적으로 사람들의 사상적 시야를 열어주었고, 대다수의 중국인, 특히 애국청년을 계몽하고 교육했다. 옌푸와 동세대 또는 뒷세대 사람에서 루쉰 세대와 루쉰보다 젊은 세대[35]에 이르기까지 그 세례를 받지 않은 사람이 없었다. 그들은 처음부터 옌푸가 들여온 이 사상무기를 가지고 투쟁했고, 자신들의 사상 발전과정에서 반드시 경과해야 할 고리를 구성했으며, 아울러 그중 일부에게는 지울 수 없는 깊은 흔적을 남기기도 했다.

---

34) 그 이전에 수많은 사람들은 이렇게 학습하고 이해했다. 캉유웨이와 탄쓰퉁 등은 자신의 사상체계를 건립할 때 이렇게 할 수밖에 없었다.
35) 여기서의 '한 세대'는 20~30년을 한 세대로 하는 엄격한 시간개념이 아니다. 이하 같음.

그후 혁명파와 다른 사람들이 루소와 여러 서양이론·학설을 소개했지만, 정치노선이 서로 다르고[36] 번역의 형식이 크게 발전했다 하더라도, 서학과 신학을 소개하는 전체적인 이론수준에서는 옌푸를 능가하지 못했다. 그리하여 옌푸는 서양 자본주의 신문화를 학습하고 전파하는 근대 중국의 총대표가 되었고, 가장 중요한 계몽사상가가 되었다. 따라서 옌푸의 이러한 역할과 영향을 과소평가할 수 없다. 루쉰은 옌푸를 대단히 존중했다.[37] 마르크스주의 계급론을 수용하기 전, 루쉰은 줄곧 옌푸가 소개한 다윈의 진화론을 믿었다. 마오쩌둥이 청년시대에 옌푸의 역서를 읽은 것은 잘 알려진 사실이다. 그러므로 어떤 의미에서 옌푸 자신의 주관적 사상보다는, 그의 역서에서 지대한 영향을 받은 후인들의 사상과 행위가 옌푸를 중국 근대사에서 이처럼 빛나는 자리에 있게 한 것이다.

옌푸는 『천연론』이 출판된 지 1년쯤 지났을 때, "몇 권의 중요한 책을 내가 번역하지 않았더라면 30년간 아무도 그것을 하지 않았을 것"[38]이라고 했다. 훗날의 역사는 자못 오만하던 이 말이 사실임을 증명했다. 옌푸가 번역한 자본주의의 고전적 명저인 『국부론』과 『법의 정신』은 수십 년간 새로 번역되지 않았다. 그러므로 가장 단순하게 '튼튼한

---

36) 린쩌쉬·웨이위안과 훙슈취안이 서양의 진리추구에서 서로 다른 두 가지 정치노선을 대표한 것과 마찬가지로, 옌푸와 혁명파의 서학 소개에도 정치노선의 대립이 존재했다. 혁명파가 추존한 것은 루소와 천부인권, 민주공화 등의 이론이었지만, 옌푸는 시종일관 이에 반대했다. 그는 19세기의 진화론 관점에서 루소와 천부인권설이 비역사적임을 지적하고 비판했으며, 결코 나면서부터 인권이나 천부적 평등이 있는 것이 아니라 평등·인권·민주는 모두 역사진화의 산물이라고 인식했다. 여러 논저에서 옌푸를 천부인권설의 창도자로 말하고 있는데, 이는 그릇된 것이다.

37) 루쉰은 여러 차례 옌푸의 번역에 대해 언급했다. "내 기억에 의하면, 가장 힘을 들여 번역하고 다른 사람이 보기에도 가장 공들인 것은 『밀 논리학』과 『자유론』 저자의 자서였고, 그 다음이 『사회통전』이었다"(『이심집』二心集 「번역에 관한 통신」). 루쉰이 옌푸의 역작을 진지하게 읽고 인상적으로 느꼈음을 알 수 있다.

38) 「장위안지(張元濟)에게 보내는 편지」.

군함과 예리한 대포'를 소개한 『해국도지』부터 그에서 조금 전진하여 '장부어민'과 '의회를 열어 하층 정황에 통달'해야 한다고 주장한 『주양추의』, 그리고 소박하고 단순하게 부르주아 민권평등 이론과 사상을 편 『대동서』와 『인학』, 마지막으로 체계적이고 복잡한 부르주아 고전 경제·정치의 과학적 이론서인 『국부론』과 『법의 정신』에 이르기까지, 이는 중국 근대의 진보적 인사들이 부단히 서양에서 진리를 추구한 수십 년의 험난한 역사과정이었다.

그러나 옌푸가 가져온 것은 부르주아 계급의 몇몇 이론과 학설에 그친 것이 아니었다. 더 중요한 것은 그가 이것들을 결합하여 소개·번역하면서 당시 중국인에게 신선한 세계관을 창조적으로 제공했고, 전통적 이데올로기의 사상적 뿌리부터 격파시켰다는 점이다. 이는 주로 그의 역서인 『천연론』 속에 잘 표현되어 있다. 중국 근대사에서 옌푸의 지위를 정확히 평가하려면 『천연론』을 비켜 가서는 안 된다.

2 『천연론』의 독창성

『천연론』은 옌푸의 역서뿐만 아니라 마르크스주의 전파 이전의 모든 역서 중에서도 그 영향력이 가장 컸다. 왜 그러했을까? 그것은 도대체 사람들에게 무엇을 주었을까?

옌푸의 『천연론』의 특징은 그것이 헉슬리의 원서에 대한 충실한 번역본이 아니라 취사·선택·평론·개조하되 현실에 근거하여 '자유롭게 펼친' '취지의 전달'[39]이었다는 점에 있다. 이 책이 거대한 영향을 불러일으킬 수 있던 원인도 이 점에 있다. 그것은 외국 사상을 기계적으로 모방하여 번역·소개한 것이 아니라 당시 중국의 시대적 요구에 애써 부응한 것이었다. 루쉰은 옌푸를 '감각이 예민한 인물'[40]이라고 칭찬했는데, 옌푸가 '지은' 『천연론』은 확실히 원서인 헉슬리의 『진화론과 윤리학』(*Evolution and Ethics*, 1893)과 달랐다.

번역서명에 원제목의 반만 쓴 것은 번역자가 자연법칙(진화론)과 인간관계(윤리학)를 분할·대립시키는 원저자의 관점에 동의하지 않았음을 보여주는 것이다. 헉슬리는 다윈주의의 용감한 수호자였다. 그러

---

39) 『천연론』「번역 예언(例言)」.
40) 『열풍』(熱風).

나 그는 인류의 사회적 윤리관계가 자연법칙, 생명의 과정과 다르다고 인식했다. 자연계에는 도덕기준이 없다. 우승열패(優勝劣敗)·약육강식·생존경쟁·적자생존만이 존재한다. 그러나 인류사회는 다르다. 헉슬리는 인류가 동물보다 높은 수준의 선천적인 '본성'을 가지고 서로 친애하고 서로 돕고 존중할 수 있어서, 앞에서 말한 자연경쟁과는 다르다고 했다. "사회의 진전은 우주과정의 한 걸음 한 걸음에 대한 억제를 의미하며, 그것을 윤리라는 다른 과정으로 대신한다."[41] 이런 인성으로 말미암아 인류는 동물과 다르고 사회는 자연과 다르며 윤리학은 진화론과 다르다. 이것이 헉슬리 원서의 기본관점이다. 옌푸는 이런 관념론적 선험론에 동의하지 않았다. 『천연론』에서 그는 부단히 자기의 생각을 나타내는 '평어'(評語)를 통해 비판했다. 예를 들어, "인심의 변치 않는 덕은 모두 서로 느껴 통할 수 있음에 그 근본을 둔 연후에 생기므로 마음속에는 항상 주관하는 것이 있는데, 이를 천량(天良 : 타고난 양심)이라 한다. 천량은 무리를 보호하는 주재자이다"[42]라는 헉슬리의 말을 번역한 후 다음과 같이 해설했다.

헉슬리의 '무리를 보호'(保群)하는 이론은 서론이라 할 수 있다. 그러나 그가 '무리의 도'(群道)가 인심의 감응(感應)에서 세워진다고 한 것은 결과를 원인으로 삼은 잘못이었음을 지적하지 않을 수 없다. 무릇 인간이 흩어져 살다가 무리를 짓게 된 것은 원래 편안함과 이익을 위해서였다. 처음에는 금수 등 하등동물과 마찬가지로 상호 소통에서 말미암은 것이 아니었다. 무릇 무리 지음으로써 편안함과 이익이 있음을 알게 되자, 천연(天演 : '진화'를 의미)의 법칙은 무리 지을 수 있는 것은 생존시키고 무리 짓지 못하는 것은 소멸시키며, 잘 무리 짓는 것은 생존하게 하고 잘 못하는 것은 멸망시켰다. 잘 무

41) 헉슬리, 『진화론과 윤리학』, 과학출판사, 1973, 57쪽.
42) 『천연론』 상권 「도언13 제사(制私)」.

리 짓는다는 것은 무엇인가? 그것은 원활한 상호소통이다. 그러므로 원활한 상호소통의 덕은 자연도태의 결과 때문이지 처음부터 그런 것이 아니다. ……헉슬리는 지엽적인 것을 근본과 똑같이 취급했으니, 이것이 그의 무리 짓기 이론이 스펜서의 정밀함에 미치지 못하는 까닭이다.[43]

이는, 이른바 인류가 '상호소통 능력'의 동정심과 '천량'을 가지고 서로 사랑하고 도우며 단결하여 '무리를 보호'하는 것은 '진화'의 결과이자 산물일 뿐 원인이 아니며, '말단'이지 '근본'이 아니라는 것이다. 인간은 본래 금수 등 하등동물과 마찬가지로 '흩어져 있다가 무리 짓게' 되고 사회를 형성했다. 그런데 그 원인은 완전히 피차 자신의 안전과 이익을 위해서였지, 결코 처음부터 인간이 동물과 다른 동정심이나 '천량', '상호소통'의 능력을 가지고 있었기 때문이 아니다. 그러므로 생존경쟁·우승열패·적자생존의 자연진화 법칙은 인류의 종족과 사회에도 마찬가지로 적용된다. 사회학 원리에서 옌푸는 앞서 말한 헉슬리의 관점이 스펜서에 미치지 못함을 지적했다.[44]

스펜서는 다윈의 신도가 아니라 사회진화론의 창도자였다. 그는 다윈의 『종의 기원』이 출판되기 전에 이미 보편적 진화개념을 제창했다.

---

43) 같은 책, 「평어」.
44) 옌푸는 또한 감각론의 도덕론을 견지하면서 헉슬리의 선험론을 반대했다. "어떤 사람이 나에게 절하며 묻기를, '인도(人道)는 고락을 궁극으로 삼습니까, 아니면 선악을 궁극으로 삼습니까?' 대답하여 말하기를 '고락을 궁극으로 삼는다. ……안락은 선이 되고 고통은 악이 된다. 고락은 선악을 살펴 결정하는 것이다. ……헉슬리는 이 글에서 자신의 주장을 버리고 무리를 위하는 것은 즐겁지 않지만 그 효과의 아름다움은 즐거움에서 그치지 않을 것이라 했는데, 그 논리가 황당하다. 나는 즐거움의 밖에 있는 이른바 아름다운 것이 과연 어떤 모습인지 모르겠다'"(『천연론』 상권 「도언18 신반 평어」)는 글에서 볼 수 있듯, 그는 고락이 근본적이고 선악(도덕)이 파생적이라고 인식했다. 이는 캉유웨이의 관점과 일치하지만 장타이옌과는 다르다. 옌푸는 '천리'와 '인욕'의 분리를 반대하고 '백성이 나면서부터 욕망이 있는 것' 또한 '천'이 부여한 것이라 인식했다. 옌푸의 이런 관점은 캉유웨이, 량치차오 등과 대체로 일치했다.

이런 개념은 콜리지(Samuel Taylor Coleridge)가 독일 고전철학(주로 셸링)을 수용한 후 통속화시킨 산물이었고, 그 속에는 생물학의 라마르크주의가 섞여 있었다. 스펜서의 철학에는 진화론 사상과 각종 모순, 애매함, 전후의 변화가 가득했다.[45] 그러나 당시에는 완비된 체계를 가지고 일시를 풍미했고, '이 세기의 마지막 30년 동안 영국 철학계를 주재'[46]한 저명한 철학가가 되었다.

엔푸가 영국에 유학한 것이 바로 이때여서 그는 그 영향을 깊이 받았고, 그것을 과학적 진리로 간주했다. 『원강』에서 엔푸는 다윈을 소개한 후 바로 이어 스펜서를 소개하면서 대단히 높게 평가했다. "훌륭하고 완비되었도다. 인류 시작 이래 스펜서와 같은 훌륭한 인물은 없었다. 문왕(文王)과 주공(周公)이 지금 살아 있다 하더라도 스펜서의 방법을 버리고 다스림을 말할 수는 없을 것이다."[47] 엔푸는 『천연론』에서도 시작부터 평어에서 스펜서의 저작을 소개하면서, "오호라, 유럽에서 인류 시작 이래 이런 저작이 없었다"[48]고 했으며, 책의 여러 곳에서 스펜서를 인용하여 헉슬리를 반박했다. 특히 스펜서의 보편적 진화개념을 이용하여 '진화'는 어떤 사물도 피할 수 없는 보편적 객관법칙이므로 이를 인류종족과 사회에 완전히 적용할 것을 강조했다. "만물이 이와 같

---

45) 스펜서는 극단적 자유주의와 개인주의를 힘써 주장하면서 다른 한편으로는 사회를 생물유기체와 같다고 했다. 전자는 개인의 생존을 추구하는 자연경쟁의 권리를 보호하고, 그것이 어떤 간섭이나 제한도 받아서는 안 된다고 요구했다. 따라서 정부 또는 국가의 어떤 간섭도 반대했다. 후자는 정부를 생물체의 중추로 간주했기 때문에 사회유기체의 일부로서의 개인은 결코 무제한적인 자유를 향유함으로써 정체(整體)에 영향을 주어서는 안 되지만, 사회유기체의 진보는 우선적으로 개체세포의 갱신과 발전에 의지한다고 했다. 사회를 생물체에 비유한 것은 본래 속류이론이다. '힘', '생명' 등과 같은 스펜서의 일부 기본관점 역시 대단히 애매모호하다. 바커, 『영국의 정치사상: 스펜서에서 오늘까지』 제4장을 참조하라.

46) 메츠(Rudef Metz), 『영국 철학 100년』, 런던, 1950, 98쪽.

47) 『직보』 원문에 근거함. 나중에 엔푸는 "오호라, 이는 진정 대인의 학문이다"라고 고쳤다.

48) 『천연론』 상권 「도언1 찰변(察變) 평어」.

은 것에 기초하는 원인은 모두 그 자신에게 있을 뿐, 이른바 창조자는 없다."[49] 옌푸는, 노자가 "천지가 어질지 않으니 만물을 추구로 삼는다"(天地不仁, 以萬物爲芻狗)고 한 말을 좋아했다. 또한 왕필(王弼)이 "대지가 짐승을 위해 풀을 만들지 않았지만 짐승은 풀을 먹고, 사람을 위해 개를 만들지 않았지만 사람은 개를 먹는다"고 해석한 것이 진화론 관점에 부합된다고 인식했다. 다시 말해, 어떤 신비한 종교목적론이 세계를 지배하는 것이 아니고, 천지 또는 하느님도 특별히 인간 또는 사물에 어떤 은혜를 베푸는 것이 아니다. 인간이 '만물의 영장'이 된 것도 하느님의 선물이 아니라 완전히 인간 스스로 분투한 결과이고, 인간의 총명함과 재지(才智)를 포함하여, 진화과정에서 대뇌의 용량이 커지고 주름이 많아진 결과라는 것이다. 스스로 분투하고 부단히 진화하면 생존·발전할 수 있다. 그렇지 않으면 도태되거나 멸망하게 된다. 옌푸는 다음과 같이 그 예를 들었다.

오스트레일리아의 토종벌에는 침이 없는데, 토종벌집에 침을 가진 벌이 침범하면 침이 없는 벌은 몇 년 되지 않아 소멸하게 된다.[50]

식물도 마찬가지이다.

오호라, 어찌 동식물뿐이겠는가? 만약 토착민이 그 땅에 가장 적합하다면, 저들 미국의 인디언과 오스트레일리아의 흑인 종족은 왜 매년 감소하는가?[51]
다윈은, 사물은 각자 생존경쟁하고 가장 잘 적응하는 자가 살아남는다고 했다. 동식물도 그러하고 정교(政敎)도 그러하다.[52]

---

49) 같은 책, 상권 「도언1 평어」.
50) 같은 책, 상권 「도언4 인위(人爲) 평어」.
51) 같은 글.
52) 『원강』.

이것들은 모두 스펜서의 학설을 수용한 것이다.[53]

　그러나 스펜서는 결국 당시 이른바 해가 지지 않는 나라의 대부르주아 계급의 이익을 대표했다. 그가 개체간·종족간의 이른바 자유경쟁과 우승열패를 강조한 것, 심지어 정부는 교육을 실시하지 말고 복리를 추구하지 말며 인민의 건강을 돌보지 말 것 등을 주장한 것은, 자연도태와 적자생존의 사회진화론에 맡기자는 것이었다. 이는 식민지 민족을 탄압하고 착취하는 강권(强權)의 논리였다. 그것은 본질적으로 옌푸가 요구한 구망도존(救亡圖存: 나라를 멸망에서 구함)의 애국사상과는 조화되지 않았을 뿐 아니라 대립되는 위치에 놓여 있었다.
　그러므로 높게 평가했음에도 옌푸는 스펜서의 기본주장을 중점적으로 소개하지 않았다. 반대로 옌푸는 스펜서의 사회다윈주의 이론을 반대한 헉슬리를 발췌·번역했다. 옌푸는『천연론』의「자서」에서 이렇게 지적했다. "헉슬리의 이 책의 요지는 본래 스펜서가 '자연에 맡겨 다스린다' (任天爲治)고 한 말류(末流)의 주장을 고치기 위함이었다. ……그러므로 자강과 종족보존에 대해 여러 차례 관심을 표명했다." 이른바 '자연에 맡겨 다스린다' 는 것은 '물경천택' (物競天擇: 생존경쟁, 자연도태)의 자연법칙 작용에 맡기되 그것에 적극적으로 관여하지 않는 것을 가리킨다.
　옌푸는 이런 사상에 불만을 가지고 이것이 스펜서의 '말류의 오류' 라고 생각했으며, 헉슬리의 '자연과 승패를 겨룸' (與天爭勝)이라는 관점으로 그것을 '보충' 했다. 헉슬리가 이 책에서 선전한 것은 "사회윤리의 진전은 결코 우주과정의 모방에 의한 것도 아니고 이것에서 도피하는 것은 더욱 아니며, 그것과 투쟁하는 데 있음을 우리는 확실히 이해해야 한다"[54]는 것이었다. 다른 특별한 이유가 아니라 주로 이 점 때문에[55]

---

53) 다윈은 맬서스의 인구론에서 계발을 받았음에도 결코 자신이 발견한 생물계 생존경쟁의 법칙이 인류사회에도 적용된다고 생각하지는 않았다.
54)『진화론과 윤리학』, 58쪽.

옌푸는 갓 출판된(1894) 이 대중서적에 큰 흥미를 느끼고 즉각 번역해 냈다.

요컨대 옌푸는 인성은 본래 선하고 사회윤리는 자연진화와 다르다는 헉슬리의 관점에 동의하지 않았지만, 한편으로 인간은 피동적으로 자연의 진화를 수용하는 것이 아니라 자연과 투쟁하여 강성함을 도모해야 한다는 헉슬리의 주장에는 찬성했다. 자연진화는 보편법칙이고 인류에도 적용된다는 스펜서의 견해에 동의하면서도 한편으로는 '자연에 맡겨 다스린다' 는 약육강식의 사상에는 불만을 가졌다.

이런 태도는 완전히 당시의 중국 현실에 의해 결정된 것이었다. 옌푸는 청일전쟁의 실패가 가져다준 결과에 커다란 자극을 받고 『천연론』 번역에 착수했다.[56] 제국주의 열강은 청일전쟁 후 일본이 순조롭게 나가는 것을 보고 모두 중국에 눈독을 들이며 마음이 조급해졌다. 각자 분분히 세력범위를 분할하고 '중국을 과분(瓜分)할 것' 을 요구했다. 당시 중국은 제국주의 각국이 대규모로 침입하여 할양하려는 위기국면에 처음으로 직면했다.

그러나 집권하고 있던 봉건완고파는 여전히 자신만을 고집할 뿐 개혁하려 하지 않았으며, '천조상국'(天朝上國)이라는 종이모자를 쓴 채 벗으려 하지 않았다. 지식계의 사대부들도 여전히 낡은 것들을 끌어안은 채 좁은 식견만으로 제 잘났다고 뽐냈다. 우매하고 무지하게 오랑캐와 중국에 대한 공담이나 일삼으며, 여전히 '성현이 대대로 전수' 한 '예의지국' 으로서 중국이 훨씬 우월하고 특별나다고 생각했다. 옌푸가 큰 소리로 외치면서 다윈과 스펜서를 소개한 원인은, 바로 이

---

55) 슈바르츠가 제기한 이유 ─ 문자가 간결하고 시의(詩意)가 충만하다는 등 ─ 때문이 아니었다.

56) "화의(和議)가 막 이루어지자 부군(府君 : 옌푸)은 크게 자극을 받았다. 이때부터 그는 번역과 저술에 전력했다. 먼저 헉슬리의 『천연론』에 착수했는데, 몇 달 만에 탈고했다."(옌취嚴璩, 『허우관 옌 선생 연보』) 일반적으로 『천연론』은 1896년에 번역되었다고 하지만, 왕스의 『옌푸전』에서는 『천연론』이 "늦어도 광쉬 21년(1895)에 완성되었다" (41쪽)고 고증했다.

런 현실상황에 대해 진화는 더 이상 항거할 수 없는 객관적 보편법칙으로서 중국과 외국, 인간과 자연의 만사만물이 모두 그러하므로, '성인이라 하더라도 어찌할 도리가 없는 시세(時勢)'임을 강조하기 위해서였다.

옌푸는 진화법칙의 보편적 유효성을 두드러지게 하여, 사물이 이 보편적 개념을 모두 따르고 있음을 선전·소개하고자 했다. 또한 중국이 결코 특수하지 않고 예외도 아니므로 더 이상 마비된 채 스스로 훌륭하다 여겨서는 안 됨을, 스스로 역사가 유구하고 인구가 많으면 나라를 잃지 않을 것이며 종족이 멸망하지 않을 것이라고 생각해서는 안 됨을 지적하고자 했다. 그는 위에서 말한 동식물과 미국 인디언, 오스트레일리아 흑인 등을 예증으로 들어 경고했다. 이 또한 스펜서를 수용하고 그를 추존·선전함으로써 헉슬리를 반박한 점이다.

그러나 이보다 더 중요한 것은 옌푸가 사람들에게, 이런 법칙을 인식한 후 스스로를 열등민족이라고 감수하며 앉아서 멸망을 기다리지 말고 빨리 일어나서 분투할 것을 요구했다는 점이다. 자신의 역량에 의지하여 일치단결하고 분발하여 강성함을 도모한다면 운명은 아직도 우리 손에 놓여 있다는 것, 이것이 바로 그가 헉슬리의 책을 선택해 번역하고 헉슬리로 스펜서를 보충하려 한 원인이었다. 또한 이것은 그가 서학을 제창하는 글에서 중국과 서양을 대비하며 "재난에 대해 중국은 하늘의 뜻에 맡기지만 서양인은 인력에 의지한다"[57]고 특별히 주장하고, 순황·유우석·유종원 등이 주장한 '천명을 만들어 사용하고', '천과 인은 다르다'는 사상을 칭송하고 좋아한 원인이었다. 옌푸가 사람들에게 중시하라고 요구한 것은 자강·자력·자립·자주 등이다. 이것이 바로

---

57) 「세상변화의 빠름을 논함」(論世變之亟). 「구망결론」에서도 이렇게 말했다. "그러므로 우리 중국에서는 가뭄과 홍수를 당해 기근이 들고 고향을 떠나 떠돌게 되면 하늘의 재난이 유행하므로 인사와 관련이 없다고 생각하지만, 저들(서양을 가리킴)은 모든 일이 인간의 도모가 충분하지 않았다고 여긴다."

옌푸가 주장한 '생존경쟁과 적자생존'의 '진화' 사상의 진정한 동기이
자 핵심이다. 옌푸는 각종 저서와 역서에서 이를 누차 강조했다.

> 만물이 이와 같은 것에 기초하는 원인은 모두 그 자신일 뿐, 이른바
> 창조자는 없다.[58]

> 강하게 자립하되 후퇴하지 않고 나아가 힘써 경쟁해야만, 연마하여
> 옥을 만들 듯이 자립을 바랄 수 있다. 자립하게 되면 저들이 오더라
> 도 모두 우리에게 이로운 것이니 무엇이 두렵겠는가?[59]

> 국가의 흥성은 반드시 일군의 사람들이, ……사람마다 모두 그 강성
> 함의 원인을 추구하되 약한 것을 스스로 달가워하지 말아야 한다.[60]

옌푸는 민족에 대한 강렬한 자존심과 자신감을 가지고 중국의 전도
에 대해, 인류의 전도에 대한 것과 마찬가지로 낙관적인 태도를 취했
다.[61]

자연진화의 보편적 법칙을 강조하고, 인간은 이 법칙에 적응하여 단
결하고 자강·자력·자주·진보함으로써 외부사물과 투쟁해야 하며,
더 이상 다른 사람의 우롱과 주재와 통제를 받지 않아야 한다고 주장했
다. 이것은 스펜서의 일반적 진화개념이 아닐 뿐만 아니라, 인성이 본
래 선하다고 한 헉슬리의 윤리학설과도 다른 것이다. 표면적으로 보기

---

58)『천연론』상권「도언1 찰변 평어」.
59)「유여삼보」(有如三寶)
60)「국문보 연기」(國聞報緣起).
61) "우리 백성은…… 사실 강대한 민족과 국가가 될 수 있는 잠재력을 가지고 있으
   므로 좌절이 있다 하더라도 멸망하지 않을 것이다……. 부패를 모두 제거하고
   강함만을 구하면 진실로 세계에 이런 나라가 없을 것이다. 어찌 빈약함과 노예
   적인 것을 근심하겠는가? 깊은 생각을 가진 세상의 선비들은 내 말에 동감할 것
   이다."(『사회통전』「평어」) 이런 언급과 사상은 여러 곳에 보인다.

에 옌푸가 헉슬리와 스펜서를 절충한 것은 모순 같지만, 실제로는 상황에 부합하는 합리적인 '창조'인 것이다.[62]

『천연론』은 자연과학의 수많은 사실을 이용하여 생물계의 생존경쟁과 자연도태, 끝없는 진화의 객관법칙을 논증했다. 그는 다윈주의의 과학성과 설득력으로, 당시 중국인에게 막힌 눈과 귀를 뚫어주는 계몽과 깊은 인상을 심어주었다. 또한 당시 막 배출되던 새로운 지식인과 혁명파에게 중요한 정신적 양식이 되어 애국열정을 선동하면서 그들을 혁명의 길로 나아가게 했다. 이는 주로 당시 사회의 계급투쟁 형세에 의해 결정된 것이 분명하지만, 『천연론』이 사상적 측면에서 일으킨 작용도 경시하기 어렵다. 당시 혁명파는 다음과 같이 공정하게 지적했다.

옌푸의 책이 나오자 생존경쟁과 자연도태의 이치가 사람들 마음에 정연하게 자리잡으면서 중국 백성의 기운은 일변했다. 이른바 합군(合群)을 주장하고 배외와 배만(排滿)을 주장하던 사람들 가운데 이런 풍조에 격발된 자가 참으로 많았는데, 옌푸의 공 역시 적지 않았다.[63]

---

62) 슈바르츠는 옌푸가 스펜서를 이용하여 헉슬리를 비판한 것만 지적하여 옌푸가 완전히 스펜서의 입장에 서 있다고 말했는데, 이는 일면적인 듯하다.

63) 『민보』 제2호, 「허우관 옌푸의 최근 정견을 서술함」(述侯官嚴氏最近政見).
  옌푸의 번역서는 대부분 무술년 이후에 출판되었다(『천연론』은 무술년에 정식으로 출판되었지만 크게 풍미한 것은 무술년 이후이다). 그러므로 그것은 개량 변법운동에 복무했다기보다는, 역자의 주관적 의도가 어떠했는지와 관계없이 실제로는 막 일어나고 있던 혁명파의 사상적 양식이 되었다. 혁명파는 스펜서의 『사회통전』과 같은 옌푸의 일부 번역서에 반대의견(장타이옌의 『사회통전』 참조)을 가지고 있기도 했지만, 캉유웨이·량치차오와는 달리 기본적으로 존중하는 태도를 취했으며, 아울러 다음과 같이 인식했다. "(옌푸는) 배만을 잘못된 것으로 여기지 않았다. ……그는 민족국민주의에 대해 사실 공감을 표시했으며…… 옌푸의 민족주의는 『법의 정신』 번역에 이르러 더욱 두드러졌다. …… 그러므로 배만혁명이 오늘날 우리 민족의 '본체에 부합'되는 필요한 일임을 알았다. 옌푸가 역사에 의거하여 사회학적 진화의 공례(公例)를 들어가며 논한 것

그러나 『천연론』의 역할은 이에 그치지 않았다. 사람들은 『천연론』을 읽으며 서양에도 중국의 옛 성현에 뒤지지 않는 철인이 있다는 사실을 파천황(破天荒)처럼 처음으로 알게 되었다. 또한 루쉰이 "소크라테스와 플라톤도 나왔다"고 말한 것처럼 확실히 사람들의 흥미를 배가시켰으며, 거기서 얻은 해답이 구국의 애국열정을 불러일으켰다. 사람들은 『천연론』에서 몇몇 신선한 지식을 얻거나 몇몇 문제 심지어 구국과 같은 큰 문제에 대한 구체적 해답을 얻는 것에 그치지 않았다. 물론 이런 해답이 위에서 말한 구망도존의 애국열정을 불러일으켰음은 확실하다. 그러나 더욱 독특한 점은 사람들이 『천연론』을 읽음으로써 모든 사물을 관찰하고, 자신이 어떻게 생활하고 행동하며 투쟁할 것인가에 대한 관점과 방법 그리고 태도를 획득했다는 것이다. 『천연론』은 사람들에게 일종의 자연·생물·인류·사회·개인 등 만사만물에 대한 총체적 관점과 태도, 즉 새로운 세계관과 삶의 태도를 가져다주었다. 만청 말년 이래 중국 봉건사회와 봉건가정은 빠른 속도로 와해·붕괴되었다. 봉건사대부와는 다른 신식 청년학생과 지식인이 한 세대 한 세대 신속하게 배출되었다.

옌푸가 소개한 이런 투쟁·진화·자강·자립 등 부르주아 세계관은 봉건의 속박을 차버리고 전통의 권위를 멸시하며, 신체를 단련시키고 자연계와 투쟁하며(전통사회는 체육을 강구하지 않았음), 인생의 싸움터에 들어가 자신의 역량으로 길을 개척하려는 신식 청년지식인들의 요구에 부합했다. 또 이런 관점과 태도는 이른바 '과학'을 기초로 했기

은 그 의의가 참으로 대단하다. ……옌푸를 피상적으로 이해한 사람은, ……옌푸가 평화를 주장했다고 여기고…… 어떤 사람은 옌푸의 뜻을 학습·관찰하지 않고, ……그가 정부를 옹호하고 민족주의를 비판했다고 의심했다. ……옌푸는 학문으로 당세에 중시되었고, 당세 또한 옌푸 학설의 영향을 받았다. 우리가 보기에 이상의 사실은 그가 민족정신을 고취하여 반대자의 지위에 선명하게 서 있음을 증명하기에 충분하다."(이상 『민보』 제2호) 이는 옌푸가 전혀 가지고 있지 않던 배만 혁명사상을 그에게 억지로 갖다 붙여 옌푸를 자신의 동업자로 삼은 것이다.

에, 그것을 신봉하는 사람들의 자신감과 봉건 이데올로기를 타파하려는 역량을 더욱 증강시켰다.

『천연론』출판 후 수십 년간 자강·자력·자립·자존·자치·자주와 생존경쟁·적자생존·진화·진보 등의 단어가 끊임없이 성행했다. 아울러 이 단어들은 사람들의 이름이나 자식의 이름 그리고 학교 이름 등으로 광범위하게 쓰였다. 오늘날 이런 이름이나 호를 가진 노인이 적지 않은데, 이는 옌푸가 여러 세대의 중국인, 특히 지식인에게 그들의 요구에 매우 부합되는 발분자강의 부르주아 세계관을 심어주었음을 깊이 반영하는 것이다. 이것이 『천연론』이 지닌 독창성의 소재(所在)이고, 이 책과 그 사상이 오랫동안 유행하고 크게 성공한 주요원인이다.

물론 '생존경쟁'이라는 생물학 법칙으로 사회발전과 역사진화를 모두 해석하려는 것은 결코 과학적이지 않다. 엥겔스는 "역사의 발전과 착종된 다종다양한 내용을 모두 빈곤하고 일면적인 '생존투쟁'의 공식으로 총괄하려는 것은 대단히 유치한 생각"[64]이라고 지적했다. 사회 생산양식의 연변(演變)이야말로 인류발전의 역사이다. 『천연론』과 진화론은 마르크스주의가 광범하게 전파된 후 그 사회적 영향력을 빠르게 잃어갔다.

---

64) 『마르크스·엥겔스 선집』제3권, 인민출판사, 1972, 572쪽.

3 경험론과 그 귀결

엔푸가 『천연론』을 통해 사람들에게 새로운 세계관을 가져다준 것은 그가 꼭 자각적으로 한 일은 아니었다. 하지만 베이컨과 로크, 밀 등 영국의 경험론을 인식론과 방법론으로 삼아 중국인의 두뇌를 무장하려 한 것은 그가 대단히 중시하여 자각적으로 한 일이었다. 엔푸가 유물론적 경험론으로 육구연·왕양명의 심학을 주요대표로 하는 중국 전통의 관념론적 선험론을 비판한 사실은 수많은 글에서 언급했으므로 여기서는 반복하지 않겠다. 이 글에서는 엔푸가 시작부터 철학 인식론을 대단히 중시했다는 점을 더 중요하게 인식한다. 그는 철학적 노선투쟁에서 서양의 진리 찾기에 대해 연구하는 총체적인 문제를 제기했고, 아울러 인식론이 그것의 관건적 소재임을 분명하게 인정했다. 이것이야말로 엔푸 사상의 두드러진 점이다. 이 점이 아마 마오쩌둥에게 중요한 영향을 주었을 것이다.

엔푸는 "중국의 지식과 사유는 허(虛)에서 운용되지만 서양의 총명(聰明)은 실(實)에 의거한다"는 견해, 즉 서양이 이른바 실학만을 강구한다는 천박한 견해를 반박하고, "중국이 허하다면 저 서양은 더욱 허하다"[65]고 하여 문제는 허실(虛實)에 있지 않음을 지적했다. 서양이 튼튼한 군함과 예리한 대포를 만들고 국력이 부강하며, 경제·정치 제도가 봉건중국에 비해 정밀하고 우월한 원인은 바로 그것들이 근대의 각종 기본적인 이론과학(자연과학과 사회과학을 포함)을 기초와 근거로 삼았기 때문이다. 그리고 이런 과학이 있게 된 까닭은 그것들이 새로운 인식론, 즉 논리학을 지도로 삼은 점에 있다. 이런 인식론, 즉 논리학은 바로 베이컨이 그 시초를 연 경험론과 귀납법이다. 그는 이렇게 말했다.

> 유용함의 효과는 부강에서 검증되고, 부강의 토대는 격치(格致 : 물리학─옮긴이)에 있다. 격치에 바탕을 두지 않으면 하는 일마다 허황하지 않은 것이 없다.[66]

> 그러므로 제도와 기기의 완비는 그 근본을 뉴턴에서 찾을 수 있고, 기선과 자동차의 정신은 와트에서 그 기원을 추측할 수 있다. 정신 활용의 이로움은 파라디(M. Faraday : 화학자 · 물리학자)의 공이고 백성의 수명은 하비(William Harvey)의 업적이다(하비가 혈액순환을 발견하여 의학상 크게 공헌한 것을 가리킴). 그리고 200년 학문의 창명(昌明)은 (이전의 학문을─옮긴이) 철저하게 타파한 베이컨의 공을 으뜸으로 들지 않을 수 없다.[67]

옌푸는 부강의 기초를 과학 기술에 귀결시켰고 과학 기술의 근본을 방법, 즉 베이컨이 제창한 철학 경험론과 귀납법에 두었다. 옌푸는 그것을 '실측하여 귀납시키는 학문'이라 일컬었다. 이른바 '실측'(實測)이란 모든 과학적 인식은 반드시 사물을 관찰하는 실제경험에서 출발해야 하는 것을 가리킨다. "그것이 학술로 성립하는 것은 하나하나 모두 사물을 실측하는 것에 바탕을 두기 때문이다."[68] "옛 사람들이 명시

---

65) 『원강』.
66) 「구망결론」.
67) 『원강』.
68) 같은 책.

한 공리가 뒷사람들에 의해 논파되는 것은 인증(印證)을 통해 그 결점을 판단하기 때문이다. 그런데 300년간의 과학의 공리가 어디에 게재되어도 더 이상 흔들리지 않는 까닭은 반드시 논리와 생각의 훌륭함이 고인을 능가해서가 아니라 엄격한 인증 덕분이다."[69] 서적이 아니라 실제경험이 인식의 출발점이자 검증의 기준이다. 그러므로 "우리가 학문을 연구하고 이치를 궁구함에 등봉조극(登峰造極: 최고수준에 오름)을 구할 뜻이 있다면 우선 문자가 없는 책을 읽을 줄 알아야 한다."[70] "그러므로 헉슬리는 책을 읽고 지혜를 얻는 것은 이차적인 일이며 우주를 책으로 삼고 백성과 사물을 문자로 삼을 수 있어야 진실한 학문이 된다고 했다. 이는 서양교육의 중요한 방법이다."[71] "무릇 이치의 성실함과 망령됨은 구설로 다툴 수 있는 일이 아니다. 그 증거는 사실 속에 있다."[72] 이른바 '내주'(內籀)는 '외주'(外籀: 연역)에 상대되는 귀납이다. 그것은 앞서 말한 인식론에서 구체적으로 채용하는 논리방법이다. 옌푸는 과학의 모든 진리가 반드시 귀납법을 통해 세워져야 한다고 인식했다. "내주는 변화를 관찰하고 회통(會通)을 인식하여 공리로 확립된 것이다."[73] "서학의 물리학은……, 한 가지 이치를 밝히고 하나의 법칙을 세움에도 반드시 모든 사물에 실험하여 100퍼센트의 결과를 얻은 후에야 그것을 바뀌지 않는 것으로 확정한다."[74]

옌푸가 논리귀납법을 크게 제창한 것은 전통의 '구학'(舊學)을 겨눈 것이었다. 옌푸는 '서학'과 '중학'(中學)을 비교했다. 그는 중국 사회의 과거시험에 쓰인 팔고문(八股文)·한학(漢學)의 고증학·송학(宋學)의 의리학(義理學)·시문(詩文)·서예·금석학 등 '구학'인 '중

---

69) 『밀 논리학』 「부병(部丙) 평어」.
70) 「서학 문경공용설」(西學文徑功用說).
71) 『원강』.
72) 『국부론』 「역사(譯事) 예언」.
73) 같은 글.
74) 「구망결론」.

학'을 열거하면서 "한마디로 말해 쓸모가 없고, 실제가 없다"[75]고 하면서, "그 화는 학술에서 시작되었지만 국가에까지 미쳤다"[76]고 했다.

옌푸는 전통적 문화·학술의 근본문제가 객관사실의 관찰과 귀납에서 출발하지 않은 것에 있을 뿐만 아니라 객관사실로 검증하지 않는 점에 있다고 인식했다. 연역의 전제를 주관적 억측이나 진부한 낡은 견해에서 가져오는데, 이는 '자기만 옳다고 고집'하는 선험의 산물이다. "구학이 대부분 구제될 수 없는 것은 그것이 외주(연역)를 하지 않는 것이 아니라 연역을 하더라도 법대로 한 적이 없기 때문이다. 그것이 근본으로 삼는 것은 대개 주관적인 견해이다."[77] "사물에 실험하지 않고 자기만 옳다고 고집하거나 고인의 견해를 굳게 믿는 것"[78]이 "어떻게 그 공리를 취하여 추론하고 개괄함에서 진실됨과 망령됨을 고증하겠는가?"[79]라고 했다. 그러므로 말로는 도리가 있는 것 같지만 사실은 현실에서 이탈하고 진부한 견해를 묵수(墨守)하는 것이니, 추론과정은 설사 틀리지 않았더라도 그 전제는 완전히 틀린 것이다. "근원이 이미 잘못되었으므로 연역에서 벗어나지 않더라도 전체 이론에는 아무 도움이 되지 않는다."[80] 원인은 여전히, 그 전제가 실제경험의 귀납에서 온 것이 아니라 주관적 억측에서 온 점에 있다. "다른 원인이 아니라 그 사례를 드는 것이 억측에 근거하고 실측을 통한 충분한 이해에서 온 것이 아니기 때문이다."[81]

캉유웨이 등이 육구연·왕양명을 좋아한 것과는 달리, 옌푸는 유물론적 경험론으로 육왕 심학을 대표로 하는 관념론적 선험론을 중점적으로 비판했다. 옌푸는 『밀 논리학』에서 "양지(良知)와 양능(良能)의

---

75) 「구망결론」.
76) 같은 글.
77) 『밀 논리학』 「부을(部乙) 평어」.
78) 같은 책, 「부갑(部甲) 평어」.
79) 같은 책, 「부을 평어」.
80) 같은 글.
81) 같은 글.

여러 견해는 로크와 밀이 배척한 것"[82]이라고 하면서, 모든 진리는 경험의 귀납에서 비롯되는 것이지 '양지'라는 것은 없다고 주장했다. "공리는 내주(귀납)에서 비롯되지 않는 것이 없으니, ……이른바 양지라는 것은 없다."[83] 옌푸는 다음처럼 명확하게 지적했다.

서양어의 아프리오리(a priori: 선험적)라는 말은 사실을 살피지 않고 원인에 집착하여 결과를 이야기하며, 한 가지 이론으로 나머지 논의를 개괄하는 것을 일컫는다. 중학을 예로 들면, 고서의 성훈(成訓)은 열에 아홉이 그러하다. 그것은 송대 이후 육구연과 왕양명의 심성(心成)이론에 특히 많다.[84]

육구연과 왕양명의 학문을 세밀하게 살펴보면 자기만 옳다고 고집하는 것일 뿐이다. 문밖에 나가지 않으면서도 천하의 일을 알 수 있다고 생각하는 것이 이른바 안다는 것과 과연 일치하는 것인가? 큰 차이가 나지 않겠는가? 더 물을 필요도 없다.[85]

옌푸의 육왕 심학에 대한 비판은 베이컨부터 밀까지 영국의 철학 경험론, 즉 옌푸가 말한 '서학'을 중국 봉건주의의 선험론, 즉 옌푸가 말한 '중학'과 방법론, 인식론의 철학적 차원에서 대립시킨 것이었다. 이는 서양 자연과학에 대한 캉유웨이와 탄쓰퉁의 인식에 비해 훨씬 깊이가 있었다.

요컨대 전통적 '고훈'(古訓)과 교조에서 출발하여 "사물에 실험하지 않고", "사실을 관찰하지 않으면서 원인에 집착하여 결과를 이야기하고 한 가지 이론으로 다른 논의를 개괄하는 것."[86] 이것이야말로 중학이 서

---

82) 『밀 논리학』 「부병 평어」.
83) 같은 책, 「부을 평어」.
84) 같은 글.
85) 「구망결론」.

학에 미치지 못하는 문제의 소재였다. "중국의 학문은 반드시 고훈을 구하는데, 고인의 그릇됨을 알지 못할 뿐만 아니라 고인의 옳음 또한 왜 옳은가를 알지 못한다. 시문(詩文)을 외우는 것도 잘못되었을 뿐만 아니라 주소(注疏)를 훈고(訓詁)하는 것도 매우 구속(拘束)되어 있다."[87] 이런 교조주의와 관념론적 선험론은 반드시 타도하고 폐지해야 한다. '사물을 실측'하고 실제경험에서 출발하여 관찰·귀납·종합해야만 '가는 곳마다 믿을 만한' 과학적 공리, 즉 보편적 원리·원칙을 얻을 수 있다. "과학이 밝히는 것은 공리이고 공리는 반드시 항상 진실해야 한다."[88] 이런 '공리'를 장악해야만 보편적으로 응용할 수 있고 각종 복잡한 변화를 통어(統御)할 수 있다. "그 공리를 장악해야 복잡한 변화를 통어할 수 있다."[89]

실제경험에서 출발하여 귀납을 통해 원칙의 '공리'를 얻은 후에 보편적으로 운용하는 것, 이것이 바로 옌푸가 크게 제창한 철학 인식론이다. 그가 정력과 시간을 아끼지 않고 『밀 논리학』을 번역하고, 이 책이 부르주아 계급의 상승시기에 번역한 고전명저인 『국부론』·『법의 정신』과 더불어 심혈을 기울여 번역한 '중요한 몇 권'의 하나가 된 원인이 바로 이 점에 있다. 밀은 영국 경험론의 최고대표로 커다란 명성을 가지고 있었고, 그의 『논리학』은 귀납법을 집대성한 명저로 간주되었다. 옌푸가 그것을 번역한 것은 사실 베이컨과 로크가 개창한 영국 경험론을 들여오려 한 것이었다. 그러므로 『밀 논리학』의 평어에서 자주 베이컨과 로크를 언급했으며, 서두에서 '개념을 정의'할 때 이렇게 지적했다. "이 학문을 논리라고 일컫는 이유는 베이컨의 말처럼, 이 학문이 모든 법의 법이고 모든 학문의 학문이며 근본의 존엄과 활용의 넓음을 밝혔기 때문이다."[90] "서학이 상세하고 확실하며 하늘의 뜻이

---

86) 『밀 논리학』 「부갑·부을 평어」.
87) 『원강』.
88) 『국부론』 「역사 예언」.
89) 『천연론』 「자서」.

나날이 열리고 백성의 지혜가 깨이며 모든 것이 유용함으로 귀결되는 것은 바로 이 때문이다."[91] 요컨대 그는 베이컨 등이 "실측과 귀납의 학문을 제창"했고 뉴턴 · 갈릴레오 · 하비가 "뒤따라서 그 방법을 사용함으로써 크게 발양시켰다"[92]고 인식했다. 바로 이 때문에 근대 자연과학이 거대한 성취를 얻었다는 것이다. 옌푸는 이것이야말로 중국이 학습해야 할 근본이라고 생각했다.

옌푸가 인식론과 논리학[93]을 이처럼 고도로 중시하고 경험론[94]과 귀납법을 자각적으로 소개한 것은, 70~80년 전의 안목과 수준에서 보

---

90) 『밀 논리학』 「부갑 평어」.

91) 같은 책, 「부을 평어」.

92) 『천연론』 하권 「논11 학파(學派) 평어」.

93) 옌푸는 근대 중국 최초로 논리학을 강의한 사람이다. 1900년 "논리학회를 세우고 논리학을 강연하여 일시를 풍미했는데, 학자들은 지금까지 들어보지 못한 것을 들었다"(왕뤼창王遽常, 『옌지다오 연보』) 1908년에는 한 여학생에게 논리학을 전수했는데, 그 교본과 강의안이 『논리학 천설』(즉, 『명학 천설』名學淺說, 1909년 출판)이었다. 옌푸가 서두를 연 후 논리학은 만청 시기에 유행하기 시작했고 왕궈웨이, 장스자오(章士釗) 등도 이에 대한 역저를 냈다. 옌푸는 형식논리 설명을 통해, 중국 전통의 철학 개념이 엄밀하지도 정확하지도 않음을 여러 차례 지적했다. 그 가운데 '기'(氣)라는 단어가 대표적이다. 중국에서는 '원기'(元氣) · '사기'(邪氣) · '여기'(厲氣: 사나운 기운) · '음기'(淫氣) · '정기'(正氣) · '여기'(餘氣) 등을 사용하고 있지만, "선생님이 말하는 '기'가 도대체 무엇입니까? 정의할 수 있습니까?라고 질문해 보면, 그 사람은 분명 멍하니 대답할 바를 모를 것이다. 그렇다면 모든 선생이 모르는 것을 '기'라고 한 것일 뿐이니, 사물의 이치를 설명함에 있어 이와 같은 것은 잠꼬대와 무엇이 다르겠는가? ……말과 글이 이러할지니, 정밀하고 엄격한 과학 철학을 연구함에 있어 어떻게 감당하겠는가? ……'심'(心) · '천'(天) · '도'(道) · '인'(仁) · '의'(義)와 같은 다른 글자들도 의미가 혼란스럽고 복잡하다"(『명학 천설』)고 지적했다. 이렇듯 애매한 어의(語義)를 바로잡자는 비판은 중국에서 지금까지도 거울이 될 만하다.

94) 옌푸 이후, 서양철학의 소개는 당시 유행하던 쇼펜하우어, 니체, 베르그송 등 반(反)이성주의와 낭만주의가 주였으며, 고전철학의 인식론에 대해서는 상당히 냉담했다. 프랑스의 유물론은 극소수만이 번역 · 소개되었으며, 독일 고전철학도 해방 이후에야 그럴듯한 번역본이 나왔다. 그러나 옌푸는 1906년에 이미 헤겔을 소개한 논문을 썼다.(『환구 중국 학생보』寰球中國學生報 제2기 「헤겔 관념론 서술」逑黑格兒惟心論)

면 확실히 봉황의 깃털과 기린의 뿔처럼 희귀하면서도 대단히 어려운 일이었다. 이 점이 그로 하여금 전후의 수많은 사람을 능가하게 했고, '신학'을 제창하고 '구학'을 반대하는 과정에서 독특한 지위를 확보하게 했다.

그러나 유물론적 경험론은 결국 주관적 관념론과 불가지론으로 나아가게 마련이다. 베이컨과 로크 이후 버클리와 흄이 있었는데, 밀은 버클리와 흄을 계승하고 콩트를 추존한 불가지론자이자 실증주의자였다. 인간의 인식은 감각을 벗어날 수 없으며 물질은 '감각의 지속적 가능성'에 불과하다는 것은 밀의 철학 명언이다. 영국 경험론의 귀결점은 여기였고, 그들의 중국인 학생 옌푸도 예외는 아니었다. 감각과 경험을 일면적으로 강조하고 이론과 사변을 경시하며 귀납의 만능을 맹신함으로써 옌푸는 끝내 실증주의에 완전히 빠져버렸고, 게다가 실용주의적 색채까지 덧칠하게 되었다.[95] 철학의 근본문제를 연구할 때 그는 데카르트("나는 생각한다. 고로 존재한다") · 버클리 · 스펜서와 장자 · 맹자 · 『주역』 그리고 불교와 노자를 함께 뒤섞어버렸고, 사물의 궁극적인 본질과 실체는 '불가사의'(不可思議: 상식적으로 헤아릴 수 없음) 즉 불가지(不可知)한 것이므로 그것을 인식하려 할 필요가 없다고 했다. 그것은 국가와 백성의 생계와 아무런

---

95) 앞서 논한 근대의 많은 사람과 마찬가지로, 옌푸의 철학 사상도 단순하지 않다. 그의 사상과 주장이 영국의 경험론이었다고 해서 그를 기계적 유물론자라고 말하는 것은 옳지 않다. 그러나 영국의 경험론에는 베이컨과 로크의 유물론뿐 아니라 밀과 스펜서의 불가지론과 관념론이 있었는데, 후자가 오히려 주도적 지위를 차지했다. 그러나 옌푸의 의식에서는 이 양자를 명확하게 분리하지 못했다. 아울러 같은 불가지론이라 해도 헉슬리는 스펜서와 달랐다. 『천연론』 평어에서 대담하게 스펜서를 추숭(推崇)했지만, 이 책을 실증주의의 번역서로 삼을 수는 없다. 그의 『국부론』과 『법의 정신』은 더욱 그러했다. 그가 번역한 절반의 『밀 논리학』은 주로 논리과학을 소개했다. 그러므로 옌푸의 번역서와 그가 중국 근대에 일으킨 역사적 작용과 객관적 지위는 "중국 최초의 실증주의자"(천위안후이陳元暉, 「옌푸와 근대 실증주의 철학자」 『철학 연구』, 1978년 제4기)라는 말로 개괄할 수 있는 것이 아니며, 옌푸의 업적을 주로 중국에 실증주의를 들여온 것이라고 보는 것은 일면적인 듯하다.

관계도 쓸모도 없으므로 그것에 관심을 가질 수도 없고 연구·토론할 수도 없다는 것이다. 철학의 근본과제와 종교미신 등에 관련된 모든 것에 대해서는 긍정할 수도 부정할 수도 없으며, 제창하지도 말고 반대해서도 안 된다는 것이다.

나는 일찍이 만물의 본체는 알 수 없는데도 그에 대해 알 수 있는 것은 감각의 영역에 한한다고 말한 적이 있다. (시공 가운데) 질서정연하고 문란하지 않은 것은, ……자연의 율령인데, ……이 역시 상대적 영역에 진력할 뿐이다. 이 영역 밖은 배워 알 수 없으므로, 배운다 하더라도 사람의 일과는 관련이 없다.[96]

주자(朱子)는 무극(無極)을 말하지 않으면 본체(體)를 밝힐 수 없고, 태극(太極)을 말하지 않으면 작용(用)에 도달할 수 없다고 했는데, 그 견해는 훌륭한 듯하다. 그런데도 나는 이치와 견해가 지극해지면 반드시 불가사의해질 것이라고 생각했다.[97]

옌푸는 이른바 '불가사의'가 '불가명언'(不可名言: 말로 표현할 수 없음)도 아니고 '불능사의'(不能思議: 생각할 수 없음)도 아니라고 생각했다. 예를 들어 어떤 '기괴한 풍경과 사물'이나 '극한적인 희비', '일이 순조롭게 풀리는 교묘함' 등처럼 언어로 표현하기 어려운 것들은 '불가명언' 또는 '불가언유'(不可言喻)라 할 수 있다. 또한 열대지방 사람은 얼음을 보지 못했는데, 물이 얼음으로 변한 후 얼음 위를 다닐 수 있다는 말을 들으면 이해하기 어렵다고 느낄 것이다. 이는 '불능사의'이다. '불가사의'는 이와 다르다.
이치를 논함에 있어 궁극에 이르게 되면 불가사의의 경지에 이르

---

96) 『밀 논리학』「부갑 평어」.
97) 같은 글.

게 되는데, 이는 틀리다고 말할 수 없음은 물론 이치 또한 알기 어려운 것이다. ……불가사의라는 말은 전적으로 이를 두고 하는 말이다.[98]

이는 일부 철학 문제를 끝까지 밀고 나가면 그 진위를 알 수 없게 되고 불가사의해지는 것을 말한다. 예를 들어 '천지의 원시(元始)'(세계의 유래), '조화(造化)의 주재자'(상제의 존재), '만물의 본체', 불교의 '열반'(涅槃) 그리고 시공·정신·힘 등과 같은 것은 모두 '불가사의'한 것이다. "비록 성현이라 하더라도 설명할 수 없다."[99] 모든 사물의 궁극적인 원인을 추구하면 필연적으로 이런 '불가사의'를 만나게 된다. 철학 본체론의 여러 가지 문제는 바로 이런 '불가사의'에 있다. "무릇 우주의 궁극은 그 태초와 마찬가지로 불가사의하다. 불가사의란 사리로 논할 수 없는 것을 이른다."

노자가 말한 도(道), 『주역』에서 말하는 태극(太極), 불교에서 말하는 자재(自在), 서양철학에서 말하는 최초의 원인자, 불교의 다른 표현인 불이법문(不二法門) 등은 만물의 조화가 시작했다가 끝나는 곳이며 학문의 귀결점이다. ……태어남과 소멸함이 없고 증감도 없으며, 만물이 상대적이어도 이것은 홀로 서 있고 만물이 흘러가도 이것은 바뀌지 않으며 그 물(物) 자체가 본래 불가사의하다. 사람들은 이를 도(道)라 한다. ……영원불멸한 도(道)와 영원불멸한 명(名)은 상대적이지 않기 때문이고, 문자와 언설이 없기 때문이며, 불가사의하기 때문이다.[100]

그러므로 불이법문은 문자와 언어의 도가 끊어지고 불가사의한 것

---

98) 『천연론』 하권 「논10 불법(佛法)」.
99) 같은 글.
100) 『노자평점』

이 된 것이다. ……하느님의 유무를 묻는 것은 실제로 우주의 최초 원인자를 묻는 것이다. ……없다 하더라도 괜찮다.[101]

옌푸는 이런 세계의 본체는 인식할 수 없을 뿐만 아니라 강구할 필요도 없으며, 이런 '심성(心性)의 학문'은 실제로는 사변과 이론에 반대한다고 인식했다. 또한 이런 학문은 실용성이 없으니 "조급하게 그 통달을 구할 필요도 없으며", 상대적 영역의 밖을 감지하려 하기 때문에 "진실로 배울 수가 없다. ……고기를 먹어도 말의 간은 먹지 않는다*고 하는데, 이는 그 맛을 모르기 때문이 아니라, ……조급하게 그 통달을 구할 필요가 없기 때문"[102]이라고 생각했다.

본체론이 이와 같았고 인식론도 마찬가지였다. 옌푸는 이렇게 인식했다. "마음(心)과 물체(物)가 접촉하면 감관(感官)을 통해 형상(形相)을 느낀다. 이른바 형상을 느끼는 것은 물체가 아니라 의식(意)이다. 의식과 물체 사이에는 항상 간극이 있다. 물체는 원인이고 의식은 바탕이므로 길이 같을 수 없다. 그러므로 이 세상에서의 일생은 순전히 의경(意境)이 된다."[103] 그는 예를 들어 붉고 둥근 돌의 둥긂·붉음·딱딱함은 우리의 주관적 감각일 뿐 물체 자체에 속하는 것이 아니라고 말했다.

이 세 가지(둥긂·붉음·딱딱함)는 모두 나로 말미암는다. ……그러한즉 돌의 본체는 알 수 없다. 내가 아는 것은 의식을 벗어나지 않

---

101) 『밀 논리학』「부갑 평어」.
 * 『한서』(漢書)의 「유림전」(儒林傳)에 보면, "식육무식마간, 미위부지미야"(食肉毋食馬肝, 未爲不知味也)라는 기록이 나오는데, 안사고(顏師古)는 주석에서 "말의 간에는 독이 있기 때문에 먹으면 죽으므로, 먹지 않는 것이 좋다"고 했다.
102) 『밀 논리학』「부갑 평어」.
103) 『천연론』하권 「논9 진환(眞幻) 평어」.

는다. 그러므로 인간의 지식은 의식과 경험이 상호부합하는 것에 지나지 않는다. 이처럼 이루어지는 바는 일을 만들기에 족하지만 너무 높고 멀리 나아가게 되면 진실로 당할 수 없다.[104]

그는 근본을 추구할 필요가 없다고 주장함으로써 여러 문제에 대해 믿지도 않고 의심하지도 않는 태도를 취했다.

무조건 믿는 사람은 사물이 반드시 그러하다고 말하는데, 이는 정말 틀리다. 무조건 믿지 않는 사람은 사물이 반드시 그러하지 않다고 말하는데, 이 또한 그 증거가 없다. 그러므로 헉슬리, 스펜서 등과 같은 철학의 대가들은 이런 문제에 대해 언노어블(unknowable: 불가지)이라 하고, 자신을 애거니스틱(agonistic: 불가지론자)이라고 일컬었다. 무릇 인생의 지식은 여기서 끝나므로, 그런 일을 논의하지 않는 곳에 두어서 각 분야에 종사하는 사람의 마음을 평안하게 할 따름일 뿐이다.[105]

옌푸가 보기에 만물의 본체는 알 수가 없고 '알 수 있는 것은 감각에 지나지 않을 뿐'이었다. 그래서 그는 자연법칙에 보편적 필연성('공간이 달라도 모두 그러하고 시간이 달라도 모두 일치함')이 있고 인식과 과학이 그에 의거해 세워졌음을 인정하면서도, 그것은 단지 감각현상의 이른바 '상대적 영역'이고 '상대성은 심지(心知)가 멈추는 곳'일 뿐이니, 이것이 바로 인식의 유한한 범주라고 여겼다. 옌푸는 바깥 사물이 인식의 원인이고 자아의 인식은 바깥 사물이 작용한 결과라고 인식했음에도, 인식한 것이 결국 바깥 사물인지는 여전히 긍정할 수 없었으며, 인식에서 유리된 바깥 사물의 존재도 의미가 없다고 생각했다. 외

---

104) 같은 글.
105) 옌푸의 가서(家書), 『옌지다오 선생 유저』(嚴幾道先生遺著), 싱가포르, 1959.

적 원인이 있어야만 내적 결과가 생긴다.

그러나 원인이 같은데 결과가 같지 않은 것에 대해서 꼭 알 수 있는 것이 아니다.[106]

주체(我)의 밖에는 객체가 없다. 객체가 없는 것이 아니라 있다 하더라도 없는 것과 다르지 않다. 그렇다면 그것이 주체에 갖추어 있음을 알게 된다. 그러나 이로 인해 즉물궁리(卽物窮理)*의 학설을 축출하는 것 역시 불가하다. 무릇 나는 인식이 세워졌다 하더라도 객체는 인식의 원인이므로, 원인을 살펴서 결과를 말하지 않는다면 그 인식은 분명 진실하지 않을 것이다.[107]

이처럼 외적 원인이 있어야 내적 결과가 발생함을 인정했지만, 동시에 결과(주체)를 떠나서는 어떤 원인(객체)도 논할 수 없다고 생각했다. 설사 주체에서 독립된 객체가 있다 하더라도 그것을 알 수 없다면 그것은 없는 것과 같다. 그러므로 "인식이 축적되어 주체가 되니, 인식은 그 스스로 존재하고 따라서 주체도 그 스스로 존재"한다. 오직 '인식'과 '주체의 사유'만이 유일하게 의심할 수 없는 것이다. '주체' (사유하는 주체)는 '인식'이 축적되어 이루어지므로 "이는 실로 환영이 아니라 오로지 인식일 뿐이다."[108] 옌푸의 불가지론과 주관적 관념론은 마침내 하나로 뒤섞였고 버클리 · 데카르트 · 밀 등은 옌푸에 의해 하나로 뭉뚱그려졌다.

---

106) 『천연론』 하권 「논9 진환 평어」.
 * 정주 이학의 주요범주의 하나. '이'(理)를 사물의 존재 이전에 있는 것으로 보고 모든 사물을 '이'의 표현으로 인식, 구체적 사물에 의거하여 이를 궁구(窮究)하는 것.
107) 『밀 논리학』 「부갑 평어」.
108) 이상 『천연론』 하권 「논9 평어」.

옌푸의 이런 철학적 인식론은 그의 정치사상에 영향을 미치지 않을 수 없었다. 정치사상적인 측면에서 옌푸에게는 원래 하나의 내적 모순과 이론적인 악성순환이 존재했다. 즉 한편으로는 국가가 부강하려면 우선 국가를 구성하는 무수한 세포, 즉 국민 개개인의 '지'·'덕'·'체'라는 기본소질에 바탕하여 경제·사상·언론에서 개인의 자유와 경쟁 그리고 발전을 중시해야 한다고 인식했다. 이는 물론 그가 수용한 스펜서의 사회유기체론과 관계가 있으며, 스펜서 이론의 구체적 응용이었다. "스펜서가 정식으로 세우지는 않았지만 암묵적으로 전제를 삼은 현상(現象)주의는 버클리부터 밀까지의 사유경험 방식의 공동재산이며, 스펜서의 정신생활이 그 속에서 성장·발전해나간 전통의 일부분이다."[109] 이는 사실 옌푸의 정신생활을 훈도하고 배양한 '전통'이기도 하다. 이 '전통'은 영국 경험론이 몰락하여 만들어낸 실증주의이다. 스펜서는 바로 저명한 실증주의자였다. 옌푸는 당시 개량파가 일으킨 변법활동에서 이탈했는데,[110] 중국 인민의 기본소양인 덕과 지가 낙후되어 정치변혁을 실행할 기초가 없다고 인식했다.

다른 한편으로, 절박한 구국의 국면은 국가부강 문제를 가장 급선무로 여기게 했다. 이는 옌푸로 하여금 "소아(小己)의 자유는 오늘의 급한 일이 아니니 힘을 합해 부강을 도모함으로써…… 생존을 위한 최고 계책으로 삼아야 함"[111]을 더욱 통감하게 만들었다. 이리하여 국가의 부강은 개인의 지·덕·체보다, 그리고 개인의 사상적·언론적·경제적 자유와 발전보다 훨씬 중요하고 절박했으므로 모든 일의 맨 앞에 두어야 했다. 이는 실제로 옌푸를 포함한 근대사상가들이 중시하던

109) 『영국 철학 100년』, 105쪽.
110) 왕스(王栻)의 『옌푸전』에서는 이 시기를 이렇게 묘사했다. "옌푸는 당시 명망이 높았음에도 거의 외출을 하지 않았으며, 사람들과도 거의 어울리지 않고 우울하게 지냈다."(52쪽) 이는 의기충천하여 변법운동의 조직과 선전에 적극적으로 종사한 캉유웨이와 대조를 이루었다.
111) 『법의 정신』 권18 「평어」.

우선 과제였다. 옌푸는 맨 앞에 놓인 국가부강 문제를 처음에는 청(淸) 정부에 기탁했다가, 나중에는 통치자 가운데 강력한 법가인물이 출현하기를 희망했다. 목적을 달성하기만 하면 수단과 방법은 모두 부차적이라는 이런 생각은 그의 사상에서 실용주의적 일면을 드러낸 것이다. 말년에 옌푸는 날로 악화되어가는 상황에서 경험론을 완전히 포기했을 뿐만 아니라 마지막(제1차 세계대전 중)에는 계속하여 굳세게 신봉하던 진화론마저 포기했다. 법가인물조차 더 이상 바라지 않게 되었고 완전히 공자와 맹자에게로 돌아갔으며, 또한 극단적인 비관 속에서 장자의 허무주의 철학에 침잠함으로써 자신을 마비시켰다. "고목은 죽더라도 죽지 않을 뿐이다. ……그 때문에 오히려 심지(心志)가 편안하고 만물의 변화에 모든 것을 맡기게 된다."[112] 옌푸의 비극적 귀결은 이러했다.[113]

옌푸는 나날이 역사의 망각자가 되어가고 있었지만, 그가 전기에 펴낸 번역서들은 여전히 제 역할을 하고 있었다. 한 세대 또 한 세대를 넘어서도 청년들은 여전히 구국의 진리를 추구했다. 그들은 도서관에서 옌푸의 번역서를 진지하게 탐독했고, 옌푸의 세계관과 방법론의 가르침과 인도를 수용했으며, 아울러 그것들을 회의하고 부정하는 과정을 거쳐서 마르크스주의를 추구하는 길로 매진했다. 마오쩌둥이 바로 그러했는데, 옌푸의 이름 역시 마오쩌둥으로 인해 오늘날 비로소 크게 빛나게 되었다.

---

112) 「슝춘루에게 드리는 편지」74, 1921.
113) "병든 여생은 조만간 땅으로 돌아갈 것이지만, 세상의 변화를 보매 상심이 끝이 없을 뿐이다."(「슝춘루에게 드리는 편지」65, 1920) "시국에 대해서는 결국 비관적이다."(같은 글 66, 1920)

4 '자유를 본체로 삼고 민주를 작용으로 삼다'

옌푸의 서학 소개 중에서 객관적으로 가장 큰 효과를 불러일으킨 것은 세계관('진화')과 방법론('논리')이었고, 그것은 후인들에게 거대한 영향을 미쳤다. 하지만 옌푸가 주관적으로 중국에 들여와 더욱 현실적인 구국의 도가 될 것이라 생각한, 영국을 모범으로 하는 유럽 부르주아 계급의 경제 · 정치에 대해서는 유감스럽게도 아무런 반향이 없었다. 광활한 농촌 소생산제를 사회토대로 삼고 농민혁명을 본질로 삼은 중국 근대에서, 이런 미약한 부르주아 자유주의의 이상과 욕망은 근본적으로 어떤 세력의 지지도 얻을 수 없었다. 다만 긴 밤 속으로 서서히 소실되어갔을 뿐이다.

사상영역에서의 영향조차도 언급할 만한 것이 없었다. 『국부론』과 『법의 정신』, 로크 등을 대표로 하는 영국 민주정치 체계의 실행을 진정으로 신봉하고 요구하던 사람은 소수의 지식인에 불과했고, 의지할 만한 사회역량이라 일컬을 만한 것이 아무것도 없었다. 무술 이후의 근대 중국은 나날이 봉건군벌의 파시즘과 농민혁명 간의 첨예하고 격렬한 투쟁국면에 처해 있었다. '제3의 길' 로는 아예 나아갈 수 없었다. 영국을 모범으로 삼은 옌푸의 개혁주장은 쓸모없는 소프라노가 되었다. 그렇지만 그것은 결코 역사적 자취로 남은 것만은 아니었다. 옌푸의 이 사상을 이 글의 맺는 말로 삼아 역사의 경험과 교훈에 유념하고자 하는 것은 결코 쓸데없는 사족이 아니다.

옌푸는 『천연론』을 번역하여 생존경쟁 · 자연도태 사상을 소개하고, 『밀 논리학』을 번역하여 논리과학, 특히 귀납법을 소개했으며, 『국부론』 · 『법의 정신』 등을 번역하여 자본주의 경제 · 정치의 기본이론을 소개했다. 옌푸가 이와 같은 책들을 번역 · 소개한 것은 서양 자본주의의 '강성함'이 결코 '튼튼한 군함과 예리한 대포' 등 '형이하학적'인 것에 있는 것이 아니며, 또 '계산에 밝고', '기교에 뛰어난 것'과 같은 공리(功利)를 중시함에 있는 것이 아니라, "학술은 거짓을 축출하고 진실을 숭상하며, 형정(刑政)은 개인을 누르고 공(公)을 위하는"[114] 것에 그 진정한 관건이 있음을 설명하기 위해서였다. 이는 '거짓을 축출하고 진실을 숭상' 하는 자연과학적 방법과 '개인을 누르고 공(公)을 위하는' 민주정치 제도가 서양 자본주의 국가의 근본이라는 것이었다. 이는 사실 '5·4운동'이 제출한 '사이언스 선생'과 '데모크라시 선생',* 즉 과학과 민주였다.

과학과 민주는 불가분의 관계에 있다. 서양의 과학 기술로 중국의 봉건을 보존 · 유지하려는 '중체서용'(中體西用) 이론은 자연히 옌푸의 비판대상이 되었다. 옌푸는 『천연론』 서문에서 이렇게 말했다.

서학에 대해 길을 물어온 지가 오래되었으나 한두 거물이 으쓱거리면서 말하길, 저들의 핵심이란 것은 몇 가지 형이하학적인 것에 지나지 않고 그들이 힘쓰는 것은 공리(功利)를 벗어나지 않는다고 했다. 이는 제멋대로 억측하여 하는 말로 사실에 부합되지 않는다.

이는 '중체서용'을 겨누어 한 말이었다. 옌푸는 이어서 명확하게 지

114) 「세상변화의 빠름을 논함」.
* '사이 선생'은 사이언스(science: 과학)의, '더 선생'은 데모크라시(democracy: 민주)의 중국식 약칭으로, 5·4운동 시기에 사용한 용어들이다.

적했다. '본체' 와 '작용' 은 떨어질 수 없는 것이다. 한 국가의 '정교(政敎)와 학술' 은 각종 기관을 갖춘 생물과 같아서 그 각 구성부분은 완정(完整)한 통일체를 이루고 있다. 그것들의 기능('용')은 그 존재('체')와 뗄 수가 없다. 말의 네 발굽을 소의 몸에 붙일 수 없는 것과 같다. "소의 몸은 무거운 것을 지는 기능을 가지고 있고 말의 몸은 멀리 가는 기능을 가지고 있다. 소의 몸에 말의 기능을 하게 한다는 이야기는 들어보지 못했다."115) "그러므로 중학에는 중학의 체용이 있고 서학에는 서학의 체용이 있다." 만약 '합하여 하나로 만든다면' 도리와 명의(名義)조차 통하지 않을 뿐만 아니라 통용될 수도 없다. 옌푸는 예를 들어 설명했다. 중국은 이전에 총포(銃砲)가 없었지만 지금은 총포를 사들였고, 중국 도시에 예전에는 경찰 같은 것도 없었지만 지금은 경찰을 두고 있다. 그러나 이러한 여러 가지가 문제를 해결하고 국가를 부강하게 만들 수 있겠는가? 옌푸는 "근세에 변법을 말한 사람들을 회고해보면 대개 그 근본은 헤아리지 않고 지엽적인 것으로 변법을 하고자 했"116)으므로 성공할 수 없었다고 지적했다.

근대중국이 서양의 '튼튼한 군함과 예리한 대포' 로 대변되는 공업기술을 학습하는 단계를 거쳤는데도 문제를 해결하지 못한 원인은 체와 용을 분리할 수가 없고, 과학 기술과 정교(政敎)를 분리시킬 수 없으며, 과학과 민주를 뗄 수 없음을 이해하지 못한 점에 있다. 옌푸는 이론적으로 비교적 일찍 이 문제에 주목했다.

그러면 서양사회의 '본체' 는 무엇인가? 당시의 대다수 진보인사, 심지어 나중 사람들까지 민주정치를 '본체' 로 보았다. 옌푸도 자본주의의 민권 또는 민주를 주장했기 때문에 한유의 군주전제와 군권지상론을 맹렬하게 비판했다. "군(君)·신(臣)·형(刑)·병(兵)은 모두 백성을 보호하기 위해 생긴 것이다."117) 인민들에게는 각종의 분규와 속임수,

---

115) 「외교보 주인과 교육을 논한 글」.
116) 같은 글.
117) 「한유비판」(辟韓).

강탈, 피해가 있지만 그들 스스로 생업에 바쁘기 때문에 '군'과 '신' 등을 두어서 자신을 보호하려는 것이다. "그러므로 군신에 대한 논의가 부득이하게 나왔다. 그것은 부득이한 것이므로 도의 근원이 되기에는 부족하다."[118] 봉건전제 통치는 그와 같은 '불변의 진리'(天經地義)가 되어서도 안 되고 그럴 필요도 없다. 한유가 주장한 군주전제의 원도(原道)*는 나라를 훔치는 큰 도적의 이치에 지나지 않을 뿐이다. "나라는 누가 훔치는가? 이리저리 살펴보아도 백성에게서 그것을 훔칠 뿐이다." "백성이야말로 천하의 진정한 주인이다." 옌푸는 이것이야말로 서양 자본주의 사회·정치의 명맥이라고 생각했다. "그러므로 서양의 정치를 논하는 사람은 나라는 백성의 공동재산이고 왕후장상은 전국의 공복이라 했다."[119]

그러나 옌푸는 당시의 많은 사람보다 깊이가 있었다. 그가 보기에 '민주'는 아직 서양 자본주의의 근본이 아니었다. '민주'는 '자유'의 정치적 표현에 지나지 않는다. '자유'가 '본체'이고 '민주'는 여전히 '작용'에 불과했다. 옌푸는 '자유'가 자본주의의 본질이라는 것, 이것이 바로 중국 사회가 가장 두려워하고 반대하는 것이라고 인식했다.

무릇 자유라는 말은 중국 역대 성현들이 참으로 깊이 두려워하여 지금까지 가르침으로 세우지 않은 것이었다. 저 서양사람들은 이렇게 말한다. 하늘이 백성을 낳음에 각기 천부(天賦)를 갖추도록 했다. 자유를 얻으면 전부 받은 것이다. 그러므로 사람마다 각자 자유를 얻고 나라마다 각각 자유를 얻으니……, 그 형법과 법률은 모두 이를 위해 만들어졌을 뿐이다.[120]

---

118)「한유비판」.
* 원도는 도의 근원이라 할 수 있다. 한유는 『원도』(原道)라는 글을 지어 불교와 도교를 배척하고 유교의 요지를 세워 추앙했다.
119) 같은 글.

이른바 부강이라고 하는 것은 솔직하게 말해 '백성을 이롭게 하는 것' (利民)과 다르지 않다. 그러나 정치가 백성을 이롭게 하고자 한다면 반드시 백성이 각자 스스로 이롭게 할 수 있는 것에서 시작해야 한다. 백성이 각자 스스로 이롭게 할 수 있는 것은 반드시 스스로 자유를 얻는 것에서 시작해야 한다.[121]

옌푸는 스펜서의 사회유기체론을 고쳐서 양무파의 '중체서용'론을 반대하는 무기로 삼았다. "무리의 형성에서 그 체와 용의 효능은 생물의 몸과 다르지 않다."[122] "몸은 자유를 귀히 여기고 국가는 자주를 귀히 여기니, 그것이 무리 속에 생기게 되는 것 역시 비슷함이 이와 같을 것이다."[123] 국가는 생물이고 개인은 세포이니, 모두 자유가 있어야 한다. 자유야말로 근본인 것이다. 심지어 비교적 후기에 이르러서도 옌푸는 여전히 이론적으로 다음과 같이 인식했다.

그러므로 오늘날의 다스림은 자유를 숭상하는 것보다 더 귀한 것이 없다. 자유로우면 각 사물은 스스로의 극치를 얻게 되고, 하늘의 선택은 가장 적합한 것을 존재하게 하는 데 있다. 태평성대는 기약하지 않아도 저절로 올 수 있게 된다.[124]

자본주의 사회에 대한 옌푸의 이해는 개량파의 그 누구보다 깊었다. 그는 개인의 자유 · 자유경쟁, 개인을 사회의 단위를 보는 것 등을 자본주의의 본질로 여겼고, 정치 · 경제와 이른바 '자연도태'의 생존경쟁을 예를 들어 논증했다. 아울러 민주정치도 '자유'의 산물일 뿐

---

120) 「세상변화의 빠름을 논함」.
121) 『원강』.
122) 같은 책.
123) 같은 책.
124) 『노자평점』.

임을 지적했다. 이는 전형적인 영국의 자유주의 정치사상으로, 평등을 강조하는 프랑스의 민주주의 정치사상과는 달랐다. 중국에서 전자는 개량파에 의해 주장되었고 후자는 혁명파에 의해 신봉되었다. 그러나 '자유무역'을 기치로 삼던 영국의 자본주의는 수백 년 동안 확실히 프랑스와 같은 기타 자본주의 국가에 비해 훨씬 안정적이고 공고하며 적응성이 강한 정치체계와 제도를 건립했다. 그 우월성은 오늘날에도 여전히 연구할 가치가 있는 과제이다. 당시 옌푸의 안목은 이렇듯 예리했다.

옌푸의 '자유'·탄쓰퉁의 '평등'·캉유웨이의 '박애'는 완벽하게 당시의 '반봉건 계몽'의 함성을 이루었다.

옌푸는 이론적으로 개량파의 어떤 인물보다도 탄탄했다. 아울러 그의 「한유비판」역시 분명 『인학』의 선구가 되었으며, 그의 『원강』은 『시무보』와 『청의보』(清議報)에 실린 량치차오의 여러 글의 선도(先導)가 되었다. 옌푸는 보편적 법칙성을 지닌 몇몇 문제를 제출했는데, 진정으로 근대과학의 형태를 취한 것들이었다. 옌푸가 강조한 것은 사회발전의 필연적 추세였다. 그러므로 장타이옌은 그가 "총체적 윤곽은 알았지만 개별적인 모습은 알지 못했다"[125]고 평했다. 이른바 '총체적 윤곽'이란 중국을 포함한 전 세계 각국이 발전하는 보편적 법칙을 말한 것이다. 자본주의로 나아가는 이런 법칙은 '중국은 특수한 길로 나아가야 한다'고 주장하던 장타이옌으로서는 당연히 찬성할 수 없었다.[126] 옌푸와 장타이옌의 분기와 대립은 실제로 중국 근대의 두 가지 다른 요구와 두 가지 다른 사조의 경향을 대표한다. 그러나 그것들은 또한 제국주의 침략에 반대하는 공동주제에 속했다. 그러므로 '자유를 본체로 삼아'야 한다고 주장한 옌푸도 여전히 국가의 자유(독립)와 부강, 그리고 '구국'을 개인의 자유보다 훨씬 높은 곳에 두었다. 이는 옌푸의 이론과

---

125) 『도한미언』(菿漢微言).
126) 이 책의 장타이옌 부분을 참조하라.

사상('자유를 본체로 삼음')과 실제 주장 사이에 중대한 내재적 모순을 구성한 것이었다.

옌푸는 이론적으로는 선진적이고 철저하면서도, 앞서 말한 것처럼 현실적인 정치주장에서는 캉유웨이와 탄쓰퉁에 비해 신중하고 보수적이었다. 그는 「한유비판」에서 군주전제를 반대하면서도 동시에 "그러면 오늘날 우리의 군신을 버리는 것이 가능한가? 이는 불가능하다. 왜인가? 적당한 시기가 아직 도래하지 않았고, 그에 걸맞은 풍속이 아직 형성되지 않았으며, 백성들이 자치(自治)를 이루기에는 아직 부족하기 때문"이라고 인식했으므로 부르주아 민주정치의 즉각적인 실행을 굳세게 반대했다. 그는 근본문제는 교육에 있다고 인식했다. 각 개인이 자강·자치할 수 있어야만 자본주의의 민주정치를 실행할 수 있으며, 국가도 번영하고 부강해진다는 것이다. 그러므로 옌푸는 '백성의 역량을 고무'하고 '백성의 지혜를 계몽'하며 '백성의 덕을 새롭게' 하는 세 가지를 변법개혁의 근본으로 삼자고 주장했다. "백성 모두 자유를 얻고자한다면 반드시 각자가 자치할 수 있는 것에서 시작해야 한다."[127] 그러나 그의 총체적 관점과 방안은 '제도는 교육에 의해 결정되므로 변법개혁은 우선적으로 인민에게 부르주아 교육을 실시함에 달려 있다'는 점을 강조한 것이다. 이는 캉유웨이·탄쓰퉁·량치차오 등이 즉각적인 정치제도의 개혁을 요구한 것과는 상당히 다른 점이다.

백성을 살리는 커다란 요체는 세 가지이니 (국가의─옮긴이) 강약과 존망은 이를 중시해야 할 것이다. 첫째는 혈기와 체력의 강함이고, 둘째는 총명함과 지혜의 강함이며, 셋째는 덕행과 인의(仁義)의 강함이다. 그러므로 변화를 살펴 다스림을 말하는 서양전문가치고 민력(民力)·민지(民智)·민덕(民德)의 세 가지로 백성의 품성의 고하를 단정하지 않은 자가 없었다. ……정치강령의 시행요점은 모두

---

127) 『원강』.

민력·민지·민덕의 세 가지를 기준으로 삼았다.[128]

  옌푸의 이런 관점은 바로 '자연도태'라는 생물학의 사회학적 관점이 었다. 이는 그의 이른바 '자유를 본체로 삼는다'는 부르주아 개인주의의 사회학적 관점과 밀접한 관계를 가지고 있다. 정치민주를 개인의 자유로 귀결시키고 사회진화를 개인의 자강으로 귀결시켰다. 그리하여 첨예한 정치투쟁을 일반적인 교육의 임무로 귀결시켰다. 옌푸는 결국 자신의 일생을 번역과 저술, 그리고 교육사업에 완전히 헌신하여 중국 근대 교육구국의 선구자가 되었다. "오늘날의 계책은 화급하게 교육에서 시작해야 한다."[129] 그는 '우매함의 치유'를 구국의 '중요한 길'로 삼았다.

  이런 관점을 가지고 있었기 때문에 옌푸는 정치적으로 점점 더 보수적이 되었고 온건해졌다.

  『원강』등의 논문을 쓴 1~2년 후, 무술변법이 고조에 달해갈 무렵 그는 퇴행적인 모습을 드러냈다. 지나치게 급진적으로 나아가는 캉유웨이와 량치차오를 싫어한 그는 "군주의 권한을 감소시키고 의회를 흥기시키는 것"에 반대했다. "군주의 권한의 경중은 민지의 깊고 얕음과 정비례한다. ……오늘날 민지가 아직 깨이지 않은 중국에서 군주와 백성이 함께 주인이 되는 서양의 아름다운 다스림을 모방하려는 것은 사실 대란의 길"[130]이라고 인식했다. 개량파가 실패하고 혁명파가 『민보』에 워싱턴과 루소의 사진을 크게 게재하여 숭배를 표시함에 따

---

128) 『원강』.
129) 런던에서 쑨중산에게 대답한 말. 왕쥐창(王遽常), 『옌지다오 연보』에서 재인용.
130) 「중러 교의론」(中俄交誼論). 옌푸는 제정 러시아에 대해 자못 반감을 가지고 있었다. 이는 그가 영국적 교양을 가지고 있기 때문이기도 하지만, 제정 러시아의 중국 침략이 그로 하여금 아시아식으로 유럽화한 러시아를 증오하게 한 것이다. 그러나 개인의 정치관계에서 그는 친러파인 리훙장, 룽루 등과 밀접한 관계를 맺고 왕래했다. 이 「중러 교의론」은 모종의 압력을 받고 쓴 것 같지만, 위에서 인용한 관점은 옌푸가 본래 가지고 있던 것이다.

라, 중국에서 서양 부르주아 계급의 '신학'과 '서학'을 선전·소개하던 이 권위자는 크게 다른 가락을 노래하게 된다. 그가 이전에 번역해 놓은 밀의『자유론』을 출판할 때는『군기권계론』(群己權界論)*으로 이름을 바꾸었고, 과거에 제창하던 '자유'라는 말조차 사용하려 하지 않았다. 이 점은 오늘날에도 깊은 사색을 요한다(번역은 무술 후에 했고 출판은 1903년에 했음).

1903년에 스펜서의『군학이언』(群學肄言)**을 출판했을 때 그는 이렇게 말했다. "나는 책이 실제로『대학』과『중용』의 심오한 뜻을 겸하고 있다고 생각한다. ……근세의 신구 두 학자는 대증(對症)처방을 했다."[131] 스펜서의 사회학과 중국의 유가학설을 조화·결합하려 기도한 것이었다. 이어서 그는 젠커스(瞭甄克)의『사회통전』을 번역·출판했고, 민족·민주혁명을 반대함으로써 장타이옌의 반박을 받았다.[132] 그러나 옌푸는 이 입장을 견지했다. 점점 더 '공자와 맹자의 도'를 찬양하고 추앙했으며, 심지어 "백성은 말미암게 할 수는 있을지언정 알게 할 수는 없다"(民可使由之, 不可使知之)는 공자학의 교의를 서학을 가지고 변호했다.[133]

훨씬 후에 그는 "중국의 눈앞의 위난(危難)은 모두 인심의 그릇됨에서 비롯되었다. 그러나 또 다른 하나의 생명의 끈은 여전히 수천 년간 선왕 교화의 은택에 있다"[134]고 했다. 이는 서양학습 전체에 대한 엄청

---

* 무리와 개인의 권한의 경계에 대한 논의.
** 군학, 즉 사회학을 고찰한 말.
131)「역여췌어」(譯餘贅語).
132) 당시 혁명의 발전과 정치노선이 두 갈래로 분명히 갈라서는 등의 총체적 형세에 부응하여, 1903년은 옌푸 사상이 소극적으로 고민하던 단계에서 급격하게 전변한 시간이기도 했다. 옌푸의 중요한 역저의 대부분은 1903년 이전에 완성되었다. 이후 옌푸는 실업(實業)투자 등에 적극적으로 활동했지만, 번번이 실패로 끝났다. 옌푸의 번역서 목록(왕스의『옌푸전』에 근거함)을 뒤에 첨부한다.
133)『평보』(平報) 1913년 9월.
134)「슝춘루에게 드리는 편지」53, 1917.

난 회의이자 부정이었다. "저 민족(서양 자본주의 민족)의 300년의 진화를 살펴보면, '이기(利己)·살인·과렴(寡廉: 염치가 적음)·선치(鮮恥: 부끄러움이 드묾)'의 여덟 자를 행했을 뿐이다. 공자와 맹자의 도를 돌이켜보면, 진실로 그 양은 천지와 같고 그 은택은 온 세계를 뒤덮었다."[135] "내가 철리(哲理)를 고찰해보건대 시간이 오래되어도 병폐가 없는 것은 여전히 공자의 책이라 생각한다."[136] "유럽의 300년의 과학이란 그저 사냥하고 고기를 먹은 것으로 보아야 한다."[137]

옌푸는 그가 초기에 열정적으로 믿고 선전·소개하던 '신학'과 '서학'을 버리고 전통의 품속으로 완전히 돌아 갔다. 수천 년 중국의 전통은 언제나 '서양을 학습'한 꽤 많은 인물을 서서히 삼켜 소화시켜버렸다. 옌푸는 그중 하나에 지나지 않았다. 그후 더욱 많은 사람이 이와 같은 길을 걸었다. 이는 연구해볼 만한 가치가 있는 과제이다.

중국 이데올로기의 완강한 힘은 본래 몇 년이나 몇 십 년만에 깨끗이 청소해버릴 수 있는 것이 아니다. 특히 소생산적 사회토대가 철저히 변화하기 전에는 자본주의적 요소가 뿌리를 내린다는 보장이 없다. 오히려 봉건주의적 요소가 간판만 바꾼 채 계속 나타나 사상에서 행동까지, 그리고 영혼에서 육체까지 사람들을 삼켜버릴 것이다. 옌푸가 서학과 신학을 소개한 이 이야기는 우리에게 주의를 요한다.

• 『역사연구』 1977년 제2기에 게재됨. 증보함

---

135) 같은 글 59, 1918.
136) 같은 글 45, 1917.
137) 『유무당 시집』.

옌푸 번역서 목록

서명	원서명	원저자	원서출판연도	번역연도	출판연도	출판자	비고
支那敎案論 (지나교안론)	Missionaries in China	A. Michie	1892	1894~95	미상, 1899년 이후	南洋公學院	옌푸는 번역 연도가 원서 출판연도에서 멀지 않다고 했다.
天演論 (천연론)	Evolution and Ethics and other Essays	T. H. Huxley	1894	1894(?)~96	1898	沔陽盧氏愼始基齋木刻	가장 빼른 무자본은 1894년 또는 1895년의 陝西味經售書處刻本이다. 수정을 거치지 않은 초고 인쇄본으로, 이후의 판본과 다르다. 1898년(광서 24년) 출판 후 각처의 翻印본이 이루 많았다.
原富 (국부론)	An Inquiry into Nature and Causes of the Wealth of Nations	Adam Smith	1776	1897~1900	1901~02	上海南洋公學譯書院	
群學肄言 (군학이언)	The Study of Sociology	H. Spencer	1873	1898~1903	1903	文明編譯書局	
群己權界論 (자유론)	On Liberty	J. S. Mill	1859	1899	1903	商務印書館	
社會通詮 (사회통전)	A History of Politics	E. Jenks	1900	1903	1904	商務印書館	
法意 (법의 정신)	L'esprit des Lois	C. L. S. Montesquieu	1743	1900(?)~09	1904~09	商務印書館	
穆勒名學 (上半部) (밀 논리학)	A System of Logic	J. S. Mill	1843	1900~02	1905	金陵金粟齋木刻	
名學淺說 (제본스 논리학)	Logic the Primer	W. S. Jevons		1908	1909	商務印書館	
中國敎育議 (중국 교육 논의)		S. A. Westharp		1914	1914	文明書局	

* 괄호 속의 서명은 한글 번역서명이다.

20세기초 부르주아 혁명파 사상 논강

20세기 최초의 10년은 중국 부르주아 구민주주의 혁명의 폭풍우 시대였다. 그것은 의화단 용사들의 두려워하지 않는 열정과 피로 찬란한 서막을 열었지만, 신해혁명의 비참한 승리로 종결되었다. 쑨중산을 우두머리로 하는 중국 부르주아 혁명파 사상의 흥망과 성쇠는 근대 세계사에서 많은 교훈과 의의를 지니고 있는 한 대목이다.

1 두 가지 주요 고리

중국 근대사의 분기에 관해서는 20년 전에 열렬한 토론이 한 차례 있었다.[1] 이 글에서는 다음과 같이 생각한다. 사회성격이 이미 확정되었다는 전제 아래 마땅히 계급투쟁의 정세를 기준으로 삼으며, 중대한 역사적 사건을 분기점으로 삼아서[2] 중국의 근대를 ① 1840~64년, ② 1864~94년, ③ 1894~1911년, ④ 1911~19년의 네 시기로 나눈다. 그중에는 혁명고조기인 ①, ③과 저조기인 ②, ④가 있다.

이 글에서 언급하는 두번째 고조기(1894~1911년)는 1898, 1900, 1903, 1905, 1908년을 분기점으로 삼아서 다시 작은 단계로 나눌 수 있다.

1894년 청일전쟁의 실패는 '동치중흥'(同治中興)의 신화를 종결시

---

1) 『중국 근대사 분기문제 토론집』(삼련서점)을 참조하라.
2) 분기점이 되는 중대한 역사적 사건은 그 사건이 '총체적 계급투쟁 상황의 전환점이 될 수 있는가'는 의미로 엄격하게 제한해야만 사회발전 추세에서의 계급적 성격을 나타낼 수 있다. 따라서 어떤 중대한 사건이 모두 분기점으로 적합한 것은 아니며, 분기점이 되는 사건이 그렇지 않은 사건에 비해 그 자체의 역사적 지위나 의의가 더 중요한 것도 물론 아니다. 그러므로 이 글에서는 1900년 또는 1905년을 분기점으로 삼지 않는다. 중국 근현대 전체는 ① 1840~95년, ② 1895~1911년, ③ 1911~49년, ④ 1949~76년, ⑤ 1976년 이후로 나누어야 한다. 그중 가장 짧은 둘째 시기의 중요성을 알 수 있다.

켰고, 태평천국의 실패 이후 유지되던 상대적 안정의 연대도 마감되었다. 중국 인민의 각 계급과 계층은 처음으로 구국 애국운동을 시작했고, 정치투쟁의 새로운 국면이 전개되었다. 경제에서 사상까지, 정치국면에서 사회분위기까지, 분명 새로운 시기로 진입했다. 이데올로기적인 측면에서 보면, 이전 시기부터 누적되기 시작한 부르주아 변법유신 사조는 일시에 시대의 가장 첨예한 화두가 되어 사상과 정치에서의 한 노선을 형성했다. 이것은 캉유웨이를 대표로 삼고 나중에는 장첸(張騫)을 대표로 하는 부르주아 개량파와 입헌파의 노선이었다. 이 노선과 차별적이면서 상호간에 모순이 생겨 마침내 대항적으로 발전하게 된 것은 쑨중산을 대표로 하는 부르주아 혁명파 노선이었다. 사상사의 주류에서 보자면, 20세기의 처음 10년은 바로 후자가 전자와 부단히 경계를 그으면서 점차 성숙하고 발전해가는 과정이었다.

이 과정은 사상 자체의 자연스러운 연장이 아니라, 현실적인 계급투쟁을 토대로 하여 몇 가지 중요한 부분의 질적 변화와 비약을 거쳐서 실현되었다. 1895년 흥중회(興中會)의 성립을 혁명파 활동의 시작으로 삼고 1905년 동맹회(同盟會)의 성립을 혁명파의 성숙으로 삼는다면, 혁명파의 발전과정에서는 사상·정치·조직 면에서 관건이 된 두 개의 중요한 매개고리가 있었다. 그것은 바로 1900년의 자립군운동과 1903년의 러시아에 대항한 항러 의용대운동이었다. 이 두 개의 고리와 그 의의에 대해, 이전의 연구에서는 크게 주목하지 않았다.

1. 자립군운동

무술변법 실패 이전에도 흥중회의 활동이 있었지만 그 영향은 크지 않았다. 정치투쟁의 국면과 함께 당시 사상무대의 주인공이 된 것은 봉건주의 정통 이데올로기와 투쟁하던 부르주아 개량파의 변법유신 사조였다. 당시 선진적인 중국인들은 대부분 정관잉의 『성세위언』에서 량치차오의 『시무보』까지의 계몽을 수용하여 열심히 새로운 서적을 읽고 서학을 이야기했다.

그들은 시국을 논하고 변법유신 운동에 적극 가담하여 그에 말려 들어갔다. 그것이 중국을 멸망에서 구하는 유일한 길이라고 생각한 것이다. 그중 일부 급진적인 인물이 사상과 언론에서 입헌군주의 범주를 넘어서는 민권 · 반만 · 혁명 등의 개념을 주장[3]했음에도 총체적으로 보면 여전히 개량주의의 기치 아래 있었다. 여기에는 황싱 · 장타이옌 · 차이위안페이(蔡元培) 등과 같이 오래지 않아 혁명파가 된 대부분의 유명한 지도자들도 포함되어 있었다. 장타이옌은 일찍부터 반만 사상을 가지고 있었지만, 이때까지는 아직 스스로 만족하지 못하던, 금문 경학을 이론기초로 삼은 변법유신 노선에 충실하게 예속되어 있었다. 이는 당시의 시대정신이 확실히 개량파에 의존했음을 말해준다.

무술변법의 실패와 탄쓰퉁 등의 유혈사태, 그리고 후난 신정의 참담한 파괴로 인해 잡다하던 개량파의 대오는 스스로 거대한 분화를 일으켰다. 그 상층과 우익은 놀라 넘어져 일어설 줄 몰랐으며, 아예 소극적으로 되었거나(천바오전 부자가 대표적임) 원래 주장을 완고하게 지키며 한 걸음도 전진하려 하지 않았다(캉유웨이와 일단의 중급관리들). 이들은 대부분 관직이 있는 봉건관료들이거나 명망 있는 사대부들로, 개명한 지주와 상층의 부르주아 계급(관리이면서 상인)의 이익을 대변했다. 원래 개량파의 기치를 따르던 하층과 좌익들에게는 중요한 상황 변화가 있었다. 그중 대부분은 젊은 세대, 즉 개량주의의 계몽세례를 어설프게 수용하여 1890년대 변법유신 운동의 고조 속에서 성장하며

---

3) 1897년 탄쓰퉁과 량치차오의 후난에서의 선전 · 조직 활동과 사상이 그 좋은 예이다. 량치차오의 사상특징 가운데 하나는 줏대 없이 잘 변하고 외래의 영향을 쉽게 수용한 것이었다. 무술 전후에 그는 외래 영향(처음에는 탄쓰퉁, 후에는 쑨중산)을 받아 사상과 언론에서 두 차례 고양되었지만, 신속하게 스승 캉유웨이에게 끌려 돌아왔다. 신해혁명 이후 비로소 캉유웨이의 영향에서 벗어난 뒤 5 · 4운동 시기에 백화문 등을 수용했다. 그러나 그는 다시 발빠르게 후스(胡適)의 영향을 받아 국고정리를 진행했다.

두각을 나타낸 세대였다. 량치차오는 그들을 이렇게 묘사했다.

후난의 백성들의 지혜가 갑자기 열리고 선비들은 기개를 크게 떨쳤다. ……사람마다 모두 정치의 공리(公理)를 말할 줄 알고 애국으로 서로 연마하며 구국을 자신의 임무로 삼았으니, 그로 인해 영준하고 침착하고 굳센 인재로 가득했다. 그들은 모두 20~30세 안팎으로 과거를 보지 않고 관직이 없으며 명성이 두드러진 자도 없었지만, 그 수는 헤아릴 수 없이 많았다.[4]

인용문의 마지막에서 언급한 특징은 매우 중요하다. 그것은 '강학회' (强學會)·'보국회' 등의 명사·관료·사대부를 주체로 하는 상층 개량파의 조직과는 달리, 변법운동 사조의 고조 속에서 일단의 젊은, 근대중국 최초의 학생지식인(그중 대부분은 훗날 일본에 유학 갔음)이 출현했음을 말해준다. 그들은 공명과 작록이 있는 전통적 봉건사대부와 질적인 차별이 있었다. 이에 대해 장타이옌은 훗날 이렇게 말했다. "오늘날 혁명가는 그들과 달리, 대부분 나이가 젊고 관직에 오르지 않았다."[5] 이들은 무술유신 실패 이후 결코 비관하거나 소극적으로 변하지 않았다. 정지하여 전진하지 못한 것도 아니며, 사상적으로 부단히 새로운 출로를 찾으며 새로운 변화를 키워가고 있었다. 그런데 이런 새로운 출로와 변화는 현실적인 교훈을 통과해야만 성숙될 수 있었다. 자립군 운동이 바로 그러한 교훈이었다.

모두 알다시피, 자립군의 실제 지도자는 탄쓰퉁과 생사를 함께하던 친구인 탕차이창이었다. 탕차이창의 철학적 관점과 사회·정치 사상은 탄쓰퉁과 완전히 일치했다.[6] 다른 점이 있다면 출신가정과 사회적

---

4) 량치차오, 「무술정변기」.
5) 「혁명의 도덕」.
6) 『각명전제 내언』(覺冥顚齋內言)을 보라.

지위가 탄쓰퉁 등에 비해 훨씬 낮았고, 하층 회당과의 연계가 좀더 많았다는 것이다. 탄쓰퉁은 절명시에서 "나는 스스로 칼을 비껴 들고 하늘을 향해 웃으며 나의 이 간담(충정—옮긴이)을 두 곤륜(昆侖)에게 남기네"라고 하면서 자신의 마지막 희망을 일문(一文)과 일무(一武)에 기탁했다.

량치차오의 해석에 의하면, 문(文)은 캉유웨이를 가리키고 무(武)는 대도(大刀) 왕우(王五)를 가리킨다. 이는 탄쓰퉁이 위안스카이를 설득하여 궁정쿠데타를 일으키려 한 것과 마찬가지로, 평화적인 개량을 희망했으면서도 무력과 유혈에 호소하지 않을 수 없던 심각한 사상적·정치적 모순을 상징적으로 나타낸 것이다. 탕차이창은 자신의 현실활동으로 탄쓰퉁 사상의 이런 내재모순을 외화시켰다. 캉유웨이도 아니고 왕우도 아닌, 탕차이창이 탄쓰퉁 사상의 유언을 충실히 집행한 사람이 되었다.

8국 연합군이 중국에 침입하고 만청 정부가 위태롭게 추락하려는 시국에, 탕차이창은 한편으로 쑨중산·비융녠[7]과 연계하면서 무장봉기를 준비했다. 그리고 다른 한편으로는 여전히 캉유웨이·량치차오·원팅스 등과 연락을 유지했으며, 아울러 룽훙과 옌푸를 포함한 이들 개량파들을 청하여 명목상의 지도자로 삼았다. 강령면에서는 한편으로 "새로운 자립국을 창조"하고 "만청 정부를 인정하지 않으며", "우리 동족이 아니면 그 마음은 반드시 다르다"는 등의 반청 혁명 주장을 내놓았다. 그러나 다른 한편으로는 "군신의 의리를 어떻게 폐지할 수 있는가", "광쉬 황제의 복벽을 청원한다" 등의 개량적인 구호를 제창했다. 조직면에서는 하층 지식인과 회당의 역량을 골간과 주력으로 삼았지만, 반면에 지방군벌이던 장즈둥에게 희망과 환상을 갖고

---

7) 비융녠(畢永年)도 탄쓰퉁의 영향을 깊이 받아 무술 이후 혁명파에 가담했다. "후난·후베이 회당과의 관계가 깊었기에 탄쓰퉁은 그를 좌우의 수족처럼 의지했다. 무술정변 후 그는 일본으로 건너가 쑨중산 총리를 만나고 흥중회에 가입했다." (『혁명일사』革命逸史)

있었다.[8]

탄쓰퉁의 사상모순은 여기서 매우 현실적이고 구체적인 정치·조직·군사적 모순의 양면성으로 생생하게 드러났다. 무술변법이 캉유웨이 사상이 현실적으로 구현된 것이었다면, 자립군운동은 탄쓰퉁 사상이 구체적으로 전개된 것이었다. 탄쓰퉁 사상이 개량주의가 혁명민주주의에게 자리를 내줄 수밖에 없는 시대의 필연적 동향을 반영한 것이었다면, 탕차이창이 지도한 자립군운동은 바로 이 필연적 동향이 현실투쟁을 통해 직접 표현된 것이었다.

결과는 물론 매우 비참했다. 지방군벌은 만청 중앙정권의 하수인에 지나지 않았고, 자립군의 지도핵심이 대부분 피살되고 개량파의 좌익 하층 성원(후난 시무학당의 학생) 200여 명이 피살되었다. 『혁명일사』의 「흥중회 시기의 혁명동지」에 자립군 조직의 50여 명을 기록했고, 아울러 "이상 리잉(李英) 등 200명 이상이 모두 후난 성 각 현에 파견되어 혁명을 일으켰는데, 탕차이창 등과 함께 체포되어 후난 순무 위롄싼(兪廉三)에 의해 살해되었다"고 기록하고 있다.

린구이(林圭)·리빙환(李炳寰)·톈방췬·차이중하오 등은 당시 후난 시무학당의 수재들이었다. "이 사건의 패배로 연루되어 죽은 자는 남작과 도대(道臺: 성省 내의 각 도 장관)에서 서생에 이르기까지 수천 명"[9]으로, 무술년의 유혈을 훨씬 초과했다. 이 유혈은 양적으로뿐만 아니라 질적으로도 다른 의미를 가지고 있었다. 장즈둥은 탕차이창 등을

---

8) 탄쓰퉁은 당시 후난에서 '남학회'를 창립할 때부터, 필요할 경우 지방의 독립자치를 실시함으로써 민권민주를 실행하려는 생각을 가지고 있었다(탄쓰퉁 관련 부분 참조). '자립'이라는 구호도 무술시기에 나온 것이었다. 그러므로 지방군벌과 봉건관료에 대한 환상(그들이 만청 중앙정부의 통제에서 벗어날 것을 희망)은 당시 보편적인 생각이었다. 경자년 탕차이창이 장즈둥에게 환상을 가졌으며 장타이옌도 리훙장에게 희망을 가지고 그에게 편지를 써서 리훙장이 "황제의 조서를 끊어버리고 성부(省府)에 와서 화를 진압해주기를" 바랐다. 『구서』 목각본 중 「방진」(方鎮)편에서도 그와 같은 사상을 보이고 있다. 이런 사상은 바로 자립군운동의 실패가 가져온 피의 교훈을 거치고 나서야 포기되었다.
9) 자오펑톈(趙豊田), 『캉창쑤 연보고』(康長素年譜稿).

478

살해한 후「권계」(勸戒)라는 글을 통해 이렇게 말했다. "……일을 일으킨 자는 대개 문약한 서생으로, ……그대는 원래 훌륭한 사람이었거늘, 어찌하여 비적을 따랐는가? ……생각해보아도 알 수가 없구나." 지식인이 구국과 유신을 위해 뜻밖에도 하층 회당(장즈둥의 눈에는 '비적')과 연계하여 무장봉기를 일으킨 것이 청조의 통치자에게는 신기한 일이었다. 그러나 문약한 서생이 보기에 탕차이창 등이 도살되고 자립군이 진압된 것은 그들이 개량주의 노선에서 완전히 벗어나는 근본적인 계기가 되었다.

사정은 이러했다. 자립군 참가자들은 자신의 지도자와 동료들을 애도한 후 대부분 견결한 혁명가가 되었고, 빠르게 쑨중산의 기치 아래 투신하여 흥중회의 뒤를 계승한 혁명적 활동가가 되었다. 친리산과 천유룽(陳猶龍) 등 자립군의 주요인물은 도쿄에 있는 캉유웨이와 량치차오를 찾아가 따졌고, 친리산은 흥중회 사람들과『국민보』(國民報)를 공동으로 창간하여 스스로 총편집인을 맡아 "유학생 혁명신문의 처음을 열었"[10]다. 이 잡지는 최초(1901년)로 개량파와 논전을 벌인 간행물이었다. 1902년 친리산은 장타이옌 등과 '지나(支那) 망국기념회'를 개최하는 등 일본 유학생들과 쑨중산을 소통시키는 중요한 다리 역할을 했다. 그에 대해 장타이옌은 "쑨중산이 일본에서 아직 날개를 갖추지 못했을 때 친리산이 그와 교류하게 되었는데, 이때부터 여러 사람이 집결하여 1년 만에 100명이 넘었다. 동맹회 성립에서는 사실 이 일이 주요한 역할을 했다"[11]고 표현했다. 또 "(황싱은) 비융녠과 평소에 의기투합했는데, ……친리산과 탕차이창은 모두 황싱을 믿고 중시하여 계획을 세울 때 항상 자문을 구했다. 경자년 한커우(漢口) 사건 후 황싱은 계책을 써서 모면했다"[12]고 말했다. 그리고 "(위즈모禹之謨는)…… 탄쓰퉁·탕차이창 등과 협의했고, 후난 가로회(哥老會)의 수

10)『혁명일사』권1, 96쪽.
11)『타이옌 문록 속편』(太炎文錄續編)「친리산전」(秦力山傳).
12) 쩌우루,『중국국민당 당사고』제4편, 1534쪽.

뇌인 비융녠 등과…… 여러 차례 회담했다. 그는 무술정변의 실패를 유감스러운 일로 여겼다. 경자년 탕차이창이 상하이에서 정기회(正氣會)와 자립회(自立會)를 설립하고 부유산당(富有山堂)을 열며 중국 국회를 소집하는 등 거사를 준비했을 때, 위즈모는 그 일에 모두 참여했다. 그해 가을, 그는 탕차이창과 함께 한커우에 가서 자립군 봉기의 조직을 계획했다. ……그는 탕차이창의 희생을 언급할 때마다 자기도 모르게 빗물처럼 눈물을 흘리고 한없이 슬퍼했다"[13)고 회고했다.

그밖에 양두성(楊篤生: 시무학생 교습), 선진(沈蓋: 자립군 우군 통령), 궁차오(龔超), 쑨우(孫武) 등은 모두 혁명파의 주요인물이나 대들보가 되었다. 그들의 동참으로 후난과 후베이(특히 후난) 두 지구는 혁명파 세력이 가장 일찍, 그리고 가장 빠르게 확산되고 기초와 역량이 든든한 중심지구가 되었다. 신해혁명 이전에 후난은 '작은 프랑스'라 불렀다. 자립군운동 10년 후에 신해혁명이 마침내 이곳에서 폭발하고 성공한 것은 결코 우연이 아니었다(우창武昌 봉기는 후난 자오다펑 등이 그 주요한 지원세력이었음). 이는 줄곧 5·4운동, 근공검학(勤工儉學) 운동(후난 사람이 가장 많았음), 대혁명의 시대까지 이어졌다. 후난과 후베이(특히 후난)의 혁명가들은 시종일관 앞사람이 쓰러지면 뒷사람이 그 뒤를 계승하여 전국에서 가장 풍부한 생기와 활력을 지닌 중심지구가 되었다. 이러한 부르주아 민주혁명의 전통은 무술년과 경자년까지 소급해야 하며, '남학회'와 '시무학당', 자립군운동까지 소급해야 한다.[14)

안타깝게도 지금까지 이 관건적인 고리에 대한 연구는 충분하지 않았다. 많은 논문에서 자립군운동을 폄훼하여 그것을 아주 간단하게 무

---

13) 『신해혁명 회억록』(辛亥革命懷憶錄) 제2집, 215~216쪽.
14) 탄쓰퉁은 당시 창사와 난징을 비교했다. "후난의 창사 한 도시에서만 『상학보』(湘學報)가 천수백 부가 팔리고 『시무보』도 1,000여 부가 팔렸다고 한다. 대단하구나! 진링(金陵: 난징)에서는 『시무보』가 겨우 200부밖에 안 팔렸다. 기풍의 소통과 막힘, 문화의 개방과 폐쇄의 차이가 이와 같다."(『후난 역사자료』「탕불승에게 드리는 글」與唐紱丞書, 1959년 제4기)

술변법의 끄트머리 정도로만 처리해왔다. 그러나 그것은 결코 개량주의의 끝이 아니다. 그것은 오히려 혁명투쟁의 서막이었고, 종점이 아니라 출발점이었다. 자립군운동과 그 실패는 후난과 후베이 지구를 혁명화한 역사적 매개고리인 것이다.[15]

2. 항러 의용대운동

그러나 전국적인 규모나 나날이 증가하는 일본 유학생 전체[16]의 입장에서 보면 상황은 아직 달랐다. 캉유웨이와 량치차오는 자신의 명성을 바탕으로 여전히 많은 사람의 추앙과 추종을 받았으며, 개량주의 사조는 여전히 우세를 점하고 있었다. 왜 반드시 혁명을 해야 하고 반드시 만청 정부를 전복해야만 중국을 구할 수 있단 말인가? 수많은 사람에게 이 의문은 명확하게 이해되지 않았다. 전체적인 국면에서 보았을 때, 이런 국면을 변화시켜 후난과 후베이 지역뿐만 아니라 전국의 대다수 애국지사와 진보적 인물들로 하여금 혁명의 길로 나아갈 것을 결심하게 만들고, 혁명파로 하여금 사상·정치·조직상에 커다란 변화를 가져오게 하기까지는 자립군 사건만으로 아직 충분하지 않았다. 결국 지역적인 한계 때문에 더욱 광범위한 한 차례의 진동이 필요했는데, 마침내 이 진동이 도래했다. 그것은 바로 1903년에 발생한 항러 의용군운동이었다.

---

15) 이 사건에 대한 목격자들의 묘사와 평가도 이 점을 분명하게 보여주고 있다. 어떤 사람은 탕차이창이 근왕(勤王)의 기치를 내건 것은 당시 혁명의 기풍이 아직 열리지 않았으므로 "충군 애국이라는 말을 빌리지 않으면 천하를 격동시킬 수 없었"기 때문이라고 인식했다(황중황黃中黃, 「선진」沈藎). 어떤 사람은 자립군 사건이 명목적으로는 보황당이지만 실제로는 혁명이라고 한 량치차오의 사기극을 폭로했는데, "……이 사기극의 폭로는 한커우 대유혈 참극을 불러왔고 보황당의 신용은 땅에 떨어졌다. 혁명당은 노기충천하여 이로부터 투쟁을 전개하여 세불양립의 원수가 되었다"라고 지적했다(『어저우 피의 역사』鄂州血史, 10쪽).
16) 당시 일본 유학생수는 대체로 다음과 같다. 1900년 약 100명→1902년 약 500명→1904년 약 1,500명→1905년 약 8,000명→1906년 약 1만 3,000명.

1900년 제정 러시아는 8국 연합군에 참가하여 중국을 침략한 후, 철도보호를 명목으로 중국의 동북지구 전체를 점령했다. 그들은 "살인과 방화를 자행했다. 마을을 깡그리 불태우고 백성들을 헤이룽장(黑龍江)에 몰아넣어 산 채로 익사시켰으며, 무기도 없는 주민과 그 처자식을 마구 총살하고 찔러 죽였"[17]다. 1903년 4월에 제정 러시아는 갓 체결된 철군협정의 이행을 거절하고 청 정부에게 7개 요구를 제출했는데, 이것은 사실 자신들이 동북을 장악하고 침략한 것을 조약화·합법화할 것을 요구한 것이었다.

이 일은 중국 인민의 커다란 분노를 불러일으켰다. 학생들이 떼지어 일어나 선봉이 되어 이에 대해 항의했다. 베이징 경사(京師) 대학당 학생들은 "수업 시작종이 울리면, ……연단에 올라 연설하고 각 성의 학당에 전보를 보냈으며, ……각 성의 독무(督撫)에게 전보를 쳐서 상주문을 올려 무력투쟁할 것을 요청했다."[18] 우창 고등학당에서는 "각처에서 집회하고 상의하여 등교하지 않기로 약속했"[19]다.

학생들이 가장 많이 모여 있던 일본 유학생계에서도 "이 소식을 듣고 크게 분노하여 성마다 잇따라 동향회가 열리고 그 대책을 강구했"[20]다. 4월 3일에는 재일본유학생대회가 열려 '항러 의용대' 조직에 대해 토론했는데, 500여 명의 참가자 모두 비분강개했다. 이어서 "푸젠(福建)·장쑤(江蘇)·후베이·후난·저장·윈난(雲南)·구이저우(貴州)·광둥의 각 동향회를 열어 의용대에 대해 연설했는데, 분기탱천하고 침통하여 비장하지 않은 사람이 없었"다. 15~16세의 어린 학생도 '나라가 망하면 태양도 없다'면서 결연하게 서명했고, 북상하여 러시아에 대항할 것을 굳세게 요구했다. "온 좌석이 모두 눈물을 흘려 고개를 들 수가 없었다."[21] 이것은 중국 근대사 최초로 발생한 학생 애국운동

---

17) 레닌, 「중국의 전쟁」.
18) 『후베이 학생계』(湖北學生界) 제4기.
19) 『유학역편』(游學譯編) 제8기.
20) 『혁명일사』 초집(初集), 104쪽.

이라 할 수 있다.[22]

그렇다면 학생들이 빈손과 맨주먹으로 어떻게 항러투쟁을 할 것인가? 당시 의용대의 규정은 이러했다.

명칭: 학생군.
목적: 러시아에 항거함.
성격: 갑) 국민의 공분을 대표함.
　　　을) 앞장서 싸우는 것을 담당함.
체제: 정부통치 소속.[23]

마지막 조항은 이 운동이 기본적으로 '반제애국'의 범위에 속하기는 하되, 결코 명확하게 혁명반청의 의도가 있는 것이 아님을 드러냈다. 항러 의용대는 당시 정부의 북양대신인 위안스카이에게 전보를 쳐서 "학생군이 조직되었음을 알리고, 위안스카이의 휘하에 소속되기를 청하고 그 원조를 구했"[24]다. 그들은 만청 정부가 적극 항러투쟁을 하고, 더 이상 권리를 잃고 매국하지 말 것을 강렬하게 요구했다. 바로 이런 애국주의의 깃발 아래, 이 운동은 당시 개량파의 정치적 입장에 서 있던 수많은 학생을 일거에 결속시켜 일본 유학생 사회에서 전에 없는 광범위한 기초를 구비한 운동이 되었다.

그러나 만청 정부의 입장에서 보면, 이런 학생운동은 "항러를 빌미로 혁명을 도모하고 그 속뜻은 탕차이창과 비슷"했다. "작년 한커우의 탕차이창은…… 근왕(勤王)을 빌미로 혁명을 도모"했는데 "이번에도 명목은

---

21) 『후베이 학생계』 제4기.
22) 캉유웨이의 '공거상서'는 근대적 학생운동이라 할 수 없다. 동맹회의 구성은 다음과 같았다. "지식인을 주체로 하고, 그 다음으로 룸펜 프롤레타리아트와 화교의 프티부르주아지, 노동자 계급이 다수의 성분을 구성했지만 모두 지식인의 깃발 아래 모였다."
23) 『혁명일사』 초집, 105쪽.
24) 같은 책.

항러이지만 사실은 혁명이고", "도쿄 유학생은 이미 모두 혁명당이 되었으므로 방비하지 않을 수 없다"고 인식했다. 그들은 "귀국한 학생 중 행적이 수상하면 혁명의 꿍꿍이가 있는지를 조사하여 수시로 체포하고 현지에서 법을 집행하라"[25]는 밀령을 내렸다. 항러투쟁을 해도 죄가 있고 애국을 해도 죽음을 당했다. 역대로 학생운동에 대한 반동파의 대책은 항상 이러했다. 20세기초의 청 정부는 이렇게 서막을 열었다.

그러나 학생운동의 진압은 늘 좋은 결과를 맺지 못하는 법이다. 그러한 진압은 사람들의 눈을 말끔하게 씻어줌으로써 만청 정부의 성격을 똑똑히 깨닫게 만들고, 애국에서 혁명으로 나아가게 했다. 1900년 자립군운동의 실패가 후난과 후베이 지역의 일부 사람들에게 개량주의 사상의 울타리에서 벗어나 청 정부나 지방관료에 대한 환상을 포기하고 신속하게 혁명파가 되게 했다면, 1903년의 항러 의용대운동의 실패는 더욱 광범위한 지역에서 그것을 가능하게 했다. 1903년이 혁명발전의 과정에서 주요 전환점이 된 원인은 바로 여기에 있다. 전국의 각 신문(주로 각지의 일본 유학생이 일본에서 간행한 신문)이 온화한 논조에서 격렬한 논조로 바뀌고 개량에서 혁명으로 나아간 것이 이 해의 일이었고, 쩌우룽과 장타이옌의 유명한 혁명문장과 일시를 격동시킨 『소보』(蘇報) 사건*도 이 해에 일어났다. 그리고 영향력이 아주 크던 천톈화의 소책자도 이 해에 탄생했다. 또한 루쉰이 「스파르타의 혼」을 번역하여 '상무

---

25) 같은 책, 107쪽.

* 신정(新政) 실시 이후 1902년경 『소보』는 급진주의적 신세대 학생들 사이에서 지도적인 위치를 차지하기 시작했다. 1903년경 애국학사의 준기관지가 되었고, 그해 여름 러시아 허무주의자들의 암살방법을 찬양하면서 만주인 관리 살해를 권장하는 논설을 실었으며, 황제타도를 선동했다. 이는 당시 격렬한 반만 선전활동의 근거지였다. 특히 1903년 쩌우룽은 『혁명군』을, 장빙린(章炳麟)은 「캉유웨이를 반박하며 혁명을 논하는 글」을 발표했는데, 『소보』는 각지 학생의 애국운동을 연속 보도하는 한편 쩌우룽과 장빙린의 글을 추천·발표함으로써 혁명사상을 널리 전파했다. 청 정부는 영국 조계 당국과 결탁하여 장빙린과 쩌우룽을 체포하고, 『소보』는 정간시켰다. 장빙린과 쩌우룽은 각각 3년형과 2년형을 선고받았는데, 쩌우룽은 1905년 4월(19세)에 옥사했다.

정신'과 애국주의를 제창한 것도 이 해였다. 이것들은 항러 의용군운동이 격발시킨 거대한 흐름과 직간접적으로 밀접하게 관련되어 있다.

우리는 당시 유명하던 잡지 『장쑤』(江蘇)를 예로 들 수 있다. 1903년 제1기 「사설」(社說)을 보면, 개혁을 부르짖고 '상무'를 제창하고 정체(政體)를 논했지만, 그 요지는 여전히 제국주의 침략에 저항하는 데 있었다. 분명한 반만과 혁명의 주장이 없었으며 간행물도 광쉬 연호를 사용했고, 국내의 시사평론에서도 여전히 '황상'(皇上)이란 말을 사용했다. 사상과 논조 역시 아직 량치차오의 영향권을 넘어서지 못했고, 룽루 등을 크게 욕했을 뿐이다. 그러나 제2기에서는 항러 의용대를 소개하면서 비분강개하기 시작했으며, 논설에도 변화가 있었고, 행간에서도 '부득이' 하게 과도한 정서가 드러났다. "위에서 양보하면 피를 흘리지 않을 것이지만, 부득이 아래에서 쟁취한다 해도 이것은 모든 역사에 있던 일이다. 우리의 안색이 변하고 우리의 마음이 아프며 우리는 피눈물을 흘리게 되리니, 우리는 차마 말할 수 없으며 또한 차마 말하지 않을 수가 없도다."

그런데 이런 말투와 문체는 여전히 량치차오식이었다. 그러나 제3기에 오면 논조가 크게 변한다. 더이상 광쉬 연호를 사용하지 않았고, 황제(黃帝) 기원을 썼으며, 상상으로 만든 황제의 초상이 게재되었다. 민족주의를 드높게 외치며 「논설」(論說)에서도 정식으로 "오늘 이후 우리는 민족주의를" 종지로 삼는다고 선포했다. "국가가 망하면 유럽 민족이 주인이 되고 만주족은 그들의 노예가 되며, 우리는 노예의 노예가 된다"고 하면서 혁명과 반만을 요구했다. 제4기에서는 『소보』사건을 평했다. 제5기에서는 선진 사건(1872~1903)*을 평하고 제5기의 또 다른 시사평론에서는 "이것에서 보건대, 만주는 큰 도적이고 도

---

* 선진은 무술변법 당시 탄쓰퉁·탕차이창과 교류했고, 변법운동이 실패한 후 일본으로 유학 갔다. 1900년 상하이로 돌아와 탕차이창과 함께 자립군운동에 참여했으나, 실패한 후 상하이와 베이징에서 반청 활동을 계속했다. 1903년 「중러 밀약」을 신문에 폭로한 일로 청 정부에 체포되어 살해되었다.

적의 괴수이다. 군기대신은 도적의 군사(軍師)이고 독무는 도적의 소두목이며, 주현은 작은 도적이고 서리와 차역들은 도적의 졸개들"이라고 했다. 제6기 첫머리의 사설은 입헌과 개량을 통렬하게 질책하면서 "우리는 감히 우리 동포에게 정식으로 고한다. 그대들은 오늘부터 개혁을 말하지 말고 오직 광복만을 이야기하시라" 했다. 이것은 완전히 혁명파의 선전물이었다. 이는 연초의 제1기와 비교하여 그 논조가 완전히 바뀐 것이었다.

1903년 1월에 창간된 『후베이 학생계』의 상황도 마찬가지였다. 제1기 논설에서는 아직 혁명을 표명하지 않았다. 반제와 교육을 강조함으로써 량치차오의 신민설 등의 영향을 깊이 받은 듯했다. 그러나 제5기와 제6기에서는 잡지명을 『한성』(漢聲)으로 바꾸고 정부의 매국을 질책했으며, 분명하게 혁명을 선전했다. 당시 『절강조』(浙江潮) 등의 잡지와 신문들에도 대부분 이와 비슷한 중요한 변화가 있었다. 그 매개고리는 바로 이 항러 의용대운동이었다. 『소보』 잡지에서 누차 지적하고 권유한 것이 좋은 예이다.

> 오호, 우리 유학생들이 어찌하여 다행스럽게도 혁명이란 이름을 맞이하겠는가? 무릇 항러의 뜻이 있으면 혁명의 이름을 무릅쓰고 나아가라. 그래야만 지금 이후 만주에 충성을 바치려는 사람은 위태로울 것임을 알게 될 것이다. 그리하니 혁명을 높이 외치려면 항러의 계책을 잘 도모해야 할 것이다. 우리는 장차 저 만주인들이 우리를 어떻게 대할 것인지 알지 못한다.[26]

> 지금 만청 정부의 방침을 바꾸는 것은 불가능하다. 그렇다면 제군은 만청 정부의 칼에 의해 아귀가 되느니 차라리 혁명당의 징을 치는 장수가 되는 것이 낫지 않겠는가?[27]

---

26) 「혁명을 면할 수 있는가」(革命其可免乎), 제4기 사설.

항러에서 반만으로, 애국에서 혁명으로. "배외(排外)를 생각하면 우선 배만(排滿)하지 않을 수 없고, 배만하려면 먼저 혁명하지 않을 수 없다"[28]는 이런 인식은 우선적으로 1903년 항러 의용대운동의 현실적 교훈에서 나온 것이었다. '만청 정부는 제국주의의 충실한 주구'라는 혁명파의 선전구호도 이 운동에서 최초로 제기된 것이었다.

1903년은 혁명파와 개량파가 사상적·정치적 경계선을 정식으로 그은 해였다. 그전까지 량치차오는 무술정변의 피해자로서 혁명파와 애국인사의 많은 동정을 받았으며, 그의 사상과 언론은 혁명파가 훗날 지적한 것처럼 "비록 배만을 감히 말하지는 않았지만 프랑스·미국·이탈리아 혁명의 일을 그도 수시로 제창"[29]했다. 량치차오 자신도 "왕년에 파괴주의를 고취한 것에 대해 신임(申壬) 연간(1901~02)에 스승과 친구들 가운데 꾸짖는 자가 매우 많았다(캉유웨이 등이 그에게 불만을 가진 것을 가리킴)"[30]고 했다.

그러나 "계묘(1903)·갑신(1904) 이후의 『신민총보』(新民叢報)는 정치혁명(개량과 입헌을 가리킴)만을 논하고 종족혁명(반만 혁명을 가리킴)은 더 이상 논하지 않았다."[31] 그 원인은 바로 "유학생과 내지의 학교를 보니, ……시위로 시끄러워서, ……파괴학설이 청년들의 머리에 깊이 들어가는 것을 바라지 않게 되었"기 때문이다. 이 또한 1903년의 항러 의용대 사건을 기점으로 한 학생운동의 거대한 영향을 분명하게 보여주는 것이다. 1903년은 중국 사상계의 대전환이 있던 주요한 해였으며, 혁명사조가 개량주의를 대신하여 사상무대의 주인공이 되기 시작한 첫해[32]였음을 알 수 있다.

---

27) 「내국시평」(內國時評), 제4기.
28) 우위에(吳樾), 「유서」(遺書).
29) 『천토』(天討) 「입헌당에게」(諭立憲黨).
30) 「답화사인」(答和事人).
31) 「언론계 환영회에서의 연설사」(莅報界歡迎會演說辭).
32) 『소보』가 간행된 과정에서 이 점을 구체적으로 알 수 있다. 원래는 개량과 혁명 양파의 공동합작이어서 4월에는 룽쩌허우(龍澤厚: 캉유웨이의 제자)와 차이위안페

사상·정치 면뿐만 아니라 조직에서도 마찬가지였다. 1903년 이후 "보황당을 나와 혁명당에 들어가는 자가 천 단위로는 헤아릴 수 없었고",[33] 더욱 중요한 것은 후난·후베이와 장쑤·저장을 근거지로 한 화흥회와 광복회도 모두 1903년 항러 의용대의 기초 위에 성립되었다는 것이다. '항러 의용대'에서 개조된 '군국민교육회'는 핵심인물들을 내지로 파견하여 무장활동을 조직하게 했다. 황싱과 천톈화 등은 후난으로 돌아와 화흥회를 결성했고, 장쑤·저장에 파견된 궁바오취안(龔寶銓)과 상하이 '중국교육회'의 차이위안페이, '애국학사'의 장타이옌 등은 광복회를 조직했다. "광복회는…… 그 원류가 계묘(癸卯)년…… 일본 유학생이 설립한 '군국민교육회'에서 나왔다."

1903~05년까지 여전히 높고 낮음의 기복이 있었지만 총체적으로는 혁명사상이 나날이 발전해가고 있었다. 흥중회·화흥회·광복회는 1905년 합병하여 쑨중산을 수령으로 하는 동맹회를 결성함으로써 혁명파는 통일적인 조직과 강령, 그리고 지도자를 가지게 되었다. 그러나 1900년과 1903년의 자립군운동과 항러 의용대운동이 없었다면, 1905년의 동맹회는 성립될 수 없었을 것이다. 이 두 가지의 중요한 매개고리는 동맹회의 성립을 위해 사상적·정치적·조직적 측면에서 준비를 했던 것이다.

이 등이 함께 일했지만 6월에는 분열되었고, '애국학사'도 동시에 와해되었다.
33) 『민보』 제5기.

2 네 명의 대표적인 사상가

1. 3대 정치파벌

위에서 말한 흥중회·화흥회·광복회는 동맹회가 성립되기 전의 유명한 혁명조직이었다. 동맹회 성립 후에도 이들 혁명조직은 자신들의 고유사상을 견지하면서 활동을 줄이거나 없애지 않았다. 이 조직들이 지닌 공통성과 개별성을 어떻게 진일보하여 연구하느냐 하는 것은 중요한 과제이다. 우선 이 세 조직은 형식적으로 뚜렷한 지역성을 가지고 있는 일종의 봉건적 전통에 기반을 둔 동향회의 변형이었고, 이들 혁명파벌활동에 참가한 사람도 대부분 지식인이었다. 그러나 이런 지역적인 형식에 착안했다 하더라도 그것들이 서로 다른 특징을 가지고 있음을 간파할 수 있다. 이 혁명조직에 참여한 서로 다른 지역의 지식인들은 해당지역의 몇몇 사회상황을 반영하고 있다.

흥중회는 해외교포의 하층[34]을 주요기반으로 삼았다. 흥중회가 갓

---

34) 쑨중산은 나중에 이렇게 말했다. "지금껏 본당의 세력은 대부분 해외에 있었으므로, 우리 당은 해외에는 기반이 있고 동지가 있지만 중국 내지에서는 세력이 매우 박약합니다."(「국민당 개조 연설」) 이는 사실 흥중회부터 시작된 쑨중산의 적계(嫡系) 상황에도 부합되었다.

성립되었을 때 이를 지지하던 화교 부르주아 계급의 상층은 곧바로 보황당으로 전향했다. 흥중회는 하노이와 싱가포르 등의 외지에서 많이 활약했고, 국내에서의 영향력은 그다지 크지 않았다.

광복회는 장쑤·저장 지역의 자영농 이상 농민계급의 사상과 정서를 간접적으로 반영했다. 그것은 태평천국 이후 장쑤·저장의 봉건관계가 혁명에 의해 어지러워졌고, 토지는 새롭게 조정되었으며, 자영농이 대량으로 증가하고 영전제(永佃制)*가 장기간 유지된 점 등의 계급적인 상황과 관계 있다.[35] 장쑤·저장의 상층 부르주아 계급의 세력은 매우 컸지만 대부분 입헌파쪽에 서 있었다. 광복회의 활동은 주로 회당과의 연계에 놓였고, 그 실제역량은 그다지 크지 않았다.

흥중회·광복회와는 달리, 화흥회의 기초는 훨씬 광범위했다. 천톈화가 중산계급 혁명을 강조한 것에서 공진회(共進會)·일지회(日知會)·문학사(文學社) 등 신군(新軍) 내의 활동에 이르기까지, 화흥회는 후난·후베이 지역에서 부르주아 계급 중상층과 개명 지주 신사(紳士)의 적극적인 지지를 획득했다. 그리고 다시 회당, 특히 신군 내의 거대한 역량을 더함으로써 동맹회에서 실력이 가장 큰 중심세력이 되었다.[36]

---

* 토지를 영구 임대하는 제도.

35) 왕톈장(王天獎), 「태평천국 혁명 후 장쑤·저장·안후이 3성의 토지관계」(太平天國革命後蘇浙皖三省的土地關係) 『신건설』, 1963년 제8기 등을 참조하라. 이 문제는 쟁론이 있었는데, 이 글은 왕톈장의 관점에 기본적으로 동의한다.

36) 당시 쑨중산과 황싱이 병칭된 것도 우연이 아니었다. 황싱의 개인적 품성과 재능, 공적뿐만 아니라 그의 단결력과 조직력, 그리고 대표로서의 능력은 그로 하여금 쑨중산의 바로 밑에 있게 했다. 황싱의 이런 지위와 자오다펑·탄런펑(譚人鳳) 등에 대한 역할은 지금까지 충분히 주목받지 못하고 연구되지 못했다. 해방 전 장제스(蔣介石)가 쑨중산의 적계(嫡系)를 차지했기 때문에 국민당이 당사를 정리할 때 왕징웨이(汪精衛)와 천치메이(陳其美) 등은 한껏 높이고 황싱과 자오다펑 등은 폄하하거나 냉담하게 처리했다. 탄옌카이(譚延闓)가 본래 입헌파였다가 국민당 대관이 된 후, 후난 지역의 혁명인물들과 역사적 사실을 은폐하려 한 것도 그 원인의 하나였다. 황싱이 당시 쑨중산의 바로 다음을 차지하는, 중국 부르주아 혁명파의 위대한 대표적인 인물이었음을 인정해야 한다.

동맹회에 후난 사람이 가장 많은 것은 표면적인 현상이었다. 중요한 것은 이 표층 아래 존재하던 비교적 광범위한 분포를 지닌 사회역량이었다. 바로 이런 원인 때문에 세 파에 반영된 인물과 사상에는 분명한 특색이 있었다. 장타이옌을 주요 대변인으로 하던 광복회가 단순하면서도 협애한 반만 혁명적 농민계급의 이데올로기를 반영하고, 홍중회가 주즈신(朱執信)을 대표로 삼아 급진적이지만 당시 중국에서는 이해되기 어렵고 지지받기 어려운 사회주의 사상을 표현했다면, 천톈화를 최초의 발언자로 삼은 화흥회의 반제구국 사상은 오히려 광범위한 공감을 얻고 영향을 주었다. 이런 차이는 이 3대 파벌이 지닌 사회적 기초의 차이를 반영한 것이다.

물론 이 모든 것을 절대화하거나 단순화할 수는 없다. 파벌과 인물과 사상은 모두 너무나 복잡하여 똑같을 수가 없다. 그것들의 개별성에 주의하여 진일보된 깊이 있는 연구가 이루어져야 하고, 다른 한편으로는 그들의 공통성에 주의해야 한다. 그들은 모두 부르주아 민주혁명파로, 동맹회의 강령을 다 같이 옹호했다. 그리고 이 공통성이 그들의 주요한 측면이었다.

광복회의 사상을 대표하는 장타이옌은 별도로 논하고, 아래에서는 천톈화와 주즈신을 간단하게 언급하고자 한다.

2. 쩌우룽과 천톈화

천톈화를 언급하기 전에 먼저 쩌우룽을 논해야 한다. 루쉰은 쩌우룽에 대해 이렇게 평한 바 있다. "영향을 논한다면 다른 어떤 천 마디 만 마디보다 알기 쉽고 직접적인, '혁명군마의 선봉군'이던 쩌우룽이 지은 『혁명군』을 당할 수 없다." 쩌우룽의 『혁명군』은 귀를 멀게 할 기세로, 봄우레처럼 1,000년 전제통치의 오랜 왕국의 상공에 울려퍼졌다. 그것의 특징은 전면적이고도 명확하게 부르주아 민주혁명의 구호와 강령, 정책과 원리를 선포한 것이었다. 그것은 혁명파 최초의, 그리고 가장 선명한 호각소리였다. 또한 비교적 철저한 천부인권설, 민주공화제를 주장했고, 루소와 워싱턴, 프랑스 혁명 강령과 미국 독립선언 등을 맑은 어조로 반입했다.

이 책은 그 작가와 마찬가지로 생기발랄하고 서슬이 시퍼런 초기 청년시대에 선을 보였는데, 시야가 드넓고 거침없이 매진했다. 부르주아 민주혁명의 기본원리[37]부터 구체적인 반만 혁명의 호소와 정책[38]에 이르기까지, 모든 문제를 개괄적이면서 선명한 방식으로 제기했다. 그중 사람들에게 자주 홀시되지만 실제로 매우 특색 있는 것이 있는데, 그것은 정치혁명을 전면적으로 선전한 이 소책자에서 상당히 집중된 주의력으로 당시 이데올로기 방면의 문제를 폭로, 비판하며 정신적 족쇄로서의 노예주의의 심각성을 지적한 점이었다. "중국의 이른바 24조대의 역사는 사실 하나의 큰 노예사이다", "우리 중국인은 진실로 노예의 장점을 잘 이용한다. 아버지가 자식에게 가르치고 형은 동생에게 독려하며 부인은 지아비에게 간언하면서 노예가 되는 데 익숙한 수단을 나날이 발전시켰다", "전제정치 아래 안주하면 노예가 아닌 사람이 없다" 등등. 그리고 "혁명을 하려면 우선 노예근성을 제거"해야 한다고 주장했다. 이는 저자가 존경해 마지않던 탄쓰퉁의 비판적 예리함을 계승[39]한 것이

---

37) "각 사람의 뺏을 수 없는 권리는 모두 하늘이 부여했다", "어느 시기를 막론하고 정부가 하는 일에 인민의 권리를 침범하는 일이 있으면 인민은 혁명할 수 있다", "모든 국민은 남녀를 불문하고 평등하고, 상하 귀천의 구분이 없다" 등.

38) "먼저 만주인이 세운 야만정부를 전복시키고", "만주인이 세운 황제를 주살함으로써 만세에 다시는 전제군주가 없도록 경계하며", "중화공화국으로 이름을 정한다" 등.

39) 다음과 같은 언급은 모두 『인학』의 연속이라 할 수 있다. "팔고문 시험문제집과 해서(楷書) 상소문으로 괴롭힘으로써 부지런히 일하게 만들어 경세(經世)의 학문을 연구할 틈이 없게 한다." "동시(童試)·향시·회시·전시(殿試: 시험 볼 때 좌석이 없고 마소처럼 취급한다)로 욕보임으로써 거지처럼 비루하게 행동하게 하니, 인간세상에 이런 치욕적인 일이 또 있는지 알지 못하겠다." "과거(科擧)의 명목과 이록(利祿)으로 사람을 잡아둠으로써 이해타산을 따지게 만들었고, 다시는 의리를 따라 과감하게 죽는 기풍이 없게 되었다." "상서(庠序)*와 와비(臥碑)**를 이용하여 구속함으로써 얌전하고 우둔하게 만들어, 감히 정치를

고, 동시에 5·4운동과 루쉰 작품의 선도가 된 것이다.

그러나 『혁명군』이 비록 혜성처럼 눈부신 불꽃으로 홀연 어두운 세기를 밝게 비추며 100만 권이나 인쇄되고 판매되어 당시 모든 혁명서적 중에서 으뜸을 차지했지만, 그 저자의 짧은 일생과 마찬가지로 긴긴 밤을 순식간에 밝히기는 어려웠다. 그것은 어두운 구름이 낮게 짓누르는 봉건의 어두운 하늘로 빠르게 소실되어버렸다. 『혁명군』이 지향하고 선포하던 부르주아 민주주의— "모든 국민은 상하 귀천의 구분이 없다"와 같은 가장 기본적인 원칙—는 실현될 수 없었다. 수천 년간 이어져 오던 봉건주의는 빠르게 그것을 삼켜버렸다.

『혁명군』이 질책하고 비판한 각종 '노예근성' —"세상에 강권이 있으면 나는 복종할 것이다. 30퍼센트의 교활함과 70퍼센트의 아첨을 가지고", "내정과 외교를 막론하고 모든 사람은 실정을 전혀 모르고 있다" 등—도 별로 고쳐지지 않았으며, 기존의 봉건질서는 필연적으로 이런 노예주의를 계속 키워냈다. 쩌우룽이 추구한 자유와 평등, 민주와 독립이라는 20세기초의 순수한 이상은 일장춘몽처럼 빛이 바래갔고, 남은 것은 여전히 각종 변형된 모습으로 끊임없이 출현하는 봉건의 요귀들이었다.

쩌우룽의 『혁명군』의 기조가 반(反)봉건이었다면, 똑같이 열광적인 환영을 받은 천톈화의 작품—『맹회두』(猛回頭)·『경세종』(警世鐘)·『사자후』(獅子吼) 등—의 기조는 반제(反帝)였다(물론 이런 비교는 상대적이다. 이하 같음). 전자가 중점적으로 선전한 것이 민주와 자유

논하고 책을 저술하는 일이 없게 했다." "권위와 세력을 줌으로써 앞뒤를 재게 만들었다." "이름은 선비이지만 사실은 죽은 사람만 못하다." "한학(漢學)은 육경의 노비이고", "송학(宋學)은 커다란 식은 돼지고기이다."

* 고대의 교육기관.

** 명나라 홍무(洪武) 2년에 경내에 학교설립 조서를 내리고, 15년에 예부에서 학교 금령 15조를 반포하여 생원들이 송사에 간섭하고 군민대사에 대해 망언하는 것을 금했다. 이 내용을 돌에 새겨 명륜당 옆에 두었는데, 이것을 와비라 한다.

를 위한 혁명이었다면, 후자가 중점적으로 선전한 것은 애국과 구망을 위한 혁명이었다. 전자가 강조한 것이 민주혁명의 일반원리였다면, 후자가 강조한 것은 당면한 위기국면이었다.

……러시아는 북방에서 우리를 삼면으로 포위했고, 영국은 통상을 빙자하여 시짱(西藏)에 독침을 놓았으며, 프랑스는 광저우를 점거한 후 구이저우(黔)와 광시(桂)를 엿보고 있다. 독일은 자오저우(膠州)를 차지한 후 동방을 호시탐탐 노리고 있으며, 신일본은 타이완을 접수하고 푸젠 침략을 도모하고, 미국 역시 땅을 분할하려 하고 있다. ……아프고 아플 뿐이네. 갑오년에 패전하여 아프고 아플 뿐이네, 경자년에 참혹하게 살상당하여 아프고 아플 뿐이네. 땅을 떼어주고 영원토록 반환받지 못해서, 아프고 아플 뿐이네. 배상금을 영원토록 갚지 못해서…… 두렵고 두려울 뿐이네. 인도처럼 되어 넓은 땅 보존하지 못할까봐 두렵고 두려울 뿐이네. 안남(安南: 베트남)처럼 되어 중흥의 가망이 없을까봐…… 두렵고 두려울 뿐이네. 아프리카처럼 되어 영원히 마소가 될까봐 두렵고 두려울 뿐이네. 남양 군도처럼 되어 개나 양처럼 주인을 모셔야 할까봐 두렵고 두려울 뿐이네. 오스트레일리아처럼 되어 종족이 멸망할까봐 두렵고 두려울 뿐이네. 묘족처럼 되어 나날이 쇠망할까봐……[40]

이처럼 급박하고 통절한 국가종족의 위기감, 이처럼 격분하고 강개한 구국의 외침, 이처럼 통속적이고 이해하기 쉬운 언어형식은 구국애국을 위해서는 반드시 반청 혁명을 해야 한다는 이치를 가장 극명하고도 통쾌하게 말해주었다. 마오쩌둥은 이렇게 말했다. "신해혁명은 반제국주의 혁명이었다. 중국인이 청조를 혁명으로 무너뜨리려 한 까닭은 청조가 제국주의의 주구였기 때문이다." 천톈화는 이 명제를 최초로 가

---

40) 『맹회두』.

장 분명하게 밝혔다. 이것은 앞서 말한 '애국에서 혁명으로'라는 당시 현실상황과 완전히 일치했다. 반제구국은 중국 근대의 기본명제이던 것이다.

3. 주즈신

쩌우룽과 천톈화는 둘 다 요절했다. 『민보』를 대변자로 삼던 혁명파는 일단의 저명한 저자와 정론가를 거느리고 있었지만, 당시 활약하던 후한민(胡漢民)과 왕징웨이(汪精衛) 등은 별달리 독특한 사상적 공헌을 하지 못했다. 그들(특히 후한민)은 수많은 선전문[41]을 쓰고 혁명파의 주장들을 천명하여 적극적인 작용을 했다. 그러나 그들은 쑨중산의 삼민주의 사상을 전달했을 뿐 별다른 독창성이 없었다. 진정으로 특색을 지닌 사람은 독특한 주장을 한 장타이옌뿐이었고, 그 다음으로는 주즈신을 꼽아야 한다.

장타이옌은 별도의 글로 다루었으므로 여기서는 논하지 않겠다. 주즈신은 당시 혁명파에서 가장 좌익적 성향을 지녔던 것 같다. 그의 사상적 특징은 쑨중산의 민생주의를 중점적으로 밝히고, 아울러 최초로 마르크스의 이름과 학설을 소개한 점에 있다. 『민보』 제2기(1906년)의 「독일 혁명가 열전」에서 주즈신은 『공산당 선언』(共産黨宣言)을 소개하면서, 마르크스 이전에도 사회주의를 주장하고 자본주의에 반대한 사람이 있었음을 지적했다. "그러나 그 해독의 유래를 말하고 그 제거방법을 도모할 수 있던 자에 대해서는 듣지 못했으니, 그런 공담이 무슨 도움이 되겠는가?" "마르크스가 공산주의 선언을 지은 것은 그와 달랐다." 그는 마르크스가 창립한 과학적 공산주의가 이전의 것과 다르다고 설명했다. 바로 이어서 주즈신은 마르크스의 계급투쟁 관점을 소개했다.

---

41) 「민보 육대주의」(民報六大主義) 등.

마르크스의 뜻은 다음과 같았다. 유사 이래 계급투쟁은 승리하든 패배하든 반드시 그 원인이 있었다고 생각한 것은, ……거북의 껍데기와 시초로 점을 치지 않아도 명료하다. 그러므로 선언하여 말하기를, '태초의 혼돈에서 오늘의 삶에 이르기까지, 이른바 역사라는 것이 계급투쟁의 흔적 아닌 것이 무엇이리오?'라고 했다.

주즈신은 비교적 상세하게 『공산당 선언』이 제출한 10개의 조치를 소개했고, 아울러 "마르크스는 평소에 계급투쟁을 수단으로 삼아…… 그것으로 불가피한 불평등을 제거하고자 했다"고 설명했다. 주즈신은 이어서 『자본론』을 간략하게 소개했다.

마르크스는 자본가는 약탈자이고 도적질을 한다고 생각했다. 그들의 소득은 모두 노동자들의 창자를 깎은 것에서 나와 그들을 살찌게 한다. 예컨대, 어떤 사람이 매일 12시간 일하면 그중 6시간의 노동은 이미 충분히 물건의 가치를 증가시켜 그가 받는 임금에 해당되고, 나머지 6시간은 보수를 받지 않고 노동력을 제공한 것이 된다. 거꾸로 보면, 자본가는 노동의 결과로 증가한 가치의 일부를 노동자에게 돌려주고 그 나머지를 가로채는 것이다.

이것이 주즈신이 당시 이해한 마르크스의 잉여가치 관념이었다.
주즈신의 이 글 이전에도 량치차오와 『절강조』 잡지에서 마르크스를 소개·평가한 적이 있다. 이것은 당시 각종 국제혁명 학설과 사조를 소개함으로써 동조의 소리를 찾고자 한 표현이었다. 그중에서 보다 많이 소개된 것은 무정부주의 유파와 사상이었다. 그러므로 주즈신의 특징은 마르크스의 소개에 있던 것이 아니라, 마르크스의 관점을 점차적으로 긍정하고 그것을 수용하고 지향한 점에 있었다. 그는 이들 관점을 이용하여 당시 중국의 혁명을 관찰하고 논평했으며, 사회의 생산·분배와 소유제 및 계급관계에서 빈부의 '본원'을 탐구하려 했다.

이것은 당시로선 분명 봉황의 깃털이나 기린의 뿔만큼 희귀한 일이
었다. 주즈신은 '정치혁명'은 민주공화국을 건립하는 것이고, '사회혁
명'은 "사회·경제 조직상의 혁명"으로 사회·경제 조직의 불건전에서
야기되며, 그 불건전의 원인은 자본주의의 사유재산제와 '방임경쟁'이
사회의 '빈부의 격차'를 조성하기 때문이라고 믿었다. "빈부의 현저한
격차는 자본 때문에 발호(跋扈)한다. ……사유재산제가 없으면 당연히
빈부가 생길 리 없다."[42] 그는 "혁명은 계급전쟁"이고, "사회혁명의 주
체는 세민(細民)이며 그 객체는 호우(豪右)"라고 했다. 이른바 '세민'
은 "노동력으로 자신을 부양하는 사람", 즉 프롤레타리아 계급을 가리
키며 '호우'는 부르주아 계급이다.

주즈신은 중국 자본주의가 아직 크게 발전하기 전, "그것이 아직 크
게 불평등해지기 전에 사회혁명을 실행하여 불평등이 일어나지 않게"
되기를 희망했다. 이것은 쑨중산이 말하는, "정치혁명과 사회혁명을 일
으켜 각자의 임무를 완성하게 하고" 아울러 "토지국유화"와 "지가세 확
정" 등을 통해 그것을 달성하고자 한 것이기도 했다.

그러나 중국이 당시 직면한 것은 부르주아 민주혁명이었지 프롤레타
리아 사회주의 혁명이 아니었다. 그러므로 쑨중산과 주즈신이 주관적
으로 자본주의를 방지하기 위해 내놓은 '사회혁명'은 레닌의 다음 평가
와 같았다.

중국 사회관계의 변증법은 다음과 같다. 중국의 민주주의자는 진지
하게 유럽의 사회주의에 공감했지만, 그것을 반동적 이론으로 개조하
고 아울러 그 자본주의를 방지하는 반동적 이론에 근거하여, 순수하
게 자본주의적이고 충분히 자본주의적인 토지강령을 제정했다.[43]

---

42) 「사회혁명과 정치혁명의 병행을 논함」, 이하 같음.
43) 「중국의 민주주의와 인민주의」.

여기서 '반동적'이라는 것은 역사발전의 객관적 법칙에 위반됨을 가리킨다. 그들의 '사회혁명'은 자본주의를 '방지'하려는 것으로, 사회의 객관적 발전을 위반한 반동적 이론이었지만, '토지국유화'와 '지가세 확정' 같은 객관적 내용들은 봉건지주에게 타격을 주면서 자본주의 발전에 유리하게 작용했다.

그러나 훗날 역사는 그들의 '토지국유화' 등의 자본주의 발전강령이 근본적으로 실현되지 못했으며, 그들이 자본주의를 '방지'(실제로는 두려움)하고자 한 주관적인 공상은 오히려 깊은 현실적 근원이 있었음을 설명하고 있다. 이것은 당시 혁명파 진영에 널리 퍼져 있던 소생산자의 '인민주의' 사조였다.[44] 주즈신이 70여 년 전에 마르크스주의 관점으로 문제를 관찰·분석하는 데 동의하고 그것을 시도한 것은 당시 혁명파에서 볼 때 일반적인 사상수준을 뛰어넘은 것이었다. 그러나 중국은 여전히 소생산자들로 이루어진 망망한 대해와 같은 사회였다. 그러므로 그런 마르크스주의는 처음부터 소생산자의 주관적인 공상이 침투해 들어가, 거꾸로 일종의 인민주의의 혼합물이 되어버렸다.

그러나 장타이옌과 자세하게 비교해보면 쑨중산과 주즈신은 여전히 달랐다. 장타이옌은 봉건 종법사회 농민의 입장에서 소생산자의 협애한 안목을 가지고 자본주의를 공격하며 반대했고, 또한 자본주의가 중국에서 발전하는 것을 극구 '막고자' 했다. 이것은 객관적으로 일종의 우경사조였다. 주즈신은 주관적으로 좌에 서서 자본주의를 반대했다. 그러나 그의 생각은 당시의 역사적 임무를 초월했기 때문에 근본적으로 통용될 수 없었을 뿐 아니라, 장타이옌에 비해 그를 이해할 수 있는 사람도 훨씬 적었다. 혁명세력이 가장 거세던 후난·후베이 지역에서 공진회(共進會)가 평균지권을 평균인권으로 바꾸었고, 삼민주의가 이 민주의로 된 것은 조금도 이상한 일이 아니었다.

---

44) 장타이옌 관련 부분을 참조하라.

사실 '이민'(二民)도 없었다. 쩌우룽이 선전하던 민주·자유·평등·독립 등의 개념은 결코 봉건주의의 전통 이데올로기를 극복하지 못했으며 그것을 이길 수도 없었다. 당시 사람들 마음에 깊숙이 작용한 것은 오히려 천톈화가 선전한, 부강과 구국을 위해 혁명을 하자는 것과 장타이옌이 극구 선전한 반만 광복이었다. 이 두 가지는 당시 전체 혁명사조에서 주요하고도 두드러진 부분이었다. 사람들은 일반적으로 만청 황제 타도와 청조 정부 전복, 그리고 형식적으로 공화정체의 건립을 혁명의 주요한, 심지어 유일한 목표로 삼았다.

이것은 성공을 거두었지만 동시에 심각한 결과를 가져왔다.

4. 국수주의와 무정부주의

동맹회는 느슨한 조직으로, 다양한 성격의 '혁명가'가 있었고 각양각색의 사상과 인물이 있었다. 위에 소개한 네 사람은 혁명파 사상의 주류 또는 대표로 볼 수 있다. 쩌우룽과 천톈화부터 장타이옌과 주즈신은 횡적인 단면도에 해당될 뿐 아니라 종적 발전에 해당되기도 했다. 그들은 기본적으로 쑨중산의 삼민주의 강령에 귀속되었다. 그리고 이 주류와 병행하여 몇몇 지류가 있었는데 이는 다시 '좌익'과 우익으로 나눌 수 있다. 우익은 당시의 국수주의(國粹主義) 사조이다. 이들은 장타이옌과 연계되어 있지만 보다 전문적으로 국수의 보존과 발양에 주력했고, 화이(華夷)의 변별 등과 같은 봉건적 전통교의로 혁명을 선전할 것을 강조했다. 그것은 사람들을 단순하게 복수와 반만 등의 협애한 민족관념으로 이끌었다. 이 유파는 당시 혁명에 심각한 손해를 주지는 않았지만 그 잠재된 소극적인 영향은 이후 이른바 국고정리(國故整理 : 옛것을 정리) 같은 것 등으로 충분하게 드러났고, 훗날 봉건주의 문화반격의 한 부분을 차지하게 되었다.

'좌익'은 류스페이(劉師培)와 우즈후이(吳稚暉) 등이 선양한 무정부주의 사조였다. 이들은 국제사회의 유행을 따라 소리 높여 무정부의를 구가했다. 이른바 개인 고락(苦樂)의 균등한 분배를 원칙으로 삼고 분업의 소멸을 요구했으며, 누구나 노동자가 되고 농민이 되고 군인이 될 것을 주장했다. 공화정체까지 포함하여 정부를 원치 않는다고 주장했고, 사회해방이 정치투쟁보다 중요하다고 인식했다. '좌익'의 기치 아래 이들은 당시 민주혁명의 실제목표에서 이탈하여 투쟁의 방향과 시선을 다른 데로 돌렸다. 그것이 1908년 전후에 출현하여 떠들썩해진 것은,[45] 격앙되었지만 실제로는 동요하고 있던 최초의 프티부르주아 지식인의 계급적 특징을 나타낸 것이다. 좌익과 우익은 결합될 수 있었다.

예를 들어 류스페이는 국수주의 사조의 맹장이었을 뿐 아니라 무정부주의 사조의 선구이기도 했다. 무정부주의는 5·4운동 전후까지 줄곧 영향력 있는 사조였다. 그것은 현존질서에 대한 개인의 병태(病態)적 반항으로, 실제로는 거꾸로 봉건주의의 보충성분이자 징벌대상이 되었다. 또한 서로 상충되면서도 서로 어울려 장기간 소생산을 기초로 한 근대 중국 이데올로기의 중요한 부분이 되었다. 장타이옌은 당시 무정부주의 사조를 비판한 적이 있지만,[46] 무정부주의가 가지고 있는 공업문명 반대·공화정체 반대·무정부 주장 등은 장타이옌의 '4감' '5무'와 상통할 수 있었다.

'좌익'과 우익의 공통된 특징은 당시 시대가 제출한 자본주의 발전이라는 중심요구를 초월하거나 그에 뒤떨어짐으로써, 객관적으로 이 시대의 요구를 방해하는 소극적 작용을 함으로써 거꾸로 봉건주의를 크

---

45) 당시 혁명정세는 상대적으로 저조했다. 봉기는 여러 차례 실패했으며 동맹회 조직은 흩어지고 분열되었고, 입헌파는 신속하게 발전하여 청 정부와 제국주의의 지지를 획득하고 있었다.

46) 우즈후이와 류스페이는 한 사람은 장타이옌에게 미움을 받고, 한 사람은 장타이옌과 친했음에도 모두 밀고자가 되었다. 물론 같은 무정부주의였음에도 우즈후이와 류스페이의 사상에는 여전히 큰 차이가 있었다. 우즈후이는 진화론을 믿는 등 외적 표현이 보다 '과학적'이었고, 장타이옌과 타오청장이 쑨중산을 마구 공격할 때 쑨중산 편에 서 있었다.

게 도왔다는 것이다. 국수주의는 직접 도왔고 무정부주의와 주관적 사회주의는 간접적으로 도왔다. 그러므로 주즈신이든 장타이옌이든 무정부주의든, 그들은 창 끝을 자본주의에 겨누고 자본주의를 반대하거나 자본주의의 '방지'를 요구함으로써, 객관적으로 봉건주의를 엄호하고 돕는 결과를 낳았다.

장기간의 봉건전통을 가진 국가로서, 동시에 낙후된 소생산자를 무수히 가지고 있는 국가로서의 중국은 이런 현상을 여러 가지 방식으로 끊임없이 역사의 무대에 올려보냈다. 특히 '좌익' 사회주의의 모습을 띤 사조를 장기간 범람시켰는데, 그것들은 혁명진영에서 항상 지배적인 지위를 차지하여 거대한 손실을 가져왔다. 태평천국의 병영식 공산주의에서 부르주아 혁명파의 장타이옌의 주장과 무정부주의 등에 이르기까지, 중국은 경제·정치 영역과 사상·문화 영역을 막론하고 자본주의가 충분히 발전되지 않아 고통을 받았다. 이것은 봉건주의라는 낡은 체제가 '좌익'의 위장과 엄호를 받아 완강하게 지속되었음을 반영하고 있다. 봉건주의와 인민주의는 중국 혁명의 거대한 장애가 되었다.

3 역사적 교훈

신해혁명은 예상 밖의 속도로 전국에서 승리를 거두었다. 우창 봉기 후 각 성은 거의 모두, 이른바 "군대는 무기에 피를 묻히지 않고" "격문을 보내면 평정"되었다. 그러나 실제로는 비참하게 실패했다. 대부분의 정권은 입헌파나 구봉건 군벌과 관료의 수중으로 떨어졌다. 그들은 어떤 곳에서는 쿠데타를 일으켜 빼앗았고(후난) 어떤 곳에서는 외부 병력을 끌어들여 빼앗았으며(구이저우), 어떤 곳에서는 음모를 써서 도모했고(후베이), 많게는 아예 하룻밤에 간판을 바꾸어 청 정부의 '순무'에서 혁명군 정부의 '도독'으로 바꾸었다(장쑤). 이에 대해 루쉰은 「아큐정전」(阿Q正傳)에서 이것을 예술적으로 개괄했다.

웨이쟝(未庄) 사람들은 나날이 안정되었다. 전해오는 소식에 의하면, 혁명당이 입성했지만 아직 크게 달라진 모습은 없다고 했다. 지현 나리는 여전히 원래대로 관리였다. 다만 칭호를 뭐라고 바꾸었고, 거인 나리도 무슨 관——웨이쟝 사람들은 이 이름들을 모른다고 했다——이 되었으며, 부대장도 여전히 이전의 파총(把摠) 그대로였다.

가짜 양놈이 돌아왔을 때 수재에게 양전 네 닢을 돌려주자 수재는 바로 은도자 하나를 옷깃에 달았다. 웨이좡 사람들은 모두 경탄하면서, 이것은 시유당(柿油黨)*의 모자장식으로 한림에 맞먹는 것이라 했다.

아큐가 있던 웨이좡에서 혁명이 처음 일어난 우창까지, 훌륭한 예술적 개괄부터 침대 밑에서 리위안훙(黎元洪)을 청하여 나오게 한 진실한 역사에 이르기까지, 혁명파가 혁명반동파에게 권력을 빼앗긴 신해혁명의 희비극은 완벽하게 상연되었다. 신해혁명은 정권의 본질을 개변시키지 못했다. 권력의 핵심적 상징이던 청조 황제 한 명을 축출했지만, 그로 인해 오히려 공개적인 군벌할거가 조성됐다. 이로 인해 내전이 끊이지 않았고, 인민의 생명과 권리는 최소한의 보장조차 받을 수 없었으며, 현실은 원래 꿈꾸던 이상의 반대쪽으로 나갔다.

그러나 이것은 겨우 제1막에 불과했다. 제2막은 반혁명적인 마구잡이 도살이었다. 혁명파는 봉기 후 거의 모든 사람에게 "과거의 잘못에 개의치 말고", "모두 함께 유신"하자고 했다. 그러나 이전에 "모자장식(청 정부 관리를 가리킴)이 홍색과 남색인 자들 가운데 피를 묻히지 않은 사람이 없다"[47]고 크게 질타하면서 각급 만청 정부관원 등을 징

---

* 자유당(自由黨: 혁명당)을 웨이좡 주민들이 중국어 발음이 비슷한 시유당으로 잘못 알고 불렀다—옮긴이.

47) "모든 관리 가운데 포악한 자는 반드시 살해해야 한다. 중신(重臣)은 전국을 하나로 만들어 오로지 중앙만 이롭게 해야 능력이 있다 하고(그러므로 죽여야 한다. 이하 같음—옮긴이), 독무(督撫)는 백성을 진압하고 혁명군의 사기를 꺾어야 능력이 있다 하며, 주현(州縣)은 회당을 포획하여 엄한 형을 가함으로써 백성을 위압해야 능력이 있다 하고, 무관은 군량을 포탈하고 국민군을 패배시키고 죽이는 것을 능력이 있다 한다. 위로는 재상과 이름만 있는 관리에서 아래로는 지방 나리들에 이르기까지, 모자장식이 홍색과 남색인 자들 가운데 피를 묻히지 않은 사람이 없다. ……항우(項羽)가 군대를 일으킴에 먼저 회계(會稽) 태수를 죽였고, 홍슈취안 군대가 한 일은 먼저 지방관을 죽이는 것이었으며, 러시아 허무당(데카브리스트)의 혁명은 장군과 재상 살해를 일삼았다. 만주족을 쫓아내려

504

벌로 다스리자던 이전의 주장들을 모두 새카맣게 잊어버렸다. 쑨중산과 황싱은 위안스카이에게, 탄런펑(譚人鳳) 등 후난·후베이 혁명파들은 탄옌카이(譚延闓)에게 번번이 양보하고 합심하여 서로 도와 하나가 되기를 희망했으며,[48] 장타이옌과 쑨우는 자기편을 배반하고 적에 투항함으로써 "혁명군은 흥성했지만 혁명당은 소멸"되었다.

그와 반대로, 반혁명파는 조금이라도 기회가 있으면 혁명당을 잔혹하게 진압하고 도살했다. 탄옌카이가 자오다펑과 천쭤신(陳作新)을 죽이고 리위안훙이 장전우(張振武)를 살해했으며, 위안스카이가 쑹자오런(宋敎仁)을 암살한 것에서 제2차 혁명시기의 전국적인 대도살에 이르기까지 모두 그러했다. 혁명파 상층의 저명한 인물들도 이러했으니 하층 일반인이 당한 것은 훨씬 더 비참했다. 예를 들어, 후난에서 자오다펑과 천쭤신이 피살된 후 창더(常德)에서 "양런(楊任: 혁명파 핵심) 등 세 사람의 피 묻은 시체를 당 앞에 늘어놓고 하나하나 가슴을 갈랐고", "이어서 투젠헝(涂鑒衡), 류한팅(劉漢廷), 중제(鍾杰), 장성탕(張盛唐)과 육군 소학교 학생 샹중융(向忠勇) 등 수십 명을……총살했다. ……이리하여 창더의 혁명당원은 일망타진되었다."[49]

구이저우에서는 훗날 혁명파들이 다음과 같이 후회했다. "오직 평화의 일념으로 광복초기에 류셴스(劉顯世)를 죽이지 않았기 때문에, 그는 앉아서 명령을 내려 밖에서 인근부대를 들여오고 안에서 폭동을 획책하여 봉기동지들이 모두 살해당했는데"[50] "팔다리 수십 갈래가 찢어졌다."[51] 후베이에서는 최초로 혁명을 일으킨 단체인 문학사와 공진회 대

면 먼저 이 위관(僞官)들을 죽이는 것이 필수이다."(추페이鋤非, 「만주 우두머리를 쫓아내려면 반드시 먼저 매국노를 죽여야 함에 대해」驅滿酋必先殺漢奸論『한치』漢幟, 1907년 제1기) 이 글에서는 캉유웨이와 량치차오, 그리고 장즈둥 등을 반드시 살해할 것을 주장했다.

48) 쑨중산과 황싱은 위안스카이를 국민당에 가입시켰고, 탄옌카이는 뜻밖에도 국민당 요인이 되었다.

49) 양스지(楊世驥), 『신해혁명 전후 후난 사사』, 221쪽.

50) 장스린(張石麟), 「당저린전」(黨澤霖傳) 『민국야사』 제2편.

20세기초 부르주아 혁명파 사상 논강 505

부분의 성원이 피살되었고, 언론계에까지 파급되어 링다퉁(凌大同), 위츠팡(余慈舫) 등의 기자가 참살되었다. "리위안훙은 그들이 발표한 문장이 지나치게 과격하므로, ……남겨두면 사람들에게 해를 입힐 것이라 했다. ……공개적으로 죽이지도 않았고, 본래 이름도 표기하지 않았으며, 죄상도 선포하지 않았다. 도독부에서 사람을 죽이는 것은 옛날부터 일관되게 이러했다."[52] "(위츠팡은) 아주 참혹하게 형벌을 받았는데, 한커우에서 우창 군법처로 압송될 때 예리한 칼로 어깨뼈 접합부에 구멍을 뚫어 쇠사슬로 꿰어서 압송했다. ……총살할 때도 죄상을 공포하지 않았다."[53]

리위안훙은 대대장 이상 군관에게 사형권이 있다고 규정했고, 탄옌카이는 부하들에게 "편의에 따라 일을 처리"하라고 했다. 청나라가 아직 끝장나지 않았을 때는 매우 흉악했음에도 형식적으로는 아직 대청률(大淸律)에 의거하여 일을 처리하는 법과 절차가 있었다. 그런데 이때는 아무런 형식적인 형법도 없었고, 모든 것을 "편의에 따라 일을 처리"할 수 있었다. 정말 사람을 마구 죽여도 아무도 알수 없었다. 인민은 아무런 법률적 보장을 받지 못했으며, 이른바 '형식적'이고 '허위적'이며 '완비되지 않은' 서양 부르주아 민주 역시아예 없었다. 봉건주의에서 현대 파시즘으로 직접 나가기 시작한 것이다. 위안스카이 이후에 중국이 나간 것은 바로 이 길이었다.

루쉰은 신해혁명 후의 이런 피의 교훈에 대해 매우 침통해하며, 여러 차례 이 점을 지적했다.[54] 신해혁명 전 혁명파가 그토록 원하고 선전하던 부르주아 민주·공화·자유와 평등은 조금도 실현되지 못했다. 민주도 없고 자유도 없었으며, 어떤 것은 여러 가지 현대적 형식을 걸치고 있었으나 여전히 봉건주의일 뿐이었다. 왜 이렇게 되었

---

51) 『혁명일사』 제4책, 「구이저우 최초의 혁명가 양수칭」.
52) 『어저우 혈사』(鄂州血史), 215쪽.
53) 같은 책, 217쪽.
54) 이 책의 루쉰 관련 부분을 참조하라.

을까?

앞서 서술한 것처럼, 중국 부르주아 혁명파의 사상발전의 주류는 애국에서 혁명으로, 즉 외국의 침략에 저항하고 조국의 부강을 요구하는 것에서 청조 정부의 전복으로 나갔다. 그것은 국가의 독립·자유·부강을 위해 혁명을 이루는 것이었다. 이것은 로크와 루소 등이 개인의 자유·평등·독립·인권, 그리고 이것들을 위해 투쟁하고 혁명할 것을 강조한 것과 완전히 같지는 않았다. 국가의 독립은 시종일관 중국 혁명의 으뜸 주제였다.[55] 그러므로 쑨중산은 국가의 자유(즉, 외국의 노예가 되지 않는 것)로 자신의 '민족주의'를 정의했다. 쑨중산은 아주 분명하게 말했다.

외국의 혁명은 자유를 쟁취하기 위해 일어났다. 200~300년간 싸우고 커다란 풍랑을 일으키고 나서야 비로소 자유를 얻고 민권을 획득했다. ……민족주의는 국가를 위해 자유를 쟁취하는 것이지만, 유럽의 당시는 개인을 위해 자유를 쟁취했다. 오늘날…… 절대 이것을 개인에게 적용시킬 수 없다. 반드시 국가에 적용시켜야 한다. 개인은 지나치게 자유가 많아서는 안 되고, 국가는 완전한 자유를 획득해야 한다. 국가가 자유를 충분히 행사할 수 있게 되어야 중국은 강성한 국가가 될 것이다. 이렇게 하려면 모든 사람이 자유를 희생해야 한다.[56]

신해혁명 전 혁명파와 량치차오의 대논전은 대단히 중요하고 격렬했으며 토론한 문제도 많았지만, 실제주제는 여전히 혁명과 보황이라는 초점에 집중되어 있었다. 즉, '민족주의'를 실행하여 만청 정부를 전복해야만 구국할 수 있다는 목표에 집중되었다. 프랑스에서는 "자유가 아

---

55) 혁명파뿐만 아니라 개량파가 민권(탄쓰퉁)과 자유(옌푸)를 강구한 것도 '구국', 즉 침략에 반대하고 독립을 쟁취하기 위해 내놓은 수단과 방법이었다(각 관련 부분 참고). 반제구국은 중국 근대사 전체에서 모든 것을 압도하는 으뜸 주제였다.
56) 「민권주의(民權主義) 제2강」.

니면 죽음을!"이라는 구호가 일세를 진동시켰지만, 중국에서 바다에 빠져 죽도록 사람들을 격려, 고무한 것은 구국과 애국을 위한다는 것이었다. 인권과 민주 등의 문제에 대해 비록 신해혁명 이전에도 몇몇 계몽활동이 있었지만, 진정으로 사람들 마음에 깊숙이 들어가지는 못했다. 그것은 확실히 당시 현실의 절박한 요구사항이 아니었고, 다만 표면적·형식적으로 공화정체를 주장하고 군주정체를 폐지하자는, 대단히 외재적인 의미에서만 사람들에게 수용되고 이해되었다.

신해혁명 이후의 역사는 청조 정부를 복벽시키려 하거나 공개적으로 다시 황제가 되려 하는 사람은 누구나 인심을 얻지 못했고, 천하가 모두 그를 공격했음을 보여준다. 위안스카이의 칭제(稱帝: 황제를 칭함)와 장쉰(張勳)의 복벽은 바로 실패했다. 그러나 보다 깊은 의미와 내용에서, 경제·정치·군사·문화의 각 방면에 부르주아 민주주의를 실행함으로써 진정으로 봉건주의에 승리하는 데 있어서, 혁명파는 처음부터 끝까지 사상적으로 충분히 무장되지 못했고 여론의 준비도 갖추지 못한 상태였다. 구세력과 구전통이 각종 새로운 형식을 빌려 계속 지배했으며, 심지어 구세력이 반격하여 도로 빼앗는 것에 대해서조차 아무런 인식이 없었다.

사상계몽 활동은 본래 혁명파가 거의 행하지도 않았고 중시하지도 않았다. 혁명 이전에는 정치적으로 진정한 민주공화를 실현하고, 경제적으로 부강과 건설을 실행하며, 문화적으로 자유와 평등을 선전하는 문제에 대해, 대부분 공담수준이었기 때문에 그 사상적 뿌리가 없었다. 그리고 혁명 이후에는 종횡으로 이간질하는 제왕(위안스카이)의 권모술수와 마구잡이로 살인하는 피비린내 나는 진압에 의해 모든 것이 매몰되었다. 신문사는 대부분 폐쇄되고, 결사(結社)는 공개적으로 금지되었다. 금전에 매수되어 국회의원은 돼지 같은 놈들이 되었고, 의회는 장난감이 되었다. 위안스카이의 칭제는 이른바 '국민대표' 1,000명의 만장일치로 통과되어, 반혁명적 전제정치의 추악한 연극이 한 막 한 막씩 상연되었다. 최소한의 무슨 부르주아 인권·민주·평등·자유는 어디에도 없었다. 경제토대 · 상부구조 · 이데올로기 등 어떤 측면에서 보아도 이 점은 모두 그 필연적인 원인을 가지고 있었다.

사상사 측면에서 보아도 부르주아 민주사조는 아직 뿌리내리지 못했으며, 탄탄한 토대를 가지고 있는 것은 봉건통치의 전통과 소생산자의 협애한 의식뿐임을 분명히 알 수 있다. 이 두 가지는 서로 결합하여 중국의 전진과 발전을 가로막는 거대한 사상적 걸림돌이 되었다. 그것들은 근대 민주주의와 어긋나면서 도무지 맞지 않았다. 자급자족적인 경제에서 제왕적 권술의 '정치'에 이르기까지 몽매함 · 등급 · 전제 · 폐쇄 · 인습 · 세습은 변함 없는 사상이었으며, 정통역량이라고 인식되었다. 바로 이런 상황에 항쟁하고 이런 이데올로기와 싸우면서 5·4운동이 일어나고, 계몽사상가 루쉰이 탄생했다.

5·4운동이 과학과 민주를 들고 나온 것은 바로 구민주주의 혁명사상의 보충수업이었고, 신민주주의 혁명계몽의 서막이었다. 그러나 중국의 근대는 도처에서 핍박하는 강대국들의 모욕이 나날이 심해지는 구국의 형세에 처해 있었기 때문에 반제의 임무가 유난히 두드러졌다. 애국과 혁명으로 나아가는 이 노선은 훗날 여러 세대 사람들에게 끊임없이 반복되었다. 특히 오랫동안 군사투쟁과 전쟁상황에 처해 있어서 봉건의식과 소생산자 의식이 제대로 청산되지 않았다. 쩌우룽이 외치던 부르주아 민주관념도 언제나 부차적인 지위에 놓여 있었다.

어떤 면에서 역사는 우리에게 다음과 같은 사실을 알려주고 있다. 경제토대가 개혁되지 않고 국가 · 민족 · 인민의 부강이라는 주제에서 이탈해버리면 자유와 민주는 환상으로 흐를 것이라고. 더욱 중요한 측면은, 인민의 민주가 없으면 봉건주의는 끝까지 중국이 부강으로 나아가는 길을 가로막을 것이라는 점이다. 따라서 중국의 민주혁명이 아직 실현하지 못한 과학과 민주라는 목표는 여전히 오늘날의 거대한 과제이다. 특히 봉건주의가 사회주의의 옷을 입고 반자본주의의 휘장을 찼지만, 실제로 중국을 봉건파시즘으로 끌고 갔을 때 이 과제의 중요성과 급박성, 그리고 험난하고 방대한 성격은 더욱 두드러졌다. '사인방'은 이 문제에서 우리에게 심각한 교훈을 주었다. 따라서 21세기초 사회주의 현대화를 목표로 실현하는 진군과정에서 20세기초의 부르주아 혁명 사상과 그것의 역사적 행로를 회고하는 것은 연구자들이 그 법칙과 교훈을 총괄하고 발견할 만한 가치가 있지 않을까?

•『역사연구』 1979년 제6기에 게재됨

쑨중산의 사상

쑨중산 *은 중국 혁명의 선행자로, 어느 한 세대에만 국한되지 않는 혁명가들의 지도자이자 깃발이다. 그는 세계적 명성을 가진 인물로, 그의 유상(遺像)은 타이완 해협 양안에 수십 년 동안 우뚝 서 있다. 쑨중산은 1890년대에 전국이 개량파 변법유신의 물결에 빠져 있을 때, 최초로 민주혁명의 횃

* 쑨중산(1866~1925)은 이름이 원(文)이고 자는 더밍(德明), 호는 이셴(逸仙, 광둥어로는 얏셴), 중산이고 광둥 샹산(香山: 지금의 중산) 현 사람이다. 농민가정에서 태어난 쑨중산은 청소년시기에 광저우, 홍콩 등지에서 수학했고 서양 부르주아 문화와 과학 지식의 교육을 받았다. 1894년 11월 그는 흥중회를 조직하고 회장(會章)을 제정했으며, 아울러 입회서약에 "오랑캐를 구축하고 중화를 회복하며 합중(合衆)정부를 창립한다"는 혁명주장을 제기하면서 초보적으로 민족민권 사상을 나타냈다. 1895년 10월 제1차 무장봉기 실패 후 그는 여러 차례의 무장봉기를 발동하고 지도했지만 모두 실패했다. 이 기간에 그는 유럽과 미국 등 각국을 돌아다니면서 혁명을 선전하고 아울러 개량파와 투쟁했다. 1905년 쑨중산은 일본 도쿄에서 흥중회·광복회·화흥회 등의 혁명단체를 합병하여 중국 최초의 부르주아 혁명정당인 '중국동맹회'를 조직했고, 기관지 『민보』(民報)를 출판했으며, 총리로 선출되었다. 『민보』의 「발간사」를 통해 그는 '민족·민권·민생'의 삼민주의를 정식으로 제출했는데, 그것은 부르주아 혁명의 공동 정치강령이 되었다. 1911년 10월 10일 혁명당원은 우창에서 봉기했는데, 전국에서 호응하여 만청 왕조를 전복시키고 2,000여 년의 봉건군주제를 종결시켜 중화민국을 건립했다. 쑨중산은 1912년 1월 1일 난징에서 임시 대총통에 취임했다. 쑨중산은 북양군벌과 위안스카이 토벌·호법(護法)·북벌 등의 끊임없는 투쟁을 전개했다. 이러한 투쟁에서 좌절을 겪으며 그는 혁명이론의 중요성을 한층 더 인식했으며, 철학·경제학·정치학 등의 문제를 포괄하는 『건국방략』 저작에 착수, 1917~19년에 완성했다. 1924년 1월 쑨중산은 중국공산당과 소련의 도움 아래 중국국민당 제1차 전국대표대회를 개최하고 '소련과의 연합, 공산당과의 연합, 노동자 농민 부조(扶助)'라는 3대정책을 제출, '중국국민당 제1차 대표대회 선언'을 반포했다. 아울러 삼민주의라는 주제로 강연을 진행했으며, 구삼민주의를 신삼민주의로 발전시켰다. 1925년 3월 12일 쑨중산은 베이징에서 병으로 서거했다.

불을 들고 불요불굴의 정신으로 무장봉기를 조직했다. 그는 고립을 두려워하지 않고 실패를 겁내지 않았다. 쑨중산은 부르주아 민주혁명의 이론과 강령을 최초로 전면적으로 내놓았고, 개량파와의 대논전을 이끌었다. 또한 위안스카이의 음모를 제일 먼저 간파했으며, 군벌 야심가들과 오랫동안 굳세게 투쟁했다.

쑨중산은 동시대 혁명가들에 비해 높은 곳에서 멀리 바라보는 안목을 지녔고, 사람들을 잘 단결시켰으며, 오류를 버리는 데 용감했다. 반봉건·반식민지의 중국 사회에서 밖으로는 제국주의에 의지하지 않고, 안으로는 개인사병 하나 없이 수십 년 동안 줄곧 숭고한 명망을 향유했다. 그는 인민들이 공인하는 혁명지도자로, 일생 동안 조금의 나태함도 없이 혁명활동을 계속하고 높은 인격을 견지함으로써 억만 중생을 감동시켰다.

쑨중산은 적극적인 혁명활동가로서, 전문적으로 사변을 진행시킬 만한 시간과 정력을 갖기 어려웠으며, 또한 그런 일에 거의 흥미를 갖지 못했다. 그의 사상과 학설은 그의 혁명활동을 떠나서는 학구적으로 연구·논의될 수 없다. 이론적 깊이가 충분하지 않았음에도 그가 주장한 사상과 정치강령인 삼민주의 학설은 전체 시대적 요구와 역사적 동향을 개괄했다. 이것은 당시 중국에서 가장 진보적이고 완전한 사상체계였으며, 동시에 국제적으로도 커다란 영향을 주었다.

1 민족주의와 민권주의

1. 제국주의 반대

반제와 반만은 20세기초 중국 부르주아 혁명파의 주요동인이었다. 그
것은 쑨중산에 의해 삼민주의의 가장 중요한 부분을 구성하는 민족주의
로 개괄되었다. 쑨중산 민족주의는 신해혁명 이전에는 전체 혁명파의
기치였다. 신해혁명 이후에 그는 제국주의를 직접 반대해야 하는 중요
성을 인식하여 민족주의를 '신삼민주의'의 일부분으로 발전시켰다.

1890년대 흥중회 선언에서 쑨중산은 이렇게 지적했다.

> 지금 강한 이웃들이 빙 둘러서서, 오랫동안 호시탐탐 오금(五金)이
> 풍부하고 물산이 많은 우리 중화에 입맛을 다셔왔다. 그들의 잠식이
> 효과를 보자 다른 나라도 뒤를 이어 우리를 과분(瓜分)하여 이제 문
> 앞의 걱정거리가 되었다.

그러므로 "타민족에 의해 노예가 되는 것을 면하기 위해서는…… 지
사(志士)를 모아 중화를 흥성시켜야 한다"고 그는 주장했다. 구국을 위
해 혁명하고 무장봉기를 일으키며 폭력으로 만청 정부를 전복하려는

것은, 개량을 요구했지만 그것이 제대로 이루어지지 못한 것에 따른 필연적 결과였다. 쑨중산은 중국 근대에서 제일 먼저 이 길을 제시했다. 캉유웨이가 국가·유교·종족 보존을 선도적으로 주장하고 옌푸도 세 가지 보존이 있다고 말했을 때, 쑨중산은 '등급(等級)혁명'을 제기했다. 이것이 쑨중산 민족주의의 초기형태였다.

20세기초 반만 정서가 서서히 무르익기 시작하고 사람들이 이른바 등급혁명을 환영하고 이해하게 되자, 쑨중산은 "형제들은, 민족혁명은 만주민족을 전부 멸망시키는 것이라는 말을 들었을 것이다. 그런데 이 말은 완전히 틀렸다. ……민족주의는 결코 다른 종족을 배척하는 것이 아니라, 다른 종족이 우리 민족의 정권을 빼앗는 것을 허용하지 않는 것이다"[1]라고 강조했다. 쑨중산은 당시 민족투쟁의 요점을 만주족 귀족이 잡고 있는 국가정권을 전복시키는 것으로 정리했다. 오늘날 보기에는 아주 단순한 논리이지만, 당시 혁명진영에서는 이를 명확하게 이해하지 못했다. 따라서 그는 혁명고조기에 '민족혁명의 목적을 확실하게 인식'할 것을 요구했다. 다시 말해 민족주의를 종족의 복수 따위로 판단하지 말 것을 요구한 것이다. 그것은 '만주족을 원수로' 보거나 '광복'을 위한 일에 그치는 것이 아니었다.

이론적으로 볼 때 이것은 쑨중산의 민족주의가 서양에서 학습한 결과였기 때문이다. 쑨중산의 민족주의는 부르주아 사상범주에 속하는 것으로, 장타이옌 등이 말한 '오랑캐와 중국의 변별'이라는 전통적인 봉건관념과는 달랐다. 쑨중산은 후에 민족주의를 이론적으로 정리하면서 '민족'이라는 개념이 국가와는 다른 개념이라고 설명했다. 국가는 "무력으로 조성된 것"[2]이지만 민족은 "자연력으로 조성된 것"이다. 자연력으로 조성되었다는 것은 자연스럽게 형성되었다는 것을 의미한다.

---

1) 「삼민주의와 중국의 전도 문제」.
2) 「민족주의 제1강」.

쑨중산은 한 민족이 다섯 가지 자연력에 의해 형성될 수 있다고 설명했다. 그것은 바로 '혈통',[3] '생활',[4] '언어',[5] '종교',[6] '풍속습관'[7] 이었다. 이런 견해는 분명 서양 부르주아 사회학에서 가져온 일반관념이었다. 그것은 공자에서 왕부지까지의 봉건주의의 '이족과 하족의 경계'(夷夏大防) 이론과는 다르다. 쑨중산의 이 해설은 비교적 늦게 제출되었지만, 서양문화를 숙지한 쑨중산이고 보면 일찌감치 그것을 알았음에 틀림없다.

쑨중산 민족주의의 현실적인 연원은 태평천국과 의화권(義和拳) 등의 농민혁명이 요구한 반만 사상을 계승한 동시에, 그것을 한 단계 끌어올린 것이다. 몇몇 자료는 쑨중산이 홍슈취안 계승자임을 자임했다고 했다. "그는 학교에 들어간 후 매일 혁명을 이야기했고, ……항상 홍슈취안을 최초의 반청(反淸) 영웅이라 일컬었으며, 그가 성공하지 못한 것을 아쉬워했다."[8] "진실로 제2의 홍슈취안으로 자임하는 지향이 있었다."[9] 물론 쑨중산은 홍슈취안이 민주주의를 발양시킨 측면을 계승했을 뿐 아니라, 폭력혁명 또한 그에게 중요한 지위를 차지했다. 이런 계승은 서양에서 배운 관념의 기초 위에서 크게 향상, 발전되었다. 쑨중산의 민족주의는 태평천국의 「하늘을 받들어 오랑캐를 치자」(奉天討胡檄)는 격문에 나타난 굳건한 반만 사상, 그리고 "철로를 파괴하고 전선을 절단하며 큰 기선을 부수는" 의화권의 원시적 배외에 비해 훨씬 진보적이었다. 이에 대해 리다자오(李大釗)는 다음과 같이 말했다.

---

3) "선조가 특정한 혈통이면 한 종족의 인민으로 영원히 유전된다."
4) "생활방식이 다르면 민족도 다르다."
5) "외래민족이 우리 언어를 습득하면 우리에 의해 감화되기 쉽고, 오랜 시간 후에는 하나의 민족으로 변한다."
6) "대부분의 인류가 같은 신을 모시고 같은 조상을 믿으면 한 민족으로 결합될 수 있다."
7) "인류 가운데 특별히 비슷한 풍속습관이 있으면, 오랜 시간 후에는 하나의 민족으로 결합할 수 있다."
8) 『홍중회 혁명사 요강』.
9) 같은 책.

그(쑨중산)는 태평천국의 민족혁명의 계통을 계승하여, 그 시대 농업경제에 반영된 제왕사상과 제국주의를 따라 들어온 종교와 미신을 하나하나 깨끗이 씻어나갔다. 그는 하층 결사──처음에는 반청복명(反清復明: 청을 반대하고 명을 회복시킴)을 기초로 삼았다가 나중에 제국주의의 압박을 받게 되자 점차 서양을 원수로 삼는 것으로 확대되어가던, 명말 청초부터 유전되어온──를 정리함으로써 그들로 하여금 점차 농업적 종법사회의 회당적 성질에서 벗어나 국민혁명의 궤도로 들어서게 했다.[10]

쑨중산은 항상 혁명활동과 희망을 하층 회당(會黨)에 두었다. 꽤 많은 혁명파가 그 중심을 신군(新軍)쪽으로 옮겨갔지만, 쑨중산은 처음에 찬성하지 않았다. 이것은 그의 민족주의를 포함한 혁명사상이 확실히 하층 사회에 그 뿌리를 두고 있다는 점을 보여준다.

쑨중산 민족주의의 함의 자체는 비교적 넓었다. 그러나 신해혁명 이전의 현실투쟁은 오히려 그것을 반만에 집중하도록 요구했다. 「흥중회선언」(興中會宣言)부터 「동맹회 선언」(同盟會宣言)에 이르기까지 극명하게 제출된 것은 결코 반제가 아니라 반만이었다. "의로운 군대를 인솔하여 외적을 물리치는 것이 위로는 선인들의 유지를 계승하는 것이고 대의가 존재하는 바임을 우리 한인은 모르지 않는다", "외적을 물리치고 중화를 회복해야 한다. ……우리 한인이 망국의 백성이 된 것은 지금까지 260년 동안이다. 만주 정부의 흉포함이 이미 꽉 찼으니, 의로운 군대가 지향하는 것은 옛날 정부를 복원하여 우리 주권을 찾는 것이다."

쑨중산은 심지어 민족주의는 "종족에서 출발하여 명이 원을 멸망시킨 것"이고, "민족혁명은 이미 이루어졌다"고 말하기도 했다. 이것은 당시 혁명파에 유행하던 논조와 별다른 차이가 없다. 당시 혁명파와 개량파의 대논전을 포함하여 논제가 많았음에도 초점은 여전히 이 점에

---

10) 『서우창 문집』(守常文集), 223~224쪽.

집중되어 있었다. 혁명과 개량, 민주공화와 전제 등, ……모든 것이 만청 정부를 전복시킬 것인가의 문제에 집중되었다. 반만은 결국 모든 것을 뒤덮었으며 모든 것을 대신했다. 원래 '외국의 핍박'과 '이민족의 잔혹함'은 연계된 것이다. "지금 만청 정부가 저들 외국인의 독수리와 개가 되었으므로 저들은 그 토지를 마음대로 가지게 되었다. ……그러므로 과분을 피하려면 먼저 만청 정부를 타도하지 않고서는 구제할 방법이 없다." 반청은 본래 반제를 위해서인데 결과는 오히려 반만이 반제를 대체했고, 반제의 임무는 근본적으로 완성되지 않았다. 이 과정을 직접 겪은 사람은 이렇게 말했다.

당시 혁명(신해혁명)의 목적은 단지 만주 정부의 전복에 그친 것이 아니라, 청조를 전복한 후 반(半)식민지 중국을 독립적인 중국으로 변화시키는 데 있었다. 본래는 이 의의가 아주 분명했다. 그러나 당시의 약점은, 반만의 구호만 제기하고 제국주의 타도의 구호를 내놓지 못함으로써, 혁명당원들이 만청 정부를 타도하자 수많은 사람으로 하여금 민족주의 혁명이 성공했다고 여기게 만든 것이다. 혁명군이 봉기하고 임시정부가 수립되었을 때 대외적으로 선언하기를, 우선적으로 만주족 정부와 제국주의 국가가 맺은 조약, 배상할 외채, 심지어 세관수입의 지배권, 상하이 혼합재판의 관할권까지 승인했다. 그리고 그것을 무조건 열강에게 주어 나쁜 선례가 되었다.[11]

신해혁명 이후, 쑨중산도 한 차례 민족주의의 기치를 거두어들인 적이 있다. 중화혁명당 당장(黨章)과 선언에서 이 방면의 임무를 제기하지 않은 것이 그 좋은 예이다. 그러나 쑨중산은 이 오류를 빨리 수정했다. 현실적으로 독립중국의 출현은 아직 요원하며, 중국은 여전히 열강

---

11) 『후한민 선생의 러시아 강연록』 제1집, 2~4쪽.

제국주의에 의해 주재되고 지배받는다는 사실을 인식하도록 교육한 것이다. 쑨중산은 연이어 주장했다. "일본군이 남만주에 주둔하고 러시아 군이 몽골에 주둔하며, 영국인은 시짱(西藏)에 주둔하고 프랑스인은 윈난과 구이저우에 주둔하여 매일 과분을 생각하고 있다." "우리 한족은 실제로 동아시아 대륙에 존재하는 국가의 실체를 가지고 있지 못하다. 외환(外患)이 나날이 박두하여 즉각 과분될 위기는 옛날에는 우리를 놀라게 하는 말이었을 뿐이지만 지금은 그것이 실행되고 있음을 본다." "지금 청 왕실은 우리를 제압할 수 없지만 각국은 여전히 우리를 제압하려 한다. ……만청이 이미 타도되고 종족혁명이 이미 성공했다고 말하지 마라. 민족주의는 사상누각이 될 수 있다."

이리하여 쑨중산은 다시 민족주의를 강조했고, 점점 제국주의를 반대하는 방향으로 전진했다. 그는 열강의 특권을 취소하고 영사재판권을 폐지하며, 관세자주를 회복하고 조계(租界)와 실지(失地)를 회수하는 등의 조치를 내놓았다. 이것은 나중에 공산당의 주장을 수용하여 신삼민주의의 반제 강령을 내놓게 되는 사상적인 준비가 되었다. 다시 말해 하나의 나선을 돌아 다시 출발점으로 돌아왔고, 애국구국(제국주의 침략에 대항)을 위해 혁명(반동정부를 전복)하는 처음의 목표로 돌아왔으며, 전체 근대중국의 사상적 주제로 돌아왔다.

신삼민주의에서 쑨중산은 제국주의의 침략을 다방면으로 폭로했다. 그중 제국주의가 '정치력'과 '경제력'을 이용하여 중국을 정복하고 있는 것을 특별히 강조했다. 쑨중산은 '정치력'의 압박을 서술한 후 이렇게 지적했다. "경제적 압박은 정치적 압박에 비해 더욱 무섭다. 정치력의 압박은 눈으로 볼 수 있다. ……그러나 경제력의 압박은 보통사람이 느끼기 어렵다."[12] 이어서 그는 관세·외국 상품·외국 화폐·특권경영 문제 등을 상세하게 열거했다. 쑨중산은 제국주의의 경제침략이 중국 인민에게 심각한 위해(危害)를 가져왔다고 지적했다. 그는 몇몇 예

---

12) 「민족주의 제2강」.

를 들어 중국 인민이 배불리 먹지 못하고 따뜻하게 입지 못하는 것은 제국주의의 경제침략이 중국 농공업을 발달하지 못하게 했기 때문이라고 설명했다.

경제압박은 우리 중국의 손실을 최소한 12억 위안(元)에 달하게 만들었다. ……1년에 12억 위안이면 10년에 120억 위안이다. …… 이런 경제력의 압박으로 매년 이렇게 큰 손실을 입어야 하기 때문에 중국의 사회사업은 발달할 수 없고 인민의 생계도 어렵게 되었다. 이 압박에 대해서만 말하자면 수백만 군대로 우리를 죽이는 것보다 더 무섭다.[13]

쑨중산은 또 제국주의의 경제침략과 정치압박은 필연적인 연계를 가지고 있고, 제국주의는 불평등조약이라는 정치적 압박수단으로 그들의 경제침략의 목적을 잘 유지하고 달성하려 한다고 지적했다. "그들의 정치력은 경제력을 돕는데, 이는 마치 왼손이 오른손을 돕는 것과 마찬가지다."[14] "우리가 민생문제를 해결하고 자국의 공업을 보호하며 외국에 침탈되지 않으려면 우선 스스로 공업을 보호할 수 있는 정치적 역량을 가져야 한다. ……민생문제를 잘 해결하려면 우선 정치에 착수하여 모든 불평등 조약을 타파해야 한다."[15] 쑨중산은 민생문제를 반제 민족주의로 집중시켰다. 민족주의는 여전히 삼민주의의 으뜸이었고, 국가의 독립(민족주의)은 여전히 모든 것을 압도하는 혁명의 가장 주요한 임무였다. 그는 당시의 중국을 식민지로도 비교할 수 없으며, 중국은 수많은 제국주의의 노역과 압박을 받고 있는 '차(次)식민지'*라는 유명한 논리를 전개함으로써 중국 인민들의 반제 애국열정을 뜨겁게 불

---

13) 같은 글.
14) 「민족주의 제4강」.
15) 「민생주의(民生主義) 제4강」.
 * 완전 식민지가 아닌 식민지에 버금가는 식민지를 의미하는 쑨중산의 용어이다.

러일으켰다.

13년에 걸친 우리 중국의 혁명은 매번 반혁명세력에 의해 철저하게 저지되어 실천할 수 없었고, 성공할 수도 없었다. 이 반혁명세력은 바로 군벌이다. 왜 군벌은 이렇게 큰 힘을 가지고 있는가? 그 배후에 제국주의의 원조가 있기 때문이다.[16]

반제는 군벌을 타도하고 국내전쟁을 치르기 위한 전제이자 본질임을 알 수 있다.

쑨중산은 자유·평등·박애의 이상으로 자신의 삼민주의를 해석하고 규정했다. 민족주의가 자기민족에 대해서는 자유의 쟁취이고 다른 민족에 대해서는 평등과 박애인데, 이것은 바로 서로 지지하고 돕는 것이라고 설명했다. 그는 신해혁명 전에 필리핀의 독립전쟁을 지지하기도 했다. "흥중회를 이끌고 필리핀에 들어가서 아키노군에 합류하여 그 성공을 촉진시키고, 그 여세를 몰아 중국 내지에 들어가 중원에서 혁명을 일으킬"[17] 것을 기도한 것이다. 한편 1920년대에는 '대동아주의'를 제기하여 유럽과 미국의 노역을 받는 아시아 각국이 일치단결하여 반제를 펼칠 것을 주장했다. 민족주의 강연의 맺는 글에서 쑨중산은 다음과 같이 강조했다.

우리는 우선 제약부경(濟弱扶傾)*의 정책을 결정해야만 우리 민족의 천직을 다할 수 있다. 우리는 약소민족을 돕고 세계열강에 저항해야 한다. 만약 전국 인민이 제약부경의 뜻을 세워 장래에 (우리가― 옮긴이) 강성해졌을 때 오늘 열강의 정치적·경제적 압박을 받던 고

---

16) 「중국 내란의 원인」.
17) 「33년 낙화몽」.
* 약한 자를 구제하고 기울어가는 것을 돕는다는 뜻.

통을 생각한다면, ……우리는 저들 제국주의를 소멸시켜야만 치국 평천하를 이룬 셈이고, ……이것이 바로 우리 4억 인의 큰 책임이며……, 우리 민족주의의 참 정신이다.[18]

이 강연에서 쑨중산은 계속하여 레닌의 민족자결 사상을 제기하고 그것을 수용했다. "레닌은…… 피억압 민족의 자결을 제창하여 세계 피억압 인민을 위해 불평을 해소했다."[19]

국내 각 민족에 대해 쑨중산은 신해혁명 이후 '5족 공화'를 강조했고, 아울러 "우리 나라에 어찌 5족뿐이겠는가? 내 의견은 우리 중국의 모든 민족이 하나의 중화민족으로 융합하자는 것이다"라고 했다. 쑨중산의 이런 생각과 주장, 정강정책은 기본적으로 건강하고 정확했다. 이것은 '국민당 제1차 전국대표대회 선언'에서 더욱 발전했다. "민족주의에는 두 가지 의의가 있습니다. 하나는 중국 민족이 스스로 해방을 구하는 것이고, 두번째는 중국 경내의 각 민족이 일률적으로 평등해지는 것입니다. ……목적은 중국 민족이 세계에서 자유와 독립을 얻는 것입니다. ……그 목표는 모두 반제국주의에 포함됩니다." 종족혁명에서 민족자결로, 불평등조약 승인에서 불평등조약 폐지로, 5족 공화에서 각 민족의 일률적 평등으로, 쑨중산 민족주의는 여기서 최고수준에 도달했다.

쑨중산의 반제국주의적 민족자결 사상은 중국공산당의 민주혁명 강령과 대체로 일치했다. 그러나 그 세계관과 이론적 기초는 결코 동일하지 않았다. 쑨중산은 마르크스주의 계급투쟁의 관점으로 민족투쟁 문제를 해석하지 않았다. 그는 추상적인 '왕도'와 '패도', '공리'(公理)와 '강권'(强權) 등의 개념으로 민족주의를 해석하고, '인의 도덕'을 중시했는지의 여부로 그것을 해석했다.

---

18) 「민족주의 제6강」.
19) 「민족주의 제4강」.

왕도를 강구하는 것은 인의 도덕을 주장하는 것이고, 패도를 강구하는 것은 공리(功利)와 강권을 주장하는 것이다. 인의 도덕을 강구하는 것은 정의와 공리(公理)로 사람을 감화시키는 것이고, 공리(功利)와 강권을 중시하는 것은 총과 대포로 사람을 억압하는 것이다.(「대아시아주의」大亞洲主義)

러시아는 지금 유럽의 백인들과 분가했다. ……왜냐하면 러시아는 왕도를 주장하되 패도를 주장하지 않으며, 인의 도덕을 강구하되 공리(功利)와 강권을 중시하지 않았기 때문이다.[20]

장래 공리(公理)를 주장하는 백인과 공리를 주장하는 황색인은 반드시 연합할 것이고, 강권을 주장하는 백인과 강권을 주장하는 황색인도 반드시 연합할 것이다. 이 두 가지 대연합이 있게 되면 한바탕 전쟁을 면할 수 없으니, 이것이 바로 미래 세계전쟁의 추세이다.[21]

쑨중산은 이미 민족문제에서의 계급분열 현상을 간파했다. 그러나 그는 이 모든 것을 추상적인 '왕도'와 '패도', '공리'와 '강권'의 싸움으로 단순하게 귀납해버렸다.

실천은 이론보다 훨씬 중요하다. 레닌은 "자본주의가 아시아를 깨웠을 때 그곳에서도 도처에서 민족운동이 야기되었고, 이 운동의 방향은 아시아에 민족주의 국가들을 건립할 것"이라고 주장했다. 이 민족국가 건립이라는 세계적인 조류는 지금까지 멈추지 않고 있다. 아시아의 삼림에서 아프리카의 사막에 이르기까지, 아라비아 반도에서 아메리카에 이르기까지, 민족독립은 이제 막을 수 없는 역사 흐름이 되어 20세기 전체 세계사에서 민족·민주혁명의 핵심이 되었다. 그것은 이들 국가

---

20) 「대아시아주의」.
21) 「민족주의 제1강」.

가 농업에서 공업화로 나아가는 것, 또는 이들 국가의 농민혁명과 밀접하게 연계되어 있다. 쑨중산은 이 역사흐름의 가장 앞장선 실천가로서 손색이 없었다.

2. 위대한 조국의 건설

반만과 반제 또는 기타 투쟁을 막론하고, 쑨중산의 목표는 당시 진보적인 인사와 마찬가지로 독립되고 부강한 중국을 건설하는 것이었다. 반만과 반제의 측면에서 쑨중산이 주로 태평천국부터 의화단에 이르는 하층 결사의 횃불을 계승하여 그것을 전 민족의 범위(중상층 사회를 포함)로 점화시켰다면, 조국건설의 측면에서 쑨중산은 주로 1870~90년대 개량파의 요구와 이상을 계승하여 그것을 전 민족에게 내놓았다. 정치적 독립을 획득한 후 반드시 경제적 부강과 독립을 얻어야 한다는 것이 쑨중산 민족주의의 또 다른 거대한 내용이었다. 이전의 여러 글에서는 이 점을 소홀히 했다.

1894년 「리훙장에게 올리는 글」(上李鴻章書)에서, 쑨중산은 "사람은 그 재능을 다할 수 있고 땅은 그 이로움을 다할 수 있으며, 물산은 그 쓰임을 다할 수 있고 상품은 그 흐름을 소통시킬 수 있다"는 저명한 강령을 주장했다.

사람이 그 재능을 다할 수 있다는 것은 가르치고 기름에 도가 있고 올바름으로 고무 격려하며, 일하도록 부림에서 법을 얻는 것입니다. ……땅이 그 이로움을 다할 수 있다는 것은 농정에 관리(管理)가 있고 농무에 배운 지식이 있으며, 경작에 도구들이 있음을 가리킵니다. ……물산이 그 쓰임을 다할 수 있다는 것은 이치를 궁구함이 나날이 정밀해지고 기계는 나날이 정교해지며, 무익한 일을 함으로써 유익한 일에 해를 끼치지 않는 것입니다. ……상품이 그 흐름을 소통시킬 수 있다는 것은 세관의 장벽을 없애고 상인을 보호하는 좋은 법을 만들고, 선박과 철로의 운송을 유익하게 하는 것입니다. ……이 네 가지는 부강의 큰 강령이요, 치국의 큰 근본입니다.

이것은 물론 개량파 주장의 범주를 벗어나지 않았지만, 쑨중산은 후에 개량주의를 포기하고 혁명투쟁을 할 때도 여전히 조국건설의 거대한 임무를 잊지 않았다. 장기간의 혁명투쟁은 사람들에게 수단을 목적 자체로 오인하게 하기 쉬우며 수단을 높이 평가하고 거꾸로 그 수단의 원인인 목적의 소재를 경시하거나 망각하게 함으로써 자주 기로에 빠지게 만들었다. 그러나 쑨중산은, 혁명 자체를 목적인 것처럼 인식하여 신해혁명 이후에 큰 공을 이루었다고 여긴 여러 혁명파 사람보다 훨씬 훌륭했다.

쑨중산은 혁명뿐만 아니라 부강한 조국건설을 자신의 임무로 삼았다. 그는 다음과 같이 간곡하게 여러 차례 설명했다. "중국은 반드시 곤궁과 굴욕에서 벗어나 어리석고 낙후된 질곡에서 벗어나야 한다. 이 과업을 완수하려면 반드시 혁명 후에 공업화를 실현하고 거대한 규모의 공업을 부지런히 창설하며, 고도로 발전된 도로망과 철도망을 건설해야 하고 대량의 농산품과 일용품을 생산해야 한다." 그는 「건국대강」(建國大綱)에서 다음과 같이 말했다.

건설이라는 것은 우선적으로 민생에 치중해야 한다. 그러므로 전국 인민의 의·식·주와 교통의 4대 요구에 대해, 정부는 의당 인민과 협력하여 농업발전을 함께 도모함으로써 인민의 먹을거리를 풍족하게 하고, 직조의 발전을 공동으로 도모함으로써 인민의 의복을 풍요롭게 하며, 대계획에 근거하여 각종 가옥을 건설함으로써 인민의 주거를 안락하게 하고, 도로와 운하를 정비함으로써 인민의 교통을 이롭게 해야 한다.

그는 재삼 이렇게 말했다.

⋯⋯우리는 혁명 이후 민생주의를 실행해야 한다. 그것은 국가의 큰 역량을 이용하여 많은 기계를 사서 탄광과 철광 등의 각종 중요한 광산을 채취하는 것이다. ⋯⋯우리는 또 기계를 이용하여 상품을 제조해야 한다. ⋯⋯중국은 장래에 광업을 개척하고 공업을 번성시켜 중국을 부유하게 만들고, 영국·미국·일본에 비해 상위를 달리게 될 것이다.[22]

첫째는 교통사업으로, 철도와 운하 등을 대규모로 건설해야 한다. 둘째는 광산으로, 중국의 광산자원은 대단히 풍부하다. 광물이 땅에 매장되어 있는 것은 아까우므로 반드시 발굴해야 한다. 셋째는 공업으로, 중국의 공업을 빨리 진흥시키지 않으면 안 된다.[23]

쑨중산은 인민의 생활수준을 개선하고 향상시키는 입장에 서서, 의식(衣食)의 문제를 근본적으로 해결하고 "농업과 공업의 문제를 해결"할 수 있는 관건은 근대적인 대기계에 의한 농공업 생산을 창건하는 것이라고 강조했다. 그는 이에 대해 대단히 구체적이고 상세하게 연구하여, 중국 건설의 구체적 청사진인 『실업계획』(實業計劃)을 제출했다. 이 계획의 요점은 국가의 통일적 계획과 주관과 경영 아래 외국 투자를 흡수하여 각종 근대기업, 우선적으로 교통과 운수업을 신속하게 발전시키는 것이었다. 교통운수업이 근대공업의 선행조건이라고 인식한 것이다.

『실업계획』에서 그는 다음과 같이 지적했다.

중국은 수공업 생산단계에 머물러 있어 아직 공업혁명의 첫걸음을 내딛지 못했으므로, 유럽과 아메리카가 이미 두번째 혁명에 임하는

---

22) 「여성도 삼민주의를 이해해야 한다」(女子須命白三民主義).
23) 「민생주의 제2강」.

것과는 차이가 있다. 그러므로 중국에서는 두 가지 혁명이 반드시 동시에 진행되어야 한다. 수공업을 폐지하고 기계를 선택해야 할 뿐 아니라, 그것을 통일하여 국유화해야 한다. 지금 중국은 기계로 거대한 농업을 경영하게 하고, 풍부한 광산을 발굴하며, 무수한 공장을 건설하고, 운수를 확장시키며, 공공사업을 발전시켜야 한다.

쑨중산은 신해혁명 후 10만 마일의 철도건설 계획을 내놓았다. 『실업계획』에서는 이 계획을 6대 철도체계(서남 · 서북 · 중앙 · 동남 · 동북 · 고원)로 더욱 구체화했다. 그것은 변방에서 내지로, 서북에서 강남으로 철도를 거미줄처럼 빽빽하게 하고 사통팔달을 이루어 머지않아 통하지 않는 곳이 없게 하려는 것이었다.[24] 쑨중산은 각종 간선과 지선에 대해 상당히 구체적인 계획을 세웠다. 또 3대 항구(북방대항 · 동방대항 · 남방대항)를 건설하고 이 3대 항구를 둘러싸고 내륙하천의 수운을 소통시켜 내지교통을 발전시킬 것을 계획했다. 또한 식량공업 · 의복공업 · 주택공업 · 운수공업 · 인쇄공업 등의 흥성을 설계했다. 쑨중산은 『실업계획』에서 이렇게 말했다.

유럽과 아메리카 두 대륙의 공업발달은 중국보다 100년 앞섰다. 지금 아주 짧은 시간 안에 그들을 따라잡으려면 반드시 그들의 자본과 기계를 이용해야 한다. 만약 외국자본을 구할 수 없다면, 최소한 그들의 전문가와 발명가를 초빙하여 우리 나라를 위해 기계를 제조하도록 해야 한다.

어떤 사람은 이것을 가지고 쑨중산이 외국에 의존한다고 비판하기도 했지만, 사실은 그렇지 않다. 쑨중산은 '자신에게 의존하되 타인에게

---

24) 이 점은 이후의 집정자들의 생각에 비해 훨씬 고명했다. 중국은 1949년 이후에도 공장만 지을 줄 알지 철도건설을 중시하지 않았고, 지금까지도 그러하다. 한심한 일이다.

의존하지 않는다'는 식의 장타이옌 등의 공론에 비해 훨씬 적절하고 탁월했다. 그가 주장한 것은, 중국의 주권을 침해하지 않는다는 조건에서 외국 자본과 기술을 도입하여 최단시간 내에 외국을 신속하게 따라잡는다는 것이었다. 근본적으로 수천 년간 내려온 중국의 낙후한 수공업 생산양식을 개혁하자는 것이었다. 그러나 이러한 각종 설계는 당시의 국제적·국내적 조건에서는 실현 불가능한 계획이었다. 당시 제국주의 자본가는 쑨중산의 이런 주장과 요구에 대해 조소를 보내고 냉담한 태도를 취했으며, 국내의 반동파들은 쑨중산을 '쑨대포'라고 비웃었다. 그런데도 『실업계획』은 위대한 애국자의 주장으로서 가치를 잃지 않았다.

역사는 『실업계획』이 원대한 안목을 지니고 기백이 웅혼하며 중국 근대사상사에서 매우 중요한 지위를 차지하는 위대한 사상임을 증명했다. 그것은 시대의 선성(先聲)을 개척한, 쑨중산 민족주의의 중요한 주제 중 하나였다. 또한 억만 중국 인민의 의식(衣食)문제를 해결하고 중국 민족이 세계민족의 숲에 우뚝 설 수 있게 하기 위한, 인류에 공헌할 수 있는 기본방안이었다. 오늘날 읽어봐도 여전히 고무되고 감개가 무량하다. 그러나 제국주의와 소생산 봉건주의의 방해로 인해 이 계획은 수십 년 뒤로 연기되었다.

• 『중국 청년보』 1956년 11월 12~13일자에 게재됨. 수정·보완함

3. 민주공화국의 이상

이치대로 말하면, 민권주의는 원래 삼민주의의 핵심이고 부르주아 계급의 주요한 혁명강령이어야 했다. 왜냐하면 바로 민권주의가 중국 혁명과 중국 사상에 명확한 근대적 성격을 부여함으로써 자신을 태평천국과 의화단과 변별시켰고, 부르주아 개량파와도 구별시켰기 때문이다. 그것은 혁명적 강령이었으므로 개량파와는 달랐다. 그러나 더욱 중

요한 것은, 그것이 부르주아 민주주의의 강령이었으므로 단순한 농민혁명 및 농민사상과도 달랐다는 점이다. 전세계의 시대사조로서 그것은 의당 꽃을 피우고 열매를 맺어야 한다. 그러나 엄혹한 사실은, 수천년간 유지된 봉건사회의 전통적 토양은 서양에서 배워온 부르주아 민주사상이 중국에서 뿌리를 내릴 수 없게 만들었다는 것이다. 이 근대사회의 기본주제는 중국에서 참담하게 실패했다. 민주주의는 각양각색의 봉건주의의 유린 아래 사라져버렸다.

쑨중산은 처음부터 민권주의 실행을 혁명의 내용으로 삼았다. 흥중회의 간단한 서약에서도 '공화정체 건립'이 중요한 목표였고, 동맹회 선언에서도 '민국 건립'이 4대 강령의 하나였다.

오늘날 평민의 혁명으로 민국 정부를 건립하려 하니, 국민은 모두 평등하고 참정권을 가진다. 대총통은 국민이 선출하고 의회는 국민이 선출한 의원으로 구성되어 중화민국 헌법을 제정하니, 사람마다 이를 준수하되, 감히 황제제도를 행하려는 자가 있으면 천하가 모두 그를 공격할 것이다.

1906년 『민보』 창간 1주년 기념회에서 쑨중산은 또 이렇게 강조했다.

민권주의는 정치혁명의 근본입니다. ……우리가 만주 정부를 전복시키려는 것은…… 군주정부를 전복시키는 측면에서 정치혁명입니다. ……현재 이런 정치론에 따르자면 한인이 군주라 하더라도 혁명하지 않을 수 없습니다. ……혁명에 종사하는 모든 사람이 황제사상을 가지고 있다면 망국의 길로 들어서게 될 것입니다. 왜냐하면 중국은 지금껏 국가를 개인의 재산으로 삼았기 때문입니다.

이 말은 의도적이었다. 당시 혁명에 참가한 사람들 중 장타이옌과 타오청장을 대표로 하는 광복회 일파는 옛것을 회복하고 오랑캐를 몰아내는 것에 관심을 가졌을 뿐, 부르주아 민주주의와 자유·평등·박애에 대해서는 그다지 관심을 가지지 않았다. 심지어 황제가 되려는 생각을 가진 사람도 없지 않았다.[25] 황제는 봉건사회의 지고지존이었다. 신해혁명 후 위안스카이는 사실상의 황제가 되었는데도 여전히 만족하지 않았다. 그는 기어이 명실상부한 황제가 된 후에야 만족했으니, 이를 통해 당시 사회사상의 일단을 엿볼 수 있다. 또한 1,000년의 봉건왕국에서 부르주아 민주주의의 이상을 견지한다는 것이 얼마나 귀중한지 알 수 있다. 20세기초 「동맹회 선언」에서는 "이전 세대는 영웅혁명을 했지만 오늘날에는 국민혁명을 한다. 이른바 국민혁명이란 한 나라의 인민이 모두 자유·평등·박애의 정신을 가지는 것"이라 했다. 자유·평등·박애는 전통적인 등급제와 세습제를 반대하는 사상적 무기였다. 소수영웅이 아니라 '전체 국민'이, 조대를 바꾸는 것이 아니라 공화를 건설하는 것, '군군신신부부자자'가 아니라 자유·평등·박애를 실현하는 것, 이것이 바로 쑨중산의 '천하위공'(天下爲公)의 정치사상적 내용이자 쑨중산 민권주의의 기본관점이다.

신해혁명 이후 몇몇 사람이 민주의 이상을 포기하고 철인정치의 환상을 가진 것과는 달리, 쑨중산은 시종일관 부르주아 민주주의를 견지하면서 자신의 민권주의를 부단히 설명하고 보충했다. 특히 중요한 것은 유명한 '5권헌법'의 원칙을 주장한 점이었다. 이른바 '5권'은 입법(의회의원의 법률제정권), 행정(정부수반의 국가관리권), 사법(재판관의 사법권), 고시(시험관이 시험을 관장하여 대소의 국가관원을 선발

---

25) 쑨중산은 만년에 이 점을 누차 지적했다. "내가 혁명을 제창하던 초기에 혁명을 찬성한 10명 가운데 거의 6~7명이 제왕사상을 가지고 있었고, ……그중 한두 명은 민국 13년에 이르러서도 황제가 되겠다는 낡은 사상을 버리지 못했다." "현재 공화국이 건설된 지 13년이 되었지만 아직도 황제가 되려는 사람이 있다. 남방의 천중밍(陳炯明)…… 북방의 차오쿤(曹錕)…… 광시의 루룽팅(陸榮廷)…… 그 외에도 수많은 사람들이 황제가 되려 한다. 중국 역대로 조대가 바뀌고 황제의 성이 바뀔 때면 병권을 가진 자들이 황제자리를 다투었다."(「민권주의 제1강」)

하는 권한), 감찰(국가의 대소 기관과 관원에 대해 감찰관이 탄핵하는 권한)이다. 이 '5권'은 서양 자본주의의 3권(입법·행정·사법)에 고시와 감찰을 더한 것으로, 그 본질은 권력의 분산, 즉 분권제였다. '3권분립'은 로크와 몽테스키외(이론)에서 미국의 독립과 프랑스 혁명(실천) 이래 자본주의 정치제도의 근본원칙이 되었다. 쑨중산은 이렇게 말했다.

> 영국 헌법의 이른바 3권분립이란, ……600~700년 전부터 점차 생겨나 관습이 되었는데, 그 경계가 아직 불분명했다. 나중에 프랑스의 몽테스키외가 영국의 제도를 근본으로 삼고 자신의 이상을 결합해 일가의 학문을 이루었다. 미국 헌법은 또 몽테스키외의 학설을 근본으로 삼아 3권의 경계를 더욱 분명하게 했으니 100년 전에 가장 완비되었다고 할 수 있다. 120년간 여러 차례 수정되었지만 그 대강은 여전히 변하지 않았다.[26]

이른바 3권분립은 행정·입법·사법이 상호독립적이면서 상호제약하는 것으로, 봉건전제 정체가 권력을 한 사람과 한 기관에 집중시킴으로써 초래한 심각한 병폐를 가능한 한 피하자는 것이다. 정치사상사와 전체 역사에서 이것은 커다란 진보라고 말해야 한다. 이 정치제도가 자본주의 사회 생산력의 순조로운 발전에서 없어서는 안 될 적극적인 작용을 했음은 역사적 사실이 증명하고 있다. 여전히 결함이 있음에도 그것은 군주전제와 봉건적 관료체계에 비해 근대적 공업생산 발전과 인민생활 개선 등에서 훨씬 진보적이었다.

옌푸는 영국을 모범으로 삼아 '자유를 본체로 삼고 민주를 작용으로 삼자'고 주장했다. 이것은 자본주의 자유경쟁의 경제토대 위에 '3권분립'이라는 근대적 자본주의 민주정치 체계를 수립하려는 것이었다. 공

---

26) 「삼민주의와 중국의 전도 문제」.

화·민주입헌·민주공화라는 외재형식의 본질은 기본적으로 일치한다. 그것은 군주전제와 봉건적 관료정치 체계에서 현대적 경제토대에 부응하는 민주분권제로 나아가는 것이다. 그러므로 개량파(캉유웨이·량치차오·옌푸)와 혁명파의 수단은 비록 달랐지만 목표는 서로 비슷했다고 말할 수 있다. 그러나 그것은 농민혁명과도 달랐고 장타이옌과도 달랐다. 지주계급은 근대적 민주주의를 굳세게 반대했고, 봉건적 생산양식에 속박되어 있는 농민은 이에 대해 별다른 관심을 가지지 않았다. 그리고 연약한 중국의 부르주아 계급은 통치집단에 기댈 수밖에 없었으므로, 근대적 민주주의에 진정으로 열심이던 사람은 부평초 같은 지식인뿐이었다.

애국주의 이외에도 민주주의는 그들에게 반봉건과 반독재라는 투쟁의 물결을 일으키게 했다. 그러나 그들은 끝내 중국에 자신의 기반을 다지지 못해 이 뜨거운 물결은 전통의 중압 아래 빠르게 소실되어버렸다. 20세기초 쑨중산을 우두머리로 하는 혁명파의 민주공화국이라는 이상은 중국에서는 결국 실현되지 못했다. 레닌은 쑨중산을 이렇게 찬양했다.

쑨중산 강령의 각 항에는 전투적이고 진실한 민주주의가 침투되어 있다. 그는 '종족' 혁명의 부족함을 충분하게 인식했고 정치에 대해 조금도 냉담하지 않았으며, 정치적 자유를 홀시하거나 중국의 전제제도를 허용하면서 중국의 '사회개혁'과 중국 입헌을 병존시키려는 생각은 추호도 가지지 않았다. 이것은 공화제도의 건립을 요구하는 완정한 민주주의였다.

이 '완정한 민주주의'는 실현되지 않았다. 차례차례 실현된 것은 가짜민주의 탈을 쓴 봉건파시즘의 개인독재였다.

『실업계획』을 상세하게 쓴 것처럼, 쑨중산은 또 『민권초보』(民權初步)도 아주 상세하게 만들었다. 이 책은 사람들이 회의를 열고 발언하고 표결하는 방법, 회의 주석 노릇을 하는 방법, 동의·재청하는 방법 등을 구체적으로 알려주고 있다. 이처럼 우스운 듯한 절차를 설계한 점에 그의 고심과 그 책의 가치가 있었다. 왜냐하면 당시 중국인은 분명히 근대적 민주를 어떻게 실행하는지에 대해 제대로 알지 못했으며, 더욱 그것에 익숙하지도 않았기 때문이다. 우두머리가 한번 말하면 그만인 봉건적인 종법습관——마을에서 가장, 족장, 촌장이 말하면 그만이고, 관가에서는 대관이 말하면 그만인——이 그들의 불문율이자 당연한 일이었다. 그러므로 정치체제에서뿐만 아니라 사상관념과 전통습관에서의 개혁은 분명 꼭 필요한 일이었다. 『민권초보』는 민주를 훈련하기 위한 교재로 쓰였다.

쑨중산은 신삼민주의 시기에 부르주아 민주의 각종 병폐에 대해 진일보한 인식을 가지고 있었다. 그는 서양 부르주아 의회의 허위적 성격에 대해 '정권은 소수가 점유하여 사유화할 수 없다'고 주장했다. 구체적인 방안에서 쑨중산은 '직접민권', 즉 수많은 인민이 관리의 선거와 파면, 법률의 제정과 재결정의 4권을 가질 것을 주장했다. 이 '4권'은 스위스와 미국에서 배운 것이지만, 그것은 쑨중산이 이미 대의민주정치에 불만을 가지고 있고 인민 자신의 권력확대를 매우 중시했음을 보여주고 있다.

그러나 이 시기 쑨중산의 민권주의는 자본주의 제도의 각종 병폐를 회피하려 했기 때문에, 몇몇 문제에서는 오히려 자신의 일부 주장을 기로에 서게 만들었다. 그중 가장 중요한 것이 '권'과 '능'의 분리이론이었다. 쑨중산은 유럽과 미국을 초월하려면 그들의 각종 정치적 혼란을 피해야 한다고 여겨 권('정권')과 능('치권')의 분리를 주장했다. 그는 이렇게 말했다. "정(政)은 중인(衆人)의 일이고 치(治)는 중인을 관리하는 일이다."[27] "정치는 두 가지 역량을 포괄하는데, 하나는 정권이고 또 하나는 치권이다. ……전자는 정부를 관리하는 역량이고 후자는 정부자

27) 「민권주의 제6강」.

신의 역량이다."[28]

쑨중산의 구상에서 인민은 정권을 가지고 관리를 선출·파면할 수 있고 법률을 제정·재결정할 수 있으며, 정부는 치권을 가지고 고도의 행정적 효율과 전문성으로 인민에 복무한다. 이런 "인민과 정부의 역량이라야만 피차 평형을 이룰 수 있다"고 주장했다. 쑨중산은 중국이 유럽과는 달리 자유와 평등이 일찍부터 있어서 민간에서도 공경(公卿)을 배출할 수 있고, 포의(布衣)도 장상(將相)에 오를 수 있는 등 유럽의 봉건세습제처럼 그렇게 엄격하지 않았다고 인식했다.

유럽의 전제는 중국에 비해 혹심하다. 그 원인은 어디에 있는가? 바로 세습제에 있다. ……제왕과 공후 등의 귀족은 대대로 세습귀족이고……, 밭을 가는 사람은 자자손손 농부이며 수공업에 종사하는 사람은 자자손손 힘들게 그 일에 종사한다. 조부가 어떤 일에 종사하면 자손은 그것을 바꿀 수 없다. 이 직업상의 개변불가능이 바로 유럽의 부자유이다. ……직업이 부자유스럽기 때문에 평등이 실종되었다. ……유럽 인민은 200~300년 전의 혁명에서 자유와 평등 두 가지 일에 치중했지만, 중국인은 지금껏 자유와 평등의 쟁취가 무엇인지를 이해하지 못했다. 그 원인은 바로 중국의 전제가 유럽에 비해 그렇게 엄하지 않았기 때문이다.[29]

그러므로 "자유와 평등만을 가지고 인민의 풍기를 제창하고자 한다면 사실과는 거리가 멀어 인민은 피부로 느끼는 아픔을 갖지 못한다. 그러므로 아무런 느낌이 없을 것이다. 아무런 느낌이 없으므로 그들은 틀림없이 호응하지 않을 것"[30]이다. 쑨중산은 신해혁명 이래 수많은 인민(주로 농민)이 자유와 평등에 대해 관심이 없는 것을 보고는,

28) 같은 글.
29) 「민권주의 제3강」.
30) 같은 글.

자신의 전기 부르주아 민주사상을 포기하기 시작하는 듯했다. 그러나 이는 사실 중국 봉건전제의 심각한 상황에 대해 그가 충분히 평가하지 못했기 때문이다. 그 자신은 유럽과 미국의 자본주의를 초월하는 사상이라 여겼지만, 오히려 봉건주의에 쉽게 이용되는 이론이 된 것이었다.

쑨중산은 중국의 지주제도와 중세유럽의 영주 봉건제도를 본질적으로 구분했다. 그러나 이 두 제도가 달랐음에도 기본적인 경제형태와 이 토대 위의 세습제·종신제·등급제 등의 정치·법률 체제, 그리고 사회구조와 성질이 일치할 뿐 아니라, 부르주아 계급의 경제토대와 이 토대 위의 상부구조와 이데올로기(자유·평등·박애 포함)와는 사회형태상에서 근본적 구별이 있음을 알지 못했다. 쑨중산은 전제정치 체제의 심각한 영향과 전통의 잠재력을 과소평가하여 '정권'과 '치권'을 분리했고, '치권'을 행사하는 것은 선지선각자인 제갈량과 같은 사람이라고 강조했다. 이것은 이론과 실제면에서 '치권'을 '정권' 위에 둔 것이었다. 게다가 쑨중산은 이론적으로 국가정권의 계급독재 기능과 정부기관·군대·경찰·법원·감옥 등('치권')의 엄혹함과 역사적 구체성을 중시하지 않았다.

그는 이른바 민주와 민권의 외재형식 아래 그것들이 여전히 봉건전제의 낡은 틀이 될 수 있다는 것을 중시하지 않았다. 이 때문에 그의 권과 능의 분리설은 오히려 황제독재의 요구에 부합하는 것이 되고 말았다. 후에 사람들은 바로 이 점을 이용해 쑨중산의 이른바 '만능(萬能)정부'를 적확하게 실현했다. 물론 그들이 실현한 것은 쑨중산이 이상으로 삼은 인민을 위해 복무하는 행정효율의 '만능'이 아니라 인민을 잔혹하게 착취하는 '만능'이었다. 인민이 가진, 헌법 앞에서 공평한 '4권'은 이 '만능정부'의 통치 아래 아무런 가치도 없는 빈말에 불과하게 되었다.

근대사회를 관리하고 건설하려면 권위와 효능을 가진 정부가 필요하다. 동시에 인민도 직접참여하는 민주적 권리를 가져야 한다. 이것은 확실히 모순될 수 있다. 왜냐하면 다수의 의지가 반드시 항상 정확한 것은 아니며, 특히 일련의 전문과제를 처리함에서 근대공업이 발전하고 사회가 변화함에 따라 이런 과제가 점점 많아지기 때문이다. 그러나 이 모순은 쑨중산이 구상한 권과 능의 분리, 치권만능의 도리로는 해결할 수 없었다. 왜냐하면 이런 해결은 '지도자'와 '천재'가 독재통치를 행할 수 있게 하는 이론이 될 수 있고, 흉포한 독재통치를 위해 길을 열어줄 수 있기 때문이다. 역사의 진행은 이 점을 증명했다.

중국 사회의 낙후함으로 인해 서양의 부르주아 민주주의를 초월하고 그것보다 우월하고자 한 쑨중산의 설계가 실제로 얻은 것은 부르주아 민주보다 훨씬 낙후된 것이었다. 구중국에는 정치·경제·이데올로기 방면에서 이미 수백 년의 역사를 가지고 있던 유럽의 근대적 민주주의가 결여되어 있었다. 이 민주주의는 봉건파시즘의 철천지 원수이다. 위안스카이는 쑹자오런이 진정으로 부르주아 의회를 실행에 옮길 것을 두려워하여 본심을 드러내 공공연하게 암살을 자행했다.

장제스는 진정한 헌정을 두려워하여 쑨중산의 '군정' '훈정' '헌정'의 세 시기에서 이른바 '훈정'을 무기한 연장했고, 심지어 아무도 감히 명목적으로 그와 총통을 경선하지 못하게 했다. 의원은 돼지가 되었고(차오쿤이 뇌물로 당선) 투표는 형식이 되었으며,[31] 각종 '대표대회'는 '고무도장'이 되는 등의 일이 비일비재했다.

이 모든 것은 근대역사에서 수많은 교훈을 기록했다. 그것은 부르주아 민주가 옛 중국에서 지나치게 많고 지나치게 허위적이어서가 아니라, 본래 없었으며 줄곧 봉건파시즘의 각종 방해와 반대, 그리고 파괴를 만났다는 것을 설명해주고 있다.

---

31) '국민대표' 1,000여 명의 전체 투표로 위안스카이의 황제즉위를 옹호. "국민대표를 매수했다. ……그러므로 1,993명 중 1,993표를 얻어 일률적으로 군주를 찬성했다."(『위안씨 도국기』袁氏盜國記).

그러므로 쑨중산의 민권주의 사상을 제대로 총결하고 그의 '완정한 민주주의'를 고도로 평가하며, 민주를 위해 분투한 그의 혁명전통을 계승하는 것은 오늘날에도 여전히 의의 있는 일이다.

2 민생주의

1. 사상적 배경

 '민생주의'는 쑨중산의 '삼민주의' 가운데 가장 특색 있는 부분이자 쑨중산 자신이 시종일관 가장 중요하게 여긴 사상이었다. 그는 동맹회 시기에 혁명파의 많은 사람에게 민생주의를 역설했는데, 신삼민주의 시기에는 삼민주의를 '돈 벌기주의'(發財主義)[32]로 귀결시켰다. 이는 쑨중산이 중국을 빈곤한 지경에서 해방시키는 것을 중시했음을 말해준다. 국가독립의 민족주의(자유), 공화건립의 민권주의(평등), 평균지권의 민생주의(박애)는 쑨중산의 전면적인 부르주아 민주주의의 내용이

---

32) "중국인이 돈 버는 것에 대해 듣는 것을 아주 좋아하는 이유는 중국 백성이 지금 궁핍한 시대에 처해 있고, 빈궁 때문에 고통을 받고 있으며, 돈 벌기가 빈궁을 구제하는 유일무이한 방법이기 때문이다. ……돈을 벌면 빈궁을 구제할 수 있고 빈궁을 구제하면 고통을 받지 않는다. 이른바 고난을 구제하는 것이다." "…… 현재 중국이 자유를 제창하더라도 인민은 지금까지 그런 고통을 받은 적이 없기 때문에 거들떠보지도 않는다. 그러나 만약 중국이 돈 벌기를 제창한다면 인민은 틀림없이 매우 환영할 것이다. 우리의 삼민주의는 '돈 벌기주의'와 아주 흡사하다. ……러시아 혁명초에 공산을 실행한 것도 돈 벌기와 비슷하다."(「민권주의 제2강」)

자 이상이었다.

쑨중산은 인민의 경제생활 문제를 해결하려는 민생주의에 중점을 둔 자신의 삼민주의가 유럽이나 미국의 부르주아 계급의 자유·평등·박애보다 우월하다고 생각했다. 그러므로 쑨중산의 '민생주의'는 시작부터 당시 중국의 사회·경제 발전의 모순과 요구를 반영한 동시에, 전체 혁명파 진영에 미만하던 사회주의의 주관적 공상의 대표이자 표현이었다. 그는 1904년 「공당이 새로운 당장을 개정하는 요점과 강령」(致公堂重訂新章要義綱領)에서 '평균지권'을 정강과 구호로 내놓았고, 동맹회가 성립되어 혁명강령을 확정할 때 이렇게 주장했다.

……여러 사람이 평균지권 부분에 대해 약간 의문을 가지고 있자, 총리는 세계혁명의 추세와 현 사회의 민생문제의 중요성을 열거하면서 평균지권은 사회문제를 해결하는 첫걸음에 해당하고, 우리 당은 세계 최신의 혁명당이므로 마땅히 높고 멀리 봄으로써…… 세계에서 가장 훌륭하고 부강한 국가를 건설할 수 있기를 바란다고 말했다. 연설을 시작한 지 한 시간 정도 지나자 대중들은 박수를 쳤고, …… 만장한 사람들은 이의가 없었다.[33]

이어 『민보』의 「발간사」에서 그는 '민생주의'를 혁명의 3대주의의 하나로 정식 선포했다. 이후 삼민주의, 혁명정강과 관련된 모든 연설과 저작에서 쑨중산은 자신의 '민생주의' 사상과 학설을 견지했고, 그것을 중점적으로 선전·해석했다. '민생주의'가 이처럼 두드러진 지위를 차지한 이유는 우선적으로 그것이 쑨중산과 당시 전체 혁명민주주의 사조의 선명한 시대적 특징이자 계급적 표지였기 때문이다.

'민생주의'는 프롤레타리아 혁명전야라는 세계사적 조건 속에서 탄생했고, 20세기초 제국주의의 침략과 국내 계급투쟁의 전례 없는 격화

---

33) 펑쯔여우(馮自由), 『혁명일사』(革命逸史) 제2집, 149쪽.

라는 중국 혁명의 고조 속에서 탄생했다. 쑨중산과 혁명파의 '민생주의'는 이런 상황 아래 표현된 중국 사회·경제 발전의 객관적 동향이자 천백만 기층민중의 주관적 바람이었다.

1890년대 중엽부터 20세기초까지 중국의 민족자본은 초보적으로 신속하게 발전했다. 수많은 관료·지주·상인이 계속적으로 근대기업에 투자했고, 철도건설과 이권회수의 고조가 일어났다. 민간상인과 수공업자들도 점차 민족부르주아 계급의 하층으로 확충·전화되었다. 통계에 의하면 바로 이때부터 "상판(商辦)의 신식공업이 증가"되었고, 아울러 "상판공업이 점차 우세를 점하는"[34] 것을 볼 수 있었다. 자본주의의 정식출현과 자본주의적 요구의 발전은 당시 중국 사회·경제 동향의 주요상황의 하나였다.

자본주의의 발전, 특히 외국 자본주의의 대량침입에 따라 농촌은 신속하게 분화·해체되었고, 농민은 파산하고 빈곤해졌다. 수많은 인민은 자본주의를 이해하지 못한 채 그에 대한 공포심만 가지고 있었고, 나날이 가중되는 봉건착취에 대해 참을 수 없는 원한을 가득 품고 있었다. 수많은 농민대중의 토지요구는 전체 시대의 핵심문제로 부상했다. 이것이 바로 당시 사회·경제 동향의 또 다른 기본상황이었다.

이 두 가지 상황은 교차되고 연계되어 있었는데, 이는 근대사 근본문제의 두 측면이었다. 전자(자본주의 발전문제)는 후자(토지문제 해결)를 전제로 삼으면서 그것을 기초로 삼고 있었다. 그리고 그것들은 당시 전체사회를 격동시키고 혼란에 빠뜨리는 중요한 문제가 되었다. 다른 계급과 다른 집단은 다른 사상이나 학설로 이런 상황에 대처하게 마련이다. 지주계급의 완고파와 양무집단은 한편으로 민족자본주의의 발전을 압박하고 다른 한편으로는 농민을 완전히 진압함으로써 자신의 봉건지대를 보위했다. 그들의 경제사상과 경제정책은 '중본억말'(重本抑末) 또는 '중체서용'을 막론하고 모두 다른 방식으로 중국 사회·경제

---

34) 옌중핑 외, 『중국 근대경제사 통계자료 선집』, 과학출판사, 90쪽.

생활의 진실한 상황을 왜곡하고 부정했으며, 사회·경제의 발전을 가로막았다.

당시 부르주아 개량파와 입헌파는 자본주의 민족상공업의 창설을 주장했다. 그러나 부르주아 정치가와 사상가들은 농촌의 심각한 토지문제를 외면했다. 그들은 농민에게 적대적인 태도를 취했다. 오직 쑨중산을 대표로 하는 '민생주의'의 경제사상만이 당시 역사가 허용하는 조건에서 사회·경제 발전의 객관적 추향을 전면적으로 반영했고, 인민대중의 요구를 표현했다. '민생주의'는 근대부르주아 혁명파의 경제학설이자 사회주의였다. 그것은 기본적으로 부르주아 경제사상의 범주에 속하지만, 그 속에는 프티부르주아 인민주의의 낭만적인 공상이 침투해 있었다. 이 두 측면의 교착이 바로 쑨중산과 그의 '민생주의'의 특색이었다.

쑨중산의 '민생주의'는 복잡한 사상적 연원과 이론적 원천을 가지고 있었다. 객관적 역사의 순서로는 우선 중국 근대 태평천국의 공상적 사회주의와 1890년대 개량파의 자본주의를 발전시키자는 사상을 '민생주의'의 가장 중요하고도 직접적인 사상적 선구로 간주해야 한다. '민생주의'는 상술한 근대의 두 역사단계와 두 가지 다른 사상의 계승이자 발전이었다. 태평천국의 소박한 혁명사상은 농민과 혈연관계를 가진 이 위대한 민주주의자에게 처음부터 커다란 흡인력을 가지고 있었다. 쑨중산의 홍슈취안에 대한 감복은 단순히 반청 민족영웅에 대한 동경으로만 귀결시킬 수 없다. 그것은 보다 친근한 계급공감으로 충만해 있었다.

쑨중산은 민간에서 왔다. ……그는 농민가정에서 태어났고 ……어린 시절 여전히 빈농가정의 가난한 아이였을 때 그는 혁명가로 변했다. ……그는 결심했다. 중국 농민의 생활이 더 이상은 이처럼 곤궁하지 않아야 한다고.[35]

쑨중산은 "민생주의는 빈부가 균등하므로, 부자가 가난한 자를 억압할 수 없는 것이다. 그러나 민생주의를 수십 년 전에 이미 행한 사람이 있었다. 그는 누구인가? 바로 홍슈취안이었다"[36]고 했다. 쑨중산은 누누이 홍슈취안과 태평천국을 거론하면서 자신의 '민생주의'와 그들의 혁명사업의 유사점, 근접점을 지적했고 그들 사업의 계승자임을 자처했다. 1880~90년대의 부르주아 개량주의자는 태평천국 농민혁명을 부정하는 입장에 서 있었다. 그들은 농민혁명을 찬성하지 않고 적대시했다. 그러나 중국이 반드시 민족상공업을 발전시킴으로써 조국이 독립하고 부강해져야 한다는 진보사상을 강조하여 주장하면서 광범위하게 전파했다. 쑨중산은 초기에 이런 사상의 열렬한 옹호자였다. 유명한 「리훙장에게 올리는 글」에서 제기한 주장은 당시 개량주의 사조에 속했다.

쑨중산은 「런던 피난기」에서, 1890년대 '흥중회' 시기는 개량주의에서 혁명민주주의로 나아가는 과도기였다고 설명했다. 쑨중산은 자본주의를 발전시키자는 개량파의 사상을 수용하고 계승했지만, 농민대중을 적대시하는 지주와 부르주아 자유파 나리의 입장을 굳건히 타파했다. 그는 농민의 이익을 동정하고 옹호하면서 개량파 노선과는 다른 자본주의 발전의 또 다른 길을 제기했다. 그러므로 쑨중산의 '민생주의' 사상은 전체 중국의 근대적 경제사상과 사회주의 사상의 계승이자 발전이고, 그것의 지양이자 부정이었다.

태평천국에서 개량파, 나아가 혁명파까지, 홍슈취안에서 캉유웨이 그리고 쑨중산까지, 이것은 중국 근대의 서로 다르면서도 상호연속적으로 교차 출현한 세 개의 역사시기인 동시에 중국 근대 진보사상이 거쳐온, 서로 다르면서도 연속된 사상사의 세 단계이다. 중국 근대의 구민주주의 혁명시기의 반제·반봉건의 투쟁과정에서 이상의 세 가지 중

---

35) 쑹칭링(宋慶齡), 『신중국을 위해 분투하자』, 인민출판사, 50쪽.
36) 「신국가를 개조하려면 의당 삼민주의를 실행해야 한다」.

요한 사회사조가 출현했다. 그것들은 세 개의 다른 유형에 속하면서 세 가지 다른 특색을 가지고 있었고, 근대의 세 개의 다른 역사단계에 처해 있었다. 또한 위로는 고대의 민주사상을 이어받고 아래로는 마르크스주의에 연결되며, 동시에 중국에서의 마르크스주의의 전파와 발전을 위해 길을 열어놓았다. 그리고 이 세 가지 사회사조는 마르크스주의 전파 이전의 근대중국 사상의 주류였다. 그것들의 연속적 출현과 상호교체는 깊은 사회적 함의를 가진, 법칙적인 역사현상이었다. 쑨중산은 비록 미완성이나마 그러한 역사현상을 종합하고 총결했다. '부정의 부정'[37]의 논리법칙이 관철되어야 하는 이 역사의 과정은 '민생주의'의 진정한 의미를 드러내고 있다.

물론 중국의 근대사상은 고대사상사의 계승이자 발전이기도 했다. 그것은 자기민족의 유장한 전통을 가지고 있었다. 태평천국과 개량파는 서로 다른 계급적 입장과 다른 정치적 출발점으로 각자 고대중국의 '경지균분'(耕地均分)의 농민사상과 지주사대부의 '경세치용' 등의 사회개혁 사상을 나누어 이어받았다. '민생주의' 학설을 제정할 때 쑨중산 역시 고대중국의 각종 사회·경제 사상과 경제정책을 연구했다. 그 속에서 그는 고대중국의 '정전제'를 거듭 언급했고, 아울러 정전제와 '평균지권'을 대비하기도 했다.

> (쑨중산은) 기해년과 경자년 사이(1898~99)에 장타이옌, 량치차오와 도쿄 유학생계의 나(余) 등과 면담할 때 항상 중국 미래의 사회문제와 토지문제를 화제로 삼았다. 예를 들어 삼대(三代)의 '정전제', 왕망(王莽)의 왕전제(王田制)와 금노제(禁奴制), 왕안석의 청묘제(靑苗制), 홍슈취안의 공창제(公倉制) 등이 모두 토론의 대상이었다.[38]

---

37) 두번째 부정은 결코 완성되지 않았다. 이 책의 「후기」를 참조하라.
38) 펑쯔여우, 『혁명일사』 제2집, 144쪽.

그러나 중국 근대 진보사상의 보다 중요한 지표는 그들이 거의 "모두 유럽과 미국에서 자신의 해방사상을 빌려왔다"[39]는 점이다. 그들은 모두 "천신만고 끝에 서양국가에서 진리를 찾은"[40] 인물이었다. 쑨중산은 물론 더욱 그러했다. 훙슈취안이 1840∼50년대에 서양전도사로부터 기독교의 소박한 '천국' 관념을 빌려오고 캉유웨이가 서양 자본주의 단계에서 자본주의 세계의 낙원에 대한 대동공상을 탄생시켰다면, 쑨중산은 오히려 제국주의 탄생시대에 서양 자본주의의 길에서 벗어난 사회주의를 수용하고 그것을 제창했다고 할 수 있다. 그중에서도 특히 당시를 풍미하던 헨리 조지의 저작과 학설은 쑨중산에 의해 거의 완전히 흡수되어 '민생주의'의 구체적인 내용과 방법이 되었다. 이와 동시에 마르크스주의 사회주의도 당시 쑨중산과 혁명파에게 영향을 주었다. 그들의 민주주의적인 정직한 입장은 그들로 하여금 억압과 착취에 반대하는 모든 이론을 환영하게 했다.

그러나 표면적으로는 쑨중산의 사회주의 사상이 아무리 순수하게 외국에서 들여온 괴상한 것이라 하더라도, 결국 그것은 여전히 자기사회의 객관적이고 역사적인 요구의 진실한 반영이라고 할 수 있다. 쑨중산이 서양 사회주의를 수용·흡수하여 자신의 혁명사상으로 삼을 수 있던 이유는, 그중에서도 특히 헨리 조지를 선택하여 그의 사회개량 사상을 혁명의 무기로 변화시켜 가져올 수 있던 이유는 바로 중국 자신의 사회적 조건과 시대적 임무에 있었다. 그러므로 원래는 당시 서양의 사회적·역사적 조건 속에서만 발생하고 발육할 수 있던 각종 사회주의는 쑨중산 등의 손에서 끝내 완전히 바뀔 수밖에 없었다. 빌려온 서양 사회주의의 공상적인 사상형식 속에서 우리는 중국 민주주의의 현실적 내용을 보게 된다.

---

39) 레닌, 「중국의 민주주의와 인민주의」.
40) 마오쩌둥, 「인민 민주전정을 논함」(論人民民主專政).

2. '자본문제'

토지문제와 자본주의 발전의 문제는 당시 사회발전의 중심과제였다. 그것은 '민생주의'의 주요한 내용이 되었다. 쑨중산은 자신의 '민생주의'를 '자본'과 '토지'의 양대 문제로 분명하게 귀결시켰다.[41]

민생주의는 바로 현시기의 사회주의다. ……형제들이 주장하는 민생주의는 구체적인 훌륭한 방법을 가지고 있다. ……나의 방법은 무엇인가? 바로 '토지'와 '자본'의 두 가지 문제로 귀결된다.[42]

민생주의는 반드시 늦추지 말아야 한다. ……내 생각에 그것은 토지와 자본의 문제와 다르지 않다.[43]

먼저 자본문제를 살펴보자. 이 문제에서 쑨중산은 선진적인 입장을 취했다. 그는 애국에 대한 뜨거운 열정으로 이렇게 지적했다. 중국이 우매함과 낙후, 빈곤과 굴욕에서 벗어나려면 반드시 근대적인 대공업과 대광산을 일으켜세워야 하고, 고도로 발달된 교통망과 철로망을 가져야 하며, 풍족한 농산품과 일용품을 가져야 한다. 요컨대 중국을 공업화해야 한다. 초기의 「리훙장에게 올리는 글」에서 10만 마일의 철도 건설과 『실업계획』에 이르기까지, 쑨중산은 조국의 부유한 토지 위에 고도의 현대적 과학기술과 물질문명을 갖춘 번영하고 부강하며 행복하고 안락한 지상천국을 건립하기를 바라고 동경하지 않은 적이 한시도 없다. 쑨중산은 여러 차례 자신의 '민생주의'의 이런 함의를 지적했다.

민생주의는 국가의 큰 역량으로 광산을 개발하는 것이고…… 그밖

---

41) 이 명확한 규정은 신해혁명 이후였지만, 그 근본사상은 신해혁명 이전에도 있었다.
42) 「삼민주의의 구체적 방법」.
43) 「군인정신 교육」.

에 교통을 개척하고 공업을 진흥시키며 상업을 발전시키고 농업을
제창함으로써 중화민국을 황금세계로 변화시키는 것이다.[44]

우리의 민생주의는 전국적으로 크게 이익이 되는 일로서, 중국이
영국과 미국처럼 부유해져야 한다.[45]

그후 『삼민주의』라는 책으로 만들어진 유명한 연설에서 쑨중산은 당
면한 수많은 인민의 '밥'과 '옷' 문제를 해결하려면 근대적 기계생산의
농공업을 발전시켜야 한다고 중점적으로 지적했다. 쑨중산은 중국을
공업화하는 대단히 구체적이고 방대한 계획을 내놓았다. 이 계획에서
철도건설은 주요한 기간산업의 하나였다. "나의 계획은 우선 철도와 도
로의 건설에 중점을 두고 있다."[46] "교통은 실업의 어머니이고 철도는
교통의 어머니이다. 국가의 빈부는 철도의 많고 적음으로 판정할 수 있
다."[47] 물론 일반 자본주의 공업화의 순서와 대체적으로 유사하게 이
방안도 여전히 교통업과 광산업, 그리고 경공업 방면의 창건과 발전에
우선적으로 착안하고 있다. 그러나 이러한 바람은 중국 공업화의 거대
한 계획의 기백을 웅대하게 했고, 조국을 부강하게 만들겠다는 수많은
중국 인민의 충성스러운 바람을 대변했다. 이에 대해서는 민족주의에
서 이미 강조하여 설명했다.

레닌이 지적한 것처럼, 쑨중산은 "생활이 그에게 인정하도록 강박한
것, 즉 '중국은 거대공업(자본주의) 발전의 전야에 있고' 중국의 '무
역'(자본주의)은 장차 대규모로 발전할 것을 인정"[48]했다. 쑨중산은 이
런 사회발전의 객관적 상황을 반영하고 승인했을 뿐만 아니라 이런 발

---

44) 「혁명군인은 승진과 돈벌이를 생각하면 안 된다」(革命軍人不可想升官發財).
45) 「여성도 삼민주의를 이해해야 한다」.
46) 「중국 실업에 필요한 발전」.
47) 「철도계획」.
48) 「중국의 민주주의와 인민주의」.

전의 영접과 추동을 기꺼이 고무했다. 여기서 쑨중산은 러시아 인민과와 장타이옌 등의 수많은 비관적 프티부르주아 사회주의자보다 훨씬 고명했다. 쑨중산은 그들처럼 자본주의의 면전에서 놀라 당황하거나, 감상적이고 비탄에 잠겨 근대문명을 시대의 '불행'이자 '오류'이고 역사의 '쇠락'이자 '퇴행'이라고 인식하지 않았다. 쑨중산은 그들처럼 "차라리 정체될지언정 자본주의 발전을 원하지 않는다"[49]고 하거나, 나아가 낙후되고 보수적인 봉건적 농촌을 억지로 살뜰한 정이 넘치는 목가식으로 장식하거나 이상화하면서 구시대 소생산양식의 낙후된 틀로 현대적 생산양식을 평가하고 규정하거나, 더 나아가 그것을 공격하고 반대하지 않았다. 그는 '진화론'의 철학적 관점에서 출발하여 낙관적으로 미래를 조망했고, 자본주의가 역사발전의 필연임을 믿었다.

사회당은 문명이 빈민에게 불리하므로 복고하는 것이 좋다고 말하지만, 이것은 지나치게 편향된 말이다. 문명의 진보는 자연스럽게 이루어지는 것이므로 도피할 수 없다.[50]

큰 회사의 출현은 경제진화의 결과이지 인력으로 굴복시킬 수 있는 것이 아니다.[51]

근대문명(자본주의)을 대하는 태도에서 쑨중산은 소생산을 기초로 하는 프티부르주아 경제학자나 사회주의자와는 달리, 중국 민족자본주의 발전의 요구와 이익을 반영하고 대변했다. 그와 장타이옌의 광복회 일파가 분기하게 되는 본질 또한 이 점에 있다.

중국 사회·역사의 특징은 쑨중산의 특징을 규정했다. 계몽자로서 쑨중산 일파는 혼수상태의 봉건노국(老國)의 우매함에서 불현듯 각성

---

49) 레닌, 「우리는 도대체 어떤 유산을 거절하는가」.
50) 「삼민주의와 중국 민족의 전도」, 즉 「민보발간 1주년 기념회에서의 연설」.
51) 『실업계획』.

하여, 희망과 믿음을 가득 안고 봉건제도 앞에 우월함을 드러낸 서양문명을 영접했다. 그들은 19세기 러시아의 혁명민주주의자와 완전히 똑같이 "당시 사회발전의 진보적 성격을 열렬하게 믿으면서 냉정한 원한을 모두 낡은 것의 잔재에 겨누었"[52]다. 당시 중국 사회의 낙후함과 자본주의 발전의 미약함은 그들로 하여금 자본주의와 근대문명의 대대적 발전을 요구하게 했다. 그러나 다른 한편으로 그들이 처한 시대와 1860년대 러시아의 '계몽자들'이 처한 시대는 크게 달랐다. 서양과 러시아는 프롤레타리아 혁명의 폭풍을 경과하고 있었고, 세계자본주의는 자신의 엄중한 병폐를 폭로했다. 당시 자본주의의 양극분화 현상은 신속하고도 거대했으며, 노동자계급의 상대적 빈곤화와 절대적 빈곤화는 충분히 놀랄 만했다. 쑨중산은 당시 서양 자본주의의 잔혹한 현실을 목도했다. 그것은 고도로 발전한 아름다운 문명의 이면에 있는 놀랄 만한 빈곤과 억압이었다.

문명이 발달할수록 사회문제도 긴장된다. ……영국의 재화는 전대보다 수십 배 이상 많아지지 않았지만 인민의 빈궁함은 전대보다 수천 배 이상 심해졌다. 그리고 부자는 매우 적지만 가난한 자는 아주 많다.[53]

이 모든 것은 위대한 이상을 가득 품고 혁명에 헌신하여 진리를 추구하려는 자들을 강하게 자극했고, 그들로 하여금 이런 상황을 의분에 차서 공격하게 했다. 그들은 당연하게도, 자신들이 주장하는 '민생주의'로 공업을 건설하고 자본주의를 발전시키는 결과가 이런 심각한 고난을 만들어내며, 수많은 대중을 빈곤하게 만들고 파산시키는 것을 용인하지 않았다. 자본주의는 당시 중국에서 선진적인 것이었다. 그것은 너

---

52) 레닌, 「우리는 도대체 어떤 유산을 거절하는가」.
53) 「삼민주의와 중국 민족의 전도」.

무 많은 것이 아니라 너무 적었다.

　그러나 서양의 경험에 비추어보건대, 그것은 또한 필연적으로 심각한 결과를 가져올 것이 분명했다. 진보인사들은 그 이로움만을 취하고 그 폐해를 제거하기를 희망했다. 바로 이 때문에 그들은 서양 자본주의 사회의 놀랄 만한 모순을 분명하게 간파했음에도, 자기사회의 발전이 필연적으로 이 모순을 반복하리라는 것을 간파하지 못했다. 그들은 한편으로 당시 사회의 발전을 믿고 자본주의 발전을 위해 가장 훌륭한 조건을 열심히 창조했지만, 다른 한편으로는 필연적으로 도래할 이 모순을 피하고 '예방' 할 것을 자기모순적으로 요구했다. 다시 말해서, 자본주의의 회피를 희망할수록 중국의 자본주의는 발달하지 않게 되고, 자본주의가 발달하지 않으면 이 모순을 피할 수 있을 것으로 믿게 되고 나아가 자본주의의 발전을 낙관적으로 희망하게 만들었다. 그들은 조금도 회의하지 않고 상공업 발달을 '민생주의' 의 중요한 내용으로 삼은 동시에, 자신들의 이런 주장과 현실 자본주의의 진정한 발전을 안타까워하며 변별했다.

　수많은 자본가가 공장을 짓고 수천 명의 노동자를 고용하여 일을 시키면서, 매일 아주 적은 임금을 지급하고도 그들은 자신이 민생주의를 실행한다고 자랑한다. 여러분, 생각해보라. 이들 자본가가 말하는 민생주의가 우리의 진정한 민생주의와 얼마나 차이가 나는지![54]

　이른바 진정한 '민생주의' 는 대공업을 발전시켜야 할 뿐만 아니라 자본주의를 '예방' 하고 회피하려는 것이었다. 중국 사회의 낙후성과 세계자본주의의 위기는 객관적으로 모순의 두 측면에서 자신의 첨예한 성격[55]을 더욱 강화함으로써, 그것이 프랑스의 계몽사상가[56]와 러시

---

54) 「삼민주의의 구체적 방법」.
55) 중국의 자본주의 발전을 더욱 절박하게 요구할수록 서양의 객관적 경험은 사람들에게 자본주의를 발전시킬 수 없음을 더욱 절실하게 알려주었다.

아 혁명민주주의자[57])에 비해 더욱 두드러지고 더욱 맑게 드러나게 했다. 이런 모순의 표현은 레닌의 견해에 따르면, 부르주아 민주주의에 인민주의의 색채를 덧칠한 것이었다. 진정한 '인민주의'의 대변인은 결코 쑨중산이 아니라 장타이옌이었음에도, 쑨중산의 '민생주의'가 바로 그러했다. 쑨중산은 '인민주의'의 '색채'를 띠었을 뿐이다.

인민주의는 당시 혁명파의 사상에 침투되었다. 쑨중산의 경제이론도 이런 성격을 띠었다.

쑨중산은 경제학을 생산과 분배를 연구하는 과학이라고 정확하게 보았다. "수많은 단서가 있고 분류가 세밀해도 생산과 분배 두 가지에서 벗어나지 않는다. ……사회의 만상(萬象) 가운데 그 속에 포함되지 않는 것이 없다."[58]) 그러나 쑨중산은 생산문제에서, 당시 유행하던 부르주아 경제학의 생산의 세 가지 요소의 견해를 수용했다.

> 생산은 토지·인공·자본의 세 가지 요소가 필요하다. 토지는 인류가 그것에 의존하여 생존하는 것이므로 토지가 없으면 인류도 없다. ……그러나 토지만 있고 인공(人工)과 자본이 없으면 물자의 생산은 여전히 완성되지 않는다.[59])

자본에 관해 쑨중산은 이렇게 말했다. "무릇 물자 또는 금전을 생산하는 모든 것을 자본이라 할 수 있다. ……자본은 원래 금전만을 가리키는 것이 아니라 기계와 토지도 포함된다. 오늘날의 세계현상으로 보건대, 자본비용이 가장 큰 것 가운데 철도만한 것이 없다."[60]) "자본은

---

56) 플레하노프는 그들이 이미 자본주의 회피사상을 가지기 시작했다고 지적했다.
57) 그들은 프랑스 계몽가에 비해 더욱 밝은, 자본주의를 회피하는 유토피아 사상을 가지고 있었다.
58) 「사회주의의 유파와 방법」(社會主義之派別與方法).
59) 같은 글.
60) 같은 글.

인력을 도와 생산하는 기계이다. ……자본은 기계이고 기계는 자본이다. 이름은 다르지만 실제는 같다."[61] 쑨중산이 볼 때는 생산에 쓰이는 모든 재료와 도구, 심지어 무인도에 사는 로빈슨 크루소의 '도끼와 식량'도 '자본'이었다. 자본에 대한 이런 이해는 물론 잘못된 것이다. 쑨중산은 '자본'의 개념을 확대함으로써 그것을 옛날부터 존재했고 영원히 존재할 비역사적이고 비사회적인 자연물의 범주에 포함시켰다. 이로 인해 노동대중을 착취하는 '자본'의 본질을 홀시하게 되었다.

쑨중산은 물론 이론적으로 '자본'의 진실을 인식할 수 없었다. 비록 부르주아 계급의 금전만능론과 상품 물신성을 단순하면서도 엄하게 질책했지만, 그것은 자신의 혁명파 관점에서 출발한 질책일 뿐이었다. 그는 노동하는 '인공'이 모든 재부와 가치의 원천이자 창조자임을 직관적으로 인식했고 여러 차례 이것을 강조했다. '인공'과 '노동력'이 '자본'과 금전·화폐의 '어머니'이고 "인공은 자본을 만드는 것"[62]이며, "인공은 상품을 낳고 상품은 금전을 낳는다"[63]고 주장했다. "경제학자는 금전이 상품에서 비롯된 것을 알 뿐이지만 사회주의자(필자는 민생학자라 일컬음)는 금전이 사실상 인공(정신노동자와 육체노동자를 통칭)에서 비롯되었음을 안다. 그러므로 만능인 것은 인공이지 금전이 아니다."[64] '인공'을 '자본'보다 더욱 근본적이고 더욱 중요하다고 간주한 것은 바로 쑨중산의 특색이었다(물론 여기서도 '인공'은 확대된 개념이다). 아울러 생산의 3요소 이론을 빌려 자본과 토지소유자의 고이윤의 분배를 위해 변호하는 것과는 완전히 다르게, 쑨중산은 생산의 3요소에 근거한 분배는 엄중한 '불공평'이자 '정의가 아님'을 지적했다.

---

61) 「중국 실업은 어떻게 발전해야 하는가」(中國實業當如何發展).
62) 「사회주의의 유파와 방법」.
63) 「지난행이에 대해」(知難行易說).
64) 『쑨원 학설』(孫文學說), 즉 『심리건설』(心理建設).

우리는 사회가 빈곤하면 마땅히 생산의 발달을 요구해야 함을 알고 있다. 그런데 생산이 많은데도 오히려 빈곤해지는 것은 왜일까? 그 원인은 사실 생산과 분배의 온당치 못함에서 비롯된다. 노동자의 소득은 그 작은 부분에 지나지 않지만 지주와 자본가의 소득은 거꾸로 다수를 차지한다. ……그러므로 근본적인 문제의 해결은 분배에서 시작하지 않을 수 없다.

사회주의자는, ……경제학적으로 분배평균의 법을 구한다. 분배평균의 법은 반드시 자본의 문제를 먼저 해결해야 한다.

……애덤 스미스의 경제학에 의하면, 생산의 분배에서 지주가 일부분을 차지하고 자본가가 일부분을 차지하며 노동자가 일부분을 차지한다. 그것이 경제학 원리에 대단히 부합된다고 하는 것은 이 생산 전액이 모두 인공(人工)의 피와 땀에 의해 이루어지는 것을 모르기 때문이다. 지주와 자본가는 앉아서 전액의 3분의 2의 이익을 누리고 노동자는 3분의 1의 이익을 누린다. 게다가 그것을 수많은 노동자에게 쪼개어주니 노동자 한 사람의 소득은 자본가의 소득에 비하면 그 차이가 더욱 심해진다. 부자는 더욱 부유해지고 가난한 자는 더욱 빈곤해지며 경제계급은 갈수록 차이가 난다. 평민의 생계가 모두 자본가에게 착취되는 것은 당연하다.

……경제학의 3원소 분배에 의거해도 부합되지 않는다. 그러므로 이익을 생산하는 노동자는 항상 기아와 추위에 떨지만, 커다란 이익을 차지하는 지주와 자본가는 오히려 자유자재로 즐긴다. ……세계의 모든 생산물이 노동자의 피와 땀에 의해 구성되지 않는 것이 없으므로, 노동자는 자본발달의 공신일 뿐만 아니라 인류의 공신임을 알아야 한다. 세계인류의 공신으로서 힘 있는 자의 유린과 학대를 받는 것을 우리는 불공평하다고 생각하거늘, 하물며 자본가에게 공을 세우면서도 거꾸로 자본가의 해코지를 당함에 있어서랴?[65]

쑨중산은 자본가의 잔혹한 착취를 질책하고 자본주의의 포악함과 부패를 저주했으며, 노동자 대중의 가난하고 고생스런 생활에 뜨거운 관심과 동정을 가졌다. '빈부불균등'의 문제를 추상적이지만 열정적으로 제기한 것이다. 쑨중산은 서양 자본주의의 경제발전과 경제제도의 해결할 수 없는 모순을 첨예하게 폭로했다. 그는 기계 대생산이 가져온 빈곤과 실업, 생산과잉과 경제위기, 생산의 무정부상태와 재화의 극단적인 불균형, 트러스트의 포학(暴虐)한 통치, 자본과 토지의 고도집중 등을 지적했다. 쑨중산은 또한 서양의 제국주의 국가에서 자본가가 통치하고 있으며 이런 통치가 필연적으로 멸망할 것임을 간파했다.

그들(자본가)은 금전의 힘을 이용해 전국의 정권을 조종하여 항상 우월한 지위를 확보한다. 모든 법률정치와 제도가 자본가를 위해 설치되지 않은 국가가 있는가를 보라.[66]

현재 세계혁명의 조류는 하루하루 높아만 간다. 이는 부호와 자본가에 대한 평민과 노동자의 반동이다.[67]

대자본가는 경제계의 특권에 의지하여 목축업과 농업, 노예와 행상에 대한 독재를 심하게 한다. 그러므로 이에 대한 반항이 반드시 힘을 얻을 것이다. 잠복한 세력이 폭발하면 억제할 수 없을 것이다. 자본가의 독재와 정부의 독재는 한가지이다. 정부가 전복되는 날이 있을 것이고, 자본가 또한 전복될 날이 있을 것이다.[68]

이 모든 것이 쑨중산이 자본주의의 필연적인 멸망을 이해하고 있음을 보여주지는 못한다. 그는 차라리 아주 복잡한 자본주의 사회의 경제

---

65) 「사회주의의 유파와 방법」.
66) 「삼민주의는 신국가 건설의 완전한 방법」.
67) 같은 글.
68) 「사회주의의 유파와 방법」.

문제를 직관적이고 소박하게 단순한 '분배불평등'의 문제로 귀결시킨 것이다. 그런데도 동양의 이 혁명가가 서양 부르주아 계급이 일찍이 포기한 자유 · 평등 · 박애의 혁명이상에 여전히 충실했음을 충분히 보여주고 있다.

혁명파의 입장에 서서 쑨중산은 전기에 마르크스주의에 자발적으로 공감했고, 마르크스주의에 대한 자신의 존경과 신임, 그리고 그 공감을 솔직하게 인정했다. 그는 마르크스주의 경제학설이 "사회주의의 진수를 얻었고", "사회주의 연구로 하여금 그 근본을 알게 했다"고 여러 차례 찬양했다. 또한 부르주아 고전정치경제학과 마르크스주의 정치경제학 사이에서 쑨중산은 후자를 옹호했다.

> 지금의 경제학자는 두 파로 나뉜다. 하나는 애덤 스미스와 같은 구경제학파이고, 다른 하나는 마르크스와 같은 신경제학파이다. 각국의 학교교육은 대부분 구경제학파를 응용하므로 일반학자들은 구경제학의 영향을 깊이 받아 사회주의에 반대하며 애덤 스미스의 분배법을 주장하고, 자본가의 독점을 용인하며 노동자를 억압한다. 사실구경제학설의 과도함을 믿는 것은 신경제학설의 진리가 아직 연구되지 않았음에 기인할 뿐이다. 사회주의자들 중 헨리 조지와 마르크스 두 사람의 학설을 주장하며 다수의 노동자를 위해 그들의 생존의 행복을 도모하지 않는 사람이 없다.[69]

앞서 말한 것처럼 쑨중산의 '민생주의'는 자본주의에 대해 대공업의 발전을 요구할 뿐만 아니라 자본주의의 회피를 요구한다. 그러면 어떤 구체적인 방법으로 이 요구를 실현하고, 이 모순과 문제점을 해결할 것인가? 쑨중산은 '집단생산적 사회주의'를 그 구체적인 방법이라고 생각했다. '집단생산적 사회주의'는 사실 일종의 국가자본주의로, 국가

---

69) 같은 글.

가 기업을 설립하고 철도와 공장을 국유로 귀속시키는 것이다. ……쑨
중산이 보기에 이는 산업을 발전시킬 뿐만 아니라 자본가의 탄생을 피
하는 것이다. 이 '집단생산적 사회주의'의 주장은 '자본문제의 해결에
관한 민생주의의 최종결론'이었다.

집단생산적 사회주의의 주장은 실제로 오늘의 유일한 청사진이다.
이윤을 낳는 토지와 철도를 국유로 귀속시켜 한두 자본가가 어부지
리를 독점하지 못하게 하고, 실업한 작은 백성들이 각자 자신의 생업
을 얻어 스스로 벌어 먹고 살게 하면 자연적인 결함을 구제할 수 있
을 뿐만 아니라 공리의 공평함에 아주 부합된다.[70]

석탄, 철, 수력, 광산 등과 같은 천연적인 부의 원천과 도시의 토
지, 교통의 요지 등과 같은 사회적인 혜택은 독점적 성격의 사업과
함께 모두 국가경영으로 귀속시킴으로써, 그 이익을 국가공용에
돌려야 한다. ……이는 우리 당이 주장하는 민생주의의 산업정책
이다.[71]

쑨중산은 물론 자본주의의 발전을 회피할 수 없었다. 쑨중산은 "국가
민유(民有) 이후에 국유는, 즉 민유"[72]라고 생각했지만, 문제는 바로
국가를 추상적인 초계급적인 공상체로 간주했다는 점에 있었다. 따라
서 경제상의 '국유-민유'도 대단히 모호한 개념일 수밖에 없었다. 여
기서 이른바 국유화도 각종의 변형된 부르주아 계급이 정권을 통해 기
업을 장악하는 것이므로, 그것은 결코 노동자계급과 노동대중의 피착
취적인 경제지위를 진정으로 변화시키지는 못한다. 이 점은 오늘날에
도 분명하므로 당시에 대해서는 더 말할 필요가 없을 것이다. 그러나

---

70) 같은 글.
71) 「중국의 실업은 어떻게 발전해야 하는가」.
72) 「민생주의의 4대 강령」.

다른 면에서는 엥겔스가 지적한 말과 같다. "자본주의에서의 국유화라 하더라도 그것은 생산력의 생산관계에 대한 돌파이며, 사회 스스로 모든 생산력을 장악하게 하는 길에서 새로운 걸음을 내딛게 했다."[73]

아울러 '국유화'도 이 문제를 철저하게 해결하여 사회주의로 나가는 데 유리한 조건을 만들었다. 이 문제는 세계사적 의의를 가진, 세계가 어디로 나갈 것인가 하는 거대한 문제로, 지금까지도 여전히 역사의 실천을 기다리고 있으며 앞으로 점검하고 실증해야 할 문제다. 공업이 발달한 국가에서 국가자본주의는 사회주의로 나가는 데 약간의 유리한 전제를 만들 수 있다. 이 또한 깊이 연구할 만한 복잡한 문제이다. 쑨중산이 그렇게 이른 시기에 이런 사상과 방법을 제출함으로써 오늘날 식민지와 반(半)식민지의 수많은 국가와 각종 사회주의자들이 이것을 실행하고 있으니, 우리는 이 진정한 민주주의자의 포부와 안목에 놀라지 않을 수 없다. 쑨중산은 아시아·아프리카·라틴아메리카의 혁명민주파 가운데 가장 이르게 가장 멀리 내다보는 식견을 가진 선구자였다.

당시 역사의 불가피한 제한 아래 중국의 산업을 발전시키는 데 있어 쑨중산의 구 '민생주의'가 가지는 보다 분명한 약점은, 제국주의와 식민주의에 대한 인식이 충분하지 않았고 그에 대해 천진한 환상을 품고 있었다는 점이다. 한편으로는 중국 자본가의 실력이 너무 미약하다는 사실을 인식하고 다른 한편으로는 개인 자본주의의 발생을 예방하기 위해, 쑨중산은 국가가 외채를 빌리고 서양의 자금을 유치하며 외국인의 투자를 교섭하는 등의 방식을 통해 중국을 개발할 것을 유달리 희망했다. 쑨중산은 힘들여 완성한 건설 청사진을 외국 정부와 자본가에게 제공하면서 외국 자본주의 국가의 정부와 기업가가 인류의 '박애'와 '상부상조'의 정에 근거하여 중국을 돕고 그들의 기계와 기술, 그리고 대출금으로 중국의 공업화 건설을 도움으로써 중국 공업화에 따른 자금

---

73) 『반듀링론』.

출연과 기술곤란의 문제를 해결할 수 있기를 희망했다. 쑨중산의 말에 따르면, "외국의 자본주의를 가지고 중국의 사회주의를 조성하고자 함"[74]이었다. 쑨중산의 이 생각 자체는 나무랄 데 없었지만, 당시의 역사적 조건에서는 실행될 수 없었다.

당시는 20세기초로 제국주의의 광포한 침략과 잔혹한 약탈의 전성시기였으므로, 쑨중산의 간절하고 선량한 공상에 대한 서양 자본주의 국가의 정부와 자본가들의 반응은 냉랭한 회의와 경멸, 그리고 조소뿐이었다. 당시 각국 식민주의자들은 만청 정부(신해혁명 전)와 자신들에게 충실한 지방군벌(신해혁명 후)을 육성하여 자신들을 위해 충성하게 할지언정, 결코 국가의 독립과 부강에 힘을 쏟는 위대한 혁명가의 사업을 진정으로 지지할 리 없었다. 이는 쑨중산에게는 커다란 교훈이었고, 그는 결국 자신의 희망을 소련 쪽으로 전환시켰다.

총괄하건대, 자본문제에 대한 그의 '민생주의' 사상의 전체 특징은 쑨중산 자신의 다음 한마디로 나타낼 수 있다. "대저 우리가 민생주의를 지지하는 이유는 자본을 반대하는 것이 아니라 자본가를 반대할 뿐이다."[75] 자본과 자본가를 분리하려는 이 천진한 언설은 '민생주의'의 모순——자본주의(근대 대기업)의 발전을 요구하면서 자본주의의 착취와 억압을 견결하게 견책하고 반대하며 자본주의의 회피를 요구——을 명료하게 표현하고 있다. 그러나 당시의 역사적 조건 아래에서 쑨중산은 자본주의를 '회피'할 수 없었고, 단번에 얻고자 하던 사회주의는 공상에 불과했다. 그러나 이 위대한 혁명가가 주장하고 견지한 '민생주의'는 이 위대한 민족적 요구를 장엄하게 선포했음이 분명하다. 대공업 발전으로 국가를 공업화하면서도 서양 자본주의의 길을 가지 않으려는 이상(理想), 이 이상의 진정한 실현은 오랜 과정의 실천과 탐색을 기다려야 했음에도 쑨중산이 그처럼 일찍이 그것을 주장했다는 것은 의심

---

74) 『실업계획』.
75) 「민생주의 담(談)」.

할 나위 없이 그의 커다란 공적이었다.

3. '토지문제'

자본문제와 연계되어 있으면서 실제로 자본문제를 해결하는 조건이
자 기본이 되는 것이 토지문제였다. 토지문제는 부르주아 민주혁명의
중심문제였다. 경제적 의의와 이론의 측면에서 볼 때, 민주혁명에서 토
지문제를 어떻게 해결하는가는 실질적으로 자본주의를 어떻게 발전시
키고 어떤 자본주의의 길을 택하느냐의 문제였다. 왜냐하면 자본주의
를 발전시키려면 반드시 봉건적 토지소유제의 질곡에서 농촌의 노동력
을 해방시키고, 시장과 원료의 공급을 확대해야 하기 때문이다. 자본주
의의 발전은 봉건적 자연경제의 붕괴와 변화를 필연적으로 요구하는
동시에 필연적으로 그것을 촉진시킨다. 그러나 레닌이 러시아 민주혁
명에서 토지문제를 논증할 때 지적한 것처럼, 이런 변화나 붕괴에는 완
전히 다른 두 가지 길이 있을 수 있다.

> 이런 발전(자본주의의 발전)에는 두 가지 형식이 있을 수 있다. 농
> 노제 잔재의 소멸과정은 지주경제를 개조하는 길을 갈 수도 있고, 지
> 주의 대토지를 소멸시키는 길을 갈 수도 있다. 바꿔 말하면 개량의
> 길을 갈 수도 있고, 혁명의 길을 갈 수도 있다. 부르주아 계급의 발전
> 은 나날이 부르주아화하는 동시에 부르주아 계급의 착취수단이 농노
> 제 착취수단을 대신하는 대지주경제가 그 주도적인 지위를 점유하는
> 상황에서 발생할 수도 있고, 소농경제가 주도적인 지위를 점유하는
> 상황에서 발생할 수도 있다. 이런 소농경제는 혁명의 수단을 이용하
> 여 사회적 유기체의 군더더기, 즉 농노주의 대토지를 제거한 연후에
> 이런 군더더기를 제거한 기초 위에서 자본주의의 파머(farmer: 자작
> 농) 경제도로를 자유롭게 발전시킨다.[76]

레닌은 이 두 가지 다른 길을 각각 '프러시아식 길'와 '미국식 길'이라 불렀다. 레닌은 민주혁명에서의 토지문제를 논증할 때, 이 두 길의 근본적인 차이와 그것들에 대한 서로 다른 계급(자유파 지주부르주아 계급과 민주파 부르주아 계급)의 다른 선택과 프롤레타리아 계급의 태도를 반복하여 강조했다. 민주혁명에서 토지문제를 해결하는 두 가지 다른 길에 관한 레닌의 이론은 토지문제에 대한 쑨중산의 주장과 사상, 정강을 이해하고 평가하는 데 유용하다.

민주주의 혁명가로서의 쑨중산의 사상과 정강의 특색은 토지문제를 해결하는 데에서 봉건적 토지제도에 반대하는 태도를 취했다는 것이다. '민생주의'는 이전의 개량파와 달랐다. 자본주의를 발전시키려는 그들의 경제사상과는 달리, 그들은 토지문제를 경시하면서 국민경제의 발전을 언급하지 않았다. 반대로 쑨중산은 토지문제를 유난히 중시했다. 캉유웨이의 자유주의 개량파가 주장한 '프러시아식 도로'와는 정반대로, 쑨중산은 토지문제에서 자본주의 발전의 '미국식 도로'를 최대한 견지했다. 그런데도 쑨중산은 주관상으로 이 점을 간파하지 못했고, 자신의 선택을 '사회주의'라고 칭했다.

쑨중산은 중국의 낙후한 사회상황과 미성숙한 자본주의적 생산상황, 그리고 계급관계를 반영하면서, 당시 중국에는 대자본가나 두드러진 자본주의적 생산관계가 아직 없으므로 토지문제의 해결을 통해서만 직접 사회주의를 시행하고 자본주의의 폐해를 '예방'할 수 있다고 생각했다. "정치혁명과 사회혁명을 일으킬 수 있다면 그 공을 한 번의 사역으로 완성할 수 있다."[77] 그리하여 '민생주의'의 시선을 토지문제에 집중시켰다. 토지문제에 대한 이런 생각과 주의·주장은 실제로 다른 이유에서가 아니라, 당시 중국이 객관적으로 직면한 것이 민주혁명이었을 뿐 사회주의 혁명이 아니었으며, 혁명의 객관적 성격

---

76) 레닌, 「사회민주당 1905~07년 제1차 러시아 혁명에서의 토지강령」.
77) 『민보』 「발간사」.

이 요구한 것은 토지문제 해결이었을 뿐 자본주의 소멸문제가 아니었기 때문이다. 바로 이런 객관적인 역사조건이 사회주의를 형식과 표지로 삼고 민주주의를 진정한 본질로 삼는 쑨중산 사상의 탄생과 출현을 규정했다.

이런 객관적인 역사조건에서 출발하면, 유파가 번다하던 서양의 사회주의 학설 중에서 쑨중산이 유독 사회주의 간판을 내건 부르주아 토지국유론자인 헨리 조지를 선택한 이유를 이해할 수 있다. 이것은 바로 '토지공유'를 내용으로 삼으면서도 '사회주의'의 간판을 내건 헨리 조지의 이론이 쑨중산과 그들의 절실하던 당시 바람과 요구에 부합되었기 때문이다.

> 토지공유를 고찰해보면 사실 정확하고 틀림없는 이론이다. 인류발생 이전에 토지는 자연스럽게 존재했다. 인류가 소멸한 이후에도 토지는 장기간 존재할 것이니, 토지는 사실 사회의 소유이고 인간은 그 사이에 존재할 뿐임을 알 수 있다. 그러므로 어찌 그것을 취득하여 사유화할 수 있겠는가? 혹자는 지주가 토지를 소유했다고 말하는데, 본래 그것은 자본으로 구입한 것이다. 그러나 최초의 토지점유자를 고증해보면 또한 어찌 그 스스로 구입한 것이겠는가? 그러므로 헨리 조지의 학설은 사회주의 주장에 깊이 부합된다. 생산분배의 평균을 구하려면 우선 토지를 회수하여 공유해야 하며, 그후에야 비로소 사회의 영원한 행복을 도모할 수 있다.[78]

그러나 헨리 조지의 급진적 토지공유는 결코 진정한 사회주의가 아니었다. 엥겔스는 그것에 대해 이렇게 말했다.

> 헨리 조지는 오히려 토지를 지금처럼 개인에게 나누어 빌려주는 것

---

78) 「사회주의의 유파와 방법」.

에 자신의 생각을 국한시켰기 때문에 그 분배를 조정할 뿐이었다. 아울러 소작료를 공공용도로 사용했으며, 지금처럼 개인용도로 사용하지 않았다. 사회주의자가 요구하는 것은 사회생산의 전체 제도에 대한 총체적 혁명이지만, 헨리 조지가 주장하는 것은 눈앞에 있는 사회의 생산양식을 조금도 동요시킬 수 없다.[79)]

엥겔스는 같은 글에서 사적 유물론의 관점으로, 헨리 조지의 이론적 오류를 다음과 같이 지적했다. "헨리 조지는 인민대중의 토지 피착취가 인간의 빈부를 나누는 중요하고도 보편적인 원인이라고 인식했다. 역사적으로 볼 때 이것은 그다지 정확하지 않다. 중세에 봉건착취의 근원이 된 것은 토지착취에서 비롯된 것이 아니라, 거꾸로 인간이 토지에 긴박된 것에서 비롯되었다."[80)] 마르크스는 부르주아 토지국유론의 계급적 본질에 대해 이렇게 평했다. "이는 공업자본가가 지주에게 품은 원한의 솔직한 표현이다. 왜냐하면 공업자본가의 심중에 지주는 쓸모없는 것으로, 생산의 전반적인 구조 속에서 지주는 군더더기일 뿐이었기 때문이다."[81)]

그러나 이런 그릇된 이론이 오히려 쑨중산과 당시 혁명민주파의 입맛에 역사적으로 가장 잘 맞았다. 그것은 앞서 지적한 것처럼, 이들 '주관적 사회주의자'가 객관적으로는 오히려 민주주의 혁명과정에 처해 있었기 때문이다. 그들의 주관적 사회주의는 역사적으로 객관적 민주주의를 자신의 진실한 내용으로 삼고 있었다. 그들은 추상적이고 일반적인 '빈부격차'를 폐지하자는 '사회주의'를 요구했으므로 특정한 봉건주의에서의 토지의 빈부격차 폐지를 역사적으로 요구하지 않을 수 없었다. 쑨중산은 헨리 조지의 사회주의 이론을 응용하여 "유럽과 미국이 왜 사회문제를 해결하지 못하는가? 왜냐하면 토지문제를 해결하지

79) 엥겔스, 「미국의 노동운동」.
80) 같은 글.
81) 『철학의 빈곤』.

않았기 때문"[82]이라고 생각했다.

사실상 유럽과 미국이 사회문제를 해결하지 못한 것은 토지문제를 해결하지 못했기 때문은 아니었다. 그러므로 쑨중산의 이 말이 지닌 진실한 객관적 의미는 오히려 "중국은 왜 사회문제를 해결하지 못하는가? 토지문제를 해결하지 못했기 때문"이어야 했다. 중국 사회가 직면한 문제는 바로 반(反)봉건적 토지제도 문제였다. 이것은 역사 자체가 다음과 같은 사실을 설명하게 해준다. 쑨중산과 혁명파가 왜 유독 헨리 조지의 사회주의의 도움을 받아 그중에서 '자신의 해방사상을 선택' 했는지, 그리고 헨리 조지의 토지공유 '사회주의'가 왜 '민생주의' 토지 강령의 사상적 근거로 합성되었는지를.[83] 우리는 이 강령이 제기한 구체적 방법에서 그것을 명료하게 알 수 있다.

구민주주의 시기에 쑨중산은 '평균지권'의 정강을 제출하여 '민생주의'의 주요내용으로 삼았다. 이 강령의 구체적인 실시방법은 '지가확정'과 '토지국유화'였다.

우리 당의 민생주의는 방법을 가지고 있다. 이 방법은 평균지권이다. 평균지권의 일부 수속은 바로 지가를 확정하는 것이다.[84]

그 평균의 방법은 첫째, 가격에 맞추어 납세하는 것이고, 둘째 토지를 국유화하는 것이다.[85]

토지에 대해서는 우선적으로 평균지권을 실시해야 한다. 이것은 중

---

82) 「삼민주의와 중국 민족의 전도」.
83) 한마디 부언하자면, 러시아 농민의 정서적 요구를 독특하게 반영하여 '러시아 농민혁명의 거울'이 된 톨스토이도 마찬가지로 모든 서양 사회주의 가운데 헨리 조지에게 경도되었다. 이는 우연한 현상이 아니었다. 그것은 마찬가지로 부르주아 혁명에서의 농민의 토지요구를 반영한 것이다.
84) 「삼민주의의 구체적 방법」.
85) 「민생주의의 실시에 대한 속론(續論)」.

국 고대의 정전(井田)과 내용은 같되 방법이 다르다. 법의 요점은 두 가지이다. 첫째, 가격에 의거하여 세금을 납부하는 것이고, 둘째 가격에 의거하여 수매하는 것이다.[86]

이른바 '지가확정'과 '가격에 의거한 세금납부'는 지주가 스스로 지가를 신고하면 국가는 그것에 의거하여 세금을 징수하는 동시에, 국가는 토지국유권을 장악하여 수시로 지가에 의거해 지주의 토지를 수매하는 것이다. 쑨중산은 이렇게 해나가면 지주가 가격을 신고할 때 감히 "높게 보고하지 못할 것"이라고 보았다. 왜냐하면 이처럼 "매년 높은 세금을 납부해야 한다면 부담을 견딜 수 없게 될 테니 필경 감히 그렇게 하지 못할 것"이기 때문이다. 동시에 감히 낮게 보고하지도 못할 것인데, 그렇게 하면 "국가가 그 가격에 수매할 것을 걱정하여 감히 그렇게 하지 못할 것"이며 "국가의 측면에서 말하면, 세금을 받든 토지를 수매하든 모두 큰 이익이 생기는 일"이기 때문이다. 이렇게 해야만 토지투기와 토지독점을 소멸할 수 있고, 상공업의 발전을 촉진할 수 있다. "투기업(토지투기업)이 성행할수록 상공업은 반드시 정체된다. 세금법과 토지수용법을 실행한다면 대자본가는 투기업에 종사하지 않을 것이고 자본을 모두 상공업에 투자할 것이다."[87] 동시에 국가가 지세(천연세)만을 징수할 뿐 부가가치세를 징수하지 않으면 상공업을 더욱 도울 수 있고, "중국이 사회혁명을 수행한 후 개인은 영원히 세금을 납부하지 않고 단지 지세만 내게 될 것"이다. 쑨중산은 자본주의의 발달에 따라 토지소유자가 일하지 않고 취득한 절대지대의 증가가 정당하지 않음을 직관적으로 인식했다. 그는 『삼민주의』에서 여러 차례 강조하여 말했다.

---

86) 「군인정신 교육」.
87) 「삼민주의를 논함」.

세계의 지면은 본래 유한한데, 소유자가 그 소작료를 독점하고, ……앉아서 그 이익을 누리면, ……이보다 불공평한 일이 또 어디 있겠는가?

지가의 높고 낮음이 일정치 않으니, 완전히 땅 인근의 교통편리와 상업의 번성에 따라 변화한다.

사회적으로 모든 사람이 어떤 곳을 상공업의 중심점으로 삼으면 그곳을 개발하게 될 것이고, 그곳의 지가는 점차 매우 높게 오를 것이다.

뉴욕의 토지세는 매년 8억 위안에 이르는데, 안타깝게도 모두 지주의 소유이다. 만약 공유로 귀속시킨다면 사회경제는 그 혜택을 입을 것이다.

쑨중산은 자본주의의 발전에 따라 나날이 증대하는 절대지대의 양을 소멸시키는 데 특별히 주력했다. 쑨중산은 지대의 소멸이 자본주의를 소멸시키는 것이라고 여겼지만, 사실은 그와 정반대였다. 쑨중산의 이런 노력은 객관적으로 봉건지대를 소멸시키고 자본주의를 발전시키는 데 유리했다. 레닌은 쑨중산을 논평할 때 특히 예리하게 이 점을 지적했다.

사실 쑨중산이 그의 글의 서두에서 그처럼 아름답고 그처럼 모호하게 경제혁명을 이야기했는데, 그 결과는 어떠했는가?
……결과는 지대를 국가에 납부하는 것, 즉 헨리 조지의 단일세제를 이용하여 토지국유제를 실행했다. 쑨중산이 제기하고 선전한 '경제혁명'에는 어떤 다른 실제적인 것이 전혀 없었다.
……가난하고 궁벽한 마을의 토지가치와 상하이의 토지가치 사이의 차별은 지대의 분량의 차별이다. 토지의 가치는 자본주의화한

지대이다. 토지의 '가치증가'를 '인민의 재산'으로 삼는 것은 지대의 토지소유권을 국가에 내고, 바꿔 말하면 토지를 국유화하는 것이다.[88]

그러나 "토지국유의 경제적인 의의는 결코 사람들이 항상 추구하는 점에 있지 않다. 자본주의 관계를 반대하는 투쟁에도 있지 않다. …… 그것은 농노관계에 반대하는 투쟁에 있다"[89]고 레닌은 지적했다. "인민파는 토지사유제를 부정하면 자본주의를 부정하는 것이라 여겼는데, 이는 옳지 않다. 토지사유제의 부정은 가장 순수한 자본주의 발전의 요구를 표현하고 있다."[90] 이런 이유로, 쑨중산의 민주주의는 자본주의를 회피하는 사회주의적 공상을 형식으로 삼고, 반봉건주의의 평균지권의 사회개혁을 그 내용으로 삼았다. 쑨중산의 부르주아 민주주의는 프티부르주아 인민주의를 그 **보완책**으로 삼았다.

진일보한 문제는, 쑨중산의 '토지국유화'와 '평균지권'의 사상과 이론이 구체적인 실천방안에서 얼마나 급진적인 수단에 도달했는가이다.

앞서 살펴본 '평균지권'의 구체적 방법인 '지가확정'과 '가격에 의한 수매'의 방안에서 쑨중산이 당시 토지강령을 실천면에서 농민계급의 이익과 농민혁명에 긴밀하게 결합시키지는 않았음을 알 수 있다. 쑨중산의 인민주의는 이론적 의미를 가지고 시대적 동향과 대중의 요구를 객관적인 면에서 완곡하게 반영했을 뿐, 태평천국과 홍슈취안처럼 농민대중의 전투강령으로 삼지는 못했다. 그와 반대로, 쑨중산의 '평균지권'은 농민대중과 유리되고 격절(隔絶)되어 있었다. 그 중점은 도시토지의 지위문제였지, 절박한 의미를 가지고 있던 수많은 농촌의 토지문제는 아니었다. 그가 제기한 것은 미래의 문제였지 당면한 문제가 아니었고, 이상의 문제였지 현실의 문제가 아니었다. 그러므로 그것은 농민대

---

88) 「중국의 민주주의와 인민주의」.
89) 레닌, 「19세기말 러시아의 토지문제」.
90) 레닌, 「사회민주당 1905~07년 제1차 러시아 혁명에서의 토지강령」.

중을 동원할 수 없었다. 아울러 반대하는 자들의 공격과 모멸을 피하기 위해 쑨중산은 '부자의 밭을 빼앗아 자신의 소유로 삼는', '균산'(均產 : 공산共產과 비슷한 뜻) 등의 견해를 부인하고 "지주도 손실을 입지 않고", "지주도 안심할 수 있는" 평화로운 방법을 취하여 '평균지권'과 '토지국유화'를 실현하고자 했다.

쑨중산은 이론면에서 맬서스주의와 사회진화론자 다윈을 굳게 반대했지만, 다른 한편으로는 프롤레타리아 계급투쟁에 관한 마르크스주의의 과학적 학설도 이해하지 못했다. 쑨중산은 '약육강식'도 아니었지만 '계급투쟁'도 아니었다. 그는 사회 각 계급의 '경제적 이익의 조화'와 '인류의 생존추구'만이 사회진화의 동력이라고 생각했다. 그는 구체적인 역사의 현실적 사회문제를 '민생', '인류의 생존추구'라는 추상적이고 일반적인 개념으로 귀결시켰고, 계급모순과 대립투쟁이 가득한 구체적인 사회를 조화로운 생리적 유기체로 보고 그렇게 되기를 희망했다. 그는 자신을 '병리학자'가 아니라 '생리학자'라 칭했으며,[91] 그에 따라 자신의 사회주의를 인도주의(人道主義)의 토대 위에 건축했다.

사회주의는 인도주의이다. 인도주의는 박애·평등·자유를 주장하는데, 사회주의의 진수는 이 세 가지와 다를 바 없다. ……사회주의는 인류를 위해 행복을 도모하므로, 널리 보급되어서 오대주와 만대에 걸쳐 원기왕성하게 모두 그 혜택을 입을 것이다. 이는 사회주의의 박애가 박애의 정신을 얻은 까닭이다.[92]

사회주의를 인도주의에 용해시키고, 구체적인 사회계급적 내용을 가진 사회주의를 초계급적·초역사적인 자유·평등·박애의 추상적 구

---

91) 이는 생시몽이 생리학을 자신의 사회주의의 이론적 기초로 삼은 것과 비슷하다!
92) 「사회주의의 유파와 방법」.

호로 귀결시켰으며, 역사적으로 구체적인 경제착취를 일반적인 빈부격차로 귀결시켰고, '평등'과 '불평등'[93]의 문제는 특정한 조건에서의 구체적인 계급해방을 모든 중생을 해방시키는 것으로 귀결시켰다……. 그리고 사회주의는 "결코 프롤레타리아 계급의 이익이 아니라 인성의 이익, 즉 어떤 계급에도 속하지 않는, 근본적으로 현실계에 존재하지 않고 철학의 망망한 명상세계에만 존재하는 일반인의 이익"[94]이라고 여겼다.

　낡은 장애를 해소하고, …… '평등·박애·자유'로 '불평등'(지주대토지)을 대체하는 것, 이것이 인민파 사상내용의 10분의 9이다. 평균지권·토지의 평등사용·사회화, 이 모든 것은 동일한 사상의 각종 표현형식에 지나지 않는다. ……인민파 분자가 보기에 눈앞의 토지변혁은 불평등과 억압에서 평등과 자유로 가는 중간다리에 불과할 뿐이다.[95]

이론적으로 사회주의와 토지문제를 추상적이고 일반적인 '인성'과 '평등'의 문제로 귀결시켰기 때문에 실천적인 측면에서 현실에 진정으로 존재하는 문제와 관건을 똑똑히 보지 못했다. 쑨중산이 당시 우려한 것은 중국 미래의 자본주의 제도에서 절대지대량이 증가하는 위험이었고, 단순명료하게 변한 서양 부르주아 계급과 프롤레타리아 계급의 계급대립, 계급투쟁이었다. 그러나 그는 당시 중국이 당면한 봉건지대 문제를 보지 못했고, 낙후한 봉건적 생산관계와 등급제도의 엄폐 아래 존재하고 있는 중국 사회의 보다 복잡하고 은폐되어 있는 계급적 대치와 계급투쟁을 보지 못했다. 쑨중산은 장래의 세계적 범주에서 부르주아

---

93) "우리가 품은 유일한 종지(宗旨)는 불평등을 평등하게 만들고 불평등한 것을 평등한 것으로 나아가게 하는 것일 뿐이다."
94) 『공산당 선언』.
95) 레닌, 「사회민주당 1905~07년 제1차 러시아 혁명에서의 토지강령」.

계급과 프롤레타리아 계급[96]이 가지게 될 계급투쟁의 불가피성을 지적했고, 아울러 '피억압자'이면서 '공리'(公理)를 중시하는 프롤레타리아 계급쪽에 견결(堅決)하게 섰다. 그러나 그는 동시에 중국의 계급분화를 '대빈(大貧)과 소빈(小貧)'으로 귀결시켰으며 그에 따라 지주와 농민의 계급투쟁을 부인했다.

> 중국인은 모두 가난하다. 큰 부자라는 특수한 계급은 없고, 단지 보통 일반인들의 가난함만 있을 뿐이다. 중국인의 빈부격차는 가난한 계급의 큰 가난함과 작은 가난함으로 나눌 수 있다.[97]

이는 생산양식과 생산관계를 기준으로 하지 않고 '빈'과 '부' 등의 재산점유나 소비의 질에 따라 인간을 구별하고 계급을 나눈 것으로, 프티부르주아지의 전형적인 관점이었다. 따라서 인도주의에 부합된 박애는 자연히 경제상의 평화개혁으로 기울었다. 전기 쑨중산의 반봉건주의적 '평균지권'이라는 혁명적 주장은 이런 선량한 환상에 침윤되어 있었기 때문에 그것을 실현할 농민혁명의 현실적 물질역량과 방법을 찾지 못했고, 그로 인해 노심초사하며 도처에서 연설을 했음에도 끝내 실패하고 말았다. 신해혁명 전에 화흥회 사람들도 이를 잘 이해하지 못하여 '평균지권'을 '평균인권'으로 바꾸었고, '삼민주의'를 '이민(二民)주의'로 변질시켰으며, 광복회 사람들도 '토지국유화'와 '지가와 지세의 확정' 등에 심한 불만을 가지고 스스로 보다 낙후되고 공상적인 민생주의를 설정했다.[98] 신해혁명 후에 민생주의는 사람들의 뇌리에서 더욱 멀어졌고, 쑨중산의 직계파벌 사람들조차도 대부분 그것을 깨끗하게 잊어버렸다. 오직 쑨중산 본인만이 견지하고 있었다.

구민주주의 혁명시기라 하더라도 쑨중산이 '경자유기전'(耕者有其

---

96) 쑨중산은 그들을 '횡포한 자'와 '피억압자', '강권'과 '공리'라 일컬었다.
97) 「민생주의」.
98) 이 책의 장타이옌 부분을 참조하라.

田)과 농민혁명의 사상을 조금도 가지지 않았다고 말할 수는 없다는 사실을 당연히 지적해야 한다. 쑨중산은 민간에서 온 혁명가였고, 많은 기록이 쑨중산이 초기에 농민의 고통을 해소시키고 토지를 균등하게 나누어 농민에게 주는 토지혁명사상을 가지고 있었다고 전한다. 장타이엔은 『구서』(訄書)에서 자신의 토지균분 주장을 쑨중산에게 얻었다고 했고, 량치차오는 쑨중산이 국가가 직접 경작자에게 밭을 줌으로써 지주의 지대착취를 배제할 것을 주장했다고 했다. 실제로 그것은 당시 쑨중산이 주장한 '토지국유화'의 중요한 내용이었다. 량치차오는 다음과 같이 말했다.

쑨원은 나에게 이르기를, "오늘의 농민은 수확의 풍성함을 지주에게 모두 바치고 자기 것은 없다. 이것이 농민이 빈곤한 원인이다. 토지국유화는 반드시 농민에게 밭을 주고 약간의 지대를 국가에 직접 납부하게 하되, 중간에서 떼어먹는 지주를 없애면 크게 회복될 수 있다"고 했다.

'동맹회' 성립 후 혁명파는 신문과 잡지에서 이런 급진적인 주장을 선전하고 농민혁명을 선동했다.[99] 그러나 이런 사상은 동맹회의 명확한 이론·정강·혁명의 수단으로 제정되어 실행되지 못했고, 실행과정에서는 여전히 회당과 연락하고 신군(新軍)을 움직였을 뿐이고 이론적으로는 번쇄하면서도 '지가와 지세의 확정'과 같은 실제에 부합되지 않는 것을 연구·토론하는 데 매몰되어 있었다. 쑨중산의 '평균지권'의 '민생주의'는 농민대중 속에서 그것을 실천할 물질적 역량을 찾아 봉건농촌의 경제토대를 철저하게 변동시키지 못했다. 태평천국에서 시작된 '부정의 부정'의 역사적 행로는 신민주주의 농민전쟁으로 넘어갈 수밖에 없었다.

---

99) 이 책의 관련 부분을 참조하라.

이상을 종합하면, '평균지권'과 '토지국유화'를 주장함으로써 토지문제를 해결하는 것이 '민생주의'의 핵심이었음을 알 수 있다. 주관적으로 쑨중산은 토지문제를 해결하면 자본주의를 피하고 사회주의의 실현문제를 해결할 수 있다고 생각했다. 그러나 객관적으로 토지문제의 해결은 봉건주의를 타도하는 것이고, 자본주의를 위해 광활한 앞길을 만들어내는 것이었다. 그러나 '민생주의'는 그것을 실현할 물적 역량과 토대를 찾지 못했기 때문에 봉건주의를 타도하지 못했고 자본주의도 발전시킬 수 없었으며, 그것의 '예방' 운운할 수도 없었다. 반대로 자본주의를 두려워했기 때문에 온갖 방법으로 그것을 예방하고 사상적 모태에서 그것을 죽이려는 생각이 가져온 결과는 거꾸로 봉건주의의 연속이요, 변형이었다. 그럼으로써 훗날 토지문제를 해결한 이후에도 신속하고 정확한 발전방향과 나아갈 길을 찾지 못했다. 이러한 점에서 볼 때, 중국 근대의 역사와 사상사는 적지 않은 쓰라린 경험을 남겼다. 인민주의적 특징을 지닌 프티부르주아지의 공상, 즉 쑨중산의 '민생주의'는 연구하고 총결할 가치가 있는 역사의 전형이다.

4. 새로운 발전

신해혁명 후 쑨중산은 무수한 고통의 교훈을 얻었다. 그는 신해혁명 이후 민생주의를 실현할 때라고 생각하여 도처에서 자신의 주장을 펼쳤지만, 사회상층에서 얻은 것은 냉담과 조소뿐이었다. '민생주의'의 주관적이고 이상적인 성격은 사회현실을 가지고 자신을 증명할 수 없게 했고, 자신을 실현할 진정한 물적 역량을 찾기도 어려웠다. 제국주의와 봉건주의의 반동파들은 그를 공격하고 방해했으며, 부르주아 계급은 그에게 냉담한 태도를 보이며 결코 지지하지 않았다. 또 농민계급은 아예 그를 이해하지 못했다. 쑨중산이 암흑과 고립 속에서 출로를 찾지 못하고 있을 때 레닌의 10월혁명은 중국에 마르크스주의를 가져다주었고, 중국공산당은 중국 혁명의 강령을 제기했다. 쑨중산은 이때 비로소 공산당의 옹호와 지지를 얻었다. 중국공산당과의 합작 후 쑨중산은 자신의 '민생주의'를 새롭게 해석함으로써 새로운 특징을 가지게 했다.

'민족주의'·'민권주의'와 마찬가지로, 신 '삼민주의'의 '민생주의'는 "소련과 연합, 공산당 허용, 노동자·농민 부조(扶助)"의 3대정책을 관철시켰다. 그리고 이전에 제국주의의 경제원조에 기대어 중국의 실업을 발전시키겠다는 환상과는 근본적으로 다르게, 제국주의에 대한 공산당의 굳센 반대의 영향과 수십 년 동안 겪은 혁명의 고통스러운 경험의 교훈을 통해 쑨중산의 신 '민생주의'는 제국주의의 경제적 침략을 두드러지게 폭로하면서 굳센 반대의 입장을 택했다. 쑨중산은 이때 수많은 구체적 실례를 통해, 중국 인민이 배불리 먹지 못하고 따뜻하게 입지 못하는 것은 외국 경제의 압박이 국가농공업을 발달하지 못하게 하는 까닭이라고 여러 차례 인민에게 설명했다.[100]

생존적 측면의 경제에 대해 말하자면, 중국 인민은 완전히 외국의 경제적 억압 아래 놓여 있다. 중국은 표면적으로는 독립국이지만 실제로는 외국의 식민지가 되었다.[101]

현재 중국은 노동자만 외국 자본가의 억압을 받는 데 그치지 않고 지식인, 농민, 상인도 모두 외국 경제의 억압을 받고 있다.[102]

쑨중산은 전체 인민에게, 제국주의의 경제억압을 반대하기 위한 투쟁에 나설 것을 호소했다.

중국이 국가의 지위를 높이려면 우선 외국 경제의 압박에서 벗어나

---

100) 「민생주의」 강연을 보라.
101) 「중국 노동자가 받은 불평등조약의 피해」.
102) 같은 글.

야 하고, 자본가에게 전쟁을 선포해야 한다. 현재 중국과 외국의 노동자는 똑같은 전쟁을 치르고 있고, 그들이 직면한 목표물은 똑같은 적이다. 그러므로 중국과 외국의 노동자는 하나로 연계되어야 한다. 중국 노동자는 외국 노동자와 연계하여 외국 자본가에게 전쟁을 선포해야 한다.[103]

이때 쑨중산은 제국주의가 불평등조약의 정치적 특권을 이용하여 경제침략을 감행하는 것을 지적했다. 그는 경제문제를 정치투쟁의 문제로 귀결시켰다.

외국이 중국을 압박할 때는 경제력만을 사용하는 것이 아니다. ……때로 경제력이 궁해지면, ……정치를 이용하여 압박한다. …… 이전에 중국은 수공업을 이용하고 외국은 기계를 이용하여 경쟁하던 시대가 있었는데, 그때 중국의 공업이 실패한 것은 그래도 순수한 경제문제였다. 유럽 전쟁 이후 중국이 세운 비단공장과 면직공장은 외국의 기술을 배우고 기계를 이용하여 그들과 경쟁했다. 그러나 그 결과는 여전히 중국의 실패였는데, 이것은 경제문제가 아니라 정치문제 때문이다.[104]

이 정치문제는 제국주의가 정치적으로 압박하여 중국에게 불평등조약을 체결하도록 강박한 것 등의 문제였다. 쑨중산은 이렇게 중국의 경제발전 문제를 우선 제국주의를 타도하여 불평등조약을 폐지해야 한다는 정치문제로 귀결시켰다. 그에 따라 중국의 경제문제를 해결하고 공업을 발달시키며 국가를 부강하게 하려면 우선 정치문제를 해결하고 제국주의의 침략을 타도해야만 했다.

---

103) 같은 글.
104) 「민생주의 제4강」.

외국은 중국을 강하게 압박하여 수많은 불평등조약을 맺었다. 외국은 지금까지 그 조약으로 중국을 속박하고, 중국은 그 조약의 속박을 받기 때문에 무슨 일이든 실패했다. 중국과 외국이 정치적으로 평등한 지위에 서 있다면 경제방면에서도 자유롭게 외국과 경쟁할 수 있을 것이다. ……그러나 외국은 정치역량을 사용했고, 정치역량을 경제역량의 후방 지원부대로 삼고 있으므로 중국은 그에 저항하고 경쟁할 수 없게 되었다. ……우리가 민생문제를 해결하고 본국의 공업을 보호하려면 우선 정치역량을 가지고 스스로 공업을 보호할 수 있어야 한다. 중국은 현재 조약의 속박을 받고 있는데, ……본국의 공업을 보호할 수 없을 뿐 아니라 거꾸로 외국의 공업을 보호하고 있다. ……우리가 민생문제를 해결하려 할 때, 경제적인 면에서만 착수한다면 반드시 해결하지 못할 것이다. 민생문제가 해결될 수 있으려면 먼저 정치에서 시작하여 모든 불평등조약을 타파해야 한다.[105]

쑨중산의 명확한 반제국주의 입장은 구 '민생주의'에서는 결여된 것이었다. 외국 기자들이 도전적으로 그에게 "선생은 중국 재정문제 해결에 대해 방법이 있습니까?"라고 물었을 때, 외국 자본의 원조를 강조하던 이전과는 완전히 다르게 그는 "중국은 방법을 가지고 있소. 외채를 빌릴 필요가 없소"[106]라고 명료하게 대답했다.

이와 동시에 20세기, 특히 제1차 세계대전 기간에 중국 자본주의의 신속한 발전과 성장에 따라, 객관적인 현실 앞에서 쑨중산이 전기에 지녔던 '자본주의의 예방'이라는 견해는 점차 없어졌다. 중국공산당은 당면한 혁명의 부르주아 민주적 성격을 명확하게 이해하고, 자본주의가 중국에서 너무 많지도 적지도 않음을 지적했다. 쑨중산은 신 '민생주의'에서 더 이상 '자본주의의 예방'이라는 공상을 강조하지 않았으며, 구

---

105) 「민생주의 제4강」.
106) 「나가사키(長崎) 신문 기자와의 담화」.

체적이고 명확한 '자본절제'의 정강을 제출했다. 이 강령의 내용은 일면 개인 자본주의 기업의 발전과 확충을 허용하지만 반드시 감독과 제한을 가하는 것으로, 훨씬 현실에 부합되었다. 이와 동시에 이 정강은 대기업과 대은행, 그리고 교통운수업 등을 국가가 창업하고 경영해야 할 것을 규정했다. 왜냐하면 신 '삼민주의'는 정치에서 정권을 '소수인이 획득하여 사유화하는 것이 아님'을 확정함으로써, 기업국유화 정책을 구 '민생주의' 시기의 이른바 '국가 집단생산주의'와는 차별성을 가지게 했기 때문이다. 마오쩌둥은 훗날 이렇게 평가했다.

대은행·대공업·대상업은 이 공화국(신민주주의 공화국)의 국가 소유로 귀속된다. '본국인과 외국인의 모든 기업이 독점적 성격을 가지고 있기도 하고, 개인의 힘으로 운영할 수 없을 정도로 규모가 거대한 것도 있다. 은행·철도·항공 등이 그러한데, 이들은 국가가 경영하고 관리한다. 사유자본제도가 국민의 생계를 조종할 수 없게 하는 것이 자본절제의 요지이다.' 이것은 국공합작을 실행한 국민당의 제1차 전국대표대회 선언에서 행한 장엄한 성명이기도 하고, 신민주주의 공화국의 경제구성의 정확한 방침이기도 하다.[107]

쑨중산 '민생주의'의 핵심인 토지정책의 문제는 새로운 시기에 중요한 발전을 하게 되었다. 전기의 '지가와 지세의 확정' 등 주관적 공상은 점차 퇴색했고, 전기에 미정이던 '경자유기전' 사상은 이때 확정되어 주요한 강령으로 변했다. 쑨중산은 「밭을 가는 자가 밭을 가져야 한다」(耕者要有其田)는 유명한 연설문에서 농민에게 직접 이 강령을 선포했다고 할 수 있다. 쑨중산은 농민대중이 노동자계급처럼 단결하고 조직하여, 자신의 단체를 결성하고 자신의 이익을 위해 투쟁할 것을 호소했다.

---

107) 「신민주주의론」.

……민생주의가 정말 목적을 달성하고 농민문제가 정말 완전히 해결되는 것이 경자유기전이다. 그래야만 농민문제에 대한 최종적인 해결이라고 할 수 있다. ……현재의 농민은 자신의 밭을 갈지 않고 모두 지주를 대신하여 밭을 갈고 있으므로 생산품은 대부분 지주에게 약탈당한다. 이는 중대한 문제이다. 우리는 즉시 정치와 법률로 해결해야 한다. 이 문제를 해결할 수 없으면 민생문제는 해결할 수 없다.[108]

현재 러시아는…… 일반 대지주를 전복시키고 전국의 토지를 일반 농민에게 분배하여 밭을 가는 사람이 밭을 가지게 했다. 밭을 가는 사람이 밭을 소유하고 국가에만 납세하고 별도로 지주가 소작료를 받지 않는 것이 가장 공평한 방법이다. 우리의 현재 혁명은 러시아의 이런 공평한 방법을 모방하여 경자유기전해야만 철저한 혁명이라 할 수 있다. 밭을 가는 사람이 토지를 가지지 못하고 매년 소작료를 납부한다면 그것은 여전히 불철저한 혁명이다.[109]

중국공산당의 직접 참여와 지도 아래 「중국국민당 제1차 대표대회 선언」에서 "토지를 가지지 못하고 소작인으로 전락한 농민에게 국가는 토지를 주어 경작하게 한다"고 선포했다. 아울러 '민생주의'의 '평균지권'에 대해 "국가가 토지법, 토지사용법·토지징수법·지가세법을 규정"함으로써 징세와 수매의 규정을 실행하게 되었다. 이런 '평균지권'과 '가격에 의한 수매'의 정강은 전기의 온건한 수단과는 달리, 이론적인 의미와 혁명적인 실천의 차원에서 진정한 토지혁명을 지향했다. 쑨중산 후기의 '민생주의'의 혁명적 약진은 그가 중국공산당의 의견을 수용했기 때문이다. 마오쩌둥을 대표로 하는 중국공산당은 농민의 토지

---

108) 「민생주의 제3강」.
109) 「밭을 가는 자가 밭을 가져야 한다」.

요구 문제를 특히 중시하여, 혁명적 방법으로 농민운동을 지도하여 토지문제를 해결했다. '경자유기전'의 실현을 주장하고 견지했으며, 농민운동과 토지개혁이 제국주의, 군벌타도와 불가분의 관계에 있음을 강조했다. 이런 사회혁명을 실현해야만 정치혁명을 위한 기초를 닦을 수 있었다. 그러므로 쑨중산은 초기에 '민생주의'와 '민권주의'를 병행하기를 희망하여 '그 공을 한 가지에 다할 수 있기'를 원했지만 실제로는 이 두 가지가 완전히 분리되었고, 전기에 내재적 유기관계를 가지고 있지 못했다. 후기에 이르러서야 쑨중산은 비로소 '민생주의'가 전체 혁명의 중요한 관건임을 간파했다.

민생주의가 실행될 수 있다면 인민은 비로소 행복을 누릴 수 있고, 진정으로 인민이 주인이 된다. 민생주의가 실행되지 못하면 민권주의는 공론에 불과할 것이다.[110]

중국의 독립과 부강을 실현하고 제국주의와 군벌의 통치를 철저하게 타도하려면, 제국주의와 군벌의 억압을 가장 많이 받는 수많은 노동자·농민대중의 지지를 반드시 얻어야 한다. 그러기 위해서 수많은 노동자·농민의 이익에 부합하는 경제강령을 제정해야 한다. 삼민주의를 실행해야 하기 때문에 중국의 현상에 따라 인민의 요구에 의거하여 이 정강을 규정하지 않을 수 없다. ……정강이 인민의 요구에 따라 규정되었다면, 인민이 금년에 요구한 것을 우리는 강령에 규정해야 한다.[111] 이것이 바로 노농(勞農)정책이 관철된 민생주의다.

국민당은 지금 제국주의와 군벌에 저항하면서 농민과 노동자라는 특수계급에게 불리한 것에 반항하는 일에 종사함으로써 농민과 노동

---

110) 「농민대연합」.
111) 「일치된 행동은 당원의 훌륭한 도덕」(一致行動便是黨員的好道德).

자의 해방을 도모한다. 솔직히 말하면 농민과 노동자를 위해 분투하고, 농민과 노동자도 자신을 위해 분투하는 것이다.[112]

중국공산당은 당시에 이 강령을 옹호했으며, 마오쩌둥은 이렇게 말했다.

우리가 주장하는 신민주주의 경제는 쑨중산 선생의 원칙에도 부합된다. ……현 단계(민주혁명의 단계—인용자)에서 경제문제에 대해 우리는 쑨중산 선생의 주장('경자유기전'과 '절제자본'의 주장—인용자)에 완전히 동의한다.[113]

물론 쑨중산의 민생주의가 이룬 후기에서의 이런 진전은 민주주의 혁명의 거인인 쑨중산 자신의 사상이론 체계에서 벗어났음을 의미하지는 않는다. 쑨중산의 사상체계와 철학 세계관은 전기와 후기에 결코 중대하게 변화되지는 않았다.[114] 바뀐 것은 주로 정강과 정책이었다. 쑨중산의 '평균지권'과 '절제자본' 사상의 철학적·이론적 기초는 여전히 프티부르주아지의 사회관·역사관이었다('철학 사상' 부분 참조). 쑨중산은 마르크스주의를 이해하지 못했고 그것을 수용하지 않았다. 쑨중산은 호조박애의 이론으로 마르크스주의의 계급투쟁 학설을 거절했다. 그러나 그는 일생 동안 마르크스주의에 대해 존경과 공감을 유지했다. 그는 만년에 자신의 '삼민주의'가 소련의 공산주의임을 누차 강조했다.

민생주의는 공산주의이고 사회주의이다. 그러므로 우리는 공산주

---

112) 「중국국민당 제1차 대표대회 선언」.
113) 「연합정부를 논함」.
114) 그러므로 다음 절인 '철학 사상' 부분에서는 전기와 후기로 나누어 논하지 않는다.

의가 민생주의와 충돌한다고 말할 수 없다. 공산주의는 민생주의의 좋은 친구이다.[115]

이것은 분명 그의 전략이었고, 또한 그의 생각과 정감을 진실하게 반영하는 말이다.

*　　*　　*

중국 근대의 경제사상은 주로 자본주의의 발전문제와 토지문제를 둘러싸고 선회했다. 그리고 그 표현형식은 사회주의 유토피아의 주관적 성격을 띠었다. 앞서 캉유웨이를 논할 때 이미 말한 것처럼, 구민주주의 시기에는 세 가지 진보적 사회사조가 차례로 출현했고, 동시에 세 가지 유토피아 사회주의가 순차적으로 출현했다. 태평천국의 1,000년 왕국,[116] 자유주의 개량파 캉유웨이의 대동공상,[117] 그리고 마지막으로는 그 모순을 보고 모순의 회피를 요구한 쑨중산과 혁명파의 '민생주의'가 있었다. 이러한 사상들은 각각 다른 성격과 특색을 가지고 있었고, 착취와 억압이 없는 이상사회와 대동세계에 대한 중국 인민의 강렬한 갈망을 각기 다른 방식으로 반영했다. 또한 중국 근대사상이 반제국주의·반봉건주의의 민생주의 투쟁에서 원대한 이상과 목표를 가지고 있음을 보여주었다.

그러므로 쑨중산의 '민생주의'(사회주의)는 한편으로는 중국 근대의 진보적인 인사가 서양을 향해 진리를 탐구하던 전 역사과정과 인식

---

115) 「민생주의 제2강」.
116) 소박한 농업사회주의의 공상. 이 공상에서는 아직 자본주의의 발전문제를 거론하지 않았다. 그 주요특징은 토지문제의 해결이었다.
117) 서양 자본주의 제도의 거대한 모순을 아직 간파하지 못했으므로 '세계낙원'에 대한 환상과 송가를 가지고 있었지만, 그것은 바랄 수는 있으나 실현될 수 없던 대동세계였다. 그 주요한 특징은 자본주의 대공업과 근대문명 발전문제를 제기한 것이다.

과정이 역사적으로 일단락된 것이었다. 그것은 중국의 진보적인 인사들이 장기간 모색한 후 갖게 된, 영원히 착취와 억압이 없는 사회주의에 대한 이상을, 그리고 독립·부강·자유·민주 국가에 대한 이상을, 서양에서 소련으로 바꾸어 기탁했고, 자본주의에서 사회주의로 전향하여 기탁한 것이었다. 사회주의는 자유·평등·박애라는 낡은 구호를 대체했고 농민국가에서 민주혁명을 진행시키는 기치와 이상이 되었다.

중국 근대에서 공상적 사회주의의 부단한 출현, 특히 자본주의의 발전을 요구하면서 그 피해의 예방과 회피를 요구하던 쑨중산의 공상적 사회주의의 출현은, 마르크스주의 사회주의가 장차 중국에서 일어날 것임을 매우 분명하게 예고했다. 그리고 공상적 사회주의의 기초 위에서 마르크스주의 사회주의는 자신의 길을 개척했다. 세계사적 의미에서, 쑨중산의 사회주의는 세계에서 마르크스주의에 가장 근접한 최후의 사회주의였다. 그것은 프랑스의 사회주의와 러시아 혁명민주주의의 사회주의에 비해 두드러진, 혁명적이고 실천적인 성격을 가지고 있었다. 물론 쑨중산의 '민생주의'는 전체 '삼민주의'와 마찬가지로 폭풍우가 몰아치는 혁명실천의 연대에 탄생했으므로, 이론적으로 충분한 준비를 거쳐 완비된 이론적 틀을 형성하기에는 미흡했다.

• 『역사연구』 1956년 제11기에
「쑨중산의 민생주의 사상을 논함」이라는 제목으로 게재됨. 수정·보완함.

3 철학 사상

혁명투쟁을 위한 이론적 증거를 찾기 위해, 쑨중산은 서양근대의 자연과학을 열심히 학습함으로써 자신의 혁명실천을 개괄했다. 그는 기본적으로 유물론적인 철학 사상을 제기했다. 이 철학 사상이 그의 혁명정강인 '삼민주의'의 이론적 토대였다.

캉유웨이의 세계관을 중국 고전철학의 종결로 간주할 수 있다면, 쑨중산의 철학 사상은 진정 근대적인 부르주아 철학의 표본이라 할 수 있다. 그것이 독특한 면모를 가지고 있는 것은 두 가지의 중요한 특징 때문이다. 첫째, 근대 자연과학이 철학적 승화를 거치지 않은 과학적 사실이라는 원시적 형태로 쑨중산의 철학 체계, 그 중에서도 특히 그의 자연관의 중요한 소재와 내용을 채웠다. 쑨중산의 사상적 원류는, 소년시대에 '팔고문 시험문제집'에서 벗어나 "해외에 유학하여 서양의…… 천문지리학과 물리·화학의 이치를 대략 훑어본"[118] 것에서 시작되었다. 그리하여 진정한 '정규과정 출신'으로서의 그의 자연과학적 교양은 당시 어떤 중국 사상가와도 크게 달랐다.

쑨중산은 근대과학의 정규훈련을 받은 의사였으므로, 자연과학과 일

---

118) 「리훙장에게 올리는 글」.

반 서양문화에 관한 지식은 자연과학에 대해 아무것도 모르던 동시대의 선진지식인——캉유웨이 · 장타이옌 · 량치차오 등——을 훨씬 능가했다. 동시에 19세기의 "자연과학 자체 또한 자연계 자체에 존재하는 각 연구부분(역학 · 물리학 · 화학 · 생물학 등) 사이의 연계를 설명했기 때문에 경험과학에서 이론과학으로 변했다. 아울러 획득한 성과를 개괄화함으로써 유물론적 인식체계로 전화"[119])되었다. 이 또한 쑨중산으로 하여금 자신이 직접 배운 자연과학의 경험적 사실로부터 우주현상에 대해 철학적 설명을 할 수 있게 함으로써, 당시 지엽적인 과학 지식을 견강부회하여 철학적으로 개괄하던 대다수 사람과 구별되게 했다. 물론 쑨중산도 중국의 전통적 고전철학을 계승했다. 예를 들어, 세계는 도대체 물질적인가 정신적인가의 문제에서 쑨중산은 전통유물론적 견해——'기'(氣)가 '이'(理)에 앞서고 '태극'(太極)이라는 물질개념을 우주의 본원으로 삼는——를 취했다. 물질과 정신 사이의 관계를 논증할 때, 그는 이것을 '체'와 '용'의 관계로 인식했다. 그러나 근본적으로 중국 고전철학에 대한 쑨중산의 관계는 캉유웨이 등과는 달랐다. 캉유웨이 등은 자연과학 지식을 상당히 견강부회적으로 고전철학에 적용시킨 반면, 쑨중산은 자연과학을 기본내용으로 삼되, 전통적인 철학 용어와 형식을 걸쳤을 뿐이다.

쑨중산 철학의 두번째 특징은 자신의 사회적 · 혁명적 실천을 자신의 철학 관점, 특히 인식론의 직접적인 원천으로 삼았다는 점이다. 풍부한 혁명투쟁은 그에게 대량의 소재를 부단히 제공했다. 특히 혁명의 연이은 실패는 그로 하여금 깊이 사고하고 탐색하게 했으며, 분석과 답안을 찾아내게 했다. 그의 '지행(知行)학설'은 자신의 혁명실천에 기초한 이론적 개괄이었다.

---

119) 엥겔스, 『자연변증법』.

1. 진화론과 '생원'설

우선 진화·발전의 보편적인 관념을 견지한 것은 쑨중산 철학 세계관의 기본내용이었다. 캉유웨이의 '공양삼세설'의 진화사상과는 달리, 쑨중산 철학의 진화론은 자연과학의 직접적이고 소박한 형식을 받아들였다. 쑨중산은 세계가 부단히 진화, 발전하는 상태에 처한, 지속적인 자연역사의 과정임을 확신했다. 자연계와 인류사회는 모두 부단한 교체와 발전에 놓여 있고, 그것은 단순하고 저급한 단계에서 질적 차이가 있는 고급단계로 상승한다. 쑨중산의 진화·발전 관념은 캉유웨이처럼 현학적이고 신비한 산물이 아니라, 자연과학과 사회현상에 대한 직관적·상호적인 개괄의 결과를 넘어서지 않는 분명한 과학적 논거를 가지고 있었다. 쑨중산은 특히 다윈 학설을 마음에 새겼다. 그는 진화론의 출현이 인류사상사에서 매우 중요한 변혁을 가져왔으며, "각종 학술이 모두 진화에 귀속되게 했다"고 인식했다. 그는 또한 라플라스의 '성운형성설'을 긍정하여 그것이 우주의 발생을 정확히 논술했다고 생각했다. 쑨중산은 우주와 자연형성의 역사과정을 다음과 같이 간략하게 묘사했다.

> 지구가 돌로 굳어지기 전을 미루어보건대…… 보통 말하기를…… 일종의 흐르는 물질(유질流質)이었다 하고, 흐르는 물질 이전에는 일종의 기체였다고 한다. 그러므로 진화철학의 이치에 비추어 말하면 지구는 본래 기체였다가…… 시간이 흘러 액체로 응결되었고 다시 액체에서 돌멩이로 응고되었다. ……지구의 연원을 강구하면 이로부터 인류의 연원을 연구할 수 있다. 지질학자들은 최초의 인류가 200만 년 이내에 출현했다고 고증했고, 최초의 인류출현 이후부터 20만 년 전까지의 사이에 문화가 발생했다. 20만 년 이전에 인간은 금수와 별다른 구별이 없었다. 그러므로 철학가들은 인간이 동물에서 진화되어 이루어졌고 우연히 조성된 것이 아니라고 말한다. 인류와 만물

은 20만 년 전부터 점차 진화되어 오늘의 세계를 이루었다.[120]

이리하여 쑨중산은 자연과학 영역에서 발전과 변화의 관념을 꿰뚫어 봄으로써 우주가 발전의 결과임을 지적했다.

당시 사회활동가들이 자신의 사회·정치 이론을 선전할 때 항상 자연과 우주에서 이야기를 시작한 것은 우연한 일이 아니었다. 캉유웨이·탄쓰퉁·장타이옌 등의 목표는 사회였지만, 기점은 자연·지구·천체에서 시작했다. 왜냐하면 그들이 자연과 사회를 포함하여 우주만물의 총법칙을 찾아내거나 지적함으로써 자기활동의 근거로 삼고자 했기 때문이다. 자연관이 당시 철학적 의의를 가지고 있었고 사회변혁 사상과 불가분하게 연계되어 있던 이유는 바로 이 점에 있었다. 중국 근대사상가들의 세계관에서 자연관이 차지한 특별한 위치와 특수한 가치, 그 의의를 홀시할 수 없는 이유도 바로 여기에 있다. 이 점에 대해서는 캉유웨이와 탄쓰퉁에 관한 글에서 여러 차례 지적했다. 인간과 무관한 자연관은 선진(先秦) 또는 그리스에서나 독립적인 철학 가치를 가지고 있을 뿐이었고, 근대철학의 핵심은 근본적으로 인식론이었다. 자연관은 상술한 의미에서만 철학 세계관의 중요부분일 뿐이었다.

쑨중산은 사회역사를 마찬가지로 자연역사 과정으로 간주하여, 그것이 자신의 발전과정에서 몇 단계를 거친다고 인식했다. 쑨중산은 이렇게 말했다.

민권의 맹아는 2,000년 이전의 로마·그리스 시대에도 존재했지만, 그것이 확립되어 흔들리지 않게 된 것은 겨우 최근 150년뿐이었다. 그 이전은 여전히 군권의 시대였고, 군권 이전은 신권의 시대였으며, 신권 이전은 태고(洪荒) 시대였다.[121]

---

120) 「민권주의 제1강」.
121) 같은 글.

이는 물론 당시 유행하던 콩트 실증주의의 천박한 견해였다. 그러나 중국에서 그것은 전통적인 순환론적 역사관에 대한 도전이었다.

여기서 쑨중산은 실제의 정치형태를 기준으로 삼아, 사회역사가 순환과정이 아님을 지적했다. 그것은 "분리된 지 오래되면 합해지고 합해진 지 오래되면 분리되며", "혼란이 오래되면 평화로워지고 평화가 오래되면 혼란해지는" 교체가 아니라 저급에서 고급으로 상승하는 과정이라는 것이다. 사회역사는 단순한 양적 변화나 형태의 중복이 아니라, '태고시대' – '신권시대' – '군권시대' – '민권시대'라는 성격이 다른 사회형태의 질적인 변화이다.

사회역사가 지속적인 과정이라면, 모든 사회현상은 "한번 이루어져 변하지 않거나", "옛부터 그러했다"가 아니라 시간의 긴 흐름 속에서 새로 솟아나오게 된다. 민권정치도 마찬가지다. 쑨중산은 민권을 천부적인 것으로 간주하는 루소의 관점에 반대했다. "민권은 천성적인 것이 아니라 시세와 조류가 만들어내는 것"[122]이며, 모든 정치형식은 오래 머물지 못하고 그것들은 공통적으로 발생과 소멸의 운명을 가지고 있다고 했다. 군권이 신권을 대체한 것이 그 당시에는 유용했다. 그러나 사회의 변화·발전에 따라 군권도 필연적으로 과거의 진부한 흔적이 될 것이고, 민권이 일어나 그것을 대신하게 되었다.

쑨중산은 세계의 진화·발전이 사물의 보편적이고 절대적인 법칙이어서, 이 발전에 대한 어떤 항거도 쓸모가 없음을 굳게 믿었다. 역사의 진행과정에서 좌절되고 심지어 역전되는 상황이 있다 하더라도, 그것은 창장(長江: 양쯔강의 다른 이름)의 물결과 마찬가지로 "구불구불함이 많이 있어 방향이 때로는 북으로 흐르기도 하고 남으로 흐르기도 하지만, 마지막에 가면 반드시 동으로 흐르게 마련"[123]이다. 쑨중산은 여러 차례 자신의 동지를 지도하며 말하기를, "우리의 혁명사업은

---

122) 같은 글.
123) 같은 글.

'세계조류에 순응'하는 것이므로, 당면 혁명세력이 아직 미미할 수도 있고 전진하는 길에서 '고난과 좌절'을 불가피하게 만나더라도 혁명사업은 '반드시 성공'하며, 적의 역량이 아무리 방대해도 그들은 '반드시 실패'할 것"이라고 했다. 쑨중산은 이처럼 객관적 필연법칙을 가진 진화이론을 사상적 근거로 삼고 혁명의 전도에 대해 낙관적으로 확신했다. 이런 세계관은 그들이 혁명을 하는 데에서 중요한 사상적 기초가 되었다. 진화론은 중국 근대의 진보사상의 공통된 특색이었는데, 캉유웨이가 강조한 것은 주로 양적 변화와 점진적 변화였지만, 쑨중산은 진화와 혁명의 관계를 중시하면서 다른 성격의 단계로의 연속성에 주의를 기울였다.

존재에 대한 사유의 관계와 물질에 대한 정신의 관계 문제에서 자연과학의 유물론 사상과 정신작용을 강조하는 중국 근대의 특색은 쑨중산의 사상에서도 마찬가지로 나타났다. 그것들은 한데 뒤섞여 있었고, 다만 양자의 비례가 다를 뿐이었다. 쑨중산을 캉유웨이·탄쓰퉁·장타이옌과 다르게 만든 것은 쑨중산이 주관적 관념론에 완전히 빠져들지 않고 약간의 이원론적 색채를 지녔을 뿐이라는 점이다.

우선 앞서 말한 것처럼, 쑨중산은 자연과학 유물론의 자연관을 견지했고, 자신이 학습한 서양의 자연과학 지식을 이용해 우주——지구의 형성과 본질——를 해석하려 했다. "태극(서양용어인 '에테르'를 말함)이 움직여 전자를 만들고 전자가 응고되어 원소를 이루며, 원소가 합해져 물질을 이루고 물질이 모여 지구를 이루었다." 쑨중산은 여전히 중국 고대철학의 진부한 개념('태극')을 사용하여 당시 과학이 제공한 물질개념—— '에테르'——과 동일시했다. 그는 '에테르'를 '온 우주에 널리 퍼진' 고정된 형태를 가지지 않는 물질이자, 우주를 구성하는 실체이며 최초의 물질이라고 이해했다. 쑨중산의 '에테르'는 탄쓰퉁의 '이태'에 비해 신비성과 현학성이 훨씬 적고 자연과학적 유물론의 성격이 짙었다.

유기계(有機界)와 인류의 형성에 대해, 쑨중산은 유기계와 인류는 물질이 장기간 발전한 결과의 산물이라고 인식했다.

인류와 동식물을 만든 것은 생물의 원자였고, 생물의 원자는 학자들이 대부분 세포라고 번역하는데, 본인은 지금 그것을 특별히 '생원'(生元)*이라 부르겠다. 그것은 생물의 원시라는 뜻을 가진다.**

'생원'은 모든 복잡한 생물의 물적 기초를 구성하는 것으로, 생명현상의 기원이다. 세계가 물질적이라는 것은 쑨중산 철학 사상에서 자연관의 요점이었다.

쑨중산은 나아가 물질과 정신의 관계를 고찰했다. 그는 "온 우주 안에서 모든 현상은 모두 조금씩 드러나게 마련이고, 그 종류는 대단히 번잡하다. ……그러나 우주현상을 총괄하면 물질과 정신 두 가지에서 벗어나지 않는다"[124]고 강조했다. 양자 사이의 관계에 대해 쑨중산은 이렇게 인식했다.

정신은 물질의 대립면이지만 실제로는 상보상생(相補相生)한다. 과학이 발달하지 않은 이전 시대를 고찰해보면 종종 정신과 물질을 절대적으로 분리시켰고, 양자가 본래 합일된다는 것을 몰랐다. 중국 학자도 본체와 작용이 있다고 했는데, 본체란 물질이고 작용이란 정신이다. 예를 들어, 인간의 몸에서 오관(五官)과 백해(百骸)는 모두 본체이고 물질에 속하며, 말하고 움직일 수 있는 것은 작용으

---

* '세포'와 같은 뜻으로 생물유기체의 기본형식과 구성단위를 나타내는 쑨중산의 철학 용어이다.
** 『쑨원 학설』. 『쑨원 학설』의 원명은 『심리건설』로, 쑨중산이 여러 해 동안 깊이 생각하여 1918년에 지은 것이다. 이 책은 과거의 혁명분투 경험에 대한 인식론적 총결이자 이후 혁명운동을 지도하는 사상방침이다. 이 책에서 그는 우주가 물질('태극'→지구), 물종(物種: '생원'→세포), 인류(생명→인류)의 진화시기를 거쳤다고 주장했고, 아울러 지행(知行)문제를 전문적으로 탐구했다.

124)「군인정신 교육」.

로, 인간의 정신이 행하는 것이다. 양자는 상보하여 분리될 수 없다. 갑자기 정신을 잃으면 오관과 백해가 갖추어졌더라도 움직일 수 없고, 작용이 상실되면 본체 또한 죽은 물체이다. 이것으로 볼 때, 세계에 물질의 본체만 있고 정신의 작용이 없는 자는 인류가 아님에 틀림없다.[125]

    이로부터 쑨중산은 정신이 '물질의 대립면'이면서 다른 한편으로 양자가 상보상생한다고 인식했음을 알 수 있다. 물질과 정신의 본질적 차별을 말살하거나 물질과 정신의 차이를 일면적으로 과장하여 이 두 가지를 서로 상관없는, 병존하는 실체로 확연하게 구분하는 것에 대해 쑨중산은 모두 반대했다. 다음으로 쑨중산은 정신을 객관세계가 인류형성의 특정시기까지 발전한 현상으로 보았기 때문에 그것은 창조주의 역할을 연기(演技)할 수 없다고 인식했다. 쑨중산은 캉유웨이와 탄쓰퉁 등처럼 뇌는 전기이고 전기는 뇌라는 등의 황당한 말을 할 수 없었다. 그들처럼 '다른 사람에게 차마 하지 못하는 마음'(不忍人之心)과 '심력' 등을 세계의 본원이자 우주의 본체로 여길 수 없었다. 이것은 계급이 다르기 때문이기도 했고 과학 수준에 차이가 있기 때문이기도 했다. 쑨중산은 소박한 과학적 입장에서 물질을 일의적이고 근원적인 것으로 파악했고, 정신을 이의적이고 파생적인 것으로 여겼으며, 양자를 '본체'와 '작용'의 관계로 인식했다. 철학의 기본문제에서 쑨중산은 개량파에 비해 유물론적 색채가 선명했다.

    그러나 쑨중산은 정신의 본질을 철저하게 이해하지 못했다. 그것을 '물질이 아닌 모든 것'이라고 간단하게 말한 것이다. 이로 인해 쑨중산은 인류의 물질적 실체——'생원'(세포)——앞에서 대단히 곤혹스러워했다. "생원이 물(物)이 되면 지각과 영명(靈明)함을 가진 것이고, 동작과 사고를 가진 것이며, 주의와 계획을 가진 것이다."[126] 그러므로 그는

---

125) 「군인정신 교육」.

"생원은 무엇인가? 그것이 물(物)화하는 것은 정미하고 신묘하여 불가사의하다"[127]고 썼다. 그리하여 그는 세포에게 '양지'(良知)와 '양능'(良能)을 부여했다.

오늘날 과학의 관찰에 의하면 생원이 물(物)화하는 것은 지각과 영명함을 가진 것이고, 동작과 사고를 가진 것이며, 주의와 계획을 가진 것이다. ……생원이 인류와 만물을 구축하는 것은 인류가 집·배·수레·도시·교량 등의 물(物)을 건축하는 것과 같다. ……맹자의 양지와 양능은 다름이 아니라 생원의 지이자 생원의 능이다.[128]

세포('생원')는 의지와 의식, 정감과 사상을 가질 뿐 아니라 영혼과 별로 차이가 없었다. "인간신체의 정묘하고 신기한 것은 생사가 만드는 것이다. 인성의 총명과 지각은 생원이 만든다. 동식물 상태의 기괴하고 불가사의한 것은 생원의 구조물이다."[129] 여기서 '생원'은 탄쓰퉁의 '이태'와 차이가 없었다. 그것은 물질적 세포이지만 신비한 기능을 가지고 있었다. 캉유웨이와 탄쓰퉁 등이 물리학·화학(성광전화聲光電化)을 대하고 놀라고 감복하여 정신을 물질로 바꾸고 물질을 정신으로 간주한 반면, 쑨중산은 생물학을 대할 때 그러했다.

쑨중산은 '생원'(세포)에게 신비한 정신적 색채를 띤 망토를 입혔다. 여기서 가장 의미 있는 것은, 각종 본질적 차이가 있음에도 중국의 근대 철학은 이처럼 비슷했다는 점이다. 자연과학 지식은 캉유웨이와 탄쓰퉁 또는 쑨중산에게 각기 다른 정도로 주관적 심지와 정신적 요소와 성분으로 침투되었다. 쑨중산의 '생원' 유지론(有知論)은 당시 생물학이 세

---

126) 『쑨원 학설』.
127) 같은 책.
128) 같은 책.
129) 같은 책.

포 원생질의 감응성을 과장하고 세포가 초등영혼과 의식을 가지고 있다는 그릇된 이론의 영향을 받은 것이다. 이는 탄쓰퉁의 '이태'설과 '심력'설이 당시 뇌가 전(電)이라는 사이비 과학의 영향을 받은 것과 마찬가지였다. 오늘날에도 몇몇 과학 현상에 대해 여전히 신비주의적 관념론으로 해석하는 것과 마찬가지로 확실히 당시 자연과학 자체에 일부 그 원인이 있기는 했지만, 그들을 그렇게 만든 것은 여전히 중국 근대의 사회적 원인 때문이었다.

쑨중산은 정신의 발생과정과 본질에 대해 과학적으로 이해하고 해설할 수 없었다. 그래서 그는 정신의 작용을 평가할 때 '능동적 방면'을 '추상적으로 발전' 시켰다. 이런 상황에서 쑨중산은 정신의 의의를 과장했다. 그는 정신을 상실하면 혈관과 뼈가 갖추어지더라도 말할 수 없고 움직일 수 없게 되어, '본체 또한 사물(死物)로 변한다'고 했다. 그리하여 정신은 독립적 성능을 가진, 심지어 독립적 실체의 것이 된 듯했다. 이렇게 되면 '작용'은 실제로 더 이상 '작용'이 아니라 거꾸로 '본체'를 지배하는 것이 된다. 본래 '정신의 상실'은 그 물적 기초인 해골이 훼손된 결과이므로, 본말이 전도될 수 없다. 그러나 그는 '정신의 상실'이 해골을 '사물(死物)'에 이르게 한다고 생각했다. 쑨중산은 또 "물질이 아닌 모든 것이 정신이다", "물질이 없으면 정신을 표현할 수 없다"고 인식했는데, 이것은 물질과 정신을 분리시키고 물질이 정신의 표현이라고 여기는 이원론 또는 관념론적 경향을 드러낸 것이었다. 쑨중산은 '물질의 역량은 작지만 정신의 역량은 크다'고 강조했고, 『쑨원 학설』「자서」에서는 이런 과장된 정신작용에 관해 논했다.

국가는 인간이 모여 이루어졌고, 인간은 마음의 그릇이다. 그러므로 국사(國事)는 인간군체의 심리현상이다. 이 때문에 정치의 융성함과 부패함은 인심의 진작과 소침에 달려 있다. 내가 마음으로 어떤 일을 가능하다고 믿으면 산을 옮기고 바다를 메우는 힘든 일도 성공할 수 있다. 내가 마음으로 그것이 불가능하다고 믿으면 손바닥을 뒤집고 가지를 꺾는 쉬운 일도 효과를 거둘 수 없다. 마음이 사용됨은 크도다! 무릇 마음이라는 것은 만사의 본원이다.

이것은 캉유웨이와 탄쓰퉁 등이 '심'(心)과 '심력'(心力)으로 세계를 개조할 것을 강조한 것과 비교해볼 때, 그 철학의 본질적 차이가 그렇게 크지는 않다. 그러나 이는 주의할 만한 가치가 있다.

총체적으로 볼 때, 중국 근대 진보사상의 철학상 기본특징의 하나는, 그것들이 자연관에서 근대서양의 자연과학을 수용하고 흡수했으며 모두 이 방면의 문제를 즐겨 말했다는 점이다. 쑨중산은 이런 수용과 흡수를 새로운 수준으로 향상시킴으로써 중국의 철학을 고전철학 범주에서 벗어나게 했다. 그러나 총체적으로 볼 때 이런 흡수와 수용은 직관의 범주(쑨중산을 포함)에서 벗어나지 못했다. 진정한 이론적 사변과 철학적 개괄은 아직 충분하지 않았다.

중국 근대철학의 또 다른 기본특징은 주관심지와 정신과 의식의 작용을 즐겨 과장한 것이었다. 근대 대공업 생산력에서 진정으로 발달한 자연과학에 이르기까지 물질적 토대나 역량이 결여되어 있었기 때문에, 철학가들은 쉽게 주관적 정신·의식·의지의 역할을 과도하게 과장하거나 일면적으로 강조했다. 그들은 주관적 공상을 과장하는 데 빠졌으며, 바람을 가능한 한 빨리 현실로 바꾸고자 했다. 캉유웨이의 '전(電)—지(知)'가 그러했고 탄쓰퉁의 '이태(以太)—심력(心力)'이 그러했으며, 쑨중산의 '생원'도 그러했다. 그것들은 모두 마찬가지로 모호하고 신비한 색채를 가지고 있었다.

마오쩌둥이 쑨중산을 이원론이라고 비판했음에도, 마오쩌둥을 포함한 뒷사람들도 여전히 형태를 달리하여 이 특징을 반복했다. 캉유웨이와 탄쓰퉁이 '전'과 '이태'에서 직접 관념론의 미궁으로 들어간 반면에 쑨중산의 '생원'과 정신강조의 결과는 그의 철학을 이원론으로 이끌었다. 감지경험에서 출발하여 인간의 정신역량과 주관능동성의 발양을 중시한 것은 커다란 장점이었지만, 깊은 이론적 사변을 무시하고 결락(缺落)한 채 맹목적이고 일면적으로 심지와 의지를 과장한 것은 중대한 약점이었다. 쑨중산을 포함한 중국 근대철학의 부단히 반복되는 이러한 경험과 교훈은 기록하고 고려할 만한 연구가치가 있다.

중국 근대의 봉건주의 정통철학은 대부분 정주(程朱) 철학의 형이상학과 객관적 관념론이었고, 중국 근대의 부르주아 철학은 이 봉건철학과 대항되는 변증법 관념, 자연과학적 유물론, 경험론적 인식론과 심지를 과장하는 주관적 관념론이었다. 그리고 몇 가지 성분과 요소가 한데 섞여 불명료하고 다양하면서도 변화가 있는 몽롱한 화폭을 구성했다. 혁명파 중 장타이옌에게서 주관적 관념론이 두드러졌다면, 쑨중산에게서는 유물론이 선명했다. 이것은 특히 그의 인식론에서 두드러졌다.

2. '지난행이' 학설

인식론은 쑨중산 철학 사상에서 가장 빛나는 부분이다. 그 기본내용은 '지난행이'(知難行易: 아는 것은 어렵지만 행하는 것은 쉽다) 학설에 들어 있다. 이 학설의 기본요점은 이러하다. ① 실천이 먼저다. ② 실천할 수 있으면 알 수 있다(가지론可知論). ③ 인식은 실천에 비해 어렵다. 인식과 이론이 중요하다. ④ 인식은 실천을 위한다. ⑤ 실천은 인식을 검증한다. 쑨중산은 확실히 '실천'을 중요한 위치에 올려놓고 '인식'은 '실천'의 결과라고 생각했다. 그러나 쑨중산은 인식론에서 과거의 혁명분투에서의 경험을 자각적으로 총괄했고, 이론인식의 중요성을 강조했다. 쑨중산은 이렇게 썼다.

우주간의 이치는 모두 먼저 사실이 있은 후에 언론이 발생했지 언론이 있은 후에 사실이 발생한 것이 아니다. 예를 들어 육군 전술학이 지금 이미 체계적인 학문이 된 것은, ……고인의 전투라는 사실에 근거하여 점차 진보한 것이다.[130]

쑨중산은 객관적으로 존재하는 사실을 일의적인 것으로 보았고, 인식은 외재세계를 반영한 이의적인 것으로 해석했다. 그는 기본적으로 '물질을 통해 느끼고 생각' 하는 유물론의 노선을 걸어갔다.

세계와 그 법칙성은 인간에 의해 인식된다. 인류의 인식능력은 무한하다. 모든 것은 '배워서 알 수 있고' 인식할 수 없는 사물은 없으며, "아직 인류의 현재지식으로 살필 수 없는" 인식되지 않은 사물이 있을 뿐이다.

인류의 인식도 쑨중산에 의해 하나의 발전과정으로 간주되었다. 쑨중산은 인식이 반드시 객관사물의 발전에 따라 변화하는데, 그렇지 않으면 인식은 새로운 사물 앞에서 "점차 노후하고 의기소침해지며 그 영명함도 나날이 고착된다"고 생각했다. '지식의 범위' 는 무한하고 "지식은 사물의 증가에 따라 동시에 진보" 하기 때문에, 인간의 인식은 종결되지 않고 영원히 끝나지 않는다. 쑨중산은 캉유웨이처럼 스스로 서른 살에 학문을 이루었고 절대진리를 손에 넣었으며 더이상 전진할 필요가 없다고 말하지는 않았다. 또한 탄쓰퉁처럼 어느 날 '인식이 지혜로 전환' 되어 인식도 종결될 것이라고 생각하지도 않았다. 그에게서 인식은 실천을 따라 부단히 향상하고 전진하는 것이었다.

이처럼 쑨중산은 이 두 가지 기본논점으로 관념론 및 불가지론과의 경계를 분명히 했고, 자신의 인식론 체계를 유물론의 기초 위에 놓았다.

쑨중산은 '실천' 을 인식의 근본기초로 여겼다. 먹고 마시기·돈 쓰기·글 쓰기·배 만들기·성 쌓기·운하 뚫기·전기학·화학·진화 등을 예로 들어, 수많은 '실천적' 경험을 축적해야만 과학적 '인식' 을 얻을 수 있다고 그는 설명했다. 밥 먹는 것은 일상생활에서 항상 있는 일이지만 영양과 조리의 학문은 매우 늦게야 알게 된 도리이다. 인류가 집을 지을 줄 안 이후에 건축과학이 생겼다. 그러므로 '실천' 이 먼저이

---

130) 「민권주의 제1강」.

고 '인식'은 나중이며, '실천'은 쉽고 '인식'은 어렵다. 인간들은 "자신이 인식하지 못하는 것을 실천함으로써 자신이 그것을 인식하는 것에 이른다", "실천을 기초로 삼아야 인식할 수 있게 된다"고 했다. 쑨중산은 또 이렇게 말했다.

또한 인류의 진보는 모두 인식하지는 못하면서 실천한 자에게서 비롯되었으니, 이것은 자연의 이치이다. ……그러므로 인류의 진화는 인식하지 못하면서 실천하는 것을 필요한 경로로 삼는다. 무릇 숙련, 시험, 탐색, 모험의 네 가지 일은 문명의 동기(動機)이다. 생도의 숙련은 인식하지 못하는 것을 실천함으로써 할 수 있고자 하는 바를 달성하는 것이고, 과학자의 실험은 인식하지 못하는 바를 실천함으로써 인식에 이르는 것이며, 탐색가의 탐험은 인식하지 못하는 바를 실천함으로써 발견을 구하는 것이고, 위인과 준걸의 모험은 인식하지 못하는 바를 실천함으로써 공업(功業)을 세우는 것이다. 이것에서 보건대, 인식하지 못하는 바를 실천하는 사람은 인류에게 문명을 촉진시키고 국가에게는 부강을 가져다준다. 이 때문에 인식하지 못하고 실천하는 것은 인류가 모두 할 수 있을 뿐 아니라 인류가 의당 행해야 하는 것이다.[131]

인식론의 각도에서 고찰하면, 쑨중산의 논술에는 두 가지 중요한 내용이 있다. '실천이 먼저이고 인식은 나중이다', 그리고 '실천함으로써 인식에 이른다'가 그것이다. 이것은 실천이 먼저이고 인식은 나중이며, 실천이 인식을 만들어낸다는 것이다. 다른 글에서 쑨중산은 인식의 본질을 진일보 고찰했다. 요컨대 "지식에는 세 가지가 있다. ① 천부적인 것, ② 힘써 배운 것, ③ 경험에서 비롯된 것"[132]이라고 정의한 것이

---

131) 『쑨원 학설』.
132) 「군인정신 교육」.

다. 이른바 '천부적인 것'은 인류가 선험적 이성과 관념을 가지고 있음을 가리키는 것이 아니라, 사람들의 천부적 자질이 다르다고 인식하는 것이다. "모든 사람의 총명은 천부적 자질의 다름으로 인해 조금씩 차이가 생긴다." 동시에 쑨중산은 이런 '총명'을 지나치게 높이 평가하지는 않았다. 그와 반대로, 그는 "갑과 을 두 사람 중 갑은 총명하지만 호학(好學)하지 않고 을은 갑만큼 총명하지 않지만 그보다 호학한다면, 그 결과 을이 얻는 바가 반드시 갑보다 많을 것"[133]이라고 지적했다.

그러므로 진정한 인식의 원천은 실제로 '힘써 배움'과 '경험'에서 비롯된다. 쑨중산은 실천을 주체가 객체를 통하여 객체를 반영하는 유일한 교량으로 이해했고, '실천'은 '인식'의 기초라고 인식했다. 이처럼 그는 인식영역에서 '돌아가 자신에게서 구하고' '심력'과 '박애'로 진리와 인식을 획득하려 한 캉유웨이와 탄쓰퉁 등의 각종 관념론과는 크게 달랐다.

쑨중산은 사람들이 요구하는 '인식'은 '참된 인식'(眞知)——'과학적 인식'——이지 결코 사물의 일면이나 표면이 아니라고 생각했다. "과학 이외의 지식은 대부분 참된 인식이 아니다."[134] 모든 진정한 지식은 반드시 과학에서 온다. 그것은 "과학적인 연구로 그 실체를 고찰"하는 점검을 거쳐야 한다. 사람들이 이 '참된 인식'을 획득하는 것이 어렵기 때문에 '인식은 어렵다'고 하는 것이다. 쑨중산은 과학 지식과 이성인식(사물의 본질을 인식)의 중요성을 강조했는데, 이것이 쑨중산 지행학설의 요점이다.

쑨중산은 또 객관존재는 부단히 발전하기에 인류의 인식도 멈춘 채전진하지 않을 수 없다고 생각했다. 따라서 그는 "우리가 세계 속에 존재하면 그 지식 역시 사물의 증가에 따라 동시에 진보한다"고 했다. 그렇지 않으면 객관형세의 전진과정보다 낙후될 것임을 그는 강조했다.

---

133) 같은 글.
134) 『쑨원 학설』.

쑨중산이 이성인식의 중요성을 강조하고 인식을 형세의 발전에 적응시킨 이유는 혁명의 지도자로서 '인식' 해야—이론으로 혁명의 실천을 지도해야—했기 때문이다. 그러므로 쑨중산이 인식을 이해할 수 있던 것은 실천에서 비롯되었을 뿐만 아니라, 보다 중요한 것은 그것으로 실천을 지도하려 했기 때문이다. 그는 이렇게 지적했다.

인류가 한 가지 일에 대해 그 도리를 연구하면 우선 사상이 생기고, 사상이 일관되게 되면 신앙을 갖게 되며, 신앙을 가진 후에는 힘이 생긴다. 그러므로 주의(主義)는 사상에서 신앙을 거치고 신앙에서 힘을 만들어낸 연후에 완전히 성립된다.[135]

중국 근대철학의 인식론은 대부분 경험론에서 출발했고, 감지와 경험에서 이론을 정립했다. 쑨중산도 마찬가지였다. 쑨중산과 다른 사람들(탄쓰퉁과 장타이옌 등)의 다른 점은, 그가 관념론에 빠지지 않고 경험론에서 이성인식(지知)의 중요성을 강조했으며 경험을 총결하여 '참된 인식'에 도달하는 것을 강조했다는 점이다. 이렇게 할 수 있던 원인은 쑨중산이 평생 동안 혁명실천에서 끊임없는 실패를 겪었기 때문이다. 부단한 실패는 그로 하여금 객관적 법칙성을 인식하고 추구하게 했고, 이런 법칙을 인식하는 중요성을 절실하게 느끼게 했다. 이론을 강조하고 실천에 기초한 과학적 참된 인식을 강조하며 이성인식의 가치를 두드러지게 한 것은 중국 근대사상사에서 대서특필할 만한 가치가 있다. 혁명의 성공이 아니라 혁명의 실패가 이론의 중요성을 두드러지게 한 것이다.

그러나 쑨중산의 인식론은 결점도 가지고 있다. 실천에 대한 쑨중산의 이해는 협애하고 직관적이었다. 그는 인류의 실천활동을 주로 '힘써 배움'과 '경험'(역사歷事)으로 귀결시켰고, 그 내용도 '실험'·'연

---

135) 「민족주의 제1강」.

구'·'탐색'·'모험'에서 벗어나지 않았다. 또한 사람들의 정치투쟁의 실천도 개별적으로 제기했지만, 실천의 진정한 사회역사적 내용과 성격은 인식하지 못했다. 특히 인류의 기본 실천활동인 생산투쟁에 대해서는 과학적인 이해가 결여되어 있었다.

중국 근대철학의 인식론은 느낌과 경험에서 출발했다. 탄쓰퉁·장타이옌·옌푸가 그러했다. 이런 경험론을 쑨중산이 '실천'의 수준으로 제고시켰으니 이것은 물론 커다란 진전이었다.

그러나 그의 '실천'은 근본적으로, 여전히 개체의 경험과 느낌을 단위로 하는 생물적인 추상일반이었을 뿐 역사구체적인 사회 실천활동은 아니었다. 예를 들어, 그의 '인식하지 못하고 실천한다'에서의 '실천'은 실제로는 동물적인 본능적 생존활동과 같다. 사회적 실천[136]에 입각하지 않고 느낌과 지각에 입각한 것, 인류학에 입각하지 않고 생물학에 입각한 것은 모든 유물론적 인식론의 근본결함이었다. 이 결함은 지금도 여전히 충분히 인식되지 않았고 극복되지 않았다. 수많은 마르크스주의자 역시 본질적으로는 쑨중산을 크게 뛰어넘지 못한 것이다.

쑨중산은 생산투쟁에 대한 인식의 의존관계를 홀시하고 비교적 협애한 과학 활동의 작용만을 일면적으로 강조했기에 인민대중을 단순하게 '실행가'로 간주했다. 바로 그들의 사회실천이 진정한 '인식'의 무한하고 풍부한 원천임을 이해하지 못한 것이다. 거꾸로 그는 몇몇 인물을 '선지 선각자'로 간주했고, 그들 활동의 의의를 과대평가했다. 이리하여 '선지 선각자'와 '실행가' 사이에 커다란 간극——"인식하는 사람은 스스로 실천할 필요가 없고, 실천하는 사람은 스스로 인식할 필요가 없다"——을 만들었다. 따라서 '인식'과 '실천' 사이에 아무런 연계가 없다는 이원론적 결론을 얻었다. 이와 동시에 쑨중산은 '참된 인식'——이성인식의 중요성——을 강조했지만, 시종 자신의 이론을 진

---

136) 도구를 사용하고 도구를 만드는 인류의 노동생산을 근본기초로 삼는 실천.

정으로 감성의 범위를 넘어서게 할 수 없었다. 그의 '지행학설'은 대부분 자질구레한 각종 사례설명에 머물렀을 뿐 사변의 이론적 수준에 도달하지 못했으며, 시종 짙은 직관성과 경험성을 가지고 있었다. 이성인식의 중요성을 강조했음에도 그의 이성인식은 상당히 저급하고 소박한 단계였고, 진정한 추상적 깊이가 결여되어 있었다. 따라서 사물에 대한 본질인식에는 이르지 못했다. 그의 철학은 기본적으로 경험론적 인식론이었다. 앞서 지적한 대로, 이것은 중국 근대철학의 커다란 약점이었다. 이 약점은 훗날 실용주의 이론의 여독(餘毒)을 널리 퍼지게 하여 대단히 좋지 않은 작용을 하게 했다. 이론사변을 홀시하거나 경시하면서 일상경험에 만족하고 그에 국한되는 것은 과학의 전진과 사회발전을 저해하는 중요한 사상적 원인이다.

쑨중산은 인류의 실천에 대한 광범위한 가능성을 가지고 있으면서도 '참된 인식과 특별한 견식(特識)'을 획득하는 것은 험난한 과정임을 알았다. 그가 '지난행이'를 강조한 것은 실천의 중요성과 인식의 험난함을 강조한 것으로, 그 나름의 합리성을 가지고 있었다. 그러나 인식의 과정은 '실천' 중에 '인식'의 과정이 포함되어 있을 뿐만 아니라, '인식'이 다시 '실천'에 의해 검증되어야 하는 것을 의미하고 있다. 후자의 단계는 단순하고 평탄한 과정이 아니다. 왜냐하면 이론을 실천으로 바꾸는 것은 무수한 곡절과 좌절을 거쳐야 할 뿐 아니라, 우리는 사람들의 언행이 일치하지 않는 것을 자주 볼 수 있기 때문이다.

과학은 공업에 의존하고 '지식'은 '실천'을 점검기준으로 삼아야 한다. 이런 의미에서 '지난행이'라는 전통적인 학설도 일면적 진리를 가지고 있다. '지난행이'와 '지이행난'(知易行難) 모두 일정한 진실을 반영하고 있다. 비록 전자가 최고의 단계에 처해 있긴 하지만, 쑨중산은 그것들이 갖는 역사구체적인 사회적 실천의 기초 위에서 변증법적 관계를 드러내지 못했다.

3. 민생사관

사회역사 영역에서 쑨중산은 '민생사관'을 이론적 기초로 삼았다. 그의 민생주의는 앞서 설명했으므로 여기서는 그의 사관에 대해서만 간략하게 이야기하겠다.

쑨중산은 "역사의 중심은 민생"이고, "민생은 사회진화의 중심"[137]이라고 인식했다. 이른바 '민생'이란 "인민의 생활이자 사회의 생존이고, 국가의 생계이자 대중의 생명"[138]이다. 그가 보기에 사회의 면모와 진행과정을 궁극적으로 결정하는 것은 사람들의 '생존' 문제였다. 여기서 쑨중산의 인민생활에 대한 관심을 알 수 있다.

사회역사의 중심과 사회의 발전을 인민의 생활—우선적으로 물질생활—로 귀결시킴으로써 쑨중산은 인민대중의 입장에 서서 사회현상에 정확하게 접근한 수많은 논단을 내렸고, 당시 서양에서 유행하던 사회학의 관점을 반박했다. "실제로 물질문명과 심성문명(心性文明)은 상호보완한 연후에 진보할 수 있다. 중국 근대는 물질문명이 진보하지 않았기 때문에 심성문명의 진보도 그로 인해 조금 늦어졌다."[139] 이런 논점은 분명 객관실제를 반영한 것이었다. 물질생활(물질문명)을 정신 영역의 동향의 원인과 기초로 삼고 근대중국의 정신생활이 낙후된 것이 물질생활의 완만한 진전에서 비롯되었다고 인식한 것은 당시의 동양문명 우월론의 각종 이론보다 훨씬 고명한 것이었다. 요컨대 인민생활에 대한 높은 관심과 물질문명의 중시를 사회역사의 발전기초로 삼은 것은 쑨중산 '민생사관'의 합리적 부분이었다.

사회의 '중심'이 '민생문제'라면, '물질문명'은 복잡하게 얽힌 사회현상에서 주도적인 역할을 할 것이다. 그러면 사회역사의 진행과정은 위인과 영웅이 마음대로 주무를 수 있는 것이 아니며, 어떤 기이한 정

---

137) 「민생주의 제1강」.
138) 같은 글.
139) 『쑨원 학설』.

신역량이 현현(顯現)한 것일 리도 없다. 이것은 사람들에게, 사회문제의 원인을 영웅이나 어떤 정신현상이 아닌 '물질문명'과 '민생'에서 찾도록 가르쳤다. 이 관점은 분명 쑨중산의 혁명적 실천과 혁명이론에 대해 중요한 의의를 가지고 있다.

개량과 사상가들(량치차오 등)과는 반대로 쑨중산은 '영웅이 시대를 만든다'는 주관적 관념론의 관점에 반대했고, '시대가 영웅을 만든다'는 관점에 찬성했다. 워싱턴과 나폴레옹에 관한 평가가 그 예이다.

> 워싱턴과 나폴레옹 두 사람은 미국과 프랑스 혁명을 주동한 자가 아니다. 미국의 13주가 영국에 대항하는 투쟁을 벌인 후 워싱턴이 지휘하게 되었고, 프랑스는 혁명이 일어난 후 나폴레옹을 시골 구석에서 선발했다. 두 사람을 바꾸어 놓았더라도 마찬가지였을 것이다. 그러므로 워싱턴과 나폴레옹의 다른 향방은 개인의 현명함 여부와 관계가 없고 전국의 상황에 달린 것이었다.[140]

여기서 쑨중산은 개인을 '원동력'으로 삼는 그릇된 이론을 구체적으로 반박하며, 걸출한 인물이 시대의 산물임을 밝혔다. 마찬가지로 그는 인류의 정신영역에서 천재가 한 역할을 과장하지 않았다. 라디오의 창조는 "110년의 시간을 들이고 무수한 학자의 재주가 모여서 각자 한 가지 지식을 공헌한 후에야 이루어질 수 있었다."[141] 인민대중은 쑨중산의 활동후기에 나날이 그의 시야에 또렷하게 드러났고, 그는 험난한 혁명실천을 통해 인민대중의 거대한 작용을 의식했다. 쑨중산이 인민대중에 대해 여전히 정확하지 않은 평가를 하고 있음에도,[142] 그는 자신의 연설에서 혁명은 '모두가 해야' 함을 여러 차례 지적했다. '민중을 불러일으키는 것'이 쑨중산의 마지막 유언이 되었다.

---

140) 『쑨원 학설』.
141) 같은 책.
142) 예를 들어 대중을 부지불각(不知不覺)의 '무리'로 보는 것.

이러한 입장에 서서 쑨중산은 당시 유행하던 각종 사회학파를 의식적으로 반대했다. 그는 맬서스의 '인구론'을 반박하여, 물산은 산술급수적으로 증가하지만 인구는 기하급수적으로 증가한다는 관점이 반과학적인 그릇된 이론이라고 지적했다. 쑨중산은 '인구론'이 사회생활에 해독을 줄 것이라고 생각했다. 왜냐하면 '맬서스에게 중독'되면 인구증가율이 완만해질 것이고, 그에 따라 민족강성(强盛)의 결정적인 요소의 하나(인구의 작용)가 쇠약해질 것이기 때문이다. 오늘날 평가하기엔 이런 관점이 정확하지 않지만, 당시에는 그래도 진보적이었다. 쑨중산은 '사회진화론'을 질책했다. 그는 '사물은 경쟁하고 하늘은 선택하며, 적자만이 생존한다'는 법칙이 비교적 저급한 '사물진화 시기'에만 적용될 뿐 인류의 사회역사 현상을 해석할 수는 없다고 생각했다.

다윈이 자연진화에서의 물경천택(物競天擇) 원칙을 발명한 후, 학자들은 대부분 인(仁)의 도덕은 모두 허무하고 생존경쟁만이 실제라고 생각하게 되었다. 자연의 원칙을 인류의 진화에 적용시키려는 것은 인류가 이미 경과한 단계임을 알지 못하는 것이다. 인류의 오늘날의 진화는 자연원칙을 뛰어넘었다.[143]

쑨중산의 '민생사관'은 적극적인 측면도 있었지만 오류도 있었다. 첫번째 결점은 그가 사회——민생문제——를 추상적으로 이해하고 구체적인 내용을 사상시켰다는 점이다. 이른바 '인민의 생활, 사회의 생존, 국민의 생계, 민중의 생명'은 추상적이고 역사규정성이 없는 공허한 관념이었다. 인류역사는 다른 사회형태를 거쳐왔고, 각 사회형태는 나름의 생산양식과 상부구조를 가지고 있다. 이 구체적 사회형태를 버리고 '민생문제'를 추상적으로 논한다면 사회의 역사를 과학적으로 논술할 수 없다.

---

143) 『쑨원 학설』.

인류의 '생존문제'는 일반생물의 '생존문제'와 다르다. 인류는 노동도구를 사용하여 자연을 적극적으로 개조함으로써 생존을 도모해왔다. 사람들은 이 과정에서 상호간에 사회적 생산관계를 발생시키게 된다. 인간 사이의 이익은 모순을 가지고 있다. 그들 사이에는 부단한 투쟁이 진행된다. 이 모든 것이 쑨중산의 '생존문제'에는 빠져 있었다. 한편으로 그는 사회의 물질생활에서 진화의 동력과 역사의 발전을 모색했는데, 이것은 옳다. 다른 한편으로는 이런 동력과 발전을 초역사적인 생존추구의 추상적인 본능으로 귀결시켰는데, 이것은 그르다. 이 점이 민생사관의 이중성이었다.

계급의 존재와 계급대립의 상황은 쑨중산이 목도한 바였다. 그는 '계급이 두드러지게 다른' 상태가 계급투쟁을 야기할 것임을 인정했다. 쑨중산은 계급투쟁을 '사회진화의 원인'으로 보는 것에 반대했지만, 그것은 "사회가 진화할 때 발생하는 일종의 병으로, 이 병의 원인은 인류가 생존할 수 없게 된 상황"[144]이라고 인식했다.

사회가 진화하는 것은 사회 대다수의 경제이익이 조화되기 때문이지 그것이 충돌하기 때문은 아니다. 사회 대다수의 경제이익이 조화되는 것은 대다수가 이익을 도모하고 대다수가 이익을 가지는 것이다. 그래야 사회는 진보한다. 사회 대다수의 경제이익이 조화되어야 하는 이유는 인류의 생존문제를 해결해야 하기 때문이다.[145]

쑨중산의 이런 논점은 자신의 '박애적' 인도주의 정신이 구현된 것이다. 그것은 프티부르주아 혁명파의 일관된, 초계급적이고 주관적인 환상을 표현한 것이다. 그는 각 계급의 이익의 조화와 상호협조가 사회를 진화시킬 것이라고 믿었다. 쑨중산은 여기서 대립면이 되는 계급모순

---

144) 「민생주의 제1강」.
145) 같은 글.

의 동일성은 보았지만 그 투쟁성은 홀시했다. 그는 '생존문제'를 해결하려는 사람들의 공동의지는 강조했지만, 분열되어 집단—계급—을 이룬 사람들이 완전히 대립되고 다른 방식과 경로에 따라 '생존문제'를 해결하려 한다는 점은 망각했다. 특히 혁명시기에 계급투쟁은 조화될 수 없는 격렬한 상태에 놓인다는 것을 그는 망각했다. 레닌은 "쑨중산은 계급투쟁을 인정했지만 부르주아 사상과 부르주아 정치의 범주를 뛰어넘지 못했다"[146]고 지적했다. 쑨중산의 '민생사관'에는 민생주의의 구체적인 정치사상과 마찬가지로 프티부르주아 인민주의의 특징이 침투되어 있었다.

또한 쑨중산은 이론적으로 인간과 국가와 정치에 대해 그 사회의 계급적인 내용을 사상(捨象)한 채 사용했다. 마르크스주의에서 보면 인간은 무엇보다도 역사구체적으로 특정사회와 계급에 예속되고, 국가는 한 계급이 다른 계급을 진압하는 도구이다. 정치는 경제의 집중적 표현이자 계급의 근본이익과 계급관계의 반영이다. 쑨중산은 인간을 '마음의 그릇'으로 파악했고, 국가는 초역사적이고 초계급적인 '인간의 집합'으로 보았다. 또 정치는 추상적인 '사람들을 관리하는 일'로, '뭇 사람의 심리현상'에 속하는 것으로 보았다. 쑨중산은 국가·사회의 본체는 인간의 상호협조에 의해 조성된다고 생각했다. "자연은 경쟁을 원칙으로 삼지만 인류는 상호협조를 원칙으로 한다. 사회와 국가는 상호협조의 본체이고, 도덕과 인의는 상호협조의 작용이다."[147]

이것은 쑨중산의 사회역사 관점의 개략적 상황이다. 진보적인 측면은 부르주아 계급의 반동적 사회학을 굳세게 반대하고, 박애와 상호협조를 주장하며, 인민의 생활을 중시하고 인민의 이익을 수호한 점이었다. 약점은 사회생활을 역사구체적이고 과학적으로 이해하지 못하고

---

146) 『레닌 전집』 제25권, 384쪽.
147) 『쑨원 학설』.

역사관념론의 문턱에서 걸음을 멈춘 점이었다. 그러나 평이하고 이론적 깊이가 결여되어 있던 쑨중산의 철학 사상과 '삼민주의'는 깊이 파고든 각종 사상학설에 비해 중국에서 그 절실함과 실현가능성, 유효성을 가지고 있었다. 이것이 중국의 실용이성* 전통과 관련이 있는지의 여부는 연구해볼 만한 가치가 있다. 또한 중국에서 국가의 독립과 부강의 쟁취와 수많은 인민의 빈곤과 기아를 해결하는 것, 즉 '인민의 생활·사회의 생존·국민의 생계·민중의 생명'은 근대사상의 주요과제였다. 정치상의 자유·평등·인권·민주 등은 부차적인 것으로 밀려나거나 심지어 은폐된 자리를 차지했다. 이는 중국 근대의 역사와 사상사에서 중요한 사실이었다. 이 양자의 관계를 어떻게 처리하고 역사의 변화에 따라 양자의 관계가 어떻게 달라지는지는 모두 깊이 분석하고 인식해야 할 문제이다. 쑨중산 사상의 연구도 그러하다.

•『과학 통보』(科學通報) 1956년 제12기에 게재됨.
장레이(張磊)와 공저. 수정·보완함.

---

* 고대사상사론 관련 부분을 참조하라.

장타이옌 해부

1 문제의 복잡성

1. 역사적 지위

중국의 근대는 대격동의 시기였다. 창장의 뒷물결이 앞물결을 밀어내듯이 시대의 격류 속에서 앞줄에 서 있던 몇몇 대표인물은 아주 빠르게 뒷줄로 물러났고, 심지어 역사발전의 걸림돌이 되기도 했다. 그들은 사람들의 존경을 받거나 추종받던 자리에서 밀려나거나 비판대상으로 바뀌었다. 캉유웨이와 옌푸가 그러했고, 장타이옌도 그러했다. 중국 근대의 각 계급과 계층, 그리고 정치파벌은 여러 가지 복잡한 양상의 변동을 겪었고, 그 대표인물들의 사상변화도 복잡하게 착종되었다. 우스운 것은 '사인방'(四人幫)이 자신들의 정치적 음모를 위해 '유가와 법가의 투쟁'이라는 단순한 공식을 이 복잡한 문제에 덮어씌워 옌푸와 장타이옌을 모두 '법가'로 만들었다는 것이다. 근거 없는 이야기가 더욱 시끄러운 법이므로, 이제 지나간 역사 속에서 어떻게 그들의 본래 모습을 되찾아줄지, 어떻게 장타이옌을 정확하게 분석하고 평가할 것인가 하는 문제가 매우 중요하다.

모두 알다시피, 중국 근대 부르주아 혁명의 기수이자 지도자는 쑨중산이었지 장타이옌이 아니었다. 총체적으로 볼 때 장타이옌은 당시 혁명파의 뛰어난 인물로 평가할 수는 있지만, 그의 각 시기의 구체적인 상황과 역할은 상당히 달랐다. 장타이옌은 어떤 시기엔 아주 훌륭한 영향을 주었지만, 어떤 때는 나쁜 작용을 하기도 했다. 이것은 황당한 '법가'의 예모(禮帽)를 씌울 수 있는 것도 아니고, 악행을 수집하는 식의 공고(公告)로 해석할 수 있는 것도 아니다.

역사적인 인물을 평가하려면 무엇보다 그 사람이 역사에서 일으킨 객관적인 작용을 보아야 한다. 이것은 역사의 발전을 추동하거나 저해한 정도에 주목하여 그가 역사 속에서 담당한 주요역할을 확정하는 것이지, 단순히 개인에게 주목하여 개인의 여러 가지 사상과 행위의 세부(detail)에 함몰되어 뒤엉키게 하는 것이 아니다. 또한 중요한 것은 역사상의 객관적 공과이지 개인의 주관적 언행이 아니다. 그러므로 이 일은 개인일생의 언행을 평가하는 것이 아닐 뿐 아니라, 개인의 도덕과 품성을 추상적으로 품평하는 것도 아니다. 윤리학이 아니라 역사학의 기준을 그 평가의 척도로 삼아야 하되, 그런 도덕과 품성이 당시 또는 후대에 미친 중요하고도 객관적인 영향은 예외로 해야 한다.[1]

그러나 주관적인 틀을 가지고 장점 또는 결점에 일면적으로 집중해서는 더욱 안 된다. 인간은 신이 아니므로 여러 가지 장점과 약점, 공적과 오류를 갖게 마련이다. 도살자의 위선을 잘 선전하여 성인이 되게 할 수도 있고, 영웅의 결점을 추상적으로 집약시켜 악한으로 오인되게 할 수도 있다. 하물며 결코 도살자나 영웅이 아닌 장타이옌에 있어서랴. 게다가 급속한 역사변동 시기에 처한 장타이옌에 있어서랴. 여기서 필요한 것은 역사적이고 구체적인 분석이다. 역사시기를 논하지 않으면서, 또한 구체적으로 분석하지 않으면서 하나로 묶어 이야기하는 것은 장타이옌처럼 복잡한 시기에 처한 복잡한 인물의 본래 모습을 규명하기 어렵다.

---

1) 리쩌허우, 『비판철학의 비판』(批判哲學的批判), 인민출판사, 제9장 「헤겔의 역사는 도덕보다 높다를 논함」 부분을 참조하라.

장타이옌이 중국의 근대역사에 미친 영향과 당시 사회에서 그가 차지하던 지위는 분명 사상가와 선전가의 역할이었다. 그는 종래 쑨중산·황싱·타오청장·쑹자오런과 위안스카이·리위안훙·장첸 등처럼 정치·군사·조직 활동면에서 커다란 지도적인 역할이나 실제적인 작용을 하지는 않았다. 그는 주로 붓 한 자루에 기대어 투쟁을 했으며, 사상적인 영역에서 중요한 작용을 했다.[2]

조금 구체적으로 말하면, 장타이옌의 일생은 1894~1900년, 1900~08년, 1908~13년, 1913~36년의 네 단계로 나눌 수 있다. 장타이옌은 소년시절 반만 민족사상을 가지고 있었다고 스스로 말했지만,[3] 1900년 이전에 그는 당시 대다수의 진보적인 중국인들과 마찬가지로(쑨중산만이 이때 혁명의 기치를 내걸었다), 캉유웨이와 량치차오의 정치활동과 정치주장을 추종했고 그들에게 종속된 개량파 범주 내에 있었다.[4] 그 철학 사상도 개량파와 마찬가지로 서양 자연과학의 영향을 수용하여 기계적 유물론의 색채를 띠고 있었다. 이것이 장타이옌의 첫번째 시기라 할 수 있다.

1900년의 '변발 풀기'부터 1908년 『민보』 정간까지가 장타이옌의

---

2) 이런 작용은 역사상 별 영향력이 없던 미공개 사신(私信) 몇 통으로 대체하거나 그것과 동일시될 수 없다. 탕전창(唐振常)의 「장타이옌을 논함」(論章太炎, 『역사연구』 1978년 제1기)은 이런 결점이 있다.

3) "14~15세 때부터 장량기(蔣良騏)의 『동화록』(東華錄)을 보고 만주족 축출의 뜻을 가졌다."(「타오야오와 류야루에게 드리는 글」與陶亞武柳亞盧書) "서재에 장량기의 『동화록』이 있어 몰래 보았다. 대명세(戴名世), 여유량(呂留良), 증정(曾靜)의 일을 보고는 매우 불공평하다고 느꼈고, 그로 인해 『춘추』에서 이적(夷狄)을 천시하는 뜻을 생각하게 되었다."(『자편연보 · 1880년』)

4) 다만 "기본적"일 뿐이었다. "이를 알고 나서는 만주 축출의 논의를 그칠 수 있었다."(『구서』 「객제」客帝) 장타이옌은 개량파와 반만·민권·금문 경학 등의 측면에서 시작부터 불일치가 있었다. 그의 유명한 「객제」에는 청을 황제로 삼으면서도 황제를 배척한다는 모순이 내재되어 있었다. 그러나 공자를 황제로 여긴 것은 개량파의 영향이었다. "캉유웨이의 문하는 『명이대방록』을 많이 지지했지만 나는 항상 왕선산의 『황서』(黃書)를 가지고 대립했다. 만주를 제거하지 않으면 정치개혁과 변법이 허언(虛言)이 될 것이라 생각했다."(『자편연보 · 1897년』)

두번째 시기였다. 사상적으로는 불학(佛學) 관념론이 나날이 우세를 점하고 수많은 주관관념론적인 글을 발표했음에도, 총체적으로 보아 이 시기 장타이옌의 주요행위는 개량파와 첨예한 정치·사상 투쟁을 한 것이다. 「캉유웨이의 '혁명을 논한 글'을 반박함」(駁康有爲論革命書)*(이하 「캉유웨이 반박」으로 약칭―옮긴이)에서 『민보』의 수많은 글까지[5] 그 영향력과 공적은 막대했다. 비록 10년도 안 되는 짧은 기간이었지만, 이 시기는 장타이옌의 '황금시대' 였다.

1908년부터 1913년까지는 장타이옌이 신해혁명을 전후로 크게 분열되면서 쑨중산과 황싱에 반대하고 리위안훙과 위안스카이를 옹호하는 등의 좋지 않은 역할을 하던 시기였다.[6] 이 시기에 그는 많은 정치활동을 했지만 이 활동들은 대부분 혁명에 불리하게 작용했다. 그리고 1914년 위안스카이에게 연금되었을 때부터 만년(晚年)까지는 사실상 나날이 정치·사상 무대에서 유리되었다. 명성이 높고 제자가 많았음에도, 시대와 유리된 '국학 대사' 로서의 시기였다. 물론 마지막 20여 년간 장타이옌의 정치태도와 사상에는 약간의 변화가 있었다.

그러나 북양군벌에 반대하고 남하하여 쑨중산과 합작하며 만년에 항

---

* 1902년 캉유웨이가 발표한 「남북 아메리카의 여러 화교상인에게 드리는 글」(與南北美洲諸華商書:「변혁명서」辨革命書)을 반박한 글이다. 캉유웨이는 「변혁명서」에서 보황을 고취하면서 폭력혁명으로 청조의 반동통치를 전복하는 것에 반대하고, 청 정부에 의존하여 입헌군주를 시행할 것을 주장했다. 이에 대해 장타이옌은 반박문에서, 수많은 사례를 들어 인민을 탄압하는 청조 통치의 죄행을 폭로했다. 그리고 무술변법의 실패를 예로 들어 개량주의 노선의 시행 불가능함을 설명했으며, 캉유웨이가 퍼뜨린 혁명공포론 등이 지닌 오류를 비판했다.

5) 「캉유웨이 반박」과 『민보』의 시기에는 사상이 일관되지 않았다. 1906년을 경계선으로 삼아 두 개의 소시기로 나눌 수 있다. 앞시기는 당시 혁명파의 일반주장에 대부분 동의했고, 후기는 보다 개인적 특색을 갖추었다. 뒤에서 자세하게 논함.

6) 예를 들어, 장타이옌은 쑨중산을 공개적으로 매도했다. 1910년 광복회가 동맹회에서 공개적으로 분열되어 나왔을 때 장타이옌은 회장으로 추대되었다. 신해년 거사 후 혁명파의 절대다수는 쑨중산을 임시 대총통으로 추대했는데, 장타이옌만이 반대하고 극력 리위안훙을 추대하면서 위안스카이를 무조건 추종했다.

일을 주장하는 등 좋게 변화되거나 1920년대 후 독경을 제창하고 백화문운동을 반대하는 등 나쁘게 변화하거나를 막론하고, 사회적으로는 별다른 중요한 영향을 주지 못했다. 그리고 사회적으로 별다른 작용도 일으키지 않아 초기와는 아주 달랐다. 그는 인민이나 수많은 청년과 일찌감치 격리되어 역사적 의의만을 지닌 과도기적 인물이 되었다. 하지만 분명한 것은, 장타이옌은 중국 근대사의 사상가이자 선전가였다는 점이다. 그리고 그의 이런 역사적 지위와 의의를 규정한 것은 주로 두번째 시기였다. 이 시기의 글이 역사에 그의 이름을 남기게 했다. 그렇지 않았다면 사람들은 일찌감치 그를 잊어버렸을 것이고, 또한 근본적으로 오늘날 쟁론의 대상이 되지도 않았을 것이다.

2. 사상적 원류

역사나 인물을 대상으로 시기를 나누는 일은 단순하지 않을 뿐 아니라, 정확하게 하기 어렵다. 사상은 더욱 그러하다. 후기에 전기의 어떤 사상을 가지거나 전기에 후기의 어떤 사상을 가질 수 있고, 진보하는 시기에도 일부 낙후된 사상을 가지고 있거나 반동시기에도 일부 진보적 사상을 가질 수 있기 때문이다. 『구서』(訄書)만 하더라도, 장타이옌은 그것을 여러 차례 개정했다. 량치차오가 서명한 1900년의 쑤저우(蘇州) 목각본*(첫번째 시기를 대표할 수 있음)은 쩌우룽이 제목을 붙인 1904년의 일본 납인본**(두번째 시기의 전기를 대표)과 달랐고, 1914

---

* 『구서』는 무술변법 전후에 학술과 정치를 논한 문장으로 구성되어 있다. '구'(訄)는 말로 핍박한다는 뜻이다. 일설에 초판은 1899년에 출판되었다고도 한다. 모두 50편이고, 별도로 보일(補佚) 두 편이 있다.
** 일설에는 1902년에 출판되었다고 한다. 장타이옌은 쑨중산의 민주혁명 주장을 수용한 후 『구서』 초판본을 수정했다. 무술변법 시기 개량주의를 선전한 글을 삭제하고 반청 혁명을 선전하는 글을 증보했다. 모두 63편이며, 별도로 전록(前錄) 두 편이 있다. 예를 들어 초판본 「객제」편의 내용을 수정하여 「객제광무」(客帝匡繆)로 바꾸었다. 1905년에 재판이 나왔다.

년 대폭 증감·개정하고 이름을 바꾼 『검론』(檢論)본*(세번째, 네번째 시기를 대표)과도 달랐다. 매번 대폭적인 증감과 개정이 있었다.[7] 기타 문장도 상황이 유사했다. 1914년의 『장씨 총서』(章氏叢書)에는 『민보』 시기 우즈후이를 통렬히 질책한 유명한 편지가 수록되지 않았고, 란궁 우와 논전을 벌이던 편지도 수록되지 않았다. 이들 편지는 루쉰에 의해 "향하는 곳마다 모두 추풍낙엽이 되어 사람들의 정신을 왕성하게" 하는 '공격전(攻擊戰)의 문장'이라 예찬되던 것이었다.

장타이옌을 주로 사상가로 본다면, 이 수많은 사상변화와 문장의 수정들을 꼼꼼히 대조하고 연구해야만 보다 정확한 결론을 얻을 수 있을 것이다. 그러나 이는 매우 번잡하고 거대한 작업이므로, 여기서는 다만 초보적인 윤곽을 그려보고자 할 뿐이다.

다년간 사람들은 근대 부르주아 혁명이 고대의 망령과 언어를 빌려와 투쟁한 것과 관련하여, 마르크스의 저명한 논단을 즐겨 인용했다. 사실 마르크스는 그 논단에 이어서 다음과 같이 말했다.

(이것은-옮긴이) 외국어를 익힌 사람이 마음속으로 외국어를 본국어로 번역하는 것과 마찬가지이다. 그는 마음속에서 외국어를 본국어로 번역할 필요가 없다. 그가 본국어를 잊어버리고 새 언어를 운용할 수 있을 때 비로소 새 언어의 정신을 이해하고 마음대로 운용한다고 할 수 있다.[8]

여기서 마르크스가 논한 것은 물론 언어를 혁명에 비유한 것이었다. 유럽 부르주아 계급은 비교적 성숙한 경지에 도달했을 때 비로소 자신들의 낡은 의복과 언어를 버렸다. "로크는 허버트를 배제했다."[9]

---

* 신해혁명 후 저자의 사상이 보수화하고 퇴행함에 따라, 혁명적 내용과 유물론적 사상을 구비한 글들을 삭제하고 제목도 바꾸었다.
7) 이밖에 1902년의 수교본과 1910년의 수개본(모두 미간)이 있다.
8) 『마르크스·엥겔스 선집』 제1권, 603~604쪽.

근대중국의 부르주아 계급은 그 혁명적 영웅시기에 있었고, 줄곧 갓 익힌 유럽 부르주아 계급의 새 언어를 마음속에서 중국의 전통적 낡은 언어로 번역했다. 외국의 새 언어(부르주아 민주혁명)를 본국의 언어(고전 전통문화)로 어떻게 번역하는가의 문제는 당시 뱃속에 봉건문화가 가득하던 지식인들이 간절히 바라면서도 벗어날 수 없던 병증이었다.

장타이옌이 당시 크게 환영받으며 혁명파 속에서 그처럼 존경받는 지위에 오를 수 있던 것은 감옥에 들어간 혁명적 기개 외에도 이러한 점과 커다란 관계가 있었다. 장타이옌은 좋은 기회를 만난 것이었다. 그가 가지고 있던 대단히 난숙한 경지의 낡은 언어는 사람들로 하여금 그 사람 정도라야만 캉유웨이[10]의 깃발에 대한 진정한 적수가 될 수 있다고 느끼게 했다. 장타이옌은 '공명'(功名)[11]은 없었지만 학문이 있었으므로, 독서로 공명과 봉록을 누린 전 세대의 사대부와 우열을 가리기 어려운 이 세대의 대표가 되었다.

캉유웨이는 금문 경학을 내세우고 변법유신을 진행했지만, 장타이옌은 고문 경학으로 종족혁명을 널리 주장했다. 2,000년 전 한대 왕조의 치열하던 봉건문화의 금고문 논쟁이 뜻밖에 만청 시기에 이르러, 꺼졌던 재에 다시 불이 붙듯 회광반조(回光反照)한 것은 바로 이러한 특정한 시대적 요구 아래 나타난 기이한 풍경이었다. 그러나 금문 경학파의 피시루이와 랴오지핑이든, 고문 경학파의 위취위안(兪曲圓)과 쑨이랑(孫詒讓)이든, 그들이 모두 캉유웨이와 장타이옌의 영향[12]에 훨씬 미

---

9) 같은 책, 605쪽.
10) 캉유웨이 역시 낡은 언어로 새 문자를 번역했다. 즉 '공양삼세', '탁고개제'로 부르주아 사상을 선전했다.
11) 장타이옌은 일생 동안 청 조정의 과거시험에 응하지 않았다. 17세(1884년) 때 "제도를 폐지하고자 의롭게 과거에 응시하지 않았다"(『자편연보』)고 했다. 『소보』 사건으로 심문받을 때 심문관이 그가 어느 과에 급제한 선비냐고 묻자 그는 크게 조소했다.
12) 순수학술 영역에서도 마찬가지였다. 캉유웨이의 '신학위경설'은 랴오지핑에 비

칠 수 없던 원인은 후자가 당시 정치투쟁의 요구를 두드러지게 체현했기 때문이다.

만청 금고문의 시비와 그것의 당시 정치투쟁과의 관련문제는 이 글의 범위에 속하지 않는다. 여기서 지적하려는 것은 단지 고문 경학에 대한 존숭(尊崇)과 장타이옌의 사상 및 문장 면모 사이의 복잡한 상관관계에 대해서다. 고문 경학이 역사에 대한 상세한 고증과 논증을 훨씬 중시했기에 장타이옌은 이로 인해 조국의 역사·문화·언어·문자·법률·풍습 등에 대해 폭넓게 시비와 곡직을 논할 수 있었고, 바다같이 넓은 역사전적들을 자유자재로 방증하고 인용할 수 있었다.

문자와 성운(聲韻)에서 역대 사실(史實)까지, 전장(典章)제도에서 인물품평까지, 장타이옌이 글에서 언급하고 논술한 대상·문제·의제·주장은 대단히 광범위했다. 이상하면서도 좀 협애하고 기담괴론이 많았지만 목표와 함의는 단순하던 캉유웨이의 금문 경학에 비해 훨씬 광범위하고 복잡했다. 『구서』를 당시의 각종 정론, 저작과 비교하면 이 점은 더욱 두드러진다. 『구서』의 모든 의제는 대부분 역사와 연계되어 있었고, 옛것을 인용하여 지금을 증명했다. 그것은 사실로 시비를 가린 『성세위언』·『변법통의』 등의 시론(時論)에 비해 이론적·학술적인 색채를 훨씬 많이 갖추었다. 그런데 이처럼 읽기 까다로운 고문사(古文詞) 속에 뜻밖에 근대 자연과학과 사회학설에 대한 지식소개와 해설이 들어 있었다. 그것은 『공자개제고』와 『신학위경고』 등에 비해 훨씬 명백한 정치적 내용을 가지고 있었다. 또한 반쯤은 정치적이고 반쯤은 학술적인 해박한 평술(評述)이었다. 그러므로 그 복잡성은 더욱 두드러진다.

장타이옌 사상의 복잡성을 구성하는 다른 원인은 그의 중국 고대문화와 철학 사상에 대한 섭취와 계승에 있었다. 그것은 또 다른 사람에

해 학술적 성과가 훨씬 두드러졌고, 중국 고대의 문화학술에 대한 장타이옌의 수많은 견해는 장학성(章學誠)의 "육경은 모두 역사"(六經皆史)라는 유명한 학설의 뒤를 이어 가장 성과가 있던 것이었다.

비해 훨씬 복잡했다. 그는 캉유웨이처럼 분명하게 공양(公羊)과 육왕(陸王)을 사상의 주간으로 삼아 시작부터 완벽하고 고정된 체계를 형성하지 않았다. 또한 옌푸처럼 분명하게 영국의 경험론과 진화론을 그 기본사상으로 삼지 않았으며, 쑨중산처럼 분명하게 근대 부르주아 계급의 민주혁명 사상을 그 주체로 삼지 않았다.

장타이옌 최초의 "지론은 『통전』(通典)·『통고』(通考)·『자치통감』(自治通鑒) 등에서 벗어나지 않았고, 그 귀착점은 손자(孫子: 순자를 가리킴)와 한비(韓非: 한비자를 가리킴)"[13]였다. 훗날 또 불학 유식종을 주된 사상으로 삼아 도가·유가·법가와 서양철학 등을 하나로 묶으려고 노력했다. 그리고 이 모든 방면에 대한 그의 탐색은 다른 사람보다 깊고 넓었다. 예를 들어 서양철학에 대해 그는 본래 옌푸만큼 이해하지는 못했지만, 그가 시비곡직을 따져 논평한 대상은 옌푸보다 훨씬 많았다.[14] 그의 박학잡다함은 량치차오와 비슷했지만, 량치차오에 비해 훨씬 깊이 들어갔다. 량치차오는 얕고 잡다하여 변화가 많았지만 장타이옌은 상대적으로 안정되었다. 장타이옌은 자신의 사상체계를 구성했지만 량치차오는 그러지 못했다. 장타이옌은 이렇게 자술했다.

---

13) 장타이옌, 『자편연보』.
14) "중국 철학사에서 장타이옌은 위로 노자·장자·공자·묵자·순자·한비자에서 한·위진, 남북조·당·송·명·청의 각 사상가를 거쳐 아래로는 공양변법의 캉유웨이·탄쓰퉁·옌지다오 등에 대해 모두 평을 했다. 서양철학에 관해, 고대에서는 그리스의 아리아 학파·스토아 학파와 소크라테스·플라톤·아리스토텔레스·에피쿠로스 등을 언급했고, 근대에서는 칸트·피히테·헤겔·쇼펜하우어·니체·베이컨·흄·버클리·라이프니츠·밀·다윈·헉슬리·스펜서·데카르트와 스피노자의 저서 등 거의 건드리지 않은 사람이 없을 정도였다. 인도 철학에 관해서는 베단타(吠檀多)·바라문(波羅門)·승론(勝論)·수론(상키아 철학) 등 여러 철학(數論各宗)·법화(法華)·화엄(華嚴)·열반(涅槃)·유가(瑜迦: 범어 'yoga'의 중국어 음역. 요가학파의 경전—옮긴이)의 제경을 모두 수시로 인용했다. 그는 대대로 무착(無著)과 세친(世親)의 책에 대해 특히 탄복했다."(허우와이루侯外廬, 『근대중국 사상학설사』 하권, 861쪽) 이 서술은 사실에 부합된다. 장타이옌은 그외에도 사회학 저서를 번역했다.

······사상변천의 궤적은 대략 이렇게 말할 수 있다. 어려서 경서를 익히고 박학(朴學)을 근수(謹守)했으며······ 세상이 쇠미해져 경국(經國)을 잊지 않고 정술(政術)을 찾고 전사(前史)를 열람하되, 유독 손경(孫卿: 순자)과 한비에서만 바꿀 수 없다 했다. 그밖의 크고 아득한 뜻은 깊이 살필 여가가 없었다. 이어서 불경을 열람하여 화엄·법화·열반의 제경을 섭렵하면서 뜻을 해석함이 점차 깊어지고······, 미륵*과 세친(世親)이 지은 글을 전문적으로 공부해서······ 대승(大乘)의 깊은 취지에 도달했다. 스스로 이르기를, 석가의 현언(玄言)이 만주(晚周) 제자(諸子)를 뛰어넘음이 헤아릴 수 없이 많으니 정주(程朱) 이하는 말할 필요도 없다. ······저쪽 땅의 그리스·독일 철인의 번역서를 방람(旁覽)하고······ 단정히 앉아 깊게 살피면서 제물(齊物)을 해석하자 유가·화엄과 상통했다. ······중니(仲尼)의 공이 요(堯)·순(舜)보다 어질지만 그 심원함은 노자·장자에 비교할 바가 아니다. 계갑(癸甲) 사이에 룽취안(龍泉)에서 재난을 당하여 비로소 효상(爻象)을 공부하고『논어』를 다시 읽었다. ······또한 장자로 공자를 증명하니 이순(耳順)과 절사(絶四)의 가리킴을 뜻밖에 알 수 있었고, 그 계위(階位)의 탁절함이 공을 세워 생민(生民)을 구제한 것만이 아님을 알게 되었다. ······스스로 평생의 학술을 헤아려보면 처음에는 '세속적인 것을 전환시켜 진리를 이루는 것'(轉俗成眞)이었지만, 마지막에는 '진리를 세속적인 것으로 돌리는 것'(回眞向俗)이었다.[15]

이처럼 방대하고 번잡한 주장과 사상의 변화과정에서 장타이옌은 당연하게도 너무 많은 앞뒤 오차와 자기모순을 가지게 되었다. 일생 동안 그렇게 많은 문제에 대해 그렇게 많은 논의를 하고 그렇게 많은 학파와 사상의 영향을 수용했는데, 그 사상·주장·언론·행위와

---

* 자씨(慈氏). 산스크리트어 'Maitreya'의 의역으로, 미륵보살(彌勒菩薩)을 가리킨다.
15)『도한미언』.

정치태도 등에서 모순과 변화가 없었다면 그 또한 대단히 이상한 일일 것이다. 여러 차례 개정한 『구서』에서 이런 자기모순과 충돌이 적지 않게 발견된다.[16] 책 한 권이 이러했으니 그 일생은 말할 것도 없었다.

이런 사상의 복잡성에 주의하지 않거나 그것을 무시하고 역사시기와 구체적 상황을 염두에 두지 않은 채 몇몇 자료에만 편파적으로 집중한다면, 그가 '법가를 존중' 했다고 말할 수 있을 뿐 아니라 '공자를 존중' 했다 말할 수도 있고, '쑨중산을 반대' 했다고 말할 수 있을 뿐 아니라 '쑨중산을 옹호' 했다고도 말할 수 있으며,[17] 또한 그가 어떠어떠하다라고 말할 수도 있다.

레닌은 이렇게 말했다. "전체적 총화(總和)에서, 그리고 연계관계에서 사실을 파악하지 않고 단편적이고 임의적으로 추출하여 논단한다면, 사실은 어린이 장난이나 심지어 어린이 장난에도 미치지 못하는 것일 수밖에 없다."[18] '사인방' 의 법가설은 바로 이 '어린이 장난에도 미치지 못하는' 졸작이었다. 장타이옌의 사상은 그것을 전면적으로 사실대로 고찰하고, 각종 모순이 착종된 복잡성 가운데 주요한 고리와 실마리를 잡아야만 그 본래의 모습을 되찾아줄 수 있을 것이다.

3. 네 시기

위에서 말한 네 시기를 대체적으로 보면 아래와 같다.

---

16) 예를 들어 『구서』 초판 목각본에는 고금문의 모순, 개량과 반만의 모순 등이 보이며, 재판 납인본에는 전제와 공화, 국수와 서학, 종교반대와 종교지지, 각종 인물·사건·문제에 대한 모순된 비판이 더욱 많이 보인다.
17) 장타이옌은 쑨중산을 가장 지지한 인물이었다. 1920년 쑨중산과 "친교를 맺었"는데, "그때 (쑨)중산과 왕래하던 유학생들 중에 뜻과 목적이 맞는 사람은 한두 사람에 불과했다"(『민보육조기』民報六朝期 「연설록」)고 한다. 『구서』 납인본에서도 쑨중산을 자주 인용했다.
18) 『레닌 전집』 제23권, 279쪽.

첫째 시기에 장타이옌은 철학에서 기본적으로 서양의 근대 자연과학 사상의 영향을 받았고, 유물론 사상을 구비했다. 사회 · 정치 사상에서는 "귀착점이 순자와 한비"였지만, 이것이 장타이옌이 법가라는 사실을 의미하는 것은 전혀 아니다. 왜냐하면 장타이옌은 주로 고문 경학의 입장에서 출발하여, 순자가 전한 것이 춘추 좌전학(고문경)이고 공문의 진전(眞傳)이며 유가의 정통이라 여겼고, 한비도 좌전에서 많이 인용하여 주장을 폈다고 인식했기 때문이다.[19]

이 시기에 장타이옌은 공자를 반대하고 유가를 비판한 것이 아니라 중니와 순자를 함께 거론했다. 『구서』의 「독성」(獨聖)에서처럼 끊임없이 중니를 거론했다. 동시에 법가는 전혀 존중하지 않았다. 예를 들어 그는 제갈량을 법가라고 했다가 나중에는 "또한 그가 행한 것은 소기(小器)였을 뿐"[20]이라고 평했다. 그는 "이사는…… 주나라의 옛 제도를 일신했는데…… 그는 새로움을 지향함으로써 새로운 것을 해쳤다"[21]고 했다. '사인방'의 어용문인들은 그의 이러한 순자 숭상을 억지로 법가 숭상이라고 주장했고, 그의 글에 "비록 급변해도 가하다"는 문구가 있었다고 하여 장타이옌이 '급변'을 주장했다고 했다. 그러나 그 원뜻은 그와 반대로, 혁신은 반드시 유산을 답습하고 계승해야 함을 강조한 것이다. 그러므로 이사가 "주나라의 옛 제도"를 전부 없애버렸지만 오히려 "새로운 것을 해쳤다"고 한 것이다. 또한 '소왕'(素王) 등의 견해는 둘째 시기에는 삭제되었다.

---

19) "당시 내가 운용한 유가의 학술은 손경(孫卿: 순자)을 종주로 삼았다."(『자편연보 · 1897년』) "그러므로 순자의 이른바…… 후왕을 법으로 삼는 것(法後王)은 춘추를 법으로 삼는 것이다."(『구서』「순자존숭(尊荀) 제1」) "유가의 순경(荀卿)은 좌구명(左丘明) · 곡량(穀梁) · 모시(毛詩)의 조종이다."(「제자학 약설」諸子學略說) "한비는 『좌전』의 견해를 많이 인용했는데 그 변론은 유래를 개변시키되 말살하지 않았다."(「류선수에게 드리는 글」與劉申叔書, 이 글들은 1906년에 쓰여졌지만 이런 사상은 일찍부터 있었다.)
20) 『구서』「제갈량을 바로잡음(正葛)36」.
21) 『구서』「순자존숭 제1」.

둘째 시기의 앞부분은 개량파와 경계선을 긋고 쑨중산을 대표로 하는 부르주아 민족민주 혁명사상을 수용한 시기다. 개정된 『구서』, 쩌우룽에게 『혁명군』의 서문을 써준 것, 「캉유웨이 반박」 등이 이 시기의 대표적인 글이다. 뒷부분은 장타이옌의 사상체계가 정형을 갖추는 성숙단계였다. 이 단계는 옥중에서 불학 유식종을 심화·연구한 것을 그 근본기초로 삼았고, 출옥 후 서양과 인도의 각 학설을 광범하게 섭렵하며 이들의 종합적 융합을 도모함으로써 전체 사회·정치 사상과 철학 체계를 구성했다. 『구서』가 자연과학적 유물론 사상과 계몽주의 사상을 가지고 있었음에도 그 독립적 성격이 아직 뚜렷하지 않고 사상 체계도 아직 성숙되지 않았다고 한다면, 이 시기에는 성숙의 단계에 들어갔다.

그러나 이 성숙기의 철학 체계는 불학 유식론을 기초로 하는 주관관념론이었다. 이 시기 공구(孔丘)와 유가의 지위, 특히 철학적 지위는 장타이옌의 사고 속에서 크게 하강되었다. 그는 『연설록』(演說錄)과 『제자학 약설』에서 공구와 유학을 통렬하게 질책했다. 우리가 마땅히 인정해야 할 것은, 그것이 당시 혁명파에서 봉건전통과 공구 우상의 속박을 타파할 것을 요구[22]하던 시대사조와 마찬가지로 귀중하다는 점이다. 그러나 장타이옌은 이때도 공구를 완전히 부정하지는 않았다. "비록 그러하지만 공구의 공 역시 있었다. 상서로운 것, 신기한 것, 기괴한 것을 고찰하던 학설들을 변화시켜 인사(人事)에 힘쓰고 천문학자(疇人)와 세관(世官)의 학문을 변화시켜 평민을 논하게 했으니, 그 공 또한 천고에 뛰어나다"고 인식했다.[23] 근본적으로 '사인방'이 농단(壟斷)한 것

<hr>

22) 예를 들어 『민보』 창간호에 묵자의 초상을 게재하고는 "세계최초의 평등 박애주의의 대가"라 일컫고 공구는 거들떠보지도 않은 것.

23) 『제자학 약설』. 이 글에서 그는 법가 한비를 언급하면서 한비가 "이 두 가지(도가와 유가 순경)를 합하여 일가의 견해를 이루었다"고 인식했다. "한대의 공손홍(公孫弘)·동중서 등에 이르러…… 공손홍은 법제와 관리업무를 널리 익히고 유가학술로 그것을 수식했으며, 동중서는 춘추를 공부하여 232건의 사건을 처리하고 정위(廷尉) 장탕(張湯)의 질문에 답했다. 유가와 법가는 이때부터 조

과 다름을 알 수 있다.

셋째 시기는 과도기로서, 「제물론석」(齊物論釋, 1910년)이 그 표지가 될 수 있다. 장주(莊周)가 이때 최고의 철학으로 받들어져 불학으로 장주를 해석하고, 장주와 불학을 하나로 용해시켰다.

넷째 시기에서는 "장주로 공자를 논증"하고 공자와 장주가 하나가 되었다. 본래 장주에게 준 '내성외왕'(內聖外王)의 지위[24]를 이제는 다시 공구에게 돌려주었다. 장타이옌은 스스로 "예전에 효상(爻象)에 관심을 가졌다가…… 차츰 역(易)을 알게 되었다"[25]고 했는데, 이것은 공자의 유학과 『주역』으로 돌아가려는 심사를 말한 것이었다. 공자의 유학은 이때 불학과 대등했을 뿐 아니라 심지어 불학의 위에 있었다. "반드시 대감(大鑒)과 마조(馬祖)를 공자보다 높게 둔다면 이 또한 망령된 짓일 뿐이다."[26] 이전에 "정주(程朱) 이하는 특히 논할 만하지 않다"고 깔보던 것에 대해, 지금은 "또한 각자 자신의 뜻에 도달했으니, 한학과 송학의 논쟁과 고집으로 어떻게 사람을 희롱할 수 있겠는가?"[27]라고 모두

금씩 융합되었다. 법가는 오직 종횡가와만 적이 되었다. ……그러나 지금에 이르러 유가·법가·종횡가는 거의 합해져 하나가 되었다." '사인방'이 장타이옌을 받들어 유법투쟁을 논한 것은 돌을 옮기려다가 자기 발을 찧은 것에 지나지 않았음을 알 수 있다. 「토만주격」(討滿洲檄, 1907년)에서도 "세상에 공자가 없었으면 헌장(憲章)이 전해지지 않았을 것이고 학술도 진작되지 않았을 것이다. ……앞의 성현들에게 의지했으면서도 요(堯)·순(舜)·문왕(文王)·무왕(武王)보다 그 경지가 높아 그 훌륭함을 헤아릴 수 없다"고 했다. 대학자·대교육가로서의 공구의 지위에 대해 장타이옌은 초기부터 만년까지 그 생각이 동요되거나 그것을 바꾼 적이 없다. '공자를 비판'할 때도 마찬가지였다.

24) "석가가 그것을 응용했으므로 출가의 법이 내성(內聖)보다 훨씬 상세했고, ……공구와 노자가 그것을 응용하니 세간의 법이 외왕(外王)보다 훨씬 상세했다. 이 두 가지를 겸비한 자가 장자였다. 제물 편은 안으로는 만물을 통찰하고…… 밖으로는 나라를 다스리고 백성을 보호했다."(『도한미언』, 이것은 넷째 시기의 어록이지만 그중에는 셋째 시기 또는 둘째 시기의 사상이 꽤 많이 잔존하고 있다.)

25) 『자편연보·1914년』.

26) 『도한미언』.

27) 같은 책.

긍정했다.

아울러 과거의 공자 반대에 대해 공개적으로 참회를 표시했으니, 둘째 시기의 불학 존중·공자 억제와는 반대로 선명한 대조를 이루었다. 이 또한 장타이옌 스스로가 말하던, 자신의 학술사상이 "마침내 진리를 되돌려 세속으로 향하게 했다"(回眞向俗)는 최후단계였다. 즉, 공구의 전통으로 돌아가려는 심사였다. "세속에서 진리에 도달하고자"(由俗成眞) 하는 불학에서 "진리를 되돌려 세속으로 향하는"(回眞向俗) 공구에 도달하려는 것,[28] "공자의 도(道)가 불법(佛法)과 완전히 같지 않은 이유는 바로 그것이 세속을 벗어나면 진여(眞如)*로 나아가고 세상에 들어가면 인사를 경위(經緯)할 수 있기 때문이니, 이는 이른바 사리에 걸림이 없는 것"[29]이다. 이것은 바로 전통적 의미의 세속과 조화·일치되는 것으로, 그 과도적인 고리는 바로 "저 또한 하나의 시비이고, 이 또한 하나의 시비"라는 장주(莊周)의 철학이었다. "자연의 도와 조화되어 하나가 되면 망령됨이 저절로 부서지고 분란도 해결된다. 이른바 그러하지 않은 사물이 없고 그러할 수 없는 사물이 없다."[30] 장타이옌은 말년에 마침내 "순수한 유가의 종주(宗主)가 되었고" 공자 경전의 수호신이 되었다.

총체적으로 보아, 유가의 고문 경학("육경은 모두 역사"[31], "오랑캐

---

28) 유교에서 불교로, 다시 불교에서 유교로의 사상적 행로는 근대에서 결코 드문 일이 아니었다. 슝스리도 마찬가지였다. "내 평생의 학문은 자못 불경을 섭렵했지만 결국에는 대역(大易)에 뿌리를 두게 되었다."(『신유식론』新唯識論) "나는……자못 불교를 섭렵했고 특히 유·불 관계에 대해 깊고도 세밀하게 고찰했는데…… 마침내 유가의 대역으로 돌아와 그것을 근본으로 삼았다."(「원유」原儒) 장타이옌은 유식(唯識)에서 주역으로 돌아왔다. 이런 공통현상은 주의할 만하다. 슝스리도 당시에 동맹회 회원이었다. 이후 량수밍(梁漱溟)도 마찬가지였다.

* 산스크리트어 Tathata. "모든 현상의 있는 그대로의 참모습, 차별을 떠난, 있는 그대로의 참모습", "있는 그대로의 본성·상태"를 말한다.

29) 「XX에게 답하는 글」.

30) 『도한미언』.

31) 순경·유흠·장학성에 대한 장타이옌의 높은 평가는 역사적으로 드문 일이었다.

와 중국의 구분" 등)과 불학 유식종은 장타이엔 사상의 근원을 이루는 두 골간이었다. 그러나 보다 중요한 것은, 이들 사상의 연원이 근대적 인 특정한 역사조건 아래에서 장타이엔으로 하여금 부르주아 민주혁명 에 투신하게 하는 역할을 했다는 점이다. 그것들은 현실의 투쟁과 직접 연관되어 있었으므로 이 근본적인 핵심에서 벗어나 그의 사상연원을 살펴서는 안 된다는 것이다. 실제로 앞서 논술한 대로, 이 핵심은 신내 용과 구형식, 신시대와 구전통, 신구 언어를 교차시키고 상호삼투시킴 으로써 대단히 복잡한 면모를 드러내고 있다. 그러므로 앞서 말한 이런 복잡성은 다만 장타이엔 사상전환의 시기와 과정, 그 내원과 성분에 대 한 것일 뿐이고, 외재적 측면에 관한 것일 뿐이었다. 실질적인 내용의 복잡성은 다음 절에서 말할 수 있겠다.

"순경은 공자보다 높다."(『구서』「정공」訂孔) "공자가 죽은 이래 명실공히 그에 짝할 만한 자는 한대의 유흠이다."(같은 글)

2 사회 · 정치 사상의 특색

1. '지주계급 반만파의 대표'인가?

장타이옌은 주로 사상가로서, 신해혁명 전의 한 시기(장타이옌의 둘째 시기)에 역사적으로 매우 중요한 객관적인 역할과 영향력을 행사했다. 그러므로 이 기간을 좀더 구체적으로 분석할 필요가 있다. 장타이옌의 철학 사상과 사회 · 정치 사상도 분명 이 단계의 수많은 논저에서 보다 성숙되었다. 그런데 이 시기 장타이옌의 사상적인 속성에 관해서는 문화대혁명 이전의 학술계에서 비교적 많은 분기(分岐)와 쟁론이 있었다. 장타이옌과 그의 사상이 이른바 '지주계급 반만파'를 대표한다고 강조하는 견해가 토론에서 우세를 점하여 거의 정론이 되다시피 했다. 장타이옌은 주로 지주계급의 사상적 대표이고 그의 주요사상은 한족 지주계급의 협애한 반만 민족주의 또는 종족주의라고 정리되었다.[32]

---

32) 이 견해를 주장하는 논저와 글은 꽤 많다. 그중 차이상쓰(蔡尙思)의 「장빙린 사상의 계급성을 논함」(論章炳麟思想的階級性, 『역사연구』 1962년 제1기), 쑨서우런(孫守任)의 「장빙린 정치사상의 계급속성과 그 발전의 몇 단계를 논함」(論章炳麟政治思想的階級屬性及其發展的幾個階段, 『지린 사대 학보』吉林師大學

이 설이 우세를 점한 것은 당연히 그 까닭이 있었다. 그 하나는 장타이옌이 분명하게 강렬한 반만 민족주의와 종족주의 사상을 가지고 있었고, 아울러 그가 가진 묵직한 역사문화 보따리(이런 문화는 수천 년간 봉건 지주계급의 문화였음)로 인해 그 사상이 대단히 현란한 형식으로 전시되었다는 점이다. 장타이옌의 문장과 논저를 펼쳐보면 문자에서 내용에 이르기까지, 용어선택과 문장구성에서 고전의 폭넓은 인용까지, 확실히 봉건주의의 농후한 체취가 물씬 풍겨난다.

춘추 시대의 '오랑캐와 중국(夷夏)의 구분을 엄격하게 하는 것', 명말 청초 고염무(顧炎武)와 왕부지 등의 대가, 한민족이 이민족에 저항하고 반대한 수천 년에 걸친 각종 역사와 사적(事迹), 그리고 사상들은 장타이옌에 의해 대단히 자각적으로 반복하여 인증되고 강조되었다. "저는 민족주의가 농사 짓는 일과 같아서 사적(史籍)에 실린 인물과 제도, 지리와 풍속으로 관개(灌漑)해야 한다고 생각합니다."[33] "국수(國粹)로 종성(種性)을 격동"시켜 반만의 최강음을 노래하고 공격의 창 끝을 만청 정부[34]와 그 주구인 개량파에게 겨누었는데, 이것은 당시 장타이옌이 분명하게 혁명선전의 전선에서 진행한 전투였다. 게다가 장타이옌 본인은 분명 적지 않은 봉건 지주계급의 전통관념과 사상, 정감을 가지고 있었고, 그것이 이들 글에 그대로 드러나고 표현되었다. 그러므로 오늘날 그가 '지주계급 반만파'의 정치·사상적 대표인물로 간주되는 것도 이상한 일이 아니다.

報 1964년 제2기)을 소개한다. 이 두 편의 논증이 가장 충분하고 상세하므로 참고할 만하다.

33) 「톄정에게 답함」(答鐵錚).

34) "만주를 축출하지 않으면 의욕적인 선비의 애국심과 백성의 적개심을 얻을 수가 없고, 그런 상태에 철저하게 빠지게 되면 끝내 유럽·미국의 노예(陪隷)가 될 뿐이다."(『구서전록』訄書前錄「객제광류」客帝匡謬) "무릇 배만은 강권을 배척하는 것이고 청 군주를 배척하는 것은 왕권을 배척하는 것이다." "민족주의는 한족에 대해서만이 아니라, 베트남, 인도, 버마(미얀마), 말레이시아 등에도 적용시켜야 한다."(「복수시비론」復仇是非論) 이상은 모두 그의 민족주의가 협애한 종족주의 또는 대(大)한족주의가 아니었음을 설명한다.

그러나 조금 자세하게 분석하면, 사정은 결코 그렇게 단순하지 않다. 우선 이른바 당시 혁명진영의 '지주계급 반만파'라는 개념의 함의와 내용, 성격과 계급이익, 구체적 상황 등이 분명하지 않았다. 그리고 아무도 이에 대해 진지하게 논술한 적이 없는 듯하다. 사상사와 철학사 영역에 표현된 것은 더욱 그러했다. 아편전쟁 이래 중국의 근대역사가 객관적으로 부르주아 민주혁명의 성격을 갖지 않은 것이 없던 것과 마찬가지로, 근대중국의 진보적 사상은 '서양학습'이라는 전제와 환경조건에서 발전하지 않은 것이 없었다.

장타이엔 본인은 일찍이 서양 부르주아 자연과학과 민권사상의 열렬한 학습자이자 선전가였다. 『구서』 목각본과 납인본에서, 특히 「캉유웨이 반박」과 쩌우룽의 『혁명군』 서문에서 부르주아 민주주의를 제기하면서 그것에 찬동을 표시했다.[35] "지금 세상은 합중(合衆)과 공화(共和)로는 완전하지 않다. ……반드시 민주를 행해야 한다[36]고 말한 것 등이 그 좋은 예이다. 장타이엔뿐만 아니라 훗날 전적으로 '국수'(國粹)선전을 통해 반만 투쟁에 참가하고 아울러 장타이엔을 영수로 받들던 『국수학보』(國粹學報, 1905년 창간)의 일부 인사들도 여전히 자신들이 당시 서양의 부르주아 민주사조 아래 한민족의 전통문화를 보위하고 발양했다고 표명했다. 예를 들어, 이런 문화는 황제어용의 군주학(君主學)이 아니라 각 조대의 "한두 재야 군자가 문을 닫아 걸고 독서하며 시대를 근심하고 연구하여 일궈낸 산물"이므로 서양 부르주아 신사상 수용과 결코 모순이 없다고 공언한 것이 그러하다. 반대로 "무릇 유럽화란 진실로 우리가 하늘에 제사를 지내 구하려는 것이다[37]라는 등의 주장과 논점은 그들에 의해 자주 강조되었다.

---

35) 『혁명군』은 이런 주의의 전형적 작품이었다.
36) 「캉유웨이 반박」. 몇몇 논저(자오진위趙金鈺, 「장빙린의 정치사상」章炳麟的政治思想 『역사 연구』, 1964년 제1기 등)에서는 이들 자료에 근거하여 장타이엔이 부르주아 민주주의자라고 인정하는데, 이 또한 일면적이다.
37) 「국수는 유럽화에 장애가 없음을 논함」(論國粹無阻於歐化) 『국수학보』 제7기.

그러므로 당시 실제 정치생활 속에서는 '만주족을 박멸하고 한족을 홍성' 시키는 것만 알고 다른 요구는 없던 사람들이 상당히 많이 혁명에 투신했다. "보다 많은 사람이 단순하게 청조 정부를 반대하는 이유로 혁명을 주장했는데, 이런 사람들은 모든 계급에 다 존재했고 매우 보편적인 현상이었다."[38] 그런데도, 그들이 혁명파 중에서 독립적인 정치파벌과 정치역량이 되려 했다는 것, 특히 이론과 사상 면에서 그렇게 되려 했다는 것은 그다지 큰 가능성이 없었으며, 사실상으로도 존재하지 않았다.[39] 장타이옌과 그 사상을 지주계급 반만파의 대표로 간주하는 것은 표피적인 묘사일 뿐이다. 장타이옌의 주요한 사상이 단순한 반만이었다면 당시 그렇게 커다란 영향력을 갖지는 못했을 것이다. 왜냐하면 반만은 당시 전체 혁명파의 각 계파와 인원이 공동으로 받드는 최저강령이었기 때문이다.

반만의 사상과 주장, 언론은 당시 광범하게 유행했다. 각종 문장과 논저는 그것을 대서특필했다. 탄쓰퉁과 량치차오가 후난에서 남학회와 시무학당을 창설했을 때부터 반만 선전은 일종의 혁명사조가 되었다. 이 방면에서 혁명파의 수많은 사람과 다르던 장타이옌의 특색은 단지 역사를 운용하고 경전을 인용한 것뿐이었다. 이것은 계급적 원인이라기보다는 개인적 요소(높은 수준의 전통문화 교양)가 더 작용한 것이

---

38) 우위장(吳玉章), 『신해혁명』.
39) 뤄야오주(羅耀九)는 광복회가 이런 파벌이라고 하면서 그들이 '지주계급 반만파' 를 대표한다고 생각했다.(뤄야오주, 「광복회 성질 탐토」光復會性質探討 「재탐토」『샤대 학보』廈大學報, 1960년 제1기, 1961년 제1기) 그러나 차이위안페이, 타오청장, 루쉰 등을 포괄하고 있고 「용화회 장정」(龍華會章程) 등의 강령문헌을 가진 조직을 지주계급의 정치파벌로 보는 것은 승복하기 어렵다. (「용화회 장정」에는 "논밭을 모든 사람의 공유재산으로 바꾸어 부호들의 독점을 용납하지 않음으로써 우리 4억 동포와 4억 동포의 자손들로 하여금 빈부의 계급을 만들지 않게 하고 모든 사람이 편안하게 먹을 밥이 있게 한다"고 했다. 타오청장도 "입헌군주든 공화입헌이든, 소수인의 사론에 불과하며 평민들은 여전히 고생하고 있다. 그러므로 장차 천하 각국은 반드시 혁명으로 귀환할 것"이라 했다. 이것들은 반만으로 해석할 수 있는 것이 아니다.)

다. 아울러, 당시 혁명파의 이론사상과 완전히 일치하여 장타이옌의 반만 사상은 시종일관 단순한 종족주의에 국한되지 않았을 뿐만 아니라, 반제와 밀접하게 하나로 연계되어 있어[40] 내용적으로 두드러진 원칙상의 구분이 없었다. 이 점은 장타이옌 자신도 인정했다. 그는 민족주의에 있어서 쑨중산 등과 길을 달리하지 않았으며, 달리한 점이 있다면 '민권', '민생' 두 방면이라고 생각했다(뒤에서 상세하게 논할 것임). 역사적 · 문화적 각도에서의 반만은 장타이옌이 지닌 특색의 하나였지 전부는 아니었다.

그에게는 최소한 다른 특색이 있었다. 이 특색은 자본주의에 반대하는 견결한 태도였다. 한편으로는 객관적으로 부르주아 민주혁명의 성격을 띤 진보사업을 요구하며 그 일에 적극 참여했으며, 다른 한편으로는 유럽 · 미국 · 일본의 근대 자본주의적 경제 · 정치 · 문화 · 이론 등을 주관적이면서도 전면적으로 강렬하게 반대하고 공격했다. 바로 여기에 장타이옌 사상의 복잡성의 본질과 내용, 그리고 그 특색이 있다. 이 특색은 반만 사상보다 더 중요하다. 그것은 매우 독특한 방식으로 근대중국의 몇몇 심각한 문제를 반영했고, 장타이옌 사상의 풍성한 면모를 구성함으로써 당시 사람들에게 강렬한 인상과 영향을 주었다.

2. 반자본주의적 사상

장타이옌의 반자본주의적 사상의 형성은 하나의 과정을 겪었다. 그는 지주계급 완고파와 양무파, 그리고 당시 일반 봉건사대부들이 외부에서 들어온 모든 것을 맹목적이고도 어리석게 배척해버리거나, 아니면 튼튼한 군함과 예리한 대포와 같은 서양문물의 '기이한 기교'를

---

40) 이에 관한 자료는 많다. "만주를 배척하는 것은 그 황실을 배척하는 것이고 그 관리를 배척하는 것이다."(「배만 평의」) 이는 결코 종족을 소멸시키자는 것이 아니었다. "서양인이 우리 민족에게 미치는 화는 만주족보다 1,100배나 더 지독하다"(「혁명군 약법 답문」) 등.

수용하던 것과는 달랐다. 장타이옌은 서양 부르주아 계급의 이론 · 사상과 정치주장을 열심히 학습했다. 『구서』 목각본의 「천론」(天論: 자연과학 우주관), 「원변」(原變: 다윈의 진화론), 「유치미」(喩侈靡),[41] 『구서』 납인본과 「캉유웨이 반박」 등의 민주사상은 초기에 '서양을 학습'하던 진보적 중국인과 다를 바 없지만, 다른 방식으로[42] 자본주의의 정치 · 경제 · 사상 · 문화 등을 선전하고 있음을 보여주고 있다. 개량주의 시기에 속한 『구서』 목각본은 '반만파'를 대표할 수 없으며, "오늘날 합중과 공화로는 완전하지 않다"고 주장한 「캉유웨이 반박」과 장타이옌이 분명하게 동의를 표한 쩌우룽의 『혁명군』은 '지주계급'을 대표할 수 없었다. 그것들은 분명 부르주아 민주주의 사조에 속했다.

그러므로 우리는 장타이옌이 결코 시작부터 부르주아 사상을 거절한 것이 아니라 그것을 수용한 적이 있음을 알 수 있다. 그렇다면 장타이옌은 사상발전의 성숙단계에, 혁명파에서 영향을 가장 크게 미치고 모든 사람에게 추존받던 시기에, 거꾸로 부르주아 민주주의자에서 '지주계급 반만파'로 변한 것일까?

사실은 결코 그렇지 않았다. 장타이옌은 부르주아 민주주의를 수용한 후 바로 자신의 독특한 길, 즉 반자본주의의 길로 나아갔다. 수많은 사람이 나날이 유럽과 미국의 비바람에 열중해갈 때 장타이옌은 반대의 가락을 높이 읊었고 '서양에 맡기는 것'에 반대했으며, 국수제창을 강조했다. 그는 자본주의를 깊이 이해하고 숙지할수록 그것을 강렬하게 반대했다. 표면적으로 그의 자본주의 배척은 당시 자본주의를 제창한 개량파에 비해 보수적이고 낙후된 듯했다. 그러나 지주계급의 계급성으로 그의 이런 반자본주의적 관점과 논증을 분석하고 해석하려는

---

41) 부르주아 계급의 소비관을 수용하고 찬성했으며, "사치라 할 것이 없다"고 인식한 것은 탄쓰퉁이 근검을 반대하고 사치를 주장하며 자본주의적 관점으로 봉건주의적 전통관념을 반대한 것과 완전히 같았다.
42) 일반 사람들은 직접 고쳐했지만 장타이옌은 고전을 인용하여 제창했다.

것은 말이 되지 않는다. 그는 봉건 지주계급의 반자본주의와 경우가 달랐다. 캉유웨이와 량치차오가 나중에 유럽여행을 다녀와 전통으로 후퇴한 것과도 달랐다.

우선 정치사상부터 이야기하자. 부르주아 대의제도는 혁명파가 피로 목욕하면서까지 추구하던 민권주의의 구체적 목표였지만, 장타이옌은 그것을 굳세게 반대했다. 이런 반대는 당시 만청 정부가 하던 거짓된 입헌시행을 저지하는 현실적이고 정치적인 의의를 가지고 있었다. "나는 옛날, 혁명을 제창했지만 대의에 대해서는 불만을 가졌다. …… 그때 아주 증오하던 것은 모두 입헌군주에 있었다."[43] 그런데 마찬가지로 중요한 것은, 이론적으로 그는 분명하게 부르주아 정치제도도 반대했다는 점이다. 만청 정부의 거짓 입헌시행을 반대했을 뿐만 아니라 장차 혁명정부가 '진짜' 입헌하는 것도 반대했다. "요컨대, 대의정체는 전제로 잘 다스리는 것보다 못하다. 만주족이 그것을 시행하는 것이 그릇되면 한인이 시행해도 그르고, 군주가 그것을 시행하는 것이 그릇되면 민주가 그것을 시행해도 그르다."[44] 자본주의 대의정치와 민권사상에 반대하기 위해 장타이옌은 심지어 당시 대다수 진보적 중국인이 좋아하던 명말 청초의 황종희까지도 비난의 대열에 놓았고, 이 때문에 「비황」(非黃)을 썼다.

이런 측면은 개량파와도 비교할 수 없었으니, 지주계급 완고파 및 양무파와 거의 같은 계급에 속한 것처럼 보였다. 지주계급 완고파와 양무파는 부르주아 민권·민주 사상과 의회제도를 견결하고도 격렬하게 반대하지 않았는가? 그들은 "조상의 법은 바뀔 수 없음"과 "중체서용" (中體西用)을 강조했고, 봉건 지주계급의 '군군신신'의 정치통치 체계를 완고하게 고수하고자 했다. 그들은 의회민주에 반대하는 이유를 이렇게 이야기했다. "반드시 군위신강(君爲臣綱)에 맞추어야 하므로, 민

---

43) 「신기원 성기보 발간사」(新紀元星期報發刊詞).
44) 「대의연부론」(代議然否論).

주는 절대 시행할 수 없다. 민권도 절대 시행할 수 없으며 의회도 절대 변통(變通)할 수 없다."[45] "민권설을 제창하면 우민은 반드시 기뻐할 것이며 난민이 일어나 기강이 서지 않을 것이며 대란이 사방에서 일어날 것이다. ……이는 수많은 폐해를 만드는 것이라 할 수 있다."[46] "제멋대로 군신과 부자의 의(義)를 잊어버리면 ……노예와 병졸, 배우가 관리와 사대부 위에 버젓이 임하게 된다."[47] 이것은 전형적인 지주계급의 이데올로기였다. 하층 인민[48]이 의회민주를 통해 지주계급의 봉건통치를 위협[49]할까봐 두려워한 것이었다. 장타이옌도 대의민주를 반대했는데, 그 또한 이런 입장에 서 있었을까? 그의 반대이유를 들어보자.

대의정부는 민권을 신장시킬 수 없으니 그것을 묻어버려야만 번성할 수 있다. ……유럽·미국·일본이 행했지만 백성은 더욱 곤궁해졌다.[50]

피선자는 반드시 귀족과 관리 등으로, 하나의 현에 토박이 세력가 현령과 임명된 현령의 두 현령이 있는 것과 다르지 않으니…… 이는 전제와 다를 것이 무엇인가? ……헛되이 호족들을 득세하게 하고 잡초들을 넘쳐나게 하는 것일 뿐이다.[51]

전제국가에는 의회가 없는데, 의회가 없으면 부자와 가난한 사람이 평등하다. 그러나 의회를 설치하게 되면 의원에 선출되는 사람들은

---

45) 왕런쥔(王仁俊), 『실학평의』(實學平議).
46) 장즈둥, 『권학편 내편』 「정권(正權) 제6」.
47) 쩡롄, 『이암집』(䕇庵集) 「두 선생에게 올리는 글」(上杜先生書), .
48) '우민'·'난민'·'노예와 병졸, 배우'.
49) 이른바 '기강이 서지 않음', '관리와 사대부 위에 임함'.
50) 「마량에게 드리는 글」(與馬良書).
51) 「정문사대회 파괴상을 기록함」(記政聞社大會破壞狀).

대부분 호족에서 나온다. 그들은 명목적으로는 인민을 대표한다고 하지만 사실은 정부에 빌붙어 관리와 결탁한다. ……그러므로 공화 정체를 행하면서 재산권을 분산시켜 의원에 대해 대비하지 않으면 전제정체를 잘 행하는 것만 못하다.[52]

그러므로 선거법이 행해지면 상품(上品)에는 가난한 집안이 없게 되고 하품(下品)에는 부자가 없게 되므로, 명목적으로는 국회이지만 실제로는 간사한 정부이고 헛되이 권력자에 빌붙어 백성을 구제하는 일은 안중에도 없게 된다. ……아래로부터 제정된 모든 법도 부자를 옹호하는 일에 편중된다. 지금 의회에서 법률을 관장하게 하면 독점을 추구하는 자들은 법률이 주도면밀하지 않을 것을 걱정할 텐데, 하물며 토지를 균등하게 분배하려 하겠는가?[53]

장타이옌은 유럽·미국·일본의 부르주아 대의민주제의 선거법이 납세·재산·문화(지식인 여부) 등을 선거인 또는 피선거인의 기준으로 삼는 것에 대해 하나하나 반박했다. "납세로 선거권을 결정하는 것은 그 어그러짐이 심히 크다." "뽑는 사람은 반드시 호족에서 나오게 마련이다." 그는 이들 의원이 인민의 머리를 타고 있는 새로운 억압자에 불과하다고 인식했다. "미국의 법률에 대의원은 향리에서 개인적 죄를 지어도 고발되지 않아 그 존귀함이 제국의 군주와 비슷하다. …… 한 황제의 존재도 바라지 않거늘 하물며 수많은 의회의 황제가 존재하기를 바라겠는가?" "그러므로 의회는 백성의 원수이지 친구가 아니다." 그래서 이런 제도는 없는 것이 낫고, 이런 억압계층이 하나 더 생기는 것보다 전제제도 아래 있는 것이 더 낫다. "입헌을 본떠 백성을 귀족과 서민으로 구분하느니 차라리 왕 한 사람이 위에서 권력을 잡고 있는 것

---

52) 「오무론」(五無論).
53) 「대의연부론」, 이하 같음.

이 낫다."

이것들을 통해 장타이옌이 대의민주에 반대한 것은 앞의 지주계급이 반대한 이유와는 뚜렷하게 다를 뿐 아니라, 그와 상반됨을 알 수 있다. 하나는 대의민주가 인민을 봉기하게 만들까봐 두려워했지만, 하나는 대의민주가 새로운 일단의 억압자를 만들게 될 것을 걱정했다. 그러므로 대의민주에 대한 반대의견을 모두 지주계급 사상으로 몰아붙여서는 안 된다. 예를 들자면, 1906년 핑류(萍瀏) 대봉기*에서도 '신중화 대제국'의 기치를 내걸고 "입헌 전제공화의 기존견해에 가까이하지 말 것"을 요구했다.

그럼, 장타이옌은 근본적으로 민권에 반대했을까? 결코 그렇지 않았다. 그는 민권과 평등을 강조했다. 그가 불학을 제창한 이유 중 하나는 "불교가 군권을 가장 증오했고…… 민권회복의 주장과 합치"[54)되었기 때문이다. "불교는 평등을 가장 중시하므로 평등을 방해하는 것은 반드시 제거한다."『구서』의 두 판본에서도 여러 차례 '의회'를 언급했다.[55) 그 역시 행정(총통)·사법·입법·교육의 분권을 주장했다. "민권을 확대하고 원수(元首)의 권한을 제한하려면 많은 방법이 있다."[56) "대총

---

* 중국혁명동맹회의 일부와 가로회(哥老會)가 후난 핑샹(萍鄕)과 류양(瀏陽)에서 일으킨 공동 봉기. 1906년 가을 동맹회원이던 차이사오난(蔡紹南)과 류다오이(劉道一)는 일본에서 돌아와 후난의 류양, 리링(醴陵), 헝산(衡山) 일대에서 혁명을 선전했다. 앞선 창사(長沙) 사건 때, 수령 마푸이(馬福益)가 살해된 가로회 소속 사람들도 이 기회를 틈타 함께 봉기했다. 봉기 격문에 "만인구축(滿人驅逐), 중화회복, 공화국건설, 지권평균'이 강조되고 있다. 그러나 계획이 사전에 발각되어 10월 19~20일 서둘러 봉기했다. 당시 창장 일대는 쌀값이 폭등하고 인심도 흔들리고 있었기 때문에 혁명군은 한때 커다란 세력을 보였다. 그러나 후난 순무 천춘쉬안(岑春煊)이 네 성의 군대를 모아 공격했고, 핑샹 광산에 이해관계를 가지고 있던 일본과 독일이 보낸 군함의 위협에 눌려서 류양으로 쫓겨가고 흩어지게 되었다. 이 사건은 동맹회 결성 후 그 구호를 내건 최초의 봉기라는 점에서 의의를 가지고 있다.

54) 『연설록』, 이하 같음.
55) 「지치」(地治), 「관통하」(官統下). 그러나 『검론』에서는 전부 삭제되었다.
56) 「대의연부론」, 이하 같음.

통을 두는 것은 공정하지만 대의원을 두는 것은 어그러진 일이다."
"총통선거는 옳지만 의회설치는 그르다." 그는 집회 · 언론 · 출판의
자유를 "해산하거나 금지할 수 없다"고 주장했고, 총통이 죄가 있으면
사람마다 법에 호소하여 관리가 그를 체포하여 죄를 다스려야 한다고
주장했다. 이런 사상들은 모두 지주계급 이데올로기가 아니다. 요컨대
"모든 것은 정부나 호족이 아니라 법률로 결정"해야 한다. 그는 부르
주아 계급이 결정하는 것도 반대했다. 그러면 도대체 어떻게 결정하는
것인가?

장타이옌은 중간인(의원)이 없는 직접민권제를 동경했다. 그러나 이
것은 근본적으로 현실에서 불가능했다. 그리하여 몇몇의 초계급적인
인물, "역사에 통달함으로써 민간의 이로움과 해로움을 아는 선비", 즉
자신과 같은 지식인들이 원수를 감독하고 법률을 제정하며 평화와 전
쟁 등의 큰일을 결정하도록 구상했다. 물론 이것은 대단히 공상적이었
을 뿐 아니라 봉건주의를 유지하는 데 오히려 유리했다. "계급대립을
단순화"한 자본주의 사회에 대한 인식과는 달리, 장타이옌은 여러 가
지 온정이 흐르되 비단장막에 싸여 있는 중국 봉건사회의 계급대립과
투쟁은 인식하지 못했고, 등급을 계급으로 여겨 "중국에는 계급이 없
다"[57]고 강조했다. 그러나 장타이옌은 지주통치의 정권기구와 그 구체
적 대표인 각급 관리에 대해서는 극도로 증오했고, 그들을 타도해야 한
다고 주장했다.

신해혁명 후에 그는 또 계속 주장했다. "(과거 조대의 변천은) ……
옛 왕조에서 탐관과 나쁜 관리 가운데는 처벌받지 않은 자가 없었다.
그러나 지금은 의거를 일으킨 지 넉 달도 되지 않았는데 시운(時運)이

---

57) 장타이옌은 대의제(계급을 증가시킴)에 반대했기 때문에 "중국에는 계급이 없
다", "저들은 봉건에 가깝고 우리는 봉건에서 멀다"고 강조했다. 장타이옌이 말
하는 '계급'이 가리키는 것은 중세기의 봉건적 등급이었다. 중국이 지주제 봉건
에 연계되는 것은 유럽 · 인도의 경우와는 다르다. 그 구분이 엄격한 인도의 카
스트 제도와 다른 예 등이 그러하다.

다하여 관리에게는 미치지 않게 되었다."[58] "이 때문에 옛 관리를 없애
그 태반을 제거하여 나머지를 두려워하게 하지 않고…… 그들을 죽이
지 않는다면 입법이 일본보다 잘 갖추어진다 하더라도 끝내 훌륭한 나
라가 될 수 없다."[59] 지주계급과 그 사상가들은 일반적으로 예외 없이
농민봉기를 적대시했는데, 이것은 매우 민감한 문제였다. 왕부지 같은
대사상가도 그러했다. 근대 이래 웨이위안부터 개량파 인물들까지도
몇몇 진보사상 또는 민주사상을 가지고 있었음에도 이 중요한 문제에
대해서는 전혀 모호하지 않았다. 왕스둬(汪士鐸)와 같은 지주계급 사상
가는 공자와 맹자를 질책하기도 했지만, 농민봉기에 대해서는 대단히
견결하게 반대했다. 쩡궈판, 장즈둥 등은 말할 필요도 없었다.

그런데 이상한 것은, '지주계급 대표'로 간주되는 장타이옌이 이 문
제에서는 결코 그들과 같지 않았다는 점이다. 그는 태평천국을 포함한
역사상의 농민봉기와 당대의 농민봉기를 언급할 때 그것을 거의 폄훼
하거나 반대하지 않았다.[60] 이것이 설마 우연이었을까?

장타이옌이 자본주의 대의제를 반대한 것은 완고파와 양무파처럼 지
주계급의 입장에 서서 지주계급의 정권체계 · 통치질서 · 이데올로기를
수호하기 위해 반대한 것과는 달랐다. 유의할 점은, 장타이옌의 대의민
주 반대는 그 자신의 독특한 경제사상과 관련이 있다는 점이다. 장타이
옌은 대의정치를 반대하는 동시에 이렇게 말했다.

……무릇 이 모든 것은 관리를 억제하고 평민을 신장시킬 수 있다.
정부의 조폐(造幣)는 금 · 은 · 동만 사용하고 종이를 사용할 수 없게
하여 가짜를 근절한다. ……화폐를 가볍게 하지 않으면 물건이 더욱

---

58) 『검론』「대과」(大過).
59) 『검론』「이송에 대해」(對二宋).
60) 장타이옌은 이자성(李自成) 등에 대해서도 '유구'(流寇) 등의 용어를 사용하고
    있지만, 총체적으로 볼 때 농민봉기에 대한 그의 태도는 결코 깊이 증오하거나
    통렬하게 비판하기보다는 차라리 기리고 칭송하는 편이었다.

무겁게 되어 중인 이하는 모두 파산한다. 도적의 죄를 가볍게 해주고 부자를 후하게 대하지 않아야 가난한 사람에게 돌아간다(예를 들어, 집에 100만 금이 있는 자에게서 20만 금을 취해도 그 해가 없지만, 집에 10금이 있는 자에게서는 3금을 취해도 병폐가 심해진다). 세습되는 재산의 수를 제한하고 부자의 자손들로 하여금 조상들의 공덕 분에 공짜로 앉아서 강성해지지 못하게 한다. 농지는 자영자가 아니면 가지지 못하게 하고 목장은 스스로 마소를 채찍질하는 자가 아니면 소유하지 못하게 한다. 산림과 남새밭은 스스로 심고 가꾸지 않는 사람은 소유할 수 없게 한다. 염전도 스스로 바닷물을 끓이거나 증발시키지 않는 자는 소유할 수 없게 한다. 공지(空地)는 땅을 파서 건축하는 자가 아니면 소유할 수 없게 하고, 토호 등이 토지를 소유하여 재산을 증식하지 못하게 한다. 관에서 공장을 설치하고 그 생산액의 4분의 1을 비축하여 실업기금(饑廩)으로 삼아, 상인에게 고용된 사람이 곤궁해지면 의지할 바가 있게 한다. 관직에 있는 자는 그 부모와 자식이 상공업을 경영하지 못하게 하여…… 그가 정치의 힘을 빌려 이익을 취하지 못하게 한다. 이 모든 것은 부강한 자를 억누르고 빈약한 자를 진작하는 것이다. 이렇게 하면 군권을 통제할 수 있고 백성의 곤궁은 그치게 할 수 있다.[61]

이런 사상은 장타이옌의 글에서 여러 차례 지적되었다.

친히 경작하지 않는 자는 소유한 노전(露田)을 판매하게 한다.[62]
첫째, 토지를 균등하게 분배하여 농사짓는 사람이 농노가 되지 않

---

61) 「대의연부론」.
62) 『구서』 「정판적」(定版籍). 이것은 쑨중산의 영향을 받아 쓴 것이었다. 그러나 쑨중산은 도시의 토지문제를 중시하여 지가와 세금을 확정하는 방안 등을 내놓았지만, 장타이옌이 말한 것은 주로 농촌방면의 일반토지 문제였다. 장타이옌과 타오청장 등 광복회 일파는 쑨중산의 지가와 세금의 확정 및 토지국유화 등에 대해 분명 그다지 흥미를 느끼지 않았다.

게 하고, 둘째 관에서 공장을 세워 고용된 사람들이 이익을 나누어 가지게 하며, 셋째 상속을 제한하여 재산을 자손에게 전달하지 않게 하고, 넷째 의회를 해산하여 정당이 뇌물을 받지 못하게 한다. 이 네 가지가 행해지면 호족들은 나날이 쇠미해지고 평민들은 평등해질 수 있다. ……이 네 가지가 시행되지 않으면 입헌군주든 민주입헌이든 모두 군주제를 잘 시행하는 것만 못하다.[63]

외국 자본주의 사회의 현실을 목도하고 국내 자본주의의 흥기에 직면하여 장타이옌은 강렬한 회의와 두려움, 그리고 적대적 정서를 품었다. 그는 유럽과 미국에서 이미 "빈곤과 질병, 채찍과 몽둥이로 죽는 자가 파업과 폭력으로 죽는 자에 비해 1년에 열 배나 된다"[64]고 했고, 중국에서는 "미루어보건대, 10년도 되지 않아 중년 이하의 사람들은 공장에 들어가 채찍의 고통을 당하거나 그렇지 않으면 거지가 되는데, 부자들은 철인(哲人)과 더 결탁하여 동류를 능멸할 것이다. 상하이를 예로 들면 그 모습을 알 수 있다"[65]고 했다. 그러므로 그는 '토지를 균등하게 분배' 해야 할 뿐 아니라 상공업 자본을 중점적으로 공격해야 한다고 주장했다. 그의 '균등분배'의 범위는 광산·공장·은행에까지 확대되었는데,[66] 이것은 분명 자본주의의 발전을 촉진하려는 것이 아니라 고의로 방해하려는 것이었다. 그는 '중농억상'(重農抑商)의 전통적 이론으로 상인을 공격하고 곤욕을 주며 "상업이 나날이 횡행하고 공업이 나날이 많아지면 농업은 나날이 감소하게 될 것"[67]이라 하여 이를 반대했다.

---

63) 「오무론」.
64) 「총동맹 파업서」(總同盟罷工序).
65) 같은 글.
66) 이런 사상은 바로 혁명고조기의 산물이었다. 『구서』 목각본에서는 또 "에스파냐 사람들은 부잣집(富實)의 재물을 취하여 가난한 사람에게 균등하게 분배하려 했다가 결국 혼란을 야기했다 한다. 인간마다 경중이 있어 평등하게 만들 수 없거늘 하물며 나라에 있어서랴?"라고 했는데, 납인본에서는 삭제되었다.
67) 「오조 법률 색인」(五朝法律索引).

심지어 그는 황당하게도 근대의 모든 자본주의의 생산력에 반대하는 지경에까지 이르렀다. 예를 들어 "전차는 상인의 이익을 증가시켜줄 뿐 백성에게는 아무런 도움이 되지 않는다"[68]거나 "기계를 사용하려면 반드시 먼저 석탄을 캐내야 하는데, 인간의 욕구는 본래 이것에 있는 것이 아니다. 땅굴에서 고생함으로써 나중의 즐거움을 구하느니, 차라리 나무와 풀을 베고 경작하고 거두면서 배를 두드리며 유유자적하는 것이 낫다"[69]고 인식했다. 우리가 보기에 이것은 지주계급 양무파에 비해 훨씬 더 낙후되고 반동적인 듯하다. 양무파는 그래도 "아침에 자동차를 운전하고 저녁에 철로를 달리는 것은 성인의 제자에게 해가 없다"[70]고 하면서 그것을 중시했기 때문이다.

장타이옌의 이런 사상을 '기만', '발뺌' 또는 고의적인 괴이한 주장, 임의적인 언설(言說)로 볼 수 있을까? 물론 그럴 수 없다. 사실 이런 경제사상과 정치사상이 장타이옌 자신의 '민생주의'와 '민권주의'였다. 이것은 자본주의적인 정치·경제의 발전을 중심으로 하는 쑨중산의 민권·민생주의와는 달랐다. 그러므로 장타이옌은 "두 당(동맹회와 광복회)의 근본취지는 처음엔 다르지 않았다. 민권·민생의 견해가 달랐을 뿐"[71]이라 했다. 장타이옌의 이런 사상은 분명 광복회의 꽤 여러 사람(전부가 아니라)의 사상을 대표했다. 『민보』의 증간호 『천토』(天討)*의 「입헌당에게 고함」(諭立憲黨)이라는 명문을 보면 이 점은 더욱 명확하

68) 같은 글.
69) 「사혹론」(四惑論).
70) 『권학편 외편』 「회통(會通) 제13」.
71) 「소미당쟁서」(銷彌黨爭書).
* 『민보』는 중국 동맹회의 기관지로, 1905년 11월 26일 일본에서 월간으로 창간되었다. 앞의 제5기는 후한민이, 제6기부터 제24기는 장빙린(章炳麟, 즉 장타이옌)이, 그리고 마지막 두 기는 왕징웨이가 주편했다. 그 기본취지는 동맹회의 강령인 쑨중산의 삼민주의였으며, 신해혁명의 여론 준비역할을 했다. 1908년 10월, 제24기까지 출간하고 일본 정부에 의해 금지되었다. 1910년 1월 일본에서 다시 비밀리에 출판되었다가 2월에 결국 정간되었다. 모두 26기가 출간되었고, 『천토』 등의 증간호가 있었다.

고 두드러진다. 이 글은 분명 만청 정부의 거짓 입헌시행에 비판의 화살을 겨누었지만, 동시에 근대 자본주의의 의회민주를 비판했다. 그리고 그것이 '지주, 깡패, 토박이 세력가'의 민주일 뿐, 이들 '지방유지'의 전제정치는 실제로 '돈도 없고 세력도 없는' 농민대중에게 고통을 가져올 뿐임을 강조했다.[72]

아울러 그의 이러한 독특한 정치 · 경제 사상은 상당히 선명하고도 일관된 이론체계를 가지고 있었다. 이 이론체계는 당시를 풍미하던 진화론과 커다란 차별이 있었다. 장타이엔은 이때 자신이 이전에 신봉하던 문명진보, 물질행복[73] 등의 주장을 폐기했고, 고대의 소박한 생활을 원할지언정 근대의 번화한 세계를 원하지 않게 되었다. 그는 "콩잎을 먹고 미음을 마시며", "겨울에는 솜옷을 입고 여름에는 베옷을 입음"으로써 이른바 영혼의 쾌락을 구할지언정 "물질에 집착함"을 구하지 않는 길로 나아갔다.[74]

그는 이른바 진화는 행복과 쾌락, 그리고 도덕을 가져오지 않으며, 쾌락도 진화하고 고통도 진화하며, 선도 진화하지만 악도 진화한다고 인식했다. "도덕으로 말한다면, 선도 진화하고 악도 진화한다. 생계로 말하자면 쾌락도 진화하고 고통도 진화한다."[75] "하등 포유동물부터 인류에 이르기까지 선한 것도 진화하고 악한 것도 진화한다." "호랑이와 표범은 사람을 잡아먹지만 그래도 동족을 해치지는 않는다." 그러나 "(사람은) 한번 전쟁하면 쓰러진 시체가 백만을 헤아리고 피가 천리를

---

72) 이 책의 개량파 변법유신을 논하는 글에 해당문장을 인용했으니 참조하라.
73) 예를 들면, 삭제된 『구서』의 「유치미」에서 그는 이렇게 말하고 있다. "문명에 오랫동안 물들게 되면 사치에 물들지 않을 수 없고…… 반드시 주공이 다스린 시대의 세상을 들어 오늘날의 사람을 헤아리려 한다면 또한 가죽옷을 입고 피를 마시던 시대를 들어 성주를 헤아려야 한다. ……그러므로 천하는 이른바 사치라는 것이 없고 그 시대의 숭상하는 바를 따라서 그 지력과 인력이 생산하는 것을 소진하지 않으면 옳을 뿐이다", "지혜가 발달할수록 사치도 나날이 심해진다", "그러므로 사치는 솜씨 있는 사람이 자연스레 바라는 것이다" 등등.
74) 「사혹론」.
75) 「구분진화론」(俱分進化論), 이하 같음.

흐른"다. 그러므로 "행복을 구하는 것은 탐오(貪汚)의 다른 이름일 뿐이다. ……최초의 출발점은 수성(獸性)이고 그 출발점을 따라 나날이 끊임없이 진화해도 역시 수성을 확장할 뿐이다. ……그러므로 진화의 악(惡)은 진화하지 않는 것의 악보다 심하다."[76] 이른바 진화와 행복은 동물적인 것일 뿐이어서 언급할 만한 도덕은 없다. "문명이 나날이 진보하면 인도(人道)가 나날이 심하게 유린되는 것을 알아야 한다."[77] "여기서 진화하면 반드시 저기서 퇴화하므로 무엇을 진화라 할 수 있는가?"[78] "물질문명 때문에 사람들이 존중하게 되는 것은 작위가 아니라 화식(貨殖)이다. 부상(富商)·대상(大商)은 빈민과 자리를 같이하지 않고 같은 차를 타고 나가지도 않는다. ……이는 악보다도 훨씬 나아간 것이 아닌가?"[79]

혁명파와 개량파는 대부분 다윈의 진화론을 자신의 가장 기본적인 세계관과 투쟁이론으로 삼았다. 이 점에서 그들은 대부분 옌푸의 영향을 받았다. 그러나 장타이옌은 유독 옌푸를 애써 반대했다. 정치주장에서뿐만 아니라 진화이론에서도 그러했다. 옌푸가 스펜서를 강조하면서 진화의 원리가 사회에 적용된다고 인식한 것과는 의도적으로 대립하여, 장타이옌은 헉슬리 등을 인용하여 스펜서를 반대했으며 진화는 자연법칙일 뿐 사회의 원리는 아니라고 인식했다. "……사회현상을 들어 그 증거로 삼는…… 진화론이 갓 형성되었다. 동시에 그에 반대하는 헉슬리도 있다."[80] 그는 스펜서가 심리적·의식적 관점이 아니라 생리적·생물적 관점으로 사회를 해석한 것은 오류라고 인식했다.

(스펜서는) 옛 것을 갈무리하는 데에는 뛰어났지만 미래를 예측하

---

76) 「사혹론」.
77) 「인도 시퍼치 왕 기념회 기록」(記印度西婆耆王紀念會事).
78) 「사혹론」.
79) 「구분진화론」.
80) 같은 글.

는 능력은 결여되었다. 미국인 기딩스는 사회의 시원(始原)이 동류의 식에 있다고 했다. ……심리에 속하는 것을 생리용어로 어지럽혀서는 안 된다. 그러므로 기딩스가 그 일을 확정한 이후 권위자들이 견지하여 빈려부물화(賓旅夫物化)＊한 것은 스펜서보다 뛰어나다.[81]

사회는 자연진화와는 다른 사회의식과 인도규칙이 있음을 그는 강조했다.

약은 것이 반드시 우매한 것을 속이고 용감한 것이 반드시 약한 것을 능멸할 수 있는 것이 자연법칙이다. 자연법칙을 따르면 인도(人道)는 곤궁해질 것이다. 그러므로 인위적인 법칙으로 그것에 대응하여 다스린 연후에야 관리와 백성이 설 수 있다. ……지금 진화는 자연법칙으로…… 인도와는 애당초 관계가 없다.[82]

진화론이 사회를 건전하게 하고 민생을 행복하게 하는 법칙이 아니라면 혁명가가 목표로 받들어 실현할 법칙은 도대체 무엇인가? 장타이옌은 그것이 '심리'와 '의식'이라고 파악했다. 생물진화가 아니라 사회심리와 의식이 사회발생('시원하는 바')과 진보의 동력이라는 것이었다. 좀더 구체적으로 말하면, 장타이옌은 그것이 도덕이라고 인식했다. "첫째는 종교로 신심을 일으켜 국민의 도덕을 증진"시키는 것이 장타이옌의 기본적인 사상이었다. 도덕을 강구하고 역사를 중시하는 것은 시종일관 장타이옌의 전체사상에 관철되었다. 이른바 도덕으로 모든 것을 재고 평가하는 것은 장타이옌의 두드러진 사상적 특징이었다.

그가 불학을 창도한 것은 부처가 지옥에 들어간 도덕적 정신과 중생

＊ 장타이옌의 용어로 진화론을 비판·반대하는 의미를 가지고 있다.
81) 『사회학』「번역 서문」.
82) 「사혹론」.

평등의 도덕적 이상을 제창하기 위해서였다. 그가 공자에 반대하고 유학을 비판한 것은 "유가의 병폐가 부귀와 이록(利祿)을 그 마음으로 삼았기" 때문이었는데,[83] 이것은 완전히 도덕방면에 중점을 둔 것이었다.[84] 역사와 역사인물에 대한 장타이옌의 평가는 대부분 도덕에 치중되어 있었다. 예를 들어 장타이옌은 자주 동한(東漢)을 칭찬했는데, 그 이유는 "한말의 풍모와 예절은 위로 상주(商周)보다 뛰어나고", "동한의 풍상(風尙)은 2,000년 가운데 으뜸"이기 때문이었다.

그는 당시 '만청' 정부, 관리와 개량파에 대한 투쟁에서도 항상 개인의 도덕적 타락과 인격의 저열함을 첨예하게 폭로했다. 또한 '구당'과 '신당'의 각종 부패현상을 통렬하게 공격했는데, "이록에 빠져 있고", "염치가 모두 없어졌으며" 벼슬자리에 예지(叡智)가 현혹되고 세리(勢利)를 추종하며, 아부·아첨하고, 비겁하고 두려워하는 것 등은 장타이옌이 자유자재로 구사하는 평론의 주제이자 공격의 무기였다. 이런 인신폭로의 도덕무기는 체면을 극히 중시하는 중국 상류사회의 지식인들에게 낭패감을 주기 십상이어서 커다란 전과를 거둘 수 있었다.

흥미로운 것은, 그가 이른바 도덕기준에서 출발하여 당시 사회를 16등급으로 나눈 점이었다. 그는 이 등급이 사람들의 '직업'——사회 생산과 생활에서의 객관적 지위·직능——과 밀접하게 관련되었다고 인식했다.

오늘의 도덕은 대개 직업에 따라 변한다. 그 직업을 헤아려보면 16

---

83) 『제자학 약설』.

84) 자료가 많지만 일일이 인용하지는 않는다. 『연설록』에서 "공교의 최대의 오점은 사람을 부귀와 이록의 사상에서 벗어나지 못하게 한 것이었다. 한무제가 오로지 공교만을 높이 받든 이래, 부귀와 이록에 열중하는 사람이 하루하루 늘어났다. 우리가 오늘 혁명을 실행하고 민권을 제창하려 하는 데 조금이라도 부귀와 이록의 마음이 섞여든다면, 이는 미생물 곰팡이가 전신을 해칠 수 있는 것과 같다. 그러므로 공교는 절대 운용할 수 없다"고 한 것을 예로 들 수 있다. 그는 때로는 자신이 존경하던 순자마저도 매도했다.

종의 사람이 있다. 첫째 농민, 둘째 노동자, 셋째 상점직원, 넷째 상점 주인, 다섯째 학자(學究), 여섯째 기술자와 예인(藝士), 일곱째 통인(通人), 여덟째 군졸, 아홉째 서리(胥徒), 열째 막료, 열한째 직업상인, 열두째 경조관(京兆官), 열셋째 방면관(지방관), 열넷째 군관, 열다섯째 차제관(差除官), 열여섯째 고용통역. 그 직업이 모두 16등급이고 그 도덕의 순서도 16등급이다.

……농민이 도덕적으로 가장 높은데, 그들은 몸을 수고롭게 하여 1년 내내 열심히 일한다. ……기술자와 예인(의사, 화가 등) 이하는 모두 도덕의 영역에 있으나, 통인(고급 지식인) 이상은 대부분 부도덕한 사람들이다. ……요컨대, 지식이 많고 권위가 클수록 도덕에서 점점 더 멀어진다.[85]

도덕이 가장 나쁘고 등급이 가장 낮은 것은 외국 제국주의를 위해 복무하고 고용된 사람이었다. 그들은 "또 백인의 총애를 받고, 독무(督撫)에게만 의존하는 것이 아니"[86]었다.

이상은 상당히 독특한 직업분석이었다. 스스로 벌어서 먹되 다른 사람을 착취하거나 억압하지 않는 기층 인민의 '직업'은 "속임수를 모르고", "굳세어 굴복하지 않는" 도덕등급과 연계시켰다. 또 상류사회의 도덕적 타락을 억압·착취하면서 속임수로 빼앗는 그들의 '직업'과 연계시킴으로써 그 창 끝을 상류사회에 겨누었다. 상층사회의 부패와 도덕적 열악함에 대한 분노와 증오를 독특하게 반영하고 있다.

장타이옌은 혁명가는 반드시 도덕을 중시해야 한다고 강조했다. "도덕의 쓰임은 비단 혁명에만 있는 것이 아니다. 혁명보다 쉬운 일이 있지만 도덕이 없으면 이룰 수 없다."[87] 도덕은 혁명과 모든 진보적 행위

---

85) 「혁명의 도덕」.
86) 같은 글.

640

의 동력이자 목표였다. 장타이옌과 타오청장 등은 사상과 언론에서뿐만 아니라 일정 정도의 신체적 행위에서도 고난을 달게 여기고 희생을 두려워하지 않는 도덕적 작풍을 중점적으로 부각시켰다.[88] 이는 당시에 커다란 흡인력을 가지고 있었고, 독자적인 풍격을 가진 장타이옌의 사상과 주장에 좋은 영향을 주었다.

루쉰은 바로 당시 장타이옌의 영향을 받은 사람의 특별한 예였다. 진화론에서 크게 다른 점 외에는, 상류사회를 증오하고 공격하며 자본주의의 경제와 정치를 반대하고 종교와 도덕, 국수와 개성주의를 제창하는 등의 문제에서 루쉰은 기본적으로 장타이옌 쪽에 서 있었다. 루쉰이 1906년부터 1908년까지 쓴 몇 편의 저명한 논문, 특히 「파악성론」(破惡聲論)과 「문화편지론」(文化偏至論)을 장타이옌의 위의 관점, 논문과 비교해보면 분명해진다. 당시 루쉰은 사상과 문자의 측면에서 장타이옌의 영향을 깊이 받았다. 루쉰이 일생 동안 시종 장타이옌에 대해(그렇게 많은 혁명선배 중에서 유독 장타이옌에 대해) 높은 존경심을 가지고 있었고, 많은 논란을 배제하면서 사후 시비(是非)와 공과(功過)를 논할 때 장타이옌에게 지극히 높은 평가를 한 것은 결코 우연이 아니었다. 이것은 결코 개인적 친분에서가 아니라 루쉰이 청년시대에 직접 느낀 장타이옌의 역사적 역할을 무척 중시한 것이며, 장타이옌의 역사적 공적에 대한 사실에 부합되는 긍정이었다.

3. 계급적 특징

그러면 도대체 위에서 논술한 장타이옌 사상의 특색을 어떻게 이해해야 할까? 그 사회적·계급적 기초는 무엇이었을까?

앞서 말한 대로, 이들 사상을 지주계급의 사상의식이라고 말하는 것

---

87) 같은 글.
88) 루쉰은 타오청장이 새끼줄을 허리띠로 삼는 등, 고난을 두려워하지 않고 혁명에 분주하던 감동적인 모습을 깊은 감정으로 회고한 적이 있다.

은 설득력이 없다. 이들 사상의 몇 가지 성분과 요소, 그리고 그 제기 방법은 중국 고대의 지주문화에도 분명히 있었지만 그것들이 이처럼 완전한 형태로 중국 근대사상사에 나타난 것은 고대의 번각본(飜刻本) 등과 같은 설법으로 해석할 수 있는 것이 아니다. 그것은 자기시대의 산물이었고, 근대중국 사회와 계급투쟁이라는 제약에서 벗어날 수 없는 것이었다. 또한 부르주아 민주혁명의 고조와 혁명진영 내에서 출현한 사상 또는 사조였음을 간과할 수 없다.

레닌의 톨스토이론은 이 난제를 해결하는 데 시사하는 바가 크다. 톨스토이는 차르 황제 시대의 명문귀족이었다. 그는 자신의 널찍하고 편안한 장원에서 조용하게 『전쟁과 평화』, 『안나 카레니나』 등의 불후의 문학 대작을 썼다. 레닌은 당시 여러 혁명가에 의해 귀족 지주계급의 대변자라고 매도되던 이 백작 나리에게서, 그리고 순수한 상류사회의 세속화(작품의 주요인물·제재·이야기·줄거리 모두 상층귀족임)로 간주된 예술작품 속에서, 오히려 당시 부르주아 민주혁명의 거대한 조류 가운데 있던 낙후된 봉건 종법사회에 처한 러시아 농민군중의 심성을 간파하고 느꼈다. 그는 그것이 전체 부르주아 혁명의 격동과 연대 속에서 종법제도 아래에서의 농민의 생각과 정서, 역량과 결함을 선명하게 반영하고 있다고 지적했다. "톨스토이는 진심에서 우러나온 거대한 역량으로 지배계급을 진정으로 채찍질했고, 현대사회가 기대어 유지되고 있는 모든 제도——교회·법정·군국주의·'합법적' 혼인·부르주아 과학의 내재적 허위——를 아주 또렷하게 폭로했다. 그러나 그의 가르침은 현재 제도의 무덤을 파는 사람, 즉 프롤레타리아 계급의 삶과 일, 그리고 투쟁과는 완전히 모순적이었다."[89] "톨스토이주의의 현실적인 역사내용은 바로 이런 동방제도와 아시아 제도의 이데올로기이다. 이로 인해 금욕주의도 있고 비폭력 저항의 주장도 있으며, 깊은 비관주의의 가락도 있다. '모든 것은 무이고 모든 물질적인 것은 무'라

89) 레닌, 『레닌 전집』 제16권 「톨스토이와 프롤레타리아 계급투쟁」,

고 여기는 신념도 있다."[90]

이론적인 논문은 예술적 형상과 크게 다른 법이고, 장타이옌은 물론 톨스토이가 아니었다. 특히 장타이옌은 톨스토이처럼 끝내 자신의 계급과 철저하게 결별하면서 자각적으로 농민 편에 설 수 없었다. 그는 오히려 봉건지주의 품으로 돌아갔다.[91] 장타이옌이 톨스토이에 비해 고명한 점은 폭력혁명을 주장한 것이었다. 그러나 가장 중요한 것은, 상층 사회에 대한 그들의 증오와 공격, 자본주의(경제, 정치, 문화 각 방면 포함)에 대한 전면적 반대, 봉건농촌에 대한 연민과 미화, 도덕과 종교를 근본적 기초로 삼아야 한다고 주장하고 특히 강조한 것이다. 그리고 깊은 비관주의와 허무주의의 정서 등에서 놀랄 만큼 유사한 점이 있는데, 이 또한 우연이 아니었다. 그러나 부르주아 민주혁명의 고조

---

90) 레닌, 『레닌 전집』 제17권 「L. N. 톨스토이와 그의 시대」.

91) 예를 들어, 토지소유제라는 매우 관건적인 문제에 대한 태도에서 장타이옌은 다음과 같이 주장했다. "토지를 균등분배해야 한다", "토지는 균등분배하지만 재화는 균등분배하지 않는다(상공업주의 재산을 나누지 않는 것을 가리킴). …… 후왕(後王)은 이 때문에 사회주의자이다."(『구서』 「통법」通法) "지권평균 이후 전국에는 지주가 없다."(「대의연부론」) 그러나 그는 신해혁명 이후, 정치적으로 빠르게 봉건세력에 합류하여 이전 자기주장의 완전 반대편에 서서 '평균지권'에 반대했다. "토지국유화는 부자의 밭을 빼앗아 빈민에게 주는 것인데, 이는 이치에 크게 어그러진다. 토지가격에 의해 국가가 수매하는 것도 그런 돈이 없으므로 절대로 시행하기 어렵다."(「중화민국연합회 성립회 연설문」) "사회주의가 유럽·미국에서도 아직 실행되기 어렵거늘, 어찌 중국에서 사회주의를 논하겠는가? 중국에서 지가와 세금을 마음대로 하는 것은 사물의 많고 적음에 따라 균형 있게 베푸는 정도(正道)를 잃는 것이다. 이 땅에는 본래 대지주가 없다."(「장지즈에게 보내는 글」復張季直書)
  이런 변화는 전혀 이상하지 않다. 당시 류스페이(역시 광복회원)는 「비전편」(悲佃篇)을 써서 장타이옌이 주편한 『민보』에 게재하여 크게 외쳤다. "부호의 밭을 차지하려면 반드시 농민혁명에서 시작해야 한다. 무릇 지금의 지주는 모두 큰 도적이다. ……백성이 그들의 통제를 받는 것은 폭군의 통제와 같다. 지금 그들의 소유를 빼앗아 평민에게 공유시키고, 사람마다 일정한 면적의 밭을 균등하게 가지게 해야 한다." 이는 매우 명확하고 대단히 격렬한 논조다. 그러나 얼마 후 류스페이는 변절하여 배반자, 특무가 되어 혁명당원들에게 멸시를 받았다. 류스페이는 장타이옌과 개인적으로 매우 친했다. 그들의 당시 이런 사상은 동일한 사조로 나타났다.

가운데 소생산자로서의 봉건농민의 몇몇 특징과 몇 가지 측면(전부 또는 모든 측면이 아니라)을 톨스토이가 보다 자각적이고 선명하게 반영했다면, 장타이옌은 그다지 자각적이지도 선명하지도 않게 반영했다.[92] 물론 톨스토이와 장타이옌 사이에는 민족적 차이가 있었고, 각종 구체적인 상황에서 차이가 있었다. 장타이옌은 봉건 지주계급 문화의 계승자이자 수호자였고 현실투쟁에서 소생산자로서의 인민주의적 사상과 정서를 비자각적으로 반영했으며, 보다 많은 모순성과 복잡성을 띠고 있었다. 본래 당시 혁명파 진영에는 이런 반자본주의적 인민파 사조가 팽배했다. 쑨중산과 주즈신도 그러했고, 장타이옌과 광복회의 일부 인물들은 더욱 전형적이었다. 그중 특히 장타이옌이 보다 농후했고 가장 두드러졌다. 그의 인민파 관점은 중국 전통의 봉건적 특성을 가지고 있었다.

농민은 계층으로 나뉘는데, 장타이옌이 반영한 것은 주로 자영농 이상의 계층이지 결코 가난한 고용농(貧雇農)을 대표하지는 않았다.[93] 장타이옌이 "중국의 토지와 농지는 스스로 주인인 자가 대부분"[94]이라고 한 것은 결코 사회적 현실을 반영한 것이 아니라 자신의 사상적 현실을 반영한 것이다.

프롤레타리아 계급이 정치무대에 오르기 전, 농민과 부르주아 계급은 근대혁명의 주요하고 적극적인 양대 역량이었다. 그러나 그들의 경제적 요구와 정치적 이상은 전혀 달랐다. 정치는 경제의 집중적 표현이다. 부르주아 대의민주제는 근대 자본주의 경제의 요구이자 산물이었다. 그것은 농민계급의 바람과 전혀 상통하지 않았다. 후자는 경제적인

---

92) 이런 계급적 특징을 가장 먼저 지적한 것은 허우와이루의 『중국 근대사상 학설사』이다. 그런데 허우와이루는 장타이옌을 두루뭉실하게 전체 농민계급의 자각적인 대표로 설정하고 그를 과도하게 높이 평가했다.

93) 이 점에 대해 농민설을 견지하는 논저(예를 들어, 후성우胡繩武 · 진충지金冲及, 「신해혁명 시기 장타이옌의 정치사상」『역사연구』, 1961년 제4기)에서는 언급이 없었고, 장타이옌의 사상에 대해서도 체계적인 분석을 하지 않았다.

94) 「대의연부론」.

평등 또는 평균을 더욱 중시했고 정치체제는 부차적이었다. 사상영역에 반영된 것도 마찬가지였다.

중국 근대사상사에서 근대 상공업 발전을 강조하고 부르주아 민주정치를 실행하며 과학과 자본주의 문화, 교육을 제창한 것과, 토지문제를 해결하고 현존 통치질서를 공격하며 자본주의 경제·정치·문화에 대해 별다른 흥미를 가지지 않음은 물론 심지어 적대적인 태도(이런 것들은 항상 제국주의의 침략과 연결되어 있기 때문에)를 가지는 것은 혁명이 고조되는 사회현실 속에서 동시에 출현할 수 있었다. 중국 근대의 태평천국 운동과 의화단운동, 그리고 신해혁명 등의 고조기에서 모두 이런 상황이 나타났다.

이 두 가지 사상은 서로 언쟁을 벌이다가 적대시하게 되었지만, 반제국주의와 만청 정부 전복이라는 공동목표 아래에서는 여전히 협조하고 통일할 수 있었다. 장타이옌의 주장이 당시 혁명파에게 용납되었고 주즈신 등이 선전한 '호족' 반대와 서로 호응하여 독특한 사회적 영향을 일으킬 수 있던 원인도 바로 이 점에 있었다.

동전에 양면이 있듯이, 농민계급을 일면적으로 이상화할 수는 없다. 가난한 고용농을 포함한 농민은 소생산자로서 항상 봉건적 생산양식의 심각한 제한을 받게 마련이었다. 그들은 지주계급의 착취와 억압을 굳세게 반대했지만, 동시에 지주계급 통치의식의 깊은 해독을 입었다. 그들은 결코 새로운 생산력의 대표가 아니었다. 홍슈취안과 같은 천재적 인물도 모종의 원시적인 평등·평균 사상(주로 경제적 평등)을 가지고 있었음에도 여전히 수많은 봉건주의적인 것을 보유하고 있었다. 예를 들어 「천부시」, 「유학시」 등의 작품에는 '군주는 존귀하고 신하는 비천'하며 '남편은 존귀하고 아내는 비천'하다는 등의 사상과 의식이 대단히 농후하고 충만했다.

역대 농민봉기의 지도자들이 신속하게 봉건제왕의 초기 형태를 드러낸 것도 바로 이 점을 설명해준다. 농민혁명 사상에 봉건주의적인 관점과 의식이 다수 섞일 수밖에 없는 것은 이상한 일이 아니다. 일부

자영농 이상의 계층을 반영한 장타이옌의 사상은 더욱 그러했다. 이는 농민이 반드시 새로운 생산력에 반대하는 것이 아니라 그런 생산력이 자본주의적 생산관계와 함께 도래함으로 인해 농민을 파산시키고 대량의 농민을 고용노동자로 전락시켜 공포·불만·반항을 느끼게 한다는 것이다. 특히 근대에 새로운 생산력은 제국주의의 침략과 연계되어 있다. 초기 프롤레타리아 계급이 기계를 파괴하고 농민이 반자본주의적 사상을 가지는 것은 전혀 이상한 일이 아니다. 한 계급과 그 계급을 대변하는 정치적·사상적 특징은 "그들의 사상은 프티부르주아지의 생활이 넘을 수 없는 한계를 넘을 수 없다"[95]는 것과 같다. 장타이옌의 이러한 사상이 프티부르주아지를 대표한 것도 마찬가지였다.

쑨중산을 논할 때 이미 지적한 것처럼, 중국 근대 부르주아 혁명에서 일부 사상가들은 서양 자본주의의 길을 회피하기를 희망하면서 또한 봉건통치에 반대했다. 그리고 봉건고대와도 다르면서 현대 서양과도 다른, 동양의 국수(國粹)를 유보하면서도 서양문명을 수용한 '제3의 사회'를 건립하고자 한 것은 일종의 필연적인 시대사조가 되었다. 이것은 비단 중국에서만이 아니었다. 러시아(인민파), 인도(간디), 인도네시아(수카르노) 등에서도 이런 경향이 있었다. 그러나 사회발전의 법칙은 인간의 의지로 전이되는 것이 아니다. 각종 환상과 언사로 은폐하여 자신을 속이고 다른 사람을 속이더라도 이른바 동양의 정신문명(봉건주의)은 결국 서양의 물질문명(자본주의)에 의해 패배할 것이었다.

한편으로는 봉건적 독소가 섞여 있고 다른 한편으로는 소생산자가 습관적으로 가지고 있는 반동적인 공상으로 충만했던 것이 장타이옌 사상의 현저한 특징이었다. 반만 반제의 민족주의·경제적 평균주의·정치적 전제주의·도덕적 순결주의 옆에 절대적 개인주의와 극단적 허

---

95) 『마르크스·엥겔스 선집』 제1권, 632쪽.

무주의를 덧붙인 것이 장타이옌의 사회·정치 사상이 지닌 특색의 전모였다. 장타이옌은 『구서』 시기의 '무리 지음으로써 진화한다' (合群以進化)는 이론[96]을 던져버리고, 오직 사람만이 진실하고 어떤 사회조직이든 모두 가짜임을 거리낌없이 강조했다. "개체가 진실이고 단체는 환상이며",[97] "대개 사람은…… 세계를 위해 살지 않고 사회를 위해 살지 않으며 국가를 위해 살지 않고 다른 사람을 위해 살지 않는다. 그러므로 인간은 세계·사회·국가에 대해, 그리고 다른 사람에 대해 책임이 없다." "악은 사람이 마땅히 해야 하는 일이 아니지만 선 또한 사람의 책임이 아니다."[98] "촌락과 군대, 가축떼와 국가도 모두 허위이고 오직 사람만이 진실이다." 그는 사회가 개인을 억제하는 것을 극구 공격하고 반대했으며, 절대자유와 개성의 해방을 요구했다. "어찌 지금의 세상에서 바이런을 얻지 못하는가"[99]라고 그는 외쳤다.

장타이옌은 아울러 이른바 '무정부'·'무취락(聚落)'·'무인류'·'무중생'·'무세계'의 저명한 '오무' (五無)의 경계, 즉 우주일체의 소멸을 주장했다. 그 주관적 목적과 객관적 기능은 현존질서와 봉건관념을 수호하거나 공고히 하려는 데 있던 것이 아니라, 오히려 사람들이 그것들을 회의하고 부정하게 하려는 데 있었다. 권위를 부정하고 모든 것을 회의하며, 당연하다고 여기는 유행관념과 도리를 파괴하는 것이 바로 장타이옌의 '오무'와 '사혹' (四惑) 등의 이론이 당시에 일으킨 적극적인 파괴작용이었다. 그것은 지주계급의 사상이 아니라 아주 전형적인 소생산자와 프티부르주아지의 것이었으며, 본질적으로는 완전한

---

96) 무리가 경쟁과 진화의 중요한 요소임을 강조했다. "사물이 구차히 존재하는 것은 억지로 땅과 경쟁하기 때문이다. 이는 고금만물이 변화하는 원인이다."(『구서』「원변」) "산림에 은거한 선비가 세속에서 도피하는 것을 세상에 대한 대항으로 여기는 것"을 비판하고 환경에 적응할 것을 강조한 것 등은 완전히 옌푸의 어투로, 이는 『민보』 시기의 관점과 완전히 달랐다.

97) 「국가론」(國家論).

98) 「사혹론」.

99) 「인도 시퍼치 왕 기념회 기록」.

공상이자 허튼 소리였다.[100]

장타이옌 스스로 말한 것처럼, 이상만 가지고 논하면 민족주의(반만)는 무정부주의에 훨씬 못 미치고 무정부주의는 또 제물(齊物: 장자莊子)에 미치지 못하며, 무생(無生: 불교)에 미치지 못한다. 그러나 현실적으로 보면 "후퇴하여 민족주의를 취하지 않을 수 없고", "배만을 우선 임무로 삼아야 한다."[101] 극단적으로 황당한 '오무'의 환상과 극단적으로 협애한 반만의 실천은 이렇게 기묘하게 결합되어 있었다. 장타이옌은 비록 반만을 주요한 현실목표로 삼았지만, 이면에는 이렇게 방대하고 복잡한 사상을 그 기초로 삼고 있었다.

종합하면, 장타이옌의 각종 독특한 사상에는 진보적 일면이 있는 반면 낙후적이고 반동적인 일면이 있었다. 예를 들어 도덕을 혁명의 동력으로 삼은 것은 관념론이었고, 부르주아 경제와 문화에 반대한 것은 역사발전 법칙에 부합되지 않았다.[102] 선전이라는 측면에서 대의민주에 반대한 것은 분명 부르주아 계급의 허위적 민주를 폭로한 점에 있어 첨예했지만, 동시에 비싼 대가를 치러야 했다. 장타이옌은 본래 옌푸와는 완전히 달랐지만, 대의제 민주를 찬성하지 않은 점에서는 신해혁명 이후 같은 길을 걸었다. 민주로 인해 중국이 사분오열될 것을 걱정하여 '강력한 사람'이 출현하여 전제를 시행함으로써 국가가 강성해지고 외국의 침략을 막기를 원했기에, 위안스카이 등에게 큰 환상을

---

100) 이런 '오무'는 캉유웨이의 '구거'(九去: 아홉 가지 제거, 『대동서』)와 달랐다. 전자는 소생산자의 비관주의였지만, 후자는 부르주아 계급의 낙관주의였다. 전자는 물질문명과 사회진보를 부정했지만, 후자는 그 반대였다.

101) 당시 일단의 프티부르주아 지식인들이 무정부주의에 심취하기 시작했지만, 장타이옌은 각성하여 반대했다. 그는 프티부르주아 지식인과 여전히 일정한 거리가 있었다.

102) 장타이옌과 반대로, 쑨중산은 이렇게 인식했다. "……사회당은 문명이 빈민에게 불리하므로 복고하는 것이 낫다고 말한다. 이 또한 지나치게 편향된 말이다. 게다가 문명의 진보는 자연스럽게 이루어진 것이므로 그로부터 도피할 수 없다. 문명에는 좋은 결과도 있고 나쁜 결과도 있으므로, 좋은 결과를 취하고 나쁜 결과를 피해야 한다."(「민보 강연사」)

품었다.[103] 위안스카이가 등장하여 총통이 될 때 장타이옌은 주관적 측면에서 힘을 썼으며, 위안스카이의 칭제를 옌푸는 객관적 측면에서 도왔다. 옌푸는 유럽 자본주의에 경도된 계몽사상가였고 장타이옌은 향토적 농촌기질을 가진 민족문화의 수호자였다. 그러나 이처럼 길은 달랐어도 뜻밖에 같은 목적지에 도달했다. 이것은 진실로 역사의 비극이었다.

---

103) "나는 일찍이 중국 공화의 단서가 프랑스나 미국과 달리, 그 처음 뜻이 오로지 만주를 몰아내는 것이라 생각했습니다. 또한 지금 웅대한 지략을 가진 인물이 없으면 나라를 평정할 수 없다고 생각했습니다. ……영토다툼이 끊이지 않아 화가 생민에게 미치고 국토는 파괴되어 20~30개로 나뉠 것이므로, 역으로 공화를 확정함으로써 잘 조절하여, 유공자로 하여금 교대로 자리에 오르게 하면, 이는 정치를 목적하지 않으면서도 정치의 지극히 훌륭한 규범이 될 것입니다." (『자편연보 · 1912년』) "지금 중국은 지속적으로 약화되어 러시아와 일본이 동북에서 횡행하고 있습니다. 그중 한 나라를 이길 수 있다면 황제자리(大號)가 저절로 귀속될 것이니 그에 대해 민간에서 어찌 이의가 있겠습니까? 다만 연호를 정하고 황제를 일컬을 능력이 있는지를 걱정할 뿐입니다. 이런 능력이 있다면 어찌 우리만 기꺼이 따르겠습니까? 쑨중산과 황싱도 어찌 다른 생각을 할 수 있겠습니까?" (장타이옌, 「위안스카이에게 드리는 글」)

3 '자신에게 의존하되 타인에게 의존하지 않음'의
철학 사상

장타이옌의 철학 사상은 전체 사상의 중요한 부분일 뿐 아니라 전체 사상의 세계관적 기초였다. 중국 근대의 부르주아 혁명 시기에 진정으로 철학적인 사변적 흥미[104]와 독창성을 갖추고 고금 중외를 종합하여 엄격한 의미의 철학 체계를 구축하려 기도한 사람은 탄쓰퉁과 장타이옌뿐이었다.[105] 탄쓰퉁과 장타이옌은 정치와 학술 면에서 서로 대립했다. 장타이옌은 『인학』을 좋아하지 않는다고 공개적으로 언급하면서 그것이 "잡다한 것을 끌어모아 조리를 잃어버려 마치 꿈을 꾸는 듯하다"[106]고 조소했다. 탄쓰퉁은 철학 체계를 미처 구축하지 못한 채 죽었지만, 장타이옌은 기본적으로 완성했다.

그러나 놀랄 만한 것은, 정치적·사상적으로 수많은 차이가 있었음에도 그들의 철학적 행로와 특징이 비슷했다는 점이다. 그들은 자연과학적 유물론의 세례를 수용함으로써 그 행로를 시작했고, 불교 유식종

---

104) 탄쓰퉁과 장타이옌은 불학의 선종을 좋아하지 않았고, 사변성이 가장 정교하고 치밀한 유식종을 선택했다. 두 사람은 또한 장주의 「제물론」을 칭찬했다. 『인학』의 첫머리에서 탄쓰퉁은 "순환은 끝이 없고 도는 하나로 통한다. 내 책을 통독하면 이 두 마디에서 깨달을 수 있다"고 했다.
105) 그러나 전체 사상체계에서 그들은 캉유웨이와 쑨중산에 미치지 못했다.
106) 「인무아론」.

의 주관적 관념론을 그 귀착점으로 삼았다. 그들이 걸어간 이 행로에는 전형적 의의가 있었다.

자연관의 측면에서 문제는 비교적 단순했다. 당시 진보적 중국인은 모두 서양에서 전래된 근대 자연과학의 지식을 수용한 토대 위에 자신의 자연과학적 관점과 이론을 형성해나갔다. 탄쓰퉁의 『인학』에서 무한한 우주에 대한 환호에 찬 묘사와, 장타이옌의 목각본 『구서』의 「천론」에서 태양과 지구에 대한 상쾌한 견해 등이 모두 그러했다. 장타이옌은 근대의 자연과학 지식을 운용하여 왕충(王充)의 원기(元氣)자연론을 칭찬했고 전통적 의지론과 목적론을 반대했으며, 하늘은 결코 상제가 아니고 주재자도 아님을 지적했다. "무릇 하늘과 상제는 존재하지 않는다." 하늘은 '무'(無)이고 기(氣)이다. "항성은 모두 태양이고 태양에는 지구가 있으며 지구는 기로 덮여 있어, ……바라보면 어슴푸레하다. 지구에서는 기이고 우러러보면 하늘이다."[107] 또한 천지가 만물을 낳은 것은 사람을 위해서가 아니고, 하늘이 사람을 낳은 것도 어떤 목적이 있는 것이 아님을 지적했다. "기에 기인하여 생성되었으며 우연히 저절로 생성되었다." "인간이 죽으면 해골이 되고 그 피는 인(磷)으로 바뀌거나 모수(茅搜)가 되며 그 탄소(炭)와 염분은 초목 속으로 흘러들어가고 그 철분은 광산으로 들어간다."[108]

의식(지혜와 생각)은 기(물질)가 아니지만 기에 종속된다. 사람이 죽으면 지혜와 생각은 "파도가 평정상태를 회복"하고 물결이 가라앉는 것과 같다. 그러므로 귀신과 영혼도 없다. "사람이 죽으면 귀신이라 하는데, 귀신은 돌아가는 것이다. 정기(精氣)는 하늘로 돌아가고 육체는 흙으로 돌아가며 피는 물로 돌아간다."[109] 이것은 여전히 근대과학으로 왕충·범진(范縝)·왕부지의 고대유물론을 틀어막은 것이며 아울러 기계론적인 근대의 특징을 띠는 것이다. 이때 장타이옌은 불학에 대해

---

107) 『구서』「천론」.
108) 같은 책, 「원교(原敎) 하」.
109) 같은 책, 「간고」(榦蠱).

아직 특수한 지위를 부여하지 않고 있었다.[110]

이와 동시에 장타이옌은 이때 물경천택(物競天擇)의 진화론을 믿었다. "인간의 기원은 모두 작은 비늘에서 비롯되었다." "태고의 말은 그 발굽에 발가락이 네 개였는데, ……천하에 대륙이 형성되자 말은 비로소 발굽이 하나가 되었다. 그러므로 추위와 더위의 정도가 변함에 따라 그와 더불어 생존경쟁하는 사물 또한 그 몸이 변한다."[111] 여기서 가장 일컬을 만한 가치가 있는 것은, 장타이옌이 "인간은 기(器)로써 상호경쟁한다"는 관점이다. 그는 "돌, 구리, 철에 대해 고고학자는 칼로 고금의 시기를 변별한다"고 지적하면서 도구의 변화·발전을 인류진화의 척도로 삼는 관점을 수용하고 선전했다.[112]

장타이옌은 사상 성숙기에 들어선 후 목각본 『구서』에서의 이들 유물론 사상을 완전히 잘라냈고, 불학 유식론의 주관관념론이야말로 자신이 받드는 철학임을 아주 분명하게 선포했다. 이러한 통로는 인식론으로부터 열린 것이다.

인식론은 근대 부르주아 철학의 주제였다. 유럽에서도 그러했고 중국에서도 마찬가지였다. 캉유웨이에게서 인식론은 아직 주요한 자리를 차지하지 않았지만 탄쓰퉁·옌푸·장타이옌, 쑨중산에 이르러서는 점차 그들 철학 사상의 중심이 되었다. 탄쓰퉁의 『인학』에서는 그래도 이른바 "하학이상달"(下學而上達)이라 하여 유물론과 관념론, 과학과

---

110) 장타이옌은 당시 서양 사회학자의 자료에 근거하여 "상고시대의 야만인들은" "낮에 그림자를 보고는" "형체 바깥에 신령한 신이 있다"고 생각했다고 지적했다. 아울러 불교 경전에도 이런 견해가 있음을 인증하고는 탄식하여 말했다. "오호, 저 깊은 식견으로 귀감을 세웠음에도 상고시대 야만인의 견해에서 벗어나지 못했으니 어찌 된 일인가?"(『구서』「간고」)

111) 『구서』「원변」.

112) 『타이옌 문록(太炎文錄)1』의 「신사 하」(信史下)에서는 이 점을 완전히 부정하여, 물질문명은 전혀 진화하지 않으며 때로는 뒤의 것이 앞의 것만 못하다고 생각했다. "옛 것이 지금에 미치지 못하는데 어떻게 당(唐)이 위대하다고 말하겠는가?" 아울러 석기에서 청동기를 거쳐 철기에 이르렀다는 진화관을 부인했다.

종교, '이태'(以太)와 '심력'(心力)이 교차·침투하고 병존을 요구하면서도 첨예하게 모순을 일으키는 상태에 놓여 있었다. 전자(유물론·과학·'이태')가 여전히 객관적으로 주요한 위치를 차지하고 있었지만 이미 불학 유식론을 기초로 하는 관념론체계를 구축하기 시작했다. 장타이옌에게서는 이 건축물이 준공됨에 따라 과학과 유물론은 완전히 폐기되었다.

탄쓰퉁과 유사하게, 장타이옌도 처음에는 인간이 감각기관을 통해 외계를 인식한다는 사실을 강조했다. 인간의 주관적 감각이 객관적 물질의 자극을 받아 일어남을 인정했으며, 감각에 의존하지 않는 객관적 존재가 있음을 주장했다. "햇빛에는 일곱 가지 색이 있는데 빛을 나누지 않으면 보이지 않는다. ……그 빛을 보지 못한다고 그것에 색이 없다고 말할 수는 없다. 보이는 것이 그 빛과 다르다고 해서 그것을 변하지 않는 색이라고 할 수 없다. 비록 눈동자에 걸리는 것을 반응으로 삼는다 하더라도, 걸리지 않는 것이 있게 마련이다."[113] "인간이 만물을 접하면 자신의 머리카락과 피부로 느낀다. 머리카락과 피부가 접촉하지 않으면 누구도 느끼지 못한다."[114] "무릇 비량(比量: 추리)을 이루기 위해서는 반드시 순수한 현량(見量: 감지感知)이 없을 수 없다."[115] 추리(비량)는 또 반드시 감지(현량)의 기초 위에 건립되어야 한다. 아울러 "사물을 명명할 수 있음은 대개 잘 감지할 수 있음에서 비롯"[116]되었다. "모든 학문의 시작은 시대적 증험에서 비롯되지 않은 것이 없다."[117]

장타이옌은 서양의 경험론[118]에 주목했고, 특히 중국의 경험론(안원

---

113) 『구서』「공언」.
114) 같은 책,「독성 상」.
115) 「제물론석」.
116) 『국고논형』「원명」(原名).
117) 「증신록(證信錄) 하」.
118) 장타이옌은 합리주의와 객관관념론에 반대했다. "사물에 앞서 행하고 이(理)에 앞서 움직이는 것을 선험(先驗)으로 삼는다. 선험은 아무런 연고 없이 마음대로

654

顔元 등)[119]을 중시했다. 그런데 이것은 그의 고문 경학, 그리고 증거와 자료를 중시하는 박학(朴學: 실학)과 일맥상통했다. 그는 "따라 들어간 길은 평생 박학과 비슷했다"[120]고 했다. 그러므로 장타이옌이 경험론적 유물론에 대해 평어와 주해를 단 것은 탄쓰퉁에 비해 훨씬 견실한 것이었다. 탄쓰퉁은 '목도'(目睹)나 '이문'(耳聞)을 말한 후, 바로 이어서 감관은 "믿을 수 없다"고 추론하고는 관념론으로 나아갔다. 그러나 장타이옌은 『구서』에서 비교적 긍정적으로 경험론적 인식론을 펼쳐나갔고, 유물론은 보다 오랫동안 분명하게 유지되고 잔존(다만 잔존일 뿐임)되었다.[121]

뜻을 헤아리는 것이다. ……선험적 지식을 섬기지 않으면 점복이 폐지되고 도참(圖讖)도 단절되며 건제(建除),* 감여(堪輿),** 관상의 방법은 배척될 것이다. 무당(巫守)이 단절되면 지식의 천착(穿鑿)도 그에 따라 폐지될 것이다."(『국고논형』「원도 상」) "가장 밑에 합리주의자가 본체 없는(無體) 명(名)으로 실(實)을 삼고 홀로 고집하는 바의 편벽된 계책에 의거하여 당연하다고 여긴다. ……이는 마치 공(空)에 의거하여 기(器)를 두는 것 같은데, 공은 실제로 존재하는 것이 아니다. 헤겔은 이루어지지 않음(無成)으로 만물의 근본을 삼았고 데카르트는 수(數)와 명(名)으로 실체를 삼았는데, 이것이 모두 본체 없는 명이다. ……심물(心物) 바깥에 또 다른 도가 있다고 한다면 태극(太極)과 무리(無理)는 망령된 견해이다."(같은 책,「변성 하」) 이밖에 쇼펜하우어와 헤겔을 인용하여 반대했다.

* 고대술수가들은 천문(天文) 중의 12진(辰)이 각각 인간사의 건(建)·제(除)·만(滿)·평(平)·정(定)·집(執)·파(破)·위(危)·성(成)·수(收)·개(開)·폐(閉)의 12가지 상황을 상징한다고 여겼다. 후에 '건제'는 천상(天象)에 근거하여 인사의 길흉과 화복을 점치는 방법을 가리킨다.

** 풍수(風水)를 가리킨다.

119) "순경(荀卿) 이후로는 안원이 대유(大儒)라 할 수 있다."(『구서』「안학」顔學)

120) 『도한미언』.

121) 앞서 인용한 「제물론석」 등. 장타이옌의 수많은 견해(셋째 시기)는 탄쓰퉁에게 매우 접근해 있었다. 예를 들어 "여기서 생성되면 저기서 소멸되니, 생성과 소멸은 똑같이 일어나므로 결국 생성도 없고 소멸도 없다." "진실과 허망은 동일한 근원을 가지고 있다." "이것과 저것을 완전히 소멸시킨다." "명상(名相)*** 의 집착을 타파하고 한 가지 맛에서 신맛과 짠맛을 취한다." "모든 광물(鑛物)은 모두 장식(藏識)****에 있는데, ……저 장식과 자신의 장식이 마주하여 형성되면 바야흐로 비추어져 발할 수 있다. 식(識)의 만남은 무선 전기가 마주

그러나 도덕문제에 있어 행복론에서 반행복론으로 나간 칸트와 마찬
가지로, 그는 철학에서도 흄의 회의론에서 칸트의 선험론으로 나아갔
다. 그리고 다시 철저한 주관관념론의 불학 유식종으로 귀결되었다.[122]
이때 목판 『구서』의 자연과학적 유물론 관점은 완전히 소멸되어 보이지

하여 만나게 되면 소통되어 힘들지 않게 전달되는 것과 같다."(『도한미언』) 장
타이옌은 다만 탄쓰퉁에 비해 성숙되고 깊었을 뿐이다.

*** "망상을 일으키고 미혹하게 하는, 들리고 보이는 모든 것." 우리의 의식을 구성
하는 개념 같은 것을 지칭한다.

**** 아라야식(阿羅耶識)이라고도 한다. 삼식(三識)의 하나. 모든 법의 종자를 갈
무리하며, 만법 연기의 근본이 된다. 뇌야·무몰식·아라야·아뢰야식·알라
야식·종자식이라고도 한다.

122) 감각은 한계가 있을 뿐 아니라 감각과 대상 사이도 완전히 대응할 수 없다. 장
타이옌은 다음과 같이 말했다. 예를 들어 인종에 따라 눈 색깔이 다르면 보는
색깔도 반드시 같지는 않다. 그러므로 감각은 진리성이 없다. 아울러 "나는 흄
의 견해가 철저하지 않다고 생각한다. 감각할 때 오직 빛과 열기만 있고, 태양
이나 불에 대한 감각은 없다. 태양이나 불은 의식이 대상을 인식하고 범주화
(分齊)하고 나서 그것에 명칭을 부가한 것이다. 그러므로 빛과 열기는 현상이
고……, 태양과 불은 현상이 아니다. 만약 감각만을 믿는다면, 일과 화를 아직
얻지 못했는데 하물며 그 서광 발열의 공능이 이루어졌다고 말할 수 있겠는
가?"(「사혹론」) 이는 더욱 언급할 만한 객관적 인과가 없다. "식을 얻으면 현
상이 일어난다. 뜻이 맹렬하고 날카로우면 경지가 앞에 드러나지 않을 때는 스
스로 일어나 홀로 싸우는 의식을 얻지만, 이 홀로 싸우는 의식은 아무 단서 없
이 갑자기 일어나는 것이 아니라 우선 오구의식(五俱意識)을 갖추고 오식과 함
께 대경(對境)을 취해야 한다. ……비록 10년을 격하여도 독두의식(獨頭意
識)*은 앞에 드러날 수 있으므로, 오식과 의식은 스스로 만든 경지와 자식(自
識)으로 상호기인하여 생긴다."(「종교건립에 대해」) '오식'은 '오진'을 대경으
로 삼아야만 인식이 생긴다. 경지는 시간에 있는 것이 아니고 반드시 기억이 있
어야 한다. 그러나 이 인식과 이 기억은 또한 여전히 심(心)의 주동에서 벗어나
지 않는다. 후자가 여전히 결정적이다. "유물론을 바닥까지 꿰뚫으면 유식론으
로 돌아간다. 왜 이렇게 말하는가? 유물을 믿는 것은 의식의 계도를 믿는 것이
아니라 오식의 감각을 믿기 때문이다. 오직 믿을 수 있는 것은 무엇인가? 여전
히 의식이다. 비슷한 사물을 비교·추리하여 이런 이치를 극한에 이르게 하려
면 이 신심(信心)도 제거되어야 할 것이다."(『도한미언』) 등등.

* 유식학(唯識學)에서 이르는 팔식(八識)은 오식(五識)과 삼식(三識)으로 구성
되어 있다. 오식은 안식(眼識)·이식(耳識)·비식(鼻識)·설식(舌識)·신식
(身識)을 가리키고 삼식은 의식(意識), 말나식(末那識), 아뢰야식(阿賴耶識)을

않았다. 장타이옌이 흄을 '유물론'이라 말한 것은 그가 감각적 경험을 철저하게 믿었다는 뜻이었다. 장타이옌은 감각적 경험에서 출발하면 결과적으로 사물의 본질을 인식할 수 없고 다만 고립적·표면적인 현상을 얻을 수 있을 뿐이므로, 본질을 인식하려면 반드시 심중의 '원형관념'을 가지고 감각을 조직하고 연계시키며 종합하고 수반(동반)해야 함을 지적했다.

"사람이 밥알 세 개(三飯顆)를 보는 것은 다만 인상에 따를 뿐인데, 감각으로 느낀 이후에는 '밥알, 밥알, 밥알'의 생각이 생길 뿐 '밥알 세 개'라는 생각은 생길 수 없다. 지금 '세 개의 밥알'이라는 생각이 있는 것은, ……반드시 원유관념이 사전에 있었고 그 후에 종합적인 작용이 있었기 때문이다. ……비록 그러하지만 이것은 감각 이후의 일일 것이다. 처음 감각할 때 역시 오성의 도움을 받았다."[123]

이것은 밥알 세 개를 인식하려면 반드시 먼저 세 개의 '원형관념'을 가지고 감각을 종합해야 한다는 것이다.

"과학을 논하려면 인과율을 버릴 수 없다. 인과는 물질이 아니라 원형관념의 한 측면이다."[124] 인과는 사물에 존재하지 않는 일종의 원형관념으로, 인식을 진행시킨다. "감각이 오성을 의지로 삼는" 관건은 여전히 이들 원형관념을 구비한 '심'에 있음을 알 수 있다. 이는 분명 칸트의 '선험적 이데아' 사상을 수용한 까닭이었다. 그리고 이것에서 한 걸음 더 나아가 '경지는 심이 만든다'는 불학 관념론 속으로 들어갔다.

감각·기억·인식은 모두 '심'의 주동적 작용에서 벗어날 수 없다. "경지는 마음에 기인하여 생기고 마음은 경지에 의지하여 일어나므로 경지가 존재하지 않는다면 마음도 생기지 않는다."[125] 그러므로 다른

가리킨다. 오식을 전오식(前五識) 또는 오구의식(五俱意識)이라고도 한다. 독두의식은 오식을 동반하지 않고 홀로 일어나는 의식(意識)을 가리킨다. 이상 곽철환 편저, 『시공 불교사전』, 시공사, 2008(5쇄), 483쪽 참조.
123) 「사혹론」.
124) 같은 글.

것이 아니라 '심' 과 '식' (識)이 비로소 가장 본질적인 것이다. "번성한 만물은 본래 하나의 마음일 뿐이다."[126] "느끼고 결정하는 것이 외계로부터가 아니라 자기마음의 드러난 그림자임을 처음으로 알았다." "도는 무엇에 의거하여 진위가 생기고 언(言)은 무엇에 의거하여 시비가 생기는가? 처음에는 정해진 궤도가 없었다가 마음에 의해 취해진다."[127] 진위는 사실 '심' 에 의해 완전히 결정되지 않는다. 장타이옌은 스스로 "명상(名相, 즉 개념)의 분석에서 시작했지만 결국 명상의 부정으로 끝맺었다"고 일컬었는데, 철학에서는 감각적인 경험을 인정하고 분석하는 것에서 시작하여 이원론을 거쳐 주관적 관념론으로 나아가 종결되었다. 이것은 또한 그 연구방법론상 "속(俗)을 전화시켜 진(眞)을 이룬 것"으로, '속' 은 경험현상이었고 '진' 은 심령본체였다. 장타이옌은 이렇게 말했다.

> 무릇 오식(五識)은 오진(五塵)을 그 대경(對境)으로 삼는다. …… 경지가 조락하여도 경지를 취하는 마음은 소멸되지 않는다. ……그러므로 오식과 의식은 스스로 만든 경지로서, 자식(自識)과 서로 인연하여 생긴다. ……이 많은 일을 이해하면 반드시 이 마음은 있어야 하나, 우주는 없어도 된다. 이른바 우주는 마음의 장애상이다.[128]

이리하여 인식론에서도 감각적 경험을 통해 출발해야 한다는 것을 근본적으로 부정하고, 신비의 적정(寂定)*을 추구하게 되었다. "알지 않고도 행하고 보지 않고도 명명한다."[129] "옳음과 그름은 하늘에

---

125) 「종교건립에 대해」.
126) 「오무론」.
127) 「제물론석」.
128) 「종교건립에 대해」.
* 불교용어로 마음을 흩뜨리지 않고 평정함과 움직이지 않는 정신상태를 유지하는 것을 이른다.

서 떨어지지도 않고 다른 것에 의해 결정되지도 않는다. 이것은 이 마음에서 생긴다."[130] "진짜 현량과 진짜 비량은 적정에서 얻을 수 있다."[131]

장타이옌은 이에 따라 자연법칙과 시공의 물질성을 부정했고[132] 상제(上帝)와 귀신의 객관적 존재도 부정했다. 이런 철학 인식론에서 출발하여 장타이옌은 한편으로는 유물론에 반대하고 비인격신의 종교건립을 주장했으며, 다른 한편으로 무신론을 주장하여[133] 모든 종교(기독교 포함)와 귀신을 견결하게 반박했다. 왜냐하면 '심－식'만이 진실하고 모든 '아', '물질', '신'은 허황되며, 이 모든 것은 "결국 환각이자 환상"이기 때문이다. "이 식(識)은 진이고 이 아(我)는 환이므로, 이 환을 잡고 본체라고 생각하는 것은 첫번째 전도된 견해(倒見)다.""이 마음은 진이고 이 질(質)은 환이므로, 이 환을 붙잡고 본체로 여기는 것은 두번째 전도된 견해이다."[134]

---

129) 「제물론석」.

130) 같은 글.

131) 『도한미언』.

132) "이른바 자연의 법칙이란 저 자연이 아니라, 오식의 감촉으로 그러함을 느끼고 의식이 상을 취함으로써 그러하다고 이름하는 것이니, 이는 시종 앞에서 벗어나지 않는 것이다. 즉, 말로 할 수 없지만 본래 물(物) 속에 있는 것이다."(「사혹론」) "시간이 만약 실유(實有)*라면 유식이 아니다." "시간은 마음이 만드는 것이므로, 그 느림과 빠름도 마음에 따라 변한다."(「제물론석」) "시간은 심법의 생멸변화에서 일어나 생성·소멸하며 끝없이 연계되어 있고…… 공간은 아만(我慢)**에서 일어난다."(『도한미언』)

  * 실유(實有): 변하지 않고 소멸하지 않는 존재를 말한다.

 ** 불교용어로 자신의 견해에 집착하여 오만함을 이른다.

133) 장타이옌의 무신론 사상은 전기·후기에 비교적 일관되어 있다. 『구서』 목각본에서 그는 공구가 신괴(神怪)함을 배척한 것을 칭찬했다. "무신설은 공자와 맹자에게서 시작되었고, 하늘을 배격하는 이론은 유우석과 유종원에서 비롯되었다. 이로써 한족의 심리가 다른 것에 의존하기를 좋아하지 않음을 알 수 있다. 이런 특징이 있으므로 불교가 기회를 맞아 들어왔지만 확산의 공은 공자에게 돌리지 않을 수 없다. 세상에 공자가 없었다면 불교도 성행할 수 없었을 것이다." "그 성스러움은 백왕의 독을 씻어냈다." 만년의 『도한미언』에서도 장타이옌은 여전히 하늘과 귀신을 믿는 것에 반대했다.

그는 이 주관관념론적인 철학 세계관의 기초 위에 비인격신의 종교[135]를 건립함으로써 외계의 어떤 객관적 권위도 부정했다. "자기마음을 귀히 여기고 귀신을 끌어들이지 않으며" 용감하게 전진하여 혁명을 하는 것, 이것이 장타이옌이 계획하고 선전하며 실행하던 "종교로 신심을 일으켜 국민의 도덕을 증진시킨다"는 혁명주장의 구체적 내용이자 청사진이었다.

생(生)이 없다고 말하지 않으면 죽음을 두려워하는 마음을 없앨 수 없으며, 내 것을 파괴하지 않으면 배금의 심리를 제거할 수 없다. 평등을 말하지 않으면 노예의 심리를 없앨 수 없고, 중생이 모두 부처라고 말하지 않으면 굴복하여 물러나는 심리를 제거할 수 없다. 삼륜청정(三輪淸淨)*을 거론하지 않으면 덕색(德色)**의 마음을 없앨 수 없다.

니체가 말한 초인이 아마도 (혁명도덕의 이상에) 가까울 것이다(그러나 니체의 귀족설은 취할 수 없다). 생사를 물리치고 방약무인하며, 포의에 짚신을 신고 길을 홀로 가면서, 위로는 정치꾼의 천박한 행위를 하지 않으며 아래로는 긍지가 없는 겁쟁이의 사기를 진작시킨다. 니체로 그 전체를 높이 들어올린다면 중국의 전도에 이익이 있을 것이다.[136]

요컨대, 도덕을 혁명의 기초와 동력으로 삼고 행복 추구에 반대하며,

---

134) 「종교건립에 대해」.
135) 탄쓰퉁의 종교와 주관관념론은 정치투쟁에서 비관적으로 절망한 후의 의지처였다. 장타이옌은 비록 그중 소극적인 성분이 있었지만 적극적 측면이 더 많이 있었다. 이는 두 사람의 다른 점이었다.
* 삼륜은 여러 가지 의미를 가지고 있다. 몸(身)과 말(口)과 뜻(意)의 세 가지를 가리키기도 하고, 부처가 중생을 위해 몸과 뜻과 말로 행하는 세 가지 활동(身邊輪, 記心輪, 敎誡輪)을 지칭하기도 한다. 여기에서는 "보시하는 자와 보시를 받는 자와 보시하는 물건"의 의미로 해석했다. 곽철환(2008), 321쪽 참조.
** 다른 사람에게 은덕을 베풀었다고 생각하여 겉으로 나타내는 표정을 말한다.
136) 「톄정에게 답함」.

660

물질문명에 반대하고 어떤 권위도 반대하며, 모든 속박에 반대하고 희생을 두려워하지 않고 고난을 두려워하지 않으며, 개인의 주관적 역량과 정신과 도덕에 의지하여 전투할 것을 강조한 것, 이것이 바로 장타이옌이 하나로 녹인 철학적 세계관이자 사회·정치 사상이었다. 이는 이른바 "자신에게 의존하되 타인에게 의존하지 않는" 철학 체계이기도 하다.[137]

부르주아 혁명의 고조기에서 프티부르주아지의 주관주의적 열정은 항상 빠르게 전파되었다. 프랑스 혁명의 고조기에서 자코뱅 지도자들은 프랑스 유물론을 견결하게 배척하고 새로운 종교의 건립을 주장했으며, 독일에서는 이 뜨거운 조류 속에서 피히테의 주관적 관념론이 출현했다. 근대 중국에서는 그 도가 지나쳐 당시 혁명파의 꽤 많은 사람이 "나는 칼을 비켜 잡고 하늘을 향해 웃네"라는 탄쓰퉁의 희생정신을 계승했다. 그들은 확실하게 우뚝 서서 과감하게 죽어갔다. 희생을 두려워하지 않으며 전례 없는 독립적이고도 도덕적인 고상함을 실현했다. 이런 실천과 결합되어, 탄쓰퉁이 "인(仁)은 천지만물의 근원이므로 유심이고 유식이다"[138]를 제창하면서부터 불학 유식론의 주관관념론 철학은 근대중국에서 일시에 유행하게 되었다. 꽤 많은 진보적 중국인이 서양을 향해 진리를 추구하는 동시에, 그것을 환영하고 수용했다.[139] 장타이옌

---

137) 장타이옌의 철학 사상에 관해서는 별도의 분석이 필요하다. 이 글에서는 주로 사회·정치 사상과 관련된 철학 사상만을 논했을 뿐이다.

138) 『인학』.

139) "불학을 잘 익히면 진동(震動)하고 분발하여 용맹해지고, 강력해지지 않는 사람이 없다."(『탄쓰퉁 전집』, 38쪽) 탄쓰퉁은 아울러 불학을 평등·민권과 연관시켰다. 불학이 만청 시기 일시를 풍미하여 수많은 진보적 인물과 혁명가에 의해 신봉된 것은 결코 우연이 아니었다. 불학으로 서학과 공자·맹자를 해설하고 투지를 고무시킨 것은 당시의 두 가지 큰 시대적 특색이었다. 량치차오도 당시 "내 스승과 친구들이 불학을 많이 공부하므로 나는 그들에게 불학에 대해 설명해줄 것을 청했다"고 하고는 "불교의 신앙은 미신이 아니라 지혜의 믿음"이고 "독선이 아니라 겸선(兼善)"이며 "염세가 아니라 입세(入世)"이고 "유한(有限)이 아니라 무량(無量)"이며 "차별이 아니라 평등"이고 "타인의 힘이 아

의 철학도 바로 이 시기에 부응하여 성숙했다.

현실의 물질적 역량의 빈약함은 항상 사람들로 하여금 순수한 심령에 구걸하도록 했다. 그러나 주관적 관념론에 의해 선동된 열광은 아주 짧은 동안만 지속될 뿐, 결국은 빠르게 사라지게 마련이었다. 주관적 정신과 도덕적 역량만을 맹신하여 세계를 구하고자 한 것은 결국 파산으로 귀결되었다. 탄쓰퉁은 고민과 비관으로 말미암아 곧바로 종교의 구렁텅이에 빠져들었고, 장타이옌의 이런 철학은 일시적으로 힘을 북돋워주고 한 차례 열광하게 할 수 있었음에도 결국 시간의 시련을 견디지 못했다. 그것은 어두운 현실과 공자의 유가와 조화를 이루고 타협했다. 그들은 최종적으로 상대주의 · 허무주의 · 신비주의로 걸어들어 갔다. 그들의 철학은 이런 면에서 우리에게 엄중한 교훈을 남겼다.

경험론에서 관념론에 이른 것과 변증법의 주관적 운영[140]의 이 두 가지는 탄쓰퉁과 장타이옌 노선의 공통점이었다. 이 점은 또한 그들(및 전체 중국 부르주아 철학)과 근대 자연과학이 단지 외재적인[141] 연계만을 가지고 있을 뿐, 내재적인[142] 연계를 가지지 못한 것과 관계가 있었다. 유럽 근대의 부르주아 철학은 베이컨에서 로크에 이르기까지의 프랑스 유물론, 데카르트의 이원론에서 칸트의 이원론까지, 라이프니츠의 객관적 관념론에서 헤겔의 객관적 관념론까지, 그 가운데 적극적인 요소는 모두 항상 근대의 자연과학과 공업기술의 발전과 밀접하게 연관되어 있었다. 수많은 철학가는 바로 대과학자였다.

그러나 중국 근대는 이런 관계가 결여되어 있었다. 탄쓰퉁과 장타이옌 철학의 자연과학적 지식과 내용은 모두 극단적으로 유치하거나 심지어 황당하기까지 했다. 이것은 당시 낙후된 사회생산력 및 생산양식

아니라 자신의 힘"이라고 개괄했다(「불교와 대중정치의 관계」). 이를 통해 당시 불학이 그들 마음속에 차지한 정도를 알 수 있다.

140) 장타이옌의 「제물론석」은 매우 전형적이지만 여기서는 설명을 생략한다.

141) 외부에서 일부 과학 지식을 섭취하고 심지어 그것을 견강부회함.

142) 자연과학의 발전이 추동시킨 것을 받아들이는 것.

과 직접 연관되어 있었다. 그것은 당시 중국의 근대공업이 극단적으로 미약했으며, 부르주아 계급과 프롤레타리아 계급이 대단히 약소했고, 그들을 포위하고 있던 것은 낙후된 소생산자의 드넓은 바다이던 사회적 토대와 직접적으로 연관되어 있다. 따라서 소생산을 토대로 하는 사회를 어떻게 철저하게 변화시키고 가능한 한 빨리 현대화를 실현하는가의 문제는 바로 유물론을 착실하게 뿌리내리게 하고, 각양각색의 주관적 관념론의 창궐과 유행을 가로막는 중요한(비록 전부 또는 주요한 측면은 아니지만) 한 측면이던 것이다. 그리고 이것은 근대중국 철학과 장타이옌의 철학이 우리에게 남겨준 또 다른 훌륭한 교훈이 아니겠는가?

• 『역사연구』 1978년 제3기에 게재됨

량치차오와 왕궈웨이에 대한 간략한 논의

1 어떻게 평가할 것인가

중국 근대의 인물들은 비교적 모두 복잡했다. 각기 다른 이데올로기를 대표하는 인물들은 더욱 그러했다. 신속한 사회해체와 격렬한 정치투쟁, 그리고 신구(新舊) 개념의 교차는 사람들의 사상을 격동과 변화, 그리고 불균형의 상태에 놓이게 했다. 선진적 인물은 이미 사회주의 사상을 수용했거나 그것을 향해 매진한 반면, 낙후한 인물은 여전히 "공자가 말하기를"(子曰), "시경에 이르기를"(詩云), "마음을 바르게 하고 뜻을 진실하게 함"(正心誠意) 등을 꽉 껴안고 있었다. 동일한 인물이더라도 사상 또는 행위의 어떤 측면은 개방적이고 진보적인 반면, 다른 측면은 보수적이고 낙후했다. 또한 정치사상은 선진적이지만 세계관은 관념론적이기도 했고, 문예학술의 관점은 부르주아적이지만 정치주장은 여전히 봉건주의적이기도 했다. 이런 상황은 중국 근대사에서 극히 모순이 착종된 화폭을 구성하고 있으므로, 형이상학적인 단순한 방법으로는 제대로 처리할 수 없다.

량치차오와 왕궈웨이(王國維)에 관한 수많은 평론은 바로 이런 문제점을 안고 있다. 해방 이래 두 사람에 대한 평가와 논의가 많았음에도 부정적인 역사인물로 처리하고 논술하는 기본논조는 거의 일치했다. 그 이치는 아주 명확하고 단순하다. 량치차오는 신해혁명 시기의 저명한 보황당이었고, 신해혁명 이후에도 줄곧 반동파쪽에 있었다는 것이다. 왕궈웨이를 언급하다 보면 긴 변발을 늘어뜨리고 쿤밍(昆明) 호에 빠져 죽은 유로(遺老)의 형상이 사람들 눈앞에 떠오를 뿐 아니라, 쇼펜하우어를 찬양하고 비관주의와 허무주의가 충만한 『홍루몽 평론』(紅樓夢評論)의 저자임을 되새기게 된다. 그것들을 부정하고 비판하며, 그들이 선양한 관념론적 세계관과 그릇된 정치사상을 숙청하는 것은 당연히 필요하다.

그러나 그것은 문제의 한 측면일 뿐 전체가 아니다. 모든 관념론을 비판하는 것과 역사인물을 과학적으로 평가하는 것은 완전히 동일한 일 또는 임무가 아니다. 선진적 인물도 비판받아야 할 많은 관념론적 사상을 가지고 있고, 낙후된 인물도 어떤 면에서는 중요한 공헌을 할 수 있다. 그러므로 역사인물을 과학적으로 평가하는 것은 그의 관념론 또는 정치사상을 비판하는 것에 그치는 것이 아니라, 그의 역사적 공헌과 객관적 작용, 영향에 근거하여 전면적으로 평가함으로써 실제에 부합하는 정확한 지위를 부여해야 한다.

이러한 각도와 기준에 착안한다면 량치차오와 왕궈웨이는 모두 대서특필할 만한 긍정적 인물이다. 그들이 중국 근대사에서 행한 객관적 작용과 영향의 주요한 측면은 적극적이다. 그러나 이 점에 대해서는 수십년간 수많은 글에서 거의 언급되지 않았다.

2 계몽선전가

량치차오는 무술시기에 캉유웨이의 제자이자 유능한 조수로서 변법 유신 활동에 적극적으로 참여했으며, 그의 진보성은 공인된 것이었다. 홍슈취안과 양슈칭, 캉유웨이와 량치차오, 쑨중산과 황싱은 중국 근대의 3대 운동에서 병칭되던 저명한 지도자였다. 량치차오의 활동의 특징은 그 시작부터 주로 선전(宣傳)에서 드러났다. 그의 역사적 지위는 사상적인 면에 존재하지만, 사상적인 면에서의 지위는 선전의 측면에 존재하지 결코 독창성에 존재하지 않는다(이 점에서 그는 캉유웨이와 다르다). 그는 사상가가 아니라 선전가일 뿐이었다. 당시 뭇 사람들의 입에 오르내리던 유명한 글 『변법통의』와 간행물 『시무보』의 역할은 바로 이러한 선전작용이었다. 량치차오는 『변법통의』 등의 글에서 당시 문단과는 다른 신문체(新文體)—더욱 순통하고 유창하며 예리하고 정감이 풍부하며, 통속적인 언어를 피하지 않는—를 사용하여 변법하지 않으면 안 된다고 큰 소리로 외쳤다.

법은 왜 반드시 바꾸어야 하는가? 천지만물 중 변하지 않는 것이 없고, ……그러므로 변화라는 것은 고금의 공리(公理)이다. ……변하고자 하는 것 또한 변하고, 변하지 않고자 하는 것 또한 변한다. 변하고자 하여 변하는 자는 변화의 권한을 스스로 조종하여 국가를 보전할 수 있고, 종족을 보존할 수 있으며, 가르침을 보존할 수 있다. 그러나 변하지 않고자 하다가 변하는 자는 변화의 권한을 다른 사람에게 넘겨주게 되어 그것에 속박되고 부림을 당하니, 오호라, 이는 내가 감히 말할 바가 아니로다.[1]

이러한 주장은 당시에 확실히 막힌 귀를 뚫고 심금을 움직였으며, 봉건국가에서 일어난 최초의 부르주아 애국계몽의 주장이었다. 이 점에 대해선 수많은 논저에서 말하고 인정했으므로 이 글에서는 더 이야기하지 않겠다.

이 글에서는 량치차오의 무술 시기의 공로가 결코 그의 역사상의 주요업적이 아니라고 여긴다. 나는 여전히 20년 전의 논점을 견지하고 있다.

『시무보』 시기 량치차오의 정론은 이미 일시를 풍미하여 변법운동에 중요한 선전작용을 일으켰다. 그러나 량치차오가 더욱 이름을 날리고 중국 지식인에 대한 영향력이 커진 것은 오히려 무술정변 후부터 1903년 전까지, 량치차오가 일본에서 『청의보』(淸議報)와 『신민총보』(新民叢報)를 창간하여 부르주아 계급의 사회·정치·문화·도덕·사상을 소개하고 찬양하는 일련의 글을 썼기 때문이다.[2]

중국 근대사에서 량치차오의 작용과 지위는 주로 이 단계에 근거하여 판정해야 한다는 것이 나의 생각이다. 1898년부터 1903년까지는 부르주아 계몽선전가로서의 량치차오의 황금시기였고, 그의 일생에서 대중적 영향력이 가장 컸으며, 객관적 작용을 가장 훌륭하게 일으킨 시기

---

1) 『변법통의』.
2) 『캉유웨이·탄쓰퉁 사상연구』(康有爲譚嗣同思想硏究), 상하이 인민출판사, 1958, 57쪽.

였다. 매우 짧은 시기였음에도 대단히 중요한 시기였으며, 이 시기의 그의 논저는 여러 세대에 걸쳐 청년들에게 중요한 작용을 했다. 이 시기에 그는 더이상 캉유웨이의 사상적 지배와 통제를 받지 않고 상대적으로 독립하여, 당시로서는 선진적이고 참신한 부르주아 이데올로기를 전면적으로 선전했다. 이처럼 광범하고 효과가 풍부하던 계몽선전 활동을 말살할 수는 없다. 그것은 량치차오 일생의 오류와 죄과를 상쇄하고도 남음이 있다. 후자가 당시 역사에 일으킨 소극적 작용은 전자의 객관적·적극적 작용에 비할 바가 아니기 때문이다.

실패 후 량치차오는 일본으로 망명하여 쑨중산과 혁명파 인사들과 교류하고 자주 어울렸다. 당시 량치차오의 사상에는 확실히 일부 혁명 사상이 혼재되어 있었는데, 이 점에 대해서는 혁명파와 량치차오 본인 모두 인정했다.

> (량치차오가) 중국에서 와서 쑨중산과 몇 달 교류하고는 크게 움직이는 바가 있어, 자신이 배운 것을 모두 폐기하고 파괴에 대해 고담(高談)을 했다.[3]

> ……오늘날은 민족주의가 가장 발달한 시대이므로 이 정신이 없이는 결코 나라를 세울 수 없습니다. ……그런데 민족정신을 환기시키기 위해서는 만주를 공격하지 않을 수 없습니다. ……중국이 만주를 토벌할 수 있는 가장 적합한 주의는 제자가 보기에 이보다 쉬운 것이 없습니다. 만주 조정에 희망이 없어진 것은 오래되었습니다.[4]

량치차오와 캉유웨이가 주고받은 편지를 통해, 량치차오가 당시 캉

---

3) 『민보』 제5호 「신민총보의 망령됨을 질책함」(斥新民叢報之謬妄).
4) 『량런궁 선생 연보 장편 초고』(梁任公先生年譜長編初稿, 이하 『연보』로 약칭) 「1902년 10월 캉유웨이에게 보내는 편지」.

유웨이의 사상이론과 정치주장의 통제에서 확실히 이탈했음을 알 수 있다. 캉유웨이의 대동학설과 보교이론(保敎理論)[5]에서 개량주의의 정치주장에 이르기까지 량치차오는 모두 회의하고 동요했으며, 심지어 그것에 반대했다. 많은 논저에서 량치차오의 이러한 표현을 '투항', '위장', '사기', '양면파'(兩面派) 등으로 비판하는 것은 설득력이 없다. 그랬다면 근본적으로 캉유웨이와의 편지에서 이러한 고백과 변론을 할 필요가 없었기 때문이다.[6] 그러므로 1903년 가을과 겨울, 량치차오가 미국에서 돌아온 후 성명을 발표하고 다시 신속하게 캉유웨이 노선으로 복귀했다 하더라도, 그 이전의 짧은 시기(1898~1902)에 그는 확실히 어느 정도 캉유웨이의 개량주의 정치노선에 배치되는 일련의 글을 발표한 것이다.

량치차오는 이 시기의 글에서 '역신'(逆臣)의 청 정부가 인민을 착취하고 "우리의 기름을 착취하고 우리의 피부를 벗기며 우리의 피를 빨아 만주족 역당의 사치와 방탕에 제공"[7]한 엄중한 죄악을 격렬하게 폭로했다. 또한 제국주의가 청 정부와 결탁하여 "만주 정부의 힘으로 우리 백성을 압제"[8]하는 음험한 수단을 지적했으며, "반드시 수천 년

---

5) "……금일의 중국을 구하고자 하면 신학설로 그 사상을 변화시키는 것보다 급한 일이 없다고 생각합니다. 그러나 초기에는 부득불 파괴하는 바가 있게 됩니다. 공학(孔學)은 신세계에 적합하지 않은 점이 많은데, 그것의 보존을 제창하는 것은 끝채는 남쪽에 있으면서 북쪽으로 가고자 하는 것입니다. ……수년간의 공을 들여 사유하며 대작을 지어 공교(孔敎)의 결점을 드러내어 바로잡고자 했지만, 선생님께서는 반드시 못마땅하게 생각하실 것임을 알고 있습니다."(『연보』)
6) "량치차오가 매일같이 혁명, 배만, 공화의 이론을 제창하자 그의 스승 캉유웨이는 대단히 못마땅하게 여기고 그를 책망하며 은근히 회유하기도 했는데, 2년간 편지가 수만 자나 되었다"(『청대 학술개론』)고 한다. 물론 량치차오의 당시 이런 배반은 일정한 한계를 가지기는 했지만, 보다 주요하게는 캉유웨이와 쑨원 사이에서 동요했다. 1902년 혁명파가 '지나 망국기념회'(支那亡國紀念會)를 개최하자, 량치차오는 참가에 동의하기는 했지만 공개서명은 원하지 않았다. 이러한 사실이 이 점을 전형적으로 표현하고 있다.
7) 「강의 주관 일을 논함」(論剛毅籌款事).
8) 「과분위언」(瓜分危言).

에 걸친 횡포와 혼란의 정체를 파괴하고 분쇄함으로써 수천만의 호랑이, 늑대, 메뚜기, 누리, 자벌레와 같은 관리들이 권세에 빌붙어 나쁜 짓을 하는 근거를 잃어버리게 해야 한다"[9]고 외치면서, '파괴', '암살'을 하도록 호소했다. "파괴하지 않는 건설은 건설할 수 없다."[10] 량치차오의 수많은 논저는 객관적으로 사람들에게 청 정부를 증오하고 혁명으로 경도되게 하는 진보적인 영향을 일으켰다.[11]

이에 대해 량치차오는 후에 다음과 같이 술회했다.

신축(辛丑)년 겨울 『신민총보』 발행을 그만두고 잠시 상식보급에 손을 댔는데, 의외로 사회의 환영을 받았습니다. 당시 의화단운동 후 정부의 상처는 회복되었고 옛 작태가 다시 살아났으므로, 이목으로 접하는 것이 모두 분개할 일이었습니다. 그러므로 잡지의 논조는 나날이 격렬해졌습니다. 임인(壬寅)년 가을, 동시에 『신소설』(新小說) 잡지를 복간하여 혁명을 고취하고자 했습니다. 이때 일반인들의 감정이 가장 격앙되어 있었습니다. 또한 『신중국 미래기』(新中國未來記)라는 소설을 지어 이 잡지에 10여 회 연재했는데, 그 이상적 국호를 대중화민주국(大中華民主國)이라 했습니다.[12]

량치차오의 이 시기 논저가 이러하던 것은 이때 자유주의 개량파와 혁명민주주의의 경계가 확실하지 않은 데다가 개혁요구와 현 정권에 대한 반대라는 점에서 모종의 연합이 있었기 때문이다. 이때 혁명민주

---

9) 「신민설」(新民說).
10) 같은 글.
11) 량치차오는 다음과 같이 말한 적이 있다. "민권으로 백성을 이끌고자 한다면 혁명으로 놀라게 하지 않을 수 없다. ……내가 실행하고자 하는 것이 여기에 있다면 그 제창하는 바는 저기에 있지 않을 수 없다."(「우리 동업 제군에게 삼가 고함」敬告我同業諸君) 이 말은 사람들이 자주 인용하는 자료이지만, 그 심리적 동기의 진실성과 변론의 신빙성(특히 1903년 이전에 쓰여진)은 매우 회의적이다.
12) 량치차오, 「민국 원년 10월 언론계 환영사」(民國元年十月苔報界歡迎詞).

주의자에게도 일부 자유주의적 동요가 있던 것과 마찬가지로,[13] 봉건적 반동통치의 엄중한 박해를 받은 자유주의자에게도 이때 일부 혁명사상의 요소와 정서가 혼재될 수 있었다. 예를 들어 량치차오는 『신중국 미래기』라는 소설에서, 한편으로는 "그 초대 대총통의 이름은 뤄짜이톈(羅在田)이라 하고 2대 대총통의 이름은 황커창(黃克強: 황제의 자손이 스스로 강립強立할 수 있다는 뜻)이라 했고", 다른 한편 이 "뤄짜이톈 속에는 청 덕종(德宗: 광쉬 황제)의 이름을 은장시켜 그가 자리를 양보함"을 말했다. 그의 의도는 사실상 광쉬 황제가 초대 총통을 맡음으로써 과도적 단계로 삼으려 한 것이었다.

천톈화가 청 정부에 환상을 품은 것을 책망할 수 없는 것과 마찬가지로 량치차오가 이때 혁명에 접근한 것을 '위장', '기만' 또는 '투항'이라고 억지부릴 수는 없다. 이러한 현상은 개별적이거나 우연적인 것이 아니라 일정한 법칙성과 보편성을 가지고 있었다. 당시 심지어 캉유웨이 제자 중의 저명한 보수적 인물도 혁명파의 영향을 한 차례 받은 적이 있었다.

> 쉬친(徐勤)과 어우쥐자(歐榘甲)가 원싱(文興)에서 주장한 견해와 기록은 제자가 보기에도 두렵습니다. ……온통 '청적'(淸賊)이라는 말로 가득합니다. ……수위안(樹園)은 우리 당의 가장 연장자이지만 만주를 미워하는 마음은 가장 뜨겁습니다. ……동문들이 모두 그를 따릅니다. ……오늘의 시세에 쫓기어 그러지 않을 수 없습니다.[14]

---

13) 예를 들어 천톈화는 청조에 대한 환상을 가지고 있었다. "작년 이전에는 또한 만주 정부가 변법함으로써 외세의 모욕을 방어할 것을 갈망했다. 그러나 최근에 이르러 민족을 주장하는 사람은 만인과 한인이 병립할 수 없으므로 중국이 멸망하지 않으려면 일도양단하여 만주를 대신하여 정권을 잡아야 한다는 것이다." (「절명서」絶命書)

14) 『연보』.

혁명과 개량, 반만과 보황이라는 두 가지 정치노선, 두 가지 정치사상과 정치파벌은 형세의 발전에 따라 점차 잠재적인 분기에서 공개적인 대립과 직접적인 투쟁으로 변했다. 1900년 혁명파의 『국민보』가 개량파를 비판하고 자립군 사건* 이후 많은 사람이 캉유웨이와 량치차오를 통렬히 매도했고, 진정한 노선투쟁은 캉유웨이의 「중국에서 입헌은 시행할 수 있지만 혁명은 시행할 수 없음을 논함」[15]과 장타이옌의 「캉유웨이 반박」을 기점으로 삼았지만, 량치차오가 미국에서 돌아온 후 발표한 성명[16]과 쑨중산의 「동향인에게 삼가 고하는 글」(敬告同鄉書)에서 "혁명과 보황의 두 가지 일은 두 길로 갈려 흑백이 섞일 수 없고 동서가 자리를 바꿀 수 없는 것과 같다"고 밝혀 공개적으로 결렬된 것을 정식 전환점으로 삼고, 『민보』와 『신민총보』의 직접대립에 이르러 최고봉에 이르렀다. 개량파와 일찍 갈라선 장타이옌도 1897년에 다음과 같이 인정했다.

나는 (왕)선산의 『황서』를 가지고 투쟁했다. 만주를 제거하지 않으면 정치개혁과 변법은 빈말이 되고 종지(宗旨)도 점차 나뉜다고 생각했다. 그러나 캉유웨이 문하에서 때로 혁명을 대범하게 말하기도 했지만 4년이 지난 후에야 비로소 다른 편임이 판명되었다.[17]

---

* 무술정변 후 유신파가 세운 근왕 무장부대인 자립군이 1900년 7월 7군 2만 여의 병력 규모로 이루어졌는데, 이들은 같은 해 8월 9일 봉기하여 츠시 황후의 통치를 전복하고 광쉬 황제를 복위시키려 했으나 누설되어 실패했다.

15) 『신민총보』는 1902년 8월 「혁명변호서」(辯革命書)라는 제목으로 캉유웨이의 이 글의 요점을 게재했지만, 량치차오는 사상적으로 완전히 수용하지는 않았다.

16) 1903년 6월 27일 량치차오는 수위안에게 보내는 편지에서 "저는 최근 수개월간 신당의 어지럽고 부패한 모습을 경계하여 다시는 감히 혁명의 의의를 제창하지 않았습니다"(『연보』)라고 했으며, 동년 10월 미국에서 일본으로 돌아온 후 "선생께서 미국에서 돌아온 후 언론이 크게 변하여 종전에 깊이 믿던 파괴주의와 혁명적 배만주의를 완전히 버렸다. 이것은 선생의 정치사상의 일대 전변이었다. 이후 몇 년간의 언론과 주장은 완전히 이 기초 위에서 입론되었다"(『연보』)라고 했다.

여기서 4년이 지난 후는 바로 1903년이었다. 1903년 이전 량치차오의 정론은 혁명파의 선전과 대체적으로 그다지 모순되지 않았고, 공격의 예봉은 여전히 공동으로 청 정부를 향하고 있었다. 입장·의도·언론·논증·주장이 혁명파와 달랐음에도 아직은 완전히 소극적이고 반동적이지는 않았던 것이다.

그러나 이 시기 량치차오의 사상전선에서의 주요한 작용은 다소간의 반만 급진적 주장의 선전에 있지 않았다. 왜냐하면 그는 필경 혁명파만큼 선전을 많이 하지도 않았고, 또 잘하지도 않았기 때문이다. 그의 주요한 작용은 그가 당시 혁명파가 소홀히 한 광범한 사상계몽 활동을 행했다는 점에 있다. 그는 의식적으로 서양 부르주아 계급의 각종 이론과 학설을 광범하게 소개하고 각종 『서양학안』(泰西學案)을 지은 동시에 부르주아 계급의 세계관과 인생관, 그리고 사회사상을 적극 선동했다. 옌푸의 『천연론』이 진화론적 세계관으로 사람들의 구국자강의 열정을 격발시켰다면 당시 량치차오의 수많은 논저는 이 개념을 더욱 구체적이고 생동적으로 각 방면에 관철시켰다.

이 시기에 량치차오 스스로 목마른 사람처럼 흡수하고 이해한 서양의 사상과 학설은 중국의 상황과 결합되어 "붓 끝에 항상 감정을 띤" 특유의 유창하고 명백한 문학 언어로 표현됨으로써, 옌푸의 근엄한 번역에 비해 훨씬 쉽게 사람들에게 이해되고 사랑을 받으며 수용되었다. 청 정부의 엄금에도 불구하고 『신민총보』는 발 없는 말이 천리를 가듯 국내에서 비밀리에 판매되면서 판매부수가 1만 수천 부에 이르렀는데, 당시로서는 매우 거대한 수치가 아닐 수 없다. 량치차오는 수많은 청년지식인에게 신선한 부르주아 사회도덕적 개념을 고취시켰다. 예를 들어 인구에 회자되는 「신민설」에서는 "나라를 새롭게 하려면" 반드시 먼저 "백성을 새롭게 해야" 하고, 사람들은 반드시 부르주아 애국사상과 독

---

17) 장타이옌, 『자편연보』.

립자유의 분투정신을 갖춰야 한다면서 사람들에게 '애국', '이군'(利群), '상무'(尚武), '자존', '모험' 등을 요구했다. 그리고 사람마다 "스스로 자신의 권리를 지켜서", "옛 사람의 노예가 되지 말 것"을 선전하고, 한학(漢學)·송학(宋學)과 각종 봉건전통의 학리와 관념을 통렬히 비판하면서 "세속의 노예가 되지 말" 것을 호소했으며, 용감하고 진취적인 의지를 힘써 발휘하여 당시로서는 그 선진성을 잃지 않은 생기발랄한 부르주아 사회의식과 정신면모를 선전했다. 그 대상은 당시 대규모로 모습을 드러내고 있던 근대적 프티부르주아 학생지식인이어서 량치차오의 이러한 선전은 서양문화, 학술·사상의 대량 소개와 결합하여 사람들의 요구에 완전히 부합되었기에 열렬한 환영을 받았다. 그리하여 량치차오는 자신의 대규모 저작을 통해 당시 선진청년들에게 가장 영향력 있는 인물이 되었다.

예를 들어 1902년 한 해의 량치차오의 논저는 다음과 같다.

정치에 관계되는 글 이외에 학술적인 것으로 「중국 학술사상 변천의 대세를 논함」(論中國學術思想變遷之大勢)과 「신사학」(新史學) 두 편이 있고, 서양인의 학설을 소개한 것으로 「아리스토텔레스의 정치학설」(亞里斯多德之政治學說), 「진화론 혁명가 제드의 학설」(進化論革命者頡德之學說), 「공리주의자의 태두 벤담의 학설」(樂利主義者泰斗邊沁之學說), 「진화학설의 시조 다윈의 학설과 그 전략」(天演學初祖達爾文之學說及其戰略), 「근세 문명 2대 시조의 학설」(近世文明初祖二大家之學說)」, 「서양 학술사상 변천의 대세를 논함」(論泰西學術思想變遷之大勢) 등이 있다. 또 명인의 전기로 『근세 제일의 여걸 롤랑 부인 전기』(近世第一女傑羅蘭夫人傳), 『이탈리아 건국 삼걸 전기』(意大利建國三傑傳), 『헝가리 애국자 혜수스 전기』(匈牙利愛國者喝蘇士傳), 『장보왕, 반딩위안 합전』(張博望班定遠合傳), 『황제 이후 최고의 위인 조무령 왕 전기』(黃帝以後第一偉人趙武靈傳) 등이 있다. 지리에 대한 것으로는 『지리와 문명의 관계』(地理與文明之關係),

『아시아 지리 대세론』(亞洲地理大勢論),『중국 지리 대세론』(中國地
理大勢論),『유럽 지리 대세론』(歐洲地理大勢論) 등이 있고, 문예작
품으로는『신중국 미래기』외에『세계 종말기』(世界末日記),『신로마
전기와 협정기』(新羅馬傳奇和俠情記) 등이 있다.[18]

　이것은 상당히 복잡한 목록이지만, 분명 량치차오 한 사람이 1년 동
안 쓴 것이다. 옌유링(嚴又陵, 즉 옌푸)의 번역처럼 전문적이지 않고
장타이옌의『구서』처럼 심원하지는 않았지만, 통속적이고 천근(淺近)
하며 순통하고 아름다운 문필로 부르주아 이데올로기를 광범하게 소
개 · 평가 · 논의 · 선전했다. 플라톤과 아리스토텔레스에서 시작하여
베이컨 · 데카르트 · 칸트에 이르기까지, 몽테스키외에서 다윈까지, 벤
담부터 콩트까지, 그리스와 마케도니아에서 이탈리아, 헝가리까지, 각
종 서양의 철학 · 인물 · 역사 · 지리가 모두 량치차오에 의해 광범하게
소개되었다.
　이처럼 수많은 신선한 지식은 사서오경과 공자 · 맹자 · 노자 · 장자
의 봉건적 전통문화만 알던 사람들(특히 청년)의 시야를 열어줌으로써,
세계가 그처럼 크고 그처럼 많으며 그처럼 풍부하다는 것을 알게 했다.
더욱 중요한 점은 이러한 신선한 지식 속의 수많은 참신한 이론과 관
점, 기준과 척도를 소개함으로써 사람들이 고대의 성현 외에도 세계에
는 그렇게 정심(精深)하고 박아(博雅)한 사상과 도리, 원칙과 방법이
있음을 알게 했다. 또한 봉건문화와 부르주아 문화의 이러한 대비 속에
서 사람들은 비로소 자기민족의 낙후함을 느끼게 되었고, 구국과 혁명
의 열정을 더욱 강력하게 불태우게 되었다. 우물 안 개구리처럼 좁은
식견을 가지고 자기 잘났다고 뽐내던 모든 보수적인 것은 새로운 지식
과 개념의 선전과 소개과정에서 저절로 파멸되었고, 신성한 빛이 바랬
으며, 불가침적이던 존엄을 잃어버리고 이성적 회의와 검증을 받게 되

---

18)『연보』.

었다. 이것이 바로 계몽의 역량과 의의였다.

　그러므로 혁명파가 정치투쟁과 무장봉기에 전력을 집중하여 포탄을 만들고 군대를 조직하며 당을 결성하는 데 대다수 성원의 정력과 관심을 쏟게 함으로써 사상계몽 활동[19]을 상대적으로 소홀히 하는 바람에 이러한 활동은 거꾸로 개량파, 특히 량치차오가 자각적으로 떠맡게 되었다. 량치차오는 『신민총보』 발간사에서 이렇게 말했다.

　　우리 나라를 유신하려면 우리 백성을 유신해야 한다고 생각한다. 중국의 부진은 공덕(公德)이 결여되어 있고 지혜가 폐쇄되었기 때문이다. 그러므로 본보는 전적으로 이 병을 약으로 치료하고자 한다. 중국과 서양의 도덕을 취합하여 덕육(德育)의 방침으로 삼으려 힘쓸 것이고 정치학 이론을 널리 망라하여 지육(智育)의 원본으로 삼을 것이다.

　여기서 '덕육'이란 주로 봉건주의와 대립적인 부르주아 계급의 인생 사회 개념이었고, '지육'은 주로 부르주아 계급의 이론과 학설이었다. 량치차오는 아울러 "교육중시를 대뇌로 삼고 정치를 부속물로 삼는다"고 명확하게 제기했는데, 여기서의 교육은 사상교육을 가리켰다. 량치차오는 이 면에서 확실히 유익한 활동을 했다. 이러한 계몽활동의 의의는 낮게 평가되어서는 안 된다. 그것은 당시 사람들(특히 청년세대)의 사상의 발전과 전진에서 불가결한 과도적 고리였다. 정치적 측면에서 그것은 청 정부에 대한 불만으로 인해 혁명으로 나아가는 사상적 도약대를 안배한 것이고, 관념적 측면에서는 초보적인 계몽의 세례를 수용함으로써 더욱 개방적이고 더욱 해방된 사상경계로 나아가는 매개를 안배한 것이었다.

---

19) 루쉰만이 이 활동을 중시했을 뿐, 당시 사람들(혁명가)은 이해하지 못했다. 당시 혁명파의 간행물에도 이에 관한 수많은 소개와 선전이 게재되었지만 필경 량치차오보다 뒤졌고, 량치차오처럼 자각적으로 중시하지는 않았다.

중국 근대사상의 중요한 특징 가운데 하나는 사회변동의 신속함으로 인해 아주 짧은 기간에 수백 년에 걸친 서양 부르주아 사상 발전의 전 과정을 거쳐야 했다는 점이다. 온화한 자유주의에서 급진적 혁명 민주주의에 이르기까지, 계몽사상에서 사회주의에 이르기까지의 과정은 모두 대단히 촉급하고 짧은 행정(行程)이었다. 그것은 그처럼 신속하게 변천하고 복잡하게 착종됨으로써, 한편으로는 비교적 완정하고 깊이 있는 철학과 정치적 사상체계를 성숙시킬 충분한 시간과 조건을 근본적으로 가질 수 없게 했다. 그리고 다른 한편으로는 사람들 또한 대개 아침에 막 봉건의 고서더미에서 놀라 깨어나 량치차오 식의 부르주아 사상의 세례를 수용했지만, 저녁에는 량치차오를 반대하는 급진적 혁명사상에 완전히 경도되지 않을 수 없었다. 그러나 량치차오는 오히려 그로 인해 불가결한 사상적 고리를 구성할 수 있었다. 량치차오와 『청의보』(淸議報)와 전기 『신민총보』의 이러한 객관적 역사작용을 부정해서는 안 된다.[20] 당시 루쉰 세대는 량치차오의 영향을 받았다.

그(량치차오)가 서태후를 공격한 것은 배만에 근접한 것 같았을 뿐만 아니라 자신이 말한 대로 필봉에 항상 감정이 묻어 있어 일반 청년의 마음을 잘 움직일 수 있었으므로 커다란 세력을 가지게 되었다. 계묘년(癸卯年, 1903년) 3월에 루쉰은 나에게 책 한 보따리를 보냈는데, 그 속에는 『청의보』 합집 8권, 『신민총보』와 『신소설』 각 3권씩이 들어 있었다.[21]

---

20) 「항저우에서 교육회를 흥성시켜야 함을 논하며 천이안에게 드리는 글」(與陳君逸庵論杭州宜興敎育會書), 『신세계학보』(新世界學報), 1903. "항저우 개화의 속도가 작년처럼 빠른 경우는 없었다. ……그 까닭을 추정해 보니 문득 『신민총보』의 힘 덕분이었음을 알게 되었다."
21) 저우치밍(周啓明), 『루쉰의 청년시대』(魯迅的靑年時代).

후스 세대도 영향을 받았다.

나는 개인적으로 량치차오 선생의 무궁한 은혜를 받았다. 현재 추억해보건대, 두 가지가 가장 분명하다. 첫째는 그의 '신민설' 등이 나에게 신세계를 열어줌으로써 중국 바깥에 고등민족과 고등문화가 있다는 사실을 철저하게 믿게 한 점이고, 둘째는 그의 「중국 학술사상 변천의 대세를 논함」이 나에게 새로운 경계를 열어줌으로써 사서오경 외에도 중국에 기타 학술사상이 있음을 알게 한 점이었다.[22]

궈모뤄 세대 또한 영향을 받았다. 그는 회고록에서 이 점을 상당히 상세하고 진실하며 공정하게 묘술했다.

……그때 그(장타이옌을 가리킴)가 간행한 잡지는 금서였기 때문에 우리는 볼 기회가 없었다.

『청의보』는 쉽게 이해할 수 있었다. 언론이 비록 천박했지만 그는 새로운 기상으로 표현했다. 그때 량런궁(梁任公, 량치차오-옮긴이)은 이미 보황당이 되었다. 우리는 마음속으로 그를 경멸했지만 그의 저서는 좋아했다. 그가 지은 『이탈리아 건국 삼걸 전기』와 그가 번역한 『경국미담』(經國美談)은 날렵한 필조로 망명지사와 건국영웅을 묘사했는데 정말 우리를 심취하게 만들었다. 나는 나폴레옹과 비스마르크를 숭배하는 외에 가브리엘·가리발디·마치니를 숭배하게 되었다.

냉정하게 말해서, 량런궁의 지위는 당시 확실히 혁명가의 대표로서 손색이 없었다. 그는 중국의 봉건제도가 자본주의에 의해 파괴되는 시기에 살면서, 시대적 사명을 짊어지고 자유사상을 표방하며 봉건의 잔해와 싸웠다. 그의 예리한 신흥언론 앞에서 거의 모든 구사상과

22) 「사십 자술」(四十自述).

구풍습은 추풍낙엽처럼 완전히 그 정채(精彩)를 잃어버렸다. 20년 전의 청소년——바꿔 말해 당시의 유산계급의 자제——가운데 찬성하건 반대하건 그의 사상 또는 문자의 세례를 받지 않은 사람이 하나도 없었다고 할 수 있다. 그는 부르주아 혁명시대의 강력한 대변인이었고, 그의 공적은 확실히 장타이엔 등의 아래에 있지 않다.[23]

이 글 서두에서 지적했듯이, 중국 사회는 이처럼 복잡한 과도시기에 처해 있었고, 일에는 항상 이처럼 모순이 착종되었다. 마음속으로 량치차오의 정치적 입장을 경멸했지만 사상적으로는 여전히 그의 부르주아 계몽의 세례를 수용한 것이다. 이러한 현상은 한두 사람에 그친 것이 아니라 대표성이 매우 풍부한 수세대의 청년지식인에게 일어났다. 그러므로 나는 일부 논자들이 량치차오의 이러한 객관적 역사작용을 완전히 말살하는 것에 시종 동의할 수 없었다. 「신민설」[24]로 대표되는 량치차오의 이 시기 사상계몽 활동을 의도적 반동이니 수법이 교활하다느니 하며 단순하게 질책하는 것은 매우 그릇된 태도이다. 다음과 같은 견해가 바로 그러하다. "「신민설」을 발표한 목적은 더욱 많은 청년지식인이 혁명사상을 수용하는 것을 저지하기 위함이었다. ……그는 중국 인민의 심리와 신체를 노예화하는 전제통치와 그 통치기초인 각종 제도의 죄악을 가볍게 털어버리고 모든 죄악을 중국 인민 자신의 사상으로 귀결시켰다."[25] 이러한 견해는 비록 량치차오의 정치사상 비판을 논제로 삼았지만, 사실은 당시의 역사와 량치차오의 전면적인 사실에 결

---

23) 궈모뤄, 『소년시대』(少年時代).

24) 「신민설」의 전문은 비교적 길고 집필기간도 길어 1902년에 기본적으로 씌어졌고, 결말은 1903년에 씌어졌다. 이 글의 내부에도 모순이 있었지만, 주요한 경향은 진보적이었다. 그 그릇된 정치적 측면에 대해서는 당시 혁명파에서 반박한 적이 있다. "이론적으로 보면 신민이 있으면 신정부가 없어도 걱정이 없지만, 사실상은 신정부가 있어야만 그 후에 신민을 얻을 수 있다."(페이성원飛生文, 『절강조』浙江潮 제8기)

25) 후성우(胡繩武)·진충지(金沖及), 「량치차오의 평가문제에 관하여」(關於梁啓超的評價問題) 『학술월간』(學術月刊), 1960년 제2기.

코 부합되지 않고, 상술한 루쉰과 궈모뤄의 직접적인 경험을 해석할 수
도 없다.

＊　　＊　　＊

　당시 량치차오의 이러한 계몽활동은 일반적 사상관념의 영역에서뿐
만 아니라 문예와 사학이라는 두 가지 중요한 방면에서 두드러지게 표
현되었다. 량치차오는 중국 근대에서 가장 일찍 소설창작을 높이 평가
하고 적극적으로 제창한 인물이었고, 또한 부르주아 사학의 관점과 방
법으로 중국 역사를 연구한 최초의 인물이었다. 이 두 가지는 모두 봉
건적 정통문학 개념과 봉건적 사학 개념에 대항하는 것이었다.
　무술변법 시기에 황쭌셴과 량치차오 등은 언어와 문자의 합일을 제
기함으로써 실제적으로 백화문(白話文)의 문제를 제출했다. 량치차오
는 "일본의 변법은 통속가요와 소설의 힘에 의지했다"고 인식했다. 이
와 비슷한 시기에 옌푸와 샤쑤이칭(夏穗卿)은 『국문보』(國聞報)에 「부
인 소설 연기」(附印小說緣起, 1897)를 발표하여 소설의 가치를 천명했
다.[26] 무술 이후 량치차오는 일본에서 앞장서서 신소설을 제창하고 전
문잡지 『신소설』을 창간하고는, 스스로 번역도 하고 창작도 함으로써
시대의 풍기를 크게 열었다. 이것은 무술 전후의 이른바 '시계혁명'(詩
界革命),[27] '소설계 혁명', 백화문운동의 연속이었다. 20세기초 우젠

---

26) 량치차오는 「정치소설 역인 서」(譯印政治小說序)에서 다음과 같이 말했다. "예
　 전에 유럽 각국의 변혁초기에 그 석학, 인자(仁者), 지사들은 대개 자신의 경험
　 과 흉중의 정치적 의론을 소설에 기탁했다. 그리하여 그 나라 국민 중에서 학업
　 을 중단한 자와 학생이 학교교육의 여가시간에 손에 들고 읽었다. 아래로 군
　 인·거간꾼·장인·인력거꾼·마부·부녀자·아동에 이르기까지 손에 들고 읽
　 지 않는 이가 없었다. 그리하여 책 한 권이 나올 때마다 전국의 의론이 그로 인
　 해 일변했으니, 저 미국·영국·독일·프랑스·오스트리아·이탈리아·일본 각
　 국의 정계의 발전에는 정치소설의 공이 최고였다."
27) 탄쓰퉁과 샤쑤이칭 등은 새로운 명사로 시를 지었고, 황쭌셴은 시사(時事)를 시
　 에 넣었는데, 이를 당시에 '시계혁명'이라고 했다.

런(吳趼人)의『20년 동안 본 기괴한 현상들』(二十年目睹之怪現狀),[28] 리보위안(李伯元)의『관계의 현형기』(官場現形記)[29]와『문명소사』(文明小事),[30] 류어(劉鶚)의『라오찬의 여행기』(老殘遊記),[31] 쩡푸(曾樸)의『얼해화』(孽海花)[32] 등을 대표로 하는 소설작품이 호호탕탕하게 강대한 문학 거류를 형성했는데, 이들은 내용에서 형식까지 모두 전통적인 봉건문예를 타파한 것으로, 부르주아 문예의 범주에 속하는 작품이었다. 이러한 조류 속에서 량치차오는『신소설』창간호에 발표한「소설과 뭇 다스림의 관계를 논함」(論小說與群治的關係)이라는 글로 이론적 대표이자 지도적 인물이 되었다. 량치차오는 이 글에서 문학(소설)이 사회혁신을 위해 복무해야 한다는 근본 관점과 강령을 제기했다.

한 나라의 백성을 새롭게 하려면 그 나라의 소설을 새롭게 하지 않을 수 없다. 그러므로 도덕을 새롭게 하려면 반드시 소설을 새롭게 해야 하고, 종교를 새롭게 하려면 반드시 소설을 새롭게 해야 하며, 정치를 새롭게 하려면 반드시 소설을 새롭게 해야 하고, 풍속을 새롭게 하려면 반드시 소설을 새롭게 해야 하며, 문예를 새롭게 하려면 반드시 소설을 새롭게 해야 하고, 인심을 새롭게 하고 인격을 새롭게 하려면 반드시 소설을 새롭게 해야 한다.[33]

량치차오는 소설이 사람을 흡인하는 원인을 소설의 감염력의 특징

---

28) 1902년『신소설』에 발표되기 시작.
29) 1901～05년.
30) 1900년 출판.
31) 1903년『수상소설』(繡像小說)에 처음 실림.
32) 1905년에 전(前) 10권 출판.
33) 이 말은 루쉰의 다음과 같은 관점과 비교해볼 만하다. "……금일 번역계의 결점을 보충하고 중국인들을 진화로 이끌고자 한다면 반드시 과학과 소설에서 시작해야 한다."(「일계여행 변언」日界旅行弁言, 1903)

(훈도薰 · 침윤浸 · 자극刺 · 제고提)과 인간을 격동시키고 인간에게 영향을 주는 거대한 작용이라고 설명했다. 나아가 중국의 사회사상 의식 가운데 각종 낙후한 미신적인 요소들이 소설의 영향과 관계없는 것이 없음을 지적했다. 그러므로 사회를 개조하고 사상을 변혁하며 풍속을 바꾸려면 반드시 소설을 개혁해야 한다고 주장했다. "오늘날 뭇 다스림을 개량하려면 반드시 소설계 혁명에서 시작해야 한다"는 견해는 당연히 천박하고 일면적이었지만, 그것이 제기하는 것은 부르주아 반봉건적 인생을 위한 예술의 이론이었다.

한 가지 재미있는 현상은, 당시 혁명파의 많은 사람은 오히려 국수와 복고의 제창을 민족주의로 삼았다는 점이다. 장타이옌과 덩스(鄧實) 등의 『국수학보』 또는 닝댜오위안(寧調元)과 이쉬(易旭) 등의 남사(南社) 시가, 그리고 쑤만수(蘇曼殊)의 고문소설 등은 한 시기를 풍미하고 그들이 정치적으로 혁명을 주장하고 루소를 숭배했음에도 문예형식과 역사를 대하는 관점에서는 오히려 상당히 보수적이었다. 그러므로 1903년 이후 혁명파가 정치사상면에서 점차 전면적으로 량치차오를 압도했다 하더라도 사상계몽 활동을 자각적으로 장악하지 못했기 때문에, 이 영역은 여전히 기본적으로 개량파에게 점거되었다. 그리고 대부분의 문예 간행물과 소설창작도 개량주의자 손에서 나왔으며, 량치차오는 여전히 커다란 영향력을 가지고 있었다.

당시 친히 경험한 사람은 "대립항인 동맹회가 이 방면에서 아무런 활동도 하지 않았기 때문에 『신소설』의 영향은 여전히 존재했다"[34]고 표현했다. 이들 개량파의 소설은 그 주요내용이 봉건관가와 사회현상의 부패한 암흑을 폭로함으로써 사상적으로 커다란 한계를 가지고 있었음에도 그 작용과 영향은 여전히 적극적인 것이 주요한 측면이었다. 당시 린친난(林琴南)의 번역도 그러했다. 린친난의 정치사상은 낙후되었지만, 그가 번역한 대량의 서양소설은 사람들의 시야를 넓힘으로써 『수호

---

34) 저우치밍, 『루쉰의 청년시대』.

전』,『홍루몽』,『서상기』(西廂記),『모란정』외에도 별천지가 존재함을
알게 해주었다. 또한 서양 부르주아 계급의 생활내용과 사회상황, 제재
와 형식 등이 이처럼 신선하고 감동적이라는 사실은 당시에 이목을 일
신시키는 광범한 진보적 영향을 일으켰다.

> 린친난이 번역한 소설은 당시 매우 유행했고, 그것은 또한 내가 가
> 장 좋아하는 읽을거리였다. ……그의 문학적 공로는 량치차오의 문
> 화비평적인 것과 마찬가지이다. 그들은 자본주의 혁명시대의 대표적
> 인물이었을 뿐만 아니라 상당한 성과를 이룬 인물이었다.[35]

혁명과 반만은 당시 가장 목청이 높던 구호였으며, 혁명파는 이 정치
사상의 전선(前線)에 서 있었다. 그러나 계몽활동면에서는 오히려 진지
를 부르주아 개량파에게 내주었다. 후자는 어찌 됐건 봉건주의보다는
진보적이었기 때문에, 계몽의 측면에서는 여전히 사회에 진보적 작용
을 했다. 역사의 복잡성은 항상 이러하다.

이런 문예사조와 병행하여 량치차오는 금세기초에 봉건사학과 대립
되는 부르주아 사학관을 제기했는데, 이 또한 계몽의 범주에 속한다.
사학은 원래 중국의 전체 학술영역에서 중요한 지위를 차지해왔다. 량
치차오는 「중국사 서론」(中國史敍論)과 「신사학」(新史學) 등의 논문에
서 중국 봉건사학의 전통을 첨예하게 비판했고, 중국 구사학이 "조정이
있는 것은 알지만 국가가 있는 것은 모르고", "개인이 있는 것은 알지만
집단이 있는 것은 모르며", "과거의 자취가 있는 것은 알지만 오늘의 임
무가 있는 것은 모르고", "사실이 있는 것은 알지만 이상이 있는 것은
모른다"고 지적했다. 그러므로 역사를 제왕의 족보로 만들어 "이웃집
고양이가 새끼를 낳았다"는 식으로 만들어버려, 이상도 없고 법칙도 없
으며 '집단'도 없으므로 24사(중국 역대왕조의 역사—옮긴이)는 단지

---

35) 궈모뤄,『소년시대』.

도끼로 쪼개버려야 할 책이라고 지적했다. 량치차오는 '신사학'으로 그것을 대체할 것을 제기했다. 이러한 '신사학'은 인간의 진화와 역사적 사건의 인과법칙을 써야 하며, "역사는 인간집단의 진화현상을 서술하고 그 공리와 공례를 구하는 것"[36]이라고 했다.

> 전자의 사가들은 사실을 기재하는 데 불과하지만 근세 사학은 그 사실의 관계와 그 인과를 설명해야 한다. 전자의 사가들은 세상의 한두 권력자의 흥망교체를 기술하는 데 불과하여 명목적으로는 국사라고 함에도 한 사람 또는 한 집안의 족보에 그치지만, 근세 사가는 사회 전체의 운동과 진보, 즉 국민 전체의 경력과 그 상호관계를 관찰해야 한다.[37]

그러므로 종족·지리·문화 등에 중점을 두어야 하고, 일성(一姓)의 흥쇠와 영웅의 성패에 중점을 두어서는 안 된다. "훌륭한 사가는 인물을 역사의 재료로 삼으며, 역사를 인물의 화상(畵像)으로 삼지 않는다. 그리고 인물을 시대의 대표로 삼고, 시대를 인물의 부속물로 삼지 않는다."[38] 이것은 제왕과 장상을 역사의 주체로 삼는 봉건사학과 다른 부르주아지 상승시기의 사학관이었는데, 그것은 당시 진보적이었다. 그 진보성은 당시 전체적 계몽사상과 전통적 봉건의식의 대립, 투쟁의 한 측면이자 한 표현이었다는 점에 있다. 량치차오가 소설개혁을 정치의 고도로 끌어올린 것과 마찬가지로 그는 신구 사학개념의 대립을 같은 고도로 끌어올렸다. "오호라, 사학혁명이 일어나지 않으면 우리 나라는 구할 수 없도다. 수많은 일 중에서 이것만이 크도다."[39]

량치차오의 계몽선전은 얕고 잡다했지만 광범했다. 그는 그다지 중

---

36) 「신사학」.
37) 「중국사 서론」.
38) 「신사학」.
39) 같은 글.

요한 사상가가 아니었고, 특별히 독창적이고 깊은 사상적 성과를 내지도 못했다. 그러나 그는 일반 부르주아 세계관과 인생관의 선전에서 부르주아 계급의 '신소설'과 '신사학'을 제창하기에 이르기까지, 이데올로기 측면에서 중국 전통관념과의 투쟁에 자각적으로 주의를 기울였다. 이 면에서 그는 당시 어떤 사람보다 많은 활동을 했으며, 광범하고 중요한 사회적 영향을 일으켰다. 그는 당시 가장 영향력 있는 부르주아 계몽선전가였고, 바로 이 지점에 중국 근대역사에서 그가 차지한 주요 역할이 존재하고 있다.[40]

---

40) 그렇다면 량치차오의 반동적 정치사상, 언론, 활동과 그의 계몽활동의 부르주아 계급의 허위적 측면 등에 대해서는 이야기할 수도 없고 비판할 수도 없다는 것인가? 물론 아니다. 다만 이 방면에 대해서는 수많은 논저에서 적지 않게 이야기했기에 해방 후 량치차오를 언급한 글과 저서를 임의로 펼쳐 보면 이런 비판은 쉽게 찾을 수 있으므로, 이 글에서는 반복하지 않을 뿐이다. 이 글의 원래 의도는 량치차오를 전면적으로 논술하려는 것이 아니라, 그의 역사적 지위를 간략하게 설명하려는 것일 뿐이다(이 부분은 1979년 인민출판사본에는 들어 있는데, 1994년 안후이 문예출판사본에는 빠져 있다. 참고로 덧붙여둔다—옮긴이).

3 신사학의 대표인물

　량치차오를 부르주아 사학의 일반 이론과 방법의 창도자라고 한다면, 왕궈웨이는 이 이론과 방법의 구체적 운용자였다. 량치차오는 중국 학술사와 관련된 대량의 논저를 냈음에도 진정으로 근대적인 방법으로 분석·종합하여 비교적 과학적인 결론을 도출하며 독창성을 구비한 학술 저작은 오히려 많지 않았다. 『청대 학술개론』은 량치차오의 가장 성공적이며 영향력도 가장 광범위하던 학술저작일 것이다(1960년대에 이미 외국어 번역본이 나왔음). 그러나 이 책의 가장 가치 있는 부분은 그가 친히 겪은 만청 단계의 묘사와 서술이었다. 그러므로 일부 사람이 량치차오의 학술적 성과를 높이 받든 것은 사실에 부합하지 않는다.

　왕궈웨이는 그와 상반된다. 그는 사학 이론과 방법을 크게 말하지 않았고, 그 자신이 무슨 선전가나 사상가도 아니었으며, 더욱이 정치가도 아니었다. 그는 전문학자였을 뿐이고, 그의 이름과 영향을 수용한 사람도 상당히 적었다. 그러나 그는 근대 부르주아의 과학적인 방법으로 중국 역사의 몇 가지 문제를 깊이 연구하여 창조적인 중요한 성과를 획득했다. 량치차오가 이론적으로 수천 년의 봉건사학과 경계선을 그을 것을 요구했다면, 왕궈웨이는 구체적 연구에서 이 점을 수

행하고 실현했다. 제재의 선택, 논증의 방법, 추구하는 목적, 도출한 결론 등은 모두 전통적인 봉건사학과 확실히 달랐다. 그는 사회제도·경제·문화 등에서 역사의 객관적 인과를 탐구했는데, 그것은 봉건사학의 단편적 고증 및 제왕의 가보와 같지 않았다. 왕궈웨이는 봉건사회에서 아무도 묻지 않던 송원 잡극(雜劇)을 선구적으로 연구하여『송원 희곡사』(宋元戲曲史)를 저술했다. 궈모뤄는『송원 희곡사』와 루쉰의『중국 소설사략』(中國小說史略)을 함께 거론했고,[41] 아울러 왕궈웨이를 '신사학의 개산(開山) 대조'라고 인식했다. 왕궈웨이의 더욱 중요한 학술성과는 은주(殷周) 갑골금문 연구에 있었다. "그의 갑골문 연구, 은주 금석문 연구, 한진(漢晋) 죽간(竹簡)과 봉토 연구는 획기적인 작업이었다."[42]

이 글에서는 이들 성과를 구체적으로 담론하지는 않겠다. 다만 지적하고 싶은 것은, 이러한 성과를 얻을 수 있던 원인이 그가 당시 서양의 부르주아 이데올로기——철학 이론부터 문예작품까지——의 훈도(薰陶), 특히 엄격한 자연과학적 방법론의 훈련을 수용했다는 점에 존재한다는 것이다. 그는 서양의 철학과 사회학을 연구했고, 형식논리 서적을 번역했다. 이런 모든 것이 전통적 봉건사학의 방법을 돌파하고 중국 고대사에 대한 새로운 안목과 견해를 갖게 했으며, 그의 학술성과를 건륭(乾隆) 훈고학과 크게 다르게 했을 뿐만 아니라 동시대 장타이옌과 같은 혁명파 인물보다 깊이 있고 참신하게 한 것이다. 장타이옌도 중국의 고대문화와 관련된 수많은 전문논저를 냈지만 시종 봉건적 울타리에서 벗어날 수 없었고, 심지어 출토된 갑골까지도 믿지 않는 고집을 보임으로써 왕궈웨이가 근대의 과학적인 방법으로 고대사를 정리하고 갑골을

---

41) "왕 선생의『송원 희곡사』와 루쉰 선생의『중국 소설사략』은 중국 문예사 연구의 쌍벽임에 의심의 여지가 없다. 두 책은 황무지를 개척한 것이며 권위 있는 성과로서 줄곧 백만의 후학을 지도할 것이다."(「역사인물歷史人物: 루쉰과 왕궈웨이」)

42) 궈모뤄,「역사인물: 루쉰과 왕궈웨이」.

연구하던 태도와 크게 다른 모습을 보였다.

　왕궈웨이는 서양문화의 훈도를 받아 쇼펜하우어의 비관주의와 관념론에 물들었음에도 스스로 "좋아할 만한 것은 믿을 수 없고 믿을 만한 것은 좋아할 수 없다"는 첨예한 모순을 냉철하게 간파했다. 그는 자신이 좋아하는 관념론 철학이 결코 믿을 만하지 않다는 것을 알고, 자신의 주요역량을 믿을 만한 역사과학에 헌정했다. 또한 이러한 서양문화에 대한 소양과 태도는 그의 『인간사화』(人間詞話)[43]가 관념론 철학 사상의 장막에 갇혀 있으면서도 중국 근대의 손꼽을 만한 빛나는 미학 저작이 되게 했다.

　량치차오와 왕궈웨이를 비교해보면 사회적 영향력 측면에서는 왕궈웨이보다 량치차오가 훨씬 크지만, 학술성과면에서 량치차오는 왕궈웨이에게 미치지 못한다. 전체 역사지위에서는 당연히 량치차오가 왕궈웨이보다 높았다. 그러나 량치차오의 계몽영향은 광범했지만 일시에 그친 반면, 왕궈웨이의 학술성과는 전문적이면서도 그 영향력이 더욱 장구했다. 1920년대 칭화 연구원(淸華硏究院)의 세 거두──량치차오 · 왕궈웨이 · 천인커(陳寅恪)──는 1930년대 마르크스주의 사학이

---

43) 왕궈웨이는 철학에서 한편으로 옌푸의 천박한 경험론에 불만을 느끼고 일시적 공리를 초월하는 형이상학을 제창했다. 그는 중국 민족에게 추상적 사변이 결여되었음을 지적했다. "우리 나라 사람은 오랫동안 실천방면에 안주했고 이론방면에서는 구체적 지식으로 만족했다."(『징안문집』靜庵文集, 이하 같음) "그러므로 우리 나라에는 순수한 철학이 없었고 그중 가장 완비된 것은 도덕철학과 정치철학뿐이었다." 왕궈웨이는 중국의 지식인이 옌푸보다 한층 깊은 수준에서 서양문화를 이해하고 정신적 가치를 추구했으며, 조국의 전통을 비판함으로써 새로운 세계를 영접할 것을 가장 먼저 표현했다. 그러나 다른 면에서 그는 또한 이성과 인성의 선악에 대한 동서 철학의 형이상학적 사변을 건전한 상식의 경험으로 반대했고, 이것은 마침내 그를 '좋아할 만한 것'과 '믿을 만한 것' 사이의 모순에 빠뜨려 철학과 결별하게 만들었다. 이 모순은 깊은 이론적 의미를 가지고 있다. 당시 인물의 철학에 대한 왕궈웨이의 평론은 자못 정확했고, 이것은 그의 고도의 철학적 소양을 나타낸 것이었다. 예를 들어 그는 옌푸 · 캉유웨이 · 탄쓰퉁만을 거론했는데, 캉유웨이의 이론을 범신론으로, 탄쓰퉁의 이론을 반은 유물론, 반은 신비론이라고 인식했다. 그의 간략한 평어는 오늘날의 수많은 논문의 수준을 초월한다.

흥기하기 전 부르주아 사학의 주요대표였다.[44] 마르크스주의는 정치 · 사상 · 문예 면에서 5·4운동 전후에 점차 주도적 지위를 획득했지만, 사학면에서는 1930년대에 이르러서야 주도적 지위를 차지했다. 그것은 궈모뤄의 『중국 고대사회 연구』(中國古代社會研究)를 대표로 하여 사학 영역내부로 마르크스주의가 진군을 시작한 것이었다.

이상을 총괄하면, 량치차오와 왕궈웨이는 중국 근대의 부르주아 계급 진보시기의 계몽사상과 학술영역에서 주요한 대표인물이라 할 만하다. 중국 근대사상이 사회 · 정치 영역에 집중되었기 때문에 그들 두 사람의 대표적 지위와 시대적 의의는 캉유웨이 · 쑨원 · 장타이옌 등의 거대한 그림자에 가려 그다지 두드러지지 못했다. 그러나 그런 이유로 그들을 완전히 홀시하고 부정하는 것은 역사의 본래 면모를 왜곡하는 것이다.

---

44) 이러한 사실은 1920년대초 량치차오가 쓴 『중국 역사 연구법』이 무엇 때문에 재판 삼판 출판되고 사회의 열렬한 환영을 받았는가를 설명할 수 있다. 1930년대 마르크스주의 역사과학이 흥기한 후 량치차오의 영향력은 신속히 소멸되었다.

루쉰 사상발전에 대한 약론

루쉰*은 그 누구와도 비교하기 어려울 만큼 커다란 영향력을 가진 중국 근대의 문학가이자 사상가이다. 그는 수많은 청년을 길러냈으며, 그의 작품은 중국 근대사회를 보여주는 백과사전과 같다. 중국 문학사에서 아무리 읽어도 싫증이 나지 않는 두 작품이 있으니, 그것은 바로 『홍루몽』과 루쉰 문집이다.[1] 『홍루몽』은 봉건사회의 몰락을 애도하는 만가였고, 루쉰의 작품은 봉건사회의 몰락을 예고하는 전투나팔이었다.

……(전략)……

그들의 머리 위에는 가지가지 아름다운 칭호가 수놓인, 각종 기치가 내걸려 있다. 자선가 · 학자 · 문인 · 높은 사람 · 청년 · 고상한 사람 · 군자……. 머리 아래에는 가지가지 아름다운 꽃모양이 수놓인, 각양각색의 외투가 있다. 학문 · 도덕 · 국수 · 민의 · 논리 · 대의명분 · 동방문명…….

그러나 그는 투창을 치켜들었다.

그들은 모두 입을 모아 맹세하길, 그들의 심장은 가슴 중앙에 있어 한쪽에

---

* 루쉰(魯迅, 1881~1936)은 근대중국의 위대한 문학가이자 사상가요 혁명가로 일컬어진다. 본명은 저우수런(周樹人)이고 자는 위차이(豫才)이며 저장 사오싱(紹興) 사람이다. 지주집안 출신이지만 가세가 기울어 어려서부터 농민들을 많이 접했다. "그들의 불행을 슬퍼하되 그들이 투쟁하지 않음에 분노한다"(哀其不幸, 怒其不爭)는 말은 농민에 대한 루쉰의 기본입장을 잘 표현하고 있다. 1898년부터 1902년까지 난징에서 근대 자연과학을 폭넓게 공부한 후 1909년까지 일본에서 유학했다. 그 기간에 혁명활동에도 참가하고 의학에서 문학으로 전업하면서 혁명민주주의자의 길을 걷게 된다. 귀국 후 신해혁명을 지지하고 5·4운동에도 적극 참여했다. 취추바이 등을 통해 마르크스주의를 받아들였다.

[1] 루쉰의 잡문은 총체적으로 보아 예술품으로 생각해야 한다. 루쉰도 이렇게 말했다. "나의 잡문에서 쓰고 있는 것은 코 하나, 입 하나, 털 하나이지만 그것을 합한다면 아마도 하나의 전체적인 형상이 될 것이다."(『준풍월담』淮風月談 「후기」)

치우친 심장을 가진 인류들과는 다르다고. 그들은 모두 가슴 위에 호심경(護
心鏡)을 붙이고서 스스로도 자신의 심장이 가슴 중앙에 있다는 것을 믿는 징
표로 삼는다.

　　그러나 그는 투창을 치켜들었다.

　　……(중략)……

　　이런 곳에서는, 누구도 전투의 울부짖음을 듣지 못한다. 태평하다.

　　태평하다…….

　　그러나 그는 다시 투창을 치켜들었다!²⁾

　　루쉰을 연구한 서적과 논문은 적지 않다. 물론 훌륭한 연구 논저가 수없이
많이 있었다. 그에 대한 기본적인 평가문제는 1949년 이후 움직일 수 없는 공
인을 얻었다. 이 글은 기존의 성과를 토대로 삼아 몇 가지 논쟁이 있었거나 무
시되던 문제를 다루면서, 주로 루쉰의 초기와 전기(前期)의 사상발전에 대해
이야기하고자 한다. 루쉰이 그의 혁명동료와 많은 젊은 혁명가를 넘어선 원인
의 하나는, 초기와 전기에 자신이 직접 겪은 경험을 가지고 중국 민주혁명의
갖가지 비통한 교훈을 총괄했고, 투쟁의 방향과 전략을 또렷하게 제시했으며,
아울러 그것을 최후의 순간까지 유지한 점에 있다.

---

2) 『들풀』(野草) 「이런 전사」(這樣的戰士).

1 초기의 두 단계

　'국민성'은 루쉰이 초기와 전기에 대단한 관심을 가진 문제였다. 그것은 항상 루쉰의 사상활동에서 중심을 차지했다. 그러므로 그 전후 맥락을 탐색하는 것은 루쉰 사상의 발전과 그 특징을 이해하는 데에서 상당히 중요하다.

　소년시절부터 루쉰의 사상은 두 측면이 함께 교차했다. 하나는 루쉰 스스로 말한 바와 같이, "누가 편안한 집에서 곤궁한 곳으로 추락하려 하겠는가. 그러나 나는 이 길에서 세상사람의 진면목을 볼 수 있던 것이 아닌가 하고 생각한다"[3]이다. 루쉰의 조부는 하옥되고 집안의 가세는 기울었으며, 외갓집에서 기거하며 냉대를 받았고, 부친이 중병인지라 전당포와 약국 사이를 오가는 등 인정의 냉혹함과 따뜻함, 염량(炎凉) 세태의 쓴맛은 소년의 영혼을 조숙하게 만들었다. 이로 인해 루쉰은 가난한 농가출신의 자제에 비해 중상층 사회의 허위와 간교함을 보다 쉽게 체득했고, 어린 시절부터 예민하고 깨어 있으며 분개할 줄 알고 강인하도록 단련되었다.

　다른 하나는 루쉰 스스로 말한 바처럼 "내 모친의 본가는 농촌이어서

---

3) 『외침』(吶喊) 「자서」(自序).

나는 가끔 많은 농민과 친밀히 지낼 수 있었다. 그로 인해 그들이 평생 억압과 고통을 받고 있음을 점차 알게 되었다"4)는 점이다. 소박한 농촌 환경과 성실한 농촌의 친구들, 전원의 풍경5)과 민간의 연극 등은 어렸을 때부터 이 민감한 영혼에게 잊기 어려운 위안과 따뜻함을 주었고, "모두 나에게 고향을 그리워하게 만드는 고혹적인 것들이었고", "그것들이 내 일생을 속인다 하더라도 나는 수시로 그것들을 그리워하게 할 것"*이었다. 증오와 사랑, '세상 사람들의 면면'에 대한 통찰과 증오, 농민에 대한 친근감과 동정, 그것들의 상호교차는 훗날 '국민성' 문제에 착안하게 하는 중요한 요소가 되었다. 반(半)봉건·반(半)식민지라는 복잡한 환경에서 루쉰은 수십 년 동안 시종일관 애증이 분명했고 조금도 모호함이 없었다. 그토록 맑게 깨어 있으면서도 유난히 깊이 사색하는 루쉰의 개성적 특징과 불 같은 열정을 얼음 같은 냉정함 속에 담고 있던 작품의 미학적 풍격은 바로 이런 소년기의 생활이 각인시킨 흔적으로까지 소급해볼 수 있지 않을까?6)

청년 루쉰은 "다른 길을 걷고 다른 곳으로 도망쳐 다른 모습의 사람을 찾아가기 위해"7) 당시 사회의 조소와 멸시를 받던 외국 학교에 들어

---

4) 『집외집 습유』(集外集拾遺)「영역본 단편소설선 자서」. 농민과 농촌에 대한 루쉰의 심화된 이해는 일본에서 돌아와 사오싱에서 교편을 잡고 있을 때부터 시작되었다. 그러나 이때의 농민과의 교류는 여전히 어린 시절의 인식에 기초하여 이루어졌다.
5) "나는 농촌에서 성장했다. 원숭이 울음소리 듣기를 좋아했는데, 깊은 밤에 멀리서 우는 것을 들으면 기분이 좋았다. 옛 사람들이 말하던 '개 짖는 소리가 마치 표범 같다'는 말이 바로 이런 것일 것이다."(『준풍월담』「추야 기유」秋夜紀遊)
  * 『조화석습』(朝花夕拾)「소인」. '아침 꽃을 저녁에 줍다'는 뜻을 가지고 있는 이 산문집의 내용은 기존 국내에서 출판된 산문 선집 『아침 꽃을 저녁에 줍다』(도서출판 창)와 겹치는 부분도 있으나 별개의 것이다.
6) 프로이트 학설이 서양에서 문예연구와 작품·작가 분석에 광범하게 운용된 이후, 유년기의 결정적인 영향이 극도로 왜곡되고 과장된 면이 없지 않다. 그러나 중국에서는 유년기와 소년기의 영향을 완전히 제쳐놓거나 무시했다. 이 또한 예술가의 개성적 특징을 깊이 분석하는 데 이롭지 못하다.
7) 『외침』「자서」.

갔다. 이곳에서 그는 당시의 시대조류인 무술변법 유신사조의 정신적 세례를 받았다. 시야를 넓히고 계몽사상을 수용한 후엔 일본으로 유학을 갔다. 이때의 계몽사상은 당시 전래된 서양 자본주의의 자연과학과 사회사상, 특히 옌푸의 『천연론』을 대표로 하는 다윈 학설과 사회진화론을 가리킨다. 루쉰은 초기에 『천연론』을 여러 차례 읽었다. 평범하게 읽은 것이 아니라 외울 정도로 숙독했다.[8] 사회의 필연적 진화를 선전하고 사람들의 발분자강(發奮自强)을 호소하는 옌푸의 관점은 루쉰이 가장 일찍 받아들인 동시에 가장 오래도록 간직한 기본사상이자 신념이었다.

그러나 루쉰의 특징은, 혁명파를 포함한 당시 진보적인 중국인들이 모두 사회다윈주의를 구국의 이론적 무기로 삼고 있을 때, 보다 부르주아 인도주의의 입장에 서서 그것에 대해 비판적으로 대처했다는 점에 있다. 얼마 후 그는 "진화와 적자생존에 집착하여 작고 약한 것을 공격함으로써 자신의 욕심을 채우는", "수성(獸性) 애국"을 강하게 반대했다.[9] 당시 대다수 일본 유학생들이 이공(理工)·정법(政法)·군사(軍事) 등을 학습하면서 유신 또는 혁명을 적극적으로 도모하고 그것을 구국의 도라고 여기고 있을 때, 루쉰은 남다른 생각을 가지고 있었다. 그는 의학을 선택했고, "중국 학생이 아직 없는" 센다이(仙台) 의학교에 갔다가 나중에는 다시 의학을 버리고 문학을 선택하면서 부르주아 개성주의를 제창했다. 그는 당시 혁명파에게는 중시되지 않던 사상계몽 활동에 종사하기로 결심했다.[10] 의학 전공은 사람을 구하기 위함이었다. 그의 부친처럼 수많은 사람이 잘못 치료되어 죽는 것을 피하기 위

---

8) 쉬서우상(許壽裳), 「망우 루쉰 인상기3」(亡友魯迅印象記三). "하루는 우리가 천연론에 대해 이야기했는데, 루쉰은 꽤 여러 편을 너끈하게 외웠다."

9) 『집외집 습유』 「파악성론」(破惡聲論).

10) 당시 량치차오 등의 개량파가 오히려 이 활동에 주의를 기울였다. 량치차오의 「소설과 뭇 다스림의 관계를 논함」이 그 대표적인 것이다. 이 책의 량치차오 부분을 참조하라.

함이었다. 문학 또한 사람을 구하기 위함이었다.

> (이때 나는) 의학이 결코 중요한 것이 아니라고 여겼다. 정신이 우
> 매하고 허약한 국민은 체격이 아무리 건장하고 튼튼하더라도, 아무
> 의미 없는 조리돌림의 대상이나 그 구경꾼이 될 뿐이었다. 따라서 병
> 사(病死)를 불행이라고 여길 필요가 없다.[11] 우리의 첫번째 계획은
> 그들의 정신을 개혁시키는 데 있다. 정신개혁에 좋은 것으로 당시 나
> 는 문예를 생각했고, 그리하여 문예운동을 제창하고자 했다.[12]

「광인일기」(狂人日記)에서 '아이를 구하라'는 첫번째 외침, 「아큐정
전」과 「조리돌림」(示衆) 등의 소설에서 부단히 제시된 '국민' 정신의 낙
후함과 마비, 우매하고 허약함, '아무 의미 없는 조리돌림의 대상과 그
구경꾼'이 되는 것 등은 의학을 버리고 문학을 선택한 중대한 사상전환
에 그 뿌리를 두고 있고 그로부터 비롯되었다. 이 전환에는 절대다수의
부르주아 혁명파 인사 등 당시의 진보적인 인물과는 갈수록 멀어지는
루쉰만의 특징이 내포되어 있었다.

그러므로 루쉰의 초기사상과 작품에 관해서 이 명백한 발전의 관건
을 밀쳐놓을 수 없다. 1903년과 1907년의 논문을 함께 뒤섞어 같은 수
준으로 여기며 동등하게 대하고 인용하며, 심지어 후자는 언급하지 않
고 전자만 높이 평가하는 것은 객관적 역사사실에 부합되지 않는다. 사
실 1903년의 「스파르타의 혼」(斯巴達之魂), 「라듐에 대해」, 「중국 지질
약론」(中國地質略論)과 1907년 이후의 「문화편향론」(文化偏至論,
1908. 8), 「악마파 시의 힘」(摩羅詩力說, 1908. 2~3), 「파악성론」

---

11) 루쉰의 만년 제사(題詞)에 "장군은 사람을 죽이고 의사는 사람을 구한다. 많은 사
람을 죽이고 그 남은 사람을 구하니, 조금 보충하는 것이다. 오호라, 슬프도다!"(殺
人有將, 救人用醫, 殺了大半, 救其子遺, 小補之哉, 嗚呼噫噫)라는 말이 있는데, 이
것은 의학을 버리고 문학을 선택한 초기사상의 성숙한 표현이라 할 수 있다.
12) 『외침』「자서」.

(1908. 6)에는 뚜렷한 내용상의 차이와 사상적 발전의 흔적이 있는데, 이 중에서는 후자가 훨씬 중요하다. 전자는 주로 강렬한 애국과 반제·진화론·자연과학적 유물론 등의 사상을 표현하고 있지만,[13] 기본적으로는 당시 혁명파의 선진사조의 범주[14]를 뛰어넘지 못하고 있다. 후자는 상당히 복잡하고도 깊이 있는 사회·철학·문예사상으로, 루쉰 고유의 독특한 색채를 가지기 시작한 것들이다. 전자는 주로 옌푸의 영향 아래 있었고, 후자는 장타이옌의 영향을 보여주고 있다. 옌푸와 장타이옌은 루쉰의 초기사상에 영향을 준 중요한 인물인데, 그중 장타이옌이 더 중요하다.[15]

「인간의 역사」(人之歷史)가 진화론과 과학 사상을 선전하던 이전 시기의 끝소리였다면 「과학사 교편」(1908. 6)은 '과학과 애국'에서 문예운동을 제창하게 되는 과도기의 산물이었다. 그것은 과학적 방법과 정신(귀납과 연역, 경험과 수리를 아우름)을 중시했고, 천박한 실리와 공용을 강력히 반대했다(유형과 응용과목만을 중시하는 것에 반대). 이런 면에서 루쉰은 여전히 옌푸의 영향에서 벗어나지 못했지만 다른 면에서는 옌푸를 뛰어넘었다.[16] 이 문장의 맺음말은 다음과 같다.

그러므로 사람들이 희망하고 요구해야 하는 것은 뉴턴만이 아니다.

---

13) 근래 몇몇 논문은 「라듐에 대해」가 변증법적 유물론의 기세를 높이 올렸다고 하여 대단히 높이 평가했다. 그러나 나는 이 의견에 동의하지 않는다. 「라듐에 대해」는 자연과학의 소박한 입장일 뿐이라고 생각한다.

14) 당시 혁명과 애국주의의 열기는 높았고, 진화론과 유물론 사상도 강했다.

15) 루쉰과 장타이옌의 관계는 정치, 사상, 학술, 문풍에서 개인적인 교류에 이르기까지 상세하게 분석·연구할 가치가 있다. 그러나 안타깝게도 지금까지 이에 대해서 상세하게 논한 저서가 없다. 여기서는 간략하게 이 문제를 제기하는 수준에 그칠 것이다.

16) 옌푸도 이론과목과 과학적 방법을 중시했고, 그것만이 각종 응용과학과 공업기술의 근본이 될 수 있다고 인식했다. 그러나 옌푸는 경험과 귀납에 치우쳐서 이론적 사유와 이성적 방법에 대해서는 충분하게 평가하지 못했다. 이 책의 옌푸 관련 부분을 참조하라.

셰익스피어 같은 시인도 희망해야 한다. 볼(John Ball, ?~1381)뿐만이 아니라 라파엘로와 같은 화가도 희망해야 한다. 칸트뿐만 아니라 베토벤 같은 음악가도 반드시 있어야 한다. 다윈만 있는 것이 아니라 칼라일 같은 문인도 반드시 있어야 한다. 이 모든 것은 인성을 온전하게 해주며 그것을 편벽되지 않게 함으로써 오늘의 문명이 있게 한 것이다.[17]

과학에서 시작하여 문예로 끝을 맺고, 과학의 진보에서 시작하여 인성의 문제제기로 끝을 맺은 것, 이는 옌푸와 아무런 관계가 없다.

뒤이은 몇 편의 논문, 특히 「파악성론」은 『민보』 주편 시기의 장타이옌의 사상적 영향을 뚜렷하게 보이고 있다. 그러나 루쉰은 장타이옌의 영향을 수용한 동시에 그를 뛰어넘었다.

'서양학습'이라는 중국 근대의 진보적인 사조와 당시 부르주아 혁명파 중에서 장타이옌의 사상은 독특한 풍격을 지녔고, 자못 이채로웠다.[18] 장타이옌과 타오청장을 대표로 하는 광복회의 몇몇 인사는 붕괴를 향해 치닫던 봉건 종법사회의 농민계급(가난한 고용농이 아닌 자영농)이 지닌 어떤 특징과 체취를 가지거나 반영했다. 장타이옌의 사상적 특징은 이와 관련이 있었다. 루쉰과 장타이옌의 사상적 근접도 사실은 이를 기초로 삼고 있다(비록 자각적으로 의식하지는 못했지만).

장타이옌은 당시 혁명파의 수많은 사람과는 달리, 거의 전면적으로 옌푸를 반대했다. 장타이옌은 "각자 진화함"(俱分進化), "도덕을 가지고 말하자면 선(善)도 진화하고 악(惡) 역시 진화하며, 생계로써 말하자면 즐거움도 진화하고 고통 역시 진화한다"[19]는 주장을 내놓았고, 진화론이 사회개혁에 별 쓸모가 없다고 인식했다.[20] 그러나 루쉰은 진화

---

17) 「과학사 교편」.
18) 이 책의 장타이옌 부분을 참조하라.
19) 『민보』 제7기 「구분진화론」.
20) 장타이옌은 「구분진화론」에서 시작부터 헉슬리를 인용하여 스펜서의 사회다윈

론을 견지하되 '구분진화'를 찬성하지 않았으며, 사회는 반드시 뒷세대가 앞세대를 이기게 되어 있다고 인식했다. 이것은 장타이옌의 허무주의와 비관주의, 그리고 불교의 관념론적 세계관과 다른 부분이었다. 그러나 장타이옌의 간고(艱苦)하고 소박하며 근대적인, 겉치레가 전혀 없는 향토적인 작풍과 당시 개량파와 혁명파 가운데 반도 및 해충과 철저히 비타협적으로 빛나는 논전을 펼친 점, 다른 사람과는 다르게 서양 자본주의의 입장과 관점 또는 사상에 거의 전면적으로 반대한 점 등은 루쉰에게 지대한 영향을 미쳤다.

장타이옌은 서양숭배와 자기경시를 반대하고 의회민주를 반대했으며, 옛 것을 경멸하고 오늘의 것을 존중하는 것을 반대했다. 그는 서양 자본주의 문명의 죄악과 허위를 질책하고 폭로했으며, 심지어 자본주의 과학 기술의 진보에 대해서도 비난했다(이 진보가 인민의 가중된 고난을 대가로 삼았기 때문에). 그는 도덕을 강구하고 종교를 세우며 국수를 제창할 것을 주장했다. "종교로 신심을 일으켜 국민의 도덕을 증진시킨다", "국수로 종족성을 격동시켜 애국열정을 증진시킨다"[21]는 말은 장타이옌이 1906년 출옥했을 때 도쿄에서 열린 혁명파의 환영회에서 한 유명한 말이다. 이후 『민보』에 발표한 여러 중요한 전문논의는 모두 이 논점을 발전시킨 것이었다. 요컨대 물질·과학·진화로써가 아니라 정신·도덕·종교로써 혁명의 추진력과 개혁의 무기를 삼으며, 가장 우선적인 선전임무와 활동과제로 삼을 것을 주장했다. 장타이옌의 이러한 사상과 루쉰이 본래부터 국민성의 개조를 중시한 것은 서로 통하며 비슷한 점이 있었다.

루쉰은 이때 "유럽의 문물을 황급하게 들여와 중국 것을 대신하려는"[22] 서양 자본주의의 물질문명에 대한 맹목적인 숭배를 극구 배척했

주의에 반대했지만, 옌푸는 『천연론』에서 스펜서를 내세우며 헉슬리에 반대했다. 이 점에서 루쉰은 장타이옌쪽에 더 가까웠다.

21) 『민보』 제6기 「연설사」.
22) 『무덤』(墳) 「문화편향론」.

을 뿐만 아니라, 우상과 미신을 타파하고 민속경기[23]를 금지하며 신화를 조롱하는 것도 잘못이라고 여겼다. 왜냐하면 종교와 미신, 민간무속 등의 오락활동은 과학에 위배되는 것처럼 보이지만, 그것들은 물질적 생활에 만족하지 못하는 사람들의 정신적 요구이자 "형이상학적 요구"이기 때문이었다.

> 나중에 종교는 그로 인해 싹텄다. 중국의 지사들은 그것을 미혹한 것이라 말하지만, 나는 이를 향상하고자 하는 백성들이 이 유한하고도 상대적인 현세를 떠나 무한하고도 절대적인 지상(至上)으로 나아가고자 하는 것이라 생각한다. 사람의 마음은 기댈 곳이 있어야 하므로 믿음이 없으면 설 수가 없다. 그러므로 종교의 역할은 그치지 않을 것이다.[24]

표면적으로 보기에 이 글은 「라듐에 대해」와 같은 이전 시기의 소박한 자연과학적 유물론 철학의 입장에 비해 퇴보한 듯하다. 그러나 사실은 국민성 문제를 탐색하기 위해서 역사와 문화영역으로 매진해 들어간 루쉰이 이리저리 모색하며 전진하고 있음을 보여주는 것이다. 일반 논저에서는 보통 1903년을 루쉰의 '변증법적 유물론' 시기라고 말하는데, 그러면 1907년 이후의 역사적 관념론 시기를 해석하기 어려워진다. 실제로 철학 사상면뿐 아니라 정치사상면에서도 루쉰은 1903년의 반제애국의 수준에 머물러 있지 않았다. 그는 당시 개량파가 요구하던 입헌과 혁명파가 주장하던 공화(모두 서양의 의회민주제, 즉 대의제 실행을 요구)에 모두 만족하지 않았다. 반대로 그는 "다수 제도를 빙자하면 그 압제가 오히려 폭군보다 심하다"고 하면서 이렇게 말했다.

---

23) 신에게 보답하기 위해 행하던 민간의 명절행사로 옛날 의장을 갖추고 풍물을 울리며 고을의 신상을 모시고 나와 동네를 돌던 마을축제이다.
24) 『집외집 습유』「파악성론」.

민권과 민의를 주장하면서 모두 바쁘게 나아간 무리들은 바보 같은 부자가 되거나 아니면 독점하길 좋아하는 시정잡배가 되었다. ……옛날에는 백성 위에서 군림하는 자가 한 사람뿐이었지만, 오늘날에는 급변해서 수천만 무뢰한이 소동을 일삼으니 백성들은 살아갈 수가 없게 되었다. 이는 국가부흥에도 아무런 도움이 되지 않는다.[25]

이는 표면적으로 보기에는 상당히 보수적이고 낙후한 것 같지만, 사실은 자본주의를 조금도 믿지 않는 농민계급의 어떤 사상과 정서를 독특하게 표현하거나 반영해낸 것이었다. 또한 「파악성론」에서 루쉰은 '농민'과 '사대부'의 대조를 재삼 부각시켰다.

겨우 고인들의 기록에서나 볼 수 있으며 타고난 성품을 잃지 않고 있는 농민에게서 볼 수 있을 뿐이다. 사대부에게서 그것을 구한다면 거의 찾아보기 어려울 것이다. ……인정이 메마르고 풍속이 쇠퇴한 말세의 사대부들은 정신이 질식되어 있어, 다만 천박한 공리(功利)만을 숭상한다. ……사직(社稷)을 폐허로 만들고 묘당을 파괴한 자들을 역사에서 검증해보면 대부분 신앙이 없는 사인(士人)들이며, 향촌의 소농민과는 관계가 없다. ……거짓된 선비는 반드시 제거해야 하고 미신은 보존해야 한다. ……농민에게 위로가 되는 것을 지사들이 침범한다면, 지사의 화는 포악한 군주보다도 훨씬 혹독하다.[26]

이것은 앞서 말한 소년기의 정감과 애증을 이론화한 것으로, 루쉰이 소박한 농민의 도덕과 품덕, 그리고 풍습 쪽에 서 있음을 표명한 것이다.[27] 그는 오래된 것이든 새로운 것이든 "미신을 타파하고 침략을 숭배"하는 상층 사회의 각종 이상과 이론, 습속을 배척하고 억제하며 비

---

25) 「문화편향론」. 장타이옌 관련 부분을 참조하라.
26) 「파악성론」.
27) 「장타이옌 해부」를 참조하라.

판했다. 지주계급의 이데올로기뿐만 아니라 부르주아 계급의 일부 이데올로기까지도 그 비판에 포함되었다.

이 때문에 루쉰 초기의 진화론 사상이나 부르주아 인도주의와 개성주의 사상에는 본질적으로 일반 사람과는 다른 특색이 있었다. 소년기부터 초기 이후까지 루쉰의 마음속에는 항상 잊을 수 없는 수많은 농민의 그림자가 자리잡고 있었고, 루쉰은 항상 이에 대해 공감하며 주의를 기울였다. 이 때문에 "그들의 불행을 슬퍼하되 그들이 투쟁하지 않음에 분노"하는 것이 루쉰의 수많은 작품의 기본주제가 되었다. 또한 '마비된 정신'과 '건장한 신체'의 극명한 대비가 루쉰으로 하여금 결연하게 의학을 버리고 문학을 선택하게 했고, 과학의 선전에서 문예를 제창하게 했으며, 수많은 인민(주로 농민)들이 낙후되고 우매하며 마비되어 있는 피동적인 처지에서 해방되기를, 그들의 정신적인 면모와 이데올로기가 근본적으로 바뀌기를 희망했다. 국민성 문제의 제기는 이 점을 근본토대로 삼은 것이었다.

나라를 구하려면 우선 인간을 구해야 하고, 인간을 구하려면 우선 계몽을 해야 한다. '황금과 흑철'[28] 또는 정법(政法)과 이공(理工)이 아니라 문예 · 도덕 · 종교, 다시 말해 외재적인 물질이 아니라 내재적인 정신이 혁명의 관건적 소재였다. 루쉰이 이것에서 얻어낸 국민성 개조의 첫번째 답안이 "물질을 배격하고 정신의 맑음을 발양시키며 개인에게 의지하고 다수를 배격"하는 것이었음은 당연한 일이었다. 그는 「문화편향론」에서 이렇게 말했다.

급선무는 사람을 세우는 일이다. 사람이 선 후에야 어떤 일이라도 할 수 있다. 사람을 세우기 위한 방법으로는 개성을 존중하고 정신을 발양하는 것이 반드시 필요하다. ……국민이 각성하고 개성이 만개하게 되면, 모래로 이루어진 나라가 그로 인해 인간의 나라로 바뀌어

---

28) "황금과 흑철로 국가를 일으켜 세우기는 어렵다."(「악마파 시의 힘」)

갈 것이다. ……다수의 견해는 황당하기 짝이 없으므로 개성의 존엄이 마땅히 확대되어야 한다. ……이 또한 용맹스럽고 두려울 게 없는 사람, 독립적이고 자강(自强)하며 작고 하찮은 것을 떨쳐버리고 여론을 배척하여 속된 틀에 빠지지 않는 사람에게 달려 있는 것이다.[29]

루쉰은 다음과 같이 생각했다. "무릇 중국은 이전에 물질을 숭상하여 천재를 병들게 했다." 그리고 오늘날 일부 유신구국을 하는 사람들도 "물질로 그것을 거듭 죽이고 다수로 그것을 가두어버려 개인의 성(性)을 남김없이 박탈"했다. 중국은 가속도가 붙어 침몰하고 있다. 그러므로 반드시 물질을 배격하고 개성을 존중하며 세속유행에 반대하고 다수를 가볍게 여겨야 하며, 바이런과 니체와 입센을 제창해야 한다.

루쉰은 분명 당시 낭만주의 문학가와 사상가에 심취해 있었다.

어떤 사람은 바이런의 시가 청년들에게 많이 애독되었다고 하는데, 내 생각에 이 말은 어느 정도 사실이다. 나 역시 그의 시를 읽고 심신이 매우 고무되던 때를 아직 기억하고 있다.[30]

당시 유행하던 바이런 열풍은 루쉰으로 하여금, 그 열정이 충만하여 오늘날까지도 생생하게 읽히는 19세기 낭만주의 문학사론인 「악마파 시의 힘」을 쓰게 했다. 루쉰은 당시 니체도 즐겨 읽었는데,[31] 이 글에

---

29) 장타이옌은 「사혹론」에서 이렇게 말했다. "사회를 확대함으로써 개인을 억제하고 여전히 수많은 백성으로 하여금 서로 견제하게 하니, ……명목적으로는 사람을 자유롭게 한다 하지만 사실은 모든 것이 자유롭지 못하다. ……사회로 개인을 억제하면 세계에서 도망할 곳이 없게 된다. ……각박하고 은혜가 적으니 더욱 천리에서 벗어나 있다." 이처럼 개성은 사회에 의해 억제되어서는 안 된다는 것을 강조했다. 물론 루쉰과 장타이옌의 사상은 결코 같을 수 없다.

30) 『무덤』「잡억」(雜憶).

31) 장타이옌은 당시 '자신에게 의지하되 타인에게 의지하지 않음'이라는 주관관념론 철학을 주장하면서 니체를 여러 차례 언급했다.

서 그는 "영웅과 철인을 무시하고 평범한 사람을 취하기보다는 차라리 대중을 멀리하고 영웅과 철인을 바라겠다"는 식의 니체 사상으로 충만해 있었다. 루쉰의 총체적인 바람은 영혼의 계몽과 개성의 해방이었다. 이를 위해서는 반드시 속박을 타파하고 족쇄를 분쇄해야 하는데, 이런 속박과 족쇄는 이른바 '여론'과 '습관'에 의해 '다수'의 '우중'이 '일치'(천하의 사람들을 일치시킴)하는 형태로 출현하여 각종 '허식'과 '폐습', 그리고 '우상'(다수가 숭배하는 대상)을 만들고 있었다.

루쉰이 위에서 말한 "다수를 배척"하고 "다수를 경시"하는 것의 실제적인 창 끝은 사람들의 마음에 깊이 들어가서 다수 국민의 정신적 질곡을 형성하고 있는 '여론'과 '습관', '허식'과 '폐습'을 겨누고 있었다. 그러므로 루쉰이 모든 시인 가운데 "반항에 뜻을 두고 실천으로 귀착하며 세상사람들이 달가워하지 않는 사람들을 모두 이(「악마파 시의 힘」—옮긴이) 안에 넣어" 중국 인민에게 소개한 것도 바로 이런 이치에 서였다. 루쉰은 "미친 파도와 같이, 세찬 바람과 같이, 모든 허식과 폐습을 깨끗이 씻어버려야 하고", "세상의 비난과 칭찬, 시비와 선악이 모두 습속에 기인하여 따르므로 진실하지 않고, 익숙한 조치를 따라 하기 때문에 이치에 맞지 않는다"고 말했다. "그러므로 불평을 품고 불쑥불쑥 드러내며 오만불손 방종하고, 남의 말에 괘념치 않으며, 파괴하고 복수함에 망설임이 없어야 한다"고 외쳤다.

루쉰이 제창하고 소개한 것은 "세상을 따르는 조화로운 노래를 짓지 않으며", "대중에게 아첨하지 않고 옛 풍속을 따르지 않으며", "거짓된 폐습에 항의하여 시를 짓는", "악마파 시의 힘"이었다.[32] 루쉰이 여기서 대항하고 소탕하기를 요구한 것은 대중이라기보다는 다수의 면모로 나타나는 '여론'과 '구습', '허식'과 '폐습'이었다. 그러므로 한편으로는 위선에 항거해야 하고 다른 한편으로는 "만일 노예가 그 앞에 서 있다면 반드시 진심으로 슬퍼하고 분노해야 한다. 진실로 슬퍼함은 그의

---

32) 「악마파 시의 힘」.

불행을 슬퍼하기 때문이며 분노하는 것은 그가 싸우지 않기 때문"[33]이라고 설파했다. 이를 통해 루쉰이 멸시하고 반대하며 분쇄하려 한 것은 결코 '노예' 대중 그 자체가 아니라 '노예' 대중의 몸에 붙어 있는 무겁디 무거운 정신적 족쇄와 차꼬였음을 알 수 있다.

루쉰이 후에 항상 말한, 중국인의 노예 습성과 "잠시 노예의 시대로 안정되게 있었다" 등이 실제로 가리키는 것도 이런 상황이었다. 그것은 수많은 대중의 몸에 붙어서 다수의 면모로 출현하는 여러 가지 사회 지배 의식을 가리킨다. 그래서 루쉰은 초기에 바이런과 셸리를 소개한 후, 특히 푸슈킨이 "점차 바이런식의 용사에서 조국의 순박한 백성으로 향해 나아갔음"을 지적한 것은 중요한 의미가 있었다. 이는 루쉰이 당시와 그 이후에, 수많은 사람이 줄곧 "바이런식 용사"만을 사모하고 숭배하면서 머물러 있던 낭만주의와 개성주의를 넘어섰다는 것을 나타낸다.

그런데 푸슈킨은 "마침내 황제의 위력에 굴복하여 평화 속으로 들어갔"다. 그는 최후에 차르 황제의 위력에 굴복하여 러시아의 무력을 찬양했는데, 이것은 루쉰이 대단히 불만스러워한 부분이었다. 그래서 "(레몬토프의) 애국은 푸슈킨식과 완전히 달라서 단지 무력 여하로 조국의 위대함을 묘사하지 않았으며, 그가 가장 사랑하고 소중하게 여긴 것은 시골의 들판과 시골사람의 생활에 있었음"을 환기시키면서 그것을 칭찬했다. 그러나 루쉰이 더욱 칭찬한 것은 폴란드의 미코비치와 헝가리의 페퇴피 같은 피억압 민족의 대표였다. 그들이야말로 민족을 위하고 인민대중을 위해 자유를 쟁취한 "결코 의심할 바 없는", "죽음에 이르러서야 그만두는" 굳센 전사였다. 그들은 "자유를 그리워하던 소년시절의 꿈을 이미 등지고 떠났다"고 스스로 말하던 푸슈킨과는 달랐다. 사실 루쉰은 '악마파 시의 힘'의 가장 주요한 대표인물인 바이런을 찬양하면서 "바이런은 나폴레옹이 세계를 파괴하는 것을 좋아했고 워싱

---

33) 같은 글.

턴이 자유를 쟁취하는 것도 좋아했"음을 지적했다. "자유가 여기에 있고 인도(人道) 또한 여기에 있다." 바이런에게는 세속에 반항하고 피억압 민족을 원조(그리스의 독립)하는 것이 "한 몸에 겸비되어 있었고" 개성주의와 인도주의가 함께 교차되어 있었다.

루쉰은 후에 이렇게 말했다.

사실 내 의견도 한때 일목요연하게 정리하기 어려웠소. 그 이유는 많은 모순을 가지고 있었기 때문일 것이오. 지금 생각해보면, 아마도 인도주의와 개성주의의 두 가지 사상이 증감하며 기복이 있었기 때문일 성싶소.[34]

루쉰은 초기부터 전기까지 인도주의와 개성주의 사상을 가지고 있었는데, 옌푸와 장타이옌, 톨스토이와 니체에게 큰 영향을 받았다.[35] 그러나 그가 옌푸와 장타이옌을 초월한 것과 마찬가지로, 초기사상의 인도주의와 개성주의 또한 톨스토이나 니체의 것과는 달랐다. 니체의 마음속에는 대중의 자리가 없었다. 니체에게 대중이란 단지 짓밟히고 유린되어 마땅한 우중(愚衆)이자, 천재와 반대되는 벌레와 같은 존재였다. 그러나 루쉰은 처음부터 끝까지 인민을 적대시하는 관점을 가지지 않았다. 그는 어려서부터 질박한 농민에게 강한 연민을 느꼈으며, 오히려 그들에게 늘 겸손했다. 대중을 짓밟고 인민 위에 군림하는 초인철학은 루쉰과는 본질적으로 어울리지 않았다.

루쉰이 '악마파 시의 힘'과 '강한 힘의 숭상'을 고무하고 강력한 인성을 고무한 것은, 솔선수범하는 이가 나타나서 마침내 전체 국민이

---

34) 『양지서(兩地書)24』

35) '톨스토이와 니체의 학설, 위와 진의 문장'(托尼學說, 魏晉文章)이라는 대련은 윈쩡(云曾)이 루쉰을 위해 처음으로 긍정한 것이다. 톨스토이의 사상은 레닌이 지적한 것처럼, 부르주아 혁명 도래 시기의 수백만 농민의 사상과 정서를 반영한 것이다.

"시인의 그릇을 갖게 되기를 희망했기"[36) 때문이다. 개성주의가 가져온 고독감이 루쉰의 일생에 강한 영향을 미치고 사상과 생활, 작품 모두에 침투했음에도 루쉰 일생의 출발점과 주안점은 처음부터 끝까지 수많은 인민의 개조, 즉 국민성 개조였다. 부르주아 인도주의와 개성주의는 그의 내부에서 함께 교차했을 뿐만 아니라 확실히 증감하고 기복이 있었다. 초기 낭만주의 시기에는 현상적으로 개성주의가 더욱 드러나는 듯했지만, 나중에는 인도주의가 더 선명했다. 표현되는 것으로 보면 (자주 니체를 인용하는 것) 상황은 반대인 것 같았지만, 총체적으로 볼 때 인도주의가 개성주의에 비해 더욱 기본적이고 지속적이며 더욱 중요했다고 생각한다.

그러나 루쉰은 다수를 두루 사랑하며 사람은 모두 형제라고 주장하는 인도주의자가 아니었다. 그는 톨스토이의 비폭력주의에 반대했다. 또한 종래 낡은 사물과 사람들을 강렬하게 증오하고 원망했으며, 강력한 힘으로 그것들을 제압하고 그것에 대항할 것을 주장했다. 이 역시 개성주의라고 할 만한데, 개성을 발양함으로써 여론과 습관, 폐습과 다수에 대항하는 것이었다. 이로써 애증이 분명했음을 알 수 있다. 루쉰은 자신의 기본입장에 서서 '국민성 개조'라는 기본과제에서 출발하여 옌푸에서 장타이옌에 이르는, 톨스토이에서 바이런과 니체에 이르는, 진화론에서 인도주의와 개성주의에 이르는 각종 사상과 이론을 수용하고 개조함으로써 자못 특색 있는 초기의 낭만적인 사상을 형성했다. 이런 사상은 비록 웅대하지만 공허했으며, 국민성 개조라는 해결책으로는 당연히 실현되지도 않았고 성공할 수도 없었다.

---

36) "나폴레옹을 패배시킨 것은, ……국민일 뿐이다. 국민이 모두 시를 짓고 시인의 그릇을 갖게 되면 덕은 끝내 망하지 않는다. 이는 어찌 공리(功利)를 돈독하게 지키면서 시가를 배척하거나 이역의 노후한 병기와 패배한 군대를 끌어안고 자신의 의식주를 지키느라 애쓰는 자가 예측할 수 있는 일이겠는가?"(「악마파 시의 힘」)

2 전기의 두 단계

1909년부터 1918년까지는 루쉰이 침묵으로 일관한 10년이었다. 낭만적인 청년사상기는 이미 지나갔고 신해혁명, 특히 제2차 혁명 실패 후의 어두운 현실은 "나는 내 피를 헌원(軒轅 : 중국인의 시조인 황제黃帝의 이름. 여기서는 중국을 가리킴)에게 바치련다"라는 초기의 불 같은 애국열정을, 얼음같이 냉정한 관찰과 탐색 속으로 가라앉히고 압축시키도록 그를 강요했다. 1911년의 걸작 소설 「회구」(懷舊)는 이러한 미학적 풍격을 처음으로 드러냈다. 비록 경쾌한 필치도 있고 당시 혁명에 대해 여전히 품고 있던 희망을 반영하고 있지만, 조금도 변동이 없는 낙후한 농촌(더구나 태평천국 혁명이라는 거대한 진동에 비추어 보았을 때)에 대해 루쉰은 대단히 큰 관심을 표현했다.

국민성 문제는 결코 해결되지 않았으며, 혁명은 오히려 루쉰의 초기 견해를 증명해 보였다. 즉 공업과 실업을 진흥시키고 '황금과 흑철'을 중시하는 것으로는 분명 구국의 문제를 해결할 수 없거니와, 황제를 제거하고 공화제로 개혁해도 여전히 중국을 일으킬 수 없다는 것이었다. 상층은 나날이 정치추태를 연출했고 하층은 마비되어 '고요하며', 자신들의 삶이 유린되어도 깨닫지 못하는 비참한 지경에 영원히 침몰해 있었다. 낡은 지배질서와 지배인물은 조금도 변화가 없었다. "거리에 나가보니, 온통 흰 깃발(白旗, 신해혁명 혁명군의 상징—옮긴이)이었다. 모습은 비록 그러했지만 안의 뼈대는 옛날 그대로였다. 여전히 몇몇 낡은 향신(鄕紳)이 조직한 군정부였기 때문이다."[37] "지현 나리는 여전히 원래의 나리이되 다만 이름이 바뀌었을 뿐이고…… 부대장도 여전히 이전의 파총(把總)이었다."[38]

출로는 도대체 어디에 있는 것일까? 루쉰은 국민성의 문제를 포기하지 않고 계속 탐색하고 있었다. 1925년 봄, 루쉰은 여전히 다음과 같은 생각을 견지하고 있었다. "차후에 가장 중요한 일은 국민성의 개혁이오. 그렇지 않으면 전제건 공화건 무엇이건 간에 간판은 바뀌더라도 상품은 그대로일 것이니, 정말 그렇게 해서는 아니 되오."[39] 20세기초 도쿄에서 쉬서우상 등에게 이 문제를 제시한 지 꼭 20년이 되었지만 문제는 여전히 똑같았다. 그러나 이때 루쉰의 답안은 이미 달랐다. "물질을 배격"하고 "개성을 발양"시키자는 초기의 낭만적인 이론을 대신한 것은, "보이지 않는 눈물자국과 슬픈 안색으로 국민을 진작"시키는 소설 창작과 흰 칼날 같은 잡감(雜感: 루쉰의 산문을 일컫는 말로 취추바이가 명명함—옮긴이)이었다.

루쉰은 문명비판과 사회비판을 주장하고 실천함으로써 "철로 된 방안"에서 "곤히 잠들어 고통스럽게 죽어가는" 국민을 깨우치는 주요무기로 삼았다. "나는 일찍부터 중국의 청년들이 일어나서 중국의 사회와 문명에 대해 조금도 기탄없이 비평을 가하기를 간절히 희망했다."[40] "가장 결핍되어 있는 것은 문명비판과 사회비판이오. 내가 허허벌판에서 소란을 피운 것은, 대개는 이로 말미암아 새로운 비평가들이 생겨나…… 지속적으로 낡은 사회의 가면을 찢기 위해서였소."[41] "내가 항

---

37) 『조화석습』(朝花夕拾) 「판아이눙」(范愛農).
38) 「아큐정전」.
39) 『양지서8』.
40) 『화개집』(華盖集) 「제기」(題記).
41) 『양지서17』.

상 고질적인 이른바 낡은 문명을 습격한 것은, 그것을 동요시켜 훗날 만의 하나 있을 희망을 바라기 때문이었소."[42] 이런 사상은 한편으로는 여전히 계몽을 주장하고 '여론'과 '습관'의 배척을 주장하던 초기의 연속이었으며, 글을 씀으로써 세상에 저항하는 것이었다. 이른바 "글을 쓰고 글그물을 엮어서 세상에 저항하고 세태를 거스른다"[43]였다. 다른 한편으로는 이런 주장이 아주 구체적이고 심도 있게 발전했다. 왜냐하면 루쉰은 이 오래된 문명이 실제로 국민성의 문제를 만들어왔고, 수많은 인민의 해독이 되었으며, 인민을 자각하지 못하게 하며, 인민의 삶을 낙후되고 마비되게 만드는 등의 중요한 원인이라고 생각했기 때문이다. 그리고 이런 문명이 바로 모든 통치자가 있는 힘을 다해 수호하는 것임을 알았기 때문이다.

루쉰의 당시 국민성 개혁문제에 대한 답안은, 이미 여러 가지 사회현상과 지배적인 위치를 점하는 이데올로기를 철저하게 폭로하고 맹렬하게 비판하는 데에서 수행되고 있었다. 그 지배 이데올로기는 주로 봉건주의였다. 루쉰은 당시 초기에 받은 장타이옌의 관념적인 영향을, 이를테면 국수(國粹)를 논하고 도덕을 말하며 종교를 중시하고 물질을 경시하며 서양의 자본주의 문명에 반대하는 것 등을 이때 사실상 청산했고, 이것들의 낙후되고 퇴행적인 봉건성을 간파했다. 루쉰은 소생산자의 각종 협애한 시야를 철저히 탈피했고 인민주의적 경향을 극복했으며, 소생산자의 이데올로기와 정신적인 면모를 포함한 봉건주의에 맹렬하게 불을 놓았다. 루쉰의 당시 잡문과 소설은 모두 반봉건적 계몽을 둘러싸고 전개되었다.

어떤 작품은 무꾸리, 정좌(靜坐), 무술(武術)에 대해서 의견을 개진하고 어떤 작품은 이른바 '국수(國粹)를 보존'하자는 것에 대해 이야

---

42) 『양지서8』.
43) 『집외집』(集外集) 「외침 서문」.

기했으며, 어떤 작품은 그때 관료를 지냈다고 자만하는 것에 대해 의견을 개진하고, 어떤 작품은 상하이 시보의 풍자화에 대해 이야기했다.[44]

공자와 맹자의 경서에서 24효(孝)에 이르기까지, 전통적 도덕에서 종교적 미신에 이르기까지, 국수의 보존에서 동방의 문명에 이르기까지, 신동(神童)에서 유로(遺老)에 이르기까지, 「학형(學衡)을 평가함」에서 「문자를 저작(咀嚼)함」까지, 「나의 절열관」(我之節烈觀)에서 「우리는 어떻게 아버지 노릇을 하나」(我們現在怎樣做父親)까지, 피에 적신 만두로 폐결핵을 고치는(「약」藥) 것에서 갈수록 옛날보다 못하다고 푸념하는 주진(九斤) 할머니의 탄식(「풍파」風波)에 이르기까지, 너무나 뿌리 깊게 당시 지배적인 위치를 차지하고 있던 이데올로기와 사회현실을 향해 누구도 막을 수 없는 비수와 투창을 휘둘렀다. 그러면서 낡은 사회의 가면을 철저하게 찢음으로써 사람을 잡아먹는 봉건사회의 진상을 폭로했다.

역사책을 펼쳐보니, ……페이지마다 '인의(仁義) 도덕' 이라는 글자가 씌어져 있었다. ……밤새도록 자세히 보고 나서야 비로소 글자와 글자 사이에 있는 글자를 발견했는데, 책 가득히 씌어져 있는 글자는 '식인' 이었다.[45]

나는 중국 책을 적게 보거나 또는 궁극적으로는 보지 말아야 한다고 생각한다.[46]

옛날이든 오늘날이든, 사람이든 귀신이든 삼분 오전(三墳五典)*이

---

44) 『열풍』(熱風) 「제기」(題記).
45) 『광인일기』.
46) 『화개집』 「청년 필독서」(靑年必讀書).
 * 상고시대의 삼황 오제에 관한 전적을 말한다.

든 송과 원의 수많은 서적(百宋千元), 천구(天球)와 하도(河圖), 금인(金人)과 옥불(玉佛), 조상대대로 전해오는 약, 비밀스럽게 만들어진 고약 등, 그것들을 모두 밟아 쓰러뜨려야 한다.[47]

루쉰은 청년들이 오랜 세월 동안 사회를 지배해온 봉건전통 이데올로기와 완전히 결별하고 다시는 그 뿌리 깊은 낡은 문명에 의해 포로가 되거나 잡아먹히지 않기를 희망했다. 그리하여 이 시기 국민성 개조를 위해 싸운 주제로서의 문명비판과 사회비판이 지닌 거대한 의의를 두드러지게 보여주고 있다. 초기와 비교해볼 때, 계몽은 비록 구태의연했지만 종교와 미신, 국수(國粹)와 고대문화, 서양의 물질문명 등에 대한 구체적인 견해는 초기와 크게 달랐다. 심지어 완전히 상반되었음을 알 수 있다.

잡문도 그렇고 소설도 그랬다. 아큐정신과 샹린(祥林) 아주머니에서 뤼웨이푸(呂緯甫)의 사상적인 고통에 이르기까지, 모두 국민성 문제를 다루고 있다. 루쉰은 나중에 이렇게 말했다.

나는 병든 사회의 불행한 사람들에게서 소설의 제재를 많이 취했다. 그 의도는 고통을 제시함으로써 치료해야 한다는 각성을 불러일으키기 위함이었다.[48]

나는 상층 사회의 타락과 하층 사회의 불행을 단편소설 형식으로 계속 발표했다.[49]

낡은 사회의 병폐를 폭로하면서 사람들이 깨닫기를 촉구했으며, 어

---

47) 『화개집』「홀연히 생각함(5~6)」(忽然想到).
48) 『남강북조집』(南腔北調集)「나는 어떻게 소설을 쓰기 시작했는가」(我怎麼做起小說來).
49) 『집외집 습유』「영역본 단편소설선 자서」.

떻게든 방법을 마련하여 치료했으면 하는 희망을 조금씩 섞지 않을 수 없었다.[50]

여전히 '치료'였지만 그 내용은 초기와 크게 달랐다. 더이상 추상적인 인생의 탐토(探討)가 아니라[51] 절절하고도 구체적인 사회폭로와 비판이었다.

루쉰은 소설과 잡문들을 통해서 형상적으로 제시했다. 낡은 세력의 흉악함과 지독함은 진짜 칼과 총(실전, 실질적인 것, 실속 있는 것)에 있는 것이 아니라, 사람을 죽이고도 피를 보이지 않는 낡은 이데올로기가 침입하여 서서히 부식시키고 있음에 있다는 것을.

그는 무물(無物)의 진지로 걸어 들어갔다. 만나는 사람마다 모두 한 가지 격식으로 그에게 인사를 한다. 그는 이 인사가 적들의 무기라는 것을, 피 흘리지 않고 사람을 죽이는 무기라는 것을, 수많은 전사가 이 무기 때문에 멸망했다는 것을, 포탄처럼 용사들을 힘쓰지 못하게 만드는 것임을 알고 있다.[52]

진부한 봉건적 복벽세력은 말할 것도 없고, 모던한 외국 사상의 대표들(당시 중국에서 강의를 하던 듀이 등)도 피 흘리지 않고 사람을 죽이는 무기, 즉 오래되고 거대하며 보기에는 문질(文質)이 빈빈(彬彬)하지만 실제로는 흉악하고 강한 독성을 가진 동양문명에 대해 한결같이 예찬의 노래를 높이 불렀다. 다종다양하고 번다한 인물들이 모두 이

---

50) 『남강북조집』 「자선집 자서」(自選集自序).
51) "그는 항상 나에게 연관된 세 가지 문제를 말하곤 했다. 어떠해야만 이상적인 인성이 되는가? 중국인의 인성에서 가장 결여된 것은 무엇인가? 그 병의 뿌리는 어디에 있는가?" 쉬서우상, 『망우 루쉰 인상기』 「내가 아는 루쉰—망우 루쉰을 회고하며」(我所認識的魯迅 · 懷亡友魯迅).
52) 『들풀』 「이런 전사」.

사회의 이데올로기를 보호하고 유지하고자 함으로써 지주 매판계급이 요구하는 상부구조를 만들어놓았다. 10월혁명이 마르크스-레닌주의를 중국에 보내오고 나서야 비로소 계급분석의 방법을 운용하여 그것을 이론적으로 철저하게 부정했다. 루쉰 스스로도 이 길을 모색하고 있었으나, 이론적으로 결론을 만들어내지는 못하고 구체적이고도 광범위한 사회비판과 문명비판의 방식을 택했다. 말년까지 줄곧 루쉰은 이런 사회비판과 문명비판의 태도를 견지했고, 일체의 타협 없이 모든 전통 이데올로기와 어두운 현실을 향해 투쟁을 진행했다.

그러나 루쉰은 결코 이런 비판에만 머물지 않았다. 루쉰이 의학을 버리고 문학을 선택한 1906년 봄을 경계로 삼아 초기를 두 시기로 나눌 수 있던 것과 마찬가지로, 루쉰 전기도 1925년 봄 베이징 여자사범대학 사건에 참여한 것을 경계로 삼아 두 시기로 나눌 수 있을 것이다. 전기 앞 시기에 문명비판과 사회비판이 겨눈 것이 주로 광범위한 사회현상과 일반적인 지배계급의 이데올로기였다면, 뒤의 시기에는 지배계급 자체, 즉 그 구체적 인격대표인 돤치루이(段祺瑞) 같은 '집정관'과 장스자오(章士釗) 같은 '장관'과 그들의 하수인 격인 양인위(楊蔭楡), 천시잉(陳西瀅), 쉬즈모(徐志摩) 등과 같은 대학총장과 교수, 시인과 명사 등을 직접적이고 집중적으로 공격했다.

이것은 매우 중요한 진전이었다. 그리고 그것은 "개인적인 사소한 일에 얽매여 한 일"이 아니었다.[53] 오히려 루쉰이 벌인 전투가 지배계급, 특히 문화계 지배자와 직접적인 육박전을 벌이는 새로운 단계로 진입했음을 보여준 것이었다. 이로 인해 수많은 '유언비어'와 비방, 원한과 박해를 받았으며,[54] '파면'되고 블랙리스트에 올랐다.[55]

---

53) 루쉰은 후에 스스로 이렇게 말했다. "『화개집』과 『화개집 속편』의 글은 대부분 개인적인 싸움이었지만, 결코 개인적 원한에서 한 것이 아니라 사실은 공분(公憤)에서 비롯된 것이었다."
54) "그(루쉰―옮긴이)는 이렇게 말했다. 문장으로 사회의 어두운 면을 공격하려면 소설의 체재를 빌렸다. 특정인을 그대로 가리키지 않아도 되므로 사람들로 하여금 유념하지 않게 하기가 쉬웠다. 그러나 그후에 직접 사회를 비평했는데, 때로

그것들을 피해 병원에서 기거하다가 결국 그는 베이징에서 도망쳐 남하하지 않을 수 없었다. 두 권의 『화개집』은 『열풍』에 비해 더욱 격렬해지고 긴장감이 돌았으며, 투쟁의 체취와 의식이 더 짙어지고 강해졌다. 수많은 사람과 청년들을 더욱더 매료시키고 격동시키는 등 교육적 효과를 거두었다. 장스자오·양인위·천시잉·쉬즈모는 결코 독자적인 개인이 아니었다. 그들은 두안치루이 '집정관'을 배경으로 하는 북양군벌 지배집단의 일원이었다. 바로 그들이 유언비어를 날조하고 행정수단을 동원하며, 학교를 해산하고 학생을 총살하는 등 정신적·육체적으로 인민과 청년들을 잔혹하게 박해하고 진압하고 기만한 것이다. 그들은 반(半)봉건·반(半)식민지 지배계급의 생생한 인격적 화신이자 구체적인 대표였다. 루쉰의 그들에 대한 투쟁은 앞 시기보다 더 구체적이고 직접적인 계급투쟁이었다. 이것은 일반적인 '문명비판'과 '사회비판'에 그치는 것이 아닌, 대단히 첨예한 정치투쟁이자 사상투쟁이었다.

이 투쟁은 루쉰의 사상발전에 대해, 훗날 마르크스주의자가 된 것에 대해, 그리고 '문명비판'과 '사회비판'을 수행하던 '5·4운동 시기'의 동년배, 청년들과 나날이 근본적인 차별성을 가지게 된 것에 대해, 과소평가할 수 없는 관건적인 작용을 했다. 계급모순·계급투쟁·폭력혁명 등의 관념에 대한 루쉰의 접근과 수용 역시 모두 이 투쟁과 관련이 있었다. 따라서 그것을 루쉰 사상발전의 중요한 지표로 보는 것을 강조해야 마땅하다고 생각한다.

이 투쟁에서 루쉰은 구체적인 개인을 표적으로 삼는 전법을 창조했다. 번드르르하고 체면을 자못 중시하던 중국 상류사회에서 냉정하게 그 신사들의 가면을 찢어 본래 모습을 드러냈으니, 그것은 좋은 구경거

는 비평의 진실을 위해서 아예 특정인과 특정사건을 빌려서 특정집단을 공격했다. 그리하여 그 집단과 원한을 맺게 되었고……." (쉬서우상, 「루쉰의 생활에 관해」關於魯迅的生活)

55) 「대연발미」(大衍發微).

리가 되었음에 틀림없다. 또한 이렇게 무겁디 무겁게 적을 공격한 것은 수많은 독자를 끌어들였다. 이런 실제인물과 실제사건은 설령 단지 코 하나, 입 하나, 털 하나에 해당되었을지라도 그것을 합하면 잊기 어려운 특징을 가진 전형적 인물이 되었다. 루쉰은 이후 줄곧 이런 전법을 사용하여 거침없이 모든 적을 공격했다.

폭넓게 진행된 '문명비판'과 '사회비판' 속에서, 그리고 나날이 심화되는 계급투쟁 속에서 루쉰은 마르크스주의에 접근하고 그것에 부합되는 많은 사상과 관점 또는 관념을 끊임없이 갖추어가고 또 그것을 주장했다. 이런 관념은 그가 1927년 마침내 마르크스주의를 수용하고 확고한 마르크스주의자가 되는 내재적 근거이자 사상적 전제가 되었다.

사람들은 우선 의식주가 해결된 연후에야 비로소 정치·과학·예술·종교 등에 종사할 수 있다. 그러므로 직접적인 물질적 생활자료의 생산은…… 토대가 된다.[56]

이는 마르크스가 발견한 인류역사의 근본법칙이자 사적 유물론의 가장 기본적인 원리이다. 그것은 본래 단순한 사실이었지만 옛부터 "복잡하고 번다한 이데올로기에 의해 은폐"[57]되어왔고, 오랫동안 사회를 지배해온 각종 착취계급의 이데올로기에 의해 말살되고 은폐되었다. 루쉰은 앞서 말한 비판과 투쟁에서 마르크스주의의 이러한 기본관념에 나날이 접근했다. 물질문명을 경시[58]하던 초기의 낭만적 관점과 사적

---

56) 엥겔스, 「마르크스 무덤에서의 연설」.
57) 같은 글.
58) 그는 만년에 이르러 '물질문명'에 대해서 대단히 명확한 계급적 폭로를 했다. "'물질문명'에도 최소한 두 가지가 있다. 하나는 영양가 있고 맛있는 것을 먹으며 가볍고 따뜻한 것을 입고 양식 가옥에 사는 것이지만, 다른 하나는 나무껍질을 먹고 찢어진 옷을 입으며 초가집에서 사는 것이다."(『집외집 습유』 「두 종류의 '황제 자손'」兩種 '黃帝子孫') 이는 초기에 물질문명을 일률적으로 부정하던 것과도 다르고, 전기 초반에 일반적으로 긍정하던 것과도 달랐다. 장타이옌

관념론은 이미 방기되었고, 아큐의 생계문제, 「노라는 집을 나간 후 어떻게 되었는가」(娜拉走後怎樣), 쥐안성(涓生)과 쯔쥔(子君)의 연애비극, 배춧더미가 A자로 쌓인 희극 등등 루쉰은 자신의 소설과 잡문과 편지에서 '생계'의 문제를 거듭 제기했다.

인류에게는 커다란 결점이 하나 있는데, 그것은 바로 항상 배가 고프다는 것이다. ……경제권이 가장 요긴한 것으로 보인다. ……경제에 대한 요구는 분명 평범한 일이지만, 고상한 참정권이나 거창한 여성해방을 요구하는 것보다는 훨씬 번잡하고 어렵다. ……경제상의 평균분배를 말하게 되면 곧바로 눈앞에 적을 만나는 것을 면할 수 없게 되고, 격렬한 전투가 당연히 있게 마련이다.[59]

가정이 이러할진대 사회는 더 말할 필요도 없다. 아울러 루쉰은 뱃속의 고기가 다 소화되지 않은 사람들은 사람이 밥을 먹어야 산다는 기본적인 사실을 은폐하려 한다는 것을 지적했다.

밥을 살 돈이 있어야 함을 인정해야 한다. 돈을 비루한 것이라 말하는 자의 위를 만져볼 수 있다면, 거기에는 아마도 소화되지 않은 고기가 있을 것이다. 그를 하루만 굶긴 후에 다시 그의 말을 들어보아야 한다.[60]

후기에 이 생각은 명확한 마르크스주의 이론형식으로 표현되었다. "성격과 감정 등은 모두 경제의 지배를 받는다(경제조직에 근거하거나 경제조직에 의존한다고 할 수도 있다)고 인식했다."[61]

이 자본주의에 대한 반대에서 봉건주의로 후퇴했다면, 루쉰은 자본주의에 대한 반대에서 마르크스주의로 나아갔다.

59)『무덤』「노라는 집을 나간 후 어떻게 되었는가」, 1923.

60) 같은 글.

이와 긴밀하게 연결된 것이 계급분야에 대한 인식이었다. 중국의 옛 문화는 "그로 인해 고향을 경시하지 않으며 그로 인해 계급이 생기지 않는다"[62]고 여기던, 초기의 장타이옌식[63]의 모호한 관점 역시 일찌감치 사라져버렸다. '상등인'과 '하등인', '똑똑한 사람'과 '바보', '부자'와 '가난한 사람', '통치자'와 '피통치자', '관리귀신'과 '비적귀신'·'백성귀신', 샹린 아주머니의 고난과 루(魯)씨 넷째 나리의 눈살 찌푸림, 아이구(愛姑)의 이혼과 치다런(七大人)의 치질(屁塞) 등 이들은 루쉰의 붓 아래에서 선명한 대조의 방식으로 끊이지 않고 넘쳐흘렀다. 1925년 루쉰은 이렇게 말했다.

구운 고기를 먹는 사람도 있고 상어 지느러미 요리를 먹는 사람도 있으며, 간단한 보통식사를 하는 사람도 있고 서양요리를 먹는 사람도 있다. 그러나 처마 아래에서 맨밥을 먹는 사람도 있고 길가에서 먹다 남은 국을 마시는 사람도 있으며, 들판에서 굶어 죽은 사람도 있다. 구운 고기를 먹는 신분이 대단한 부자도 있지만, 거의 죽을 정도로 굶주려 한 근에 팔 푼 나가는 아이도 있다.[64]

"부잣집에서는 술과 고기 썩는 냄새가 나고, 길가에는 얼어 죽은 사람의 시체가 뒹구는"(朱門酒肉臭, 路有凍死骨 —두보의 시) 계급차별의

---

61) 『삼한집』(三閑集) 「문학의 계급성」(文學的階級性), 1928. 문예가 노동과 종교 등에 기원한다는 루쉰 전기의 관점(「중국 소설역사의 변천」中國小說歷史的變遷) 도 마르크스주의에 부합한다.

62) 「파악성론」.

63) 장타이옌은 중국이 서양에 비해 "봉건(중세기 봉건영주제를 가리킴)과 거리가 멀다"고 생각했다. "봉건과 거리가 멀면 백성이 모두 평등하게 되고, 봉건과 거리가 가까우면 백성은 귀족과 서민의 구분이 있게 된다." 그러므로 중국은 "계급(등급제를 가리킴)이 없으며", "가장 자유롭다"고 했다. 당시 절대다수의 사람들은 계급의 마르크스주의적 함의가 가리키는 것이 봉건적 등급이라는 것을 알지 못했다. 쑨중산 역시 이런 관점을 가지고 있었다.

64) 『무덤』 「등하만필」(燈下漫筆).

현상을 인식하거나 묘사한 것은 결코 드문 일이 아니었다. 5·4운동 당시의 신문학 작품 중 꽤 여러 편도 이런 느낌과 묘사를 표현하고 있었다. 루쉰의 특징은 직접적인 사회전투, 즉 교수와 명사, 고관과 귀인 등 상류사회의 대표적인 인물들과의 직접적인 투쟁 속에서도 이런 생각들을 가지고 문제를 제기한 점에 있었다. 이것은 방관적이거나 객관적인 느낌 또는 묘사에 비해 분명 다른 무게를 가지고 있었다. 이런 자세는 1927년 겨울까지 계속 발전했다. 루쉰은 마르크스주의자의 입장에서 문학의 계급성 문제를 가지고 량스추(梁實秋)를 향해, 우리가 잘 아는 그 유명한 비판을 한 것이다.*

마르크스주의는 인민대중이 역사를 창출한다고 여긴다. 루쉰은 「아직 천재가 나오기 전」(未有天才之前) 등의 수많은 잡문에서, 이 관점에 대해서도 끊임없이 근접했음을 분명하게 보여주고 있다. "다수 대

---

* '인성—계급성' 논쟁을 가리킨다. 그 개요는 다음과 같다. 량스추는 「문학과 혁명」, 「문학에는 계급성이 있는가?」, 「루쉰 선생의 딱딱한 번역」 등의 글을 발표하여 '인성론'을 주장했다. 이로 인해 당시 좌익 작가들과 인성—계급성 논쟁이 벌어졌다. 그는 계급사회에서 생활하는 사람의 계급적 속성을 공공연하게 부인했고, 대립하는 계급간에도 공통의 인간성이 있을 뿐이라고 주장했다. 여기서 출발하여 그는 문학에는 계급성이 없으며 문학은 대다수 인민의 것이 아니라고 주장했다. 또한 "위대한 문학은 변하지 않는 보편적인 인성에 기초한다"고 하면서 "인성은 문학을 측량하는 유일한 기준"이라고 강조했다.
좌익 작가들은 량스추의 '인성론'을 강력하게 비판했다. 루쉰도 「'딱딱한 번역'과 '문학의 계급성'」, 「신월사 비평가의 임무」 등을 발표하여, 마르크스주의 문예관에 입각하여 문예의 계급성을 밝히고 신월파의 이론적 핵심인 '인성론'의 계급성과 허위성을 밝혔다. 루쉰은 평이하면서도 생동적인 사례를 들어 계급사회에서 개인의 사상과 감정에는 모두 계급적 낙인이 찍혀 있음을 증명했다. "'희로애락은 사람의 감정이다.' 그러나 가난한 사람에게는 결코 증권거래소를 열어 자본을 손해 보는 고뇌 같은 것이 있을 수 없으며, 석유왕이 어떻게 연탄불을 갈아야 하는 노파의 고통을 알겠는가. 빈민가의 이재민은 부잣집 영감처럼 난초를 가꾸지는 않는다." 루쉰은 사실과 이론의 분석을 통해 계급사회의 구체적 인성인 계급성과 문학 작품(이론도 포함)의 긴밀한 관계를 논증했고 이로써 좌익문학을 옹호했다. 루쉰은 량스추의 '인성론'을 반박하는 데 그치지 않고 량스츄 이론의 계급적 본질을 지적했다. 이 논쟁에서 루쉰은 량스추가 반동파의 '하수인이자 노예'에 해당된다는 사실과 '치안유지'를 옹호하는 그의 정치적 입장을 폭로했다.

중을 배격하고", "평범한 무리를 비난하며", 천재적 개인을 강조하던 초기의 고독도 점차 사라졌다. 이것은 여론과 습관에 반대하는 견해가 공격의 명확한 계급적 방향을 획득한 사실에서 비롯되었다. 공격대상 (상층 지배계급)이 명확해짐으로써 혁명의 원동력과 토대(인민대중) 도 날로 명확해졌다. 이것은 또한 루쉰이 싸움 속에서 수많은 청년의 지지와 추대[65]를 획득한 직접적인 체험과 관련이 있었다. 그러나 이 문제는 전기에 결코 철저하게 해결되지 못했다. 그것은 후기, 특히 1930년 이후에 이르러서야 비로소 '노동자·농민·병사의 명확한 방향'을 얻게 되었다.

루쉰은 자신의 투쟁과정에서 폭력혁명과 무장투쟁, 그리고 프롤레타리아 독재에 관한 마르크스-레닌주의의 근본사상들에 부단히 근접했다.

가장 빠른 개혁은 불과 칼이오. 쑨중산이 일생 동안 고생했으나 중국이 여전히 변하지 않는 가장 큰 원인은, 그에게 당의 군대가 없었다는 점이었소. 그로 인해 그는 무력이 있는 다른 사람과 타협할 수밖에 없었소.[66]

당시 위안스카이와 타협한 것은 우환의 뿌리를 심은 것이오. 이는 사실 당원들의 힘이 제대로 갖추어져 있지 못했기 때문이오.[67]

이것은 루쉰이 친히 경험한 신해혁명에 대한 총체적인 결론인 동시에, 지배집단과의 직접투쟁을 통해 통감하게 된, 반동파를 철저히 쳐부술 수 있는 것은 결코 붓이 아니라 총이며 글이 아니라 무력이라는 사실이었다.

---

65) 특히 1925년 이후 베이징 여자사범대학 투쟁과 샤먼(廈門)·광저우에서의 투쟁.
66) 『양지서10』, 1925. 4.
67) 『양지서13』, 1925. 4.

나는 이제 점점 연설하고 글 쓰는 사람들은 모두 쓸모가 없다고 생
각하오. 그가 아무리 연설을 조리 있게 하고 글로 사람을 아무리 감
동시킨다 하더라도 모두 공허하오. 저들은 어떤 조리가 없는데 사실
상 곳곳에서 승리하고 있으니 말이오.[68]

비판의 무기는 무기의 비판을 대신하지 못한다. "피의 대가는 반드
시 피로 갚아야 한다. ……다른 것은 모두 공허한 말이다. 붓으로 쓴
것이 무슨 쓸모가 있는가? 실제로 총탄에 맞아 흐르는 것은 청년들의
피일진대……."[69] 이것은 1926년 3·18참사(돤치루이가 청원하는 학
생들을 향해 발포한 사건) 이후에 쓴 글이었다. "문학은 가장 쓸모없고
힘 없는 사람의 이야기이다. 힘 있는 자는 결코 말로 하지 않고 사람을
죽인다."[70] "쑨촨팡(孫傳芳)을 쫓을 수 있던 것은 혁명가의 폭탄이지
결코 혁명문학가가 글 몇 줄을 써서 쫓은 것이 아니다."[71] 위의 「혁명
시대의 문학」과 「문예와 정치의 기로」 두 편은 1927년 대혁명 실패 전
과 후에 쓴 것인데, 전후가 일맥상통하고 있다. 후기의 마르크스주의
관점은 갑자기 생긴 것이 아니라 전기의 현실투쟁에서 이미 탄탄한 사
상적 기초를 다졌음이 분명하다.

그러나 가장 유명하고 두드러지는 글은 바로 「페어플레이는 천천히
시행되어야 한다」(論費厄潑賴應賴緩行)였다.

루쉰은 초기에 구민주주의 혁명에 적극 참가하여, 당시 "사회에 독사
와 전갈 같은 나쁜 혁명당이 만연한"[72] 상황을 직접 경험했다. 신해혁
명 후 이들 "멋진 신사와 상인들은 혁명당인 듯한 사람을 보면 친밀하
게 애기하기를, 우리는 본래 모두 같은 민초들이며 같은 길을 가는 사

68) 『양지서22』, 1925. 5.
69) 『화개집 속편』 「꽃 없는 장미2」(無花的薔薇之二).
70) 『이이집』(而已集) 「혁명시대의 문학」(革命時代的文學).
71) 『집외집』 「문예와 정치의 기로」(文藝與政治的歧途).
72) 『화개집』 「보백」(補白).

람 아닌가?"[73] 했다. 혁명당은 이에 "과거의 죄를 탓하지 않고", "모두 함께 유신에 참여시켰"다. 그러나 위안스카이가 등장하고 제2차 혁명이 실패하자 그들은 혁명당을 대규모로 학살했다. 공개적으로 비공개적으로, 집중적으로 분산적으로, 그 사연과 수단방법은 참으로 놀랄 만했다. 그러나 이는 당시에 그다지 많이 논의되지 않았고 이후에도 점차 망각되고 은폐되었다.[74] 그러나 루쉰은 이 많은 동료의 피를 결코 잊을 수 없었다. 루쉰의 "물에 빠진 개는 두들겨라"라는 결연한 주장은 이러한 피의 교훈에서 집약되어 나온 것이었다.

관료와 토호 신사(紳士) 또는 서양식 신사들은 단지 자신들의 뜻에 맞지 않기만 하면 적화(赤化)니 공산(共産)이니 말한다. 민국 원년 이전은 좀 다르긴 했지만 처음에는 캉유웨이당(康黨)이라 하더니 후에는 혁명당(革黨)이라 했으며, 심지어는 관에 가서 밀고를 하기도 했다. ……이는 이른바 사람의 피로 정수리를 붉게 물들인다는 뜻이다. 그러나 혁명은 마침내 일어났고, 일군의 신사들은 즉시 상갓집의 개와 같이 정신 없게 되었다. ……(그들은-옮긴이) 모두 함께 유신을 하자고 말했고, 우리는 물에 빠진 개를 두들겨패지 않는다고 하여 그것들이 올라오는 것을 내버려두었다. 그리하여 그것들은 기어올라왔고, ……많은 혁명가를 물어 죽였으며, 중국은 하루하루 어둠 속으로 빠져들어가 지금에 이르렀다. ……선열들의 선량한 마음과 음험하게 남을 해치는 무리에게 베푼 자비는 그것들을 번식하게 만들었으며, 나중에 총명한 청년들이 그 어두운 음모에 반항하기 위해 더욱더 많은 기력과 생명을 소비하게 되었다.[75]

이는 가슴 가득한 분노를 품고 써내려간 역사적 교훈이었다. 루쉰은

---

73) 같은 글.
74) 지금까지도 이 피비린내 나는 역사에 대한 서사와 연구가 여전히 충분하지 않다.
75) 『무덤』 「페어플레이는 천천히 시행되어야 한다」.

이어서 추진(秋瑾)과 왕진파(王金發)의 예를 들었는데, 이는 모두 그가 익히 알고 있는 사람들이었고 직접 경험한 일들이었다. 『무덤』의 「후기」에서 루쉰은 다시금 신중하게 독자들을 깨우치고 있다.

마지막의 페어플레이에 관한 글은 아마도 참고가 될 것이다. 왜냐하면 이것들은 비록 나의 피로 쓴 것은 아니지만, 내 동년배와 나보다 젊은 청년들의 피를 보고 쓴 것이기 때문이다.

루쉰은 만년에도 계속 이 일을 거론했다.[76] 자신의 투쟁을 통해, 그리고 역사적 교훈을 총괄함으로써 마르크스주의의 여러 가지 기본관점에 접근하고 부합하게 된 것은, 마르크스주의를 책에서 받아들였거나 자칭 마르크스주의를 신봉한다는 사람들과 루쉰이 근본적으로 구별되는 점이었다. 사회·역사·문화·혁명에 대한 마르크스주의의 여러 가지 관점(사적 유물론)은 루쉰에게는 추상적 관념도 아니었고 구두상 또는 문장 중의 공허한 문구도 아니었다. 그것은 나날이 피와 살이 붙어가는 자신의 생활과 투쟁의 경험과 분리할 수 없는, 그것에 반드시 의지해야 하는 과학적 진리였다.[77]

이런 견고한 기초 위에서 다시 1927년 대혁명과 대혁명 실패 후의 또한 차례의 가혹한 피의 교훈[78]을 거치고, 엄숙하고도 진지하게 사고하

---

76) 『위자유서』(僞自由書) 「사람을 잘못 죽인 것에 대한 이의」(殺錯了人異議) 등.
77) 루쉰은 오늘날 강의실에서의 강의순서처럼 먼저 변증법적 유물론을 파악한 후 사적 유물론을 파악한 것이 아니었다. 그와 반대로 먼저 사적 유물론의 기본적인 관점에 대해 접근·수용한 후에 자각적으로 변증법적 유물론을 운용하여 모든 것을 관찰하고 분석했다(1930년 이후). 마르크스주의 자체도 이처럼 형성된 것이다. 그것은 결코 변증법적 유물론이 있은 연후에 사적 유물론이 있게 된 것이 아니었다. (한마디 덧붙이면, 마르크스와 엥겔스는 '변증법적 유물론'이라는 용어를 사용한 적이 없다. 그것은 플레하노프에게서 창시되어 레닌이 정식으로 채용한 것이다.)
78) "나는 일생 동안 이렇게 사람을 죽이는 것을 본 적이 없다."(『집외집』 「러시아 번역본 아큐정전 서와 저자 자서전략」) "1927년에 흘린 피로 인해 놀란 나머지

고 학습[79]한 후 루쉰은 마침내 마르크스주의를 수용했다. 이로써 루쉰은 위에서 서술한 양적 축적에서 질적 비약을 이루었다. 이 비약의 기점은 1926년 겨울 샤먼을 떠날 때부터이고, 그 완성은 1927년 가을·겨울에 상하이에 도착한 전후인 것으로 보인다. 샤먼 후기의 사상과 활동, 『무덤』의 완성, 『들풀』의 서시 등은 모두 새로운 시작으로 나아감을 상징하거나 표시했다. 그리고 「루소와 입맛」(盧梭和胃口), 「문학과 땀」(文學和出汗), 「문학과 정치의 기로」(文學與政治的岐途) 등과 같은 1927년 겨울 상하이에서의 꽤 많은 논저와 강연을 보면, 루쉰이 문예의 계급성 문제를 집중적으로 검토하고 논술했으며 의식적으로 마르크스주의 계급론을 운용하여 이론적 무기로 삼아 싸웠음을 알 수 있다. 이것은 분산적이고 자연발생적인 전기의 계급관념과는 매우 달랐다. 이 몇 편의 글과 강연이 바로 질적 비약을 이루어 루쉰 사상이 마르크스주의자로서의 후기단계로 진입하는 경계의 표시라고 생각한다.

물론 후기에도 루쉰의 사상은 부단히 발전했다. 마르크스주의에 대한 기본적인 수용에서 전면적인 이해와 숙련된 운용까지, 공산당 편에 서는 것에서 노동자·농민과의 명확한 결합과 프롤레타리아 계급투쟁에의 의식적인 복무까지, 공산주의 세계관의 초보적 구비부터 성숙한 마르크스주의자가 되기까지. 어떤 사람이든 나름의 과정이 있게 마련이고 루쉰도 예외는 아니었다.

그러므로 후기도 몇 개의 작은 단락으로 나눌 수 있다. 이 후기의 기점은 1927년 겨울이 되어야 한다. 만약 『이이집』(1927년 전반)이 전기의 끝소리라면, 『삼한집』(三閑集, 1927년 후반)은 후기의 서막이라 할

아연실색하고 말았다."(『삼한집』三閑集 「서언」) "눈물은 멈췄고 피는 없어졌으며 도살자들은 어슬렁거렸다. 그들은 폭력이나 회유책을 사용했지만 나에게는 단지 잡감(雜感)만 있을 뿐이었다."(『이이집』 「제사」題辭. 루쉰은 1926년의 시구를 1927년의 잡감집 서문으로 개작했는데, 거기에는 분명 깊은 뜻이 있었다.)

[79] 이때 학습한 것은 마르크스주의 문예이론이 아니라 마르크스주의의 몇몇 기본 학설이었다.

수 있다. 문장의 내용과 제재에서 문필과 풍격에 이르기까지, 모두 전기와 후기의 차이를 나타내고 있다. 이러한 차이는 『이심집』(二心集)에 이르면 더욱 결정적이고 더욱 명확해진다. 신해혁명 실패 후 루쉰은 의욕을 잃고 아무 일도 하지 않았다. 3·18참사 사건 후 루쉰은 분개하고 슬퍼했다. 대혁명 실패 후 그는 갈 곳이 없었다.

그러나 혁명이 저조기에 처하자 루쉰은 오히려 확고해지고 명확해졌으며, 유혈의 '중압'에도 오히려 "중국은 지금 대변혁의 시대를 향해 나아가는 시대라고 인식"했다.[80] 앞서 두 번에 걸친 여러 가지 의기소침하고 어찌할 수 없던 정감의 그림자는 훨씬 줄어들고, 전도에 대한 희망과 자신감이 나날이 늘어났다. 그것은 전기의 회의, 방황과 대조를 이루었다. 이 또한 루쉰의 세계관이 중요한 비약을 이루었음을 설명한다. 그는 이론적으로 마르크스-레닌주의를 수용하면서 자신이 수십 년 동안 겪은 투쟁경험과 결합시켜 그 정신적 본질을 단번에 움켜잡았으며, 자신의 정감, 사상과 하나로 용해시켰다.

총체적으로 보면, 루쉰의 초기 자연관은 유물론이었지만 세계관은 사적 관념론이었다. 전기에는 사적 유물론에 접근하거나 부합하는 몇몇 관점과 관념을 가지고 있었지만 아직 마르크스주의자는 아니었다. 왜냐하면 마르크스주의의 사적 유물론은 인류사회의 역사발전 법칙에 관한 체계적 이론이므로, 어떠한 산발적이고 단편적인 관념이나 관점의 집합과 동일시되거나 그것으로 대체될 수 있는 것이 아니기 때문이다. 상술한 사적 유물론에 접근하거나 부합되는 루쉰의 사상과 견해도 마찬가지였다. 그런 사상과 견해는 결코 자각적·체계적으로 이론의 수준으로 올라 인식하고 논증하며 파악한 것이 아니기 때문이다. 루쉰도 자신이 결코 철학이나 사회과학의 체계적인 연구자가 아님을 스스로 인정했다.

당시 수많은 지식인이 오늘은 이 주의를 표방하고 내일은 저 주의를

---

80) 『이이집』「진영제사」(塵影題辭), 1927. 12. 이는 매우 중요한 글이다.

신봉하던 것과는 근본적으로 다르게, 비록 일본 유학 시절에 마르크스주의를 접촉했음에도[81] 루쉰은 그 당시 유행하던 각종 이론에 대해 회의하고 거절했다. 그뿐 아니라 심지어 혐오하고 증오하는 현실적 입장을 취했다. 루쉰은 결코 무엇이든 경솔하게 믿지 않았다. 실천의 검증을 거치기 이전에는 차라리 그것들에 대해 유보하는 태도를 취했다. 따라서 후기에 정식으로 마르크스주의를 수용하기 전까지 루쉰이 신봉할 수 있던 정식 이론은 여전히 초기의 『천연론』과 자연과학에서 수용한 다윈의 진화론뿐이었다. 그는 자연과 생물, 인류와 사회가 필연적으로 진화한다고 믿었다. 그러므로 초기부터 진화론이 결코 루쉰 사상의 전체를 개괄하거나 대표할 수 없었음에도, 그는 자주 그것을 언급했다.

루쉰의 사상과 작품은 초기의 혁명적 낭만주의, 전기의 비판적 리얼리즘, 후기의 마르크스주의 등으로 중요한 발전을 거쳤다. 발전이란 지양(止揚)으로, 그 속에는 부정도 있고 계승도 있다. 루쉰의 농민에 대한 동정과 관심, 상층 사회에 대한 증오와 투쟁은 초기와 전기·후기에 연속되었다. 그러나 초기의 인민주의적 관점이나 소생산자적인 관점은 철저히 내버렸으며,[82] 부르주아 계급의 인도주의·개성주의와 사적 관념론도 부정했다. 이런 부정과 포기는 냉정한 자아투쟁을 겪어야 했다. 지금까지 무슨 "하늘이 내린 성인"(天縱之聖) 같은 것은 없었다. 루쉰이 처음부터 마르크스주의자였다거나 변증법적 유물론자였다고 말하는 것은 근본적으로 루쉰 자신의 견해와 기본정신을 위반하는 것이다. 다른 한편으로는, 루쉰의 후기 활동시기를 전기, 초기와 확연하게 나눈 후 초기가 모호했다고 보는 것도 잘못된 것이다. 또 루쉰의 후기활동기 시작연도를 늦추어서 그것을 1928년 하반기, 심지어 1930년 이후로까지 끌어내려야만 비로소 순수하다고 지적하기도 하지만 세상에는 결코

---

81) 당시 부르주아 혁명파 가운데 사회주의를 학습하고 선전하는 일단의 사조가 있었고, 『절강조』와 『민보』 등에 마르크스주의를 소개하는 글이 있었다.
82) 이 점은 중요하긴 해도 쉽지 않다. 마오쩌둥 같은 사람도 일생 동안 해내지 못했다.

그렇게 완전한 순수는 없다. 아울러 이러한 논자들은 그런 분기의 구체적인 경계선과 내용, 그리고 이유를 제대로 제시하지도 않았다.[83] 물론 이 글이 제시한 시기구분과 단락구분도 초보적인 의견일 뿐이므로, 어쩌면 루쉰을 분할하고 쪼개는 것이라고 비난받을지도 모른다. 그러나 루쉰이 이렇게 한 걸음 한 걸음 앞을 향해 매진한 것이 루쉰의 위대함이라고 생각한다. 이러한 사상발전의 구체적인 단계성을 부인하고 단지 루쉰을 신격화하거나 신비화하며 그를 참배하는 묘당에 모셔놓고 받드는 것은 루쉰에 대한 배반이자 모욕이다.

---

83) 어떤 사람은 루쉰 일기 중의 도서목록을 그 '이유'로 삼기도 했지만, 이는 성립하기 어려운 듯하다. 1928년의 도서목록 중 마르크스주의 서적이 크게 증가한 것은, 사실 루쉰이 이때 이미 마르크스주의를 수용하고 믿었으며 그처럼 진지하고 깊이 있게 그것을 파고들었다는 사실을 증명할 따름이다.

3 지식인이라는 주제

    루쉰은 지식인이었다. 루쉰의 작품에서 지식인은 두드러진 주제였다. 이것은 여전히 중국 근대 민주혁명의 깊이 있는 반영이었다. 무술변법에서 신해혁명을 거쳐 5·4운동에 이르기까지, 5·4운동부터 대혁명을 거쳐 1930년대에 이르기까지, 지식인은 중국 혁명의 선봉이자 교량인 동시에 각종 엄중한 병폐와 결점을 가지고 있었다. 그들의 운명과 길, 전도, 그들의 성장과 변천, 분화는 루쉰이 관심을 가진 문제였으며, 이런 문제는 루쉰의 사상발전에서 중요한 위치를 차지했다. 그것은 농민문제와 함께 루쉰 작품의 두 가지 기본주제가 되었다. 이는 중국 근대시기의 두 가지 역사과제이기도 했다. 루쉰 사상의 발전은 이 문제와 서로 밀접하게 관련되어 있었고, 이런 문제에 관한 루쉰의 사상발전은 그의 총체적인 사상발전의 중요한 구성부분이라 할 수 있다.

    루쉰은 지식인에게 커다란 동정과 희망을 건 동시에, 그들을 냉정하게 편달하고 폭로했다. 혁명적인 사람, 회색적인 사람, 반동적인 사람, 혁명적이었다가 반동으로 돌아선 사람, 사람을 잡아먹는 사람, 사람에게 먹히는 사람 등 각양각색의 지식인 형상은 루쉰의 붓 끝에서 생생하게 표현되어 나왔고 형형색색으로 장관을 이루었다.

「회구」와 「쿵이지」(孔乙己)에서는 말할 것도 없고, 그들은 『사서』와 『오경』에 의해 영혼을 파먹힌 봉건시대 말기 지식인의 하층이자 케케묵고 우매하며 공허하고 우롱당하는, 박해받지만 여전히 그 선량함을 감추지 않는 희생물이었다. 루쉰은 풍자와 공감의 눈빛으로 그들의 멸망을 보고 있었다. 이와 대조를 이루는 것은 혁명에 참가했거나 혁명을 바라던 동년배와 젊은 세대 지식인에 대한 절절한 공감이었다. 샤위(夏瑜), 뤼웨이푸, 웨이롄수(魏連殳)에서 쥐안성과 쯔쥔에 이르기까지, 그들의 길과 운명은 루쉰이 직접 겪은 경험과 견문이었다. 아무런 대답도 없는 황막한 들판에서 가슴에 긍지를 가득 품고 혁명에 참가한 이들 지식인 가운데에는 위로 기어올라가 반동파 또는 반동파의 하수인으로 전락한 이도 있었다. 당시 혁혁한 명성이 있던 혁명파이자 영향력 있던 혁명선전물 『황제의 혼』(黃帝魂)을 편집·출판한 장스자오는 그 전형적인 인물 아니겠는가?

그러나 많은 혁명적 지식인, 특히 판아이눙(范愛農) 같은 하층은 끝내 몸과 마음까지도 모두 어둠에 삼켜져 완전히 소실되고 망각되었다. 아무도 판아이눙을 모르고 그에 대해 묻지 않을 뿐만 아니라, 당시 기세가 드높던 '감호여협'(鑒湖女俠: 추진秋瑾)조차 황폐한 무덤에 쓸쓸히 묻혀 다시는 기억되거나 언급되지 않고 있었다. 그들은 한두 예에 불과했지만 사실은 전 세대를 대표하고 있었다. 생사를 넘나들며 공을 세운 용감한 혁명당원이 살해되었고, 어떤 이는 물러나서 의기소침해졌으며, 소수(당시 혁명파의 상층 인물)는 새로운 귀족이 되고 반동파는 대권을 찬탈했으니 구태의연했다. 예를 들어 최초의 봉기지구인 후난과 후베이의 경우, 살해된 자오다펑과 천쮀신의 무덤은 나무들에 둘러싸여 언급하는 이도 없었지만 살해의 주동자인 탄옌카이는 도리어 수십 년간 국민당의 요인과 대관 노릇을 했다. 이런 사례는 아주 많았다. 이런 현실에 직면하여 추진과 타오청장, 그리고 판아이눙의 형체가 어떻게 다시 루쉰의 마음과 붓에서 떠오르지 않을 수 있었겠는가?

5·4운동이 지나간 후 루쉰은 "어떤 사람은 상승하고 어떤 사람은 은퇴하고 어떤 사람은 전진"하는 분화를 겪었다고 표현했다. 당시 비분강개하여 만청을 전복시키고 민국을 건립하기 위해 피를 흘리며 분투하던 세대와 팔을 휘두르고 외치면서 공씨네 가게를 타도하고 활발하게 토론하던 세대 모두 그 소리가 차츰 아득히 없어졌다. 결국은 거대하고 침중한 낡은 암흑세력에게 먹히거나 동화되고, 그래서 자신도 암흑의 일부분이 되었다(뤼웨이푸와 웨이렌수 등의 형상은 하나의 전형적 의의를 가진다). 또한 전진한 사람들은 도대체 어디로 전진할 수 있는가? 루쉰은 이에 대해서도 자못 회의를 품었다. 죽은 자는 그렇다 쳐도 산 자는 어떠한가? 서광은 어디에 있는가? 길은 어디에 있는가? "새로운 전우는 어디에 있는가?"[84] 루쉰은 선봉적 혁명지식인으로서의 한 세대 한 세대의 말로와 운명을 보고는 거대한 분개와 비애를 느꼈다. 루쉰이 두터운 애정으로 노래한, 침울하면서도 아름다운 예술작품은 대부분이 주제와 관련되어 있었다.[85]

······축축한 길은 그 분명함이 절정에 이르고, 머리를 쳐들어 넓은 하늘을 보니 짙은 구름은 이미 흩어지고, 둥근 달은 걸려 있고, 냉정한 광휘는 분산되었다.

나는 빠르게 걸어갔고, 상처난 불상이 무거운 물건처럼 돌출해 나와 있었으나 충분하지는 않았다. 귀고리 중 어떤 것은 지탱해 있었고, 오랫동안 오랫동안 마침내 발악을 했고, 어렴풋이 길게 울부짖는 소리가 들리는 듯하고, 한 마리의 상처난 이리처럼 깊고 어두운 밤에

---

84) 「자선집 자서」.
85) 소설로 말하자면 「회구」, 「광인일기」, 「쿵이지」, 「약」, 「풍파」(風波), 「고향」(故鄉), 「아큐정전」, 「술집에서」(在酒樓上), 「복을 비는 제사」(祝福), 「고독한 사람」(孤獨者), 「죽음을 슬퍼함」(傷逝), 「벼린 검」(鑄劍) 등의 성공한 작품과 루쉰의 전체 소설창작 중 반 정도가 이 주제와 관련이 있으며, 농후한 서정적 성분을 가지고 있다. 나머지 반은 농민문제를 주제로 삼았는데, 이 부분은 개인의 서정적 성분이 훨씬 적었다.

광야에서 울부짖는 소리가 들리는 듯하고, 비통함 속에 분노와 비애가 뒤섞여 있었다.[86]

새로 난 길은 여전히 많았고, 나는 반드시 뛰어넘어야 하며, 때문에 나는 여전히 살아 있다. 그러나 나는 어떻게 한 걸음 나아가야 할지를 모르겠다. 때로 상처난 불상을 보았을 때 그 새 길은 마치 회백색의 긴 뱀 같았다. 뱀이 꿈틀꿈틀 나를 향해 기어올 것 같아 달아났고, 나는 기다리고 기다려 인근에 다다르자 갑자기 더욱더 암흑 속으로 사라지는 것 같았다.

초봄의 밤은 또한 그렇게 길었다.[87]

강렬한 감정은 엄준하고 냉정한 사실 속에 침전되어 있었고, 중국적 기개로 그것을 표현하는 간결함과 축약은 루쉰 전기 작품의 특이한 미학 풍격을 구성했다. 그것은 독자에게 중국 혁명의 고난과 지식인의 길 찾기의 고난을 깊이 느끼고 인식하게 했다. 그리고 이 두 문제는 대단히 심각하게 연계되어 있다. 그것은 전형적 환경 속의 전형적 성격과 정서였다. 루쉰의 전기 작품과 사상에서의 침중함·슬픔·고독·우울을 단순하게 일률적으로 소극적인 것으로 간주하고 그 사상적 가치와 미학적 의의를 낮게 평가하는 것은 사실에 부합되지 않는다. 「고독한 사람」을 포함한 냉정하고 엄준하며 애상(哀傷)한 작품을 읽고 난 후의 미적 느낌은 결코 의기소침하거나 소극적이거나 퇴폐적이지 않다. 그와 반대로, 그것은 침중한 비애와 강렬한 분개를 불러일으킨다.

루쉰의 소설과 산문(『들풀』)이 사람들 가슴에 깊이 파고들고 강대하며 심각한 지구적 감염력을 가질 수 있던 것은 이러한 미학 풍격과 직

---

86) 『방황』(彷徨)「고독한 사람」.
87) 『방황』「죽음을 슬퍼함」.

접 관계가 있다. 그것은 사람으로 하여금 무한하게 음미하게 하고, 한 사람이 선창하면 세 사람이 따라 부르게 하며, 그곳에 머물러 떠날 수 없게 만든다. 이는 이른바 '온통 광명'을 묘사하면서도 사실은 한 번 본 후에는 여운이 없는 작품이 전혀 필적할 수 없는 점이었다.

그러나 1926~27년 사이에 침중한 서정은 끝소리(尾聲)에 가까워지기 시작했다. 바야흐로 투지가 농후해진 반면, 감상적인 정서는 옅어졌다. 작품들을 비교해보면 확연히 알 수 있다.

밤 9시 이후 모든 별은 흩어졌고, 커다란 서양식 다층건물에는 나를 제외하고는 아무도 없었다. 나는 차분해진다. 적막감은 술처럼 짙어서 사람을 취하게 한다. 뒤쪽 창밖을 바라보니 어지러이 널린 산속의 뼈처럼 앙상하게 서 있는 무수한 흰 점들은 무덤이 모여 있는 곳이다. 짙은 황색 한 점의 불씨는 남쪽 푸퉈쓰(普陀寺)의 유리등이다. 앞쪽에는 바로 바다와 하늘이 어슴푸레하고, 검은 (풀)솜과도 같은 밤빛이 그야말로 마음속으로 완전히 빠져들 것만 같다. 돌난간에 기대어 멀리 바라보니 자신의 심장이 뛰는 소리(마음의 소리)를 들을 수 있었다. 또한 사방으로 멀리 떨어진 곳에는 마치 측량할 수 없는 비애, 고뇌, 영락(쇠퇴, 시듦), 사그라진 재가 있어서 이 적막 가운데에 모두 뒤섞여 들어와, 그것이 색과 맛과 향기를 더한 약주(藥酒)로 변하게끔 하는 듯했다. 이때 나는 쓰려고 했지만 쓸 수 없었고, 쓸 길도 없었다. 이것이 바로 "내가 침묵하고 있을 때에는 충실함을 느끼고, 내가 입을 열고자 하면 동시에 공허함을 느꼈다"고 말하던 바이다.[88]

여기에는 여전히 고독한 애상이 있지만, 이전의 침중함과는 다르다. 마지막 구절은 『들풀』의 「제사」(題辭)인데, 그것은 후기로 넘어가는 사

---

88) 『삼한집』「어떻게 쓸 것인가(밤기록1)」(怎樣寫(夜記之1)).

유의 실마리를 상징하고 있다. 그리고 1927년 봄에 씌어진 「벼린 검」은 비장하고 우렁차서, 이런 전환의 예고라 할 수 있다. 후기, 특히 1930년 이후의 단계에서 루쉰은 차츰 지식인의 길과 전도 문제의 해결을 시도했다. 그것은 바로 노동자·농민 대중을 향해, 수많은 노동자·농민과 운명을 같이하고 호흡을 같이하며 그들의 이익과 요구를 위해 창작하고 투쟁해야 한다고 여기는 것이었다. 러시아 혁명의 경험과 성과, 중국 혁명근거지의 투쟁은 루쉰이 이 문제를 명확하게 인식하게 만든 중요한 요소였다. 전기의 고독과 비애는 차츰 사라지고, 명랑하고 굳세며 호쾌하고 용감히 전진하는 드높은 기세가 후기 문필의 풍격을 형성했다. 그러나 이 시기에는 아름답고 심후하던 전기의 문체를 상실했다.

초기와 전기부터 루쉰의 투쟁의 창 끝은 "부드러운 칼을 든 요사스런 마귀",[89] 즉 토착 신사인 장스자오, 서양물을 먹은 신사인 천시잉 등 강철 칼을 사용하는 사람들의 흉악한 일을 도와주는 고급지식인을 겨누고 있었다. 그후 상하이에서는 "집 잃은 자본가의 굶주린 주구"부터 "오직 나만이 프롤레타리아 계급"인 혁명가까지 각양각색의 지식인과 전투를 치렀다. 예를 들어 창조사와 태양사에 대한 논전,* 량스추,**

---

89) 『무덤』「제기」.

* 창조사(일본 유학생 중심)와 태양사(소련의 영향을 받음)가 중심이 되어 1927년부터 '혁명문학 논쟁'이 전개되었고, 그 과정에서 루쉰을 공격했다. 이에 대해 루쉰은 「'취한 눈' 속의 몽롱함」, 「나의 태도, 도량과 나이」, 「문예와 혁명」, 「길」, 「문단의 역사적 사실」 등의 글을 발표했다. 루쉰은 당시 혁명문학 자체를 반대하지 않았고, 혁명문학에 대한 몇 가지 견해를 제시했다. 그는 문학이 투쟁의 무기라는 점은 승인했지만 "문예가 천지를 뒤흔들 만한 힘을 가졌다고 믿지 말라"고 했으며, 창조사와 태양사의 논자들이 과도하게 주장하던 '문예와 선전의 관계'에 대해 이렇게 분석했다. "모든 문예는 확실히 선전이다. 그러나 모든 선전이 문예는 아니다. ……혁명이 구호, 표어, 포고, 전보, 교과서…… 이외에 문예를 이용하려는 이유는 혁명 자체가 문예이기 때문이다." 이 당시 혁명문학 제창자들을 사로잡은 명제 중의 하나가 싱클레어의 "모든 예술은 선전이다"라는 것이었다. 루쉰은 이 글에서 싱클레어의 말, 즉 '문예의 선전적 기능'을 긍정하면서 그 역의 관계(문예가 선전과 다른 점)를 설파했다. "모든 꽃은 색깔(흰색도 포함)을 가지고 있지만 색깔 자체가 꽃은 아니다."

제3종인(第三種人), *** 민족주의 문학에 대한 투쟁****이 바로 그러했

또한 「상하이 문예 일별」에서 그는 문학 혁명 생성의 사회적 토대 및 창조사에 대한 평가를 이전에 비해 전면적으로 심화시켰다. "이 혁명문학이 왕성해진 것은 표면적으로 다른 나라와는 달리, 결코 혁명의 고양 때문이 아니라 혁명의 좌절 때문이었다. 비록 그중에는 낡은 문인이 종래의 문장을 짓기도 하고 몇몇 청년이 먹고살기 위해서 창작하기도 했지만, 실제로 사회적 토대가 구비되었기 때문에 새로운 인물 중에 매우 굳세고 정확한 사람이 존재하게 되었다. ……창조사에게 감사해야 할 일은, 그들이 나로 하여금 과학적 문예론을 보게 한 일이다. 그로 인해 이전의 문학사가들이 수없이 거론했음에도 불구하고 뒤엉켜 있던 의문이 명백해졌다." 루나차르스키(러시아, 1875~1933)의 『예술론』과 『문예와 비평』, 플레하노프(러시아, 1856~1918)의 『예술론』, 그리고 소련의 『문예정책』 등의 혁명문예 이론의 독서와 번역을 통하여 루쉰은 "오직 진화론만 믿던 편견"(『삼한집』, 「서언」)을 바로잡고 '사적 유물론'의 근거를 확립하게 되었다.

** 량스추(梁實秋)와 벌인 인성-계급성 논쟁을 말한다.

*** 1931년 12월부터 1933년 7월까지, 좌익 문학 진영 내부에서 '자유인'과 '제3종인'에 대한 논쟁이 전개되었다. '자유인'이란 후추위안(胡秋原)의 자칭이었다. 그는 "나는 특정한 예술존재만을 인정하고 그밖의 예술을 배척할 수는 없다. 왜냐하면 나는 자유인이기 때문이다"(『문화평론』 제4기 「문예를 침략하지 말라」 勿侵略文藝, 1932. 4. 20)라고 했다. 두헝(杜衡, 즉 쑤윈蘇汶)은 '제3종인'을 이렇게 해석했다. "'지식인적 자유인'과 '부자유스럽고 당파를 가진' 계급이 문단의 패권을 다툴 때 가장 고생하는 사람은 오히려 이 두 부류에 속하지 않은 제3종인이다. 이 제3종인은 바로 작가라는 무리이다."(『현대』 제1권 제3기 「『문신』과 후추위안의 문예논변에 관해」 關於『文新』與胡秋原的文藝論辯, 1932. 7).
후추위안과 쑤윈의 글은 계급, 정치, 공리를 초월한 자유지향적 문예관을 선전했다. 그들은 자유주의의 입장에서 문학의 진실성과 예술의 존엄성을 표방했는데, 이는 문예의 계급성과 정치성, 그리고 공리성을 부인한 것으로, 당시 좌익문단과 대립축을 형성했다.
루쉰은 「'제3종인'을 논함」, 「'연환도화' 변호」, 「다시 '제3종인'을 논함」 등을 연이어 발표함으로써 논쟁에 참가했다. 루쉰은 마르크스주의 계급론에 입각하여 초계급적 · 초현실적 문예관을 비판했고, 생동적인 비유를 통해 문예는 반드시 계급과 전투, 그리고 현재를 위해 복무해야 할 것을 심층적으로 천명했다. "계급사회에 살면서 계급을 초월한 작가가 되고자 하고, 전투시대에 살면서 전투를 이탈하여 독립하려 하며, 현재에 살면서 미래에 물려줄 작품을 쓰려는 것은…… 마치 자신의 손으로 머리카락을 잡아당겨 지구를 떠나려는 것과 같아…… 이것은 실제로 마음에서 만들어낸 환상에 불과하다."(『남강북조집』 「'제3종인'을 논함」) 루쉰은 또 「'연환도화' 변호」에서 동서 미술사에서의 수많은 사실을 열거함으로써 쑤윈의 그릇된 관점을 비판하며, 연환도화가 간단

다. 극단적으로 복잡한 이런 투쟁에서 루쉰은 중국 지식인의 성격과 영혼을 진지하게 연구했고, 그에 대한 계급분석을 진행했다. 이것은 그의 후기 활동기의 중요한 주제가 되었다.[90] 또한 이 주제는 특정한 시대

한 예술에 그치는 것이 아니라 이미 예술의 궁전에 앉아 있음을 힘 있게 증명했다. 논쟁에서 루쉰은 취추바이의 관점과 기본적으로 일치했고 '제3종인'의 존재를 부인했다. 아울러 그는 좌익작가연맹이 "몇 걸음 같이 걷는 '동행인'에게만 만족하지 말고 길 옆에서 구경하는 구경꾼도 끌어들여 함께 전진해야 한다"(『남강북조집』「'제3인간'을 논함」)고 주장했다. 이러한 사상은 「다시 '제3인간'을 논함」에서 보다 전면적이고 변증법적으로 표현되었다. "이 복잡한 무리 가운데 어떤 이는 혁명에 공감하고 더불어 전진할 수 있지만, 어떤 이는 기회를 틈타 혁명을 중상하고 곡해함으로써 약화시킬 수 있다. 좌익 이론가에게는 (이들을) 가일층 분석해야 할 책임이 있다".

**** 프로문학의 성장과 영향으로부터, 국민당은 프로문학 운동을 소멸시키려면 무력진압에만 의존해서는 안 되고 인민을 끌어들이는 이른바 '당치'(黨治)문화를 건설해야 한다고 인식했다. 이리하여 1929년 국민당은 '삼민주의 문예정책'을 제창했고, 1930년 6월, 즉 좌익작가연맹 성립 3개월 후에는 CC 특무대장 천궈푸(陳果夫)와 천리푸(陳立夫) 형제의 계획에 따라 정객과 건달, 특무요원과 어용문인들을 규합하여 '공산당문예운동'을 억제한다는 취지의 '민족주의 문학 운동'을 발기시켰다.

'민족주의 문학 운동'은 국민당의 대외투항, 대내진압이라는 반공정책의 요구에 부응하기 위한 것이었다. '민족주의 문학'은 바로 '외적을 물리치려면 먼저 국내를 안정시켜야 한다'는 장제스의 주장에 부응하여 "왕을 위해 앞서 달린다"는 사명을 띤 문학이었다.

'민족주의 문학'의 출현은 프로문학 운동을 압살하고 인민에 대한 영향력을 소멸하기 위한 것이기도 했다. 이에 대해 루쉰은 "(국민당은) '비록 말 위에서 천하를 얻었지만 말 위에서 다스릴 수는 없다'는 사실을 느꼈기 때문에 혁명문학을 소멸하려면 문학이라는 무기를 사용해야 했는데…… 이 무기로 출현한 것이 이른바 '민족주의 문학'이었던 것이다"(『차개정 잡문』且介亭雜文「중국 문단의 귀매」中國文壇上的鬼魅)라고 했다. '민족주의 문학'의 주요인물로는 판궁잔(潘公展: CC 특무조장, 국민당 상하이 시 집행위원회 상무위원, 상하이 시 정부 위원), 왕핑링(王平陵: 국민당 상하이 시 정부 위원), 판정보(范爭波: 국민당 상하이 시 당부 위원, 경비사령부 정탐체포대장 겸 군법처장), 황전샤(黃震遐: 중앙군 교도단 장교) 등이 있다. 루쉰은 이들에 대해 이렇게 평했다. "이들 문예담당자들은…… '창작'에 뛰어나기보다는 '해방'에 뛰어났다. 그들이 '살육방법'이나 '정탐기술'의 시범을 보인다면 아마 사람들이 구경하려 할 것이지만 그들은 끝내 그림을 그리고 시를 지으려고만 했다."(『이심집』「암흑 중국의 문예계 현상」黑暗中國的文藝界的現狀).

의 중요한 의의를 지니고 있었다. 이전과는 달리, 1930년대에는 수많은 지식인이 대혁명에서 퇴각해 나오거나 신속히 와해되는 구사회와 봉건가정에서 분화·유리되어 나왔다. 그들은 상하이와 여러 대도시·중소도시로 모여들었는데, 그 수는 전에 없이 많았다. 그중 일부는 유행하는 각종 주의와 기치를 신봉하면서 자못 불평을 가지고 혁명을 요구하고 개인의 출로를 모색함으로써 '문단'을 떠들썩하게 했는데, 그 규모와 성격, 내용과 복잡성은 5·4운동 또는 1920년대에 비교할 바가 아니었다. 그들은 새로운 세대였다. 루쉰과 그들의 접촉과 힘겨룸은 횟수와 깊이, 그리고 넓이에서도 전에 없던 규모였다. 이처럼 시대의 전진에 따라 지식인과 청년학생은 나날이 많아졌고, 혁명에서의 지식인의 지위와 작용, 그리고 길의 문제에 대한 해결은 더욱 두드러지고 절실해졌다.

나날이 증가하는 지식인들은 혁명가가 되어 노농대중에 대해 선봉적이고 교량적인 역할을 할 수 있지만, 반동분자가 되어 노농대중에게 도리어 기만과 정신적 독해의 작용도 할 수 있다는 사실을 루쉰은 명확히 인식하고 있었다. 그들은 낡은 문화의 계승자인 동시에 신시대의 개척자여야 한다. 붓이 아닌 총이 반동파를 타도할 수 있지만, 문화전선에서의 숙청임무도 여전히 중대했다.

따라서 루쉰이 초기에 어렴풋하게나마 느낀 국민성 문제, 즉 전기에 '문명비판'과 '사회비판'으로 귀결시키던 문제는 이때 와서 지식인의 문제에 큰 비중을 두었다. 이로 인해 지식인의 주제를 둘러싼 '문명비판'과 '사회비판'은 이전보다 더 큰 비중을 차지했다. 그리고 바로 이런 새로운 전투에서 루쉰 자신의 사상적 경계는 더욱 신속하게 발전해 갔다. 루쉰은 후기에 중국 역사를 보다 많이 인증했지만, 그는 이때 중국의 문화와 역사(모두 지식인 문제와 관계된)에 대해 전기와는 크게 다른 태도를 취했다. 더이상 '중국 책을 안 읽는' 것이 아니고 더이상

---

90) 후기의 수많은 문제에 관해서는 의당 전문 논문으로 논해야 한다.

'노예가 되고 싶어도 할 수 없고', '잠시 노예의 시대를 안정시켰다'는 모호한 제시가 아니라, 옛부터 중국에 "억척스레 일하는 사람이 있고, 필사적으로 강행하는 사람이 있으며, 목숨을 애걸하는 사람이 있다(여기에는 봉건시대의 몇몇 지식인이 포함되어 있다)"는 것을 제시했다. "중국인이 자신감을 잃어버렸다고 하는 것은 일부 사람에게는 가능하지만 전체를 가리킨다면 그야말로 모독이다."[91] 더이상 전체 '국민성'의 문제가 아니라 이데올로기의 제조자이자 담당자로서의 지식인의 계급성 문제가 두드러진 것이다.

루쉰은 반동계급에 속한 지식인을 맹렬하게 공격했을 뿐만 아니라 혁명내부의 '좀벌레' 문제를 중시하여, 말끝마다 자칭 프롤레타리아 계급에 속한다고 일컫는 지식인들의 계급적 성격과 세계관이 사실상 큰 문제가 있음을 재삼 지적했다. 한편으로 지식인을 애호하고 도운 동시에 그들의 개인주의와 이기주의, 그리고 각종 저열한 근성을 폭로하고 비판했다. 특히 일부 인사가 실제로는 유구한 전통의 봉건 이데올로기의 꼬리를 늘어뜨리고 있다가 조건이 갖춰지고 정세가 적합해지기만 하면 '드러내 보일 것'을 지적했다. 예를 들어 루쉰의 동년배와 선배들의 "관리의 위엄 있는 자태를 보고 싶다"에서 후배들의 "붉은 소매에 향을 뿌리고 밤에 책을 읽다"와 『장자』나 『문선』(文選)류의 국수에 탐닉하거나 "사람을 잡아먹은 피 묻은 입을 벌리라"고 외치는 것들, 요컨대 제왕 사상, 재자 가인(才子佳人), 준파시즘 등이 그것이었다.

본래 봉건전통과 부르주아 파시즘은 모종의 내적 연관이 있다. 중국은 봉건주의가 대단히 오래되고 자본주의 계몽사업이 아주 적던 사회로, 봉건 이데올로기와 그 문화가 완비되고 성숙하게 발전했다. 그것은 정치와 경제에 표현되었을 뿐 아니라 사람들의 일상 사상과 생활습속에 침투되어 있었다. 흉악하게 사람들을 먹어 치울 뿐만 아니라, 미소지으며 사람들을 유혹하고 있었다. 루쉰은 그의 동년배와 후

---

91) 『차개정 잡문』 「중국인은 자신감을 잃었는가」.

배들이 신문화를 제창하는 것에서 시작했지만 고서더미를 연구하는 것으로 귀결되는 것, 문언문 반대의 전투로 시작했지만 청년들이 오자를 쓴 것을 조소하는 것으로 귀결되는 각종 실례들을 끊임없이 보면서, 구세력의 거대함과 그것들이 혁명가를 동화시키고 그들을 삼키는 데 익숙함을 깊이 느꼈다. 1,000년 된 낡은 물건들이 새로운 형식으로 출현하게 되면 지식인은 누구보다 먼저 그것들을 공격한다. 왜냐하면 거기에 낡은 사물의 영혼이 씌어 있기 때문이다. 그러므로 초기부터 만년까지 루쉰은 사상이 크게 변했음에도 시종 계몽을 붙들고 놓지 않았다.[92] 봉건을 계몽하는 것은 그것에 대한 지구적이고 강인한 전투를 하는 것이다. 특히 만년에 루쉰은 각종 새로운 형식으로 표현된 낡은 사물이나 새로운 사물에 들러붙은 낡은 영혼의 가면을 반드시 벗겨내고 본색을 드러내 보임으로써, 그것들이 인민에게 해를 끼치지 못하도록 했다. 루쉰은 근대 중국의 가장 깊이 있는 계몽 사상가였다.

중국 혁명은 하나의 길고 긴 혁명이었기에 이런 계몽은 지금까지도 그 중요한 의의를 잃지 않고 있다. '사인방'이 마르크스주의와 사회주의의 기치를 내걸고 사실상 경제·정치·문화를 전면적으로 퇴보시켜 봉건시대로 돌아갈 것을 요구할 때도 그들은 지식인을 통해 북과 징을 울려 길을 열었으니, 이는 깜짝 놀라고 크게 반성해야 할 현대역사의 한 막이 아니겠는가?

루쉰은 자신의 세대를 포함한 네 세대 지식인에 관한 장편소설을 구상했지만 안타깝게도 실현하지 못했다. 네 세대에 대해서는 앞에서도 언급했지만, 첫번째는 장타이옌 세대이다. 이 세대는 봉건말기의 지식인으로, 그중 소수의 선진적 인물들은 무술변법에 참가하거나 그 영향을 받았고, 신해혁명을 지도했다. 그 다음은 루쉰 세대이다. 이 세대의

<hr>

92) "왜 소설을 쓰느냐에 대해 말하자면, 나는 여전히 10여 년 전의 '계몽주의'를 품고 있다. '인생'을 위해야 하고 이 인생을 개량해야 한다고 생각한다."(『남강북조집』「나는 어떻게 소설을 쓰기 시작했는가」)

선진적 인물들은 신해혁명에 참여하거나 그 영향을 받았고, 5·4운동을 지도했다. 그 다음 세대의 뛰어난 인물들은 5·4운동의 적극 참가자이 자 대혁명의 각급 지도자이다. 마지막 세대는 대혁명에 참가했거나 그 영향을 받은 세대로, 이후 항일전쟁의 수많은 기층의 지도자가 되었다. 요컨대 신해혁명 세대, 5·4운동세대, 대혁명 세대, '삼팔식'(三八式)* 세대이다. 여기에 해방세대(1940년대 후기와 1950년대)와 문화대혁명 의 홍위병 세대를 더하면 중국 혁명의 여섯 세대 지식인이 된다(제7세 대는 완전히 새로운 역사시기일 것이다).

각 세대는 모두 그 시대가 부여한 특징과 풍모, 교양과 정신, 장점과 한계를 가지고 있다. 예를 들어 앞의 두 세대는 봉건사회가 철저히 와 해되는 전환기에 놓여 있었다. 그들은 농촌에서 왔거나 또는 사회와 비 교적 많은 관계와 연계를 가지고 있으며, 대부분 충성스러운 애국구국 사상에 깊이 빠져 있고, 비교적 순박하고 진지했다. 하지만 그들은 또 비교적 짙은 사대부적 기질을 가지고 있었고, 자주 빠르게 복고로 돌아 가고 퇴보했으며, 봉건의 품으로 돌아갔다.

제3세대는 안목과 견문이 넓었으며 많은 사람이 학자와 교수가 되었 다. 어떤 이는 농민전쟁과 결합한 무장투쟁의 빛나는 길을 창시하여 중 국 혁명의 교량과 주춧돌이 되기도 했다. 제4세대는 대부분 전형적인 프 티부르주아 학생지식인군으로, 도시에 모여 살았으며 농촌과의 관계는 소원했다. 그들은 열광하고 격앙했지만 번지르르할 뿐 내실이 없었고, 수가 많고 능력과 역량이 비교적 컸으며, 그중 많은 사람은 항일전쟁에 서 노농병과 결합하는 길을 걸어 혁명의 골간이 되었다. 제5세대의 절대 다수는 천진난만함과 열정, 그리고 동경을 가슴에 가득 품고 혁명을 수 용했다. 그들은 경건하고 온순했으며, 지식은 적고 참회는 많았다. 그러

---

* 삼팔(三八)은 중국인민해방군의 행동준칙을 가리킨다. 삼(三)이란 확고하고 정확 한 정치적 방향, 고난을 참는 검소한 작업태도, 민활하고 기동적인 전략전술을 가 리킨다. 팔(八)은 단결·긴장·엄숙·활발의 여덟 글자다. 삼팔식 세대란 1940년 대 중국인민해방군에 복무한 세대를 가리킨다─옮긴이.

나 장기간 내면과 외부의 억압적 환경에 처했기 때문에 업적이 크지는 않았다. 그중 뛰어난 자는 각종 사건을 목도하고 직접 겪은 후 몇몇 근본 문제를 심사숙고했다. 제6세대는 사악한 투쟁환경에서 성숙한 세대였다. 그들은 각종 생활의 곡절을 충분히 겪고 현실의 고난을 통찰한 후, 속임수와 기만을 겪으며 철저히 깨우치고, 전 세대가 상실한 용감성과 독창성을 되찾기 시작하여 재차 반봉건의 구호를 우렁차게 외쳤다. 그들은 미래를 지향하는 교량이자 희망이 될 것이다.

요컨대, 몇 세대 지식인은 축소판식으로 중국 혁명의 길을 반영했다. 그들은 신해혁명 실패 후 계몽의 1920년대(1919~27), 격동의 1930년대(1927~37), 전투의 1940년대(1937~49), 환락의 1950년대(1949~57), 고난의 1960년대(1957~69), 스산한 1970년대(1969~76)를 거쳤고, '사인방'의 와해를 계기로 소생의 1980년대로 나아갔다. 각 세대에는 노농병 출신의 지식인들이 포함되어 있었다. 각 세대는 다시 나눌 수 있고, 아울러 각종 다른 유형과 성격을 가지고 있다. 어떤 이는 두 세대 사이에 걸쳐 있고, 어떤 이는 이 세대에 속하면서도 오히려 앞세대 또는 뒷세대의 전형적인 특징을 가지고 있기도 하다. 요컨대 그들의 운명과 길, 그들의 경력과 투쟁, 그들의 요구와 이상, 그들의 비환이합(悲歡離合)과 탐색·추구, 그들이 지불한 침중한 대가와 희생과 고통, 그들이 맞이하던 승리와 환락과 추구 등을 계보로 써낸다면 그것은 대단히 장엄하고 아름다운 중국 혁명의 비가가 될 것이다. 루쉰의 유지(遺志)는 의당 누군가가 완성해야 한다.

루쉰은 불후하다. 오직 그만이 중대한 역사적 깊이를 가진 중국 지식인의 길과 성격문제를 자각적으로 의식하고 예견했다. 아울러 그들이 지속적 투쟁과 자아계몽이라는 이중 임무를 가지고 있고, 그것이 중국 혁명의 과거와 현재, 그리고 미래와 긴밀히 관련되어 있음을 지적했다.

후기: 중국 근대사상사의 교훈 *

1. 역사의 우연과 필연

헤겔과 마르크스는 거대한 역사적 사실과 인물이 항상 두 차례 출현한다고 했다. 역사의 많은 유사점은 후세 사람들을 경탄하게 만든다. 어떤 유사점은 외재적 형식에 그칠 뿐이지만, 어떤 것은 동일하거나 유사한 본질적 법칙의 작용에 기인하기도 한다. 중국 근대사 연구를 중시해야 하는 이유도 중국 근 100년간의 수많은 법칙과 요소, 전통과 역량 등이 오늘날까지도 여전히 중요하게 작용한다는 점에 있다. 이데올로기적 측면에서는 특히 그러하다. 죽은 사람이 산 사람을 끌어안고 봉건적 잔재가 사회의 전진을 가로막고 있다. 따라서 우연한 사건이 접근해 오고 역사가 재미 삼아 순환식의 바퀴놀이를 할 때, 필연의 법칙과 나아갈 길을 밝히는 것은 여전히 큰 임무이다.

역사의 필연은 항상 사건과 인물의 우연을 통해 나타난다. 만약 웨이창후이와 스다카이의 변**이 없었거나 당시 전군이 북진했다면, 태평

천국 운동은 성공할 수 있었을 것이다. 청나라 황제가 여전히 지고무상(至高無上)의 개인적 권위를 유지하고 있었을 때, 광쉬가 아닌 다른 사람이 황제였다면 무술변법은 몇몇 성과를 거두었을 것이다. 츠시 태후와 위안스카이가 요절했다면 신해(辛亥) 전후의 국면은 아마도 상당히 달라졌을 것이다. 그러나 설사 그랬다 하더라도 수천 년을 이어온 봉건세력의 중압과 수많은 인구를 가지고 있던 중국의 대지에서 공업화 사회를 향한 매진과 부강의 실현은 여전히 험난한 일로, 결코 순풍에 돛을 단 듯 이루어지지는 않았을 것이다.

태평천국이 베이징을 공격했다 하더라도 여전히 농민전쟁의 역사법칙의 제약을 벗어 던지지 못하고 결국은 전력을 다하지 못했을 것이다. 또한 역사법칙에 지배되어 안목의 협소함을 드러내거나 이미 획득한 승리에 만족한 채 정체·부패·분열·권력쟁탈 등의 봉건적인 것이 필연적으로 드러나는 결과를 야기했을 것이다. 무술변법 당시 탄쓰퉁이 위안스카이를 찾아가지 않고 위안스카이가 밀고하지 않았더라면 상황은 확실히 달랐을 것이다. 그러나 개량파의 연약함과 무력함은 끝내 봉건세력에 의지할 수밖에 없었을 것이고, 봉건반동파는 결코 쉽게 변법개량을 용인하지 않았을 것이며, 신구 세력이 확연하게 갈라지던 시점에 '유신(維新)의 명망을 가진' 정객과 군벌이 필연적으로 배반했을 것이다. 이는 모두 필연적인 것들이었다. 모든 개인의 소질·성격·교양, 그리고 사건의 우연함과 묘하게 들어맞음과 돌변은 한 세대 또는 여러 세대 사람에게 엄중한 영향을 조성하는 대단히 중요한 요소이다. 그런데도 역사의 필연적 노정과 비교해보면 역시 상대적으로 부차적임을 알 수 있다.

『자정신편』과 개량파의 '서양학습'이 근대화의 실행을 요구한 이래 100년이 지나갔다. 여러 세대 사람들에게는 지루한 고난의 역정이었지

다. 이로 인해 태평군 장수들 사이에 내분이 일어나 양슈칭은 웨이창후이에게 피살되며, 스다카이는 태평군을 떠난다. 이 사건 이후 태평천국의 원기가 크게 손상되었다.

만 역사에서는 한순간에 불과하다. 그러나 구불구불한 지점들을 가능한 한 좀더 단축시키기 위해 개인 또는 우연은 대단히 중요한 의미를 가지고 있다. 필연론은 숙명론이 아니다. 객관적 역사법칙과 주동적 역사창조를 통일하려는 이유 또한 이 점에 있다. 역사의 우연적인 한순간은 한 세대 사람들의 몇 십 년에 해당할 수 있다. 그러므로 각종 우연을 통해 필연을 이해·파악하고, 우연이 보다 많고 보다 충분하게 역사전진의 필연을 체현하게끔 촉진하는 것은 대단히 중요한 학습임무이자 역사과학의 우선 과제가 되어야 한다. 우연과 필연이 예술과 생활 속의 최고 철학 범주인 것과 마찬가지로, 그것은 심화연구가 요구되는 역사철학의 최고범주이다.

우연은 필연의 표현형식일 뿐 아니라 그 보충이기도 하다. 다시 말해, 결코 모든 우연이 반드시 필연의 구현은 아니라는 말이다. 마르크스가 청년기에 필연법칙에 들어맞지 않는 에피쿠로스의 원자 편리(偏離) 운동을 십분 중시했던 것과 마찬가지로, 우리는 역사연구에서도 각종 다른 성격의 우연과 그것이 가져온 각종 결과, 그리고 필연에 대한 영향과 관계에 주의해야 한다. 그래야만 역사는 경직된 공식과 건조한 법칙이 아닌, 그리고 숙명론이나 자유의지론이 아닌, 피와 살을 가진 살아 있는 인간이 창조한 역사가 될 수 있다.

그러나 사상사는 정치사와 다를 수밖에 없다. 정치사는 대량의 사건과 인물활동, 그리고 각종 우연 속에서 역사법칙과 계급투쟁의 필연과 우연을 드러내고, 사실(史實)의 상세하고 활발한, 살아 숨쉬는 마름질의 기술(記述) 속에서 역사발전의 생명과 방향을 간파해야 한다. 반면에 사상사는 더욱 직접적이고 적나라하며, 더욱 건조한 논리형식으로 필연을 표현해낸다. 필연적이지 않은 수많은 것은 인물의 일생 활동부터 별 관계없는 사상, 학술, 대의와 관계없는 사상 자체의 디테일의 탐구·토론과 고증 등에 이르기까지, 모두 묘사 논술에서 제외시킬 수 있다.

헤겔은 철학사와 정치사가 상반된다고 했다. 정치사에서는 개인의 품격·천부·기질의 특성이 행동과 사건의 주체이지만, 철학사에서는 그와 반대로 언급할 만한 개인적 특성이 없는 사유 자체라야만 역사의 창조적 주체가 될 수 있다는 것이다. 헤겔의 이 관점은 깊이가 있다. 보잘것없는 세부사항이나 인물이 정치사건에서 때로 결정적 작용을 일으킬 수 있지만, 사상사에서는 이런 상황이 발생하지 않는다. 정치사에서는 복잡다변한 우연과 기우가 충만하지만 사상사에서는 그렇지 않다. 그것은 다만 필연의 노정을 지시하고 있을 뿐이다.

내가 이야기하는 중국 근대사상사는 이러한 관점에서 출발하여 주요사조에 무게를 두되 기문잡기(奇聞雜記 : 기이한 사건을 잡다하게 기록한 것)를 수집하지 않고자 하고, 진정으로 시대의 대표성을 지닌 인물을 중시하되 삼라만상을 전부 포괄하지는 않으려 하는 것이다. 사조에 착안하는 것을 강조하지 않으면 개별적인 사상가의 지위와 의의를 이해할 수 없고, 주요한 대표인물을 깊이 해부하지 않으면 시대사조가 도달한 구체적 심도를 살펴볼 수 없다. 왜냐하면 전체 시대사조가 도달한 심도라 하더라도 한 사상가에게 미치지 못할 때가 있기 때문이다. 이것이 바로 사상사의 우연성이다. 사상가와 철학가의 의의와 가치도 바로 이 점에 있다. 그들은 독자적이고도 깊이 있게 시대의 맥박을 반영하고 파악한다. 이것에서 사조와 대표인물의 두 가지를 결합하고 통일해서 논술해야 함을 알 수 있다.

이 논문집은 이 측면을 지향하고자 노력했다. 그리하여 근대중국의 역사발전을 추동한 삼대 사조(태평천국 · 개량파 · 혁명파)와 그 주요한 대표인물을 중점적으로 논술했다. 수많은 부차적 인물과 반동적 인물, 그리고 이들 주요한 대표인물들의 주제와 무관하거나 부차적인 기타 사상(일부 학술관점, 불학의 소양 등)에 대해서는 대부분 생략했다. 각 편은 대부분 개괄적이면서도 전문적인 주제를 다루거나 전기적(傳記的)인 연구가 아니다. 그 목적은 그들과 어떤 문제에 대해 빠짐없이 상세하게 기술하는 것이 아니라, 단지 이들 사조와 인물의 개괄적인 논술을 통해 근대중국 역사의 법칙과 추향(趨向)을 이해하는 데 조금이나마 도움이 되기를 바라는 데 있다.

2. 세 가지 선진사조

중국 근현대는 격동의 대변혁 시대였다. 정치·경제·군사·문화 각 방면의 격동과 변혁을 따라 중국의 근대사상은 짧은 몇 십 년 사이에 봉건주의에서 사회주의까지, 유럽사상의 발생에서 성숙에 이르는 수백년의 행정을 전광석화처럼 뛰어넘었다. 이리하여 한편으로는 전체 사상으로 하여금 인상이 희미하다는 특징을 가지게 함으로써, 여러 가지 문제에 대해 대개 스쳐 지나가게 했을 뿐 광범하고 깊이 있게 전개하지 못했고, 비교적 성숙하고 완정하며 계통적이고 깊이 있는 사상체계를 만들어내지 못했다. 이론영역에서는 특히 천박하고 빈곤하며 무질서했다. 그러나 다른 한편으로 이것은 사상을 시대의 급박한 과제와 긴밀히 연결시켜 신속하게 나아가게 했고, 인민생활의 중대한 실제문제와 밀접하게 연결시켰다.

플레하노프는 시대마다 그 시대의 중심고리가 있고, 시대에 의해 규정되는 특색을 지닌 소재가 있다고 했다. 세계적 범위에서 보면, 근대 부르주아 민족·민주 혁명은 서쪽에서 동쪽으로 나아갔다. 이 독특한 특색을 가진 고리가 18세기말 19세기초 독일에서는 추상적이고 깊이 있는 고전철학이었고, 19세기 러시아에서는 혁명민주주의자의 문학이론과 비평이었다고 할 수 있다. 그리고 근대중국에서 이 고리는 사회·정치 문제에 관한 토론이었다. 중국 근대 초미의 긴장된 민족모순과 계급투쟁은 사상가들로 하여금 방관할 여가를 갖지 못하게 하고, 주의와 역량을 대부분 당면한 사회·정치 문제의 연구토론과 실천활동에 투여하도록 했다. 따라서 사회·정치 사상은 중국 근대사상사에서 가장 두드러진 위치를 점유했고, 그 주요한 구성부분이 되었다. 문학·철학·사학·종교 등 기타 방면의 사상도 이 중심고리를 둘러싸고 격동하며 전개되면서 그것에 복종하고 그것에 복무하지 않은 것이 없었으며, 관계도 대단히 직접적이었다.

민족투쟁과 계급투쟁의 첨예함과 격렬함은 정치문제를 유난히 두드러지게 했다. 이것은 장점인 동시에 결점이었다. 장점은 앞서 말한 대로 사상이 인민 · 국가 · 민족의 주요과제와 긴밀하게 통해 있고 고락을 같이한 점이다. 결점은 정치가 모든 것을 뒤덮고 침투하며 압도하고 대체했기 때문에, 각 영역 또는 학과의 독립적인 성격이 오히려 충분하게 전개되고 발휘될 수 없었다는 점이다. 그로 인해 심화된 이론사변(철학)과 생동적인 개성형식(문예)은 응분의 장족의 발전을 하지 못하여 이 위대한 시대를 반영하는 위대한 철학 저작과 예술작품이 결여되었다.

혜겔은 절대정신의 역사로서의 철학사는 시대의 논리를 반영해야 한다고 했다. 중국 근대사상사는 이 요구에 잘 부합된다. 표면적으로 볼 때, 중국 근대사상은 오광십색(五光十色)이 한데 섞여 혼란한 듯하고 사실도 분명 그러하다. 중국 근대는 동서고금이 대대적으로 모이고 변혁하는 교차점에 처하여 각종 신구(新舊) 사물이 대단히 복잡하게 인간의 사상에 굴절되어 있었다. 신구 사상과 사물의 차이와 변화는 매우 컸다. 일부 인사가 이미 마르크스주의를 수용하여 공산주의를 이상으로 삼기 시작했을 때 다른 사람들은 여전히 "시경에 이르기를"(詩云), "공자가 말하기를"(子曰), '성인의 경전'을 꽉 끌어안고 '수신(修身) 제가(齊家) 치국(治國) 평천하(平天下)'하고자 했다. 일부 사람들은 하루는 봉건시대의 낡은 책더미 속에 빠져 있다가 다음날은 가장 급진적인 혁명행렬에 뛰어들었다. 신구 요소와 세력, 그리고 이데올로기가 이처럼 복잡하게 착종되고 급격하게 격동되어 혼란스러운 오광십색으로 표현된 것은 결코 이상한 일이 아니었다. 그러나 이 혼란 속에서 아무런 규칙도 찾을 수 없던 것은 아니었다. 그와 반대로, 중국 근대사상은 그 역사적 · 논리적 법칙을 가지고 있었다. 그것은 구불구불하게 앞을 향해 자신의 길을 개척했다. 그 모순발전의 변증법적 과정은 전체 시대활동의 실마리를 제공했다. 중국 근대사회의 반제 · 반봉건 역사의 중심과제를 둘러싸고 중국 근대사상의 격렬한 파동이 선진사상과 반동사상 사이의 첨예한 투쟁과 뗄 수 없었음을 분명하게 알 수 있다. 투쟁

속에서 사상은 변증법적 부정을 통해 제고되고 발전되었으며, 마침내 오늘의 새로운 단계에 도달하게 되었다.

마르크스주의가 진정으로 중국에 수입되기 이전, 중국에는 기본적으로 세 가지 선진적 사회사조가 출현했다. 그것들은 서로 다른 역사시기에 처하고 세 가지 서로 다른 유형과 세 가지 서로 다른 특색을 가지고 있으면서도 서로 앞뒤로 연속되어 있고 서로 지양하며 보다 높은 단계로 매진하면서 중국에서 마르크스주의의 전파와 발전을 위해 길을 닦았다. 이 세 가지 시대사조는 태평천국 농민혁명 사상과 개량파 자유주의의 변법유신 사상, 그리고 혁명파 민주주의의 '삼민주의' 사상이다. 이 세 가지 사조는 중국 근대 구민주주의 사상발전의 주류였다. 그것들은 근대중국에서 연속적으로 출현하고 상호교체된, 깊은 의의를 가진 역사현상이었다.

혁명적인 농민폭풍은 중국 근대에 최초로 등장하고 전개된 거대한 공연이었다. 1850년대 태평천국의 혁명사상은 중국에서 최초로 출현한 근대적 선진사조였다. 이 사조의 기본특징은 오래된 지주 토지소유제의 파멸을 요구한 폭력적이며 미친 듯 거칠게 이는 물결이었다. 그것은 풍운을 질타하는 듯한 '충천'(沖天)의 정신으로 각종 구제도——정권과 풍습, 경제와 문화——에 대해 무기의 비판을 집행했고, 일련의 개혁요구를 제출하며 그것을 진행시켰다. 따라서 그것은 지주의 정통사상과 대립했다. 이 사상의 출현은 객관적으로는 본래 고대 봉건사회의 종결과 근대 자본주의의 탄생을 위해 혁명적 세척을 진행해야 했다.

당시 국내외 자본주의적 요소의 추동과 영향 아래, 토지평균을 실시한『천조전무제도』이후 근대적 기업의 흥건(興建)을 주장한『자정신편』이 출현한 것은 결코 우연이 아니었다. 그러므로 이 사조는 한편으로 중국 고대 농민혁명 사상의 총결(總結)이었다. 그것은 자본주의의 새로운 요소를 지향하는 진행과정을 포함했고, 다른 한편으로 유치한 평균주의 · 금욕주의 · 종법주의 · 종교미신주의 등 소생산자의 이데올로기적 특징도 충분히 표출됨으로써 이것들이 근대중국 사회에서 확실히 심후(深厚)한 현실적 토양과 전통을 가지고 있음을 드러냈다. 이는 지주통치를 반대하는 혁명에서 소농의 봉건성과 그 침중한 사회영향도 과소평가할 수 없음을 설명한다.

태평천국 실패의 역사진행 과정은 사회의 상부구조를 통해 구불구불하게 실현되었다. 농민혁명 사조의 근대적 서막에 바로 이어, 진정한 역사의 주인공인 부르주아 사상이 그 얼굴을 드러냈다. 그것은 1870~90년대의 자유주의 개량파의 변법유신 사상으로 표현되었다. 이 사상이 대표하는 계급적 입장과 정치적 노선은 태평천국과 확연히 달랐다. 이 사조의 선진적 특징은 제국주의 침략에 반대하고 중국의 독립과 부강을 요구하며, 자본주의 경제를 발전시키고 군주전제 제도를 개변시키며 서양의 부르주아 입헌군주제의 길로 나아가야 한다는 것을 근대에서 가장 먼저 명확하게 제출한 점에 있다. 따라서 그것은 선명한 근현대적 성격을 구비했다. 이 사상은 당시 봉건주의 정통사상과 논전을 벌였고, 사회에서 중요한 계몽작용을 일으켰다. 캉유웨이는 시대를 여는 선성(先聲)이었다.

무술변법이 실패하자 그것을 대체하여 청조 타도를 요구한 부르주아지와 프티부르주아지의 혁명민주주의가 흥기했다. 개량파와 자유주의는 태평천국 혁명사상의 첫번째 부정이었지만, 1900년대의 혁명민주주의 사조는 그 두번째 부정이 아니었다. 혁명민주주의는 앞의 두 사조의 합리적 내용을 섭취했다. 경제적으로 태평천국은 토지평균을 제출하고 지주 토지소유제를 파괴했으나 자본주의적 발전방향을 명확히 제기하지 못했고, 개량파는 이 요구를 제출했지만 토지혁명에 반대했다. 쑨중산을 대표로 하는 혁명파는 '평균지권'과 '토지국유화'라는 사회혁명을 통해 자본주의를 최대한 발전시킬 것을 주장했다.

정치적으로 태평천국은 청조의 이민족 전제정부를 철저히 타도할 것을 주장했지만 다시 새로운 군주전제를 건립했고, 개량파는 청조 정권의 전복을 반대했지만 입헌군주로 군주전제를 대체할 것을 주장했다. 이에 반해 혁명파는 개량파에 반대하여 폭력적인 수단으로 청조를 전복시키고 서양 부르주아 민주공화국을 건립하여 봉건적 군주전제 제도를 대체할 것을 주장했다. 혁명민주주의는 중국 근대 구민주주의 시기 전체 사상의 말단으로서 본래는 이전 두 단계의 종합이자 총결이요, 부정의 부정이어야 했다. 그러나 실제로는 결코 그렇지 못했다. 혁명파는 농민을 주체로 하는 폭력혁명을 발동시키지 않았고 경제적·정치적으로 자본주의의 진보적 개혁을 실행하지도 않았다. 청나라 황제 한 사람을 타도했지만, 그것이 가져온 것은 신형식 또는 구형식의 크고 작은 서양식 또는 중국식 황제였다. 혁명이 남긴 것은 단지 고통스럽고 처참한 미완성 교향곡이었을 뿐이다. 개량파와 혁명파는 다만 태평천국의 나선형 상승의 일환일 뿐이고 첫번째 부정일 뿐이었다.

봉건주의가 새로운 현대적 형식과 결합하고 반혁명의 진압이 거꾸로 격화되었으므로, 이 부정의 부정의 전 과정은 결코 완성되지 않았다. 그러므로 두번째 부정의 출현과 중국 근대역사의 원형(圓形)은 '신민주주의' 혁명에서 완성되었다. 신민주주의는 농민전쟁(당연히 새로운 '고급' 형태에서의)으로 돌아갔기 때문에 중국 혁명의 승리를 획득했다. 그러나 정권의 교체는 봉건주의의 자동적 전면 소실과는 거리가 멀었고, 오히려 체제부터 관념까지 농민혁명의 침중한 흔적을 남겼다. 그러므로 개량파가 제출한 인권과 민주 등의 역사적 요구는 오히려 새로운 고급형태로 사람들 면전에 두드러지게 드러났다. 모든 봉건적 잔재를 소탕하고 조국부강과 인민민주(people's democracy)를 실현하는 것이 중국 당대 역사의 신성한 임무가 되었다.

이 책의 여러 논문에서 설명한 것과 같이, 태평천국 후 중국 근대의 사상과 활동의 주류는 지식인이 앞장선 애국구국에서 혁명으로 전환되었다. 애국반제는 시종 우선적 과제였다. 이 주제는 항상 다른 주제를 희석시키고 은폐시켰다. 이것은 자유를 쟁취하기 위해 혁명한 유럽의 수백 년의 사상노정과는 달랐다. 부르주아 계급의 자유·평등·박애 등의 민주주의는 근대중국에서 결코 진정하게 선전되고 보급되지 못했다. 수많은 농민 소생산자를 기초로 하는 사회에 대한 계몽활동은 굼뜨게 진행되었다. 개량파의 자유주의, 쩌우룽이 외친 평등과 박애, 쑨중산의 민권주의는 모두 중국의 수많은 인민의 이데올로기에 뿌리를 내리지 못했다. 반대로 민족적 자존과 애국적 의분이 모든 것을 압도했다.

그 외에 홍슈취안에서 장타이옌에 이르는 각종 소생산자의 공상과 인민주의가 심후한 사회적 토양을 갖추고 광범한 시장과 장구한 영향을 향유했다. 대공업 생산에 기초한 캉유웨이의 『대동서』의 웅대한 이상은 소장되어 있되 다른 사람은 알 수 없던 그의 책과 마찬가지로, 수천 년 농업 소생산의 봉건사회 속으로 희미하게 소실되었다.

경제적 토대가 상부구조와 이데올로기를 결정한다는 마르크스주의 유물사관의 법칙은 근대중국에 대한 냉정한 풍자였다. 농민혁명의 도로는 새로운 봉건착취와 통치로 통할 수 있다. 장타이옌의 반(半)종법 반(半)목가식의 주장은 '향촌을 본체로 삼자'라고 주장하는 량수밍류의 전형적인 봉건의식으로 바뀔 수 있었고, 마오쩌둥 또한 그것을 좋아했다.[1] 경제토대가 바뀌지 않으면 자유민주는 공담이 될 것이다. 그리고 소생산적 경제토대를 바꾸기 위해서 사회주의 민주는 불가결한 조건이다. 이런 면에 대해선 오직 루쉰만이 위대했다. 그는 부단히 전진하는 반봉건 계몽의 도로를 개척했고, 그것은 오늘날에도 여전히 빛을 발하고 있다.

앞에서 지적한 대로, 중국 근대 구민주주의 시기의 사상은 순수이론 부문(철학 또는 사회·정치·문화의 이론학설)에서는 심도가 결여되었고, 비교적 계통적이고 깊이 있으며 완정한 철학 체계를 제출하지 못했다. 중국 근대 철학 사상의 특징은 내부에 복잡하게 착종된 모순을 가지고 있었다는 점이다. 한편으로는 풍부한 변증법적 요소를 가지고 실

---

1) 마오쩌둥이 량수밍을 가까이하고 심지어 그를 중시한 것은, 사실 두 사람이 농민에 관한 공통언어를 가지고 있음에 기인한다. 후에 마오쩌둥이 량수밍을 비판한 것도 량수밍이 농민을 대표하여 자신에게 도발할 가능성을 느꼈기 때문이지, 결코 일시적인 희로애락의 무상함이 아니었다.

제를 강구하고 과학을 주장하는 일종의 유물론적 정신이 관철되어 있었고, 다른 한편으로는 주관적 심지(心知)와 정신적 역량을 과장하는, 대단히 심후한 관념론을 포함하고 있었다. 그중 경험론에서 주관관념론으로 나아가는 것과 변증법을 주관적으로 운용하는 것은 가장 주의할 만한 철학적 미로였다. 이와 동시에 근대과학과 내재적인 필연적 연계가 결여된 점, 이론사변을 과소평가하고 경시한 점은 훗날 실용주의가 대거 침입하고, 주관주의와 권력의지가 악성적(惡性的)으로 범람하는 엄중한 결과를 가져왔다.

3. '근대' 반동파의 사상

홍슈취안에서 루쉰에 이르기까지, 이 책에서 논술한 것은 미래로 나아가는 중국 근대의 물결이다. 이 물결에 대항한 것은 역시 깊이 연구해야 할 근대 반동파의 사상이다. 그것들은 사회의 지배적 지위를 차지했다. 그 현실적 근원은 소농생산의 토대 위에 건립된 봉건적 생산관계와 봉건적 지주계급의 의지·이익·요구였으며, 그 사상적 연원은 정주 이학을 정종(正宗)으로 삼는 봉건 유가사상이었다. 이 진부하기 짝이 없는 이데올로기는 근대적인 조건에서 각종 방식의 변환을 통해 완강하게 역사행정의 전진을 방해했다. 그것은 때로 봉건적 생산양식이라는 공동체를 기초로 삼아 농민계급의 사상과 관념 속에 침투하여, 농민혁명으로 하여금 소외된 실체를 만들게 함으로써 정신과 물질면에서 자신을 통치하고 노예화하며 압박하고 착취하게 했다. 또한 평균주의와 금욕주의는 거꾸로 거리낄 바 없는 무소불위의 특권 집단과 계급을 만들어냈다.

봉건적 이데올로기는 때로 근대적 기후에 맞춰 옷을 바꿔 입고 '중체서용'이라는 새로운 패션으로 자본주의를 가로막았다. 그것은 마지막에는 전통적으로 대단히 발달한 중국 제왕의 통치에 사용되던 권모술수를 이용하여 가로막을 수 없는 근대의 민주적 조류를 파괴했다. 비록 그것이 보잘것없다 할지라도, 근대중국 봉건주의라는 요마(妖魔)와 귀신을 결코 가볍게 평가해서는 안 된다. 그것의 전후 맥락을 상세하게 연구하는 것은 중요한 과제이다.

이 책은 그러한 연구를 진행하지 못했다. 여기서는 단지 쩡궈판·장즈둥·위안스카이 등 세 사람의 전형을 상술한 3대 진보사상의 주요대립면으로 삼아, 통치 이데올로기의 일부 중요한 특징을 개략적으로 살펴보고자 한다.

쩡궈판은 중국 근대에서 혁혁한 명성을 가진 큰 인물로, 만청 정부에서 장제스와 마오쩌둥에 이르기까지 우대하여 받들거나 찬양하는 주요한 우상 가운데 한 사람이다. 그의 각종 '전집'과 '문집', '일기'와 '가서'(家書) 등은 시장과 마을에 가득하고 여러 차례 출판되었다. 군사와 정치에서 시민에 이르기까지, '수신 제가'에서 '치국 평천하'에 이르기까지 쩡궈판은 '덕을 세우고 공을 세우며 일가를 이룬' 불후의 모범적인 '완성된 인간'이 되었다. 당시 태평천국과 부르주아 혁명파 모두 그를 공격했지만 그의 일거수일투족은 완강하게 유지되어왔고, 심지어 이전에 그를 공격한 사람도 나중에는 그의 사상 또는 인격에 저절로 고개를 숙였다.[2]

그러면 그의 특징은 어떤 점에 있는가? 쩡궈판은 태평군 전사의 선혈로 온몸 가득 물들어 있고 공개적으로 살인을 주장했으며,[3] "모두 눈을 도려내고 능지처참하며", "일률적으로 목을 베어 후환을 남기지 않는 것"이 그의 공적이었다. 다른 한편으로 그는 장중하고 엄숙하면서도 온정이 흐르는 봉건도덕의 면사포를 이용하여 이 모든 것을 은폐했다. 그

---

2) 장타이옌 같은 혁명파 맹장과 오늘날의 수많은 사람을 포함.

3) 쩡궈판은 스스로 "강포(强暴)한 자를 중법(重法)으로 제거하고 잔인하고 엄혹한 이름도 불사합니다", "20~30년간, ······의당 죽여야 하지만 죽이지 않은 자들이 군현과 산골짜기에 가득 차 있습니다. ······이에 더욱 소란스러워 조용하지 않고 불량한 무리들이 사방에서 출몰하며 겁탈하고 각자 한 지역을 점령하고 있습니다. ······제 뜻은 의당 대대적으로 징벌해야 한다는 것입니다"라고 했다.(『쩡문정공 서찰』曾文正公書札)

것은 이른바 '강유겸비'(剛柔兼備)이자 '양유음법'(陽儒陰法)*이었다. 그는 일상생활과 개인수양의 각종 구체적 세부사항에 그것을 관철시켰다.

그러므로 쩡궈판은 군사적으로 위급한 상황에서 공자와 맹자의 윤상(倫常)의 보위라는 전략적 구호를 제출하여 만청 정권의 보위와 천백년 지주계급의 이데올로기와 상부구조(핵심은 바로 삼강오륜을 주간으로 삼는 봉건정체)의 보위를 자각적으로 통일시켰을 뿐만 아니라, 시작부터 이른바 '정심성의(正心誠意) 수신 제가 치국 평천하'라는 봉건도덕을 봉건적 소농생산과 종족단결을 수호하는 기반 위에 건립했고, 이른바 '경독위본'(耕讀爲本)⁴⁾과 "일찍 일어남·집 청소·제사·친척 및 이웃과 교제·독서(書)·채소 심기(蔬)·물고기 기르기(魚)·돼지 기르기(猪)"⁵⁾ 등을 강조했다. 이는 집안의 자제들이 한편으로 독서하면서 한편으로 일부 노동에 참가하게 한 것으로, 봉건적 소농생산에서 완전히 이탈하지 못하게 하면서 아울러 재삼재사 당부하며 상당히 구체적이고 세밀하게 규정했다.⁶⁾

---

* 겉으로는 유가의 인정(仁政)을 주장하면서 실제로는 법가의 가혹한 치술을 추구한 것을 말한다.

4) "경작과 독서 두 가지를 본으로 삼은 것이 바로 장구한 계책이다."(『쩡문정공 가서』曾文正公家書, 퉁즈同治 6년 5월 초 5일) "내가 밖에서 이미 권세를 가진즉 집에서 자식들이 쉽게 교만하고 게으름에 빠지기 쉽다. 이 두 가지는 패가의 길이다."(같은 책, 셴펑咸豊 4년 9월 13일) "마을에서 경작과 독서에 전념하는 자의 딸을 골라 (며느리로 삼아)……, 반드시 부귀의 습관이 없는 자를 위주로 한다."(같은 책, 다오광道光 29년 4월 16일)

5) "조(早)는 일찍 일어남이며, 소(掃)는 집안 청소이고, 고(考)는 조상에게 제사지내는 것이다. 보(寶)는 친족과 이웃이 수시로 교류함을 말한다."(같은 책, 셴펑 10년 윤3월 29일) 뒤의 네 가지는 채소를 심고 돼지를 기르고 고기를 기르는 것이다.

6) 예를 들어, "신부가 처음 시집오면 그녀에게 부엌에 들어가 고깃국 끓이는 법을 가르쳐야 한다. ……귀한 집 자식이라 해서 그 일을 하지 않으면 안 된다. 큰아이, 둘째아이, 셋째아이는 모두 신발을 만들 수 있느냐? ……손수 짠 천으로 옷과 양말을 만들어 가져오면 나는 규방의 근면함과 게으름을 살펴볼 수 있다."(같은 글, 셴펑 6년 10월 초 2일) "자식들과 조카들에게 독서 외에도 집안 청소와 탁자 닦기, 거름 치우기와 잡초뽑기 등을 가르치거라. 이는 대단히 좋은 일이므로

대(大)착취자가 의외로 자기자제에게 이처럼 '근검'과 노동을 강조한 점은 대단한 허위와 기만이 아닐까? 그러나 이것은 결코 사람을 속이는 허위가 아니라 일종의 충성스러운 허위였다. 왜냐하면 쩡궈판 무리는 '수신 제가 치국 평천하'할 수 있으면 가업을 유지할 수 있고 벼슬하기에 좋다고 확실히 믿었기 때문이다. 단순하게 농민을 착취하고 혁명을 진압한 것에 그치지 않고, 또한 성리(性理)를 공담하는 고담준론(高談峻論)을 단순하게 중복한 것이 아니라, 관료의 자제도 반드시 힘써 일한다는 이른바 '경독'과 '근검'을 요구함으로써, '인심을 바르게' 하고 '풍속을 돈독히' 하는 것을 제가와 치국의 근본으로 삼은 것이었다. 다시 말해 봉건 소생산의 착취방식을 공고히 하고 이런 경제에 적극 참여·경영·관리함으로써 이 경제토대와 생활방식, 이에 부응하는 모든 관계·풍속·도덕·관념·분위기 등을 유지할 것을 요구하고 이런 기초 위에서 봉건윤상의 정체(正體)를 보위하고자 한 것이다.[7] 쩡궈판은 최고 관료의 지위에 올랐지만, 여전히 이른바 '경독위본'을 잊지 않았다. 이것이 바로 그의 특색의 소재였다.

쩡궈판의 영향은 자못 크다. 그의 『가서』와 『일기』가 시문(詩文)과 상주문(上奏文)에 비해 훨씬 빨리 유행되고 광범하게 유전되어, 배울 만한 가치가 있다고 간주된 것은 우연이 아니었다. 그것은 중국의 전통적인 생산양식과 그 이데올로기가 엄중하게 존재하고 있음을 나타내고 있다.

절대로 틀을 손상시키지 말아야 하고 그 일을 하지 않으면 안 된다."(같은 글, 셴펑 4년 8월 11일) "자손들은 길을 걷되 가마나 말을 타지 말거라. 딸들은 게으름 피우지 말고 차를 끓이고 밥을 지어야 한다. 독서·채소 가꾸기·물고기 기르기·돼지 기르기는 일가의 생기이고, 조금 자고 많이 일하는 것은 일인의 생기이니라."(같은 글, 셴펑 8년 11월 23일) 『가서』에는 이런 글이 도처에 있다.

7) 말하고 걷는 것도 자제들에게 너무 급하지 말고, 너무 드러내지 말며, 너무 급하게 하지 말고 차라리 지둔(遲鈍)하게 할 것을 요구했다. 지둔해야만 '온중'(穩重)할 수 있기 때문이었다. 『가서』에서는 재삼 자신의 아들에게 "너는 걸을 때 약간 무겁고 말할 때 약간 지둔한가?", "말할 때 지둔하고 걸을 때 중후한가?"라고 물었다.

사실 안지추(顔之推)의 『가훈』부터 시작하여 봉건 지주계급의 각종 '치가(治家) 격언'이 있었는데, 쩡궈판에 이르러 높은 수준에 도달했다 할 수 있다. 그러나 다른 점은, 안지추는 봉건경제의 상승시기에 처했고 그의 가훈은 그래도 생산을 적극 관리하는 역사진보적 의의를 가지고 있었지만, 쩡궈판은 세계자본주의가 이미 중국의 대문을 두드려 깨운 시대에 처했으므로 그것은 단지 진부하기 짝이 없는 위선적 성격을 구비했을 뿐이라는 점이다.[8] 이러한 위선은 노동을 제창했음에도 봉건 착취와 전통통치를 유지하는 잔혹한 본질을 은폐할 수 없었다. 그 허위의 심각한 의의도 바로 이 점에 있다.

중국 근대의 반동사상은 그의 의발(衣鉢)을 계승했다. 단지 그것은 외국 자본주의의 점진적 침입에 따라, 개량운동의 흥기에 따라 새로운 형태를 취했을 뿐이었다. 그중 이른바 완고파와 양무파의 구분이 있다.

완고파의 특색은 서양 자본주의의 모든 것을 우매하고 완고하게 배척했다. 일용품과 아편 외에 자연과학·공업기술·철도·기선 등 모든 것이 배척과 반대의 대상이 되었고 사상과 학술종류는 더 말할 필요가 없었다. 이유는 이 모든 것이 중국의 봉건성도에 맞지 않는다는 것이었다. 중국은 '천조상국'(天朝上國)이므로 순정한 '성인의 도'로 다스리고,[9] 이것이 바로 "인심을 바로 하고 풍속을 돈독하게 하며", "다스리

---

8) 마찬가지로 유명하던 원매(袁枚)의 서신과 쩡궈판을 비교해보면 양자의 차이를 분명하게 알 수 있다. 전자는 낭만적 생기를 가지고 개성의 해방을 동경하며 낡은 구습을 조소하고 경전의 도에서 벗어날 것을 요구한 반면, 후자는 진부하기 짝이 없었다. 그러나 원매는 쩡궈판보다 100년 앞선 사람이었다!

9) "사대부들은 양인에 대해 언급하면 크게 한탄하고, 양인의 기계가 부강에 이르게 한 것을 보면 더욱 한탄하면서도 유독 아편만은 기꺼이 피운다."(궈쑹타오, 「야오옌자에게 보냄」復姚彦嘉) "오늘날 정인(正人)이라 일컫는 사람은 양무를 이야기하지 않는 것을 높게 여기고 서학을 강구하는 자를 보면 명교(名教)의 죄인이라 욕한다."(정관잉, 『성세위언』 「서학」) "오늘날 사대부들은 대부분 일을 경시하여, 서학에 열심인 사람이 있으면 그를 성교(聖教)의 패륜아라 욕하고, 서양의 방법을 숭상하는 자가 있으면 그를 이단이라 배척하여 공격했다."(양위린 楊毓麟, 『성세위언』 「서」) "그 말에 이르기를, 내가 스스로의 방법으로 천하를 다스리면 저절로 성인의 도가 존재할 것이다."(왕타오, 「변법」) "이단학설이라 의심하여 배척하

는 사람은 있되 다스리는 법은 없고", "근본을 중시하고 말단을 억누르며 농업을 중시하고 상업을 억누르는 것"이었다. 요컨대 청렴한 관리가 되어 도덕설교를 하면서 소농생산을 수호하고, '사설이단'(邪說異端)과 '이경반도'(離經叛徒)를 반대했다.[10] 양무파는 본질적으로 완고파와 마찬가지였다. 다른 점은 단지 서양의 공업기술 또는 과학(중체서용의 '용')을 채용하여 중국 봉건주의의 상술한 '성도'('체')를 보위하고 공고히 할 것을 주장했다는 점이다.

이들은 자본주의 상공업의 개창(開敝)을 주장할 수 있었지만, 관독상판(官督商辦)의 형태로 봉건관료가 통제·감독했다. 이들은 또한 서양서적의 학습에 동의할 수 있었지만, 봉건성도와 성현의 경전에 대해 어떠한 회의도 일으키지 말아야 했다. 또한 저명한 '강초회주'(江楚會奏)의 변법에 관한 3편의 상소문(장즈둥과 류쿤이)을 제출했으나 결코 민주 또는 민권을 실행할 수 없었다. 봉건주의의 통치체계 및 그 이데올로기는 결코 변동될 수 없었다. 이러한 전제(前提)에서 비로소 서양의 공예과학 기술과 일부 자본주의의 경제요소를 채용할 수 있었다.

의심하여 배척하고 떠들썩하게 자신을 성인의 제자라 일컬었다."(천츠, 『용서』 「격치」)

10) "자강은 전부 인재획득에 있고 법제는 가벼이 바꿀 수 없다고 주청(奏請)했습니다. ……부강을 버리면 입국의 도가 없고 서법 모방을 버리면 부강의 방법이 없다는 등의 말은 이경반도의 이야기이고, 인심과 풍속이 관심을 가지는 바는 변별하지 않을 수 없습니다. 무릇 중국이 쓰러지지 않고 유지되어 온 것은 성인의 가르침 덕분입니다. ……서양의 책만 전문적으로 공부하여 성현의 경전에 덧붙이면 서양과 비슷하게 부강해진다 하더라도 인민이 서양 것에 빠지는 것을 구할 수 없게 될 것입니다. 저는 천하의 근심이 외적에 있지 않고 간사한 백성에게 있으며, 가난하고 약한 자에게 있지 않고 난신적자(亂臣賊子)에 있다고 생각합니다. 그 화는 말로 할 수 없습니다. ……치란(治亂)의 기(機)는 항상 사람의 마음을 바르게 하고 나라의 맥(脈)을 배양하는 것을 근본으로 삼아야 합니다. …… 말단에서 근본에 이르는 것은 가능하지만 외적을 존중하고 성인을 그르다 하는 것은 불가합니다."(리빙형, 『리충절공 주의』李忠節公奏議 「주진관견절」奏陳管見折, 광쉬 21년)

760

장즈둥의 유명한 '중체서용'은 이런 봉건주의가 근대적 조건에서 변형된 것이었다. 그것은 당시 수많은 사람들에게 진리로 간주되었고, 전통적 봉건문화와 통치체계를 완고하게 유지하려 하고 환경에 적응하여 부강을 꾀하고자 하던 사람들의 입맛을 만족시켰지만, 사기성이 컸다. 심지어 수십 년 후에 천인커처럼 고도의 서양문화 교양을 가진 부르주아 학자도 자신의 정치사상이 "쩡궈판과 장즈둥의 사이"[11])에 있다고 자칭할 정도였다. 이것은 이 이론의 심각한 영향을 결코 과소평가할 수 없음을 설명한다. 완고파와 양무파에 관해, 그리고 장즈둥에 관해서는 이 책의 관련논문에서 논했으므로 더이상 언급하지 않겠다.

　　쩡궈판의 '경독위본'과 장즈둥의 '중체서용'은 모종의 사상이론적 의의를 가지고 있다고 할 수 있다. 하지만 봉건통치가 붕괴되고 해체되면서 위안스카이에 이르면 언급할 만한 특정한 사상과 이론이 근본적으로 없었고, 순수하게 개인의 야심과 음모, 권모술수로 통치를 수호했다. 권모술수 음모나 위안스카이는 모두 사상사에 들어갈 자격이 없다. 그러나 오히려 이런 봉건의 찌꺼기가 특정한 짧은 시기에 뜻밖에도 혁명을 손바닥에 가지고 놀고 인민을 속이며 역사의 전진을 엄중하게 가로막을 수 있었다. 위안스카이 본인은 중국 근대 최대의 음모가이자 권모술수가였고, 이후 각종 군벌 통치자들에 의해 끝없이 모방되었다. 바로 이런 의미에서 사상사는 또한 그를 중시하고 기록해야 한다.

　　마르크스는 『프랑스 계급투쟁』에서 1848~50년의 나폴레옹 3세 시기에 야심가이자 음모가인 나폴레옹 3세가 어떻게 정세를 이용하여 프티부르주아·부르주아 계급의 각 계파 세력을 타파하고 엑스트라가 마침내 황제의 보좌에 오르게 되었는지를 묘사함으로써, 이것이 혁명의 부단한 패배임을 깊이 표명했다. 신해혁명부터 홍셴(洪憲)* 칭제(稱

---

11) 「펑유란 중국 철학사 심사보고(審査報告)」.
* 위안스카이는 황제에 오른 후 연호를 홍셴이라 했다.

帝)의 역사를 그것과 대조해보면 정말 비슷하다. 위안스카이는 국민당·진보당·원(元)혁명파·원(元)입헌파 등 각종 계파 세력을 차근차근 수습했고, 의원과 국회 자체를 수습했으며, 쑹자오런 등을 암살하고 의원들을 매수했다. 그리고 장타이옌 등을 연금하고 수많은 사람을 농락함으로써, 때로는 통제를 통해 여론을 조작하고[12] 때로는 공개적으로 무력을 사용해 위협했다.[13] 요컨대 모든 음모와 권모술수를 사용해 유일한 목적, 즉 대권을 홀로 쥐고 아무도 그를 건드리지 못하며 법률의 구속을 받지 않고 어떤 통제도 받지 않는 명실상부한 전제황제를 달성하고자 했다.

이런 독재권력은 우선적으로 군대에 의존하게 된다. 위안스카이는 병사훈련으로 집안을 일으켰다. 그러나 그는 독재전제를 행하면서도 늘 전국 인민의 이익을 도용하여 명의로 삼았고,[14] 아울러 극단적으로 겸손한 허위적 자태로 출현하곤 했다. 위안스카이는 칭제활동을 극력 날조하면서도 다른 한편으로는 오히려 칭제를 극력 부정하여 여러 차례 공개적으로 반박하고 반대했다. 그리고 말끝마다 "향리로 은퇴"한다거나 "표연히 사직"한다거나 "죽을 때까지 농부가 된다"거나 했고, 심지어 수십 년 된 친구와 가장 친밀한 동료들까지도 기만했다.[15]

"큰 간신과 큰 도적이 매번 큰 충신과 큰 믿음의 모습으로 행세했

---

12) 민국 초기의 '비원막속'(非袁莫屬)에서 주안회(籌安會), 거지(乞丐) 청원단 등.
13) 군대로 국회를 포위하고 투표를 강박함.
14) 예를 들어 다음과 같은 말이 대표적이다. "중국 역사 수천 년을 조사해보면 치란흥망의 자취가 조대(朝代)마다 각각 달랐다. 그러나 어떤 시기를 막론하고 그 나라를 잘 다스리는가의 여부는 정권을 통솔하여 하나로 할 수 있는가의 여부를 기준으로 했다. ……국가원수이면서도 권력이 없다면, 다시 말해 권(權)은 있되 완전무결하게 할 수 없다면, 정권은 집중될 수 없고 군정은 그로 인해 흩어져 해산될 것이니, 이는 큰 난리가 생기는 원인이 될 것이다." "본인 대총통 한 몸이 약법(約法)의 속박을 받고 우리 4억 동포의 생명과 재산의 무거움도 함께 약법의 속박을 받는다." 대단한 인물이다. 위안스카이 한 사람이 약법의 속박을 받는 것이 4억 중국인이 속박을 받는 것과 같았다!
15) 그리하여 마침내 오랜 부하인 돤치루이, 펑궈장과 오랜 동료 쉬스창(徐世昌)도 이 황제에 반대했다.

다."[16] 이런 표준적인 양면 수단 외에도, 기타 권모술수의 음모는 여전히 중국 봉건제왕의 낡은 수법 그대로였다. 그것은 『한비자』에서 『자치통감』에 나오는 평형술, 상호감시술, 기쁨과 노여움을 예측하지 못하게 하는 술수, 조령모개술 등이었다. 요컨대 부하들로 하여금 종잡을 수 없게 하고 두렵게 만들어 황송하게 땅에 엎드리게 했다(비록 위안스카이가 이것을 완전하게 해내지는 못했지만). 이 모든 것은 결코 신선하지 않았다. 신선한 점은 위안스카이가 뜻밖에도 부르주아 혁명파와 인민군중이 무수한 유혈희생을 치르고 불러들인 서양 자본주의의 의회제도와 공화정체를 권모술수의 합종과 연횡을 통해 불과 몇 년 사이에 완전히 무화(無化)시켰고, 형식상으로조차 남기지 않았다는 것이다. 이 모든 것은 4억 인민이 그를 황제로 청한다는 '민의'라는 '법정형식'을 통해 실현됐다.

마르크스는 나폴레옹 3세가 황제에 오른 것은 농촌 때문이라고 했다. 레닌이 말한 것처럼, 신해혁명 후의 중국 농촌과 농민은 "대단히 폐쇄되어 있고 소극적이며, 피동적이고 지식이 없으며 정치에 대해 아무런 관심이 없었다."[17] 이는 또한 정치상층에서 추악한 연극이 빈번히 발생함에도 인민군중은 관심을 가지지도 않았고 가질 수도 없던 까닭이었다. 만약 위안스카이가 억지로 수단을 부려 아들을 후계자로 삼음으로써 자신의 대장들(돤치루이, 펑궈장馮國璋)의 이익을 해치지 않았더라면, 즉 억지로 명의상의 황제가 되지 않았더라면, 실제상의 황제(국회의 제약이 없는 종신 총통)가 좀더 오래 유지되었을 것이다.

그러나 황제에 오른 나폴레옹 3세가 20년 동안 보위에 있는 동안 프랑스는 경제적으로 신속하게 자본주의를 발전시켰지만, 위안스카이는 83일이라는 짧은 기간에 황제 노릇을 하면서 중국을 군벌혼란이라는 진흙탕으로 밀어넣었다. 중국은 자본주의적 경제토대가 결여되어 있었

---

16) 바이자오, 『위안스카이와 중화민국』.
17) 『역사연구』「중국 각 당파의 투쟁」, 1978년 제2기, 4쪽을 참조하라.

기 때문에 이처럼 흉악하고 위선적인 봉건말기의 황제를 만들어낼 수밖에 없었던 것이다. 위안스카이는 부르주아 민주를 요람에서 압살시켰고, 쩡궈판과 장즈둥의 전통을 계승하여 '경독위본'과 '중체서용' 등의 봉건정체를 복벽시킴으로써 전체 사회를 정체시켜 전진하지 못하게 하고 심지어 퇴보시켰다. 후세의 독재 통치자들은 거의 같은 길을 걸었다.

전제와 독재가 억만 인민을 통치하게 되면 인민은 도구나 가축에 지나지 않아 마음대로 조종받는다. 어떤 사람은 이를 다음과 같이 총결했다.

억만 인은 그(위안스카이)에게 실험을 허락했는데, 4년 동안 그가 실험한 것은 정말 많았다. 내전이 일어났고, 5국에서 규모가 큰 차관을 들여오고 임시 대총통이 되었다가 정식 대총통이 되었고, 국회를 해산하고 반대자를 대대적으로 체포·살해했으며, 임시 약법을 제정했다가 종신 총통이 되고, 21조에 서명하고 국민대표를 소집해 황제가 되었으며……, 이 모든 실험은 생령(生靈)을 구제하고 조국을 보위하는 것이라 불렸다.

이는 타당하다. 그러나 역사의 신랄한 풍자는 오히려 이 훌륭한 비판문을 쓴 사람이 바로 훗날 린뱌오(林彪) 왕조의 무훈(武勳) 책사(策士)가 된 천보다(陳伯達)였다는 점에 있다. 중국 근대 역사의 원형적 유희는 결국 이처럼 인간을 희롱하는 야심과 음모, 그리고 권모술수가 뜻밖에도 '새로운' 세대인 이른바 '마르크스주의자'의 몸에 붙어 출현하게 했다. 방금 '나라를 훔친 큰 도적'을 비판하던 사람이 자기 스스로 나라를 훔칠 큰 도적이 되려고 했다. '천재라 일컫고', '국가 주석을 만들고', '여(女)황제가 되고', '기정 방침에 따라 처리'하는 등 끊임없이 상연된 것은 결국 여전히 구토를 일으키는 추악한 봉건연극이었다. 100년 전의 선진적 중국인은 이미 의회를 열고 민권을 존중할 것을 요구했지만, 100년 후의 오늘날 봉건주의의 음혼(陰魂)은 오히려 흩어지지 않은 채 마르크스주의의 깃발을 내걸고 있다. 이것은 인간의 의지로 바뀌지는 않는 듯하다. 이런 것이 바로 심사숙고하여 총결할 만한 중국 근대사상사의 엄중한 교훈이 아니겠는가?

4. 맺는 글

끝으로 이 책의 집필상황을 간략히 설명하고자 한다.

10편의 글은 사실상 서로 다른 두 시기에 씌어졌다. 개량파에 관한 3편의 연구[18]와 쑨중산에 관한 글은 1950년대 대약진운동 전에 씌어져 발표되었고, 기타 각 편은 1970년대 문화대혁명 후에 씌어져 발표되었다. 1950년대초 항미원조(抗美援朝)*의 의연(義捐)의 함성 속에서 탄쓰퉁 연구의 첫번째 원고 쓸 때를 회고해보면, 그때는 베이징 대학 1학년 학생으로 모든 것에 대해 천진한 환상을 가득 품은 때였다. 그런데 1970년대말 감개무량하게 태평천국을 쓰게 되었을 때, 역사는 이미 30년 가까이 지나갔다. 비록 양자를 합하여 이 책을 만들 때 통일적으로 수정과 교열을 했지만, 필경 각 시대의 서로 다른 흔적이 남아 있을 것이다. 1950년대에 쓴 것은 대체로 분석이 약간 세밀하면서도 조금 번쇄하며, 1970년대에 쓴 것은 너무 거칠어 기본적으로 요점을 훑는 식이다. 그러나 전체적인 문자와 풍격은 오히려 상당히 무미건조한 것으로 일치시킬 수 있었다. 그중 시대가 부여한 각종 흔적—논점과 논증에서 문자에 이르기까지—은 웬만해선 없앨 수 없다. 예를 들어, 책(기타 졸저를 포함하여)에서 누차 사용하는 '봉건사회', '봉건주의'라는 단어는 1930년대에 유행하던 '퓨덜리즘'(feudalism)

---

18) 「19세기 개량파 변법유신 사상 연구」, 「캉유웨이 사상 연구」, 「탄쓰퉁 연구」는 1958년 『캉유웨이 · 탄쓰퉁 사상연구』라는 제목으로 상하이 인민출판사에서 출판되었다. 이번에 약간 증보, 개정했다.
* 미국에 대항하고 조선을 원조한다는 뜻으로, '한국 전쟁'을 일컫는 중국식 표현.

의 중국식 번역으로, 그것은 1,000여 년의 중국 전통사회와 체제를 가리킨다. 이 단어의 번역은 전혀 정확하지 않다(중국은 일찌감치 '봉건'을 폐지하고 군현郡縣을 세웠다). 그러나 이미 관용화해 한꺼번에 바꾸기가 어렵다. 청하건대, 이 단어로 인해 뜻을 해치지 않도록 독자들이 유의하기 바란다.

'사인방' 타도 후 중국은 부활의 신시기에 진입했다. 농업 소생산의 기초와 그 위에 세워진 각종 관념체계와 상부구조는 결국 소실되고, 근현대화는 반드시 실현될 것이다. 인민민주의 기치는 천년 봉건고국의 상공에 나부낄 것이다. 그러므로 다년간의 침중한 경험과 교훈을 어떻게든 깊이 이해한 기초 위에서 중국 근대사상사의 몇몇 문제를 새롭게 연구하고 그 과학적 법칙을 총결하며, 사상발전의 객관적 지향을 지적함으로써 사람들의 주동적인 역사창조를 돕는 것은 오늘날 다른 어떤 시기에 비해 더욱 커다란 의의가 있는 일이다.

1978년 가을,
중국 사회과학원 철학연구소에서

리쩌허우 연보

1930년	후베이(湖北) 우한(武漢, 지금의 漢口)에서 출생.
	원적은 후난(湖南) 창사(長沙).
1950년	베이징 대학 철학과 입학.
	졸업 후 중국사회과학원 철학연구소에서 철학과 미학 연구에 종사.
1956년	미학에 관한 논문(「미감, 미 그리고 예술을 논함」) 발표. 미의 본질에 관한 '객관적 사회설' 제창.
1958년	『康有爲譚嗣同思想硏究』, 上海人民出版社.
1966~76년	문화대혁명 기간 동안 허난(河南)으로 하방(下放).
1979년	『美學論集』, 上海文藝出版社.
	『批判哲學的批判』, 人民出版社.
	『中國近代思想史論』, 人民出版社.
1980년	「공자 재평가」로 전세계적인 반향을 불러일으킴.
1981년	『美的歷程』, 文物出版社.
	(『미의 역정』, 윤수영 옮김, 동문선, 1991)
1984년	『中國美學史』(第一卷, 共編), 中國社會科學出版社.
	(『중국 미학사』, 김승심 외 옮김, 대한교과서주식회사, 1992)
1985년	『中國古代思想史論』, 人民出版社.
1986년	『李澤厚哲學美學文選』, 湖南人民出版社.
1987년	『中國美學史』(第二卷, 共編), 中國社會科學出版社.
	『中國現代思想史論』, 東方出版社.
	(『중국 현대사상사의 굴절』, 김형종 옮김, 지식산업사, 1992)
1989년	『華夏美學』, 中外文化出版公司.

(『화하미학』, 권호 옮김, 동문선, 1990)

『美學四講』, 三聯書店.

(『중국 미학 입문』, 장태진 옮김, 중문출판사, 2000)

1990년   『我的哲學提綱』, 風雲時代出版社.

1992년   미국 콜로라도 대학(The Colorado College) 객원교수.

1997년   『告別革命』(共著), 天地圖書.

(『고별혁명』, 김태성 옮김, 북로드, 2003)

1998년   『世紀新夢』, 安徽文藝出版社.

『論語今讀』, 安徽文藝出版社.

1999년   『己卯五說』, 中國電影出版社.

2002년   『歷史本體論』, 三聯書店.

(『역사본체론』, 황희경 옮김, 들녘, 2004)

768

옮긴이의 말

지금 내 책상 위에는 3권의 『중국근대사상사론』이 놓여 있다. 베이징 인민출판사본(1979)과 안후이(安徽) 문예출판사본(1994), 그리고 톈진(天津) 사회과학출판사본(2003). 10여 년 간격으로 판본을 거듭하여 재출판되었다는 것은 개혁·개방 시기의 중국에서 이 책이 지니는 무게를 간접적으로 말해주고 있다. 처음 책이 출간되고 25년이 넘었으니 한국에서 이제 번역·출간된다는 것은 너무 늦은 감이 없지 않다. "늦은 봄 꽃 수풀에 앉아서 마른 국화를 비벼 코에 대는" 격이 아니길 바랄 뿐이다. 사실 한동안은 이 분야의 전공자들이 빨리 번역해주어서 이 책을 읽는 개인적인 수고를 덜 수 있기를 은근히 바랐다. 그러다 목마른 사람이 우물을 파는 격으로 조금씩 번역을 시작하게 되었다. 워낙 난해한 문장이 많아 우리말로 옮겨놔야만 내용의 구석구석이 명료하게 와닿는 아둔한 내 공부방식의 탓도 있었으리라.

처음 이 책을 번역하면서는 연구관심 영역을 사상 쪽으로 넓히는 것과 시기적으로 '근대'로 거슬러올라간다는 의미를 부여하여 나름대로는 자못 고무적이었다. 그러나 번역하는 동안 곳곳에서 암초에 부딪혔고, 그때마다 원고를 던져두었다 다시 잡곤 하기를 수없이 반복했다. 처음 중국 문학에 입문할 때 류다제(劉大杰)의 『중국문학발전사』(영인본)를 보면서, 제자백가서와 역사서가 문학사에서 서술될 수 있다는 사실이 경이로웠고, 그 경이로움으로 석사과정 첫 학기에 『사기』(史記)를 연구대상으로 삼았다. 선진 시기와 진한 시기의 문장을 읽어내는 일이 간단하지는 않았지만, 수많은 독회를 통해 원전들을 읽어나갔다. 돌이켜보면 박사과정 수료 직후 근현대문학으로 방향을 바꾸기 전까지, 대학원 시절 대부분의 시간을 원전강독과 씨름하면서 보낸 셈이다. 그것을 밑거름으로 삼아 문사철(文史哲)을 경계 없이 넘보고자 했으며, 나름대로 오늘날 중국과 중국학에 대한 커다란 그림 한 가닥을 잡을 수 있게 되었다고 생각한다. 지금도 '중국학의 기본은 문사철의 통합적 이해'라는 생각을 버리지 않고 있다. 그리고 이런 사고가 바탕이 되었기에 과감하게 이 책을 번역·출판하게 된 것인지도 모르겠다.

이 책을 집중적으로 번역한 때는 1998년 9월부터 1999년 8월까지로 옌타이(煙臺) 대학에서 연구년을 보내던 시기였다. 돌이켜보면 그 기간은 나에게 하나의 전환점이었다. 이 책의 번역작업 틈틈이 손에 잡은 책이 진융(金庸)의 작품이었고, 그것을 계기로 무협소설 연구에도 손을 대고 계속 영화로 이어지는 등 대중문화에 관심을 갖게 되었다. 그런 의미에서 옌타이 대학에서 안식한 그 1년은 내게 무척이나 소중한 시간이자 이 책의 번역에 중요한 시기라 할 수 있다. 개인적인 관심으로 량치차오 관련 문장을 번역한 것은 1995년 무렵이었고, 『중국근대사상사론』을 우리말로 모두 번역하겠다고 마음먹은 것은 1997년 한길사의 제안을 받았을 때였다. 꼬박 10년이 걸린 더딘 작업이었다. 중국어 번역 전문가인 김태성 선생의 소개로 홍콩에 가서 류짜이푸(劉再復) 선생을 만나 밤이 이슥하도록 근현대 중국의 역사와 혁명을 논한 것이 2002년 가을이었고, 류짜이푸 선생의 주선으로 미국에 체류하고 있던 리쩌허우 선생에게서 출판동의를 받았다. 곳곳에 벌겋게 표시를 해둔 요령부득의 문장을 가지고 리쩌허우 선생과 여러 차례 편지와 전화를 주고받으면서 번역을 마무리할 수 있었다.

리쩌허우의 문장은 난해하다. 그의 3부작이라고 하는 『중국고대사상사론』『중국근대사상사론』『중국현대사상사론』 가운데 나의 경우는 유독 『중국근대사상사론』이 난해했다. 그 난해한 원인으로 이 시기의 독특한 문언문과 백화문의 혼용 외에도 다음과 같은 점을 들 수 있다. 첫째는 문장의 호흡이 지나치게 길다는 점이다. 둘째는 인용하는 원전을 단장취의(斷章取義)하여 자신의 논의전개에 종횡으로 배치하되 그 출처가 명시되어 있지 않은 날것이 많다. 셋째는 도치문을 빈번하게 사용한 데서 오는 난해함이다. 이런 문제들에 대한 해결방법은 번역하는 과정에서 자연스레 몇 가지로 수렴되었다. 첫째, 원문의 맥락을 해치지 않는 범위 안에서 한 문장을 여러 문장으로 과감하게 나누었다. 둘째, 명확하게 인용문 출처를 밝힌 것을 제외하고는 원전에 있는 수많은 인용 표시를 생략하여 문장 안에 흡수하여 번역하되, 가능한 한 원전을 거의 확인하고자 노력했다. 이 과정에서 저자의 인용 오류 또는 인쇄상의 오류 확인도 적지 않았다. 이는 저자와 상의 후 정정했다. 셋째, 문장의 도치는 수사학의 일종이거나 저자 특유의 문체이므로 최대한 존중하되 우리말로 옮겼을 때 어색한 경우에는 문장 구문을 정치(正置)시켰다. 그리고 근현대문학 연구를 하면서 별다른 필요를 느끼지 않던 자전을 다시 꺼내 들었다. 특히 『한어대사전』(漢語大詞典 1~12, 漢語大詞典編纂委員會 漢語大詞典編纂處 編纂, 漢語大詞典出版社)의 도움이 컸다.

1999년 가을, 번역의 초고를 마쳤을 때는 이 책을 김명호 선생의 주관 아래 출판할 것으로 예상했다. 그 즈음에 김 선생은 '마르코 폴로 총서'를 기획하고 있었는데, 옮긴이에게 여러 가지 유익한 이야기를 많이 해주었다. 이 자리를 빌려 그때의 따뜻한 성원에 감사를 드린다. 이 책의 출판과 관련하여 유세종 교수에게 감사의 말을 전하지 않을 수 없다. 유세종 교수의 도움이 없었더라면 이 책은 빛을 보기 어려웠을 것이다. 그는 번역 초고를 처음부터 끝까지 꼼꼼하게 읽고 교정했다. 이 과정을 통해 적지 않은 오역을 발견하여 바로잡았을 뿐만 아니라 직역 위주의 문어투를 자연스러운 우리말로 바꿀 수 있었다. 특히 '아름다운 한국어'를 고집하는 그는 문장의 리듬과 단어의 선택에서 거의 소모적

이리만치 나와 논쟁하기도 했다. 탄쓰퉁 부분을 교정하면서 울었다고
하는 그는 수시로 날카로운 비판과 격려로 나를 지지해주었다. '난해한
암초'를 만나 내가 너무 오래 딴전을 피우고 있으면, 이 번역은 아무나
할 수 있는 작업이 아니라고 하면서.

   최근 나의 연구와 관련된 교류는 주로 목포대학교에서 이루어지고
있다. 학술공동체를 지향하는 아시아문화연구소의 동아시아 학술포럼
은 내가 주로 노니는 중국현대문학학회 이외의 또 하나의 학문적 둥지
다. 그곳에서 학제간 연구의 즐거움을 느낄 수 있었고, 분과학문에 매
몰되기 쉬운 연구의 균형감각을 얻을 수 있었다. 또한 인문관 교수들의
공부모임인 '문학/문화 이론연구회'는 부족한 공부를 서로 채찍질해주
는 유쾌한 시공간이다. 몇몇 동료 교수는 이 책의 출간이 늦어지는 것
이 나의 게으름 탓이 아닌가 하며 충고와 격려를 마다하지 않았다. 그
동안 함께해온, 그리고 앞으로도 함께할 동료교수들에게 두루 감사의
말을 전한다.
   마지막으로, 처음 번역을 제안하고 오랜 시간을 기다려준 한길사의
김언호 사장님께 감사드린다. 난삽하고 방대한 원고를 꼼꼼하게 교정
하고 우아한 책으로 꾸며준 한길사 식구들에게도 모두 감사를 드린다.
옮긴이의 불성실로 인한 오류와 문제점에 대해서는 강호제현의 날카로
운 비판과 충고로 계속 수정, 보완할 것을 기대한다.
   이 책은 안후이 문예출판사본(1994)을 저본으로 삼았고, 베이징 인
민출판사본(1979)과 톈진 사회과학출판사본(2003)을 참고했다.

2005년 7월
승달산 자락 청송산방에서
임춘성

772

찾아보기 · 인명

찾아보기 · 사항

지은이 리쩌허우

리쩌허우(李澤厚)는 후난(湖南) 창사(長沙) 사람으로,
1930년 후베이(湖北) 한커우(漢口, 지금의 우한武漢)에서 태어났다.
12세에 아버지를 여의어 어려운 가정환경 속에서 명문이자 학비가 면제되는
후난성립제일사범학교에 진학했다. 이 시기 루쉰(魯迅)과 빙신(冰心)의 작품을 즐겨 읽었는데,
그 심득(心得)은 「20세기 중국문예 일별」에 잘 녹아 있다. 특히 루쉰을 통해
'투창'과 '비수'의 태도를 배웠다. 전자는 타인과의 비타협적 전투를 의미하고
후자는 자신에 대한 비판을 상징한다. 19세에 어머니를 여읜 그는 잠시 초등학교 교사를
지내다가 1950년 베이징 대학 철학과에 입학했다. 그때 그는 런지위(任繼愈)의
근대사상사 강의로 인해 캉유웨이와 탄쓰퉁에 관심을 가지게 되었다. 이는 훗날
『캉유웨이·탄쓰퉁 사상 연구』로 이어지고 다시 『중국근대사상사론』으로 발전한다.
졸업 후 중국사회과학원 철학연구소에서 철학과 미학 연구에 종사하고
『철학연구』 창간 작업에도 참가했다. 1956년 미학에 관한 논문
「미감, 미 그리고 예술을 논함」을 발표하면서 학자적 명성을 날리게 된다. 이 논문은 당시 미학의
두 주류인 차이이(蔡儀)의 유물론 미학과 주광첸(朱光潛)의 부르주아 미학을 비판하면서,
미의 본질에 관한 '객관적 사회설'을 제창했다. 이때 주체와 객체의 연결고리로써 실천을 설정했고
이를 칸트 철학에 대한 비판적 연구와 결합시켜 '주체적 실천철학'으로 발전시켰다.
1966~76년 문화대혁명 기간 동안 허난(河南)으로 하방(下放)되어 사상 개조의 압박을 받았다.
이 기간은 리쩌허우에게 시련인 동시에 전환의 계기였다.
칸트 철학 연구서인 『비판철학의 비판』은 이때의 독서를 바탕으로 집필된 것이다.
이후 『중국고대사상사론』, 『중국근대사상사론』, 『중국현대사상사론』의 '사상사 3부작'을 출간했다.
아울러 『미의 역정』, 『중국미학사』, 『화하미학』, 『미학4강』 등의 미학 관련 저서를 출간했다.
톈안먼 사건 이후 미국으로 망명하여 콜로라도 대학 객원교수를 지냈고,
프랑스 국제철학아카데미로부터 정식 원사(院士)로 위촉된 바 있다.
지금은 중국과 미국을 오가며 활동하고 있다. 최근의 저서로는 『고별혁명』,
『세기신몽』, 『논어금독』, 『기묘오설』, 『역사본체론』 등이 있다.

GB
한길그레이트북스

한길 그레이트북스 71

중국근대사상사론

지은이 리쩌허우
옮긴이 임춘성
펴낸이 김언호
펴낸곳 (주)도서출판 한길사

등록 • 1976년 12월 24일 제74호
주소 • (413-120) 경기도 파주시 광인사길 37
www.hangilsa.co.kr
E-mail: hangilsa@hangilsa.co.kr
전화 • 031-955-2000~3
팩스 • 031-955-2005

출력 · DiCS | 인쇄 · 오색프린팅 | 제본 · 광성문화사

제1판 제1쇄 2005년 8월 30일
제1판 제3쇄 2014년 9월 25일

Li Ze-hou
Zhongguo Jindai Sixiangshilun
Translated by Yim Choon-Sung
Published by Hangilsa Publishing Co., Ltd., Korea, 2005

값 33,000원
ISBN 978-89-356-5656-1 94150
ISBN 978-89-356-5658-5 (전3권)

한길그레이트북스 인류의 위대한 지적 유산을 집대성한다

● 한길그레이트북스는 계속 간행됩니다.